한 번에 합격, 자격증은 이기적

이렇게 기막힌 적중률

함께 공부하고 특별한 혜택까지!

이기적 스터디 카페 　🔍

구독자 13만 명, 전강 무료!

이기적 유튜브 　🔍

자격증 독학, 어렵지 않다!
수험생 합격 전담마크

이기적 스터디 카페

 스터디 만들어 함께 공부
 전문가와 1:1 질문답변
 프리미엄 구매인증 자료
 365일 진행되는 이벤트

이기적 스터디 카페 🔍

인증만 하면, **고퀄리티 강의가 무료!**

100% 무료 강의

STEP 1
이기적
홈페이지
접속하기

STEP 2
무료동영상
게시판에서
과목 선택하기

STEP 3
ISBN 코드
입력 & 단어
인증하기

STEP 4
이기적이 준비한
명품 강의로
본격 학습하기

영진닷컴 이기적

1년 365일
이기적이 쏜다!

365일 진행되는 이벤트에 참여하고 다양한 혜택을 누리세요.

EVENT ❶
기출문제 복원

- 이기적 독자 수험생 대상
- 응시일로부터 7일 이내 시험만 가능
- 스터디 카페의 링크 클릭하여 제보

이벤트 자세히 보기 ▶

EVENT ❷
합격 후기 작성

- 이기적 스터디 카페의 가이드 준수
- 네이버 카페 또는 개인 SNS에 등록 후
  이기적 스터디 카페에 인증

이벤트 자세히 보기 ▶

EVENT ❸
온라인 서점 리뷰

- 온라인 서점 구매자 대상
- 한줄평 또는 텍스트 & 포토리뷰 작성 후
  이기적 스터디 카페에 인증

이벤트 자세히 보기 ▶

EVENT ❹
정오표 제보

- 이름, 연락처 필수 기재
- 도서명, 페이지, 수정사항 작성
- book2@youngjin.com으로 제보

이벤트 자세히 보기 ▶

N Pay
네이버페이
포인트 쿠폰
20,000원

영진닷컴 쇼핑몰
30,000원

- N페이 포인트 5,000~20,000원 지급
- 영진닷컴 쇼핑몰 30,000원 적립
- 30,000원 미만의 영진닷컴 도서 증정

※이벤트별 혜택은 변경될 수 있으므로 자세한 내용은 해당 QR을 참고하세요.

KB100820

☆ 이기적 크루를 찾습니다

WANTED

저자 · 강사 · 감수자 · 베타테스터 상시 모집

저자 · 강사

- **분야** 수험서 전 분야
  수험서 집필 혹은 동영상 강의 촬영
- **요건** 관련 강사, 유튜버, 블로거 우대
- **혜택** 이기적 수험서 저자 · 강사 자격
  집필 경력 증명서 발급

감수자

- **분야** 수험서 전 분야
- **요건** 관련 전문 지식 보유자
- **혜택** 소정의 감수료
  도서 내 감수자 이름 기재
  저자 모집 시 우대(우수 감수자)

베타테스터

- **분야** 수험서 전 분야
- **요건** 관련 수험생, 전공자, 교사/강사
- **혜택** 활동 인증서 & 참여 도서 1권
  영진닷컴 쇼핑몰 30,000원 적립
  스타벅스 기프티콘(우수 활동자)
  백화점 상품권 100,000원(우수 테스터)

◀ 모집 공고 자세히 보기

이메일 문의하기 ✉ book2@youngjin.com

누구나 작성만 하면 100% 포인트 지급
합격 후기 EVENT

이기적과 함께 합격했다면,
합격썰 풀고 네이버페이 포인트 받아가자!

합격 후기
작성 시
100%
지급

네이버페이
포인트 쿠폰

25,000원

카페 합격 후기 이벤트

이기적 스터디 카페에
합격 후기 작성하고 5,000원 받기!

5,000원
네이버 포인트 지급

▲ 자세히 보기

블로그 합격 후기 이벤트

개인 블로그에
합격 후기 작성하고 20,000원 받기!

20,000원
네이버 포인트 지급

▲ 자세히 보기

- 자세한 참여 방법은 QR코드 또는 이기적 스터디 카페 '합격 후기 이벤트' 게시판을 확인해 주세요.
- 이벤트에 참여한 후기는 추후 마케팅 용도로 활용될 수 있습니다.
- 이벤트 혜택은 추후 변동될 수 있습니다.

이기적 스터디 카페 🔍

이기적이
다 드립니다

여러분은 합격만 하세요! 이기적 합격 성공세트 BIG 4

 영상으로 쉽게 이해하는, 무료 동영상 강의

공부하기 어려운 모델링 이론부터 최신 기출문제 풀이까지!
이기적이 떠먹여주는 시험 대비 강의를 시청하세요.

 시험장까지 함께 가는, 핵심요약 PDF

방대한 이론에 빅분기 시험 준비하기 막막하시죠?
스터디 카페에서 요약 자료를 여러분에게만 드립니다.

 무엇이든 물어보세요, 1:1 질문답변

빅분기 시험에 대한 궁금증, 전문 선생님이 해결해드려요.
스터디 카페 질문/답변 게시판에 어떤 질문이든 올려주세요.

 모바일로 풀어보는, CBT 모의고사

어디서든 문제를 더 풀고 연습하고 싶으시다고요?
걱정마세요. CBT 온라인 문제집 서비스까지 아낌없이 드립니다.

※ 〈2025 이기적 빅데이터분석기사〉를 구매하고 인증한 회원에게만 드리는 자료입니다.

이 모든 혜택 한 번에 보기 ▶

문제 풀이로 실력 업그레이드!
CBT 온라인 문제집

편리한 학습을 돕는 글자 크기 변경 기능
글자 크기 `100%` `150%` `200%`

한 문제도 놓치지 않도록 안 푼 문제 수 확인
· 전체 문제 수 : 40   · 안 푼 문제 수 : 40

실전 시간관리 연습 제한 / 남은시간 표시
제한 시간 40분
남은 시간 38분 50초

시험 답지 그대로! 답안 표기란
답안 표기란
1 ① ② ③ ④

언제 어디서나 학습하는 모바일 CBT 모의고사

이용 방법

STEP 1
이기적 CBT
cbt.youngjin.com
접속

STEP 2
과목 선택 후
제한시간 안에
풀이

STEP 3
답안 제출하고
합격 여부
확인

STEP 4
틀린 문제는
꼼꼼한 해설로
복습

이기적 CBT

이렇게
기막힌
적중률

빅데이터분석기사
필기 기본서

1권 · 이론서

"이" 한 권으로 합격의 "기적"을 경험하세요!

YoungJin.com Y.
영진닷컴

출제빈도에 따라 분류하였습니다.

⬆ : 반드시 보고 가야 하는 이론
⬆ : 비중있게 다루어지는 이론
⬆ : 기본으로 알아야 하는 이론

▶ 표시된 부분은 동영상 강의가 제공됩니다.
이기적 홈페이지(license.youngjin.com)에 접속하여 시청하세요.

▶ 제공하는 동영상과 PDF 자료는 1판 1쇄 기준 2년간 유효합니다.
단, 출제기준안에 따라 동영상 내용은 변경될 수 있습니다.

PART 01 빅데이터 분석 기획

PART 02 빅데이터 탐색

별책 기출공략집

구매 인증 PDF

시험장까지 함께 가는 핵심 요약
이기적 스터디 카페에서 제공

※ **참여 방법** : '이기적 스터디 카페' 검색 → 이기적 스터디 카페(cafe.naver.com/yjbooks) 접속
→ '구매 인증 PDF 증정' 게시판 → 구매 인증 → 메일로 자료 받기

STEP 01 전문가가 핵심만 정리한 이론으로 학습

출제빈도
섹션별 출제빈도를 상중하로
나누어 효율적인 학습이 가능합니다.

빈출 태그
시험에 자주 출제되는
주요 키워드를 태그로 정리했습니다.

팁(TIP)
이해를 돕는 추가 설명과 공부
노하우 등 다양한 팁이 삽입되
어 있습니다.

STEP 02 예상문제로 이론 복습, 유형 파악

개념 체크
이론 학습 후 문제로 바로 출
제유형을 확인해보세요.

정답 & 해설
해설로 문제의 출제 포인트를
확인하고 복습하세요.

합격 강의
문제 풀이 영상을 제공합니다.
QR 코드를 스캔하거나 이기
적 홈페이지에서 시청하세요.

기출문제
최신 기출문제로 자신의 실력
을 체크하고 이론을 정리하세
요.

합격 강의
문제 풀이 영상을 제공합니다.
QR 코드를 스캔하거나 이기
적 홈페이지에서 시청하세요.

모의고사
기출 키워드를 반영한 모의고
사로 시험 전 마지막 테스트
를 진행하세요.

STEP 01 응시 자격 조건

- 대학 졸업자 및 졸업예정자(전공 무관)
- 그 외 응시자격은 시행처의 자격안내 확인

STEP 02 원서 접수하기

- www.dataq.or.kr에서 접수
- 연 2회 시행

STEP 03 필기 시험 응시

- 신분증, 컴퓨터용 사인펜, 수험표 지참
- 120분 동안 진행

STEP 04 필기 합격자 발표

www.dataq.or.kr에서 합격자 발표

1. 빅데이터분석기사 정의

빅데이터 이해를 기반으로 빅데이터 분석 기획, 빅데이터 수집 · 저장 · 처리, 빅데이터 분석 및 시각화를 수행하는 실무자를 말한다.

• 대용량의 데이터 집합으로부터 유용한 정보를 찾고 결과를 예측하기 위해 목적에 따라 분석기술과 방법론을 기반으로 정형/비정형 대용량 데이터를 구축, 탐색, 분석하고 시각화를 수행하는 업무를 수행한다.

2. 검정 요강

필기검정방법	객관식	문제수	총 80문제	시험시간	120분

필기과목명	문제수	주요항목	세부항목
빅데이터 분석 기획	20	빅데이터의 이해	빅데이터 개요 및 활용
			빅데이터 기술 및 제도
		데이터 분석 계획	분석방안 수립
			분석 작업 계획
		데이터 수집 및 저장 계획	데이터 수집 및 전환
			데이터 적재 및 저장
빅데이터 탐색	20	데이터 전처리	데이터 정제
			분석 변수 처리
		데이터 탐색	데이터 탐색 기초
			고급 데이터 탐색
		통계기법 이해	기술통계
			추론통계
빅데이터 모델링	20	분석모형 설계	분석 절차 수립
			분석 환경 구축
		분석기법 적용	분석기법
			고급 분석기법
빅데이터 결과 해석	20	분석모형 평가 및 개선	분석모형 평가
			분석모형 개선
		분석결과 해석 및 활용	분석결과 해석
			분석결과 시각화
			분석결과 활용

3. 합격 기준

과목당 100점을 만점으로 ① 각 과목별 40점 이상
② 전 과목 평균 60점 이상

※ 응시자격 등 빅데이터분석기사 자격검정에 대한 자세한 내용은 데이터자격검정시스템(www.dataq.or.kr)을 참고하시기 바랍니다.

빅데이터 분석 기획 무조건 점수를 따고 들어가자!

20문항

1과목 빅데이터 분석 기획은 데이터 전문가라면 기본 소양으로 알고 있어야 하는 내용이 많으며 출제 역시 전반적인 개념과 사례에 대해 물어보는 형태가 주로 출제되고 있습니다. 각종 절차와 내용, 기술 용어 등의 이해와 함께 빅데이터로 인한 개인정보 침해 등 사회적 문제에 대해서도 출제가 자주 되고 있으니 대비해야 합니다.

1-1. 빅데이터 개요 및 활용 `17%`
빈출 태그 ETL, 가트너 3V, 데이터사이언티스트, 데이터 웨어하우스, 빅데이터 가치, 마이데이터, 데이터 분석 조직구조, 소프트 스킬, 데이터 처리 단위

1-2. 빅데이터 기술 및 제도 `35%`
빈출 태그 딥러닝, 분석5단계, 지도학습, 비식별화, 개인정보보호법, 데이터 거버넌스, 하둡, GDPR, API 게이트웨이, 스파크, 전이학습, LLM

2-1. 분석 방안 수립 `25%`
빈출 태그 EDA, 데이터 분석 기획, 절차, 접근 방법, 모델링, 진단 분석, 분석 성숙도, 시급성, 메타 데이터, CRISP-DM

2-2. 분석 작업 계획 `8%`
빈출 태그 이상값, 데이터 수집, 분석 단계, 프로젝트 관리, FGI, WBS

3-1. 데이터 수집 및 전환 `10%`
빈출 태그 정형데이터 품질 보증, 민감 정보, 데이터 품질, 비식별 조치

3-2. 데이터 적재 및 저장 `5%`
빈출 태그 nosql, HDFS, 제타바이트, 저장 시스템, Key-Value

빅데이터 탐색 개념을 이해하고 통계 문제에 대비하자!

20문항

2과목 빅데이터 탐색은 기초 통계의 수학적 이해를 요구합니다. 계산 문제가 매회 2~3 문제씩 출제되나 그 난이도는 높지 않으므로 개념 이해를 통해 다양한 유형의 출제에 대비하는 것이 좋습니다. 데이터 탐색에 응용되는 다양한 개념들과 각종 기술/추론 통계를 모두 꼼꼼히 공부하여 점수를 놓치지 않도록 준비하세요.

1-1. 데이터 정제 `2%`
빈출 태그 데이터 정제, 이상치 판단, 결측값 대치

1-2. 분석 변수 처리 `20%`
빈출 태그 변수 선택, 파생 변수 생성, 학습데이터 불균형, 차원의 저주, 군집 불균형, 차원 축소, 변수 변환, 원-핫 인코딩, 오버샘플링

2-1. 데이터 탐색 기초 `25%`
빈출 태그 박스플롯, 산점도, 상관계수, median, 표본 추출, 왜도, 기초통계량, 이상치

2-2. 고급 데이터 탐색 `3%`
빈출 태그 주성분분석, 비정형데이터, 요인분석, 텍스트 마이닝, 시공간 데이터

3-1. 기술통계 `30%`
빈출 태그 전수조사, 불량률, 확률 계산, 확률분포, 포아송분포, 정규분포, 중심극한정리, 군집추출, 층화추출, 카이제곱, 확률밀도함수, 베이즈 정리

3-2. 추론통계 `20%`
빈출 태그 최대우도, Z 계산, 점추정, 1종/2종 오류, 유의수준, 표본분산

빅데이터 모델링 분석 기법의 주요 포인트를 파악하자!   20문항

PART 03

3과목 빅데이터 모델링은 분석 기법에 대한 심도 있는 내용과 본 자격증의 핵심 내용을 모두 담은 중요한 과목입니다. 모델의 특징을 이해해야 풀 수 있는 문제가 많이 출제되며, 다양한 응용 알고리즘에 대한 학습도 필요합니다. 과목의 특성상 방대한 범위에서 출제가 이뤄지기 때문에 고득점이 쉽지 않은 과목이므로 반복 학습은 필수입니다.

1-1. 분석 절차 수립   `2%`

빈출 태그 모델링 절차, 분석 시나리오, 가설검정

1-2. 분석 환경 구축   `5%`

빈출 태그 K-fold 검정, 데이터 분할, 과대적합

2-1. 분석기법   `63%`

빈출 태그 변수 선택, 인공신경망, 합성곱 계층, 잔차진단, SVM, LASSO, Ridge, 로지스틱 회귀, 앙상블, 비지도학습, 지도학습-분류, 군집분석, 회귀분석, 활성화함수, 의사결정나무, DNN, CNN, RNN, 초매개변수, GAN, 드롭아웃, 연관성분석

2-2. 고급 분석기법   `30%`

빈출 태그 자료 분석, 다차원 척도, 베이즈 정리, 시계열 자료, 자기상관, 비정형 데이터 형태, 랜덤 포레스트, 비모수적 통계 검정법, 보팅, 배깅, 부스팅, ARIMA, 앙상블

빅데이터 결과 해석 비교적 어렵지 않으므로 고득점을 노려보자!   20문항

PART 04

4과목 빅데이터 결과 해석은 검정, 진단, 모형 선택, 시각화에 관한 문제가 출제되고 있습니다. 각종 지표와 혼동행렬 관련 문제는 매회 여러 문제가 출제되고 있으므로 꼭 확실히 이해해야 합니다. 차트별 특징, 어떻게 해석할 것인지에 대해 비교적 어렵지 않게 출제되므로 고득점을 노려보세요.

1-1. 분석모형 평가   `43%`

빈출 태그 편향, 분산, 혼동 행렬, ROC, F1 score, 적합도 검정, 정밀도, 민감도, 특이도, 모형 진단, 잔차 진단, 정규성 가정, 홀드아웃, k-폴드 교차검증

1-2. 분석모형 개선   `12%`

빈출 태그 초매개변수, 모형 선택, 매개변수 최적화, 가중치 감소

2-1. 분석결과 해석   `10%`

빈출 태그 MAE, MAPE, 선형회귀, ROC, 지지도, 신뢰도, 실루엣, 엘보우

2-2. 분석결과 시각화   `25%`

빈출 태그 산점도, 막대그래프, 불균형 데이터셋, 인포그래픽, 버블차트, 카토그램, 히스토그램, 스타차트, 파레토 차트

2-3. 분석결과 활용   `10%`

빈출 태그 모델링 타입, 분석결과의 활용, 성과지표, 분석모형 전개

저자 나홍석

- 고려대학교 컴퓨터학 박사
- 고려사이버대학교 소프트웨어공학과/미래학부 교수
- 前 시드니대학교 방문연구교수
- 前 NCS DB엔지니어링 분과 교육전문위원
- 前 ISO/IEC JTC1/SC32 (데이터관리서비스) 위원

저자 배원성

- 고려대학교 이학 박사 (응용수학 및 확률론 전공)
- 서울대학교 생명공학공동연구원 선임연구원
- 쿼터백 R&D 총괄
- 前 NH투자증권 로보어드바이저 및 포트폴리오 R&D
- 前 NH투자증권 FICC상품운용 및 프론트 퀀트
- 前 신한금융투자 파생상품운용 및 프론트 퀀트
- 前 고려대학교 대학원 금융공학전공 겸임교수

저자 이건길

- 고려대학교 경영학 석사 (MIS 전공)
- ㈜엔씨소프트 Data Science Team 팀장
- 제13회 전국 퍼스널 컴퓨터 경진대회, 제14회 한국 정보올림피아드 등 총12회 수상
- 연세대학교 정보대학원 Machine Learning and Computational Finance Lab 박사과정
- 고려사이버대학교 외래교수

저자 이혜영

- 밀라노공과대학교 비즈니스데이터사이언스 석사
- ㈜스피랩 대표이사
- 고려대학교 AI대학원 Robot Intelligence Lab 석박사 통합과정
- 2022-2023 한국정보과학회 IoT 부문 우수발표논문상
- 고려사이버대학교 겸임교수

*고려사이버대학교 AI · 빅데이터 연구소

인공지능 · 빅데이터 분야의 다양한 지식과 기술을 연구하고, 교육을 통한 전문 인력을 양성하여 대학뿐만 아니라 국가/사회 발전에 기여함을 목적으로 설립되었습니다. AI · 빅데이터 분야 전문 교육과정 개발과 운영, 국제 간 학술교류 등의 사업을 진행하고 있습니다.

*이기적 스터디 카페 cafe.naver.com/yjbooks

한 번에 합격, 자격증은 이기적! 전문가들이 함께하는 질문답변 게시판과 이벤트, 각종 추가 자료 등 독자분들께 다양한 혜택들을 제공하고 있습니다.

데이터는 비즈니스와 사건의 전자적 기록일 뿐, 일상의 비즈니스 현장과 전략적 의사결정은 오직 주관적(암묵적) 경험과 육감에만 의지하던 시절이 옛날 이야기처럼 있었습니다. 그 기나긴 암흑기 동안 데이터는 진실로 가치 있는 일에는 사용되지 못했습니다. 이제 마침내 빅데이터로써 의미 있는 가치를 실현하는 시대가 밝았습니다.

빅데이터의 축적과 분석/활용에 대한 수요가 매우 높아서 업무시간의 상당 부분을 내부 직원의 육성/전환뿐만 아니라 외부 전문가 경력 채용에 할애하고 있는데, 누구든 단순히 관련 용어들을 언급은 하지만 기본 개념에 대한 올바른 이해를 가지고 실제의 경험을 나누는 수준에는 미치지 못하는 분들도 있습니다. 이 혼란 속에서 빅데이터 전문가를 양성하고 그 역량을 체계적으로 검정(檢定)할 수 있는 최소한의 방법으로서 빅데이터 분석기사 자격검정 시험이 제정/시행되고 있는 것은 무척 반가운 일이며, 이에 도전하는 분들이 많은 것을 기쁘게 생각합니다.

단순한 암기뿐만 아니라 기본 개념의 이해와 응용을 요구하는 자격 시험을 준비하기 위해서는 '개념의 이해'와 '문제의 풀이'라는 두 과정이 모두 필수적입니다. 신뢰할 수 있는 저자들의 이론서로 개념을 공부하고 관련된 문제를 통해 이해한 바를 확실히 하는 것이 필기 시험을 미리 준비하는 과정에서는 매우 유익하고, 시험일자에 임박해서는 기출 문제를 포함하여 다양한 문제의 제시와 설명이 충실한 책으로 문제풀이 감각을 높이는 것이 주효할 것으로 생각합니다.

제가 깊은 신뢰를 갖고 있는 이 책의 주도적 기획자들이, 시험을 준비하는 분들의 개념에 대한 이해를 설명을 통해 충실히 돕고 문제풀이를 통해 그 이해를 강화하는 구도의 책을 기획/준비한 점이 참 좋습니다. 시험준비를 처음 시작할 때, 그리고 수많은 문제 풀이 후에 단권화를 시도할 때, 이 책이 여러분의 탁월한 선택이 될 것으로 기대합니다.

– 김은생 부사장(LG CNS | Data & Analytics)

바야흐로 디지털 변환(Digital Transformation)의 시대. 금융, 통신, 제조 등 전산업이 큰 변화를 겪는 가운데, 우리는 매일 새로운 비즈니스 모델과 서비스를 경험하고 있습니다. 그렇다면 우리는 디지털 변환이라는 현상의 본질을 어떻게 이해할 수 있을까요? 바로 변화와 혁신의 핵심이 데이터(Data)이기에 현시대를 살아가는 사람들은 데이터에 대한 올바른 이해가 필요합니다.

"이기적 빅데이터분석기사 필기"는 데이터가 무엇이고 데이터를 활용하여 가치를 창출하는 방법이 단계별로 일목요연하게 잘 정리된 책입니다. 수험서적으로써 그 내용이 완벽하게 구성되어 있을뿐만 아니라 그 어느 빅데이터 교양서적보다도 유의미한 내용을 포함하고 있습니다.

데이터 수집과 탐색, 통계기법, 모델링, 분석결과 활용 등 이 책을 하나하나 따라가다 보면, 세상의 변화를 읽을 줄 아는 데이터 전문가로 성장하고 있는 여러분을 발견하실 겁니다. 따라서, 빅데이터분석기사 수험생은 반드시 읽어야할 책이며, 데이터 실무에 대해 한 차원 높은 이해를 원하는 분들이 읽으시면 큰 도움이 될 것입니다.

– 변형균 상무(BC카드 AI빅데이터본부장, 전 KT AI/BigData 서비스 담당)

"앞으로 열정과 지식 축적으로 데이터 전문성의 민주화(Data democratization of Expertise)에 입문하게 되실 것을 미리 축하 드립니다."

데이터 기반의 프로젝트 전문가 및 기획에 대한 20년 경력의 관리자로서, 데이터 분석의 중요성은 더 할 나위 없이 중요한 시대라 생각합니다. 저는 과거에 국내외 전자상거래 매출액 15조원 규모를 기획 및 관리할 때에도 데이터 분석을 통한 평가를 통하여 중요한 의사결정을 하였습니다. 과거 못지않게 미래에는 그 중요성이 더욱 커질 것입니다.

이기적 빅데이터분석기사 도서는 데이터 분석과 수집, 저장, 탐색, 모델링, 평가 및 시각화와 관련된 전문서적입니다. 이 책을 통해서, 독자들은 데이터의 살아있는 지식을 담고, 각자 경험을 바탕으로 성공적인 데이터 기반의 비즈니스 플랫폼을 만들 것임을 확신합니다.

또한 빅데이터분석기사 및 ADP까지 국내외 모든 데이터 관리 분야 전문가로서의 지식 체계가 수립될 것입니다.

– 강정배 기술사(ITPE 대표, PMP Agile 바이블 저자, 정보관리기술사, 수석감리원)

"In the new world, it is not the big fish which eats the small fish, it's the fast fish which eats the slow fish." 4차산업혁명을 선언한 클라우스 슈밥은 '빠른 물고기가 느린 물고기를 잡아먹는다'라는 비유로 기술변화의 시대를 살아가야 하는 개인과 기업에게 경각심을 불러일으켰습니다.

빅데이터와 인공지능으로 모든 산업영역과 생활영역이 트랜스포메이션 되고 있는 시대에 빅데이터분석기사 시험을 통해 빠른 물고기에 해당하는 인재들이 적절한 시점(Right Time)에 배출될 예정입니다. 이 책은 빅데이터 분석기획부터 빅데이터 결과해석까지 빅데이터 전체 라이프사이클에 대해서 매우 균형있게 구성을 하면서도 실무 경험까지 녹여낸 책으로 빅데이터를 학습하는 수험자 입장에서 내용 구성이 매우 잘 되어있습니다.

새 술은 새 부대에 담아야 그 맛을 오랫동안 제대로 유지할 수 있습니다. 빅데이터 시대에 실무적인 역량까지 고려하여 수험자가 학습해야 할 내용을 꼼꼼하게 담아낸 이 책을 통해 데이터사이언티스트로서 목표를 달성할 수 있기를 바랍니다.

– 이춘식 기술사(씨에스리 대표이사, 데이터베이스 설계와 구축 저자, 정보관리기술사)

4차 산업혁명과 더불어 D.N.A (Data, Network, AI) 기술로 대표되는 지능화 혁신을 통해 모든 산업 서비스들이 놀라운 속도로 발전하고 있습니다. 빅데이터로 대표되는 Data 기술은 5G로 대표되는 네트워크 기술과 결합하여 수많은 데이터들이 실시간으로 수집되고 처리되어 AI 서비스에 양질의 학습데이터를 제공되는 중요한 출발점이라고 볼 수 있습니다.

데이터는 모든 산업의 발전과 새로운 가치 창출의 촉매 역할을 하는 '데이터 경제(Data Economy)'로 패러다임 전환 중이며 많은 선진 국가들이 국가 경제의 지속 성장 및 일자리 창출을 위해 빅데이터 접목을 통한 주력산업의 재도약과 혁신성장을 도모 중입니다.

따라서 데이터를 모으고 분석에 필요한 형태로 가치있게 가다듬고 분석하여 해석하기 쉽게 시각화 전달하는 일련의 과정을 통찰력 있게 다룰 줄 아는 인재를 양성하는 일은 ICT 경쟁력을 높이는 매우 중요한 일이라 여겨 집니다.

「이기적 빅데이터분석기사 필기」 수험서는 데이터를 활용하여 어떤 연구나 서비스를 제작하고자 할 때 어디서부터 시작해야 하는지, 어느 부분에 집중해야 하는지 등에 대한 실무적 해답을 쉽게 소개해 주어 비전문가라도 쉽게 데이터를 다루는 능력을 키울 수 있게 도움을 줄 수 있다고 여겨집니다.

데이터를 다루는 인재가 많이 필요한 시점인 만큼, 빅데이터 기술을 체계적으로 배우고, 객관적 능력을 검증하는데 있어 이 수험서를 추천 드리며, 이 수험서는 우리 사회에서 훌륭한 데이터 과학자가 많이 배출 하는데 큰 역할을 할 것이라 확신합니다.

– 정종진 박사(KETI 한국전자기술연구원, 정보데이터분석 팀장)

빅데이터 산업은 코로나19로 인해서 주목을 받고 발전 속도가 가속화되고 있는 가운데 디지털 뉴딜 핵심으로 꼽히며 많은 산업에 기여하고 있습니다. 정부에서는 디지털 뉴딜을 위해서 투자를 적극적으로 할 것이며 그 중에서도 빅데이터 관련 산업에 집중적으로 할 것이라고 밝혔습니다.

이와 같은 정부의 빅데이터 산업 육성 정책과 빅데이터 산업의 확대가 빅데이터 전문인력에 대한 수요를 폭발적으로 급증하게 만듦으로써 결국 '데이터분석기사'라는 국가기술자격을 갖춘 빅데이터 전문인력 양성을 위한 기사 시험을 시행하게 되었습니다.

「이기적 빅데이터분석기사 필기 기본서」는 AI · 인공지능 연구소에서 인공지능 및 빅데이터에 관한 연구개발을 담당하는 교수와 산업체 현장의 빅데이터 전문가들이 심혈을 기울여 만든 가장 효과적인 합격 지침서로서 비전공자까지도 쉽게 이해할 수 있도록 빅데이터 분석 기획, 빅데이터 탐색, 빅데이터 모델링, 빅데이터 결과 해석의 4개 과목으로 구성하여 수험생들에게 커다란 도움이 될 것입니다.

– 한운영 교수(고려사이버대학교 산학협력단장)

빅데이터 분석 기획

1과목은 빅데이터와 분석에 대한 기본적 이해를 주로 다룹니다. 관련 기본 용어와 기술 및 제도에 대해 알아보고 분석, 수집 및 저장 계획을 수립하는 과정을 확인합니다. 다른 파트보다 방대할 수 있지만 이론적 정리를 통해 높은 점수를 목표로 공부하도록 합니다.

CHAPTER 01

빅데이터의 이해

CHAPTER 01

학습 방향

빅데이터와 관련된 기술에 대해 공부해야 합니다. 단계별로 빅데이터가 어떻게 처리되는지, 또 어떤 요소를 중요시하며 사용되는 기술은 무엇이 있는지 확인하며 공부합니다.

개인정보와 비식별화도 시험에서 중요한 비중을 차지하니 고득점을 목표로 대비해야 합니다.

출제빈도

SECTION 01	하	10%
SECTION 02	상	90%

빅데이터 개요 및 활용

01 데이터와 정보

데이터는 1940년대 이후 자연과학과 함께 다양한 사회과학이 발전하면서, 과거 관념적이고 추상적인 개념에서 기술적이며 사실적인 의미로 변화되었다.

데이터는 1646년 영국 문헌에 처음 등장하였으며, '주어진 것'이란 의미를 갖는 라틴어 dare(주다, to give)의 과거분사형으로 사용되었다.

1) 데이디의 정의
• 데이터는 추론과 추정의 근거를 이루는 사실이다.
• 현실 세계에서 관찰하거나 측정하여 수집한 사실이다.

2) 데이터의 특징
• 단순한 객체로도 가치가 있으며 다른 객체와의 상호관계 속에서 더 큰 가치를 갖는다.
• 객관적 사실이라는 존재적 특성을 갖는다.
• 추론, 추정, 예측, 전망을 위한 근거로써 당위적 특성을 갖는다.

3) 데이터의 구분

> 🅑 기적의 TIP
>
> 데이터의 형태를 구분할 수 있어야 한다.

① 정량적 데이터(Quantitative Data) : 주로 숫자로 이루어진 데이터이다.
　　예 2020년, 100km/h 등

② 정성적 데이터(Qualitative Data) : 문자와 같은 텍스트로 구성되며 함축적 의미를 지니고 있는 데이터이다.
　　예 철수가 시험에 합격하였다.

▶ 정량적 데이터와 정성적 데이터의 비교

	정량적 데이터	정성적 데이터
유형	정형 데이터, 반정형 데이터	비정형 데이터
특징	여러 요소의 결합으로 의미 부여	객체 하나가 함축된 의미 내포
관점	주로 객관적 내용	주로 주관적 내용
구성	수치나 기호 등	문자나 언어 등
형태	데이터베이스, 스프레드시트 등	웹 로그, 텍스트 파일 등
위치	DBMS, 로컬 시스템 등 내부	웹사이트, 모바일 플랫폼 등 외부
분석	통계 분석 시 용이	통계 분석 시 어려움

4) 데이터의 유형

① 정형 데이터(Structured Data) : 정해진 형식과 구조에 맞게 저장되도록 구성된 데이터이며, 연산이 가능하다.
  예 관계형 데이터베이스의 테이블에 저장되는 데이터 등

② 반정형 데이터(Semi-structured Data) : 데이터의 형식과 구조가 비교적 유연하고, 스키마 정보를 데이터와 함께 제공하는 파일 형식의 데이터이며, 연산이 불가능하다.
  예 JSON, XML, RDF, HTML 등

③ 비정형 데이터(Unstructured Data) : 구조가 정해지지 않은 대부분의 데이터이며, 연산이 불가능하다.
  예 동영상, 이미지, 음성, 문서, 메일 등

스키마
자료의 구조, 표현 방법

JSON(JavaScript Object Notation)
데이터 오브젝트를 전달하기 위해 인간이 읽을 수 있는 텍스트를 사용하는 개방형 표준 포맷

XML(eXtensible Markup Language)
여러 특수 목적을 갖는 마크업 언어를 만드는 용도로 권장되는 다목적 마크업 언어

5) 데이터의 근원에 따른 분류

데이터의 수집과정은 데이터의 재생산 과정으로 볼 수 있으며, 원본 데이터로부터 재생산된 데이터는 가역 데이터와 불가역 데이터로 구분할 수 있다.

① 가역 데이터 : 생산된 데이터의 원본으로 일정 수준 환원이 가능한 데이터로 원본과 1:1 관계를 갖는다. 이력 추적이 가능하여, 원본 데이터가 변경되는 경우 변경사항을 반영할 수 있다.

② 불가역 데이터 : 생산된 데이터의 원본으로 환원이 불가능한 데이터이다. 원본 데이터와는 전혀 다른 형태로 재생산되기 때문에, 원본 데이터의 내용이 변경되었더라도 변경사항을 반영할 수 없다.

▶ 가역 데이터와 불가역 데이터의 비교

	가역 데이터	불가역 데이터
환원성(추적성)	가능(비가공 데이터)	불가능(가공 데이터)
의존성	원본 데이터 그 자체	원본 데이터와 독립된 새 객체
원본과의 관계	1대1의 관계	1대N, N대1 또는 M대N의 관계
처리과정	탐색	결합
활용분야	데이터 마트, 데이터 웨어하우스	데이터 전처리, 프로파일 구성

6) 데이터의 기능

과학적 발견은 개인의 암묵적 지식에 기초하는 경우가 많으며, 이를 활용하려면 데이터를 기반으로 한 암묵지와 형식지의 상호작용이 중요하다.

① 암묵지 : 어떠한 시행착오나 다양하고 오랜 경험을 통해 개인에게 체계화되어 있으며, 외부에 표출되지 않은 무형의 지식으로 그 전달과 공유가 어렵다.

② 형식지 : 형상화된 유형의 지식으로 그 전달과 공유가 쉽다.

데이터 마트
데이터 웨어하우스 환경에서 정의된 접근계층으로, 데이터 웨어하우스에서 데이터를 꺼내 사용자에게 제공 역할

7) 지식창조 매커니즘

암묵지
학습과 경험을 통하여 개인에게 체화되어 있지만 겉으로 드러나지 않는 지식

형식지
명시적으로 알 수 있는 형태, 형식을 갖추어 표현되고 공유가 가능한 지식

암묵지와 형식지 간 상호작용을 위한 일본의 경영학자 노나카 이쿠지로의 지식창조 매커니즘은 다음의 4단계로 구성된다.

① 공통화(Socialization) : 서로의 경험이나 인식을 공유하며 한 차원 높은 암묵지로 발전시킨다.

② 표출화(Externalization) : 암묵지가 구체화되어 외부(형식지)로 표현된다.

③ 연결화(Combination) : 형식지를 재분류하여 체계화한다.

④ 내면화(Internalization) : 전달받은 형식지를 다시 개인의 것으로 만든다.

▲ 지식창조 매커니즘

8) 데이터, 정보, 지식, 지혜

데이터의 정확성은 정보, 지식, 지혜와의 상호관계에서 지대한 영향을 미치며, 가치창출에 있어 핵심적인 역할을 한다.

데이터, 정보, 지식, 지혜는 인간의 사회활동 속에서 가치창출을 위한 일련의 프로세스로 연결되어 기능한다.

▶ 지식의 피라미드(가치창출 프로세스)

지혜 (Wisdom)	축적된 지식을 통해 근본적인 원리를 이해하고 아이디어를 결합하여 도출한 창의적 산물이다. ⑩ 다른 상품들도 온라인 쇼핑 시 오프라인 상점보다 저렴할 것이다.
지식 (Knowledge)	상호 연결된 정보를 구조화하여 유의미한 정보를 분류하고 개인적인 경험을 결합시켜 내재화한 고유의 결과물이다. ⑩ 오프라인 상점보다 저렴한 온라인 쇼핑으로 노트북을 구매할 것이다.
정보 (Information)	데이터를 가공하거나 처리하여 데이터 간 관계를 분석하고 그 속에서 도출된 의미를 말하며, 항상 유용한 것은 아니다. ⑩ 오프라인 상점보다 온라인 쇼핑 시 노트북 가격이 더 저렴하다.
데이터 (Data)	현실 세계에서 관찰하거나 측정하여 수집한 사실이나 값으로 개별 데이터로는 그 의미가 중요하지 않은 객관적인 사실이다. ⑩ 온라인 쇼핑 시 노트북 가격은 100만 원이며, 오프라인 상점의 노트북 가격은 150만 원이다.

1 다음 중 데이터에 대한 설명으로 옳은 것은?

① 데이터는 추론과 추정의 근거를 이루는 사실로, 단순한 객체로는 가치가 없고 다른 객체와의 상호관계 속에서 가치를 갖는다.

② 정량적 데이터는 정형 데이터이고, 정성적 데이터는 반정형 데이터와 비정형 데이터이다.

③ 데이터는 추론과 추정의 근거를 이루는 사실로, 정량적 데이터와 정성적 데이터 모두 객관적 내용을 내포하고 있다.

④ 데이터의 유형을 유연성을 기준으로 나열했을 때 비정형 데이터가 가장 유연하고, 정형 데이터는 유연성이 부족하다.

정답 ④

• 데이터는 단순한 객체로도 가치가 있으며 다른 객체와의 상호관계 속에서 더 큰 가치를 갖는다.
• 정량적 데이터는 정형 데이터와 반정형 데이터이고, 정성적 데이터는 비정형 데이터이다.
• 정량적 데이터는 주로 객관적 내용을, 정성적 데이터는 주로 주관적 내용을 내포하고 있다.
• 정형 데이터는 정해진 형식과 구조에 맞게 저장하여야 하지만, 반정형 데이터는 데이터의 형식과 구조가 비교적 유연하고, 비정형 데이터는 구조를 갖지 않은 경우가 대부분이다.

2 다음 중 데이터의 특성에 대한 설명으로 옳은 것은?

① 정형 데이터는 가역 데이터이며, 언제든지 환원 가능하다.

② 암묵지는 외부에 표출되지 않은 무형의 지식으로 그 전달과 공유가 어렵다.

③ 서로의 경험이나 인식을 공유하며 한 차원 높은 암묵지로 발전시키는 과정을 연결화라 한다.

④ 편의점보다 대형마트에서 구매할 때 아이스크림 가격이 더 저렴하다는 것은 데이터의 한 예이다.

정답 ②

• 데이터의 근원에 따라 분류했을 때 환원이 가능한 경우 가역 데이터, 그렇지 못한 경우 불가역 데이터라 하며, 데이터의 유형과 무관하게 비가공 데이터인 경우 가역 데이터, 가공이 이루어진 경우 불가역 데이터로 분류된다.
• 암묵지는 학습과 경험을 통하여 개인에게 체계화되어 있지만 겉으로 드러나지 않는 지식이다.
• 지식창조 메커니즘은 공통화, 표출화, 연결화, 내면화를 반복하며, 서로의 경험이나 인식을 공유하며 한 차원 높은 암묵지로 발전시켜 나가는 과정을 공통화라 하고, 연결화는 표출화를 통해 표현된 형식지를 재분류하여 체계화하는 과정이다.
• 데이터를 가공하거나 처리하여 데이터 간 관계를 분석하고 그 속에서 도출된 의미를 정보라 하며, 편의점보다 대형마트에서 아이스크림 가격이 더 저렴하다는 것은 정보의 한 예이다.

02 데이터베이스

데이터베이스(DataBase)라는 용어는 1963년 6월에 컴퓨터 중심의 데이터베이스 개발과 관리라는 주제로 미국 SDC(System Development Corporation)가 개최한 심포지엄에서 공식적으로 사용되었다.

1) 데이터베이스의 정의

• 체계적이거나 조직적으로 정리되고 전자식 또는 기타 수단으로 개별적으로 접근할 수 있는 독립된 저작물, 데이터 또는 기타 소재의 수집물이다.

– 데이터베이스는 소재를 체계적으로 배열 또는 구성한 편집물로서 개별적으로 그 소재에 접근하거나 그 소재를 검색할 수 있도록 한 것이다. (저작권법)

> 데이터베이스는 1950년대에 미국 정부가 세계 각국에 있는 미군의 군비 상황을 집중 관리하기 위하여 컴퓨터 기술을 활용하면서 시작되었으며, 이때 수집된 자료를 '데이터(data)의 기지(base)'라는 뜻으로 표현하였다.

- 동시에 복수의 적용 업무를 지원할 수 있도록 복수 이용자의 요구에 대응해서 데이터를 받아들이고 저장, 공급하기 위하여 일정한 구조에 따라서 편성된 데이터의 집합이다.
- 문자, 기호, 음성, 화상, 영상 등 상호 관련된 다수의 콘텐츠를 정보 처리 및 정보통신 기기에 의하여 체계적으로 수집, 축적하여 다양한 용도와 방법으로 이용할 수 있도록 정리한 정보의 집합체이다.

2) 데이터베이스 관리 시스템(DBMS: DataBase Management System)

데이터베이스를 관리하며 응용 프로그램들이 데이터베이스를 공유하며 사용할 수 있는 환경을 제공하는 소프트웨어이다.

▶ 데이터베이스 관리 시스템의 종류

종류	설명
관계형 DBMS	데이터를 열과 행을 이루는 테이블로 표현하는 모델이다.
객체지향 DBMS	정보를 객체 형태로 표현하는 모델이다.
네트워크 DBMS	그래프 구조를 기반으로 하는 모델이다.
계층형 DBMS	트리 구조를 기반으로 하는 모델이다.

- SQL(Structured Query Language)
  - 데이터베이스에 접근할 때 사용하는 언어이다.
  - 단순한 질의 기능뿐만 아니라 데이터 정의와 조작 기능을 갖추고 있다.
  - 테이블 단위로 연산을 수행하며 초보자들도 비교적 쉽게 사용 가능하다.

3) 데이터베이스의 특징

① 통합된 데이터(Integrated Data)

동일한 데이터가 중복되어 저장되지 않음을 의미한다.

- 데이터의 중복은 관리상 복잡하고 다양한 문제를 초래한다.

② 저장된 데이터(Stored Data)

컴퓨터가 접근할 수 있는 저장매체에 데이터를 저장한다.

③ 공용 데이터(Shared Data)

여러 사용자가 서로 다른 목적으로 데이터를 함께 이용한다.

- 일반적으로 대용량화되어 있고 구조가 복잡하다.

④ 변화되는 데이터(Changed Data)

데이터는 현시점의 상태를 나타내며 지속적으로 갱신된다.

- 갱신으로 변화하면서도 현재의 정확한 데이터를 유지해야 한다.

▶ 데이터베이스의 장단점

장점	단점
• 데이터 중복 최소화 • 실시간 접근 가능 • 데이터 보안 강화 • 논리적 및 물리적 독립성 제공 • 데이터 일관성 제공 • 데이터 무결성 보장 • 데이터 공유 용이	• 구축과 유지에 따른 비용 발생 • 백업과 복구 등 관리 필요

4) 데이터베이스의 활용

① OLTP(OnLine Transaction Processing)

호스트 컴퓨터와 온라인으로 접속된 여러 단말 간 처리 형태의 하나로 데이터베이스의 데이터를 수시로 갱신하는 프로세싱을 의미한다.

- 여러 단말에서 보내온 메시지에 따라 호스트 컴퓨터가 데이터베이스를 액세스하고, 바로 처리 결과를 돌려보내는 형태를 말한다.
- 현재 시점의 데이터만을 데이터베이스가 관리한다는 개념이다.
  - 이미 발생된 트랜잭션에 대해서는 데이터값이 과거의 데이터로 다른 디스크나 테이프 등에 보관될 수 있다.

② OLAP(OnLine Analytical Processing)

정보 위주의 분석 처리를 하는 것으로, OLTP에서 처리된 트랜잭션 데이터를 분석해 제품의 판매 추이, 구매 성향 파악, 재무 회계 분석 등을 프로세싱하는 것을 의미한다.

- 다양한 비즈니스 관점에서 쉽고 빠르게 다차원적인 데이터에 접근하여 의사결정에 활용할 수 있는 정보를 얻을 수 있게 하는 기술이다.

▶ OLTP와 OLAP의 비교

구분	OLTP	OLAP
데이터 구조	복잡	단순
데이터 갱신	동적으로 순간적	정적으로 주기적
응답 시간	수 초 이내	수 초에서 몇 분 사이
데이터 범위	수 십일 전후	오랜 기간 저장
데이터 성격	정규적인 핵심 데이터	비정규적 읽기 전용 데이터
데이터 크기	수 기가바이트	수 테라바이트
데이터 내용	현재 데이터	요약된 데이터
데이터 특성	트랜잭션 중심	주제 중심
데이터 액세스 빈도	높음	보통
질의 결과 예측	주기적이며 예측 가능	예측하기 어려움

OLTP가 데이터 갱신 위주라면, OLAP는 데이터 조회 위주라고 할 수 있다.

5) 데이터 웨어하우스(DW: Data Warehouse)*

사용자의 의사결정에 도움을 주기 위하여 기간시스템의 데이터베이스에 축적된 데이터를 공통의 형식으로 변환해서 관리하는 데이터베이스이다.

데이터 웨어하우스는 일정한 시간 동안의 데이터를 축적하고 의사결정을 위한 다양한 분석 작업을 수행한다.

▶ 데이터 웨어하우스의 특징

특징	내용
주제지향성 (Subject–orientation)	고객, 제품 등과 같은 중요한 주제를 중심으로 그 주제와 관련된 데이터들로 구성된다.
통합성 (Integration)	데이터가 데이터 웨어하우스에 입력될 때는 일관된 형태로 변환되며, 전사적인 관점에서 통합된다.
시계열성 (Time–variant)	데이터 웨어하우스의 데이터는 일징 기간 동인 시짐별로 이어진다.
비휘발성 (Non–volatilization)	데이터 웨어하우스에 일단 데이터가 적재되면 일괄 처리 작업에 의한 갱신 이외에는 변경이 수행되지 않는다.

▶ 데이터 웨어하우스의 구성

구성 요소	내용
데이터 모델 (Data Model)	주제 중심적으로 구성된 다차원의 개체–관계형(Entity Relation) 모델로 설계된다.
ETL (Extract, Transform, Load)	기업의 내부 또는 외부로부터 데이터를 추출, 정제 및 가공하여 데이터 웨어하우스에 적재한다.
ODS (Operational Data Store)	다양한 DBMS 시스템에서 추출한 데이터를 통합적으로 관리한다.
DW 메타데이터	데이터 모델에 대한 스키마 정보와 비즈니스 측면에서 활용되는 정보를 제공한다.
OLAP (Online Analytical Processing)	사용자가 직접 다차원의 데이터를 확인할 수 있는 솔루션이다.
데이터마이닝 (Data Mining)	대용량의 데이터로부터 인사이트를 도출할 수 있는 방법론이다.
분석 도구	데이터마이닝을 활용하여 데이터 웨어하우스에 적재된 데이터를 분석할 수 있는 도구이다.
경영기반 솔루션	KMS, DSS, BI와 같은 경영의사결정을 지원하기 위한 솔루션이다.

1 다음 중 데이터베이스에 대한 설명으로 틀린 것은?

① 데이터베이스는 관련된 레코드의 집합이며, 이를 위한 소프트웨어를 데이터베이스 관리시스템이라 한다.

② SQL은 데이터베이스에 접근할 때 사용하는 언어이며, 데이터 정의와 조작이 가능하다.

③ 데이터베이스는 통합된 데이터, 저장된 데이터, 공용 데이터 그리고 변화되는 데이터이다.

④ OLTP는 조회 중심의 데이터베이스로 현재 시점의 데이터만을 관리한다는 개념이다.

정답 ④

- 데이터베이스는 동시에 복수의 적용 업무를 지원할 수 있도록 복수 이용자의 요구에 대응해서 데이터를 받아들이고 저장, 공급하기 위하여 일정한 구조에 따라서 편성된 데이터의 집합체이며, 이를 효율적으로 관리하기 위한 시스템을 DBMS라 한다.
- SQL은 단순한 질의뿐만 아니라 데이터 정의와 조작이 가능하며, 초보자들도 비교적 쉽게 사용 가능한 언어이다.
- 데이터베이스는 통합된 데이터(Integrated Data), 저장된 데이터(Stored Data), 공용 데이터(Shared Data), 변화되는 데이터(Changed Data)라는 특징이 있다.
- OLTP는 데이터 갱신 위주이고, OLAP는 데이터 조회 위주의 데이터베이스라 할 수 있다.

2 다음 중 데이터 웨어하우스에 대한 설명으로 틀린 것은?

① 데이터만이 아닌 분석 방법까지도 포함하여 조직 내 의사결정을 지원하는 정보 관리 시스템이다.

② 주제 중심적이고, 각 주제별로 분리되어 있으며, 시계열 형태의 비휘발성 데이터이다.

③ 데이터 웨어하우스를 구성하는 ETL은 데이터를 비즈니스 목적에 실질적으로 유용한 상태로 변환하는 엔드 투 엔드 프로세스이다.

④ DW 메타데이터는 데이터 모델에 대한 스키마 정보 등을 제공한다.

정답 ②

- 데이터 웨어하우스는 사용자의 의사결정에 도움을 주기 위하여 기관시스템의 데이터베이스에 축적된 데이터를 공통의 형식으로 변환해서 관리하는 데이터베이스이다.
- 주제지향성, 통합성, 시계열성, 비휘발성이라는 특징을 갖고 있다.
- ETL은 기업의 내부 또는 외부로부터 데이터를 추출(Extract), 변환(Transform)하여 데이터 웨어하우스에 적재(Load)하는 과정이다.
- DW 메타데이터는 데이터 모델에 대한 스키마 정보와 비즈니스 측면에서 활용되는 정보를 제공한다.

03 빅데이터 개요

빅데이터는 기존 데이터보다 너무 방대하여 기존의 방법이나 도구로 수집/저장/분석 등이 어려운 정형 및 비정형 데이터들을 의미한다.

- 빅데이터는 일반적인 데이터베이스 소프트웨어로 저장, 관리, 분석할 수 있는 범위를 초과하는 규모의 데이터이다. (McKinsey, 2011)

- 빅데이터는 다양한 종류의 대규모 데이터로부터 저렴한 비용으로 가치를 추출하고 데이터의 초고속 수집, 발굴, 분석을 지원하도록 고안된 차세대 기술 및 아키텍처이다. (IDC, 2011)

- 빅데이터는 대용량 데이터를 활용해 작은 용량에서는 얻을 수 없었던 새로운 통찰이나 가치를 추출해 내며, 나아가 이를 활용해 시장과 기업 및 시민과 정부의 관계 등 많은 분야에 변화를 가져오는 것이다. (Mayer-Schonberger&Cukier, 2013)

1) 빅데이터의 등장과 변화

① 빅데이터의 등장 배경

디지털화, 저장 기술, 인터넷 보급, 모바일 혁명, 클라우드 컴퓨팅 등 관련 기술이 빠르게 발전하고 있다.

- 기업에서는 온·오프라인 고객 데이터가 많이 축적되면서 데이터에 숨어 있는 가치를 발굴해 새로운 성장동력으로 활용하고 있다.
- 학계에서는 인간 게놈 프로젝트, 기후 관찰 등 거대 데이터를 다루는 학문 분야가 확산되면서 필요한 기술 아키텍처 및 분석 기법들이 발전하고 있다.

데이터 변화	기술 변화	인재, 조직 변화
규모(Volume) 형태(Variety) 속도(Velocity)	• 새로운 데이터 처리, 저장, 분석 기술 및 아키텍처 • 클라우드 컴퓨팅 활용	• Data Scientist 같은 새로운 인재 필요 • 데이터 중심 조직

→ • 기존 방식으로는 얻을 수 없었던 통찰 및 가치 창출
• 시장, 사업방식, 사회, 정부 등에서 변화와 혁신 주도

② 빅데이터의 등장으로 인한 변화

- 데이터 처리 시점이 사전 처리(pre-processing)에서 사후 처리(post-processing)로 이동하였다.
  - 기존에 필요한 정보만 수집하는 시스템에서, 가능한 한 많은 데이터를 모으고 다양한 방식으로 조합하여 숨은 정보를 얻는 방식으로 변화
- 데이터 처리 범주가 표본조사에서 전수조사로 확대되었다.
  - 기술 발전으로 인한 데이터 처리비용 감소로 표본조사가 아닌 전수조사를 통해 샘플링이 주지 못하는 패턴이나 정보를 발견하는 방식으로 변화
- 데이터의 가치 판단 기준이 질(quality)보다 양(quantity)으로 그 중요도가 달라졌다.
  - 데이터의 지속적 추가는 양질의 정보가 오류 정보보다 많아 전체적으로 좋은 결과를 산출하는 데 긍정적인 영향을 미친다는 추론을 바탕으로 변화
- 데이터를 분석하는 방향이 이론적 인과관계 중심에서 단순한 상관관계로 변화되는 경향이 있다.
  - 데이터 기반의 상관관계 분석으로 특정 현상의 발생 가능성을 포착하여 대응하는 방식으로 변화

2) 빅데이터의 특징

빅데이터 용어가 사용된 초기에 가트너(Gartner) 그룹은 3V(규모, 유형, 속도)로 빅데이터의 특징을 설명했으며, 최근에는 빅데이터 분석을 통해 얻을 수 있는 가치와 데이터에 대한 품질의 중요성이 강조되고 있다.

(B) 기적의 TIP

가트너의 3V에 대해 구분할 수 있어야 한다.

▶ 빅데이터의 특징

광의	협의	특징	내용
5V	3V	규모(Volume)	• 데이터 양이 급격하게 증가(대용량화) • 기존 데이터 관리 시스템의 성능적 한계 도달
		유형(Variety)	• 데이터의 종류와 근원 확대(다양화) • 정형 데이터 외 반정형 및 비정형 데이터로 확장
		속도(Velocity)	• 데이터 수집과 처리 속도의 변화(고속화) • 대용량 데이터의 신속하고 즉각적인 분석 요구
	+2V	품질(Veracity)	• 데이터의 신뢰성, 정확성, 타당성 보장이 필수 • 고품질의 데이터에서 고수준 인사이트 도출 가능
		가치(Value)	• 대용량의 데이터 안에 숨겨진 가치 발굴이 중요 • 다른 데이터들과 연계 시 가치가 배로 증대

▶ 전통적 데이터와 빅데이터 비교

	전통적 데이터	빅데이터
규모	기가바이트(GB) 이하	테라바이트(TB) 이상
처리단위	시간 또는 일 단위 처리	실시간 처리
유형	정형 데이터	정형+반정형, 비정형 데이터
처리방식	중앙집중식 처리	분산 처리
시스템	Relational DBMS	Hadoop, HDFS, Hbase, NoSQL 등

바이트(byte)는 컴퓨터가 조작하는 정보의 최소 처리 단위이다.
1KB = 1024byte = 2^{10} ≒ 10^{3}

킬로바이트(KB)	2^{10}	10^{3}
메가바이트(MB)	2^{20}	10^{6}
기가바이트(GB)	2^{30}	10^{9}
테라바이트(TB)	2^{40}	10^{12}
페타바이트(PB)	2^{50}	10^{15}
엑사바이트(EB)	2^{60}	10^{18}
제타바이트(ZB)	2^{70}	10^{21}
요타바이트(YB)	2^{80}	10^{24}

3) 빅데이터의 활용

빅데이터 활용을 위한 3대 요소로는 자원, 기술, 인력이 있다.

▶ 빅데이터의 활용을 위한 3요소

구성 요소	내용
자원(Resource) [빅데이터]	• 정형, 반정형, 비정형 데이터를 실시간으로 수집한다. • 수집된 데이터를 전처리 과정을 통해 품질을 향상시킨다.
기술(Technology) [빅데이터플랫폼, AI]	• 분산 파일 시스템을 통해 대용량 데이터를 분산 처리한다. • 데이터마이닝 등을 통해 데이터를 분석 및 시각화한다. • 데이터를 스스로 학습, 처리할 수 있는 AI 기술을 활용한다.
인력(People) [알고리즈미스트, 데이터사이언티스트]	• 통계학, 수학, 컴퓨터공학, 경영학 분야 전문지식을 갖춘다. • 도메인 지식을 습득하여 데이터 분석 및 결과를 해석한다.

▶ 빅데이터의 활용을 위한 기본 테크닉

테크닉	설명	예시
연관규칙학습	변인들 간 주목할 만한 상관관계가 있는지 찾아내는 방법	도시락을 구매하는 사람이 음료수를 더 많이 구매하는가?
유형분석	문서를 분류하거나 조직을 그룹화할 때 사용	이것은 어떤 특성을 가진 집단에 속하는가?
유전 알고리즘	최적화가 필요한 문제를 생물 진화의 과정을 모방하여 점진적으로 해결책을 찾는 방법	시청률을 최고치로 하기 위해 어떤 프로그램을 어떤 시간에 방송해야 하는가?
기계학습	데이터로부터 학습한 알려진 특성을 활용하여 예측	시청 기록을 바탕으로 어떤 영화를 가장 보고 싶어하는가?
회귀분석	독립변수가 종속변수에 미치는 영향을 분석할 때 사용	경력과 학력이 연봉에 미치는 영향은?
감정분석	특정 주제에 대해 말을 하거나 글을 쓴 사람의 감정을 분석	새로운 할인 정책에 대한 고객의 평은 어떤가?
소셜네트워크 (사회관계망)분석	특정인과 다른 사람의 관계를 파악하고 영향력 있는 사람을 분석할 때 사용	고객들 간 관계망은 어떻게 구성되는가?

다음 중 빅데이터에 대한 설명으로 틀린 것은?

① 데이터 처리 범주가 표본조사에서 전수조사로 확대되었다.

② 가트너 그룹은 3V(규모, 유형, 속도)로 빅데이터의 특징을 설명하였다.

③ 빅데이터를 활용하기 위한 3요소로 자원, 기술, 인력이 필요하며, 그 중 자원은 빅데이터와 플랫폼으로 구성된다.

④ 빅데이터 활용을 위한 방법들로는 연관규칙분석, 기계학습, 회귀분석 등이 존재한다.

정답 ③

• 기술 발전으로 인한 데이터 처리비용 감소로 표본조사가 아닌 전수조사를 통해 패턴이나 정보를 발견하는 방식으로 변화되었다.
• 빅데이터는 규모(Volume)면에서 대용량화, 유형(Variety)면에서 다양화, 속도(Velocity)면에서 고속화된 특징을 갖고 있다.
• 빅데이터 활용을 위한 3요소로 자원(빅데이터), 기술(빅데이터플랫폼, AI), 인력(알고리즈미스트, 데이터 사이언티스트)이 필요하다.
• 빅데이터 활용을 위한 기본 테크닉으로 연관규칙분석, 유형분석, 유전 알고리즘, 기계학습, 회귀분석, 감정분석, 소셜네트워크분석 등이 있다.

04 빅데이터의 가치

▶ 빅데이터 활용을 통해 얻는 가치

기관명	경제적 효과
Economist(2010)	데이터는 자본이나 노동력과 거의 동등한 레벨의 경제적 투입자본으로 비즈니스의 새로운 원자재 역할을 한다.
MIT Sloan(2010)	데이터 분석을 잘 활용하는 조직일수록 차별적 경쟁력을 갖추고 높은 성과를 창출한다.
Gartner(2011)	데이터는 21세기의 원유이며 미래 경쟁 우위를 결정한다. 기업은 다가올 데이터 경제시대를 이해하고 정보고립을 경계해야 한다.
McKinsey(2011)	빅데이터는 혁신, 경쟁력, 생산성의 핵심요소이다.

빅데이터의 역할
• 4차 산업혁명시대의 석탄이나 철, 원유와 같은 역할
• 사실관계를 상세하게 들여다볼 수 있는 렌즈 역할
• 다양한 개발자들에게 사업 기회를 주는 플랫폼 역할

1) 빅데이터의 기능과 효과

• 빅데이터는 이를 활용하는 기존 사업자에게 경쟁 우위를 제공한다.
  – 새롭게 시장에 진입하려는 잠재적 경쟁자에게는 진입장벽과도 같다.
  – 고객 세분화와 맞춤형 개인화 서비스를 제공할 수 있다.
  – 시뮬레이션을 통한 수요 포착과 변수 탐색으로 경쟁력을 강화하고, 비즈니스 모델이나 제품 또는 서비스의 혁신을 가져온다.
• 빅데이터는 알고리즘 기반으로 의사결정을 지원하거나 이를 대신한다.
• 빅데이터는 투명성을 높여 R&D 및 관리 효율성을 제고한다.

2) 빅데이터의 가치 측정의 어려움

특정 데이터의 가치는 그 데이터의 활용 및 가치 창출 방식과 분석 기술의 발전 여부 등에 따라 달라질 수 있어 이를 측정하고 판단하는 것은 쉽지 않다.

① 데이터 활용 방식 : 데이터를 재사용하거나 재결합, 다목적용 데이터 개발 등이 일반화되면서 특정 데이터를 누가, 언제, 어디서 활용할지 알 수 없기에 그 가치를 측정하기 어렵다.

② 가치 창출 방식 : 데이터는 어떠한 목적을 갖고서 어떻게 가공하는가에 따라 기존에 없던 가치를 창출할 수도 있어 사전에 그 가치를 측정하기 어렵다.

③ 분석 기술 발전 : 데이터는 지금의 기술 상황에서는 가치가 없어 보일지라도 새로운 분석 기법이 등장할 경우 큰 가치를 찾아낼 수 있으므로 당장 그 가치를 측정하기 어렵다.

④ 데이터 수집 원가 : 데이터는 달성하려는 목적에 따라 수집하거나 가공하는 비용이 상황에 따라 달라질 수 있어 그 가치를 측정하기 어렵다.

대용량 데이터에 맞는 자료 관리 기술과 자료 분석 기술이 필요해졌다.

3) 빅데이터의 영향

• 기업에게 혁신과 경쟁력 강화, 생산성 향상의 근간이 된다.
  − 빅데이터를 활용해 소비자의 행동을 분석하고 시장 변동을 예측해 비즈니스 모델을 혁신하거나 신사업을 발굴한다.
• 정부에게 환경 탐색과 상황 분석, 미래 대응 수단을 제공한다.
  − 기상, 인구이동, 각종 통계, 법제 데이터 등을 수집해 사회 변화를 추정하여 관련 정보를 추출한다.
• 개인에게 활용 목적에 따라 스마트화를 통해 영향을 준다.
  − 빅데이터를 서비스하는 기업이 많아지고 데이터 분석 비용은 지속적으로 하락하여 활용이 용이해졌다.

✔ **개념 체크**

다음 중 빅데이터의 가치에 대한 설명으로 틀린 것은?

① 빅데이터는 이를 활용하는 사업자에게 경쟁우위를 제공한다.
② 빅데이터는 다양한 개발자들에게 사업 기회를 주는 플랫폼의 역할을 한다.
③ 빅데이터는 가치를 측정하는데 어려움이 있다.
④ 빅데이터는 기업이나 정부에게는 영향을 미치지만 개인에게는 별다른 영향을 미치지 않는다.

정답 ④

• 빅데이터는 잠재적 경쟁자에게 진입장벽과도 같다.
• 빅데이터는 4차 산업혁명시대의 석탄이나 철, 원유와 같은 역할을 한다.
• 특정 데이터의 가치는 그 데이터의 활용 및 가치 창출 방식과 분석 기술의 발전 여부 등에 따라 달라질 수 있어 이를 측정하고 판단하는 것은 쉽지 않다.
• 빅데이터는 개인에게 활용 목적에 따라 스마트화를 통해 영향을 준다.

05 데이터 산업의 이해

1) 데이터 산업의 진화

데이터 산업은 데이터 처리 – 통합 – 분석 – 연결 – 권리 시대로 진화하고 있다.

- 데이터 통합 시대까지 데이터의 역할은 거래를 정확하게 기록하고 거래의 자동화를 지원하는 것이었다. 데이터 분석 수준이 향상되면서 데이터의 자원 활용이 가능해졌다.

① 데이터 처리 시대

- 컴퓨터 프로그래밍 언어를 이용하여 대규모 데이터를 빠르고 정확하게 처리할 수 있게 되었으며 결과는 파일 형태로 보관되었다.
- 기업들은 EDPS(Electronic Data Processing System)를 도입하여 급여 계산, 회계 전표 처리 등의 업무에 적용하였다.
- 데이터는 업무 처리의 대상으로 새로운 가치를 제공하지는 않았다.

② 데이터 통합 시대

- 데이터 처리가 여러 업무에 적용되기 시작하면서 데이터가 쌓이기 시작했고 전사적으로 데이터 일관성을 확보하기가 어려워졌다.
- 데이터 모델링과 데이터베이스 관리 시스템이 등장했다.
- 데이터 조회와 보고서 산출, 원인 분석 등을 위해 데이터 웨어하우스가 도입되었다.

③ 데이터 분석 시대

- 대부분 업무에 정보기술이 적용되고, 모바일 기기 보급, 공정센서 확대, 소셜 네트워크 이용 확산 등으로 인해 데이터가 폭발적으로 증가했다.
- 대규모 데이터를 보관하고 관리할 수 있는 하둡, 스파크 등의 빅데이터 기술이 등장했다.

데이터 모델링(Data Modeling)
통합된 데이터를 일관성 있게 관리하기 위한 데이터베이스 설계 기법

하둡
일반 상용 서버로 구성된 클러스터에서 사용할 수 있는 분산 파일 시스템과, 대량의 자료를 처리하기 위한 분산 처리 시스템을 제공하는 오픈 소스 프레임워크

데이터 분석이 효과를 내기 위해서는 전체 구성원이 데이터를 잘 다룰 수 있어야 한다.

- 데이터를 학습하여 전문가보다도 정확한 의사결정을 빠르게 내릴 수 있는 인공지능 기술도 상용화되었다.
- 데이터를 분석하여 사실들의 인과관계를 밝힐 수 있고, 이를 업무에 적용하면 의사결정의 연관성과 기민성을 높일 수 있다는 점이 다양한 사례로 증명되었다.

데이터 리터러시
데이터를 읽고 그 의미를 파악하는 해독 능력

- 데이터 소비자(Data Consumer)의 역할과 활용 역량을 높이기 위한 데이터 리터러시(Data Literacy) 프로그램의 중요성도 커지고 있다.

④ 데이터 연결 시대

- 기업 또는 기관, 사람, 사물 등 모든 것이 항상 그리고 동시에 둘 이상의 방식으로 연결되어 데이터를 주고받는다.
- 연결은 네트워크를 만들고, 네트워크는 새로운 비즈니스 모델을 탄생시킨다.

플랫폼 비즈니스
네트워크 효과를 이용한 비즈니스 모델

- 디지털 경제의 주축 세력인 디지털 원주민은 융합된 서비스를 원한다.
  - 융합된 서비스를 제공하기 위해서는 다양한 기업들의 서비스 연결이 필요하고, 이는 기업 간 데이터로 연결되어야 한다.

Open API
특정 서비스를 제공하는 업체가 자신들의 서비스에 접근할 수 있도록 그 방법을 외부에 공개한 것

- 데이터 경제의 데이터 연결을 강조하는 의미에서, 오픈 API 경제라는 용어가 사용되기도 한다. 또한, 오픈 API 제공 수 및 접속 수, 오픈 API로 연결된 외부 실체 수 등이 기업의 지속가능성과 성장성을 확인할 수 있는 지표가 되기도 한다.
- 현재 오픈 API를 제공하는 것은 해당 기업의 자율적 판단에 달려 있지만, 점차 의무화되는 추세이다.

⑤ 데이터 권리 시대

- 개인이 자신의 데이터를 자신을 위해서 사용한다.
  - 데이터의 원래 소유자인 개인이 자신의 데이터에 대한 권리를 보유하고 있으며 스스로 행사할 수 있어야 한다는 마이데이터(My Data)가 등장하였다.
- 데이터 권리를 개인이 갖게 된다는 것은 산업이 데이터를 중심으로 재편될 수 있다는 뜻이다.
  - 데이터는 기본적으로 거래 행위의 부산물이었다. 기업들은 개인과 거래를 하는 과정에서 개인의 데이터가 있어야 했고, 이를 확보하였지만 몇 가지 문제 (유출, 미동의 활용, 데이터의 산재)를 일으켰다.
  - 개인의 데이터를 관리해 줄 수 있는 서비스와 필요한 수요자에게 데이터를 팔아 주는 서비스가 나타날 수 있다.
  - 개인은 스스로 데이터를 만들고 자신이 만든 데이터를 기반으로 하는 비즈니스 모델을 구상할 수 있다.
  - 기존 기업들은 개인 데이터 사용에 제약을 받게 됨으로써 고객 접점을 상실하게 될 수 있다.
- 데이터의 공정한 사용이 보장되어야 하며, 데이터 독점이 유발할 수 있는 경제 독점이 방지되어야 한다.

마이데이터
개인 데이터의 활용처와 활용범위 등에 대한 정보주체의 능동적인 의사결정을 지원, 개인정보 자기결정권 보장

데이터 연결과 데이터 권리는 개인 데이터가 완전하게 보호되며, 개인은 자신의 데이터를 완전하게 통제할 수 있다는 믿음이 보편화되어야 한다.

2) 데이터 산업의 구조

① 인프라 영역

- 데이터 수집, 저장, 분석, 관리 등의 기능을 담당한다.
- 컴퓨터나 네트워크 장비 및 스토리지 같은 하드웨어 영역이 있다.
- 데이터를 관리하고 분석하기 위한 소프트웨어 영역이 있다.

② 서비스 영역

- 데이터를 활용하기 위한 교육이나 컨설팅 또는 솔루션을 제공한다.
- 데이터 그 자체를 제공하거나 이를 가공한 정보를 제공한다.
- 데이터를 처리하는 역할을 담당하기도 한다.

다음 중 데이터 산업의 진화 과정에 대한 설명으로 틀린 것은?

① 데이터 처리 시대에는 데이터가 업무 처리의 대상으로 새로운 가치를 제공하였다.

② 데이터 통합 시대에는 데이터 모델링과 데이터베이스 관리 시스템이 등장하였다.

③ 데이터 분석 시대에는 대규모 데이터를 보관하고 관리할 수 있는 빅데이터 기술이 등장하였다.

④ 데이터 권리 시대에는 개인이 자신의 데이터를 자신을 위해서 사용하게 되었다.

정답 ①

- 데이터 처리 시대의 데이터는 업무 처리의 대상으로 새로운 가치를 제공하지는 않았다.
- 데이터 통합 시대에는 전사적으로 데이터 일관성을 확보하기 위해 데이터 모델링과 DBMS를 도입하기 시작하였다.
- 데이터 분석 시대에는 하둡, 스파크 등 빅데이터 기술과 의사결정을 빠르고 정확하게 내릴 수 있는 인공지능 기술이 상용화되었다.
- 데이터 권리 시대에는 데이터 원래 소유자인 개인이 자신의 데이터에 대한 권리를 보유하고 있으며 스스로 행사할 수 있어야 한다는 마이데이터(My Data)가 등장하였다.

06 빅데이터 조직 및 인력

기업의 경쟁력 확보를 위해 비즈니스 질문을 도출하고, 이를 충족하기 위한 가치를 발굴하며, 비즈니스를 최적화하기 위하여 빅데이터 조직 및 인력 구성 방안을 수립한다.

데이터 분석 활용을 통한 성과 창출을 위해서는 조직 역량의 개발, 인력의 영입 등과 같은 전사 관점의 전략이 필요하다.

1) 필요성

- 빅데이터와 관련된 기술적인 문제들은 기술의 발전으로 어느 정도 해소되었다.
- 데이터 분석 및 활용을 위한 조직체계나 분석 전문가 확보에 어려움이 있다.
- 데이터 분석 관점의 컨트롤 타워에 대한 필요성이 제기되고 있다.

2) 조직의 역할

- 전사 및 부서의 분석 업무를 발굴한다.
- 전문적인 분석 기법과 도구를 활용하여 빅데이터 속에서 인사이트를 찾아낸다.
- 발견한 인사이트를 전파하고 이를 실행한다.

3) 조직의 구성

통계학이나 분석 방법에 대한 지식과 분석 경험이 있는 전문인력을 중심으로 전사 또는 특정 부서 내 조직으로 구성하여 운영한다.

① 조직 구성을 위한 체크리스트

- 비즈니스 질문을 선제적으로 찾아낼 수 있는 구조인가?
- 분석 전담조직과 타 부서 간 유기적인 협조와 지원이 원활한 구조인가?
- 효율적인 분석 업무를 수행하기 위한 분석 조직의 내부 조직구조는?
- 전사 및 단위부서가 필요시 접촉하며 지원할 수 있는 구조인가?
- 어떤 형태의 조직(집중형, 기능형, 분산형)으로 구성하는 것이 효율적인가?

② 인력 구성을 위한 체크리스트

- 비즈니스 및 IT 전문가의 조합으로 구성되어야 하는가?
- 어떤 경험과 어떤 스킬을 갖춘 사람으로 구성해야 하는가?
- 통계적 기법 및 분석 모델링 전문 인력을 별도로 구성해야 하는가?
- 전사 비즈니스를 커버하는 인력이 없다면?
- 전사 분석업무에 대한 적합한 인력 규모는 어느 정도인가?

▲ 데이터 분석 업무 수행 주체에 따른 조직구조

집중형
- 전사 분석 업무를 별도의 전담조직에서 수행
- 내부에서 전사 분석과제의 전략적 중요도에 따라 우선순위를 정함
- 현업 부서와 분석 업무가 중복/이원화 가능성 있음

기능형
- 분석 수행의 일반적 구조
- 각 현업 부서에서 분석 업무를 직접 수행
- 전사적 관점에서 전략적 핵심 분석이 어려우며, 특정 현업 부서에 국한된 협소한 분석을 수행할 가능성 높음

분산형
- 분석 전문 인력을 현업 부서에 배치하여 분석 업무 수행
- 전사 차원에서 분석과제의 우선순위를 선정하고 수행
- 분석 결과를 현업에 빠르게 적용 가능

DSCoE(Data Science Center of Excellence)
분석전담조직

🅱 **기적의 TIP**

각 조직구조의 특징을 알아 두어야 한다.

③ 구성 인력과 필요역량

- 비즈니스를 이해하고 있는 인력
- 분석에 필요한 컴퓨터공학적인 기술을 이해하고 있는 인력
- 통계를 이용한 다양한 분석기법을 활용할 수 있는 분석 지식을 갖춘 인력
- 조직 내 분석 문화 확산을 위한 변화 관리 인력
- 분석조직뿐 아니라 관련 부서 조직원의 분석 역량 향상을 위한 교육담당 인력

(출처 : 데이터분석전문가가이드, 한국데이터진흥원)

4) 데이터 사이언스 역량

데이터 사이언스는 정형, 비정형 형태를 포함한 다양한 데이터로부터 지식과 인사이트를 추출하는 데 과학적 방법론, 프로세스, 알고리즘, 시스템을 동원하는 융합분야이다.

- 데이터 사이언스는 데이터를 통해 실제 현상을 이해하고 분석하는 데 필요한 통계학, 데이터 분석, 기계학습과 연관된 방법론을 통합하는 개념으로 정의되기도 한다.

수학, 통계학, 컴퓨터과학, 정보공학 등 광범위한 분야의 기술이 사용된다.

분석적 영역 [수학, 확률모델, 머신러닝, 분석학
패턴 인식과 학습, 불확실성 모델링 등

IT 컨설팅
전략 컨설턴트

시그널 프로세싱
프로그래밍
데이터 엔지니어링
데이터 웨어하우스
고성능 컴퓨팅

데이터 처리
관련 IT영역

비즈니스
컨설팅 영역 [커뮤니케이션,
프레젠테이션,
스토리텔링, 시각화 등

▲ 데이터 사이언스의 영역

① 데이터 사이언스의 기능

• 비즈니스 성과를 좌우하는 핵심이슈에 답할 수 있다.

• 사업의 성과를 견인해 나갈 수 있다.

② 데이터 사이언스 실현을 위한 인문학적 요소

• 스토리텔링 능력

• 커뮤니케이션 능력

• 창의력과 직관력

• 비판적 시각과 열정

③ 데이터 사이언스의 한계

• 분석 과정에서 가정과 같이 인간의 해석이 개입되는 단계가 불가피하다.

• 분석 결과를 바라보는 사람에 따라 서로 다른 해석과 결론을 내릴 수 있다.

• 아무리 정량적인 분석이라 할지라도 모든 분석은 가정에 근거한다.

5) 데이터 사이언티스트

데이터에 대한 이론적 지식과 숙련된 분석 기술을 바탕으로 통찰력과 전달력 및 협업 능력을 갖춘 데이터 분야 전문가이다.

• 데이터의 다각적 분석을 통해 인사이트를 도출하고 이를 조직의 전략 방향 제시에 활용할 수 있는 기획자이기도 하다.

• 문제를 집중적으로 파고들어 질문을 찾고, 검증 가능한 가설을 세워야 한다.

데이터 사이언티스트
데이터의 근원을 찾고 대용량의 복잡한 데이터를 구조화하며 서로 연결하는 역할

Hard Skill

빅데이터에 대한 이론적 지식
-관련기법에 대한 이해와
방법론 습득

분석 기술에 대한 숙련
-최적의 분석 설계 및
노하우 축적

Soft Skill

통찰력 있는 분석
-창의적 사고, 호기심,
논리적 비판

설득력 있는 전달
-스토리텔링,
비주얼라이제이션

다분야 간 협력
-커뮤니케이션

▲ 데이터 사이언티스트의 요구역량

1 다음 중 빅데이터 조직 구성에 대한 설명으로 틀린 것은?

① 전문인력을 중심으로 전사 또는 특정 부서 내 조직으로 구성한다.

② 집중형, 기능형, 분산형 형태의 조직으로 구성할 수 있다.

③ 조직원의 분석 역량 향상을 위한 교육담당 인력도 필요하다.

④ 기능형 조직의 경우 분석전담조직이 필요하지만, 분산형 조직은 필요치 않다.

정답 ④

- 통계학이나 분석 방법에 대한 지식과 분석 경험이 있는 분석인력을 중심으로 전사 또는 특정 부서 내 조직으로 구성하여 운영한다.
- 전사 분석 업무를 별도의 전담조직에서 수행하는 집중형, 각 현업 부서에서 분석 업무를 직접 수행하는 기능형, 분석 전문 인력을 현업 부서에 배치하여 분석 업무를 수행하는 분산형 조직으로 구성할 수 있다.
- 분석조직뿐 아니라 관련 부서 조직원의 분석 역량 향상을 위한 교육담당 인력도 필요하다.
- **분석전담조직(DSCoE: Data Science Center of Excellence)**은 집중형, 분산형 조직에서는 필요하지만, 기능형 조직에서는 필요하지 않다.

2 다음 중 데이터 사이언스의 한계에 대한 설명으로 잘못된 것은?

① 아무리 정량적인 분석이라 할지라도 모든 분석은 가정에 근거한다.

② 분석 과정에서 가정과 같이 인간의 해석이 개입되는 단계가 불가피하다.

③ 분석 결과를 바라보는 사람에 따라 서로 다른 해석과 결론을 내릴 수 있다.

④ 데이터에서 상관관계를 발견하더라도 인과관계를 찾아내지 못한다면 신뢰할 수 없다.

정답 ④

연관성분석과 같이 데이터 분석을 통해 발견되는 패턴만으로도 충분히 의미를 가지는 경우도 있으며, 반드시 인과관계를 찾아내야만 데이터 분석 결과를 신뢰할 수 있는 것은 아니다.

3 다음 중 데이터 사이언티스트가 갖추어야 할 소프트 스킬로 옳은 것은?

① 관련 기법에 대한 이해

② 통찰력 있는 분석

③ 분석 기술에 대한 숙련

④ 빅데이터에 대한 이론적 지식

정답 ②

소프트 스킬은 통찰력 있는 분석, 설득력 있는 전달, 다분야 간 협력을 말하며, 하드 스킬은 빅데이터에 대한 이론적 지식과 분석 기술에 대한 숙련을 말한다.

01 다음 중 데이터에 대한 설명으로 틀린 것은?

① 데이터는 일반적으로 정형, 비정형, 반정형 데이터로 구분된다.
② 비정형 데이터는 텍스트, 음성, 영상 등 특수한 데이터이다.
③ 정형 데이터는 흔히 볼 수 있는 주로 숫자로 구성된 데이터이다.
④ 정형 데이터는 비정형 데이터보다 품질이 우수하며 다양한 분석이 가능하다.

02 다음 중 정성적 데이터로 옳은 것은?

① 대통령에 대한 국민들의 인식
② 서울에서 제주까지 비행시간
③ 한국인의 평균 수명
④ 국내 인구 증가율

03 다음 중 반정형 데이터가 아닌 것은?

① XML File
② JSON File
③ TEXT File
④ HTML File

04 다음 중 비정형 데이터가 아닌 것은?

① 동영상
② 이미지
③ 음성
④ 전화번호

05 다음 중 정보의 특징이 아닌 것은?

① 적정성
② 일관성
③ 관련성
④ 적시성

06 다음 중 지식의 피라미드를 순서대로 나열한 것은?

① 데이터 → 정보 → 지식 → 지혜
② 데이터 → 정보 → 지혜 → 지식
③ 데이터 → 지혜 → 정보 → 지식
④ 데이터 → 지식 → 지혜 → 정보

07 다음 중 지식창조 매커니즘의 단계가 아닌 것은?

① 표출화(Externalization)
② 내면화(Internalization)
③ 통합화(Integration)
④ 공통화(Socialization)

08 다음 중 데이터 웨어하우스의 특징이 아닌 것은?

① 주제지향성(Subject-orientation)
② 휘발성(Volatilization)
③ 통합성(Integration)
④ 시계열성(Time-variant)

09 다음 중 데이터 웨어하우스의 구성요소가 <u>아닌</u> 것은?

① 데이터 모델(Data Model)
② 데이터 전처리(Data Pre-processing)
③ ETL(Extract, Transform, Load)
④ ODS(Operational Data Store)

10 다음 중 빅데이터의 주요 특징으로 <u>틀린</u> 것은?

① 다양성
② 대용량성
③ 신속성
④ 일관성

11 다음 중 빅데이터를 활용할 때 얻을 수 있는 가치가 <u>아닌</u> 것은?

① 마케팅 효과 극대화
② 제품 생산 비용 절감
③ 비즈니스 의사결정의 고도화
④ 고객 개인정보 활용을 통한 통제

12 다음 중 빅데이터 활용에 필요한 3요소로 옳은 것은?

① 자원, 인력, 프로세스
② 자원, 기술, 인력
③ 기술, 인력, 프로세스
④ 자원, 기술, 프로세스

13 다음 중 빅데이터가 만들어 낸 변화로 <u>틀린</u> 것은?

① 사전처리에서 사후처리로 변화
② 인과관계에서 상관관계로 변화
③ 전수조사에서 표본조사로 변화
④ 데이터의 질보다 양의 중요도 증가

14 다음 중 빅데이터의 도입 효과가 <u>아닌</u> 것은?

① 빅데이터는 투명성을 높여 R&D 및 관리 효율성을 제고한다.
② 빅데이터는 시뮬레이션을 통한 수요 포착과 변수 탐색으로 경쟁력을 강화한다.
③ 빅데이터는 고객 세분화와 맞춤형 개인화 서비스를 통해 마케팅 비용이 발생하지 않게 한다.
④ 빅데이터는 비즈니스 모델이나 제품 또는 서비스의 혁신을 가져온다.

15 다음 중 데이터의 가치 측정이 어려운 이유로 <u>틀린</u> 것은?

① 데이터 재사용이 일반화되며 특정 데이터를 누가 언제 사용했는지 알기 어렵다.
② 분석 기술의 발전으로 과거에는 불가능했던 데이터 분석이 가능해졌다.
③ 한정된 곳에서 데이터가 활용되고 있다.
④ 기존에 존재하지 않던 새로운 가치를 창출한다.

16 다음 중 데이터 산업 구조의 분류로 옳은 것은?

① 서비스, 솔루션
② 서비스, 컨설팅
③ 인프라, 서비스
④ 인프라, 컨설팅

17 다음 중 데이터 산업 구조의 서비스 영역으로 틀린 것은?

① 데이터 활용 교육
② 데이터 처리 제공
③ 데이터 기반 컨설팅
④ 도출된 인사이트 기반의 새로운 아이디어 제공

18 다음 중 집중형 조직구조에 대한 설명으로 틀린 것은?

① 전사 분석 업무를 별도의 분석 전담조직에서 수행한다.
② 분석 결과를 현업에 빠르게 적용할 수 있다.
③ 현업 부서의 분석 업무와 이원화될 가능성이 높다.
④ 전략적 중요도에 따라 분석조직이 우선순위를 정하여 진행 가능하다.

19 다음 중 마이데이터가 등장한 시점으로 옳은 것은?

① 데이터 통합 시대
② 데이터 분석 시대
③ 데이터 연결 시대
④ 데이터 권리 시대

20 다음 데이터 사이언티스트에 대한 요구역량 중 Soft Skill이 아닌 것은?

① 분석 기술에 대한 숙련
② 설득력 있는 전달
③ 통찰력 있는 분석
④ 다분야 간 협력

SECTION 01

01 ④	02 ①	03 ③	04 ④	05 ②
06 ①	07 ③	08 ②	09 ②	10 ④
11 ④	12 ②	13 ③	14 ③	15 ③
16 ③	17 ④	18 ②	19 ④	20 ①

01 ④

정형, 비정형, 반정형 데이터의 구분은 품질과는 무관하며, 정형 데이터보다는 비정형 데이터가 일반적으로 다양한 분석을 시도하기에 유리하다.

02 ①

대통령에 대한 국민들의 인식은 세부 분야별로 나누어 5점 척도나 7점 척도로 측정할 수도 있지만 일반적으로 사람에 대한 인식을 물었을 때 서술형으로 대답하는 경우가 많다.

03 ③

XML이나 JSON, HTML File은 기본 형식은 유지하면서 담고 있는 내용에 대해 유연성을 허용하는 반정형 데이터이며 TEXT File의 경우 일정한 형식을 요하지 않는 비정형 데이터에 해당한다.

04 ④

전화번호는 일반적으로 숫자로 구성되며, 이는 정형 데이터에 해당한다.

05 ②

정보는 정확성, 적시성, 적당성, 관련성의 특징을 갖는다.

06 ①

지식의 피라미드는 최하위 데이터 단계부터 최상위 지혜 단계로 구성되며, 데이터 → 정보 → 지식 → 지혜의 순서를 따른다.

07 ③

지식창조 매커니즘은 공통화, 표출화, 연결화, 내면화 총 4단계로 구성되어 있다.

08 ②

데이터 웨어하우스의 특징은 주제지향성, 통합성, 시계열성, 비휘발성이다.

09 ②

데이터 웨어하우스는 데이터 모델, ETL, ODS, DW Meta Data, OLAP, 데이터 마이닝, 분석 TOOL과 경영기반 솔루션으로 구성된다.

10 ④

빅데이터의 특징은 대표적으로 3V(Volume, Velocity, Variety)가 있다.

11 ④

빅데이터 활용 시 고객의 개인정보는 보호되어야 하며, 고객을 통제하는 수단으로 사용하는 것은 부적합하다.

12 ②

빅데이터 활용에 필요한 3요소는 자원(데이터), 기술, 인력이다.

13 ③

빅데이터의 출현으로 인해 기존에 표본조사를 하던 방식이 전수조사를 하는 방식으로 변화되었다.

14 ③

빅데이터는 고객 세분화와 맞춤형 개인화 서비스를 제공하지만 이로 인해 마케팅 비용이 발생하지 않는 것은 아니다.

15 ③

데이터의 가치는 데이터 활용 방식(재사용 등), 가치 창출 방식, 분석 기술 발전으로 인해 측정하기 어렵다.

16 ③

데이터 산업은 인프라 영역과 서비스 영역으로 나뉜다.

17 ④

서비스 영역에서는 데이터 자체나 데이터를 가공한 정보를 제공한다. 새로운 아이디어는 서비스를 제공받는 사람이 생각해야 한다.

18 ②

②는 분산형 조직구조에 대한 설명이다.

19 ④

마이데이터는 개인이 자신의 데이터를 자신을 위해서 사용한다는 사상을 담은 것으로 데이터 권리 시대에 해당한다.

20 ①

빅데이터에 대한 이론적 지식과 분석 기술에 대한 숙련은 Hard Skill에 해당한다.

01 빅데이터 플랫폼

빅데이터 플랫폼
빅데이터를 분석 또는 활용하는 데 필요한 필수적인 것으로, 빅데이터 기술의 집합체

빅데이터 플랫폼은 빅데이터 수집부터 저장, 처리, 분석 등 전 과정을 통합적으로 제공하여 그 기술들을 잘 사용할 수 있도록 준비된 환경이다.

1) 빅데이터 플랫폼의 등장배경

① 비즈니스 요구사항 변화

• 빠른 의사결정 속도보다 장기적이고 전략적인 접근이 필요하다.
• 초저가의 대규모 프로세싱과 클라우드 컴퓨팅 기반의 분석 환경이 등장하였다.
• 새로운 형태의 비즈니스 질문과 통찰이 요구되고 있다.

② 데이터 규모와 처리 복잡도 증가

고객 정보, 센서나 장비 데이터, 공공 데이터 등 내외부적인 데이터 종류가 많아졌다.

• 데이터의 범위와 기간이 확장되어 처리할 데이터 규모와 내용이 방대해졌다.
• 정보의 수집 및 분석이 일시적이지 않고 장기간에 걸쳐 수행되어야 한다.
• 다양한 경로를 통해 다양한 형태의 데이터 수집과 복잡한 로직을 이용한 대용량 처리가 필요하다.
• 분산 처리가 불가피하며 이를 제어할 수 있는 고도의 기술이 필요하다.

③ 데이터 구조의 변화와 신속성 요구

로그
컴퓨터에 기록되는 접속하거나 사용한 정보 등

• SNS 데이터나 로그 파일, 스트림 데이터 등 비정형 데이터의 비중과 실시간 처리에 대한 요구가 높아지고 있다.
• 약한 관계형 스키마나 반정형 데이터와 같은 정형적이지 않은 데이터가 증가하고 있다.
• 데이터 발생 속도가 빨라져 빠른 수집과 가공 및 분석 등 처리가 요구된다.

④ 데이터 분석 유연성 증대

• 기존의 통계적 분석방법과 같이 정해진 절차와 과정을 따르지 않아도 분석 목적에 맞게 유연한 분석이 가능하게 되었다.
• 인공지능 기술의 발전으로 다양한 방법론을 통해 텍스트, 음성, 이미지, 동영상 등 다양한 요소들의 분석이 가능하게 되었다.

2) 빅데이터 플랫폼의 기능

빅데이터를 처리하는 과정에서 부하 발생은 불가피하며, 빅데이터 플랫폼은 이러한 부하들을 기술적인 요소들을 결합하여 해소한다.

① 컴퓨팅 부하 발생

- 빅데이터를 처리하고자 할 때 연산과정에서 CPU, GPU, 메모리 등을 사용하며 부하가 발생한다.
- 빅데이터 플랫폼을 통한 CPU 성능 향상 및 클러스터(Cluster)에서의 효과적인 자원 할당을 통해 부하를 제어할 수 있다.

② 저장 부하 발생

- 빅데이터 처리 과정의 입력 데이터, 중간 가공 데이터, 출력 데이터 등 여러 단계에서 부하가 발생한다.
- 빅데이터 플랫폼을 통한 파일 시스템 개선, 메모리와 파일 시스템의 효과적인 사용 및 데이터베이스 성능 향상으로 제어할 수 있다.

③ 네트워크 부하 발생

- 빅데이터를 처리하는 과정에서 분산처리를 하고자 할 때 노드(Node) 간의 통신 과정에서 부하가 발생한다.
- 빅데이터 플랫폼을 통한 대역폭의 효과적 분배 및 네트워크상에서 최단거리에 위치한 노드를 탐색하여 제어할 수 있다.

3) 빅데이터 플랫폼의 조건

빅데이터 플랫폼은 서비스 사용자와 제공자 어느 한쪽에 치우쳐서는 안 되며 모두가 만족할 수 있는 환경을 제공하여야 한다.

① 서비스 사용자 측면에서의 체크리스트

- 주어진 문제를 해결하기에 충분한 요소들을 제공하는 환경인가?
- 편리한 사용자 인터페이스(UI: User Interface)를 제공하는가?

② 서비스 제공자 측면에서의 체크리스트

- 성능적인 문제가 발생하지 않도록 충분한 관리 기능을 제공하는가?
- 사용자 접속 및 인증을 관리할 수 있는 기능을 제공하는가?
- 효율적인 운영을 위한 자원 관리 기능을 제공하는가?
- 서비스 품질 관리를 위한 각종 지표들을 충분히 제공하는가?
- 안전한 서비스 제공을 위한 보안적인 요소들을 갖추고 있는가?
- 플랫폼 도입을 통해 비용 절감을 이룰 수 있는가?

클러스터
여러 대의 컴퓨터들이 연결되어 하나의 시스템처럼 동작하는 컴퓨터들의 집합

노드
- 지역 네트워크에 연결된 컴퓨터와 그 안에 속한 장비들을 통틀어 일컫는 용어
- 자료구조에서는 데이터의 기본 단위를 의미

4) 빅데이터 플랫폼의 구조

▲ 빅데이터 처리과정별 요소기술을 고려한 플랫폼 구조

① 소프트웨어 계층

빅데이터 애플리케이션을 구성하며 데이터 처리 및 분석과 이를 위한 데이터 수집, 정제를 한다.

컴포넌트	설명	
데이터 처리 및 분석 엔진	데이터를 처리하고 분석한다.	
	데이터 처리 및 분석	서비스에 따른 데이터 처리 및 분석을 수행한다.
	처리 및 분석 워크플로우 구성	데이터 처리 및 분석을 위한 워크플로우를 구성한다.
	데이터 표현	데이터 처리 및 분석한 결과를 표현한다.
데이터 수집 및 정제 모듈	빅데이터 분석 엔진을 위한 데이터를 수집하고 정제한다.	
	데이터 추출	원천 데이터에서 데이터 추출한다.
	데이터 변환	원천 데이터에서 추출한 데이터를 변환하고 균질화 및 정제한다.
	데이터 적재	변환된 데이터를 데이터 웨어하우스로 적재한다.
서비스 관리 모듈	소프트웨어 계층에서 제공하는 서비스를 관리한다.	

	사용자를 관리한다.	
사용자 관리 모듈	인증 및 접속 관리	사용자별 인증과 접속 관리를 한다.
	사용자 서비스 관리	사용자별 서비스를 관리한다.
	SLA 관리	사용자별 서비스 수준 협약(Service Level Agreement)을 관리한다.
모니터링 모듈	플랫폼 및 인프라스트럭처 서비스 사용성과 성능을 모니터링한다.	
보안 모듈	소프트웨어 계층의 보안을 관리한다.	

SLA
(Service Level Agreement)
서비스 제공업체와 고객간 맺는
서비스 품질에 대한 계약. 사전에
정의된 수준의 서비스가 제공될
수 있게 품질보장

② 플랫폼 계층

빅데이터 애플리케이션을 실행하기 위한 플랫폼을 제공하며, 작업 스케줄링이나 데이터 및 자원 할당과 관리, 프로파일링 등을 수행한다.

프로파일링
속도 및 최적화에 중점. CPU와 메
모리 사용량 및 실행 시간 등을 추
적하는 것

컴포넌트	설명	
사용자 요청 파싱	사용자가 요청한 내용을 파싱한다.	
작업 스케줄링 모듈	사용자 애플리케이션 실행 작업을 스케줄링한다.	
데이터 및 자원 할당 모듈	사용자 애플리케이션을 실행하는 데이터와 자원을 할당한다.	
	초기 데이터 할당	사용자 애플리케이션을 실행하는 사용자의 데이터를 초기 할당한다.
	데이터 재할당 및 복제	동적인 상황을 고려하여 데이터를 재할당 및 복제한다.
	초기 자원 할당	사용자 애플리케이션을 실행하는 인프라스트럭처의 자원을 초기 할당한다.
	자원 재할당 및 스케일링	동적인 상황을 고려하여 자원을 재할당 및 스케일링한다.
프로파일링 모듈	자원 및 애플리케이션을 프로파일링 또는 시뮬레이션한다.	
	자원 프로파일링	인프라스트럭처 자원을 할당하는 인프라스트럭처 자원을 프로파일링한다.
	애플리케이션 프로파일링	인프라스트럭처 자원을 할당하는 사용자 애플리케이션을 프로파일링한다.
	애플리케이션 시뮬레이션	인프라스트럭처 자원 선택 및 구성을 하는 사용자 애플리케이션을 시뮬레이션한다.
데이터 관리 모듈	사용자 데이터를 관리한다.	
자원 관리 모듈	인프라스트럭처 자원을 관리한다.	
서비스 관리 모듈	플랫폼 계층에서 제공하는 서비스를 관리한다.	
사용자 관리 모듈	사용자를 관리한다.	
	인증 및 접속 관리	사용자별 인증과 접속 관리를 한다.
	사용자 서비스 관리	사용자별 서비스를 관리한다.
	SLA 관리	사용자별 서비스 수준 협약을 관리한다.
모니터링 모듈	인프라스트럭처 서비스 가용성과 성능을 모니터링한다.	
보안 모듈	소프트웨어 계층의 보안을 관리한다.	

③ 인프라스트럭처 계층

자원 배치와 스토리지 관리, 노드 및 네트워크 관리 등을 통해 빅데이터 처리와 분석에 필요한 자원을 제공한다.

컴포넌트	설명	
사용자 요청 파싱	사용자가 요청한 내용을 파싱한다.	
자원 배치 모듈	사용자에게 제공할 자원을 배치한다.	
	초기 자원 배치	사용자에게 제공하는 자원을 초기 배치한다.
	자원 재배치 및 스케일링	동적인 상황을 고려하여 자원을 재배치 및 스케일링한다.
노드 관리 모듈	인프라스트럭처 내의 노드를 관리한다.	
데이터 관리 모듈	인프라스트럭처 내의 스토리지를 관리한다.	
네트워크 관리 모듈	인프라스트럭처 내외의 네트워크를 관리한다.	
서비스 관리 모듈	인프라스트럭처 계층에서 제공하는 서비스를 관리한다.	
사용자 관리 모듈	사용자를 관리한다.	
	인증 및 접속 관리	사용자별 인증과 접속 관리를 한다.
	사용자 서비스 관리	사용자별 서비스를 관리한다.
	SLA 관리	사용자별 서비스 수준 협약을 관리한다.
모니터링 모듈	서비스를 모니터링 한다.	
	서비스 모니터링	서비스 가용성과 성능을 모니터링한다.
	자원 모니터링	노드, 스토리지, 네트워크 등 자원 가용성과 성능을 모니터링한다.
보안 모듈	소프트웨어 계층의 보안을 관리한다.	

✔ **개념 체크**

다음 중 빅데이터 플랫폼에 대한 설명으로 틀린 것은?

① 빅데이터 플랫폼은 빅데이터 수집, 저장, 처리, 분석 등 전 과정을 통합적으로 제공한다.

② 빅데이터를 처리하는 과정에서 발생하는 컴퓨팅 부하, 저장 부하, 네트워크 부하들을 해소하는 기능을 한다.

③ 빅데이터 플랫폼은 소프트웨어 계층과 하드웨어 계층으로 구성되어 있다.

④ 데이터 구조의 변화와 신속성 요구, 데이터 분석 유연성 증대 등으로 인해 빅데이터 플랫폼이 등장하였다.

정답 ③

- 빅데이터 플랫폼은 빅데이터 수집부터 저장, 처리, 분석 등 전 과정을 통합적으로 제공하여 그 기술들을 잘 사용할 수 있도록 준비된 환경이다.
- 빅데이터를 처리하는 과정에서 부하 발생은 불가피하며, 빅데이터 플랫폼은 이러한 부하들을 기술적인 요소들을 결합하여 해소한다.
- 빅데이터 처리과정별 요소기술을 고려한 3계층(소프트웨어 계층, 플랫폼 계층, 인프라스트럭처 계층)으로 구성되어 있다.
- 빅데이터 플랫폼은 비즈니스 요구사항 변화, 데이터 규모와 처리 복잡도 증가, 데이터 구조의 변화와 신속성 요구, 데이터 분석 유연성 증대로 인해 등장하게 되었다.

02 빅데이터 처리기술

1) 빅데이터 처리과정과 요소기술

▲ 빅데이터 처리과정

기적의 TIP

단계별로 어떤 과정이 진행되는지 이해해야 한다.

① 생성

- 데이터베이스나 파일 관리 시스템과 같은 내부 데이터가 있다.
- 인터넷으로 연결된 외부로부터 생성된 파일이나 데이터가 있다.

② 수집

- 크롤링을 통해 데이터 원천으로부터 데이터를 검색하여 수집한다.
- ETL을 통해 소스 데이터로부터 추출하고, 변환하여, 적재한다.
- 단순한 수집이 아니라 검색 및 수집, 변환 과정을 모두 포함한다.
- 로그 수집기나, 센서 네트워크 및 Open API 등을 활용할 수 있다.

크롤링(Crawling)
웹사이트 등 외부에 저장되어 있는 정보자원을 자동화된 방법으로 수집, 분류, 저장하는 것

③ 저장(공유)

- 저렴한 비용으로 데이터를 쉽고 빠르게 많이 저장한다.
- 정형 데이터뿐만 아니라 반정형, 비정형 데이터도 포함한다.
- 병렬 DBMS나 하둡(Hadoop), NoSQL 등 다양한 기술을 사용할 수 있다.
- 시스템 간의 데이터를 서로 공유할 수 있다.

하둡
분산 파일 시스템과 분산 처리 시스템을 제공하는 아파치 소프트웨어 재단의 오픈 소스 프레임워크

④ 처리

- 데이터를 효과적으로 처리하는 기술이 필요한 단계이다.
- 분산 병렬 및 인메모리(In-memory) 방식으로 실시간 처리한다.
- 대표적으로 하둡(Hadoop)의 맵리듀스(MapReduce)를 활용할 수 있다.

인메모리
디스크가 아닌 메인 메모리에 데이터를 저장하는 기술

⑤ 분석

- 데이터를 신속하고 정확하게 분석하여 비즈니스에 기여한다.
- 특정 분야 및 목적의 특성에 맞는 분석 기법 선택이 중요하다.
- 통계분석, 데이터 마이닝, 텍스트 마이닝, 기계학습 방법 등이 있다.

⑥ 시각화

- 빅데이터 처리 및 분석 결과를 사용자에게 보여주는 기술이다.
- 다양한 수치나 관계 등을 표, 그래프 등을 이용해 쉽게 표현하고 탐색이나 해석에 활용한다.
- 정보 시각화 기술, 시각화 도구, 편집 기술, 실시간 자료 시각화 기술로 구성되어 있다.

2) 빅데이터 수집

크롤러(Crawler)
웹 에이전트를 이용하여 인터넷 링크를 따라다니며 방문한 사이트의 웹 페이지나 소셜 데이터 등 공개되어 있는 데이터를 수집

① 크롤링(Crawling) : 무수히 많은 컴퓨터에 분산 저장되어 있는 문서를 수집하여 검색 대상의 색인으로 포함시키는 기술이다. 어느 부류의 기술을 얼마나 빨리 검색 대상에 포함시키는가로 우위를 결정한다.

② 로그 수집기 : 조직 내부에 있는 웹 서버나 시스템의 로그를 수집하는 소프트웨어이다. 웹 로그나 트랜잭션 및 클릭 로그 등 각종 로그를 하나의 데이터로 수집한다.

③ 센서 네트워크(Sensor Network) : 유비쿼터스 컴퓨팅 구현을 위한 초경량 저전력의 많은 센서들로 구성된 유무선 네트워크이다. 센서를 통하여 획득된 여러 정보를 네트워크로 구성된 통합 환경 내에서 재구성하여 처리한다.

④ RSS Reader/Open API : 데이터의 생산, 공유, 참여할 수 있는 환경인 웹 2.0을 구현하는 기술이다. 필요한 데이터를 프로그래밍을 통해 수집할 수 있다.

⑤ ETL 프로세스 : 데이터의 추출(Extract), 변환(Transform), 적재(Load)의 약어로, 다양한 원천 데이터를 취합해 추출하고 공통된 형식으로 변환하여 적재하는 과정이다.

▲ ETL 프로세스

과정	설명
데이터 추출 (Extract)	• 원천 데이터로부터 적재하고자 하는 데이터를 추출한다.
데이터 변환 (Transform)	• 추출한 데이터를 변환하고 균질화하며 정제한다. • 정제한 데이터를 적재하고자 하는 데이터 웨어하우스 구조에 맞게 변환한다. • 통합하는 제약 조건 및 비즈니스 규칙에 따라 필터링이나 확인 작업을 한다.
데이터 적재 (Load)	• 변환된 데이터를 데이터 웨어하우스에 적재한다.

3) 빅데이터 저장

① NoSQL(Not-only SQL)

전통적인 관계형 데이터베이스와는 다르게 데이터 모델을 단순화하여 설계된 비관계형 데이터베이스로 SQL을 사용하지 않는 DBMS와 데이터 저장장치이다.

RDBMS
관계형 데이터베이스

• 기존의 RDBMS 트랜잭션 속성인 원자성(Atomicity), 일관성(Consistency), 독립성(Isolation), 지속성(Durability)을 유연하게 적용한다.

• 데이터 업데이트가 즉각적으로 가능한 데이터 저장소이다.

• Cloudata, Hbase, Cassandra, MongoDB 등이 대표적이다.

② 공유 데이터 시스템(Shared-data System)

- 일관성, 가용성(Availability), 분할 내성(Partition Tolerance) 중에서 최대 두 개의 속성만 보유할 수 있다. (CAP 이론)
- 분할 내성을 취하고 일관성과 가용성 중 하나를 포기하여 일관성과 가용성을 모두 취하는 기존 RDBMS보다 높은 성능과 확장성을 제공한다.

CAP 이론
CHAPTER 03 – SECTION 02
데이터 적재 및 저장 참고

③ 병렬 데이터베이스 관리 시스템(Parallel Database Management System)

다수의 마이크로프로세서를 사용하여 여러 디스크에 질의, 갱신, 입출력 등 데이터베이스 처리를 동시에 수행하는 시스템이다.

- 확장성을 제공하기 위해 작은 단위의 동작으로 트랜잭션 적용이 필요하다.
- VoltDB, SAP HANA, Vertica, Greenplum, Netezza가 대표적이다.

④ 분산 파일 시스템

네트워크로 공유하는 여러 호스트의 파일에 접근할 수 있는 파일 시스템이다.

- 데이터를 분산하여 저장하면 데이터 추출 및 가공 시 빠르게 처리할 수 있다.
- GFS(Google File System), HDFS(Hadoop Distributed File System), 아마존 S3 파일 시스템이 대표적이다.

⑤ 네트워크 저장 시스템

이기종 데이터 저장 장치를 하나의 데이터 서버에 연결하여 총괄적으로 데이터를 저장 및 관리하는 시스템이다.

- SAN(Storage Area Network), NAS(Network Attached Storage)가 대표적이다.

NAS
네트워크 결합 스토리지, 컴퓨터를 직접 연결하지 않고 근거리 통신 네트워크를 통해 데이터를 주고 받는 방식

4) 빅데이터 처리

① 분산 시스템과 병렬 시스템

분산 시스템	• 네트워크상에 분산되어 있는 컴퓨터를 단일 시스템인 것처럼 구동하는 기술이다. • 분산 시스템에 속한 각 노드는 독립된 시스템이다. • 독립 컴퓨터의 집합으로 만들었으나 마치 단일 시스템인 것처럼 수행되어야 한다.
병렬 시스템	• 문제 해결을 위해 CPU 등의 자원을 데이터 버스나 지역 통신 시스템 등으로 연결하여 구동하는 기술이다. • 분할된 작업을 동시에 처리하여 계산 속도를 빠르게 한다.

– 용어는 구분되어 사용되기도 하지만 서로 중첩되는 부분이 많아 실제 시스템에서도 이 둘을 명확히 구분하기는 어렵다.
– 두 개념을 아우르는 분산 병렬 컴퓨팅이라는 용어를 사용한다.

병렬(Parallel) 데이터베이스의 특징
• 분산 아키텍처
• 병렬 처리/고성능 처리
• 데이터 파티셔닝을 통한 데이터 병렬성
• 데이터 복제와 분산

② 분산 병렬 컴퓨팅 : 다수의 독립된 컴퓨팅 자원을 네트워크상에 연결하여 이를 제어하는 미들웨어(Middleware)를 이용해 하나의 시스템으로 동작하게 하는 기술이다.

미들웨어
하드웨어나 프로토콜, 통신환경 등을 연결하여 응용 프로그램 간 원만한 통신이 이루어질 수 있게 하는 소프트웨어

▶ 분산 병렬 컴퓨팅 시 고려사항

문제	설명
전체 작업의 배분 문제	• 전체 작업을 잘 쪼개어 여러 개의 작은 작업으로 나눠야 한다.
각 프로세서에서 계산된 중간 결과물을 프로세서 간 주고받는 문제	• 효율적인 통신은 성능과 직결된다. • 보통 단일 시스템은 전체 작업을 노드의 수만큼 균등하게 나눈다. • 이종 시스템은 컴퓨팅 능력에 따라 전체 작업을 배분한다. • 노드 간의 통신을 최소화하는 기법 등이 반영되면 자원을 좀 더 효율적으로 사용할 수 있어 성능 향상에 도움이 된다.
서로 다른 프로세서 간 동기화 문제	• 데이터 병렬 처리에서 동기적 방법을 사용할 경우 프로세서는 특정 계산이 끝나거나 특정 데이터를 넘겨받을 때까지 반드시 대기하여야 한다. • 동기적 방법의 경우 송신자는 수신자에게서 데이터를 받았다는 응답이 올 때까지 대기하여야 한다. • 비동기적 방법에서는 결과 메시지를 보낸 즉시 다음 작업을 계속할 수 있다. • 비동기적 방법인 경우 프로세서는 기다릴 필요가 없지만, 계산 과정이 적합한지는 확인해야 한다.

③ 하둡(Hadoop)

분산 처리 환경에서 대용량 데이터 처리 및 분석을 지원하는 오픈 소스 소프트웨어 프레임워크이다.

• 야후에서 최초로 개발했으며, 지금은 아파치 소프트웨어 재단에서 프로젝트로 관리되고 있다.

HDFS
Hadoop Distributed File System

• 하둡 분산파일시스템인 HDFS와 분산칼럼기반 데이터베이스인 Hbase, 분산 컴퓨팅 지원 프레임워크인 맵리듀스(MapReduce)로 구성되어 있다.

• 분산파일시스템을 통해 수 천대의 장비에 대용량 파일을 나누어 저장할 수 있는 기능을 제공한다.

– 분산파일시스템에 저장된 대용량의 데이터들을 맵리듀스를 이용하여 실시간으로 처리 및 분석 가능하다.

• 하둡의 부족한 기능을 보완하는 하둡 에코시스템이 등장하여 다양한 솔루션을 제공한다.

④ 아파치 스파크(Apache Spark)

실시간 분산형 컴퓨팅 플랫폼으로 In-Memory 방식으로 처리를 하며 하둡보다 처리속도가 빠르다.

• 스칼라 언어로 개발되었지만 스칼라뿐만 아니라 Java, R, Python을 지원한다.

맵리듀스
분산 병렬 데이터 처리 기술의 표준

⑤ 맵리듀스(MapReduce)

구글에서 개발한 방대한 양의 데이터를 신속하게 처리하는 프로그래밍 모델로 효과적인 병렬 및 분산 처리를 지원한다.

• 런타임(Runtime)에서의 입력 데이터 분할, 작업 스케줄링, 노드 고장, 노드 간의 데이터 전송 작업이 맵리듀스 처리 성능에 많은 영향을 미친다.

▶ 맵리듀스 처리단계

1단계	입력 데이터를 읽고 분할한다.
2단계	분할된 데이터를 할당해 맵 작업을 수행한 후, 그 결과인 중간 데이터를 통합 및 재분할한다.
3단계	통합 및 재분할된 중간 데이터를 셔플(Shuffle)한다.
4단계	셔플된 중간 데이터를 이용해 리듀스 작업을 수행한다.
5단계	출력 데이터를 생성하고, 맵리듀스 처리를 종료한다.

셔플
n개의 데이터가 어떤 순서대로 정렬되어 있을 때, 그 순서를 무작위로 섞는 알고리즘

➕ 더 알기 TIP

맵리듀스 처리

[ABR], [CCR], [ACB] 데이터를 입력받아 각 원소의 개수를 구하고자 한다.
• 입력받은 데이터를 3개로 균등하게 분할한다.
• 분할된 3개의 데이터를 할당하여 맵 작업을 수행한 후, 그 중간 결과값을 [A], [B], [C], [R]처럼 같은 값끼리 통합 및 재분할한다.
• 통합 및 재분할된 중간 결과값을 셔플한다.
• 셔플된 중간 결과값을 이용해 리듀스 작업을 수행하여 [A], [B], [C], [R] 각각의 개수를 구한다.

5) 빅데이터 분석

① 데이터 분석 방법의 분류

• 탐구 요인 분석(EFA: Exploratory Factor Analysis) : 데이터 간 상호 관계를 파악하여 데이터를 분석하는 방법이다.
• 확인 요인 분석(CFA: Confirmatory Factor Analysis) : 관찰된 변수들의 집합 요소 구조를 파악하기 위한 통계적 기법을 통해 데이터를 분석하는 방법이다.

② 데이터 분석 방법

구분	내용
분류 (Classification)	• 미리 알려진 클래스들로 구분되는 학습 데이터셋(Data Set)을 학습시켜 새로 추가되는 데이터가 속할 만한 데이터 셋을 찾는 지도학습 방법이다.
군집화 (Clustering)	• 특성이 비슷한 데이터를 하나의 그룹으로 분류하는 방법으로, 분류와 달리 학습 데이터셋을 이용하지 않는 비지도학습 방법이다.
기계학습 (Machine Learning)	• 인공지능 분야에서 인간의 학습을 모델링한 방법이다. • 의사결정트리 등 기호적 학습과 신경망이나 유전 알고리즘 등 비기호적 학습, 베이지안이나 은닉 마코프 등 확률적 학습 등 다양한 기법이 있다.

마이닝
데이터로부터 통계적인 의미가 있
는 개념이나 특성을 추출하고 패
턴이나 추세 등의 정보를 끌어내
는 과정

텍스트 마이닝 (Text Mining)	• 자연어 처리 기술을 이용해 인간의 언어로 쓰인 비정형 텍스트에서 유용한 정보를 추출하거나 다른 데이터와의 연관성을 파악하기 위한 방법이다. • 분류나 군집화 등 빅데이터에 숨겨진 의미 있는 정보를 발견하는 데 사용하기도 한다.	
웹 마이닝 (Web Mining)	• 인터넷을 통해 수집한 정보를 데이터 마이닝 방법으로 분석하는 응용분야	
오피니언 마이닝 (Opinion Mining)	• 온라인의 다양한 뉴스와 소셜 미디어 코멘트 또는 사용자가 만든 콘텐츠에서 표현된 의견을 추출, 분류, 이해하는 응용분야이다.	
리얼리티 마이닝 (Reality Mining)	• 휴대폰 등 기기를 사용하여 인간관계와 행동 양태 등을 추론하는 응용분야이다. • 통화량, 통화 위치, 통화 상태, 통화 대상, 통화 내용 등을 분석하여 사용자의 인간관계나 행동 특성을 찾아낸다.	
소셜 네트워크 분석 (Social Network Analysis)	• 수학의 그래프 이론을 바탕으로 소셜 네트워크 서비스에서 네트워크 연결 구조와 강도를 분석하여 사용자의 명성 및 영향력을 측정하는 방법이다.	
감성 분석 (Sentiment Analysis)	• 문장의 의미를 파악하여 글의 내용에 긍정 또는 부정, 좋음 또는 나쁨을 분류하거나 만족 또는 불만족 강도를 지수화하는 방법이다. • 도출된 지수를 이용하여 고객의 감성 트렌드를 시계열로 분석하고, 고객의 감성 변화에 기업들이 신속하게 대응 및 부정적인 의견의 확산을 방지하는 데 활용할 수 있다.	

✔ 개념 체크

다음 중 빅데이터 처리기술에 대한 설명으로 틀린 것은?

① 크롤링은 분산 저장되어 있는 문서를 수집하여 검색 대상의 색인으로 포함시키는 수집 기술이다.

② 분산 병렬 컴퓨팅은 다수의 독립된 컴퓨팅 자원을 네트워크상에 연결하여 하나로 동작하게 하는 기술이다.

③ NoSQL은 기존의 RDBMS 트랜잭션 속성인 원자성, 일관성, 독립성, 지속성을 유연하게 적용하는 저장 기술이다.

④ 확인 요인 분석(CFA)은 데이터 간 상호 관계를 파악하여 데이터를 분석하는 방법이다.

정답 ④

• 크롤링은 웹 에이전트를 이용하여 인터넷 링크를 따라다니며 방문한 사이트의 웹 페이지나 소셜 데이터 등 공개되어 있는 데이터를 수집하는 기술이다.
• 분산 병렬 컴퓨팅은 다수의 독립된 컴퓨팅 자원을 네트워크상에 연결하여 이를 제어하는 미들웨어를 이용해 하나의 시스템으로 동작하게 하는 처리 기술이다.
• NoSQL은 전통적인 관계형 데이터베이스와는 다르게 데이터 모델을 단순화하여 설계된 비관계형 데이터베이스로 SQL을 사용하지 않는 DBMS와 데이터 저장장치이다.
• 확인 요인 분석(CFA)은 관찰된 변수들의 집합 요소 구조를 파악하기 위한 통계적 기법을 통해 데이터를 분석하는 방법이며, 데이터 간 상호 관계를 파악하여 데이터를 분석하는 방법은 탐구 요인 분석(EFA)이다.

03 빅데이터와 인공지능

1) 인공지능(AI: Artificial Intelligence)

① 인공지능의 정의

- 인공지능은 기계를 지능화하는 노력이며, 지능화란 객체가 환경에서 적절히, 그리고 예지력을 갖고 작동하도록 하는 것이다. (Artificial Intelligence and life in 2030, 스탠퍼드대학교 AI100)

- 인공지능은 합리적 행동 수행자(Rational Agent)이며, 어떤 행동이 최적의 결과를 낳을 수 있도록 하는 의사결정 능력을 갖춘 에이전트를 구축하는 것이다. (Artificial Intelligence - a modern approach [3rd edition], 러셀과 노빅)

- 인공지능은 설정한 목표를 극대화하는 행동을 제시하는 의사결정 로직이다.

- 인공지능은 사람과 흡사한 생각과 행동에 초점을 맞춘 정의도 소개된 바 있으나, 인공지능 구현방법이 구체화 될수록 인간처럼 보다는 합리성을 더 강조하고 있다.

② 인공지능과 기계학습 및 딥러닝의 관계

- 인공지능을 논할 때 기계학습과 딥러닝을 혼재하여 사용한다.

  - 인공지능은 사람이 생각하고 판단하는 사고 구조를 구축하려는 전반적인 노력이다.

  - 기계학습은 인공지능의 연구 분야 중 하나로 인간의 학습 능력과 같은 기능을 축적된 데이터를 활용하여 실현하고자 하는 기술 및 방법이다.

  - 딥러닝은 기계학습 방법 중 하나로 컴퓨터가 많은 데이터를 이용해 사람처럼 스스로 학습할 수 있도록 인공신경망 등의 기술을 이용한 기법이다.

인공지능⊃머신러닝⊃딥러닝

③ 딥러닝(Deep Learning)의 특징

- 딥러닝은 제프리 힌튼(Geoffrey Everest Hinton)의 노력으로 함수추정 방법으로써의 신경망 관점에서 정보를 압축, 가공, 재현하는 알고리즘으로 일반화하면서 인공지능의 핵심 동인이 되었다.

- 깊은 구조에 의해 엄청난 양의 데이터를 학습할 수 있는 특징을 갖고 있어 인공지능 발전에 크게 기여하였다.

  - 딥러닝의 학습을 위한 데이터의 확보는 곧 우수한 인공지능 개발과 깊은 관련성이 있다.

딥러닝
전신인 신경망(Neural Network)의 여러 단점을 극복해 유연성과 확장성을 확보

④ 기계학습의 종류

종류	내용

지도학습
(Supervised Learning)
	• 학습 데이터로부터 하나의 함수를 유추해내기 위한 방법이다.
	  – 학습 데이터는 일반적으로 입력 객체에 대한 속성을 벡터 형태로 포함하고 있으며 각각의 벡터에 대해 원하는 결과가 무엇인지 표시되어 있다.
	  – 유추된 함수 중 연속적인 값을 출력하는 것을 회귀분석이라 한다.
	  – 주어진 입력 벡터가 어떤 종류의 값인지 표시하는 것을 분류라 한다.
	• 지도 학습기(Supervised Learner)가 하는 작업은 훈련 데이터로부터 주어진 데이터에 대해 예측하고자 하는 값을 올바로 추측해내는 것이다.
	  – 학습기는 알맞은 방법을 통하여 기존의 훈련 데이터로부터 나타나지 않던 상황까지도 일반화하여 처리할 수 있어야 한다.

비지도학습 (Unsupervised Learning)	• 데이터가 어떻게 구성되었는지를 알아내는 문제의 범주에 속한다. • 지도학습 혹은 강화학습과는 달리 입력값에 대한 목표치가 주어지지 않는다. • 통계의 밀도 추정(Density Estimation)과 깊은 연관이 있으며, 데이터의 주요 특징을 요약하고 설명할 수 있다. • 군집화, 독립성분분석(Independent Component Analysis) 방법 등이 있다.

준지도학습
(Semi-supervised Learning)
	• 목표값이 표시된 데이터와 표시되지 않은 데이터를 모두 학습에 사용하는 것을 말한다.
	  – 대개의 경우 이러한 방법에 사용되는 학습 데이터는 목표값이 표시된 데이터 보다 표시되지 않은 데이터를 많이 갖고 있다.
	  – 목표값이 충분히 표시된 학습 데이터를 사용하는 지도학습과 목표값이 표시되지 않은 학습 데이터를 사용하는 비지도학습 사이에 위치한다.
	• 많은 기계학습 연구자들이 목표값이 없는 데이터에 적은 양의 목표표값을 포함한 데이터를 사용할 경우 학습 정확도에 있어서 상당히 좋아짐을 확인하였다.
	• 두 개 이상의 학습기 각각이 예제를 통해 훈련되는 상호 훈련 방법 등이 있다.

강화학습
(Reinforcement Learning)
	• 행동심리학에서 영감을 받았으며, 선택 가능한 행동들 중 보상을 최대화하는 행동 혹은 순서를 선택하는 방법이다.
	  – 운용과학, 제어이론에서 강화학습은 '근사 동적 계획법'이라 부르는 분야에서 연구된다.
	  – 경제학, 게임이론 분야에서 강화학습은 어떻게 제한된 합리성 하에서 평형이 일어날 수 있는지를 설명하는 데에 사용되기도 한다.
	• 강화학습의 초점은 학습 과정(on-line)에서의 성능이며, 이는 탐색(exploration)과 이용(exploitation)의 균형을 맞춤으로써 제고된다.
	  – 탐색과 이용의 균형 문제는 강화학습에서 가장 많이 연구된 문제로, 다중슬롯머신 문제(multi-armed bandit problem)와 유한한 마르코프 결정 과정 등에서 연구되었다.

비지도학습 = 자율학습

⑤ 기계학습 방법에 따른 인공지능 응용분야

기적의 TIP

기계학습은 PART 03에서 자
세히 다룬다.

학습 종류	방법	응용 영역
지도학습	분류모형	• 이미지 인식 • 음성 인식 • 신용평가 및 사기검출 • 불량예측 및 원인발굴
	회귀모형	• 시세/가격/주가 예측 • 강우량 예측 등
비지도학습	군집분석	• 텍스트 토픽 분석 • 고객 세그멘테이션
	오토인코더 (AutoEncoder)	• 이상징후 탐지 • 노이즈 제거 • 텍스트 벡터화
	생성적 적대 신경망 (Generative Adversarial Network)	• 시뮬레이션 데이터 생성 • 누락 데이터 생성 • 패션 데이터 생성 등
강화학습	강화학습	• 게임 플레이어 생성 • 로봇 학습 알고리즘 • 승급방 최적화 등

2) 인공지능 데이터 학습의 진화

① 전이학습(Transfer Learning)

전이학습은 기존의 학습된 모델의 지식을 새로운 문제에 적용하여 학습을 빠르고 효율적으로 수행하는 머신러닝 기법이다. 전이학습은 기존의 모델이 학습한 특성, 가중치, 표현 등을 새로운 모델에 전달하여 새로운 작업에 적용하는 방식으로 작동한다. 비슷한 분야에서 학습된 딥러닝 모형을 다른 문제를 해결하기 위해 사용하고자 할 때 적은 양의 데이터로도 좋은 결과를 얻을 수 있다.

• 주로 이미지, 언어, 텍스트 인식과 같이 지도학습 중 분류모형인 인식(recognition) 문제에 활용 가능하다.
  – 인식 문제의 경우 데이터 표준화가 가능하여 사전학습모형 입력형식에 맞출 수 있다.

② 전이학습 기반 사전학습모형(Pre-trained Model)

학습 데이터에 의한 인지능력을 갖춘 딥러닝 모형에 추가적인 데이터를 학습시키는 방식이다.

• 데이터 학습량에 따라 점차 발전하는 것도 중요하지만, 응용력을 갖추는 것 또한 필수적이다.
• 상대적으로 적은 양의 데이터로도 제한된 문제에 인공지능 적용이 가능하다.
  – 이미 학습된 사전학습모형도 데이터를 함축한 초보적 인공지능으로서 충분한 가치를 지닌 새로운 의미의 데이터라고 할 수 있다.

사전 학습된 이미지 분류 모델을 가져와 새로운 작업인 객체감지(Object Detection)나 세그멘테이션(Segmentation)에 적용하는 경우가 많이 있다. 이를 통해 적은 양의 데이터로도 높은 성능을 달성할 수 있다.

③ BERT(Bidirectional Encoder Representations from Transformers)

2018년 구글에서 발표한 언어인식 사전학습모형이다. 확보된 언어 데이터의 추가 학습을 통한 신속한 학습이 가능하다.

- 다층의 임베딩 구조를 통해 1억2천 개가 넘는 파라미터로 구성된 획기적인 모형이다.
- 256개까지의 문자가 입력되어 768차원 숫자 벡터가 생성되는 방식이다.
- 언어 인식뿐 아니라 번역, 챗봇의 Q&A 엔진으로 활용 가능하다.

3) 빅데이터와 인공지능의 관계

① 인공지능을 위한 학습 데이터 확보

- 학습 데이터 측면을 고려한 양질의 데이터 확보는 결국 성공적인 인공지능 구현과 직결된다.
- 딥러닝은 깊은 구조를 통해 무한한 모수 추정이 필요한 만큼 많은 양의 데이터가 필요하다.
- 인공지능 학습에 활용될 수 있는 데이터로 가공이 필요하며, 학습의 가이드를 제공해 주는 애노테이션 작업이 필수적이다.

② 학습 데이터의 애노테이션 작업

많은 데이터 확보 후 애노테이션을 통해 학습이 가능한 데이터로 가공하는 작업이 필요하다.

- 작업의 특성상 많은 수작업이 동반되며, 이로 인해 인공지능 사업은 노동집약적이라는 인식을 만들어 냈다.

▲ 이미지 애노테이션 작업의 예

③ 애노테이션 작업을 위한 도구로써의 인공지능

- 인공지능 시장이 확장되며 애노테이션 작업을 전문으로 하는 기업의 수가 증가하였다.
  - 경쟁으로 인해 학습용 데이터에 대한 보안 및 애노테이션 결과에 대한 품질 요구수준이 높아졌다.
  - 기업들은 데이터 업로드 및 애노테이션 도구, 작업 모니터링을 위한 플랫폼을 제공하기 시작했다.

• 현재 자동으로 애노테이션을 수행해 주는 인공지능 기반의 애노테이션 도구를 제공하는 서비스로 진화 중이다.

4) 인공지능의 기술동향

① 기계학습 프레임워크(Machine Learning Framework) 보급 확대

• 구글브레인이 개발한 텐서플로우(Tensorflow)는 파이썬 기반 딥러닝 라이브러리로 여러 CPU 및 GPU와 플랫폼에서 사용 가능하다.

• 케라스(Keras)는 딥러닝 신경망 구축을 위한 단순화된 인터페이스를 가진 라이브러리이며, 몇 줄의 코드만으로 딥러닝 모형 개발이 가능하다.

② 생성적 적대 신경망(GAN: Generative Adversarial Networks)

GAN은 두 개의 인공신경망으로 구성된 딥러닝 이미지 생성 알고리즘이다.

• 생성자가 가짜 사례를 생성하면 감별자가 진위를 판별하도록 구성한 후 이들이 적대적 관계 속에서 공방전을 반복하도록 한다.

– 가짜 사례의 정밀도를 점점 더 진짜 사례와 구별하기 어려운 수준으로 높이는 방식으로 작동한다.

• 주로 새로운 합성 이미지를 생성하는 분석에 많이 적용되어 왔으나, 점차 다른 분야에 응용하는 사례가 늘고 있다.

③ 오토인코더(Auto-encoder)

오토인코더는 라벨이 설정되어 있지 않은 학습 데이터로부터 더욱 효율적인 코드로 표현하도록 학습하는 신경망이다.

• 입력 데이터의 차원을 줄여 모형을 단순화시키기 위해 활용할 수 있다.

④ 설명 가능한 인공지능(XAI: eXplainable AI)

설명 가능한 인공지능은 결론 도출 과정에 대한 근거를 차트나 수치 또는 자연어 형태의 설명으로 제공한다.

• 기존의 기계학습은 정확한 예측을 할 수 있도록 하는 방향으로 개발되어 왔다.

– 기존 기계학습의 완성된 모형은 내부 구조가 매우 복잡하고 의미를 이해하기 어려워 일종의 블랙박스 모형이라 불리었다.

⑤ 기계학습 자동화(AutoML)

기계학습 자동화는 명칭 그대로 기계학습의 전체 과정을 자동화하는 것이다.

• 세부적으로는 데이터 전처리, 변수 생성, 변수 선택, 알고리즘 선택, 하이퍼파라미터 최적화 등의 기능을 수행한다.

• 기계학습 모형 개발 과정의 생산성을 높이며 비전문가들의 활용을 용이하게 할 것으로 기대된다.

기계학습 프레임워크
인터페이스와 라이브러리, 툴 등 기계학습 모형 개발을 쉽고 빠르게 하도록 지원하는 기반

케라스
파이썬으로 작성된 오픈 소스 신경망 라이브러리

파라미터(매개변수)
어떤 시스템이나 함수의 특정한 성질을 나타내는 변수. 모델링에 의해 자동으로 결정

하이퍼파라미터
모델링할 때 사용자가 직접 세팅해주는 값

Open AI의 GPT, 구글의 BERT, Facebook AI의 BART가 대표적인 LLM이다.

⑥ 거대 언어 모델(LLM: Large Language Model)

- 거대 언어 모델은 대형 언어 모델이라고도 불리며 수십억 개 이상의 파라미터로 구성된 신경망을 기반으로 학습된 언어 모델이다.
- LLM의 작동방식은 크게 토큰화, 트랜스포머 모델, 프롬프트의 3가지로 구분된다.
- 토큰화는 자연어 처리의 일부로 일반 인간 언어를 저수준 기계 시스템(LLMS)이 이해할 수 있는 시퀀스로 변환하는 작업을 말한다.
- 트랜스포머 모델은 문장 속 단어와 같은 순차 데이터 내의 관계를 추적해 맥락과 의미를 학습하는 신경망으로 텍스트와 음성을 거의 실시간으로 생성한다.
- 프롬프트는 거대 언어 모델에 제공하는 정보로 더 정확한 프롬프트를 제공할수록 다음 단어를 더 잘 예측하고 정확한 문장을 구성할 수 있다.

5) 인공지능의 한계점과 발전방향

① 국내시장의 한계

- 국내에서 축적한 머신러닝 및 인공지능과 관련한 수학, 통계학적 이해도는 낮은 수준이다.
- 인공지능 개발을 위한 데이터 확보 및 그 중요성에 대한 인식이 부족하다.

② 인공지능의 미래

데이터 경제는 수집, 학습용 데이터로의 가공, 전이학습용 사전학습모형으로 구분되고 있다.

- 딥러닝의 재학습 및 전이학습 특성을 활용한 사전학습모형이 새로운 데이터 경제의 모습이 될 것이다.
- 마스킹이나 라벨링 등의 애노테이션 작업을 통해 학습용 데이터를 가공하는 산업이 확산되고 있다.
- 복잡한 BERT의 학습을 위한 구글의 클라우드 서비스와 같은 확장된 개념의 데이터 경제로 파생될 것으로 보인다.

✓ 개념 체크

다음 중 인공지능에 대한 설명으로 틀린 것은?

① 데이터 확보 후 애노테이션을 통해 학습이 가능한 데이터로 가공하는 작업이 필요하다.
② 오토인코더는 데이터로부터 더욱 효율적인 코드로 표현하도록 학습하는 신경망으로 강화학습 방법이다.
③ 기계학습은 인공지능의 연구 분야 중 하나로 인간의 학습 능력과 같은 기능을 실현하고자 하는 기술이다.
④ 딥러닝은 기계학습 방법 중 하나로 컴퓨터가 스스로 학습할 수 있도록 인공신경망 등의 기술을 이용한다.

정답 ②

- 애노테이션은 데이터상의 주석 작업으로 딥러닝과 같은 학습 알고리즘이 무엇을 학습하여야 하는지 알려 주는 표식 작업이다.
- 오토인코더는 라벨이 설정되어 있지 않은 학습 데이터로부터 더욱 효율적인 코드로 표현하도록 학습하는 신경망으로 비지도학습 방법 중 하나이다.

04 개인정보 개요

1) 개인정보의 정의와 판단기준

① 개인정보의 정의

- 살아 있는 개인에 관한 정보로서 개인을 알아볼 수 있는 정보이다.
- 해당 정보만으로는 특정 개인을 알아볼 수 없더라도 다른 정보와 쉽게 결합하여 알아볼 수 있는 정보를 포함한다.

② 개인정보의 판단기준

- '생존하는' '개인에 관한' 정보여야 한다.
- '정보'의 내용 · 형태 등은 제한이 없다.
- 개인을 '알아볼 수 있는' 정보여야 한다.
  - 다른 정보와 '쉽게 결합하여' 개인을 알아볼 수 있는 정보도 포함한다.

개인정보의 예
성명, 전화번호, 주소, 주민등록번호나 운전면허번호, 학번 또는 회사의 사번 등

2) 개인정보의 이전

개인정보가 다른 사람(제3자)에게 이전되거나 공동으로 처리하게 하는 것이다. 개인정보의 처리 위탁과 제3자 제공으로 분류된다.

① 개인정보의 처리 위탁

개인정보처리자의 업무를 처리할 목적으로 제3자에게 이전되는 것이다.

개인정보를 **제공하는** 자의 업무 처리와 이익을 위하는 경우이다.

② 개인정보의 제3자 제공

해당 정보를 제공받는 자의 고유한 업무를 처리할 목적 및 이익을 위하여 개인정보가 이전되는 것이다.

개인정보를 **제공받는** 자의 업무 처리와 이익을 위하는 경우이다.

3) 개인정보의 보호

① 개인정보의 보호조치

- 조직 내부의 정보보안 방침과 개인정보보호법에 위배되지 않도록 개인정보보호 가이드라인을 점검한다.
- 데이터를 외부에 공개하는 경우 가이드라인에서 정한 규칙을 준수하는지 반드시 확인한다.
- 가이드라인에 명시되지 않은 경우 관계기관이나 조직 내부의 법무가이드를 받은 후 적절한 범위 안에서 데이터를 활용하도록 한다.
- 개인정보 보호를 위해 주기적인 패스워드 변경, 시스템 패스워드 관리 보안 강화, 의심스러운 메일 열람 금지, 정기적인 보안교육 참여 등을 유도한다.
- 백신의 설치 및 최신버전으로 유지하고, 개인정보를 과하게 요구하는 사이트의 가입을 자제한다.

② 빅데이터 개인정보보호 가이드라인(방송통신위원회)

구분	내용
비식별화	〈수집 시부터 개인식별 정보에 대한 철저한 비식별화 조치〉 • 개인정보가 포함된 공개된 정보 및 이용내역정보는 비식별화 조치를 취한 후 수집 · 저장 · 조합 · 분석 및 제3자 제공 등이 가능하다.

투명성 확보	〈빅데이터 처리 사실 · 목적 등의 공개를 통한 투명성 확보〉
	• 개인정보 취급방침을 통해 비식별화 조치 후 빅데이터 처리 사실 · 목적 · 수집 출처 및 정보 활용 거부권 행사 방법 등을 이용자에게 투명하게 공개한다.
	  – (개인정보 취급방침) 비식별화 조치 후 빅데이터 처리 사실 · 목적 등을 이용자 등에게 공개하고 '정보활용 거부 페이지 링크'를 제공하여 이용자가 거부권을 행사할 수 있도록 조치한다.
	  – (수집 출처 고지) 이용자 이외의 자로부터 수집한 개인정보 처리 시 '수집 출처 · 목적, 개인정보 처리 정지 요구권'을 이용자에게 고지한다.

재식별 시 조치	〈개인정보 재식별 시, 즉시 파기 및 비식별화 조치〉 • 빅데이터 처리 과정 및 생성정보에 개인정보가 재식별될 경우, 즉시 파기하거나 추가적인 비식별화 조치하도록 한다.
민감정보 및 비밀정보 처리	〈민감정보 및 통신비밀의 수집 · 이용 · 분석 등 처리 금지〉 • 특정 개인의 사상 · 신념, 정치적 견해 등 민감정보의 생성을 목적으로 정보의 수집 · 이용 · 저장 · 조합 · 분석 등 처리 금지한다. • 이메일, 문자 메시지 등 통신 내용의 수집 · 이용 · 저장 · 조합 · 분석 등 처리 금지한다.
기술적 · 관리적 보호조치	〈수집된 정보의 저장 · 관리 시 '기술적 · 관리적 보호조치' 시행〉 • 비식별화 조치가 취해진 정보를 저장 · 관리하고 있는 정보 처리시스템에 대한 기술적 · 관리적 보호조치 적용한다. – (보호조치) 침입차단시스템 등 접근 통제장치 설치, 접속 기록에 대한 위 · 변조 방지 조치, 백신 소프트웨어 설치 · 운영 등 악성프로그램에 의한 침해 방지 조치한다.

③ 개인정보 보호를 위한 고려사항

• 기업은 적법하게 정보주체의 권리를 보호하면서 데이터의 효율적인 이용 방안을 모색하는 것이 중요하다.

• 데이터와 관련된 주요 법령 및 규제기관의 가이드라인을 지속적으로 파악하고 내부 프로세스를 사전에 검토하여야 한다.

• 적용되는 법령에 따른 내부 개인정보 컴플라이언스 체계를 구축하여야 한다.

• 데이터를 이전할 경우에는 관련 법률에 따른 적법한 프로세스를 마련하여야 한다.

4) 개인정보보호 관련 법률

• 비즈니스 모델과 처리하는 데이터에 따라 「개인정보보호법」과 「정보통신망 이용촉진 및 정보보호 등에 관한 법률」 그리고 「신용정보의 이용 및 보호에 관한 법률」 등을 기본적으로 검토하여야 한다. (데이터 3법)

• 이 외 경우에 따라 「위치정보의 보호 및 이용 등에 관한 법률」과 「정보통신기반 보호법」 및 「국가정보화 기본법」과 「전자정부법」 등을 추가적으로 검토하여야 한다.

개인정보 자기결정권
자신에 관한 정보가 언제, 누구에게 어느 범위까지 알려지고 또 이용되도록 할 것인지를 스스로 결정할 수 있는 권리

다음 중 개인정보에 대한 설명으로 틀린 것은?

① 개인정보의 처리 위탁은 해당 정보를 제공받는 자의 고유한 업무를 처리할 목적 및 이익을 위하여 개인정보가 이전되는 것이다.

② 개인정보는 살아 있는 개인에 관한 정보로서 개인을 알아볼 수 있는 정보이다.

③ 특정 개인의 사상·신념, 정치적 견해 등 민감정보의 생성을 목적으로 정보의 수집·이용·저장·조합·분석 등 처리 금지한다.

④ 개인정보가 포함된 공개된 정보 및 이용내역정보는 비식별화 조치를 취한 후 수집·저장·조합·분석 및 제3자 제공 등이 가능하다.

정답 ①

- 개인정보의 처리 위탁은 개인정보처리자의 업무를 처리할 목적으로 제3자에게 이전되는 것이며, 해당 정보를 제공받는 자의 고유한 업무를 처리할 목적 및 이익을 위하여 개인정보가 이전되는 것은 개인정보의 제3자 제공이다.
- 개인정보는 해당 정보만으로는 특정 개인을 알아볼 수 없더라도 다른 정보와 쉽게 결합하여 알아볼 수 있는 정보를 포함한다.
- 빅데이터 개인정보보호 가이드라인에서는 이메일, 문자 메시지 등 통신 내용의 수집·이용·저장·조합·분석 등 또한 처리 금지하고 있다.
- 비식별화 후 빅데이터 처리 과정 및 생성정보에 개인정보가 재식별될 경우, 즉시 파기하거나 추가적인 비식별화 조치하도록 한다.

05 개인정보 법·제도

1) 개인정보보호법

① 개인정보보호법의 개요

- 당사자의 동의 없는 개인정보 수집 및 활용하거나 제3자에게 제공하는 것을 금지하는 등 개인정보보호를 강화한 내용을 담아 제정한 법률이다.

- 상대방의 동의 없이 개인정보를 제3자에게 제공하면 5년 이하의 징역이나 5,000만 원 이하의 벌금에 처할 수 있다.

② 개인정보의 범위(제2조 제1호)

- '개인정보'란 살아 있는 개인에 관한 정보로서 성명, 주민등록번호 및 영상 등을 통하여 개인을 알아볼 수 있는 정보(해당 정보만으로는 특정 개인을 알아볼 수 없더라도 다른 정보와 쉽게 결합하여 알아볼 수 있는 것을 포함)를 말한다.

- 어떤 정보가 개인정보에 해당하는지는 그 정보가 특정 개인을 알아볼 수 있게 하는 다른 정보와 쉽게 결합할 수 있는가에 따라 결정된다.

- 법원은 그 정보 자체로는 누구의 정보인지를 알 수 없더라도 다른 정보와 결합 가능성을 비교적 넓게 인정하여 개인정보에 해당한다 판단하고 있다.

③ 개인정보의 처리 위탁

- 일정한 내용을 기재한 문서에 의하여 업무 위탁이 이루어져야 한다(개인정보보호법 제26조 제1항).

개인정보 보호를 위한 법체계를 일원화하고 개인의 권익 보호를 강화하기 위한 법으로 2011년 3월 29일 제정되어 같은 해 9월 30일부터 시행되었다.

광범위한 데이터가 개인정보에 해당하여 이 법이 적용될 수 있다는 점을 유의해야 한다.

- 위탁하는 업무의 내용과 수탁자를 정보주체에게 알려야 하는바, 개인정보처리 방침에 해당 내용을 추가하여 공개하거나, 사업장 등의 보기 쉬운 장소에 게시 하는 방법 등을 시행해야 한다(개인정보보호법 제26조 제3항, 동법 시행령 제28조 제3항).
- 수탁자에 대한 교육 및 감독 의무를 부담하게 된다(개인정보보호법 제26조 제4항).
- 수탁자가 위탁 받은 업무와 관련하여 개인정보를 처리하는 과정에서 개인정보 보호법을 위반하여 발생한 손해배상책임에 대하여는 수탁자를 개인정보처리자 의 소속 직원으로 본다(개인정보보호법 제26조 제6항).
- 손해가 발생한 경우 정보주체의 손해배상 청구에 대해 위탁자가 책임을 질 수 있다.

④ 개인정보의 제3자 제공

- 정보주체로부터 개인정보 제3자 제공 동의를 받아야 한다(개인정보보호법 제17조 제1항).

⑤ 개인정보 처리 위탁과 제3자 제공 판단 기준

〈서울중앙지방법원 2018. 8. 16. 선고 2017노1296 판결 참조〉
- 개인정보의 취득목적과 방법
- 대가 수수 여부
- 수탁자에 대한 실질적인 관리 · 감독 여부
- 정보주체 또는 이용자의 개인정보 보호 필요성에 미치는 영향
- 개인정보를 이용할 필요가 있는 자가 실질적으로 누구인지 등

⑥ 비식별 개인정보의 이전

- 정보주체 또는 제3자의 이익을 부당하게 침해할 우려가 있는 경우는 제외한다.
- 통계작성 및 학술연구 등의 목적을 위하여 필요한 경우로서 '특정 개인을 알아 볼 수 없는 형태로 개인정보'를 제공할 수 있도록 규정하고 있다(개인정보보호법 제18조 제2항 제4호).
- 데이터 제공이 목적에 부합하는지, 특정 개인을 알아볼 수 없는 형태로 제공하 는지에 대해 사전에 검토하여야 한다.

2) 정보통신망 이용촉진 및 정보보호 등에 관한 법률(정보통신망법)

① 정보통신망법의 개요

- 정보통신망의 개발과 보급 등 이용 촉진과 함께 통신망을 통해 활용되고 있는 정보보호에 관해 규정한 법률이다.
- 이용자의 동의를 받지 않고 개인정보를 수집하거나 제3자에게 개인정보를 제 공한 경우, 법정대리인의 동의 없이 만 14세 미만의 아동의 개인정보를 수집 한 경우, 악성프로그램을 전달 또는 유포한 경우 등은 5년 이하의 징역 또는 5,000만 원 이하의 벌금에 처해진다.

② 개인정보의 처리 위탁

- 원칙적으로는 개인정보 처리위탁을 받는 자, 개인정보 처리위탁을 하는 업무의 내용을 이용자에게 알리고 동의를 받아야 한다.

- 단, 정보통신서비스 제공자 등은 정보통신서비스의 제공에 관한 계약을 이행하고 이용자의 편의 증진 등을 위하여 필요한 경우에는 고지절차와 동의절차를 거치지 않고, 이용자에게 이에 관해 알리거나 개인정보 처리방침 등에 이를 공개할 수 있다(정보통신망법 제25조 제2항).

- 만일 제3자에게 데이터 분석을 위탁할 경우, 해당 서비스가 정보통신서비스 제공에 관한 계약을 이행하고 이용자의 편의 증진을 위한 것인지 검토해야 한다.

3) 신용정보의 이용 및 보호에 관한 법률(신용정보보호법)

① 신용정보보호법의 개요

- 개인신용정보를 신용정보회사 등에게 제공하고자 하는 경우에 해당 개인으로부터 서면 또는 공인전자서명이 있는 전자문서에 의한 동의 등을 얻어야 한다.

- 신용정보주체는 신용정보회사 등이 본인에 관한 신용정보를 제공하는 때에는 제공받은 자, 그 이용 목적, 제공한 본인정보의 주요 내용 등을 통보하도록 요구하거나 인터넷을 통하여 조회할 수 있도록 요구할 수 있다.

- 신용정보회사 등이 보유하고 있는 본인정보의 제공 또는 열람을 청구할 수 있고, 사실과 다른 경우에는 정정을 청구할 수 있다.

② 신용정보의 범위(제2조 제1호 및 제2호, 제34조 제1항)

- "신용정보"란 금융거래 등 상거래에 있어서 거래 상대방의 신용을 판단할 때 필요한 정보로서 다음 각 목의 정보를 말한다.

  가. 특정 신용정보주체를 식별할 수 있는 정보
  나. 신용정보주체의 거래내용을 판단할 수 있는 정보
  다. 신용정보주체의 신용도를 판단할 수 있는 정보
  라. 신용정보주체의 신용거래능력을 판단할 수 있는 정보
  마. 그 밖에 가목부터 라목까지와 유사한 정보

③ 개인신용정보

- "개인신용정보"란 신용정보 중 개인의 신용도와 신용거래능력 등을 판단할 때 필요한 정보를 말한다.

- "개인신용정보"는 기업 및 법인에 관한 정보를 제외한 살아 있는 개인에 관한 정보로서 성명·주민등록번호 등을 통하여 개인을 알아볼 수 있는 정보이며, 신용정보주체의 거래내용, 신용도, 신용거래능력 등과 결합되는 경우에만 개인신용정보에 해당한다.

성명과 연락처만을 처리하는 경우에는 개인정보를 처리하는 것이며, 성명과 연락처 및 거래금액을 함께 처리하는 경우에는 개인신용정보를 처리하는 것으로 해석된다.

④ 개인신용정보의 처리 위탁

- 신용정보회사 등은 그 업무 범위에서 의뢰인의 동의를 받아 다른 신용정보회사에 신용정보의 수집·조사를 위탁할 수 있다.

- 개인신용정보 처리에 대한 업무 위탁의 경우에는 수집된 신용정보의 처리를 자본금 또는 자본총액이 1억 원 이상인 기업으로서 신용정보관리·보호인 등을 지정한 자에게 위탁할 수 있다.

- 신용정보회사, 신용정보집중기관, 은행, 금융지주회사, 금융투자업자, 보험회사 등은 신용정보 처리 위탁 시 금융위원회에 보고해야 하며, 이에 관한 구체적 사항은 「금융회사의 정보처리 업무 위탁에 관한 규정」에 따른다.

- 특정 신용정보주체를 식별할 수 있는 정보는 암호화하거나 봉함 등의 보호조치를 하여야 하며, 신용정보가 분실·도난·유출·변조 또는 훼손당하지 않도록 수탁자를 연 1회 이상 교육하여야 한다.

- 위탁계약의 이행에 필요한 경우로서 수집된 신용정보의 처리를 위탁하기 위하여 제공하는 경우 정보주체의 동의를 받지 않아도 된다(신용정보보호법 제17조, 동법 시행령 제14조).

⑤ 개인신용정보의 제3자 제공

- 개인신용정보를 타인에게 제공하려는 경우 정보주체에 서비스 제공을 위하여 필수적 동의 사항과 그 밖의 선택적 동의 사항을 구분하여 설명한 후 각각 동의를 받도록 하고 있다(신용정보보호법 제32조, 제34조 등).

- 기타 개인정보 제공 시 개인정보보호법이 적용된다.

⑥ 개인식별정보

- "개인식별정보"란 생존하는 개인의 성명, 주소 및 주민등록번호, 여권번호, 운전면허번호, 외국인등록번호, 국내거소신고번호 및 성별, 국적 등 개인을 식별할 수 있는 정보를 말한다.

➕ 더 알기 TIP

특별법

일반법에서 적용 범위를 한정 혹은 내용을 특별히 정해 놓은 법이다.

일반법과 특별법이 저촉되면 특별법이 먼저 적용되고, 특별법에 규정이 없는 사항에 대해서는 일반법이 적용된다.

정보통신서비스 제공자에 대하여는 정보통신망법(특별법)이 우선 적용되지만, 정보통신망법에 특별한 규정이 없고 개인정보보호법과 상호 모순·충돌하지 않는 경우에는 개인정보보호법(일반법)이 적용된다.

신용정보보호법 제3조의2는 "개인정보의 보호에 관하여 이 법에 특별한 규정이 있는 경우를 제외하고는 「개인정보보호법」에서 정하는 바에 따른다"라고 하고 있으므로 신용정보보호법은 개인정보보호법에 대해 특별법의 지위를 가진다.

법률이 상호 모순, 저촉되는 경우에는 신법이 구법에, 그리고 특별법이 일반법에 우선하나, 법률이 상호 모순되는지 여부는 각 법률의 입법목적, 규정사항 및 그 적용범위 등을 종합적으로 검토하여 판단하여야 한다.

4) 2020년 데이터 3법의 주요 개정 내용

데이터3법
• 개인정보 보호법
• 정보통신망 이용촉진 및 정보보호 등에 관한 법률
• 신용정보의 이용 및 보호에 관한 법률

> • 데이터 이용 활성화를 위한 '가명정보' 개념 도입 및 데이터간 결합 근거 마련
> • 개인정보보호 관련 법률의 유사 · 중복 규정을 정비 및 거버넌스 체계 효율화
> • 데이터 활용에 따른 개인정보처리자 책임 강화
> • 다소 모호했던 개인정보의 판단기준 명확화

① 개인정보보호법 주요 개정 내용

• 개인정보 관련 개념을 개인정보, 가명정보, 익명정보로 구분

• 가명정보를 통계 작성 연구, 공익적 기록보존 목적을 처리할 수 있도록 허용

• 가명정보 이용 시 안전장치 및 통제 수단 마련

• 분산된 개인정보보호 감독기관을 개인정보보호위원회로 일원화

• 개인정보보호위원회는 국무총리 소속 중앙행정기관으로 격상

② 정보통신망법 주요 개정 내용

• 개인정보보호 관련 사항을 개인정보보호법으로 이관

• 온라인상 개인성보보호 관련 규제 및 감독 주체를 개인정보보호위원회로 변경

③ 신용정보보호법 주요 개정 내용

• 가명정보 개념을 도입해 빅데이터 분석 및 이용의 법적 근거 마련

• 가명정보는 통계작성, 연구, 공익적 기록보존 등을 위해 신용정보 주체의 동의 없이 이용, 제공 가능

✓ **개념 체크**

다음 중 개인정보와 관련된 법률에 대한 설명으로 틀린 것은?

① 개인정보보호법은 당사자 동의 없는 개인정보 수집 및 활용을 금지하는 등 내용을 담아 제정한 법률이다.

② 정보통신망 이용촉진 및 정보보호 등에 관한 법률은 정보통신망의 공적인 이용촉진 및 사적 이용을 금지하는 내용을 담아 제정한 법률이다.

③ 신용정보의 이용 및 보호에 관한 법률은 개인신용정보를 신용정보회사 등에게 제공하고자 하는 경우에 해당 개인으로부터 동의를 얻어야 한다고 규정하고 있다.

④ 2020년 데이터 3법의 주요 개정 내용으로 가명정보 개념을 도입하였다.

정답 ②

• 개인정보보호법은 당사자의 동의 없는 개인정보 수집 및 활용하거나 제3자에게 제공하는 것을 금지하는 등 개인정보보호를 강화한 내용을 담아 제정한 법률이다.
• 정보통신망 이용촉진 및 정보보호 등에 관한 법률은 정보통신망의 개발과 보급 등 이용 촉진과 함께 통신망을 통해 활용되고 있는 정보보호에 관해 규정한 법률이다.
• 신용정보의 이용 및 보호에 관한 법률은 개인신용정보를 신용정보회사 등에게 제공하고자 하는 경우에 해당 개인으로부터 서면 또는 공인전자서명이 있는 전자문서에 의한 동의 등을 얻어야 한다고 규정하고 있다.
• 2020년 데이터 3법의 주요 개정 내용으로 데이터 이용 활성화를 위한 가명정보 개념 도입 및 데이터간 결합 근거 마련, 개인정보보호 관련 법률의 유사 · 중복 규정을 정비 및 거버넌스 체계 효율화, 데이터 활용에 따른 개인정보처리자 책임 강화, 다소 모호했던 개인정보의 판단기준을 명확화 하였다.

5) 유럽 연합과 미국의 개인정보보호 체계

① 유럽 연합(EU)

- 유럽 연합의 시민의 데이터를 활용하는 경우 GDPR(General Data Protection Regulation)을 준수해야 한다.
- GDPR은 정보주체의 권리와 기업의 책임성 강화 등을 주요 내용으로 하며 위반 시 과징금 부과를 규정하고 있다.
- GDPR의 주요 항목으로 사용자가 본인의 데이터 처리 관련 사항을 제공 받을 권리, 열람·정정·삭제 요청 권리, 데이터 이동 권리, 처리 거부 요청 권리 등이 있다.

② 미국

- 미국은 기본적으로 시장 자율 규율(self-regulation) 방식으로 EU나 한국과 같이 공공 부문과 민간 부문을 포괄하는 개인정보보호에 관한 일반법이 연방 법률로서 존재하지 않는다.
  - 대신 공공, 통신, 금융, 교육, 의료, 근로자 정보 등 영역별로 개인정보보호를 규율하는 개별 법률이 각 분야별 개인정보보호를 담당한다.
- 주 법체계에서는 EU의 GDPR 제정 이후 캘리포니아 주의 캘리포니아 소비자 개인정보보호법(California Consumer Privacy Act, CCPA)을 시작으로 많은 주들이 포괄적인 일반 개인정보보호법을 도입하려는 노력을 진행중이다.

06 개인정보 비식별화

1) 개인정보 비식별화의 개요

① 비식별 정보

- 정보의 집합물에 대해 「개인정보 비식별 조치 가이드라인」에 따라 적정하게 '비식별 조치'된 정보를 말한다.

② 비식별 조치

- 정보의 집합물에서 개인을 식별할 수 있는 요소를 전부 또는 일부 삭제하거나 대체 등의 방법을 통해 개인을 알아볼 수 없도록 하는 조치를 말한다.

③ 비식별 정보의 활용

- 비식별 정보는 개인정보가 아닌 정보로 추정되므로 정보주체로부터의 별도 동의없이 해당 정보를 이용하거나 제3자에게 제공할 수 있다.
  - 다만, 불특정 다수에게 공개되는 경우에는 다른 정보를 보유하고 있는 누군가에 의해 해당 정보주체가 식별될 가능성이 있으므로 비식별 정보의 공개는 원칙적으로 금지된다.

④ 비식별 정보의 보호

- 비식별 정보는 개인정보가 아닌 것으로 추정되지만, 새로운 결합 기술이 나타나거나 결합 가능한 정보가 증가하는 경우 정보주체가 '재식별'될 가능성이 있다.
- 비식별 정보를 처리하는 자(비식별 정보를 제공받은 자 포함)가 해당 정보를 이용하는 과정에서 재식별하게 된 경우에는 해당 정보를 즉시 처리중지하고 파기하여야 한다.
- 비식별 정보라고 하더라도 필수적인 관리적 · 기술적 보호조치는 이행해야 한다.

2) 개인정보 비식별화 조치 가이드라인

데이터 이용 과정에서 개인정보 침해 · 방지를 위해 개인정보를 비식별 조치하는 절차 및 방법에 대한 가이드라인으로, 개인정보를 비식별 조치하여 이용 또는 제공하려는 사업자 등이 준수하여야 할 기준을 제시한다.

① 개인정보 비식별화 조치 가이드라인의 추진배경

- 정부 3.0 및 빅데이터 활용 확산에 따른 데이터 활용가치가 증대되고 있다.
- 개인정보 보호 강화에 대한 사회적 요구가 지속되고 있다.

② 개인정보 비식별화 조치 가이드라인의 단계별 조치사항

단계	조치사항	데이터
사전 검토	개인정보에 해당하는지 여부를 검토한 후, 개인정보가 아닌 것이 명백한 경우 법적 규제 없이 자유롭게 활용	개인정보, 식별정보
비식별 조치	정보 집합물(데이터 셋)에서 개인을 식별할 수 있는 요소를 전부 또는 일부 삭제하거나 대체하는 등의 방법을 활용, 개인을 알아볼 수 없도록 하는 조치	가명, 총계, 삭제, 범주화, 마스킹
적정성 평가	다른 정보와 쉽게 결합하여 개인을 식별할 수 있는지를 「비식별 조치 적정성 평가단」을 통해 평가	k-익명성, l-다양성, t-근접성
사후 관리	비식별 정보 안전조치, 재식별 가능성 모니터링 등 비식별 정보 활용 과정에서 재식별 방지를 위해 필요한 조치 수행	관리적/기술적 보호조치

▲ 비식별 조치 및 사무관리절차(개인정보 비식별 조치 가이드라인, 국무조정실 등 6개 부처 합동)

통계법 등 관련법령에 따라 개인정보를 수집 · 이용하는 경우에는 당해 법령에 따라 처리해야 한다.

'보호와 활용'을 동시에 모색하는 세계적 정책변화에 적극 대응이 필요하다.

k-익명성
동일한 값을 가진 레코드를 k개 이상으로 하여 특정 개인을 식별할 확률을 $1/k$로 함

l-다양성
각 레코드는 최소 1개 이상의 다양성을 가지도록 하여 동질성 또는 배경지식 등에 의한 추론을 방지

t-근접성
전체 데이터 집합의 정보 분포와 특정 정보의 분포 차이를 t 이하로 하여 추론 방지

③ 개인정보 비식별화 조치 가이드라인의 단계별 조치 기준

식별자
개인 또는 개인과 관련한 사물에
고유하게 부여된 값 또는 이름

속성자
개인과 관련된 정보로서 다른 정
보와 쉽게 결합하는 경우 특정 개
인을 알아볼 수도 있는 정보

각각의 기법에는 이를 구현한 수
있는 다양한 세부기술이 있으며,
데이터 이용 목적과 기법별 장·
단점 등을 고려하여 적절한 것을
활용한다.

사전 검토	〈개인정보 해당 여부 검토〉 • 빅데이터 분석 등을 위해 정보를 처리하려는 사업자 등은 해당 정보가 개인정보 인지 여부에 대해 개인정보 해당 여부 판단 기준을 참조하여 판단 • 해당 정보가 개인정보에 해당하지 않는 것이 명백한 경우에는 별도 조치 없이 빅데이터 분석 등에 활용 가능하고, 해당한다고 판단되는 경우 다음 단계의 조치 필요

비식별 조치	〈비식별 조치기법 적용〉
	• 식별자(Identifier) 조치 기준
	  – 정보 집합물에 포함된 식별자는 원칙적으로 삭제 조치
	  – 데이터 이용 목적상 반드시 필요한 식별자는 비식별 조치 후 활용
	• 속성자(Attribute value) 조치 기준
	  – 정보 집합물에 포함된 속성자도 데이터 이용 목적과 관련이 없는 경우에는 원칙적으로 삭제
	  – 데이터 이용 목적과 관련이 있는 속성자 중 식별요소가 있는 경우에는 가명처리, 총계처리 등의 기법을 활용하여 비식별 조치 필요
	  – 희귀병명, 희귀경력 등의 속성자는 구체적인 상황에 따라 개인 식별 가능성이 매우 높으므로 엄격한 비식별 조치 필요

적정성 평가	〈k-익명성 모델 활용〉
	• 적정성 평가 필요성
	  – 비식별 조치가 충분하지 않은 경우 공개 정보 등 다른 정보와의 결합, 다양한 추론 기법 등을 통해 개인이 식별될 우려
	  – 개인정보 보호책임자 책임 하에 외부전문가가 참여하는 「비식별 조치 적정성 평가단」을 구성, 개인식별 가능성에 대한 엄격한 평가 필요
	  – 적정성 평가 시 프라이버시 보호 모델 중 k-익명성을 활용
	  – k-익명성은 최소한의 평가수단이며, 필요시 추가적인 평가모델(l-다양성, t-근접성) 활용
	• 적정성 평가 절차
	  – 기초자료 작성 : 개인정보처리자는 적정성 평가에 필요한 데이터 명세, 비식별 조치현황, 이용기관의 관리 수준 등 기초자료 작성
	  – 평가단 구성 : 개인정보 보호책임자가 3명 이상으로 평가단을 구성 (외부전문가는 과반수 이상)
	  – 평가 수행 : 평가단은 개인정보처리자가 작성한 기초자료와 k-익명성 모델을 활용하여 비식별 조치 수준의 적정성을 평가
	  – 추가 비식별 조치 : 개인정보처리자는 평가결과가 '부적정'인 경우 평가단의 의견을 반영하여 추가적인 비식별 조치 수행
	  – 데이터 활용 : 비식별 조치가 적정하다고 평가 받은 경우에는 빅데이터 분석 등에 이용 또는 제공이 허용

사후 관리	**〈비식별 정보 안전 조치〉** • 비식별 조치된 정보가 유출되는 경우 다른 정보와 결합하여 식별될 우려가 있으므로 필수적인 보호조치 이행 　－ 관리적 보호조치 : 비식별 정보파일에 대한 관리 담당자 지정, 비식별 조치 관련 정보공유 금지, 이용 목적 달성시 파기 등의 조치 필요 　－ 기술적 보호조치 : 비식별 정보파일에 대한 접근통제, 접속기록 관리, 보안 프로그램 설치·운영 등의 조치 필요 • 비식별 정보 유출 시 보호조치 　－ 유출 원인 분석 및 추가 유출 방지를 위한 관리적·기술적 보호조치 　－ 유출된 비식별 정보의 회수·파기 **〈재식별 가능성 모니터링〉** • 비식별 정보를 이용하거나 제3자에게 제공하려는 사업자 등은 해당 정보의 재식별 가능성을 정기적으로 모니터링 필요 • 모니터링 결과, 다음의 점검 항목 중 어느 하나에 해당되는 경우에는 추가적인 비식별 조치 강구 • 비식별 정보를 제공·위탁한 자가 재식별 가능성을 발견한 경우에는 이를 즉시 그 정보를 처리하고 있는 자에게 통지하고 처리 중단 요구 및 해당 정보를 회수·파기하는 등 조치 필요 **〈비식별 정보 제공 및 위탁계약 시 준수사항〉** • 비식별된 정보를 제3의 기관에 제공하거나, 처리 위탁하는 경우 재식별 위험관리에 관한 내용을 계약서에 포함 　－ 재식별 금지 : 비식별 정보를 제공받거나 처리를 위탁 받은 사업자 등은 다른 정보와 결합을 통해 재식별 시도가 금지됨을 명시 　－ 재제공 또는 재위탁 제한 : 비식별 정보를 제공하거나 처리를 위탁하는 자는 재제공 또는 재위탁 가능 범위를 정하여 계약서에 명시 　－ 재식별 위험 시 통지 : 재식별이 되거나 그 가능성이 높아지는 상황이 발생한 경우에는 데이터 처리 중지 및 비식별 정보 제공자 또는 위탁자에게 통지 의무 등 명시 **〈재식별 시 조치요령〉** • 비식별 정보가 재식별된 경우에는 신속하게 그 정보의 처리를 중단하고 해당 개인정보가 유출되지 않도록 조치 필요 • 재식별된 정보는 즉시 파기 조치하되, 해당 정보를 다시 활용하려면 비식별 조치 절차 다시 수행

④ 개인정보 비식별화 조치 가이드라인의 조치방법

가명 처리	• 개인정보 중 주요 식별 요소를 다른 값으로 대체하는 방법이다. • 값을 대체 시 규칙이 노출되어 역으로 쉽게 식별할 수 없도록 주의해야 한다. 　⑩ 홍길동, 35세, 서울 거주, 한국대 재학 　　→ 임꺽정, 30대, 서울 거주, 국제대 재학
총계 처리	• 데이터의 총합 값을 보여 주고 개별 값을 보여 주지 않는 방법이다. • 특정 속성을 지닌 개인으로 구성된 단체의 속성 정보를 공개하는 것은 그 집단에 속한 개인의 정보를 공개하는 것과 마찬가지이므로 주의해야 한다. 　⑩ 임꺽정 180cm, 홍길동 170cm, 이콩쥐 160cm, 김팥쥐 150cm 　　→ 물리학과 학생 키 합 : 660cm, 평균 키 165cm 　⑩ 에이즈 환자 집단임을 공개하면서 특정인이 그 집단에 속함을 알 수 있도록 표시하는 행위 금지

데이터 삭제	• 데이터 공유나 개방 목적에 따라 데이터 셋에 구성된 값 중 필요 없는 값 또는 개인식별에 중요한 값을 삭제하는 방법이다. ⑩ 주민등록번호 901206-1234567 　　→ 90년대생, 남자 ⑩ 개인과 관련된 날짜정보(합격일 등)는 연단위로 처리
데이터 범주화	• 데이터의 값을 범주의 값으로 변환하여 값을 숨기는 방법이다. ⑩ 홍길동, 35세 　　→ 홍씨, 30~40세
데이터 마스킹	• 개인을 식별하는 데 기여할 확률이 높은 주요 식별자를 보이지 않도록 처리하는 방법이다. • 남아 있는 정보만으로 개인을 식별할 수 없어야 하며, 공개된 다른 정보와 결합하더라도 특정 개인을 식별할 수 없어야 한다. ⑩ 홍길동, 35세, 서울 거주, 한국대학교 재학 　　→ 홍○○, 35세, 서울 거주, ○○대 재학

✅ 개념 체크

다음 중 개인정보 비식별화에 대한 설명으로 틀린 것은?

① 가명 처리는 개인정보 중 주요 식별 요소를 다른 값으로 대체하는 방법이다.

② 총계 처리는 데이터의 총합 값을 보여주고 개별 값을 보여주지 않는 방법이다.

③ 데이터 삭제는 개인을 식별하는데 기여할 확률이 높은 주요 식별자를 보이지 않도록 처리하는 방법이다.

④ 데이터 범주화는 데이터를 범주의 값으로 변환하여 숨기는 방법이다.

　　　　　　　　　　　　　　　　　　　　　　　　　　　　　　　　　　　　　정답 ③

• 가명 처리는 값을 대체 시 규칙이 노출되어 역으로 쉽게 식별할 수 없도록 주의해야 한다.

• 총계 처리 시 특정 속성을 지닌 개인으로 구성된 단체의 속성 정보를 공개하는 것은 그 집단에 속한 개인의 정보를 공개하는 것과 마찬가지이므로 주의해야 한다.

• 개인을 식별하는데 기여할 확률이 높은 주요 식별자를 보이지 않도록 처리하는 방법은 데이터 마스킹이며, 데이터 삭제는 데이터 공유나 개방 목적에 따라 데이터 셋에 구성된 값 중 필요 없는 값 또는 개인식별에 중요한 값을 삭제하는 방법이다.

• 데이터 범주화는 데이터의 값을 범주의 값으로 변환하여 값을 숨기는 방법이다.

07 가명정보 활용

1) 가명정보의 개요

① 가명정보의 정의

가명정보는 추가 정보가 없이는 특정 개인을 알아볼 수 없어야 한다.

• 활용하고자 하는 개인정보의 일부를 삭제하거나 일부 또는 전부를 대체하는 등의 방법으로 처리하는 과정을 가명처리라 하며, 이 산출물을 가명정보라 한다.

• 앞서 살펴본 데이터 3법에서는 데이터 이용 활성화를 위해 가명정보 개념을 도입했으며, 개인정보 및 익명정보와 비교하면 다음과 같다.

구분	설명	비고
개인정보	• 특정 개인에 대한 정보 • 특정 개인을 알아볼 수 있게 하는 정보	정보주체로부터 사전에 개인정보 활용에 대한 구체적인 동의를 받은 범위 내에서 활용 가능
가명정보	추가 정보 없이는 특정 개인을 알아볼 수 없는 정보	사전에 동의 없이 통계작성(상업적 목적 포함), 과학적 연구(산업적 연구 포함), 공익적 기록 보존 목적 등으로 활용 가능
익명정보	특정 개인을 알아볼 수 없도록 처리한 정보	개인정보가 아니기에 제약 없이 활용 가능

② 가명처리의 필요성

• 개인정보는 특정 개인에 대한 다양한 정보들이 포함되어 있는 관계로 이를 처리 및 활용하는 과정에서 특정 개인의 사생활 침해 등 여러 문제가 발생할 수 있다.

• 개인정보를 안전하게 활용하기 위해 특정 개인에 대한 정보들이 노출되어 식별되지 않도록 기술적인 조치를 수행하여야 한다.

③ 가명처리의 목적 및 대상

• 가명정보는 통계작성, 과학적 연구, 공익적 기록 보존 등의 목적으로 개인정보 처리자의 정당한 처리 범위 내에서 정보주체의 사전 동의 없이 처리할 수 있다.

처리목적	내용
통계 작성	• 통계는 특정 집단이나 대상 등에 대하여 작성한 수치 정보 • 시장조사와 같은 상업적 목적의 통계처리도 가능 • CRM 목적으로 개인에 대한 식별이 필요 또는 가능한 경우 제외
과학적 연구	기술의 개발과 실증, 기초연구, 응용 연구 및 민간 투자 연구 등 과학적 방법을 적용하는 연구
공익적 기록 보존	• 공공의 이익을 위하여 지속적으로 열람할 가치가 있는 정보를 기록하여 보존 • 민간 기업이나 단체 등이 일반적인 공익을 위하여 기록을 보존하는 경우도 가능

2) 가명처리 절차

가명정보 처리자가 가명처리한 결과, 목적을 달성하기 어렵거나 재식별 가능성이 있는 경우 가명처리(3단계)를 반복하거나 부분적으로 가명처리를 추가 수행할 수 있다.

목적 설정 등 사전준비, 위험성 검토, 가명처리, 적정성 검토, 안전한 관리의 총 5단계로 구성되어 있다.

① 목적 설정 등 사전준비

• 가명정보 처리 목적을 명확하게 설정한다.

• 가명정보 처리 목적의 적합성을 검토한다.

• 계약서나 개인정보 처리지침 또는 내부 관리계획 등 필요한 서류들을 작성한다.

② 위험성 검토

구 분	내 용
대상 선정	• 목적을 달성하기 위하여 필요한 항목을 개인정보 파일에서 선정 • 가명정보 처리 목적달성에 필요한 최소한의 항목으로 선정 필요
위험성 검토	• 가명처리 대상 데이터의 식별 위험성을 분석 및 평가 • 가명처리 방법 및 수준 설정 시 반영

③ 가명처리

• 항목별 가명처리 방법과 수준을 먼저 정의하고, 이에 맞게 가명처리를 수행한다.

• 식별자와 준식별자에 대한 비식별화를 수행한다.

④ 적정성 검토

• 가명처리가 적정하게 수행되었는지 확인한다.

• 가명처리 결과가 가명정보의 처리 목적에 부합한지 검토한다.

• 필요서류, 처리 목적 정합성, 식별 위험성, 가명처리 방법 및 수준의 적정성, 가명처리의 적정성, 처리 목적 달성 가능성 단계로 검토를 수행한다.

• 프라이버시 기반 추론방지 모델을 이용하여 재식별 가능성을 확인한다.

⑤ 안전한 관리

• 생성된 가명정보를 법령에 따라 물리적, 관리적, 기술적 안전조치 등 사후관리를 이행한다(재식별 가능성 모니터링).

08 개인정보 활용

1) 데이터 수집의 위기 요인과 통제 방안

① 사생활 침해로 위기 발생

• M2M(Machine to Machine) 시대가 되면서 정보를 수집하는 센서들의 수가 증가하고 있다.

• 개인정보의 가치가 커짐에 따라 많은 사업자들이 개인정보 습득에 더 많은 자원을 투입하고 있다.

• 특정 데이터가 본래 목적 외로 가공되어 2차, 3차 목적으로 활용될 가능성이 커지고 있다.

사생활 침해 우려는 민간 뿐만이 아닌 정부의 정보 수집에서도 나타나고 있다.

• 위험의 범위가 사생활 침해 수준을 넘어 사회, 경제적 위협으로 더 확대될 수 있다.

② 동의에서 책임으로 강화하여 통제

- 개인정보는 본래의 1차적 목적 외에도 2차, 3차적 목적으로 가공, 유통, 활용되고 있다.
  - 개인정보의 활용에 대해 개인이 매번 동의하는 것은 매우 어려운 일이며, 경제적으로도 비효율적이다.
- 개인정보 사용으로 발생하는 피해에 대해서는 개인정보 사용자가 책임을 지게 한다.
- 개인정보를 사용하는 주체가 익명화 기술 같은 더 적극적인 보호 장치를 마련하게 하는 효과가 있을 것으로 기대된다.

익명화(Anonymization)
사생활 침해를 방지하기 위해 데이터에 포함된 개인정보를 삭제하거나 알아볼 수 없는 형태로 변환하는 방법

2) 데이터 활용의 위기 요인과 통제 방안

① 책임원칙 훼손으로 위기 발생

- 빅데이터의 분석 결과에 따라 특정한 행위를 할 가능성이 높다는 이유만으로 특정인이 처벌받는 것은 민주주의 사회 원칙을 훼손한다.
- 특정인이 특정한 사회, 경제적 특성을 가진 집단에 속한다는 이유만으로 그의 신용도와 무관하게 대출이 거절되는 상황은 잘못된 클러스터링의 피해이다.
- 특정 조건을 가진 학생이 대학에 진학하고자 할 때 잘못된 예측 알고리즘에 의해 진학할 기회 자체를 주지 않는다면 이는 사회 정의 문제와도 직결된다.

② 결과 기반 책임 원칙을 고수하여 통제

- 기존의 책임 원칙을 더 강화해야 한다.
- 예측 결과에 의해 불이익을 당할 가능성을 최소화하는 방안 마련이 필요하다.
- 제도 마련과 함께 알고리즘의 기술적 완성도를 더 높여야 한다.

3) 데이터 처리의 위기 요인과 통제 방안

① 데이터 오용으로 위기 발생

- 빅데이터는 과거에 일어났던 일로 인해 기록된 데이터에 의존한다.
  - 빅데이터를 기반으로 미래를 예측하는 것은 어느 정도 정확도를 가질 수 있지만 항상 맞는 것은 아니다.
- 빅데이터 사용자가 데이터를 과신할 때 큰 문제가 발생할 가능성이 높다.
  - 잘못된 지표를 사용하는 것은 오히려 과거 경험에 의존하는 것보다 더 잘못된 결론을 도출할 수 있다.

잘못된 인사이트를 도출하여 비즈니스에 활용할 경우 더 많은 손실이 발생할 수 있다.

② 알고리즘 접근을 허용하여 통제

- 알고리즘에 대한 접근권한을 부여받아 직접 검증할 수 있도록 한다.
- 알고리즘에 대한 객관적인 인증방안을 마련 및 도입한다.
- 알고리즘의 부당함을 반증할 수 있는 방법을 제시해 줄 것을 요청한다.

- 공개해 준 알고리즘을 해석해 줄 알고리즈미스트와 같은 전문가를 영입한다.
- 알고리즈미스트는 만들어진 알고리즘을 분석하여 해당 알고리즘으로 부당한 피해를 보는 사람을 구제하는 역할을 수행할 수 있다.
- 알고리즈미스트는 컴퓨터, 수학, 통계학, 비즈니스 등의 다양한 지식이 필요하다.

✅ **개념 체크**

1 다음 중 빅데이터와 개인정보에 관련된 설명으로 옳지 않은 것은?

① 데이터 수집 시 사생활 침해로 위기가 발생할 수 있으며, 사용자의 책임 강화보다는 개인의 직접 동의가 경제적이다.

② 데이터 활용 시 책임원칙 훼손으로 위기가 발생할 수 있으며, 결과 기반 책임 원칙을 고수하여 통제할 수 있다.

③ 데이터 처리 시 데이터 오용으로 위기가 발생할 수 있으며, 알고리즘 접근을 허용하여 통제할 수 있다.

④ 과거에 일어난 사건으로 인해 기록된 데이터는 개인정보를 포함할 수 있다.

정답 ①

개인정보의 활용에 대해 개인이 매번 동의하는 것은 어려운 일이며, 경제적으로 비효율적이므로 사용자의 책임을 강화하여 통제해야 한다.

2 다음 중 개인정보 사용에 대한 설명으로 잘못된 것은?

① 개인정보의 가치가 커지면서 많은 사업자들이 개인정보 습득에 더 많은 자원을 투입하고 있다.

② 개인정보 사용으로 발생하는 피해에 대해서는 개인정보 사용 주체가 책임을 진다.

③ 개인정보를 사용하는 주체는 익명화 기술과 같은 더 적극적인 보호 장치를 마련해야 한다.

④ 개인정보는 본래의 1차적 목적으로만 활용되어야 하며, 가공, 유통 등을 엄격히 금지해야 한다.

정답 ④

개인정보는 법률과 규정이 정한 범위 내에서 가공하고 활용하는 것이 허용된다.

01 다음 중 빅데이터 플랫폼의 주요 요소기술이 아닌 것은?

① 데이터 분석기술
② 데이터 수집기술
③ 데이터 저장기술
④ 데이터 복구기술

02 다음 중 원천 데이터로부터 필요 데이터를 추출하여 변환한 후 적재하는 과정을 나타내는 용어로 옳은 것은?

① MapReduce
② ETL
③ HDFS
④ Pre-processing

03 다음 중 빅데이터 플랫폼의 빅데이터 수집기술이 아닌 것은?

① 크롤링(Crawling)
② ETL
③ Clustering
④ Open API

04 다음 중 맵리듀스의 데이터 처리과정을 순서대로 나열한 것은?

① Split → Map → Shuffle → Reduce
② Shuffle → Map → Split → Reduce
③ Map → Split → Shuffle → Reduce
④ Reduce → Shuffle → Map → Split

05 다음 중 빅데이터 플랫폼의 등장배경이 아닌 것은?

① 데이터 처리 복잡도 증가
② 데이터 구조의 변화
③ 데이터 처리의 신속성 요구
④ 데이터 처리 유연성 증대

06 다음 중 빅데이터 플랫폼의 부하 제어 기능으로 틀린 것은?

① 컴퓨팅 부하 제어
② 분석 부하 제어
③ 네트워크 부하 제어
④ 저장 부하 제어

07 다음 중 딥러닝 분석 기법이 아닌 것은?

① LSTM(Log Short-Term Memory)
② RNN(Recurrent Neural Network)
③ K Nearest Neighborhood
④ Auto-encoder

08 다음 중 기계학습의 종류가 아닌 것은?

① 지도학습(Supervised Learning)
② 비지도학습(Unsupervised Learning)
③ 시뮬레이션학습(Simulation Learning)
④ 준지도학습(Semi-supervised Learning)

09 데이터상의 주석 작업으로 딥러닝과 같은 학습 알고리즘이 무엇을 학습해야 하는지 알려 주는 표식 작업을 무엇이라 하는가?

① 애노테이션(Annotation)
② 이노베이션(Innovation)
③ 이벨류에이션(Evaluation)
④ 애그리게이션(Aggregation)

10 다음 중 개인정보의 판단기준으로 <u>틀린</u> 것은?

① 생존하는 개인에 관한 정보여야 한다.
② 개인과 인격체를 갖춘 법인으로 한정한다.
③ 정보의 내용이나 형태 등은 제한이 없다.
④ 다른 정보와 쉽게 결합하여 개인을 알아볼 수 있는 정보도 포함한다.

11 다음 중 빅데이터를 활용하기 위한 데이터 기본 3법에 해당하지 <u>않는</u> 것은?

① 개인정보보호법
② 정보통신망 이용촉진 및 정보보호 등에 관한 법률
③ 신용정보의 이용 및 보호에 관한 법률
④ 국가정보화 기본법

12 다음 중 신용정보의 이용 및 보호에 관한 법률의 개인정보 범위에 대한 설명 중 <u>틀린</u> 것은?

① 신용정보란 금융거래 등 상거래에 있어서 거래 상대방의 신용을 판단할 때 필요한 정보이다.
② 개인신용정보란 신용정보 중 개인의 신용도와 신용거래능력 등을 판단할 때 필요한 정보이다.
③ 개인정보란 살아 있는 개인에 관한 정보로서 성명, 주민등록번호 및 영상 등을 통하여 개인을 알아볼 수 있는 정보이다.
④ 개인식별정보란 생존하는 개인의 성명, 주소 및 주민등록번호, 여권번호, 운전면허번호, 외국인등록번호(국내거소신고번호) 및 성별, 국적 등 개인을 식별할 수 있는 정보이다.

13 다음 중 2020년에 개정된 데이터 기본 3법의 주요 개정 내용으로 옳지 <u>않은</u> 것은?

① 데이터 이용 활성화를 위한 익명정보 개념 도입 및 데이터간 결합 근거를 마련하였다.
② 개인정보보호 관련 법률의 유사, 중복된 규정을 정비 및 거버넌스 체계 효율화를 이루었다.
③ 데이터 활용에 따른 개인정보처리자 책임을 강화하였다.
④ 다소 모호했던 개인정보의 판단기준을 명확하게 하였다.

14 다음 중 데이터 기본 3법을 적용하고자 할 때의 설명으로 <u>틀린</u> 것은?

① 일반법과 특별법이 저촉되면 특별법이 먼저 적용된다.
② 특별법에 규정이 없는 사항에 대해서는 일반법이 적용된다.
③ 개인정보보호법은 데이터 기본 3법 중 특별법에 해당한다.
④ 법률이 상호 모순되거나 저촉되는 경우 신법이 구법에 우선한다.

15 다음 중 개인정보 재식별 시 조치사항으로 옳은 것은?

① 관리자의 동의를 구한 후 재식별 정보를 계속 이용한다.
② 데이터 수집 과정에서 재식별된 개인정보를 관리자의 승인을 받아 사용한다.
③ 개인정보가 재식별된 경우 즉시 파기 또는 추가적인 비식별화 조치를 취하여야 한다.
④ 데이터 처리 과정에서 획득한 개인정보는 스스로 사용할 수 있다.

16 다음 중 개인정보 비식별화 절차로 옳은 것은?

① 비식별 조치 → 적정성 평가 → 사전검토 → 사후관리
② 사전검토 → 비식별 조치 → 적정성 평가 → 사후관리
③ 적정성 평가 → 사전검토 → 비식별 조치 → 사후관리
④ 사전검토 → 적정성 평가 → 비식별 조치 → 사후관리

17 다음 중 개인으로 인식될 수 있는 가능성을 가진 데이터를 식별하기 어려운 형태로 가공하는 과정을 무엇이라 하는가?

① 비식별화
② 미식별화
③ 균질화
④ 정제화

18 다음 중 비식별화 방법이 <u>아닌</u> 것은?

① 가명처리
② 데이터 삭제
③ 데이터 범주화
④ 데이터 표본화

19 다음 중 빅데이터로 인한 위기 요인이 <u>아닌</u> 것은?

① 데이터의 오용
② 자본주의의 심화
③ 사생활의 침해
④ 책임 원칙의 훼손

20 다음 중 빅데이터를 활용하는 과정에서 사생활 침해를 방지하기 위하여 데이터에 포함된 개인정보를 삭제하거나 알아볼 수 없는 형태로 변환하는 방법을 무엇이라 하는가?

① 가명화
② 일반화
③ 정규화
④ 익명화

SECTION 02

01 ④	02 ②	03 ③	04 ①	05 ④
06 ②	07 ③	08 ③	09 ①	10 ②
11 ④	12 ③	13 ①	14 ③	15 ③
16 ②	17 ①	18 ④	19 ②	20 ④

01 ④

빅데이터 플랫폼의 요소기술에는 데이터 생성기술, 수집기술, 저장기술, 공유기술, 처리기술, 분석기술, 시각화 기술이 있다.

02 ②

ETL(Extract, Transform, Load) : 원천 데이터로부터 필요한 데이터를 추출하여 적재하고자 하는 데이터 웨어하우스에 맞게 변환하여 적재하는 과정

03 ③

데이터 수집기술에는 크롤링(Crawling), 로그 수집기, 센서 네트워크, RSS Reader/Open API, ETL 등이 있다.

오답 피하기

• Clustering은 데이터 분석기술이다.

04 ①

맵리듀스의 데이터 처리과정은 데이터 분할(Split), 맵(Map) 처리, 셔플(Shuffle), 리듀스(Reduce) 단계로 이어진다.

05 ④

빅데이터 플랫폼의 등장배경은 비즈니스 요구사항 변화, 데이터 처리 복잡도 증가, 데이터 규모 증가, 데이터 구조의 변화, 데이터 분석 유연성 증대, 데이터 처리의 신속성 요구 등이 있다.

06 ②

빅데이터 플랫폼의 부하 제어 기능으로는 컴퓨팅 부하 제어, 저장 부하 제어, 네트워크 부하 제어가 있다.

07 ③

딥러닝 분석 기법으로는 CNN, RNN, LSTM, Auto-encoder 등이 있다.

오답 피하기

• KNN은 머신러닝 알고리즘이다.

08 ③

기계학습의 종류로는 지도학습, 비지도학습, 준지도학습, 강화학습(Reinforcement Learning)이 있다.

09 ①

데이터상의 주석 작업으로 딥러닝과 같은 학습 알고리즘이 무엇을 학습하여야 하는지 알려 주는 표식 작업을 애노테이션(annotation)이라 한다.

10 ②

개인정보의 판단기준은 생존하는 개인에 관한 정보여야 하고, 정보의 내용이나 형태 등은 제한이 없으며, 개인을 알아볼 수 있는 정보여야 하고, 다른 정보와 쉽게 결합하여 개인을 알아볼 수 있는 정보도 포함한다.

11 ④

빅데이터를 활용하기 위한 데이터 기본 3법으로는 개인정보보호법, 정보통신망 이용촉진 및 정보보호 등에 관한 법률, 신용정보의 이용 및 보호에 관한 법률이 있다.

12 ③

개인정보보호법의 개인정보 범위에서는 개인정보를 살아 있는 개인에 관한 정보로서 성명, 주민등록번호 및 영상 등을 통하여 개인을 알아볼 수 있는 정보라 정의하고 있다. 이는 개인정보보호법에 정의된 용어로는 옳은 내용이지만, 신용정보의 이용 및 보호에 관한 법률에서 직접적으로 다루는 내용은 아니므로 주의한다.

13 ①

데이터 이용 활성화를 위한 가명정보 개념을 도입하였다.

14 ③

개인정보보호법은 데이터 기본 3법 중 일반법에 해당한다.

15 ③

비식별화된 개인정보가 재식별된 경우 즉시 파기하거나 추가적인 비식별화 조치를 하여야 한다.

16 ②

개인정보 비식별화 조치 가이드라인에서는 개인정보 비식별화 절차로 사전검토, 비식별 조치, 적정성 평가, 사후관리 4단계를 제시하고 있다.

17 ①

개인으로 인식될 수 있는 가능성을 가진 데이터를 식별하기 어려운 형태로 가공하는 과정을 비식별화라고 한다.

18 ④

개인정보 비식별화 조치 가이드라인에서 제시하고 있는 비식별화 방법은 가명처리, 총계처리, 데이터 삭제, 데이터 범주화, 데이터 마스킹 방법이 있다.

19 ②

빅데이터를 활용함에 있어 발생할 수 있는 위기 요인으로는 사생활의 침해, 책임 원칙의 훼손, 데이터의 오용 등이 있다.

20 ④

익명화(Anonymization)는 사생활 침해를 방지하기 위하여 데이터에 포함된 개인정보를 삭제하거나 알아볼 수 없는 형태로 변환하는 방법이다.

CHAPTER 02

데이터 분석 계획

빅데이터 분석을 위한 방안을 수립하고 세부적인 작업을 계획합니다. 분석 과제 도출 방법으로 상향식 접근 방식과 하향식 접근 방식의 차이점을 확인하며 공부합니다. 빅데이터 분석 방법론의 각 단계와 작업들을 설명할 수 있어야 합니다. 데이터 확보 방안 및 분석 프로젝트 관리를 위한 요소들을 학습합니다.

출제빈도

| SECTION 01 | 상 | 80% |
| SECTION 02 | 하 | 20% |

분석 방안 수립

빈출 태그 분석 기획・로드맵・하향식・상향식・프로토타이핑・SDLC・KDD・CRISP-DM・SEMMA

★ 데이터 분석
인사이트를 발굴하고 이를 공유하여 의사결정을 지원하는 것을 목표로 데이터를 정의, 수집, 변환, 모델링, 시각화하는 과정

01 데이터 분석(Data Analysis)★

데이터 분석은 대용량의 데이터 집합으로부터 유용한 정보를 찾고 결과를 예측하기 위해 목적에 따라 분석기술과 방법론을 기반으로 정형・비정형 대용량 데이터를 구축, 탐색, 분석하고 시각화를 수행하는 업무이다. (국가직무능력표준, NCS)

1) 데이터 분석의 현황

빅데이터는 경제나 사회, 의료 등 전 영역에 걸쳐 가치 있는 정보를 제공할 수 있어 그 중요성이 더 크게 인식되고 있다.

• 대다수의 기업들은 빅데이터가 갖고 있는 무한한 비즈니스 잠재력을 규명하는 초기 프로젝트에 머무르고 있다.

• 빅데이터를 활용하기 위한 장애물은 비용보다 데이터 분석을 수행하기 위한 분석적 방법과 성과에 대한 이해의 부족이다.

2) 데이터 분석의 지향점

① 전략적 통찰이 없는 데이터 분석 배제

• 단순하게 데이터 분석을 자주, 많이 수행하는 것이 경쟁우위를 가져다주는 것은 아니다.

• 분석은 경쟁의 본질에 영향을 미치고 기업의 경쟁전략을 이끌어 가므로, 경쟁의 본질을 제대로 바라보지 못한 분석은 불필요한 결과를 만들어 낸다.

소규모 부서 단위로 진행되는 데이터 분석과 달리 좀 더 넓은 시야에서의 핵심적인 비즈니스 이슈에 대한 답을 찾는 데이터 분석이 필요하다.

② 일차원적인 데이터 분석 지양

• 대부분의 기업들은 업계 내부의 문제에만 중점을 두고 있으며, 주로 부서 단위로 관리되기에 전체 비즈니스 관점의 핵심적인 역할을 기대하기 어렵다.

산업군	데이터 분석 내용
금융	신용점수 산정, 사기방지, 프로그램 트레이딩, 고객 수익성 분석
소매	프로모션, 판매관리, 수요예측, 재고관리
제조	공급사슬 최적화, 수요예측, 재고관리, 상품개발
운송	일정관리, 노선배정, 수익관리
병원	약품거래, 질병관리
에너지	트레이딩, 공급, 수요예측
정부	사기방지, 범죄방지
온라인	고객추천, 사이트 설계
기타	성과관리

③ 전략 도출을 위한 가치 기반 데이터 분석 지향

- 전략적 통찰력 창출에 중점을 두고, 데이터 분석의 활용 범위를 더 넓고 전략적으로 변화시켜야 한다.
- 사업 성과를 견인하는 요소들과 차별화를 꾀할 기회에 대해 전략적 인사이트를 주는 가치 기반 분석 단계로 나아가야 한다.
- 사업과 관련 트렌드에 대한 청사진을 그리고, 인구통계학적 변화나 사회경제적 트렌드 및 고객 니즈의 변화 등을 고려하여 분석을 수행한다.
- 가치 기반 데이터 분석을 통해 해당 사업의 중요한 기회를 발굴하고, 경영진의 지원을 얻어낼 수 있으며 이를 통해 강력한 모멘텀을 형성할 수 있다.

기업의 핵심가치와 관련하여 전략적 통찰력을 가져다 주는 데이터 분석을 내재화하기는 쉽지 않다.

3) 데이터 분석에 대한 회의론

- 솔루션을 도입한 후 어떻게 활용하여 가치를 창출할 수 있을지 다시 또 과제를 수행해야 하는 상황이 반복되며 고가의 솔루션을 방치하고 있다.
- 현재 소개되고 있는 빅데이터 분석 성공사례들의 대다수가 기존 데이터 분석 프로젝트를 재포장한 경우이다.

4) 데이터 분석 시 고려사항

- 데이터 분석은 규모가 아니라 어떤 시각과 통찰을 얻을 수 있는가의 문제이다.
- 비즈니스 핵심에 대해 객관적이고 종합적인 통찰을 가져다 줄 수 있는 데이터를 찾아야 한다.
- 전략과 비즈니스의 핵심 가치에 집중하고 관련된 분석 평가지표를 개발하여 시장과 고객 변화에 효과적으로 대응하는 것이 중요하다.

빅데이터 분석도 기존의 데이터 분석과 마찬가지로 데이터에서 인사이트를 발굴하여 성과를 창출하는 것이 관건이다.

✓ 개념 체크

다음 중 데이터 분석에 대한 설명으로 옳은 것은?

① 데이터 분석은 분석 방법론을 이용하여 여러 형태의 데이터를 목적에 맞게 분석만 하는 것이다.
② 일차원적인 데이터 분석이 기본이며, 탐색적 데이터 분석(EDA)를 통해 목표를 달성할 수 있다.
③ 데이터를 활용하기 위한 장애물은 높은 금전적, 시간적 비용들이다.
④ 데이터 분석은 규모가 아니라 어떤 시각과 통찰을 얻을 수 있는가의 문제이다.

정답 ④

- 데이터 분석은 분석기술과 방법론을 기반으로 여러 형태의 데이터를 구축, 탐색, 분석 및 시각화까지 수행하는 것이다.
- 일차원적인 데이터 분석은 지양하여야 하며, EDA 또한 전략적 통찰을 기반으로 진행되어야 한다.
- 빅데이터를 활용하기 위한 장애물은 비용보다 데이터 분석을 수행하기 위한 분석적 방법과 성과에 대한 이해의 부족이다.

02 데이터 분석 기획

분석 기획은 실제 분석을 수행하기에 앞서 분석을 수행할 과제의 정의 및 의도했던 결과를 도출할 수 있도록 이를 적절하게 관리할 수 있는 방안을 사전에 계획하는 작업이다.

분석 기획은 분석 과제 및 프로젝트를 직접 수행하는 것은 아니지만, 성공적인 분석 결과를 도출하기 위한 중요한 사전 작업이다.

- 어떠한 목표(What)를 달성하기 위해(Why) 어떠한 데이터를 가지고 어떤 방식으로(How) 수행할 것인가에 대한 일련의 계획을 수립한다.

1) 분석 기획의 특징

① 분석 대상과 방법에 따른 분류

- 분석 주제와 방법에 대한 특성상 4가지 유형을 넘나들며 분석을 하고 결과를 도출하는 과정을 반복한다.

분석 기획의 절차

비즈니스 이해 및 범위 설정
↓
프로젝트 정의
↓
프로젝트 수행 계획 수립
↓
프로젝트 위험 계획 수립

분석의 대상(What)
	Known	Un-Known
Known	Optimization	Insight
Un-Known	Solution	Discovery

분석의 방식 (How)

▲ 데이터 분석 주제 유형

② 목표 시점에 따른 분류

단기적 접근 방식 (과제 중심적 접근)	• 당면한 과제를 빠르게 해결하기 위한 목적이다. • 명확한 해결을 위해 Quick-Win 방식으로 분석한다.
중장기적 접근 방식 (마스터 플랜 접근)	• 지속적인 분석 문화를 내재화하기 위한 목적이다. • 전사적으로 장기적 관점에서 과제를 도출하여 수행한다.
혼합 방식 (분석 기획 시 적합)	• 마스터 플랜을 수립하고 장기적 관점에서 접근하는 것이 바람직하다. • 분석의 가치를 증명하고 이해관계자들의 동의를 얻기 위해 과제를 빠르게 해결하여 그 가치를 조기에 체험시킨다.

2) 분석 기획 시 필요역량

① 분석 기획을 위한 기본적인 소양

- 분석 기획은 도메인 지식과 정보기술, 수학 및 통계학적 지식이라는 3가지 역량에 대한 균형 잡힌 시각을 갖고서 분석의 방향성과 계획을 수립하는 것이다.

② 프로젝트 관리 역량과 리더십

- 분석 기획 시 기본적인 3가지 소양과 함께 프로젝트 관리 역량과 분석 프로젝트를 잘 이끌어 갈 리더십이 중요하다.

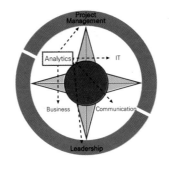

▲ 분석 기획 필요 역량

3) 분석 기획 시 고려사항

① 사용 가능한 데이터 확인

• 데이터 확보 가능 여부, 데이터의 유형 등을 미리 확인하여야 한다.

– 데이터의 유형에 따라 적용 가능한 솔루션이나 분석 방법론이 달라진다.

② 적합한 사례 탐색

• 기존에 잘 구현되어 활용되고 있는 유사 분석 시나리오나 솔루션이 있다면 이를 최대한 활용하는 것이 유리하다.

– 분석 결과를 활용할 사용자의 측면에서 공감대를 얻을 수 있으며, 분석 수행이 원활하게 될 수 있도록 도와준다.

③ 분석 수행 시 발생 가능한 요소 고려

• 분석 결과의 정확도를 높이기 위하여 기간과 투입 자원 증가가 불가피하며, 이로 인한 비용 상승을 충분히 고려해야 한다.

• 사용자가 쉽게 이해하고 활용할 수 있도록 시각화 등을 고려하여야 한다.

• 분석 결과를 실제 환경에서도 성능에 문제없이 적용할 수 있도록 충분히 고려하여야 한다.

• 일회성 분석으로 그치지 않고 조직의 역량으로 내재화될 수 있도록 계속적인 교육과 활용방안 등의 변화 관리방안을 수립하여야 한다.

데이터는 형태에 따라 정형, 비정형, 반정형 데이터로 분류된다.

▶ 데이터 분석 유형

설명 분석 (Descriptive Analysis)	가장 기본이 되는 분석으로 주어진 데이터를 요약 또는 집계하여 결과를 도출한다. 과거 또는 현재 발생한 사실 그 자체를 설명한다.
예측 분석 (Predictive Analysis)	미래의 불확실한 사실을 사전에 예측하거나 알려지지 않은 결과의 가능성을 파악하기 위하여 사용하는 분석 방법이다.
진단 분석 (Diagnostic Analysis)	데이터 간의 인과 관계 또는 상관 관계를 파악하여 특정 결과가 발생한 원인을 밝히기 위해 분석을 수행한다.
처방 분석 (Prescriptive Analysis)	예측되는 상황을 위해 무엇을 하면 좋을 지 대안을 제시한다. 대안 도출과 의사 결정은 물론 일부 실행까지 진행하는 분석방법이다.

다음 중 데이터 분석 기획에 대한 설명으로 틀린 것은?

① 데이터 분석을 위한 방법은 준비되어 있으나, 무엇을 분석해야 할지 모르는 상황에서 접근
   하는 영역을 Insight라 한다.
② 시대의 흐름을 빠르게 따라가기 위해 과제 중심적 접근 방식을 지향하여야 하며, 전통적 접
   근방식인 마스터 플랜 접근 방식은 지양하여야 한다.
③ 어떠한 목표(What)를 달성하기 위해(Why) 어떠한 데이터를 가지고 어떤 방식으로(How)
   수행할 것인가에 대한 일련의 계획을 수립한다.
④ 분석 결과의 정확도를 높이기 위하여 기간과 투입 자원 증가가 불가피하며, 이로 인한 비용
   상승을 충분히 고려해야 한다.

정답 ②

과제 중심적 접근 방식은 단기적 접근 방식으로, 주로 당면한 과제를 빠르게 해결하기 위해 사용되며, 지속적인 분석 문화를 내재화하기 위
해서는 중장기적 접근 방식인 마스터 플랜 접근 방식을 사용하여야 한다.

03 분석 마스터 플랜과 로드맵 설정

1) 분석 마스터 플랜

분석 과제를 수행함에 있어 그 과제의 목적이나 목표에 따라 전체적인 방향성을
제시하는 기본계획이다.

① 분석 마스터 플랜 수립 절차

• 분석 마스터 플랜 시 일반적인 정보전략계획 방법론을 활용할 수 있다. 다만 데
  이터 분석 기획의 특성을 고려하여 수행하여야 한다.
• 과제 도출 방법을 활용하여 데이터 분석 과제들을 빠짐없이 정의한다.
• 분석 과제의 중요도와 난이도 등을 고려하여 우선순위를 결정한다.
• 단기와 중장기로 나누어 분석 로드맵을 수립한다.

② 정보전략계획(ISP: Information Strategy Planning)

• 정보기술 및 시스템을 전략적으로 활용하기 위한 중장기 마스터 플랜을 수립하
  는 절차이다.
• 조직 내 · 외부의 환경을 충분히 분석하여 새로운 기회나 문제점을 도출한다.
• 사용자의 요구사항을 확인하여 시스템 구축 우선순위를 결정한다.

2) 분석 과제 우선순위 평가기준

① IT 프로젝트의 과제 우선순위 평가기준

• 전략적 중요도, 실행 용이성 등 기업에서 고려하는 중요 가치 기준에 따라 다양
  한 관점으로 과제 우선순위 기준을 정의하여 평가한다.

우선순위 고려요소
전략적 중요도, 비즈니스 성과,
ROI, 실행 용이성

적용범위/방식 고려요소
업무내재화 적용 수준, 분석데이터
적용 수준, 기술 적용 수준

평가관점	평가요소	내용
전략적 중요도	전략적 필요성	• 비즈니스 목표나 업무에 얼마나 밀접하게 연관되어 있는 지 측정한다. • 발생 가능한 이슈가 해결되지 않았을 때의 위험이나 손실 의 정도를 측정한다.
	시급성	• 사용자 요구사항 반영이나 업무능률을 향상시키기 위해 얼마나 시급하게 수행되어야 하는지 측정한다. • 향후 경쟁우위를 확보하기 위한 방안으로서 얼마나 중요 한지 측정한다.
실행 용이성	투자 용이성	• 과제 수행을 위한 시간이나 인력을 투입하는데 얼마나 용 이한지 측정한다. • 과제를 수행하는 데 필요한 비용이나 투자예산의 확보 가 능성 정도를 측정한다.
	기술 용이성	• 과제에 적용할 기술의 안정성 검증 정도를 측정한다. • 과제 수행의 결과로 얻게 될 시스템 및 하드웨어의 유지 보수가 얼마나 용이한지 측정한다. • 과제 수행 시 개발 스킬의 성숙도와 신기술 적용성 정도 를 측정한다.

② 데이터 분석 프로젝트의 우선순위 평가기준

• 기존 IT 프로젝트와는 다른 기준으로 우선순위 평가 기준을 정의하여야 하며,
과제를 수행하고자 하는 기업이 처한 상황에 따라 그 기준이 달라질 수 있다.

▶ 빅데이터의 특징을 고려한 분석 ROI 요소 4V

ROI 요소	특징	내용		
투자비용 요소 (Investment)	데이터 크기 (Volume)	• 데이터 규모 • 데이터 양	3V	4V
	데이터 형태 (Variety)	• 데이터 종류 • 데이터 유형		
	데이터 속도 (Velocity)	• 데이터 생성속도 • 데이터 처리속도		
비즈니스 효과 (Return)	새로운 가치 (Value)	• 분석 결과 활용을 통한 획득 가치 • 비즈니스 실행을 통한 획득 가치		

③ 분석 ROI 요소를 고려한 과제 우선순위 평가기준

평가관점	평가요소	내용	ROI 요소
시급성 (중요)	• 전략적 중요도 • 목표가치(KPI)	• 현재의 관점에 전략적 가치를 둘 것인 지 판단한다. • 중장기적 관점에 전략적인 가치를 둘 것인지 판단한다.	비즈니스 효과
난이도	• 데이터 획득 비용 • 데이터 가공 비용 • 데이터 저장 비용 • 분석 적용 비용 • 분석 수준	• 비용과 범위 측면에서 적용하기 쉬운 과제인지 판단한다. • 과제 범위를 PoC 또는 처음부터 크게 할 것인지 판단한다. • 내부 데이터를 활용하고 외부 데이터 까지 확대할지 판단한다.	투자비용 요소

ROI(Return Of Investment)
투자 수익률, 가장 널리 사용되는
경영성과 측정기준 중 하나

$$ROI = \frac{Return}{Investment}$$

KPI
핵심성과지표, Key Performance
Indicator

PoC(Proof of Concept)
개념증명, 원리 또는 실현 가능성
을 입증하기 위하여 어떤 방법이
나 아이디어에 대한 실현성을 보
여주는 일

- 조직의 상황에 따라 난이도를 조율한다.
  - 분석 준비도와 성숙도 진단 결과를 활용해 조직의 분석 수준을 파악한다.
  - 파악된 수준을 기초로 하여 적용 범위와 수행 방법별 난이도를 조정한다.

3) 분석 과제 우선순위 선정 및 조정

① 포트폴리오 사분면 분석 기법 활용 : 난이도와 시급성을 기준으로 분석 과제 유형을 분류하여 4분면에 배치한다.

왼쪽 상단이 1사분면이다.

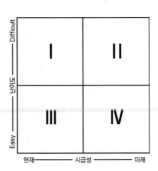

Investment는 난이도를 결정하고, Return은 시급성을 결정한다.

시급성은 전략적 가치를 어느 시점에 둘 것인지 의미하므로, 난이도를 조절하지 않는다면 그 다음 가치 창출이 기대되는 Ⅲ → Ⅳ 순으로 우선순위가 된다.

난이도는 현재 시점에서 적용 가능한지를 의미하므로, 어려운 단기 과제의 난이도를 조절하여 Ⅲ → Ⅰ 순으로 우선순위가 된다.

② 매트릭스 내 분석 과제 우선순위 선정
- 가장 우선적으로 분석 과제 적용이 필요한 영역은 3사분면(Ⅲ 영역)이다.
- 우선순위가 낮은 영역은 2사분면(Ⅱ 영역)이다.
- 적용 우선순위 기준을 시급성에 둘 경우 순서 : Ⅲ → Ⅳ → Ⅰ → Ⅱ 영역
- 적용 우선순위 기준을 난이도에 둘 경우 순서 : Ⅲ → Ⅰ → Ⅳ → Ⅱ 영역

③ 매트릭스 내 분석 과제 우선순위 조정
- 시급성이 높고 난이도가 높은 1사분면(Ⅰ 영역)은 의사결정을 통해 적용 우선순위를 조정할 수 있다.
- 데이터 양과 특성, 분석 범위 등에 따라 난이도를 조율하여 적용 우선순위를 조정할 수 있다.
  - **예** 난이도를 조율하여 1사분면에서 3사분면으로 이동

④ 분석 과제 우선순위 조정 시 고려사항
- 기술적 요소에 따른 적용 우선순위 조정
  - 대용량 데이터 분석은 데이터 저장, 처리, 분석을 위한 새로운 기술 요소들로 인하여 운영중인 시스템에 영향을 줄 수 있다.
  - 기존 시스템에 미치는 영향을 최소화하여 적용하거나 운영중인 시스템과 별도로 시행하여 난이도 조율을 통한 우선순위를 조정할 수 있다.
- 분석 범위에 따른 우선순위 조정
  - 분석 과제의 전체 범위를 한 번에 일괄적으로 적용하여 추진할 수 있다.
  - 분석 과제 중 일부만 PoC로 진행하고 평가 후에 범위를 확대할 수 있다.

4) 분석 로드맵 설정

분석 로드맵은 마스터 플랜에서 정의한 목표를 기반으로 분석 과제를 수행하기 위해 필요한 기준 등을 담아 만든 종합적인 계획이다.

① 분석 로드맵 수립 절차

- 최종적인 실행 우선순위를 결정하여 단계적 구현 로드맵을 수립한다.
- 단계별로 추진하고자 하는 목표를 명확하게 정의한다.
- 추진 과제별 선행 관계를 고려하여 단계별 추진 내용을 정렬한다.

PI(Process Innovation)
기업가치를 극대화하는 경영개선 업무

② 세부적인 일정계획 수립

- 반복적인 정련과정을 통해 프로젝트의 완성도를 높여 나간다.
- 데이터 수집 및 확보와 분석 데이터 준비 단계는 순차적으로 진행하고 모델링 단계는 반복적으로 수행한다.
- 주로 순차형과 반복형을 혼합하여 사용한다.

개념 체크

1 다음 중 분석 로드맵 설정에 대한 설명으로 틀린 것은?

① 분석 로드맵은 마스터 플랜에서 정의한 목표를 기반으로 분석 과제를 수행하기 위해 필요한 기준 등을 담아 만든 종합적인 계획이다.

② 단계별로 추진하고자 하는 목표를 명확하게 정의하고, 추진 과제별 선행 관계를 고려하여 단계별 추진 내용을 정렬한다.

③ 데이터 수집 및 확보와 분석 데이터 준비 단계는 순차적으로 진행하고 모델링 단계는 반복적으로 수행하는 순차형과 반복형을 혼합하여 사용한다.

④ 분석 과제를 수행함에 있어 그 과제의 목적이나 목표에 따라 전체적인 방향성을 제시하는 기본계획이다.

정답 ④

분석 과제를 수행함에 있어 그 과제의 목적이나 목표에 따라 전체적인 방향성을 제시하는 기본계획은 분석 마스터 플랜의 정의이다.

2 다음 중 분석 과제 우선순위 선정과 조정에 대한 설명으로 옳은 것은?

① 매트릭스 기반 분석 과제 우선순위 선정 시, 분석이 쉽지 않지만 시급하게 진행되어야 하는 경우 1사분면에 위치시킨다.

② 데이터 양과 특성, 분석 범위 등에 따라 난이도를 조율하여 적용 우선순위를 3사분면에서 1사분면으로 이동할 수 있다.

③ 대용량 데이터 분석은 데이터 저장, 처리, 분석을 위한 새로운 기술 요소들로 기존 시스템과는 무관하다.

④ 분석 과제의 전체 범위를 한 번에 일괄적으로 적용하기는 어려우며, 일부만 PoC로 진행하고 평가 후에 범위를 확대할 수 있다.

정답 ①

- 시급성이 높고 난이도가 높은 영역은 1사분면이다.
- 난이도를 조율하여 적용 우선순위를 1사분면에서 3사분면으로 이동할 수 있다.
- 대용량 데이터 분석은 데이터 저장, 처리, 분석을 위한 새로운 기술 요소들로 인하여 운영중인 시스템에 영향을 줄 수 있다.
- 분석 과제의 전체 범위를 한 번에 일괄적으로 적용하여 추진할 수도 있고, 분석 과제 중 일부만 PoC로 진행하고 평가 후에 범위를 확대할 수 있다.

3 다음 중 분석 과제 우선순위 평가기준에 대한 설명으로 틀린 것은?

① 과제를 수행하고자 하는 기업이 처한 상황에 따라 그 기준이 달라질 수 있다.

② 투자비용 요소로서 데이터 크기, 형태, 속도가 있으며, 비즈니스 효과로 새로운 가치를 얻을 수 있다.

③ 시급성을 충족시키기 위해 데이터 가공 비용과 분석 수준 등을 낮출 수 있다.

④ 난이도를 조절하기 위하여 데이터 획득 비용과 분석 수준 등을 낮출 수 있다.

정답 ③

시급성의 평가요소는 전략적 중요도와 목표가치이며, 데이터 획득 비용과 가공 및 저장 비용, 분석 적용 비용, 분석 수준은 난이도의 평가요소이다.

❹ 분석 문제 정의

1) 분석 문제 정의 개요

① 분석 과제 도출

분석 과제는 해결해야 할 다양한 문제들을 데이터 분석 문제로 변환하여 분석 프로젝트로 수행할 수 있는 과제정의서 형태로 도출한다.

② 대표적인 분석 과제 도출 방법

문제가 먼저 주어지고 이에 대한 해법을 찾아가는 하향식 접근 방식과 데이터를 기반으로 문제의 재정의 및 해결방안을 탐색하는 상향식 접근 방식이 있다.

③ 최적의 의사결정을 위한 혼합방식

신상품 개발이나 전략 수립 등 중요한 의사결정이 필요할 때 주로 사용한다.

• 동적인 환경에서 발산과 수렴 단계를 반복적으로 수행하며 상호 보완을 통해 분석의 가치를 극대화할 수 있다.

• 상향식 접근 방식의 발산(Diverge) 단계 : 가능한 옵션을 도출

• 하향식 접근 방식의 수렴(Converge) 단계 : 도출된 옵션을 분석하고 검증

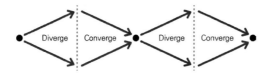

④ 분석 과제 정의

• 분석 과제 정의서는 다양한 방식으로 도출한 분석 과제들을 명확하게 정의하여 상세하게 작성한다.

  – 필요한 데이터, 데이터 수집과 분석 난이도, 분석 방법과 수행 주기, 상세 분석 과정, 분석 결과에 대한 검증 책임자 등을 포함한다.

  – 분석 데이터는 조직 내부뿐만 아니라 외부 데이터도 포함하며, 데이터 유형이나 종류를 가리지 않고 범위를 확장하여 고려한다.

• 분석 과제 정의서는 분석 프로젝트를 수행하는 이해관계자가 프로젝트의 방향을 설정하고 성공 여부를 판단할 수 있는 자료로 사용된다.

  – 분석 과제 정의서는 향후 프로젝트 수행계획의 입력물로 사용된다.

2) 하향식 접근 방식(Top Down Approach)

하향식 접근 방식은 문제가 주어지고 이에 대한 해법을 찾기 위하여 각 과정이 체계적으로 단계화되어 수행하는 방식이다.

▶ 하향식 접근 방식의 구성

단계	내용
문제 탐색	현황 분석, 인식된 문제점, 전략에서 기회나 문제를 탐색한다.
문제 정의	해당 현실 문제를 데이터 관점의 문제로 정의한다.
해결방안 탐색	데이터 관점의 문제를 해결하기 위한 방안을 탐색한다.
타당성 평가	데이터 분석의 타당성을 평가한다.

① 문제 탐색(Problem Discovery) 단계

• 개별적으로 인지하고 있는 문제를 단순하게 나열하는 것보다 전체적인 관점의 기준 모델을 활용하여 누락 없이 문제를 도출하고 식별해야 한다.

• 현재 데이터의 소유 여부와 데이터가 없는 경우 해결방안 등에 대한 세부적인 내용보다 문제를 해결하여 발생하는 가치에 중심을 두어야 한다.

구분	내용
비즈니스 모델 기반 문제 탐색	• 해당 기업이 사업 모델을 도식화한 비즈니스 모델 캔버스의 블록을 단순화하여 기회를 추가로 도출한다. • 새로운 관점의 접근으로 새로운 유형의 분석 기회와 주제를 발굴한다.
외부 참조 모델 기반 문제 탐색	• 문제와 과제를 도출하는 기준 모델로, 유사 또는 동종의 환경에서 기존에 수행한 분석 사례를 벤치마킹한다. • 제공되는 산업별, 업무 서비스별 분석테마 후보 그룹을 통해 빠르고 쉬운(Quick & Easy) 방식으로 접근한다. • 필요한 분석 기회에 대한 아이디어 획득 및 적용할 분석테마 후보들을 브레인스토밍으로 빠르게 도출한다. • 인사이트 도출 및 업무 활용 사례들을 발굴하여 자사의 업종과 업무 서비스에 적용할 수 있다. • 후보 그룹을 통해 벤치마킹할 대상 분석 기회를 고려하면 좀 더 빠르고 쉽게 분석기회 도출이 가능하다. • 평소에 가치 발굴 사례들을 정리해두면 과제 발굴과 탐색 시 빠르고 의미 있는 분석 기회 도출이 가능하다. • 타 업무 및 분야의 데이터 분석 활용 사례를 정리해 둔다면 새로운 주제 탐색 시 용이하다.

분석 유스케이스 정의	• 도출한 분석 기회들을 구체적인 과제로 만들기 전에 분석 유스케이스로 정의하여야 한다. • 문제에 대한 상세 설명과 기대효과를 명시하여 향후 데이터 분석 문제로의 전환 및 적합성 평가에 활용한다.

② 문제 정의(Problem Definition) 단계

• 식별된 비즈니스 문제를 데이터적인 문제로 변환하여 정의한다.

• 필요한 데이터와 기법을 정의하기 위한 데이터 분석 문제로 변환한다.

• 분석 수행자 외 문제 해결 시 효용을 얻을 최종 사용자 관점에서 정의한다.

• 분석 문제가 잘 정의되면 필요한 데이터의 정의나 기법 발굴 시 용이하므로, 분석의 관점으로 가능한 정확하게 문제를 재정의하여야 한다.

③ 해결방안 탐색(Solution Search) 단계

• 정의된 데이터 분석 문제를 해결하기 위한 다양한 방안들을 모색한다.

 – 분석 기법 및 시스템과 분석 역량 보유 여부에 따라 세분화가 가능하다.

분석 역량(Who)

		확보	미확보
분석기법 및 시스템 (How)	기존 시스템	기존 시스템 개선 활용	교육 및 채용을 통한 역량 확보
	신규 도입	시스템 고도화	전문 업체 Sourcing

④ 타당성 평가(Feasibility Study) 단계

• 도출된 분석 문제, 가설에 대한 대안을 과제화하기 위한 타당성을 분석한다.

• 도출된 여러 대안 중 평가 과정을 거쳐 가장 우월한 대안을 선택한다.

경제적 타당성	• 비용 대비 편익 분석 관점의 접근이 필요하다. – 비용 항목은 데이터, 시스템, 인력, 유지보수 등 분석 비용이다. – 편익은 분석 결과를 적용하여 발생 가능한 실질적 비용 절감, 추가적 매출과 수익 등의 경제적 가치로 산출한다.
데이터 및 기술적 타당성	• 데이터 분석 시 데이터, 분석 시스템 환경 분석역량이 필요하다. • 기술적 타당성 분석 시 역량 확보 방안의 사전수립이 필요하다. • 비즈니스 분석가, 데이터 분석가, 시스템 엔지니어 등과 협업한다.

3) 하향식 접근 방식의 문제 탐색 방법

비즈니스 모델 캔버스
새로운 사업 모형을 개발하고 기존의 모형을 문서화하기 위한 경영전략 템플릿

① 비즈니스 모델 캔버스를 활용한 과제 발굴

- 해당 기업의 사업 모델을 도식화한 비즈니스 모델 캔버스의 9가지 블록을 단순화하여 문제 발굴을 3개의 단위로, 이를 관리하는 2개의 영역으로 도출한다.

업무 단위 (Operation)	제품이나 서비스를 생산하기 위한 내부 프로세스 및 주요 자원과 관련하여 주제를 도출한다.
제품 단위 (Product)	생산 및 제공하는 제품이나 서비스를 개선하기 위한 관련 주제들을 도출한다.
고객 단위 (Customer)	제품이나 서비스를 제공받는 사용자나 고객 또는 이를 제공하는 채널 관점에서 관련 주제들을 도출한다.
규제와 감사 영역 (Audit & Regulation)	제품 생산과 전달 과정에서 발생하는 규제나 보안 관점에서 관련 주제들을 도출한다.
지원 인프라 영역 (IT & Human Resource)	분석을 수행하는 시스템 영역과 이를 운영 및 관리하는 인력의 관점에서 관련 주제들을 도출한다.

캔버스를 이용하여 각 사업 요소들의 유기적 연결에 대해 이해한다.

▲ 비즈니스 모델 캔버스

② 분석 기회 발굴의 범위 확장

분석가뿐만 아니라 해당 기능을 수행하는 직원이나 관련자에 대한 폭넓은 인터뷰와 워크숍 형태의 아이디어 발굴 작업이 필요하다.

- 현재 사업 방식이나 비즈니스에 대한 문제 해결은 최적화 및 단기 과제 형식으로 도출 가능하다.
- 새로운 문제의 발굴이나 장기적인 접근을 위해서는 환경과 경쟁 구도의 변화 및 역량의 재해석을 통한 혁신 관점의 분석 기회 추가 도출이 필요하다.
- 거시적 관점의 요인, 경쟁자의 동향, 시장의 니즈 변화, 역량의 재해석 등 새로운 관점의 접근이 필요하다.

관점	영역	내용
거시적 관점	사회 영역 (Social)	고객영역을 확장하여 전체 시장을 사회, 문화, 구조적 트렌드 변화에 기반하여 분석 기회를 도출한다.
	기술 영역 (Technological)	과학, 기술, 의학 등 최신 기술의 등장변화에 따른 역량 내재화와 제품 및 서비스 개발에 대한 분석 기회를 도출한다.
	경제 영역 (Economic)	산업과 금융 전반의 변동성과 경제 구조 변화 동향에 따른 시장 흐름을 파악하고 이에 대한 분석 기회를 도출한다.
	환경 영역 (Environmental)	환경과 관련된 정부, 사회단체, 시민사회의 관심과 규제 동향을 파악하고 이에 대한 분석 기회를 도출한다.
	정치 영역 (Political)	주요 정책방향, 정세, 지정학적 동향 등의 거시적인 흐름을 토대로 하여 분석 기회를 도출한다.

	대체재 영역 (Substitute)	현재 생산하고 있는 제품 또는 서비스의 대체재를 파악하고 이를 고려한 분석 기회를 도출한다.
경쟁자 확대 관점	경쟁자 영역 (Competitor)	현재 생산하고 있는 제품이나 서비스의 주요 경쟁자에 대한 동향을 파악하여 이를 고려한 분석 기회를 도출한다.
	신규 진입자 영역 (New Entrant)	향후 시장에서 파괴적인 역할을 수행할 수 있는 신규 진입자에 대한 동향을 파악하여 이를 고려한 분석 기회를 도출한다.
시장의 니즈 탐색 관점	고객 영역 (Customer)	고객의 구매 동향 및 고객의 컨텍스트를 더욱 깊게 이해하여 제품 또는 서비스의 개선에 필요한 분석 기회를 도출한다.
	채널 영역 (Channel)	자체 채널뿐 아니라 최종 고객에게 상품이나 서비스를 전달 가능한 모든 경로를 파악하여 경로별 채널 분석 기회를 확대하여 탐색한다.
	영향자들 영역 (Influencer)	주주, 투자자, 협의 및 기타 이해관계자의 주요 관심사항에 대하여 파악하고 분석 기회를 탐색한다.
역량의 재해석 관점	내부 역량 영역 (Competency)	지식, 기술, 스킬 등 노하우와 인프라적인 유형 자산에 대해서도 폭넓게 재해석하고 해당 영역에서 분석 기회를 탐색한다.
	파트너와 네트워크 영역 (Partners & Network)	관계사와 공급사 등의 역량을 활용해 수행할 수 있는 기능을 파악해 보고 이에 대한 분석 기회를 추가적으로 도출한다.

4) 상향식 접근 방식(Bottom Up Approach)

문제의 정의 자체가 어려운 경우 데이터를 기반으로 문제의 재정의 및 해결방안을 탐색하고 이를 지속적으로 개선하는 방식이다.

① 상향식 접근 방식의 특징

일반적으로 비지도학습 방법에 의해 수행된다.

- 다량의 데이터 분석을 통해 왜(why) 그러한 일이 발생하는지 역으로 추적하면서 문제를 도출하거나 재정의할 수 있는 방식이다.
- 데이터를 활용하여 생각지도 못했던 인사이트 도출 및 시행착오를 통한 개선이 가능하다.

② 상향식 접근 방식의 등장배경

- 기존 하향식 접근 방식의 한계를 극복하기 위해 등장하였다.

  – 하향식 접근 방식은 솔루션 도출은 유효하지만 새로운 문제 탐색은 어렵다.

  – 하향식 접근 방식은 복잡하고 다양한 환경에서 발생한 문제에는 부적합하다.

- 논리적 단계별 접근법은 문제의 구조가 분명하고 이에 대한 해결책을 도출하기 위한 데이터가 분석가나 의사결정자에게 주어져 있음을 가정하고 있다.

③ 상향식 접근기반 전통적 분석 사고 극복방안

- 디자인 사고 접근법

첫 단계로 감정이입(Empathize)을 특히 강조한다.

  – 현장 관찰과 감정이입, 대상 관점으로의 전환을 수행한다.

  – 통상적으로는 분석적으로 사물을 인식하려는 Why를 강조하나, 답을 미리 내는 것이 아니라 사물을 있는 그대로 인식하는 What 관점으로 접근한다.

  – 객관적으로 존재하는 데이터 자체를 관찰하고 실제 행동으로 옮김으로써 대상을 좀 더 잘 이해하는 방식으로 접근한다.

- 비지도학습 방법에 의한 수행

비지도학습은 데이터 자체의 결합, 연관성, 유사성 등을 중심으로 데이터 상태를 표현하는 방식이다.

  – 목표값을 사전에 학습하거나 정의하지 않고 데이터 자체만을 가지고 결과를 도출한다.

  – 새로운 유형의 인사이트를 도출하기에 유용한 방식이다.

지도학습의 경우는 명확한 목적 하에 데이터를 분석한다.

  – 데이터 마이닝의 연관규칙분석, 군집분석이나 기술통계 및 프로파일링 등이 대표적이다.

- 빅데이터 환경에서의 분석

  – 인과관계(Know-why)에서 상관관계(Know-affinity) 분석으로 이동하였다.

  – 통계적 분석환경에서는 인과관계 분석을 위해 가설을 설정하고 이를 검증하기 위해 모집단으로부터 표본을 추출하여 가설검증을 하였다.

  – 빅데이터 분석환경에서는 인과관계, 상관관계, 연관분석을 통하여 다양한 문제를 해결할 수 있다.

④ 상향식 접근 방식의 문제 해결 방법

- **프로토타이핑 접근법** : 일단 먼저 분석을 시도해 보고 그 결과를 확인하면서 반복적으로 개선해 나가는 방식이다.

  – 시행착오를 통하여 문제 해결을 시도하는 방식이다.

  – 사용자가 요구사항이나 데이터를 정확히 정의하기 어렵고 원천 데이터도 명확하지 않을 때 주로 사용한다.

  – 완전하지는 않지만 신속하게 해결책이나 모형을 제시하여 이를 바탕으로 문제를 더 명확하게 인식하고 필요한 데이터를 식별하여 구체화할 수 있다.

폭포수 모형과 비슷한 하향식 접근 방식은 문제가 정형화되어 있고 문제해결을 위한 데이터가 완벽하게 존재해야만 효과적으로 사용할 수 있다.

▶ 프로토타이핑 접근법의 필요성

관점	내용
문제에 대한 인식 수준	• 문제 정의가 불명확하거나 새로운 문제일 경우 사용자나 이해관계자는 프로토타입을 이용하여 문제를 이해하고 구체화할 수 있다.
필요 데이터 존재 여부의 불확실성	• 데이터 확보방안 수립 시 데이터 사용자와 분석가 간에 반복적이고 순환적인 협의 과정이 필요하다. • 문제 해결을 위해 필요한 모든 데이터가 존재하지 않을 경우, 이에 대한 수집방안이나 대체방안을 수립하여야 한다. • 대체 불가능한 데이터가 존재하는지 사전에 확인하여 프로젝트가 중도에 중단되는 위험을 방지할 수 있다.
데이터 사용 목적의 가변성	• 데이터의 가치는 사전에 정해진 수집 목적에 따라 확정되는 것이 아니며, 그 가치가 지속적으로 변화한다. • 기존에 보유 중인 데이터도 데이터 정의를 재검토하여 데이터의 사용 목적과 범위를 확대할 수 있다.

▶ 프로토타이핑 접근법의 프로세스

특징	• 잘 설계된 프로토타이핑을 지속하는 경우 실험이 가지고 있는 불명확성은 감소하고 의도했던 결과를 도출할 가능성이 높아진다. • 빅데이터 분석환경에서는 최대한 빨리 분석 결과를 보여 주고 이를 가지고 지속적으로 반복하는 방법이 효과적이다.
구성	• 가설의 생성(Hypotheses) • 디자인에 대한 실험(Design Experiments) • 실제 환경에서의 테스트(Test) • 테스트 결과에서의 통찰(Insight) 도출 및 가설 확인

1 다음 중 분석 문제 정의에 대한 설명으로 틀린 것은?

① 수렴(Converge) 단계에서는 가능한 옵션을 도출하고, 발산(Diverge) 단계에서는 도출된 옵션을 분석하고 검증한다.

② 문제가 먼저 주어지고 이에 대한 해법을 찾아가는 하향식 접근 방식과 데이터를 기반으로 문제의 재정의 및 해결방안을 탐색하는 상향식 접근 방식이 있다.

③ 분석 과제는 해결해야 할 다양한 문제들을 데이터 분석 문제로 변환하여 분석 프로젝트로 수행할 수 있는 과제정의서 형태로 도출한다.

④ 분석 과제 정의서는 분석 프로젝트를 수행하는 이해관계자가 프로젝트의 방향을 설정하고 성공 여부를 판단할 수 있는 자료로 사용된다.

정답 ①

최적의 의사결정을 위해 혼합방식을 사용할 수 있으며, 동적인 환경에서 상향식 접근 방식의 발산과 하향식 접근 방식의 수렴 단계를 반복적으로 수행하며 상호 보완을 통해 분석의 가치를 극대화할 수 있다. 발산 단계에서는 가능한 옵션을 도출하며, 수렴 단계에서는 도출된 옵션을 분석하고 검증한다.

2 다음 중 하향식 접근 방식에 대한 설명으로 틀린 것은?

① 문제 탐색 단계, 문제 정의 단계, 해결방안 탐색 단계, 타당성 평가 단계로 구성되어 있다.

② 문제가 주어지고 이에 대한 해법을 찾기 위하여 각 과정이 체계화된 방식으로 최근 실시간으로 발생하고 있는 문제들에 대하여 적용할 수 있다.

③ 문제 탐색 기법으로 비즈니스 모델 기반 문제 탐색, 외부 참조 모델 기반 문제 탐색, 분석 유즈케이스 정의 방법이 있다.

④ 타당성 평가 단계에서는 경제적 타당성과 데이터 및 기술적 타당성을 검증하여야 한다.

정답 ②

하향식 접근 방식(Top Down Approach)은 문제가 주어지고 이에 대한 해법을 찾기 위하여 각 과정이 체계적으로 단계화되어 수행하는 전통적 분석 과제 발굴 방식으로 근래의 문제들은 변화가 심하여 문제를 사전에 정확하게 정의하기 어렵다.

3 다음 중 상향식 접근 방식에 대한 설명으로 틀린 것은?

① 문제의 정의 자체가 어려운 경우 데이터를 기반으로 문제의 재정의 및 해결방안을 탐색하고 이를 지속적으로 개선하는 방식이다.

② 다량의 데이터 분석을 통해 왜(why) 그러한 일이 발생하는지 역으로 추적하면서 문제를 도출하거나 재정의할 수 있는 방식이다.

③ 디자인 사고 접근법은 사물을 있는 그대로 인식하는 What 관점을 강조하지만, 분석적으로 사물을 인식하려는 Why 관점으로 접근한다.

④ 프로토타이핑 접근법은 일단 먼저 분석을 시도해 보고 그 결과를 확인하면서 반복적으로 개선해 나가는 방식이다.

정답 ③

디자인 사고 접근법은 통상적으로는 분석적으로 사물을 인식하려는 Why를 강조하나, 답을 미리 내는 것이 아니라 사물을 있는 그대로 인식하는 What 관점으로 접근한다.

05 데이터 분석 방안

1) 분석 방법론

데이터 분석 시 품질확보를 위하여 단계별로 수행해야 하는 활동, 작업, 산출물을 정의한다.

- 데이터 분석을 효과적으로 수행하기 위하여 이를 체계화한 절차와 방법이 정리된 데이터 분석 방법론의 수립이 필수적이다.
- 프로젝트는 한 개인의 역량이나 조직의 우연한 성공에 의해서는 안 되고 일정 품질 수준 이상의 산출물과 프로젝트의 성공 가능성을 제시해야 한다.

분석 방법론
데이터 분석을 효과적으로 수행하기 위하여 분석 절차를 체계적으로 정리한 방법

① 분석 방법론의 구성요건

- 상세한 절차(Procedures)
- 방법(Methods)
- 도구와 기법(Tools & Techniques)
- 템플릿과 산출물(Templates & Outputs)
- 어느 정도의 지식만 있으면 활용 가능한 수준의 난이도

② 분석 방법론의 생성과정(선순환 과정)

형식화	• 개인의 암묵지가 조직의 형식지로 발전되었다. • 분석가의 경험을 바탕으로 정리하여 문서화한다.
체계화	• 문서화한 최적화된 형식지로 전개됨으로써 방법론이 생성되었다. • 문서에는 절차나 활동 및 작업, 산출물, 도구 등을 정의한다.
내재화	• 개인에게 전파되고 활용되어 암묵지로 발전되었다. • 전파된 방법론을 학습하고 활용하여 내재화한다.

분석 방법론은 일본의 경영학자 노나카 이쿠지로의 지식창조 매커니즘을 바탕으로 생성된다.

2) 계층적 프로세스 모델 구성

분석 방법론은 일반적으로 계층적 프로세스 모델 형태로 구성 가능하며, 단계, 태스크, 스텝 3계층으로 구성된다.

① 최상위 계층 – 단계(Phase)

- 프로세스 그룹을 통하여 완성된 단계별 산출물을 생성한다.
- 각 단계는 기준선으로 설정되어 관리되어야 하며 버전관리 등을 통하여 통제한다.

② 중간 계층 – 태스크(Task)

- 각 태스크는 단계를 구성하는 단위 활동이다.
- 물리적 또는 논리적 단위로 품질검토가 가능하다.

③ 최하위 계층 – 스텝(Step)

- WBS(Work Breakdown Structure)의 워크패키지(Work Package)이다.
- 입력자료, 처리 및 도구, 출력자료로 구성된 단위 프로세스이다.

3) 소프트웨어개발생명주기 활용

분석 방법론은 소프트웨어 공학의 소프트웨어개발생명주기를 활용하여 구성할 수도 있다.

- 소프트웨어개발생명주기(SDLC: Software Development Life Cycle)는 소프트웨어에 대해 요구분석과 설계, 구현과정을 거쳐 설치, 운영과 유지보수, 그리고 폐기할 때까지의 전 과정을 가시적으로 표현한 것이다.

▶ 소프트웨어개발생명주기의 구성요소

계획 (요구명세)	• 고객의 요구사항을 명세화한다. • 타당성 조사 및 소프트웨어의 기능과 제약조건을 정의하는 명세서를 작성한다. • 요구사항은 일반적으로 모호하고 불완전하며 모순되기도 한다.
요구분석	• 대상이 되는 문제 영역과 사용자가 원하는 Task를 이해한다.
설계	• 분석모형을 가지고 이를 세분화함으로써 구현될 수 있는 형태로 전환한다.
구현	• 실행 가능한 코드를 생성한다.
시험	• 발생 가능한 실행 프로그램의 오류를 발견하고 수정한다.
유지보수	• 인수가 완료된 후 일어나는 모든 개발 활동이다.

① 폭포수 모형(Waterfall Model)

고전적 Life Cycle Paradigm으로 분석, 설계, 개발, 구현, 시험 및 유지보수 과정을 순차적으로 접근하는 방법이다.

- 소프트웨어 개발을 단계적, 순차적, 체계적 접근 방식으로 수행한다.
- 각 단계별로 철저히 매듭짓고 다음 단계를 진행한다.
- 개념 정립에서 구현까지 하향식 접근 방법을 사용한다.
- 전 단계의 산출물은 다음 단계의 기초가 된다.
- 결과물이 후반부에 가서야 구체화되므로 문제점이 뒤늦게 발견된다.

폭포수 모형
- 프로젝트 진행과정을 세분화하여 관리하기에 용이
- 고객의 요구사항을 초기에 명확히 정의하기 어려움

② 프로토타입 모형(Prototype Model)

사용자의 요구사항을 충분히 분석할 목적으로 시스템의 일부분을 일시적으로 간략히 구현한 다음 다시 요구사항을 반영하는 과정을 반복하는 개발모형이다.

- **실험적 프로토타입** : 요구분석의 어려움을 해결하기 위해 실제 개발될 소프트웨어의 일부분을 직접 개발함으로써 의사소통의 도구로 활용한다.
- **진화적 프로토타입** : 프로토타입을 요구분석의 도구로만 활용하는 것이 아니라, 이미 개발된 프로토타입을 지속적으로 발전시켜 최종 소프트웨어로 발전시킨다.

프로토타입 모형
- 개발하려는 시스템의 주요 기능을 초기에 실제 운영할 모형으로 개발하는 방법
- 폭포수 모형의 단점을 보완

- 요구 분석의 어려움 해결을 통해 사용자의 참여를 유도한다.
- 요구사항 도출과 이해에 있어 사용자와의 커뮤니케이션 수단으로 활용 가능하다.
- 사용자 자신이 원하는 것이 무엇인지 구체적으로 잘 모르는 경우 간단한 시제품으로 개발할 수 있다.
- 개발 타당성을 검토하는 수단으로 활용할 수 있다.

나선형 모형
- 대규모 시스템 및 위험 부담이 큰 시스템 개발에 적합
- 폭포수 모형과 프로토타입 모형의 단점을 보완

③ 나선형 모형(Spiral Model)

시스템을 개발하면서 생기는 위험을 최소화하기 위해 나선을 돌면서 점진적으로 완벽한 시스템으로 개발하는 모형이다.

- 프로젝트의 완전성 및 위험 감소와 유지보수가 용이하다.
- 관리가 중요하나 매우 어렵고 개발시간이 장기화될 가능성이 있다.

반복적 모형
- 폭포수, 프로토타입, 나선형이 혼합된 모형
- 재사용성, 객체지향, RAD의 기반을 제공
- 증분형(점증적) 모형, 진화형(점진적) 모형으로 분류

증분형 모형
폭포수 모형의 변형으로 각 증분을 따로 개발하여 통합

④ 반복적 모형(Iterative Development Model)

사용자의 요구사항 일부분 혹은 제품의 일부분을 반복적으로 개발하여 최종 시스템으로 완성하는 모형이다.

- **증분형 모형(Incremental Model)** : 사용자 요구사항과 제품의 일부분을 반복적으로 개발하며 대상범위를 확대해 나아가서 최종제품을 완성하는 방법이다.

- 첫 번째 검증은 핵심제품, 몇 사람만으로 구현 가능하다.
- 프로토타입 모형과 같이 반복적이나 각 점증이 갖는 제품 인도에 초점을 두고 있다.
- 규모가 큰 개발 조직일 경우 자원을 각 증분 개발에 충분히 할당할 수 있어 각 증분의 병행 개발로 기간을 단축시킬 수 있다.
- 증분의 수가 많고 병행 개발이 빈번하게 이루어지면 관리가 어려워지고, PM은 증분 개발 활동 간 조율에 많은 노력이 필요하다.

- 증분 1 : 소프트웨어 요구사항 중 1에 해당하는 프로토타입 개발
- 증분 2 : 소프트웨어 요구사항 중 2에 해당하는 프로토타입 개발
- 증분 n : 소프트웨어 요구사항 중 n에 해당하는 프로토타입 개발
- 정보흐름 : 각 프로토타입 개발과정에서 단계별로 타 프로토타입의 개발과정에 영향

- **진화형 모형(Evolution Model)** : 시스템이 가지는 여러 구성요소의 핵심부분을 개발한 후 각 구성요소를 지속적으로 발전시켜 나가는 방법이다.

> **진화형 모형**
> 시스템의 요구사항을 사전에 정의하기 어려운 경우 사용

- 다음 단계로의 진화를 위해 전체 과정에 대한 개요가 필요하다.
- 프로토타입을 만들고 이를 다시 분석함으로써 요구사항을 진화시키는 방법이다.
- 프로토타입의 시스템은 재사용을 전제로 한다.

- – 핵심요구사항 개발 : 소프트웨어 요구사항의 핵심적인 부분(프로토타입)을 개발
- – 1단계 진화 : 핵심요구사항 개발과정에서 산출된 프로토타입을 재분석하여 요구사항 진화
- – n단계 진화 : n−1의 요구사항 개발과정에서 산출된 프로토타입을 재분석하여 최종 완성
- – Feedback : 각 단계의 프로토타입을 설치/운영하여 발생하는 요구사항들을 차기 개발에 반영

▶ 소프트웨어개발생명주기의 대표적 유형 비교

폭포수 모형	검토 및 승인을 거쳐 순차적, 하향식으로 개발이 진행된다.		
	장점	• 이해하기 쉽고 관리가 용이하다. • 다음 단계 진행 전에 결과를 검증한다.	
	단점	• 요구사항 도출이 어렵다. • 설계 및 코딩과 테스트가 지연된다. • 문제점 발견이 늦어진다.	
프로토타입 모형	시스템의 핵심적인 기능을 먼저 만들어 평가한 후 구현한다.		
	장점	• 요구사항 도출과 시스템 이해가 용이하다. • 의사소통을 향상시킨다.	
	단점	• 사용자의 오해(완제품)가 발생하기 쉽다. • 폐기되는 프로토타입이 존재한다.	
나선형 모형	폭포수 모형과 프로토타입 모형의 장점에 위험분석을 추가하였다.		
	구현 단계	계획수립	목표, 기능 선택, 제약조건을 설정한다.
		위험분석	기능 선택의 우선순위 및 위험요소를 분석하고 제거한다.
		개발	선택된 기능을 개발한다.
		고객평가	개발 결과를 평가한다.
	장점	• 점증적으로 개발 시 실패 위험을 감소시킬 수 있다. • 테스트가 용이하고 피드백이 있다.	
	단점	관리가 복잡하다.	
반복적 모형	시스템을 여러 번 나누어 릴리즈하는 방법이다.		
	Incremental	기능을 분해한 후 릴리즈별 기능을 추가 개발한다.	
	Evolution	전체 기능을 대상으로 하되 릴리즈를 진행하면서 기능이 완벽해진다.	

⑤ 소프트웨어개발생명주기 모형 선정 기준

• 프로젝트의 규모와 성격

• 개발에 사용되는 방법과 도구

• 개발에 소요되는 시간과 비용

• 개발과정에서의 통제수단과 소프트웨어 산출물 인도 방식

✅ 개념 체크

1 다음 중 분석 방법론에 대한 설명으로 옳은 것은?

① 명확한 절차, 방법, 도구, 템플릿, 산출물, 그리고 전문지식이 담긴 매뉴얼을 제공해야 한다.

② 여러 사람들의 내재된 습관을 체계화한 후 전문가에 의해 형식화되어 생성된다.

③ 일반적으로 계층적 프로세스 모델 형태로 구성 가능하며, 단계, 스텝, 워크패키지 3계층으로 구성된다.

④ 데이터 분석을 효과적으로 수행하기 위하여 분석 절차를 체계적으로 정리한 방법이다.

정답 ④

• 분석 방법론은 상세한 절차(Procedures), 방법(Methods), 도구와 기법(Tools & Techniques), 템플릿과 산출물(Templates & Outputs), 어느 정도의 지식만 있으면 활용 가능한 수준의 난이도를 구성요건으로 갖추어야 한다.
• 분석 방법론은 형식화, 체계화, 내재화의 선순환 과정을 통해 생성된다.
• 분석 방법론은 일반적으로 계층적 프로세스 모델 형태로 구성 가능하며, 단계, 태스크, 스텝 3계층으로 구성된다. 태스크는 각 단계를 구성하는 단위 활동이며, 스텝은 태스크의 하위 층으로 WBS의 워크패키지를 말한다.

2 다음 중 소프트웨어개발생명주기에 대한 설명으로 옳은 것은?

① 폭포수 모형은 의사소통을 향상시킨다.

② 나선형 모형은 계획수립, 위험분석, 개발, 고객평가 단계로 구성되어 있다.

③ 원형 모형은 이해하기 쉽고 관리가 용이하다.

④ 반복적 모형은 증분형 모형과 진화형 모형이 존재하며, 진화형 모형의 품질이 더 우수하다.

정답 ②

• 폭포수 모형은 요구사항 도출이 어려우며, 원형 모형이 의사소통을 향상시킨다.
• 원형 모형은 사용자로 하여금 완제품으로 오해 받기 쉽고 폐기되는 프로토타입이 존재하며, 폭포수 모형이 이해하기 쉽고 관리가 용이하다.
• 증분형 모형과 진화형 모형은 서로 필요성이 다를 뿐이며, 증분형 모형은 폭포수 모형의 변형으로 각 증분을 따로 개발 및 통합하여 개발 기간을 단축시키고, 진화형 모형은 시스템의 요구사항을 사전에 정의하기 어려운 경우 사용하여 개발의 어려움을 최소화하는 것이다.

KDD 분석 방법론
• 데이터 마이닝, 기계학습, 인공지능, 패턴인식, 시각화 등에 응용 가능
• 데이터에서 패턴을 찾는 과정을 9개의 프로세스로 제시

4) KDD 분석 방법론

KDD(Knowledge Discovery in Database)는 1996년 Fayyad가 통계적인 패턴이나 지식을 탐색하는 데 활용할 수 있도록 체계적으로 정리한 프로파일링 기술 기반의 데이터 마이닝 프로세스이다.

① KDD 분석 방법론의 9가지 프로세스

1. 분석 대상 비즈니스 도메인의 이해
2. 분석 대상 데이터셋 선택과 생성
3. 데이터에 포함되어 있는 잡음(Noise)과 이상값(Outlier) 등을 제거하는 정제작업이나 선처리
4. 분석 목적에 맞는 변수를 찾고 필요시 데이터의 차원을 축소하는 데이터 변경
5. 분석 목적에 맞는 데이터 마이닝 기법 선택
6. 분석 목적에 맞는 데이터 마이닝 알고리즘 선택
7. 데이터 마이닝 시행
8. 데이터 마이닝 결과에 대한 해석
9. 데이터 마이닝에서 발견된 지식 활용

② KDD 분석 방법론의 분석절차

데이터 분석은 데이터셋(Dataset) 선택, 데이터 전처리, 데이터 변환, 데이터 마이닝, 데이터 마이닝 결과 평가 총 5단계에 걸쳐 진행된다.

단계		내용
1	데이터셋 선택 (Selection)	• 분석대상 비즈니스 도메인에 대한 이해 및 프로젝트 목표의 정확한 설정을 선행한다. • 데이터베이스 또는 원시 데이터에서 분석에 필요한 데이터를 선택한다. • 필요시에 목표 데이터를 추가적으로 구성하여 활용한다.
2	데이터 전처리 (Preprocessing)	• 잡음(Noise)과 이상값(Outlier), 결측치(Missing Value)를 식별하고 필요시 제거하거나 대체한다. • 데이터가 추가적으로 필요한 경우 데이터셋 선택 절차부터 다시 실행한다.
3	데이터 변환 (Transformation)	• 분석 목적에 맞는 변수를 선택하거나 데이터의 차원 축소 등을 수행한다. • 학습용 데이터와 검증용 데이터로 데이터를 분리한다.
4	데이터 마이닝 (Data Mining)	• 분석 목적에 맞는 데이터 마이닝 기법 및 알고리즘을 선택하여 분석을 수행한다. • 필요시 데이터 전처리와 데이터 변환 절차를 추가로 실행하여 데이터 분석 결과의 품질을 높일 수 있다.
5	데이터 마이닝 결과 평가 (Interpretation/ Evaluation)	• 분석 결과에 대한 해석과 평가 및 분석 목적과의 일치성을 확인한다. • 발견된 지식을 업무에 활용하기 위한 방안을 모색한다. • 필요한 경우 데이터셋 선택부터 데이터 마이닝 절차까지 반복하여 수행한다.

이상값(outlier, 이상치)
일반적 추세에서 많이 벗어난 값

▲ KDD 절차

5) CRISP-DM 분석 방법론

CRISP-DM(Cross Industry Standard Process for Data Mining)은 계층적 프로세스 모델로써 4계층으로 구성된 데이터 마이닝 프로세스이다.

① CRISP-DM 분석 방법론의 4계층

- **최상위 레벨** : 여러 개의 단계(Phases)로 구성된다.
- **일반화 태스크(Generic Tasks)** : 데이터 마이닝의 단일 프로세스를 완전하게 수행하는 단위이다.
- **세분화 태스크(Specialized Tasks)** : 일반화 태스크를 구체적으로 수행한다.
- **프로세스 실행(Process Instances)** : 데이터 마이닝을 구체적으로 실행한다.

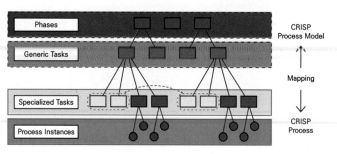

총 6단계에 걸쳐 진행되며, 각 단계별로 세부업무가 정의되어 있다.

② CRISP-DM 분석 방법론의 분석절차

단계	내용	세부업무
업무 이해 (Business Understanding)	• 비즈니스 관점에서 프로젝트의 목적과 요구사항을 이해하기 위한 단계이다. • 도메인 지식을 데이터 분석을 위한 문제정의로 변경한다. • 초기 프로젝트 계획을 수립한다.	• 업무 목적 파악 • 상황 파악 • 데이터 마이닝 목표 설정 • 프로젝트 계획 수립
데이터 이해 (Data Understanding)	• 분석을 위한 데이터 수집 및 데이터 속성을 이해한다. • 데이터 품질 문제를 식별한다. • 인사이트를 발견하는 단계이다.	• 초기 데이터 수집 • 데이터 기술 분석 • 데이터 탐색 • 데이터 품질 확인
데이터 준비 (Data Preparation)	• 수집된 데이터를 분석 기법에 적합한 데이터로 변환한다.	• 분석용 데이터셋 선택 • 데이터 정제 • 분석용 데이터셋 편성 • 데이터 통합 • 데이터 포맷팅
모델링 (Modeling)	• 다양한 모델링 기법과 알고리즘으로 모형 파라미터를 최적화한다. • 모델링 결과를 테스트용 프로세스와 데이터셋으로 평가하여 모형 과적합 등의 문제를 확인한다. • 데이터셋을 추가하기 위해 데이터 준비 절차를 반복할 수 있다.	• 모델링 기법 선택 • 모형 테스트 계획 설계 • 모형 작성 • 모형 평가

평가 (Evaluation)	• 분석 모형이 프로젝트의 목적에 부합하는지 평가한다. • 데이터 마이닝 결과를 수용할 것인지 최종적 으로 판단한다.	• 분석결과 평가 • 모델링 과정 평가 • 모형 적용성 평가
전개 (Deployment)	• 완성된 분석 모형을 업무에 적용하기 위한 계획을 수립한다. • 모니터링과 분석 모형의 유지보수 계획을 마 련한다. • 프로젝트 종료 관련 프로세스를 수행하여 프 로젝트 완료한다.	• 전개 계획 수립 • 모니터링과 유지보수 계 획 수립 • 프로젝트 종료 보고서 작성 • 프로젝트 리뷰

▲ CRISP-DM 절차

③ CRISP-DM과 KDD 분석 방법론의 비교

CRISP-DM 분석 방법론	KDD 분석 방법론
업무 이해(Business Understanding)	
데이터 이해(Data Understanding)	데이터셋 선택(Selection)
	데이터 전처리(Preprocessing)
데이터 준비(Data Preparation)	데이터 변환(Transformation)
모델링(Modeling)	데이터 마이닝(Data Mining)
평가(Evaluation)	데이터 마이닝 결과 평가 (Interpretation/Evaluation)
전개(Deployment)	

6) SEMMA 분석 방법론

SEMMA(Sample, Explore, Modify, Model and Assess)는 SAS Institute
의 주도로 만들어진 기술과 통계 중심의 데이터 마이닝 프로세스이다.

SAS Institute
미국의 통계분석 소프트웨어 기업

① SEMMA 분석 방법론의 특징

• SAS Institute의 데이터 마이닝 도구와 손쉽게 접목하여 활용할 수 있다.
• 주로 데이터 마이닝 프로젝트의 모델링 작업에 중점을 두고 있다.

② SEMMA 분석 방법론의 분석절차

데이터 분석은 추출, 탐색, 수정, 모델링, 평가 총 5단계에 걸쳐 진행된다.

단계	내용	세부요소/산출물
추출 (Sample)	• 분석할 데이터 추출 • 모델을 평가하기 위한 데이터 준비	• 통계적 추출 • 조건 추출
탐색 (Explore)	• 분석용 데이터 탐색 • 데이터 오류 확인 • 비즈니스 이해 • 이상 현상 및 변화 탐색	• 그래프 • 기초통계 • Clustering • 변수 유의성 및 상관분석
수정 (Modify)	• 분석용 데이터 변환 • 데이터 표현 극대화(시각화) • 파생 변수 생성, 선택, 변형	• 수량화 • 표준화 • 변환 • 그룹화
모델링 (Model)	• 분석 모델 구축 • 패턴 발견 • 모델링과 알고리즘의 적용	• Neural Network • Decision Tree • Logistic Regression • 통계기법
평가 (Assess)	• 모델 평가 및 검증 • 서로 다른 모델 동시 비교 • Next Step 결정	• Report • Feedback • 모델 검증 자료

✅ 개념 체크

1 다음 중 KDD 분석 방법론에 대한 설명으로 틀린 것은?

① 데이터 마이닝 외 다른 분야에는 응용하기 어렵다는 단점이 있다.

② 데이터에서 패턴을 찾는 과정을 9개의 프로세스로 제시한다.

③ 데이터셋 선택, 데이터 전처리, 데이터 변환, 데이터 마이닝, 데이터 마이닝 결과 평가 총 5단계에 걸쳐 진행된다.

④ 체계적으로 정리한 프로파일링 기술 기반의 데이터 마이닝 프로세스이다.

정답 ①

KDD(Knowledge Discovery in Database) 분석 방법론은 데이터 마이닝, 기계학습, 인공지능, 패턴인식, 시각화 등에 응용 가능하다.

2 다음 중 CRISP-DM 분석 방법론에 대한 설명으로 틀린 것은?

① 데이터 탐색과 이해 및 데이터를 통한 문제 인식과 해결이 가능하다.
② 비즈니스 요구사항에 맞게 데이터 마이닝을 반복적으로 수행할 수 있다.
③ 계층적 프로세스 모델로써 3계층으로 구성된 데이터 마이닝 프로세스이다.
④ 업무 이해, 데이터 이해, 데이터 준비, 모델링, 평가, 전개 총 6단계에 걸쳐 진행된다.

정답 ③

CRISP-DM(Cross Industry Standard Process for Data Mining) 분석 방법론은 계층적 프로세스 모델로써 4계층으로 구성된 데이터 마이닝 프로세스이다. CRISP-DM 분석 방법론의 4계층은 최상위 레벨, 일반화 태스크(Generic Tasks), 세분화 태스크 (Specialized Tasks), 프로세스 실행(Process Instances) 단계로 구성되어 있다.

3 다음 중 SEMMA 분석 방법론에 대한 설명으로 틀린 것은?

① SAS Institute의 데이터 마이닝 도구와 손쉽게 접목하여 활용할 수 있다.
② 응용 서비스 개발을 위한 3계층으로 구성되었다.
③ 주로 데이터 마이닝 프로젝트의 모델링 작업에 중점을 두고 있다.
④ 추출, 탐색, 수정, 모델링, 평가 총 5단계에 걸쳐 진행된다.

정답 ②

SEMMA(Sample, Explore, Modify, Model and Assess) 분석 방법론은 SAS Institute의 주도로 만들어진 기술과 통계 중심의 데이터 마이닝 프로세스이다. 응용 서비스 개발을 위한 3계층으로 구성된 방법론은 빅데이터 분석 방법론이다.

06 빅데이터 분석 방법론

1) 빅데이터 분석 방법론 개요

분석 방법론은 응용 서비스 개발을 위한 3계층으로 구성되었다.

단계 (Phase)	• 데이터 분석을 수행하기 위한 절차이다. • 기준선(Baseline)을 설정하고 버전관리를 통해 통제되어야 한다.
태스크 (Task)	• 각 단계별로 수행되어야 하는 세부 업무이다. • 각 태스크가 완료되면 그에 대한 성과를 얻을 수 있다.
스텝 (Step)	• 단기간 내에 수행 가능한 워크패키지(Work Package)이다. • 입력자료, 처리 및 도구, 출력자료로 구성된 단위 프로세스이다.

• 각 단계별로 세부 태스크와 스텝이 정의되어 있다.

▲ 빅데이터 분석을 위한 단계

2) 빅데이터 분석 방법론의 개발절차

① 분석 기획(Planning)

분석 기획	비즈니스 이해 및 범위 설정	• 비즈니스 이해 • 프로젝트 범위 설정
	프로젝트 정의 및 계획 수립	• 데이터 분석 프로젝트 정의 • 프로젝트 수행 계획 수립
	프로젝트 위험 계획 수립	• 데이터 분석 위험 식별 • 위험 대응 계획 수립

• 비즈니스 이해 및 범위 설정

– 비즈니스에 대한 이해와 도메인에 대한 문제점을 파악한다.

– 업무 매뉴얼 또는 업무 전문가의 도움이 필요하다.

– 향후 프로젝트 진행을 위한 방향을 설정하고, 프로젝트 목적에 부합한 범위를
설정한다.

– 프로젝트의 범위를 명확하게 파악하기 위해 구조화된 명세서를 작성한다.

• 프로젝트 정의 및 계획 수립

– 모형의 운영 이미지를 설계하고 모형 평가 기준을 설정한다.

KPI
핵심성과지표

– 프로젝트의 목표 및 KPI, 목표 수준 등을 구체화하여 상세한 프로젝트 정의
서를 작성한다.

– 데이터 확보계획이나 분석 방법, 일정, 예산, 품질 등을 포함하는 프로젝트 수
행 계획서를 작성한다.

– 프로젝트 산출물을 중심으로 WBS(Work Breakdown Structure)를 작성
한다.

• 프로젝트 위험계획 수립

– 프로젝트를 진행하면서 발생 가능한 모든 위험을 식별하여 사전 대응방안을
수립한다.

– 식별된 위험은 위험의 영향도와 빈도, 발생가능성에 따라 위험의 우선순위를
설정한다.

– 예상되는 위험에 대한 대응은 회피, 전이, 완화, 수용으로 구분하여 위험 관리 계획서를 작성한다.

② 데이터 준비(Preparing)

데이터 준비	필요 데이터 정의	• 데이터 정의 • 데이터 획득 방안 수립
	데이터 스토어 설계	• 정형 데이터 스토어 설계 • 비정형 데이터 스토어 설계
	데이터 수집 및 정합성 점검	• 데이터 수집 및 저장 • 데이터 정합성 점검

• 필요 데이터 정의

– 전사 차원에서 필요한 데이터를 정의한다.

– 정형, 비정형, 반정형 등 모든 내외부 데이터를 대상으로 데이터의 속성, 오너, 관련 시스템 담당자 등을 포함한 데이터 정의서를 작성한다.

– 내부 데이터 획득 시 부서 간 업무협조와 개인정보보호 및 정보보안과 관련된 문제점을 사전에 파악한다.

– 외부 데이터 획득 시 시스템 간 다양한 인터페이스 및 법적 이슈를 고려한다.

– 구체적인 데이터 획득방안을 상세하게 수립하여 혹시 모를 프로젝트의 지연을 방지한다.

• 데이터 스토어 설계

– 전사 차원의 데이터 스토어를 설계한다.

– 정형, 비정형, 반정형 데이터를 모두 저장할 수 있도록 설계한다.

– 데이터의 효율적인 저장과 활용을 위해 데이터 스토어의 논리적, 물리적 설계를 구분하여 수행한다.

• 데이터 수집 및 정합성 점검

– 크롤링, 시스템 간 실시간 처리, 배치 처리, 데이터베이스 간 연동, API를 이용한 개발, ETL 도구 활용, 스크립트 작성 등 다양한 방법이 있다.

– 데이터 거버넌스에 근거하여 메타 데이터 및 데이터 사전 등이 작성되어 적용되고 있는지 주기적으로 확인한다.

– 데이터의 품질을 확보하기 위한 정합성 검증을 실시하며, 이를 위해 데이터 스토어 품질 점검을 수행한다.

– 데이터 품질개선이 필요한 부분에 대하여 보완 작업을 진행한다.

원시 데이터(Raw Data)
수집된 데이터의 초기 형태. 원시 데이터는 다양한 형식과 소스에서 수집될 수 있으며, 가공되지 않거나 구조화되지 않은 형태로 존재하기 때문에 분석 가능한 형태로 가공하고 변환하는 과정이 필요

정형 데이터 스토어는 일반적으로 관계형 데이터베이스를 이용한다. 비정형, 반정형 데이터 스토어는 하둡, NoSQL 등을 이용한다.

다양한 도구를 활용하여 데이터를 수집하고 데이터 스토어에 저장한다.

③ 데이터 분석(Analyzing)

데이터 분석	분석용 데이터 준비	• 비즈니스 룰 확인 • 데이터셋 준비
	텍스트 분석	• 텍스트 데이터 확인 및 추출 • 텍스트 데이터 분석
	탐색적 분석	• 탐색적 데이터 분석 • 데이터 시각화 스텝
	모델링	• 데이터 분할 • 데이터 모델링 • 모델 적용 및 운영 방안
	모델 평가 및 검증	• 모델 평가 • 모델 검증

• 분석용 데이터 준비

– 프로젝트의 목표를 정확하게 인식하고 세부적인 비즈니스 룰을 파악한다.

– 분석에 필요한 데이터의 범위를 확인하여 데이터베이스나 구조화된 형태로 구성한다.

– 필요한 경우 적절한 가공을 통하여 입력 데이터로 사용될 수 있도록 한다.

– 분석용 작업 공간과 전사 차원의 데이터 스토어로 분리할 수도 있다.

• 텍스트 분석

텍스트 분석을 위해 용어사전이 필요하며 업무 도메인에 맞도록 작성한다.

– 데이터 스토어에서 필요한 텍스트 데이터를 추출하여 다양한 기법으로 분석하고 모형을 구축한다.

– 텍스트 분석 결과는 모델링 태스크와 연동하여 프로젝트 목적에 부합하는 최종 모형을 구축한다.

– 구축된 모형은 텍스트 시각화 도구로 모형의 의미 전달을 명확화한다.

• 탐색적 분석

– 분석용 데이터셋에 대한 정합성 검토, 데이터 요약, 데이터 특성을 파악하고 모델링에 필요한 데이터를 편성한다.

– 다양한 관점으로 평균, 분산 등 기초 통계량을 산출하여 데이터의 분포와 변수간의 관계 등 데이터 자체의 특성과 통계적 특성을 파악한다.

– 시각화를 탐색적 데이터 분석을 위한 도구로 활용하여 데이터의 가독성을 명확히 하고 데이터의 형상 및 분포 등 데이터 특성을 파악한다.

– 모델링 또는 향후 시스템 구현을 위한 사용자 인터페이스 또는 프로토타입으로 시각화를 활용한다.

– 모형의 시스템화를 위한 시각화를 목적으로 활용할 경우 시각화 기획, 시각화 설계, 시각화 구현 등 별도의 프로세스를 따라 진행이 필요하다.

• 모델링

– 모델링을 효과적으로 진행하기 위하여 사전에 데이터셋을 학습용과 테스트용으로 분할하여 준비한다.

- 모형에 적용하는 기법에 따라 교차검증을 수행하거나 앙상블 기법을 적용할 경우 데이터 분할 또는 검증 횟수, 생성모형 개수 등의 설정이 필요하다.
- 기계학습 등을 이용한 데이터 모델링은 훈련용 데이터를 활용하여 분류, 예측, 군집 등의 모형을 만들어 가동 중인 운영 시스템에 적용할 수 있다.
- 필요한 경우 비정형 데이터 분석결과를 통합적으로 활용하여 프로젝트 목적에 맞는 통합 모델링을 수행할 수 있다.
- 개발된 모형을 활용하기 위해 상세한 알고리즘 설명서 작성과 모니터링 방안이 필요하다.
- 알고리즘 설명서는 상황에 따라 의사코드(Pseudocode) 수준으로 상세히 작성하여야 한다.
- 개발된 모형의 안정적인 운영을 위한 모니터링 방안을 수립하여야 한다.

• 모델 평가 및 검증

데이터 분석 목적과 데이터셋 특성에 따라 모형 평가 방법이 달라진다.

- 프로젝트 정의서의 평가 기준에 따라 모형의 완성도를 평가한다.
- 품질관리 차원에서 모형 평가 프로세스를 진행한다.
- 모형 결과 보고서 내의 알고리즘을 파악하고 테스트용 데이터나 검증을 위한 별도의 데이터를 활용하여 모형의 객관성과 실무 적용성을 검증한다.

모형의 품질을 최종 검증하는 프로세스이다.

- 요구되는 성능 목표에 미달하는 경우 모형 튜닝 작업을 수행한다.

④ 시스템 구현(Developing)

시스템 구현	설계 및 구현	• 시스템 분석 및 설계 • 시스템 구현
	시스템 테스트 및 운영	• 시스템 테스트 • 시스템 운영 계획

• 설계 및 구현

- 시스템 및 데이터 아키텍처와 사용자 인터페이스 설계를 진행한다.
- 가동 중인 시스템에 적용하기 위해서는 운영 시스템에 대한 분석이 선행되어야 한다.
- 사용 중인 정보시스템 개발방법론을 응용하여 적용 가능하다.
- 시스템 설계서를 바탕으로 BI 패키지를 활용하거나 프로그래밍을 통하여 모형을 구현한다.

• 시스템 테스트 및 운영

- 단위 테스트, 통합 테스트, 시스템 테스트 등을 실시한다.
- 시스템 테스트는 품질관리 차원에서 진행함으로써 적용된 시스템의 객관성과 완전성을 확보한다.
- 시스템 운영자, 사용자를 대상으로 필요한 교육을 실시한다.
- 시스템 운영계획을 수립한다.

⑤ 평가 및 전개(Deploying)

	모델 발전계획 수립	• 모델 발전계획
평가 및 전개	프로젝트 평가 및 보고	• 프로젝트 성과 평가 • 프로젝트 종료

• 모델 발전계획 수립

- 모형의 생명주기를 설정하고 주기적인 평가를 실시하여 모형을 유지보수하거나 재구축하기 위한 방안을 마련한다.
- 모형 업데이트를 자동화하는 방안을 수립하여 적용할 수 있다.
- 발전계획을 상세하게 수립하여 모형의 계속성을 확보해야 한다.

• 프로젝트 평가 및 보고

- 프로젝트 성과를 정량적 성과, 정성적 성과로 나눠 성과 평가서를 작성한다.
- 프로젝트 진행과정에서 산출된 지식이나 프로세스 등 산출물을 자산화한다.
- 프로젝트 최종 보고서를 작성하여 보고한 후 종료한다.

✔ 개념 체크

1 다음 중 빅데이터 분석 방법론에 대한 설명으로 틀린 것은?

① 응용 서비스 개발을 위한 3계층으로 구성되어 있다.
② 각 단계별로 세부 태스크와 스텝이 정의되어 있다.
③ 분석 기획, 데이터 준비, 데이터 분석, 시스템 구현, 평가 및 전개 총 5단계로 걸쳐 진행된다.
④ 탐색적 분석과 모델링을 위한 용어사전이 필요하다.

> 정답 ④
>
> 데이터 분석 단계에서 텍스트 분석을 위해 용어사전이 필요하며 업무 도메인에 맞도록 작성해야 한다.

2 다음 중 빅데이터 분석 방법론의 분석절차를 나열한 것으로 틀린 것은?

① 데이터 분석 단계에서는 분석용 데이터 준비, 텍스트 분석, 탐색적 분석, 모델링, 모델 평가 및 검증을 한다.
② 데이터 준비 단계에서는 비즈니스 이해 및 범위 설정, 프로젝트 정의 및 계획 수립, 프로젝트 위험계획 수립을 한다.
③ 시스템 구현 단계에서는 설계 및 구현, 시스템 테스트 및 운영을 한다.
④ 평가 및 전개 단계에서는 모델 발전계획 수립, 프로젝트 평가 및 보고를 한다.

> 정답 ②
>
> 데이터 준비 단계에서는 필요 데이터 정의, 데이터 스토어 설계, 데이터 수집 및 정합성 점검을 수행한다. 비즈니스 이해 및 범위 설정, 프로젝트 정의 및 계획 수립, 프로젝트 위험계획 수립은 분석 기획 단계에서 수행한다.

07 데이터 분석 거버넌스

1) 데이터 분석 거버넌스(Governance) 개요

① 데이터 분석 거버넌스의 필요성

- 데이터 분석 업무를 하나의 기업 문화로 정착하고 이를 지속적으로 고도화 해 나가기 위해 필요하다.

② 데이터 분석 거버넌스의 구성요소

- 데이터 분석 기획과 관리를 수행하는 조직(Organization)
- 데이터 분석 과제 기획과 운영 프로세스(Process)
- 데이터 분석 지원 인프라(System)
- 데이터 거버넌스(Data)
- 데이터 분석 교육 및 마인드 육성 체계(Human Resource)

2) 데이터 분석 기획과 관리를 수행하는 조직

PART 01 – CHAPTER 01 – SECTION 01 빅데이터 개요 및 활용 – [06 빅데이터 조직 및 인력]을 참고

3) 데이터 분석 과제 기획과 운영 프로세스

① 데이터 분석 과제 관리 프로세스의 구성

- 과제 발굴 단계
  - 개별 조직이나 개인이 도출한 데이터 분석 아이디어를 발굴한다.
  - 발굴된 아이디어를 과제화하여 데이터 분석 과제 풀로 관리한다.
  - 데이터 분석 프로젝트를 선정하는 작업을 수행한다.
- 과제 수행 및 모니터링 단계
  - 데이터 분석을 수행할 팀을 구성한다.
  - 데이터 분석 과제 실행 시 지속적인 모니터링을 수행한다.
  - 데이터 분석 과제 결과를 공유하고 개선한다.

② 데이터 분석 과제 관리 프로세스의 특징

- 조직 내에 데이터 분석 문화를 내재화하여 경쟁력을 확보할 수 있다.
- 결과물을 잘 축적하여 관리함으로써 향후 유사 데이터 분석 과제 수행 시 시행착오를 최소화할 수 있다.
- 데이터 분석 프로젝트를 효율적으로 진행할 수 있다.

거버넌스
업무 프로세스, 정책 및 정보를 만들고 관리하는 지속적인 프로세스로 비즈니스 결과를 위한 전략, 활동, 조직 및 기술을 포함

분석 조직구조
- 집중형 조직구조
- 기능형 조직구조
- 분산형 조직구조

③ 데이터 분석 과제 관리 프로세스

4) 데이터 분석 지원 인프라

① 데이터 분석 플랫폼 구축

- 데이터 분석 마스터 플랜을 기획하는 단계에서부터 장기적, 지속적, 안정적으로 활용할 수 있도록 고려한다.
  - 단기적으로 구축하기 쉬운 개별 시스템보다는 확장성을 고려한 플랫폼 구조 도입이 적절하다.

개별 시스템	플랫폼 구조
• 시스템 간 자체적인 데이터 교환 • 시스템별 독립적인 데이터 관리 • 확장 시 시스템 간 인터페이스 폭증	• 분석 플랫폼을 활용한 공동기능 활용 • 중앙집중적 데이터 관리 • 시스템 간 인터페이스 최소화

② 데이터 분석 플랫폼의 정의

- 데이터 분석 서비스를 위한 응용프로그램이 실행될 수 있는 환경과 기초를 이루는 컴퓨터 시스템이다.

③ 데이터 분석 플랫폼의 특징

- 데이터 분석에 필요한 프로그래밍 및 실행, 이를 서비스할 수 있는 환경을 제공한다.
- 새로운 데이터 분석 니즈가 발생할 경우 개별 시스템을 추가하지 않으면서도 추가적인 서비스 제공이 가능하다. (확장성 증대)

④ 데이터 분석 플랫폼의 구성요소

라이브러리
공통으로 사용될 수 있는 부분 기능들을 모아 놓은 것

5) 데이터 거버넌스

① 데이터 거버넌스의 필요성

• 개별 시스템 단위로 데이터를 관리할 경우 데이터 중복, 비표준화에 따른 정합성 오류 등으로 데이터 활용도가 저하될 수 있다.

• 빅데이터 프로젝트의 효과적 추진 및 효과의 지속성을 얻기 위해서는 데이터 거버넌스 체계 수립이 필요하다.

  – 데이터 거버넌스가 없는 빅데이터의 적용은 단발성 효과에 불과할 가능성이 높다.

② 데이터 거버넌스의 정의

• 전사 차원의 모든 데이터에 대하여 정책 및 지침, 표준화, 운영조직과 책임 등의 표준화된 관리 체계를 수립하고 운영하기 위한 프레임워크와 저장소를 구축하는 것이다.

③ 데이터 거버넌스의 주요 관리 대상

• 마스터 데이터(Master Data)

  – 마스터 파일을 형성하는 데이터이며, 데이터를 처리 및 조작하기 위하여 사용되는 기본 데이터이다.

• 메타 데이터(Meta Data)

  – 데이터에 대한 구조화된 데이터이며, 다른 데이터를 설명하기 위해 사용되는 데이터이다.

• 데이터 사전(Data Dictionary)

  – 효과적인 데이터 자원관리를 위해 자료의 이름, 표현 방식, 자료의 의미와 사용 방식, 다른 자료와의 관계 등을 저장해놓은 데이터이다.

④ 데이터 거버넌스의 특징

• 데이터의 가용성, 유용성, 통합성, 보안성, 안전성을 확보할 수 있다.

• 빅데이터 프로젝트를 성공으로 이끄는 기반을 마련할 수 있다.

• 독자적인 구축도 가능하지만 전사 차원의 IT거버넌스나 EA(Enterprise Architecture)의 구성요소가 될 수도 있다.

학생부 데이터에서 이름, 생년월일, 주소, 전화번호 등을 예로 들 수 있다.

하나의 영상 파일(데이터)에 대한 메타 데이터는 파일 생성 날짜, 시간, 작성자, 파일크기 등이 있을 수 있다.

⑤ 빅데이터 거버넌스의 특징

• 데이터 거버넌스에 추가적으로 빅데이터가 갖는 고유한 특성들을 고려하여 관리 체계를 수립한 것이다.

– 빅데이터의 효율적 관리, 다양한 데이터의 관리체계, 데이터 최적화, 정보보호, 데이터 생명주기 관리, 데이터 카테고리별 관리 책임자 지정 등 다양한 요소들을 포함할 수 있다.

⑥ 데이터 거버넌스의 구성요소

• 원칙(Principle)

– 데이터를 유지하고 관리하기 위한 지침 및 가이드

– 보안, 품질기준, 변경관리 등

• 조직(Organization)

– 데이터를 관리할 소식의 역할과 책임

– 데이터 관리자, 데이터베이스 관리자, 데이터 아키텍트 등

• 프로세스(Process)

– 데이터 관리를 위한 활동과 체계

– 작업 절차, 모니터링 활동, 측정 활동 등

⑦ 데이터 거버넌스의 체계

• 데이터 표준화

– 데이터 표준 용어 설정

표준 단어 사전, 표준 도메인 사전, 표준 코드 등으로 구성되며, 각 사전 간 상호 검증이 가능한 점검 프로세스를 포함한다.

– 명명 규칙 수립

필요시 언어별로 작성되어 기준 언어와의 연결 상태(mapping)를 유지한다.

– 메타 데이터 및 데이터 사전 구축

데이터의 원활한 활용을 위한 데이터 구조 체계를 마련하며, 메타 엔티티 관계 다이어그램 등을 제공한다.

• 데이터 관리 체계

– 표준 데이터를 포함한 메타 데이터와 데이터 사전의 관리 원칙 수립 및 이에 근거한 항목별 상세 프로세스를 수립한다.

다이어그램
기호, 선, 점 등을 사용해 상호관계나 과정, 구조 등을 이해시키는 설명적 그림

- 데이터 관리와 운영을 위한 담당자 및 조직별 역할과 책임을 구체적으로 마련한다.
- 빅데이터의 경우 데이터 생명 주기 관리방안도 수립하여야 한다.

• 데이터 저장소 관리

- 메타 데이터 및 표준 데이터를 관리하기 위한 전사 차원의 저장소를 구성한다.
- 저장소는 데이터 관리 체계 지원을 위한 Workflow 및 관리용 Application을 지원하여야 한다.
- 관리 대상 시스템과의 인터페이스를 통한 통제가 가능해야 한다.
- 데이터 구조 변경에 따른 사전 영향 평가 등을 수행하여야 한다.

• 표준화 활동

- 데이터 거버넌스 체계를 구축한 후 표준 준수 여부를 주기적으로 점검한다.
- 데이터 거버넌스의 조직 내 안정적인 정착을 위한 계속적인 변화관리 및 주기적인 교육을 진행하여야 한다.
- 지속적인 데이터 표준화 개선 활동을 통해 실용성을 증대할 수 있다.

6) 데이터 분석 교육 및 마인드 육성 체계

① 데이터 분석 교육 및 마인드 육성을 위한 변화 관리 필요성

• 데이터 분석의 가치를 극대화하고 내재화하여 안정적인 추진기로 접어들기 위해 필요하다.
- 새로운 체계를 도입하고자 할 경우 저항이나 기존 형태로 돌아가고자 하는 관성이 발생한다.

② 데이터 분석 문화 도입방안

▲ 데이터 분석 도입과 문화적 대응

- 적극적 도입 방안
- 적합한 데이터 분석 과제를 도출한다.
- 효율적인 데이터 분석 업무 수행을 위한 데이터 분석 조직을 마련한다.
- 데이터 분석 마인드 형성을 위해 인력에 대한 지속적인 교육과 훈련을 실시한다.
- 데이터 기반 의사결정을 할 수 있는 기업 문화를 정착시키기 위한 변화관리를 지속적으로 계획하고 수행한다.
- 데이터 분석 교육 방향
- 단순한 도구 사용법 교육이 아닌 데이터 분석 역량을 확보하고 강화하는 방향으로 진행한다.
- 데이터 분석 기획자에 대한 데이터 분석 큐레이션 교육을 진행한다.
- 데이터 분석 실무자에 대한 데이터 분석 기법 및 도구 사용에 대한 교육을 진행한다.
- 기존 업무 수행자를 대상으로 데이터 분석 기회 발굴과 시나리오 작성법 등을 교육한다.
- 조직 내 데이터 분석 기반 업무 수행 문화가 정착되도록 분석적인 사고 향상 교육을 실시한다.
- 데이터를 바라보는 관점이나 데이터 분석과 활용 등이 하나의 문화로 받아들여지도록 유도한다.
- 데이터 분석 방법 및 분석적 사고 교육

큐레이션
여러 정보를 수집, 선별하고 이에 새로운 가치를 부여해 배포하는 것

매시업(Mash-Up)
여러 웹서비스 업체들이 제공하는 각종 콘텐츠와 서비스를 융합하여 새로운 서비스를 만들어내는 것

1 다음 중 데이터 분석 거버넌스의 구성요소에 속하지 않는 것은?

① 데이터 분석 인프라

② 데이터 거버넌스

③ 데이터 사전

④ 데이터 분석 교육

정답 ③

데이터 분석 거버넌스의 구성요소는 데이터 분석 기획과 관리를 수행하는 조직(Organization), 데이터 분석 과제 기획과 운영 프로세스(Process), 데이터 분석 지원 인프라(System), 데이터 거버넌스(Data), 데이터 분석 교육 및 마인드 육성 체계(Human Resource)이다.

2 다음 중 협의의 분석 플랫폼의 구성요소로 틀린 것은?

① 데이터 처리 프레임워크

② 분석 애플리케이션

③ 분석 엔진

④ 분석 라이브러리

정답 ②

협의의 분석 플랫폼은 데이터 처리 프레임워크, 분석 엔진, 분석 라이브러리로 구성되어 있다.
광의의 분석 플랫폼은 협의의 분석 플랫폼을 포함하여 분석 서비스 제공 엔진, 분석 애플리케이션, 분석 서비스 제공 API, 운영체제로 구성되어 있다.

3 다음 중 데이터 거버넌스의 주요 관리 대상으로 틀린 것은?

① 마스터 데이터

② 메타 데이터

③ 데이터 저장소

④ 데이터 사전

정답 ③

데이터 거버넌스의 주요 관리 대상은 마스터 데이터, 메타 데이터, 데이터 사전이다.

08 데이터 분석 수준진단

1) 데이터 분석 수준진단 개요

① 분석 수준진단 필요성

• 조직 경쟁력 강화를 위한 데이터 분석의 도입 여부와 활용을 위해 현 상태에 대한 명확한 점검이 필요하다.

– 데이터 분석의 수준진단을 통해 데이터 분석 기반을 만들기 위해 무엇을 준비하고 더 보완해야 하는지 확인 가능하고, 데이터 분석의 유형이나 방향을 결정할 수 있다.

② 분석 수준진단 목표

- 각 조직이 현재 수행하고 있는 데이터 분석 수준을 명확히 이해하고, 수준진단 결과를 바탕으로 미래 목표수준을 정의한다.
  - 데이터 분석을 위한 기반이나 환경이 타사 대비 어느 정도 수준이고, 어느 영역에 선택과 집중을 해야 하는지, 무엇을 보완해야 하는지 등 개선 방안을 도출한다.

③ 분석 수준진단 프레임워크

- 6개 영역의 분석 준비도와 3개 영역의 분석 성숙도를 동시에 평가할 수 있다.

분석 준비도(Readiness)			분석 성숙도(Maturity)		
분석 업무	분석 인력, 조직	분석 기법	도입	활용	확산	최적화
분석 데이터	분석 문화	분석 인프라	비즈니스	조직 및 역량	IT

2) 분석 준비도(Readiness)

조직 내 데이터 분석 업무 도입을 목적으로 현재 수준을 파악하기 위한 진단방법이다.

① 분석 준비도의 원리

- 총 6가지 영역을 대상으로 현재 수준을 파악한다.
  - 각 진단 영역별로 세부 항목에 대한 수준까지 파악한다.
- 각 진단 결과 전체 요건 중 일정 수준 이상 충족하면 데이터 분석 업무를 도입한다.
  - 만일 일정 수준 이상 충족되지 못하면 데이터 분석 환경을 먼저 조성한다.

② 데이터 분석 준비도 프레임워크

분석 업무 파악	인력 및 조직	분석 기법
• 발생한 사실 분석 업무 • 예측 분석 업무 • 시뮬레이션 분석 업무 • 최적화 분석 업무 • 분석 업무 정기적 개선	• 분석 전문가 직무 존재 • 분석 전문가 교육 훈련 프로그램 • 관리자들의 기본적 분석 능력 • 전사 분석업무 총괄 조직 존재 • 경영진 분석 업무 이해 능력	• 업무별 적합한 분석기법 사용 • 분석 업무 도입 방법론 • 분석기법 라이브러리 • 분석기법 효과성 평가 • 분석기법 정기적 개선
분석 데이터	**분석 문화**	**IT 인프라**
• 분석업무를 위한 데이터 충분성 • 분석업무를 위한 데이터 신뢰성 • 분석업무를 위한 데이터 적시성 • 비구조적 데이터 관리 • 외부 데이터 활용 체계 • 마스터데이터 관리(MDM)	• 사실에 근거한 의사결정 • 관리자의 데이터 중시 • 회의 등에서 데이터 활용 • 경영진의 직관보다 데이터 • 데이터 공유 및 협업 문화	• 운영시스템 데이터 통합 • EAI, ETL 등 데이터유통체계 • 분석 전용 서버 및 스토리지 • 빅데이터 분석 환경 • 통계 분석 환경 • 비주얼 분석 환경

3) 분석 성숙도 모델

① 분석 성숙도 모델의 정의

- 데이터 분석 능력 및 데이터 분석 결과 활용에 대한 조직의 성숙도 수준을 평가하여 현재 상태를 점검하는 방법이다.

② 분석 성숙도 모델의 특징

- 비즈니스 부문, 조직 및 역량 부문, IT 부문 총 3개 부문을 대상으로 실시한다.
- 성숙도 수준에 따라 도입, 활용, 확산, 최적화 단계로 구분한다.

③ 분석 성숙도 모델의 상세화

단계	도입 단계	활용 단계	확산 단계	최적화 단계
설명	분석을 시작하여 환경과 시스템을 구축	분석 결과를 실제 업무에 적용	전사 차원에서 분석을 관리하고 공유	분석을 진화시켜서 혁신 및 성과 향상에 기여
비즈니스 부문	• 실적분석 및 통계 • 정기보고 수행 • 운영 데이터 기반	• 미래 결과 예측 • 시뮬레이션 • 운영 데이터 기반	• 전사 성과 실시간 분석 • 프로세스 혁신 3.0 • 분석규칙 관리 • 이벤트 관리	• 외부 환경분석 활용 • 최적화 업무 적용 • 실시간 분석 • 비즈니스 모델 진화
조직 · 역량부문	• 일부 부서에서 수행 • 담당자 역량에 의존	• 전문 담당부서에서 수행 • 분석기법 도입 • 관리자가 분석 수행	• 전사 모든 부서 수행 • 분석 COE 조직 운영 • 데이터 사이언티스트 확보	• 데이터 사이언스 그룹 • 경영진 분석 활용 • 전략 연계
IT 부문	• Data Warehouse • Data Mart • ETL/EAI • OLAP	• 실시간 대시보드 • 통계 분석 환경	• 빅데이터 관리 환경 • 시뮬레이션 · 최적화 • 비주얼 분석 • 분석 전용 서버	• 분석 협업환경 • 분석 Sandbox • 프로세스 내재화 • 빅데이터 분석

4) 분석 수준진단 결과

① 분석 준비도 및 성숙도 진단 결과

- 조직의 현재 데이터 분석 수준을 객관적으로 파악할 수 있다.
  - 타사의 데이터 분석 수준과 비교하여 데이터 분석 경쟁력 확보 및 강화를 위한 목표 수준 설정이 가능하다.

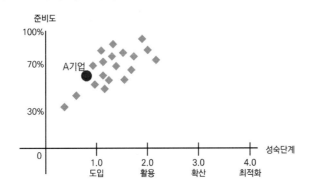

OLAP
사용자가 대용량 데이터를 쉽고 다양한 관점에서 추출 및 분석할 수 있도록 지원하는 기술

샌드박스
보호된 영역 내에서 프로그램을 동작시키는 것, 보안 모델

데이터를 얼마나 잘 수집, 분석, 소비 및 채택할 수 있는지가 성숙도를 결정한다.

② 사분면 분석(Analytics Quadrant)

- 데이터 분석 관점에서 4가지 유형으로 데이터 분석 수준진단 결과를 구분한다.
  - 향후 고려해야 하는 데이터 분석 수준에 대한 목표나 방향을 정의할 수 있으며, 유형별 특성에 따라 개선방안을 수립할 수 있다.

✔️ 개념 체크

1 다음 중 분석 준비도에 대한 설명으로 틀린 것은?

① 비즈니스 부문, 조직 및 역량 부문, IT 부문 총 3개 부문을 대상으로 실시한다.
② 조직 내 데이터 분석 업무 도입을 목적으로 현재 수준을 파악하기 위한 진단방법이다.
③ 총 6가지 영역을 대상으로 현재 수준을 파악한다.
④ 각 진단 결과 전체 요건 중 일정 수준 이상 충족하면 데이터 분석 업무를 도입한다.

정답 ①

분석 성숙도 모델은 비즈니스 부문, 조직 및 역량 부문, IT 부문 총 3개 부문을 대상으로 실시하며, 성숙도 수준에 따라 도입 단계, 활용 단계, 확산 단계, 최적화 단계로 구분한다.

2 다음 중 분석 성숙도 모델에 대한 설명으로 옳은 것은?

① 최적화 단계에서는 데이터 사이언스 그룹, 경영진 분석 활용, 전략 연계를 비즈니스 부문에서 수행한다.
② 확산 단계에서는 전사 차원에서 분석을 관리하고 공유한다.
③ 확산 단계에서는 전사 성과 실시간 분석, 프로세스 혁신 3.0, 분석규칙 관리, 이벤트 관리를 IT 부문에서 수행한다.
④ 도입 단계에서는 전문 담당부서에서 수행, 분석기법 도입, 관리자가 분석 수행을 조직 및 역량 부문에서 담당한다.

정답 ②

- 데이터 사이언스 그룹, 경영진 분석 활용, 전략 연계는 조직 및 역량 부문의 최적화 단계에 해당한다.
- 전사 성과 실시간 분석, 프로세스 혁신 3.0, 분석규칙 관리, 이벤트 관리는 비즈니스 부문에서 확산 단계에 해당한다.
- 전문 담당부서에서 수행, 분석기법 도입, 관리자가 분석 수행은 조직 및 역량 부문의 활용 단계에 해당한다.

01 분석 기획 시 분석 주제와 방법에 따른 분류 유형으로 옳지 <u>않은</u> 것은?

① Optimization은 분석 주제와 방법을 모두 알고 있을 때 가능하다.
② Insight는 분석 주제와 방법 모두 모르고 있더라도 가능하다.
③ Solution은 분석 주제는 알지만 방법을 알지 못한 경우에도 찾을 수 있다.
④ Discovery는 분석 주제와 방법 모두 모르고 있더라도 가능하다.

02 분석 기획 시 목표 시점에 따른 분류 유형으로 옳지 <u>않은</u> 것은?

① 단기적 접근 방식은 당면한 과제를 빠르게 해결하기 위한 목적이다.
② 중장기적 접근 방식은 지속적인 분석 문화를 내재화하기 위한 목적이다.
③ 마스터 플랜 접근 방식은 분석의 가치를 증명하기 위해 과제를 빠르게 해결한다.
④ 과제 중심적 접근 방식은 명확한 해결을 위해 Quick-Win 방식으로 분석한다.

03 분석 ROI를 고려한 과제 우선순위 평가기준으로 난이도의 평가요소가 <u>아닌</u> 것은?

① 데이터 획득 비용
② 데이터 가공 비용
③ 분석 목표 가치(KPI)
④ 분석 수준

04 분석 마스터 플랜 수립 시 적용 우선순위를 결정하는 주요 요인이 <u>아닌</u> 것은?

① 비즈니스 성과
② 전략적 중요도
③ 업무 내재화 수준
④ 실행 용이성

05 분석 마스터 플랜 수립 시 ROI의 투자비용 요소로 적합하지 <u>않은</u> 것은?

① 데이터 크기(Volume)
② 데이터 가치(Value)
③ 데이터 형태(Variety)
④ 데이터 속도(Velocity)

06 분석 기획 시 고려해야 할 내용으로 적절하지 <u>않은</u> 것은?

① 사용 가능한 데이터에 대한 확인이 필요하다.
② 기존에 잘 구현되어 활용되고 있는 적합한 사례가 있는지 탐색해 보아야 한다.
③ 분석 수행 시 발생 가능한 위험요소들에 대한 고려가 필요하다.
④ 분석 수행 시 반복 작업이 빈번하므로 반복 횟수와 회당 제한시간에 대한 고려가 필요하다.

07 난이도와 시급성을 고려한 포트폴리오 사분면 분석 기법에 대한 설명으로 옳지 <u>않은</u> 것은?

① 가장 우선적으로 분석 과제 적용이 필요한 영역은 3사분면이다.
② 우선순위가 낮은 영역은 2사분면이다.
③ 적용 우선순위 기준을 시급성에 둘 경우 순서는 3사분면, 4사분면, 1사분면, 2사분면 순이다.
④ 적용 우선순위 기준을 난이도에 둘 경우 순서는 3사분면, 2사분면, 1사분면, 4사분면 순이다.

08 분석 로드맵 설정 시 세부적인 일정계획 수립 방안으로 적절하지 <u>않은</u> 것은?

① 데이터 수집과 데이터 준비 단계를 병렬로 진행한다.
② 반복적인 정련과정을 통해 프로젝트의 완성도를 높여 나간다.
③ 모델링 단계는 반복적으로 수행하여야 한다.
④ 순차형과 반복형을 혼합하여 사용한다.

09 상향식 접근 방식에 대한 설명으로 옳은 것은?

① 데이터를 기반으로 문제의 재정의 및 해결방안을 탐색한다.
② 신상품 개발이나 전략 수립 등 중요한 의사결정이 필요할 때 사용한다.
③ 문제가 먼저 주어지고 이에 대한 해법을 찾아간다.
④ 동적인 환경에서 발산과 수렴 단계를 반복적으로 수행하여 상호 보완한다.

10 하향식 접근 방식의 4단계 구성요소가 <u>아닌</u> 것은?

① 문제 탐색(Problem Discovery)
② 문제 정의(Problem Definition)
③ 문제 분석(Problem Analysis)
④ 해결방안 탐색(Solution Search)

11 상향식 접근 방식의 특징으로 올바르지 <u>않은</u> 것은?

① 데이터 분석을 통해 원인을 추적하면서 문제를 도출하거나 재정의할 수 있다.
② 데이터 분석을 통해 생각지 못한 인사이트를 도출할 수 있다.
③ 비지도학습 방법에 의해 수행되며 시행착오를 통한 개선이 가능하다.
④ 솔루션 도출은 유효하지만 새로운 문제 탐색은 어렵다.

12 분석 방법론의 구성요건으로 적절하지 <u>않은</u> 것은?

① 매뉴얼과 전문지식
② 상세한 절차
③ 도구와 기법
④ 템플릿과 산출물

13 KDD 분석 방법론의 분석절차로 올바른 것은?

① Preprocessing → Transformation → Data Mining → Interpretation/Evaluation → Selection
② Selection → Preprocessing → Transformation → Data Mining → Interpretation/Evaluation
③ Interpretation/Evaluation → Selection → Preprocessing → Transformation → Data Mining
④ Preprocessing → Transformation → Data Mining → Selection → Interpretation/Evaluation

14 CRISP–DM 분석 방법론의 분석절차로 올바른 것은?

① 업무 이해 → 데이터 준비 → 데이터 이해 → 모델링 → 평가 → 전개
② 데이터 이해 → 업무 이해 → 전개 → 데이터 준비 → 모델링 → 평가
③ 업무 이해 → 데이터 이해 → 데이터 준비 → 모델링 → 평가 → 전개
④ 데이터 준비 → 데이터 이해 → 업무 이해 → 모델링 → 평가 → 전개

15 SEMMA 분석 방법론의 분석절차로 올바른 것은?

① 추출 → 수정 → 탐색 → 모델링 → 평가
② 탐색 → 수정 → 추출 → 모델링 → 평가
③ 탐색 → 추출 → 수정 → 모델링 → 평가
④ 추출 → 탐색 → 수정 → 모델링 → 평가

16 빅데이터 분석 방법론의 개발절차로 올바른 것은?

① Planning → Preparing → Analyzing → Developing → Deploying
② Planning → Analyzing → Developing → Deploying → Preparing
③ Planning → Developing → Deploying → Preparing → Analyzing
④ Planning → Deploying → Preparing → Analyzing → Developing

17 빅데이터 분석 방법론의 데이터 준비 단계 세부 태스크가 아닌 것은?

① 필요 데이터 정의
② 분석용 데이터 준비
③ 데이터 스토어 설계
④ 데이터 수집 및 정합성 점검

18 빅데이터 분석 방법론의 분석 기획 단계 세부 태스크가 아닌 것은?

① 프로젝트 정의 및 계획 수립
② 비즈니스 이해 및 범위 설정
③ 모델 발전계획 수립
④ 프로젝트 위험계획 수립

19 계층적 프로세스 모델의 구성요소로 적절하지 않은 것은?

① 단계(Phase)
② 프로세스(Process)
③ 스텝(Step)
④ 태스크(Task)

SECTION 01

01 ②	02 ③	03 ③	04 ③	05 ②
06 ④	07 ④	08 ①	09 ①	10 ③
11 ④	12 ①	13 ②	14 ③	15 ④
16 ①	17 ②	18 ③	19 ②	

01 ②

Insight는 분석 주제는 정해지지 않았더라도 방법을 알고 있을 때 가능하다.

02 ③

분석의 가치를 증명하고 이해관계자들의 동의를 얻기 위해 과제를 빠르게 해결하여 그 가치를 조기에 체험시키는 방식은 혼합 방식이다.

03 ③

난이도를 평가하는 요소로는 데이터 획득 비용, 데이터 가공 비용, 데이터 저장 비용, 분석 적용 비용, 분석 수준이 있으며, 전략적 중요도와 목표 가치는 시급성에 해당한다.

04 ③

우선순위를 결정하는 주요 요인으로는 전략적 중요도, 비즈니스 성과(ROI), 실행 용이성이 있다.

05 ②

투자비용 요소로는 데이터 크기, 데이터 형태, 데이터 속도가 있으며, 비즈니스 효과로 데이터 가치가 있다.

06 ④

분석 수행 시 분석 품질과 비용이라는 서로 상반되는 요소들을 고려하여 분석 작업을 반복할 필요는 있지만 분석 기획 단계에서 미리 반복 횟수를 정하여 제한하는 것은 바람직하지 않다.

07 ④

적용 우선순위 기준을 난이도에 둘 경우 순서는 3사분면, 1사분면, 4사분면, 2사분면 순이다.

08 ①

데이터 수집 및 확보와 데이터 준비 단계는 순차적으로 진행하여야 한다.

09 ①

문제가 먼저 주어지는 것은 하향식 접근 방식이고, 동적인 환경에서 발산과 수렴 단계를 반복하는 것은 혼합 방식이며 신상품 개발이나 전략 수립 등 중요한 의사결정 시 사용한다.

10 ③

하향식 접근 방식의 4단계 구성요소로는 문제 탐색, 문제 정의, 해결방안 탐색, 타당성 평가가 있으며, 순차적으로 진행된다.

11 ④

하향식 접근 방식은 솔루션 도출은 유효하지만 새로운 문제 탐색은 어렵다.

12 ①

분석 방법론의 구성요건은 상세한 절차, 방법, 도구와 기법, 템플릿과 산출물, 그리고 어느 정도의 지식만 있으면 활용 가능한 수준의 난이도이다.

13 ②

KDD 분석 방법론의 분석절차는 데이터셋 선택(Selection), 데이터 전처리(Preprocessing), 데이터 변환(Transformation), 데이터마이닝(Data Mining), 데이터마이닝 결과 평가(Interpretation/ Evaluation) 순으로 수행된다.

14 ③

CRISP-DM 분석 방법론의 분석절차는 업무 이해(Business Understanding), 데이터 이해(Data Understanding), 데이터 준비(Data Preparation), 모델링(Modeling), 평가(Evaluation), 전개(Deployment) 순으로 수행된다.

15 ④

SEMMA 분석 방법론의 분석절차는 추출(Sample), 탐색(Explore), 수정(Modify), 모델링(Modeling), 평가(Assess) 순으로 수행된다.

16 ①

빅데이터 분석 방법론의 개발절차는 분석 기획(Planning), 데이터 준비(Preparing), 데이터 분석(Analyzing), 시스템 구현(Developing), 평가 및 전개(Deploying) 순으로 수행된다.

17 ②

데이터 준비 단계의 세부 태스크는 필요 데이터 정의, 데이터 스토어 설계, 데이터 수집 및 정합성 점검이 있으며, 분석용 데이터 준비 태스크는 데이터 분석 단계에 포함된다.

18 ③

분석 기획 단계의 세부 태스크는 비즈니스 이해 및 범위 설정, 프로젝트 정의 및 계획 수립, 프로젝트 위험계획 수립이 있으며, 모델 발전계획 수립 태스크는 평가 및 전개 단계에 속한다.

19 ②

계층적 프로세스 모델은 단계(Phase), 태스크(Task), 스텝(Step) 3단계로 구성되어 있다.

빈출 태그 데이터 분석 영역 • 분석 변수 • 작업 계획 • 분석 프로젝트

01 분석 작업 개요

분석 작업 계획을 수립하기 위해 데이터 처리 프로세스 전체에 대한 이해가 필요하며, 데이터 처리 영역과 데이터 분석 영역으로 나누어 살펴볼 수 있다.

데이터 소스	데이터 수집	데이터 저장	데이터 처리	데이터 분석	데이터 표현
내부 데이터	입력	정형 데이터	배치 처리	전처리	시간 시각화
외부 데이터	로그수집기	비정형 데이터	실시간 처리	분석 방법	관계 시각화
미디어 절부	크롤링	저장 장치	분산 처리	머신러닝	공간 시각화
	센싱			딥러닝	분포 시각화

데이터 처리 영역 　　　 데이터 분석 영역

▲ 데이터 처리 프로세스

> **기적의 TIP**
>
> 분석 작업 계획의 전체 흐름을 이해해야 한다.

1) 데이터 처리 영역

데이터 분석을 위한 기초 데이터를 정의하고 수집 및 저장, 분석하기 수월하도록 물리적인 환경을 제공하는 영역이다.

단계	내용
데이터 소스	기업 내 각 부서나 서비스별 적재되고 있는 내부 데이터와 다른 기업이나 공공 데이터 등 외부 데이터가 있다.
데이터 수집	사용자로부터 데이터를 직접 입력받거나 로그수집기, 크롤링, 센서네트워크 등을 통해 데이터를 수집한다.
데이터 저장	데이터를 유형별로 나눠 최적의 설계를 하여 데이터 스토리지에 저장한다.
데이터 처리	저장된 대용량의 데이터를 신속하고 정확하게 처리하기 위하여 실시간 처리 및 분산 처리 등을 시도한다.

> **크롤링(crawling)**
> 웹에 접근하여 관련 URL 속에서 하이퍼링크들을 찾아 분류하고 데이터들을 자동화된 방법으로 수집하는 것

2) 데이터 분석 영역

저장되어 있는 데이터를 추출하여 분석 목적과 방법에 맞게 가공한 후, 데이터 분석을 직접 수행하고 그 결과를 표현하는 영역이다.

① 데이터 분석

• 데이터 분석을 위해 저장된 데이터를 추출 및 가공하여 목적에 맞는 분석 방법을 통해 분석한다.

▶ 데이터 분석 단계 – NCS(국가직무능력표준)

구분	내용
도메인 이슈 도출	• 분석 대상 과제 현황을 파악하고 개선과제를 정의한다. • 문제의 주요 이슈별로 개선방향을 도출하고, 개선방안을 수립하며, 빅데이터 요건 정의서를 작성한다.
분석목표 수립	• 빅데이터 요건 정의서를 토대로 개선방향에 맞는 현실적인 분석목표를 수립한다. • 데이터 관련 정보, 분석 타당성 검토, 성과측정 방법 등을 포함한 분석목표 정의서를 작성한다.
프로젝트 계획 수립	• 사전에 책정된 자원과 예산, 기간 등을 고려하여 분석 프로젝트 계획을 수립한다. • 분석목표정의서, 프로젝트 소요비용 배분계획을 바탕으로 작업분할구조도 (WBS)를 작성한다.
보유 데이터 자산 확인	• 분석목표와 프로젝트 계획을 기반으로 현재 보유 중인 데이터의 품질이나 규모, 유형 등을 확인하고 법률적 이슈나 제약사항 등을 검토한다.

작업분할구조도
(Work Breakdown Structure)
작업의 구성과 요소, 크기, 비용 및 기간에 대한 시스템 구조 등 목표 달성을 위해 필요한 업무를 정의하고 세분화하는 작업

② 데이터 표현

• 분석된 결과를 누구나 쉽게 이해할 수 있도록 적합한 시각화 방법을 이용하여 표현한다.

구분	내용
빅데이터 분석 결과 시각화	다양한 분석 및 시각화 도구를 활용하여 분석 결과를 시각화 한다.

✔ **개념 체크**

다음 중 분석 작업 계획 수립을 위한 데이터 처리 프로세스에 대한 설명으로 틀린 것은?

① 크게 데이터 처리 영역과 데이터 분석 영역으로 나누어 볼 수 있다.

② 데이터 처리 영역은 데이터 분석을 위한 기초 데이터를 정의하고 수집 및 저장, 분석 환경을 제공한다.

③ 데이터 분석 영역은 저장된 데이터를 추출하여 분석 목적과 방법에 맞게 가공하여 분석을 수행한다.

④ 데이터 처리 영역은 데이터 수집, 저장, 처리, 표현 단계로 상세화 된다.

정답 ④

데이터 처리 영역은 데이터 소스, 수집, 저장, 처리 단계로 상세화 되며, 데이터 분석 영역은 데이터 분석, 표현 단계로 상세화 된다.

02 데이터 확보 계획

1) 데이터 확보를 위한 사전 검토사항

① 필요 데이터의 정의

- 분석 목적에 맞는 데이터를 정의하고, 필요한 데이터를 확보할 수 있는지 확인하여야 하며, 확보할 수 없다면 대안을 함께 고려하여야 한다.
- 기업 내부 및 외부 공공기관이나 협력관계의 타 기업 담당자, 전문가 등 이해관계자들과 확보 가능한 데이터의 목록과 기대효과 등을 작성한다.

② 보유 데이터의 현황파악

- 사전에 정의한 데이터의 존재 여부와 해당 데이터가 최신성을 보장하는지 확인한다.
- 분석 품질을 보장할 만큼 데이터 품질이 우수한지, 충분한 양이 존재하는지 확인한다.

③ 분석 데이터의 유형

- 분석 데이터 확보를 위해 수집 대상 데이터의 유형을 고려해야 한다.
- 어떤 데이터를 어떤 기법을 이용하여 분석할 것인지 수립된 계획에 따라 데이터의 유형을 선택하고 변수를 정의해야 한다.

데이터는 유형별로 정형 데이터, 반정형 데이터, 비정형 데이터로 구분된다.

④ 편향되지 않고 충분한 양의 데이터 규모

- 데이터 분석 기법에 따라 훈련(Training) 데이터셋, 검증(Validation) 데이터셋, 테스트(Test) 데이터셋이 필요할 수 있다.
  - 따라서 신뢰성 높은 데이터 분석 모형 개발과 정확한 데이터 분석을 위해 3가지 데이터셋으로 나누어 사용할 만큼 충분한 데이터가 확보되어야 한다.

훈련 데이터셋
모델을 학습하는데 사용

검증 데이터셋
훈련 데이터셋으로 만들어진 모델의 성능을 측정하는데 사용

⑤ 내부 데이터의 사용

- 필요 데이터에 대한 데이터 목록(변수 명칭, 설명, 형태, 기간, 용량, 권한 등)을 작성한다.
- 필요 데이터에 대한 관련 법률이나 보안적인 요소들을 확인하고, 개인정보일 경우 비식별 조치방안을 함께 고려한다.
- 필요 데이터의 관리 권한이 다른 부서에 있는 경우 협의를 통해 데이터 공유 가능 여부를 확인한다.

테스트 데이터셋
검증 데이터셋을 통해 사용할 모델이 결정된 후 모델의 예상 성능을 측정하는데 사용

⑥ 외부 데이터의 수집

- 필요 데이터에 대한 데이터 목록을 데이터를 보유한 기업의 이름과 데이터 제공 방법(Open API, 복제 등)까지 고려하여 작성한다.
- 필요 데이터의 수집이 관련 법률이나 제도상 제약이 없는지 검토한다.
- 필요 데이터에 대하여 보유 기업으로부터 데이터 제공 가능여부와 구매 비용 등을 협의한다.

⑦ 데이터 수집 방법

- 설문조사 : 설문조사는 사람들의 의견이나 행동에 대한 데이터를 수집하는 일반적인 방법으로 온라인 설문지, 전화 인터뷰, 직접 면접 등의 형태로 진행될 수 있으며, 개별 질문이나 척도를 사용하여 응답자의 의견을 수집한다.
- 관찰 : 관찰은 사람들의 행동, 사건 또는 상황을 직접 관찰하여 데이터를 수집하는 방법이다. 관찰은 실시간 또는 사전에 녹화된 비디오 또는 사진 등을 통해 이루어질 수 있으며, 이 방법은 사람들의 실제 행동을 측정하고 분석할 때 유용하다.
- 실험 : 실험은 특정 가설을 검증하기 위해 조작된 조건에서 데이터를 수집한다. 실험은 종종 실험 그룹과 대조 그룹으로 나뉘며, 서로 다른 처리를 받는 조건에서 차이를 비교하여 결과를 분석한다.
- 웹 크롤링 : 웹 크롤링은 웹 페이지를 자동으로 탐색하고 데이터를 추출하는 과정이다. 웹 크롤러는 웹사이트에서 정보를 수집하고, 텍스트, 이미지, 링크 등을 추출하여 분석한다.
- 소셜 미디어 분석 : 소셜 미디어 플랫폼에서 제공되는 데이터를 활용하여 트렌드, 의견, 감성 등을 분석하는 방법이다. 특정 키워드, 해시태그, 사용자 활동 등을 모니터링하여 데이터를 수집하고 분석할 수 있다.
- 데이터베이스 및 기존 데이터 활용 : 공공 데이터베이스, 기업 내부 데이터베이스, 과거 연구 등을 활용하여 데이터를 수집하고 분석할 수 있다.
- FGI★(Focused Group Interview, 집단면접) : FGI는 작은 그룹의 참가자들을 모아 집단적인 토론을 통해 의견과 경험을 수집하는 방법으로 일반적으로 6~12명의 참가자로 구성된 집단이 모여 진행되며, 주제와 관련된 질문들이 제시되어 참가자들은 서로의 의견을 나누고 토론한다. 이러한 토론은 구성원 간의 상호작용과 아이디어 교환을 통해 보다 깊은 인사이트를 얻을 수 있도록 도와준다.
- 스크래퍼(Scraper) : 스크래퍼는 웹 스크래핑(Web Scraping)을 수행하는 프로그램이나 도구이다. 웹 스크래핑은 웹 페이지의 내용을 자동으로 추출하여 데이터를 수집하는 과정이며, 스크래퍼는 웹사이트의 HTML 구조를 분석하고 필요한 정보를 추출하는 기능을 가진다.

★FGI
일반적으로 마케팅, 소비자 인사이트, 제품 개발, 서비스 향상 등의 목적으로 사용되는 질적 연구 방법 중 하나

2) 분석에 필요한 변수 정의

데이터 분석 요건에 따라 도출된 활용 시나리오에 적합한 데이터의 유형 및 분석 변수를 정의한다.

① 데이터 수집 기획

- 데이터 수집 기법을 활용하여 필요 데이터를 배치 자동화로 수집한다.
  - 데이터 수집 타깃 시스템 또는 사이트를 선별한다.
  - 수집 대상 화면, 텍스트를 위해 인덱스 생성을 기획한다.

- 대상 시스템별 데이터 수집을 위한 크롤러를 준비하고 저장소를 기획한다.
- 크롤링 주기, 대상 범위를 확정하고 데이터 수집을 기획한다.
- 데이터 거래소, 공공 데이터에 적재된 분야별 데이터를 분류하고 선별한다.
- 공공 데이터 사이트에 접속하여 필요한 도메인의 데이터를 검색한다.
- 검색한 공공 데이터 중 분석 대상이 되는 도메인의 우선순위를 정의한다.
- 필요한 데이터를 다운로드받아 저장할 수 있도록 계획한다.
- 저장한 데이터를 NoSQL 데이터에 적재하고 정제할 수 있도록 설계한다.
- NoSQL에 적재한 데이터를 정제할 수 있도록 기획한다.

② 분석 변수 정의

- 빅데이터의 특징을 고려하여 분석 변수 생성을 기획한다.
  - 상관관계 분석을 위한 데이터 연속성 범주 등을 고려하여 분석 변수를 정의한다.
- 분석 변수 유형과 형성 알고리즘을 이용하여 분석 유형을 도출한다.
  - 변수의 분포를 구별하는 정도에 따라 순수도(purity) 또는 불순도(impurity)에 의해서 측정 구간별 순수도를 가장 높이는 분석 변수를 도출한다.

빅데이터의 특징
Volume, Variety, Velocity, Veracity, Value

3) 분석 변수 생성 프로세스 정의

분석 대상에 대해 객관적으로 인식하고 논리적 인과관계 분석 및 데이터 간 상관관계 분석을 위한 분석 변수 생성 프로세스를 정의한다.

① 객관적 사실(Fact) 기반의 문제 접근

- 명확한 문제 인식을 위하여 분석적이고 가정(Why)에 의한 접근 방법과 함께 무엇(What)이 문제인지를 파악하여 객관적 관찰 데이터 유형을 식별한다.

② 데이터의 상관 분석

- 빅데이터 분석 대상의 연관성 분석을 통해 데이터 집합 간 통계적 관련성을 분석할 수 있는 변수를 생성하고 변수의 척도를 분류한다.
- 변수 간 밀접한 관련성을 갖고 변화하는가를 분석하는 기법인 연관성 개념을 활용하여 변수 척도에 따른 연관성 분석을 수행한다.
- 분석 변수를 기반으로 연관성을 분석하여 데이터 간 숨겨진 관계성을 파악하고, 가치있는 데이터를 도출할 수 있도록 분석 변수를 생성한다.

③ 프로토타입을 통한 분석 변수 접근

- 의미있는 분석 변수를 생성하기 위하여 프로토타이핑 접근법을 통해 결과를 확인하며, 반복적으로 개선하여 필요한 데이터를 식별하고 구체화한다.
- 프로토타이핑 모델로 반복적으로 개선하여 의미있는 데이터와 분석 변수를 생성함으로써 비정형 데이터가 갖는 문제점을 해소한다.

빅데이터는 대부분 비정형 데이터 형태이며, 사용자가 빅데이터의 정보 및 분석 변수를 명확히 규정하기 어렵다.

▶ 프로토타입 접근의 필요성

필요성	내용
문제 인식 수준의 확인	• 사용자와 분석가 간 요구 사항과 문제 해결에 대한 인식 수준 차이를 확인할 수 있다. • 문제 해결에 대한 명확한 목표 확인 및 필요 변수를 정의한다.
필요 데이터 존재 여부	• 수집 데이터양이 부족한 경우, 재수집 방법, 대체 데이터 등에 대한 사용자와 분석가 간 반복적 확인을 통해 협의한다.
사용 목적에 따른 가변성 검증	• 데이터의 가치는 지속적으로 변화할 수 있다. • 데이터의 사용 목적과 범위에 따라 분석 변수를 재정의한다. • 데이터의 사용 범위를 확대 또는 축소할 수 있다.

4) 생성된 분석 변수의 정제를 위한 점검항목 정의

분석 기획 단계에서 도출된 문제 인식, 해결을 위한 개념적 대안 설계를 통해 도출된 데이터에 대해 가용성을 평가하고 점검항목을 정의한다.

① 분석 변수 점검의 필요성

• 데이터의 가용성과 적정성이 부족할 경우 문제 해결 및 활용 시나리오 적용을 통해 가치 있는 결과를 도출하기 어렵다.

• 실행 전 분석 변수를 논리적 지표에 따라 점검한다.

② 분석 변수 점검항목 정의

• 데이터 분석 도구, 활용 등 다각도로 분석 변수 점검 항목을 정의한다.

• 데이터 수집 시 분석 적합성과 데이터 확보 유무를 고려하여 기획한다.

• 데이터의 중복, 범위, 연관성 등을 도출할 수 있는 방법을 기획한다.

• 데이터 적합성을 고려하여 수행할 수 있는 분석 검증 방법을 기획한다.

• 수집 데이터에 존재할 수 있는 데이터의 특징 변수 도출 방법을 기획한다.

• 수집 데이터 변수 간 결합 가능 여부를 검증할 수 있는 방법을 기획한다.

• 수집 데이터의 타당성 검증 방법을 기획한다.

 − 데이터 수집에 투입되는 비용 및 시간을 조사한다.

 − 데이터 수집 기법의 기술적 타당성 검증 방법을 기획한다.

분류	점검 항목	내용
데이터 수집	데이터 적정성	문제 해결에 적절한 분석 변수인가?
	데이터 가용성	수집 가능한 데이터인가?
	대체 분석 데이터 유무	수집 불가능한 데이터인 경우 간접적으로 연관성 있는 데이터로 대체 가능한가?
데이터 적합성	데이터 중복	중복이나 노이즈 제거, 데이터값 존재 유무 등 기초 데이터 클렌징 수행 가능한가?
	분석 변수별 범위	분석 변수별 측정될 수 있는 min/max를 확인하였는가?
	분석 변수별 연관성	수집된 데이터 간 충분 간격으로 연관성이 있는가?
	데이터 내구성	데이터 노이즈, 왜곡이 발생하였을 때 예측 성능을 보장할 수 있는가?
특징 변수	특징 변수 사용	분석 변수 중 바로 특징 변수로 사용할 수 있는 가능성이 있는가?
	변수 간 결합 가능 여부	분석 변수를 결합하여 교차 검증(Cross Validation)을 할 수 있는가?
타당성	편익/비용 검증	분석 비용과 분석 후 결과가 추가적 매출, 수익 등에 기여할 수 있는가?
	기술적 타당성	다양한 분석 툴을 활용할 수 있는 분석 변수를 도출하였는가?

5) 생성된 분석 변수의 전처리 방법 수립

데이터 정제를 위한 점검항목 정의 후 이에 맞게 논리적 모형 설계를 위한 데이터 전처리 방법을 수립한다.

① 데이터 전처리 수행

- 다양한 비즈니스 도메인에서 추출한 정형, 반정형, 비정형 데이터를 분석 및 처리에 적합한 데이터 형태로 조작한다.
- 데이터 정제, 통합, 축소, 변환을 반복적으로 수행하여 분석 변수로 활용하는 방안을 수립할 수 있다.

처리 기법	내용
데이터 정제 (Cleaning)	결측값을 채우거나 이상치를 제거하는 과정을 통해 데이터의 신뢰도를 높이는 작업
데이터 통합 (Integration)	다수의 정제된 데이터를 통합하여 표현하는 작업
데이터 축소 (Reduction)	데이터 집합의 크기는 더 작지만 분석 결과는 같은 데이터 집합으로 만드는 작업
데이터 변환 (Transformation)	데이터 마이닝의 효율을 높이기 위한 변환 및 변형 작업

전처리(preprocessing)
데이터를 분석 목적과 방법에 맞는 형태로 처리하기 위해서 불필요한 정보를 분리하거나 제거하고 가공하는 예비적 조작

② 빅데이터 분석 프로세스 수행

- 다양한 업무와 도메인이 포함되어 있어 완전히 자동화하여 처리하는 것은 어렵다.
- 데이터 전처리 과정은 정제와 통합을 통해 약 60~80% 처리된다.

③ 데이터 전처리 방안 수립

- 데이터 Cleaning, Integration, Transformation, Reduction을 반복적으로 수행하여 분석 변수로 활용하는 방안을 수립할 수 있다.

절차	세부 활동	내용
정제 (Cleaning)	모순점 포착	• 데이터 입력의 실수 확인 • 데이터 표현의 모순 확인 • 일치하지 않는 코드 사용 여부 • 원래의 의도와 다른 목적으로 사용 여부
	메타데이터 확인	• 데이터 타입과 속성 확인 • 값의 범위 확인 • 속성의 표준 편차 확인 • 데이터 이상치 및 결측값 확인
통합/축소 (Integration)	데이터 통합	• 데이터 통합 • 스키마 통합 • 개체 식별 및 데이터값 충돌/감지 및 해결 • 데이터 통합에서 중복 처리 • 데이터 통계 생성
변환 (Transformation)	데이터 변환	• 데이터에서 노이즈 제거 • 새로운 속성 추가 • 데이터에 요약 작업 또는 집계 작업 • 데이터 정규화

6) 생성 변수의 검증 방안 수립

① 분석 변수의 데이터 검증 방안 수립

- 모든 개별 데이터에 대한 타당성 보장보다는 빅데이터 개념 및 특성 측면에서 관리되어야 하는 항목과 수준에 대해 품질 검증을 정의한다.

빅데이터의 특징에 따라 주요 품질 요소를 도출하고, 생성된 분석 변수의 데이터 검증 방안을 수립한다.

구분	품질 관리 접근 방법
대량 데이터	• 데이터 사용자 오류는 무시 • 데이터 타당성에 치명적인 예외 상황만 탐지
정밀 데이터	• 개별 데이터에 대한 타당성 검증은 환경 및 상황에 따라 판단 • 데이터 전체가 나타내는 의미를 중심으로 검증 기준 정의
데이터 출처 불명확	• 명확한 목적이나 사전 통제 없이 생산된 데이터에 대한 별도 품질 기준 정의

- 빅데이터 품질 관리 및 검증은 정확성보다는 데이터의 양이 충분한지에 대한 충분성 개념하에 조직의 비즈니스 영역 및 목적에 따라 검증한다.

구분	품질 검증 전략
정확성 (Accuracy)	• 데이터 사용 목적에 따라 데이터 정확성의 기준 상이하게 적용
완전성 (Completeness)	• 필요한 데이터인지 식별하는 수준으로 품질 요소 적용
적시성 (Timeliness)	• 소멸성이 강한 데이터에 대한 품질 기준 판단 • 웹로그 데이터, 트윗 데이터 등 지속적으로 생성 소멸하는 데이터에 대한 품질 기준 수립
일관성 (Consistency)	• 동일한 데이터의 경우에도 사용 목적에 따라 데이터의 의미가 달라지기 때문에 분석 요건에 따른 검증 요소 적용

② 데이터 검증 체계 수립

• 빅데이터 품질 및 데이터 검증 체계를 수립한다.

 – 수집한 데이터의 출처가 명확한지 검증한다.

 – 중복된 데이터가 존재하는지, 정보 활용에 컴플라이언스 이슈가 없는지 데이터 관리 대상 선별을 검증한다.

 – 데이터의 다양성이 확보되었는지, 데이터셋이 충분한지 검증한다.

 – 주요 품질 지표의 조건을 만족하는지, 분석, 검증, 테스트 데이터가 분리되어 있는지 주요 품질 지표를 분석 및 검증한다.

• 분석 변수 데이터 검증 방안을 수립한다.

 – 품질 관리를 통해 데이터 중복성, 불일치성 등 생성된 분석 변수에 대한 데이터 검증 방안을 수립한다.

> **컴플라이언스(Compliance)**
> 사업 추진 과정에서 기업이 자발적으로 관련 법규를 준수하도록 하기 위한 일련의 시스템

✅ **개념 체크**

다음 중 데이터 확보를 위한 사전 검토사항으로 틀린 것은?

① 분석 목적에 맞는 데이터를 정의하고, 필요한 데이터를 확보할 수 있는지 확인하여야 하며, 확보할 수 없다면 대안을 함께 고려하여야 한다.

② 사전에 정의한 데이터의 존재 여부와 분석 품질을 보장할 만큼 데이터 품질이 우수한지, 충분한 양이 존재하는지 확인한다.

③ 분석 대상에 대해 객관적으로 인식하고 논리적 인과관계 분석 및 데이터 간 상관관계 분석을 위한 분석 변수 생성 프로세스를 정의한다.

④ 어떤 데이터를 어떤 기법을 이용하여 분석할 것인지 수립된 계획에 따라 데이터의 유형을 선택하고 변수를 정의해야 한다.

정답 ③

• 데이터 확보를 위한 사전 검토사항은 필요 데이터의 정의, 보유 데이터의 현황파악, 분석 데이터의 유형 확인, 편향되지 않고 충분한 양의 데이터 규모 확인, 내부 데이터의 사용 가능여부 확인, 외부 데이터의 수집 가능여부 등을 확인하는 것이다.
• 분석 대상에 대해 객관적으로 인식하고 논리적 인과관계 분석 및 데이터 간 상관관계 분석을 위한 분석 변수 생성 프로세스를 정의하는 것은 데이터 확보를 위한 사전 검토대상은 아니다.

❸ 분석 절차와 작업 계획

1) 분석 절차

분석 절차는 데이터 분석의 시발점이 되는 문제 인식에서부터 시작하여 데이터를 확보하고 분석하여 결과를 도출 및 제시하는 단계까지의 일반적인 과정을 정형화한 프로세스이다.

① 분석 절차의 특징

- 분석 방법론을 구성하는 최소 요건이다.
- 상황에 따라 단계를 추가할 수도 있으며 생략 가능하다.

데이터 분석을 수행하기 위한 기본적인 과정을 명시하고 있다

▶ 분석 절차 비교

일반적 데이터 분석 절차	NCS 데이터 분석 절차	단계별 산출물
• 문제인식 • 연구조사	• 도메인 이슈 도출 • 분석목표 수립	• 데이터 요건 정의서 • 분석목표 정의서
• 모형화 • 데이터 수집 • 데이터 분석	• 프로젝트 계획 수립 • 보유 데이터 자산 확인	• 작업분할구조도(WBS) • 데이터 품질 보고서
• 분석 결과 제시	• 데이터 분석결과 시각화	• 분석 보고서

② 일반적인 분석 절차

구분	내용
문제 인식	• 문제를 인식하고 분석 목적을 명확하게 정의한다. • 분석 주제는 가설 형태 또는 결과 해석을 중심으로 할 수 있다.
연구조사	• 문제 해결을 위한 각종 문헌을 조사하고 내용을 바탕으로 문제에 대한 해결 방안을 정의한다. • 중요한 요인이나 변수들을 파악한다.
모형화	• 복잡한 문제를 논리적이면서도 단순화하는 과정이다. • 많은 변수가 포함된 현실 문제를 특징적 변수로 정의한다. • 문제를 변수들 간의 관계로 정의한다.
데이터 수집	• 데이터 수집 또는 변수를 측정하는 과정이다. • 기존 데이터 활용이 불가능한 경우 추가적인 데이터 수집을 고려한다.
데이터 분석	• 수집된 데이터로부터 인사이트를 발굴한다. • 수집된 데이터로부터 변수들간의 관계를 분석한다.
분석 결과 제시	• 변수들 간 인과관계나 상관관계를 포함한 분석 결과를 제시하고 공유한다. • 표, 그림, 차트, 그래프 등을 활용하여 시각화한다.

데이터 분석의 절차는 데이터 수집 → 저장 → 처리 → 분석 → 시각화 → 이용 → 폐기 단계로 정의할 수도 있다.

③ 분석 절차 적용 시 고려사항

- 문제에 대한 구체적 정의가 가능하고, 필요 데이터를 보유하고 있으며, 분석역량을 갖추고 있다면 통계 기반의 전통적 데이터 분석을 수행할 수 있다.
- 문제에 대한 구체적 정의가 없다면 데이터 마이닝 기반으로 데이터를 분석하여 인사이트를 발굴하거나 일단 데이터 분석을 시도한 후 결과를 확인해 가면서 반복적으로 개선 결과를 도출해 볼 수 있다.

2) 작업 계획

분석 작업 계획은 분석 절차에 따라 데이터 분석 업무를 수행하기 위한 전반적인 작업 내용들을 세부적으로 정의하는 과정이다.

① 분석 작업 계획 수립

단계	내용
프로젝트 소요비용 배분	• 주어진 시스템 및 데이터 환경을 고려하여 현실성 있는 계획이 되도록 프로젝트 일정을 수립한다. • 사전에 작성해 놓은 데이터 분석목표정의서의 내용이 모두 반영될 수 있도록 한다. • 프로젝트 소요비용은 인건비나 하드웨어 구입 및 사용비용, 소프트웨어 비용, 그리고 기타 비용을 고려하여 산정한다.
프로젝트 작업분할구조 수립	• 데이터 분석목표정의서와 프로젝트 소요비용 배분 계획을 참고하여 데이터 분석 절차에 맞게 수립한다. • 분석 절차 이외 필요한 작업이 있는 경우 추가적으로 반영하여 작업분할구조를 수립한다.
프로섹트 업무 분장 계획 및 배분	• 배분된 인건비를 기준으로 단계별 인원 투입 계획을 수립하고 역할별로 작성해야 하는 필수 산출물을 정의한다. • 소요기간별 투입 인원과 역할을 구분하여 배정하고 필수 산출물을 정의한다. • 프로젝트 유관부서 리더들과 프로젝트 참여 인원을 중심으로 프로젝트 평가위원회를 구성한다. • 상황에 따라 외부 자문 위원을 참여시킨다.

② 분석 작업 계획 수립을 위한 작업분할구조(WBS: Work Breakdown Structure) 작성

단계	내용
데이터 분석과제 정의	• 데이터 분석목표정의서를 기준으로 프로젝트 전체 일정에 맞춰 사전에 준비한다. • 각 단계별 필요 산출물과 보고서 작성 시기, 세부 일정 등을 정리한다.
데이터 준비 및 탐색	• 데이터 엔지니어가 데이터를 수집하고 정리하는 일정을 수립한다. • 데이터 분석가가 분석에 필요한 데이터들로부터 변수 후보를 탐색하고 최종 산출물을 도출하는 일정을 수립한다. • 데이터 분석 가설을 세우고 유의미한 검정을 수행하는 일정을 포함한다.
데이터 분석 모델링 및 검증	• 실험방법 및 절차를 구분하고 검증하는 내용과 수행일정을 상세하게 수립한다. • 데이터 분석 모델링 작업이 1회 이상 수행되므로 검증일정을 고려하여 세부 일정을 수립한다.
산출물 정리	• 데이터 분석 단계별 산출물을 정리하고, 모델링 과정에서 개발된 분석 스크립트를 최종 산출물로 정리한다. • 전체 일정에서 산출물 정리 과정을 반드시 포함시킨다.

작업분할구조
프로젝트의 범위와 최종 산출물을 세부요소로 분할한 계층적 구조도

검정(테스트)
통계적으로 집단에 대해서 특징짓는 가설을 세우고 그 가설이 맞는지 틀리는지를 판단. 즉 일정한 규칙이나 자격 조건을 기준으로 하여 조사 후 결정

검증(증명)
증명보다 약한 개념으로 틀릴 가능성이 없음을 경험적 검사 또는 실험으로 밝혀내는 것

3) 분석목표정의서

문제의 개선방향에 맞는 현실적인 분석목표를 수립하여 필요한 데이터에 대한 정보나 분석 타당성 검토 및 성과측정 방법 등을 정리한 정의서이다.

① 분석목표정의서 구성요소

• 원천 데이터 조사

구분	내용
데이터 정보	• 데이터 축적 기간, 획득 주기, 테이블 스키마, 메타 데이터를 확인한다.
데이터 수집 난이도	• 데이터 수집 및 정제 과정, 시기와 방법을 확인한다. • 데이터 수집 난이도가 높을 경우 데이터 활용을 재고한다.

• 분석 방안 및 적용 가능성 판단

- 개선 목표와 현시점의 분석 목표 간 차이를 고려하여 분석 목표를 조정하거나 상황에 따라 우선순위를 조성한다.
- 분석 목표에 부합한 데이터 분석 기법이 있더라도 현재 적합한 분석 환경이 구축되지 않았다면 분석 목표를 조정한다.

• 성과평가 기준

구분	내용
정성적 평가	• 분석 기법이나 기술의 활용 가능성을 평가한다. • 신규 데이터나 외부 데이터의 활용 가능성을 평가한다. • 세분화나 군집화를 통해 집단을 선정한다. • 이 외 관련 시스템별로 정성적 요소를 평가한다.
정량적 평가	• 기존 방법 대비 효과의 증감 비율을 평가한다. • 유효한 가설의 수나 목표 대비 증감 비율을 평가한다. • 데이터 모형의 정확도를 측정하여 평가한다. • 기타 분석 특성에 따른 자체 KPI에 의한 성과를 측정한다.

② 분석목표정의서 작성 방법

• 분석 목적을 설정하고 이를 달성하기 위한 세부 목표를 수립한다.

• 필요한 데이터를 정의하고, 분석 방법과 데이터 수집 및 분석 난이도, 수행 주기, 분석 결과에 대한 검증 기준을 설계한다.

• 도메인 이슈 도출을 통한 개선 방향을 토대로 목표 수준을 정리한다.

다음 중 일반적인 분석 절차에 대한 설명으로 틀린 것은?

① 연구조사 단계에서는 문제 해결을 위한 각종 문헌을 조사하고 내용을 바탕으로 문제에 대한 해결방안을 정의한다.

② 모형화 단계에서는 수집된 데이터로부터 변수들간의 관계를 분석한다.

③ 문제 인식 단계에서 분석 주제는 가설 형태 또는 결과 해석을 중심으로 할 수 있다.

④ 분석 결과 제시 단계에서는 변수들 간 인과관계나 상관관계를 포함한 분석 결과를 제시하고 공유한다.

정답 ②

모형화 단계는 복잡한 문제를 논리적이면서도 단순화하는 과정으로, 문제를 변수들 간의 관계로 정의한다. 수집된 데이터로부터 변수들간의 관계를 분석하는 것은 데이터 분석 단계이다.

04 분석 프로젝트 관리

1) 분석 프로젝트

분석 프로젝트는 과제 형태로 도출된 분석 기회를 프로젝트화하여 그 가치를 증명하기 위한 수단이다.

분석 프로젝트는 도출된 결과의 재해석을 통한 지속적인 반복과 정교화가 수행되는 경우가 대부분이다.

① 분석 프로젝트의 특징

• 데이터 영역과 비즈니스 영역에 대한 이해와 더불어 지속적인 반복이 요구되는 분석 프로세스의 특성을 이해하여 프로젝트 관리방안을 수립해야 한다.

• 지속적인 개선 및 변경을 염두에 두고 프로젝트 기한 내에 가능한 최선의 결과를 도출할 수 있도록 프로젝트 구성원들과 협업이 필요하다.

② 분석 프로젝트의 추가적 속성

데이터를 다루면서 분석 모형을 생성하는 프로젝트 특성상 표의 추가적인 중점 관리 영역을 고려하여야 한다.

관리 영역	내용
데이터 크기 (Data Size)	• 데이터가 지속적으로 생성되어 증가하는 점을 고려한다.
데이터 복잡도 (Data Complexity)	• 정형, 비정형 데이터와 다양한 시스템에 산재되어 있는 원천 데이터들을 통합하는 진행이 필요하다. • 데이터에 잘 적용될 수 있는 분석 모형의 선정 등을 사전에 고려하여야 한다.
속도 (Speed)	• 분석 결과가 도출되어 이를 활용하는 시나리오 측면에서의 속도까지 고려하여야 한다. • 프로젝트 수행 시 분석 모형의 성능과 속도를 고려한 개발과 테스트 수행을 고려하여야 한다.
분석 모형의 복잡도 (Analytic Model Complexity)	• 분석 모형의 정확도와 복잡도는 Trade off 관계에 있다. • 분석 모형이 복잡할수록 정확도는 상승하지만 해석이 어려워지므로 이에 대한 기준을 정의하고 최적 모형을 탐색해야 한다.
정확도와 정밀도 (Accuracy & Precision)	• 분석 결과를 활용하는 측면에서는 Accuracy가 중요하다. • 분석 모형의 안정성 측면에서는 Precision이 중요하다. • Accuracy와 Precision은 Trade off인 경우가 많다.

Trade off
두 개의 목표 가운데 하나를 달성하려고 하면 다른 달성이 늦어지거나 희생되는 관계

정확도(Accuracy)
모형과 실제값 사이의 차이인 정확도를 측정하는 지표

정밀도(Precision)
모형을 계속하여 반복했을 때 결과의 일관성을 측정하는 지표

▶ 정확도와 정밀도의 관점

구분	내용
	• 낮은 정확도, 낮은 정밀도 – 예측값들이 실제값과 멀리 떨어져 있고 예측값끼리도 멀리 떨어져 있다. – 편향(Bias)도 높고 분산(Variance)도 높다.
	• 낮은 정확도, 높은 정밀도 – 예측값들이 실제값과 멀리 떨어져 있지만 예측값끼리는 모여 있다. – 편향은 높고 분산은 낮다.
	• 높은 정확도, 낮은 정밀도 – 예측값들은 실제값에 가까이 있으나 예측값끼리는 떨어져 있다. – 편향은 낮고 분산은 높다.
	• 높은 정확도, 높은 정밀도 – 예측값들과 실제값이 거의 같으며 모여 있다. – 편향과 분산 모두 낮다.

③ 분석가의 역할

• 분석가는 데이터 영역과 비즈니스 영역의 중간에서 현황을 이해하고 분석 모형을 통한 조율을 수행하는 조정자의 역할과 분석 프로젝트 관리 역할을 수행한다.

2) 분석 프로젝트 관리

① 효율적인 데이터 분석 수행을 위한 필요성

• 과제 형태로 도출된 분석 기회는 프로젝트화를 통하여 그 가치를 증명하고 목표를 달성할 필요가 있다.

• 범위, 일정, 품질, 이슈 및 리스크, 의사소통 등 영역별로 고려해야 하는 요소가 많아 체계적 관리가 필요하다.

② 분석 프로젝트의 관리 방안

프로젝트 관리 지침의 체계는 KSA ISO 21500으로 정의된 총 10개의 관리 주제 그룹으로 구성되어 있다.

• 분석 프로젝트는 데이터 분석이 갖는 기본 특성(5V)을 살려 프로젝트 관리 지침을 만들어 기본 가이드로 활용해야 한다.

• 프로젝트 관리 영역에 대한 주요한 사항들은 체크포인트 형태로 관리되어야 한다.

• 발생할 수 있는 이슈와 위험을 숙지하고 미연에 방지하는 것이 중요하다.

• 분석 프로젝트를 성공적으로 수행하기 위해 프로젝트의 영역별 관리 포인트를 사전에 이해하고 적용하는 것이 중요하다.

3) 분석 프로젝트의 영역별 주요 관리 항목

① 범위 관리(Scope Management)

- 분석 기획 단계에서 명시한 프로젝트의 범위는 분석을 수행하면서 데이터의 형태와 양 또는 적용되는 모형의 알고리즘에 따라 빈번하게 변경되곤 하며 이것은 프로젝트를 지연시키는 중대한 사유가 된다.
- 분석의 최종 결과물이 분석 보고서 형태인지 시스템인지에 따라 투입되는 자원과 범위가 크게 달라지므로 사전에 충분히 고려되어야 한다.

② 일정 관리(Time Management)

- 분석 프로젝트는 초기에 의도했던 모형이나 결과가 쉽게 나오는 경우가 흔치 않으며, 지속적으로 반복하는 과정에서 많은 시간이 소모되곤 한다.
- 분석 결과의 품질을 보장한다는 전제하에 Time Boxing 기법으로 일정을 관리하는 것이 필요하다.

③ 원가 관리(Cost Management)

- 외부 데이터를 활용하여 데이터 분석을 수행하는 경우 데이터 구입 및 수집을 위해 많은 비용이 소모될 수 있으므로 사전에 충분한 조사가 필요하다.
- 프로젝트를 수행하는 과정에서 목표한 결과를 달성하기 위해 오픈 소스 도구를 사용하지 않고 고가의 상용 도구를 사용하게 될 경우 비용이 증가한다.

④ 품질 관리(Quality Management)

- 분석 프로젝트의 수행 결과에 대한 품질목표를 사전협의를 통해 수립하고 통제하여야 한다.
- 프로젝트 품질은 품질관리계획과 품질통제 및 품질보증으로 구성되어 있으며, 이를 잘 나누어 수행하여야 한다.

⑤ 통합 관리(Integration Management)

- 프로젝트 관리 프로세스들을 통합적으로 운영될 수 있도록 관리하여야 한다.

⑥ 조달 관리(Procurement Management)

- 상황에 따라 분석 프로젝트 목적에 적합한 범위 내에서 외부에 아웃소싱을 수행할 수 있다.
- PoC(Proof of Concept)와 같이 지속성이 보장되지 않은 프로젝트는 인프라 구매보다 클라우드와 같은 대여방식을 고려해 볼 필요가 있다.

⑦ 인적자원 관리(Human Resource Management)

- 분석 프로젝트는 인적자원과 데이터가 핵심이므로, 프로젝트 수행 전 전문인력 확보와 고용유지 방안을 검토하여야 한다.
- 전문인력의 효율적인 운영을 위해 핵심인재의 전문분야와 보유역량 및 수준 등을 관리하고, 프로젝트별 투입 시점과 피로도 등을 종합적으로 관리한다.

PoC
새로운 프로젝트의 실제 실현 가능성을 효과와 효용, 기술적 관점에서 검증하는 과정

⑧ 위험 관리(Risk Management)

- 필요한 데이터가 확보되지 않거나 품질이 보장되지 않을 경우 분석 프로젝트 진행이 어려울 수 있으며, 관련 위험을 식별하고 대응방안을 수립해야 한다.
- 데이터 및 분석 알고리즘의 한계로 품질목표를 달성하기 어려울 수 있으며, 전문인력의 이탈로 프로젝트가 중단될 수 있어 대응방안 수립이 필요하다.
- 그 밖에 분석 프로젝트 진행 과정에서 발생할 수 있는 위험을 식별하고, 위험을 분석하여 대응방안을 수립해야 한다.

⑨ 의사소통 관리(Communication Management)

- 프로젝트의 원활한 진행을 위한 다양한 의사소통 채널과 모든 이해관계자가 분석 결과를 공유할 수 있도록 시각화와 같은 방안을 마련해야 한다.

⑩ 이해관계자 관리(Stakeholder Management)

- 분석 프로젝트는 데이터 전문가, 분석 전문가, 비즈니스 전문가, 시스템 전문가 등 다양한 전문가의 참여가 필요하며, 이들을 잘 관리하여야 한다.
- 프로젝트 관리자는 분석 프로젝트에 영향을 미치는 이해관계자들을 식별하고 관리하여야 한다.

✅ 개념 체크

다음 중 분석 프로젝트 진행 시 추가적으로 고려해야 할 내용으로 틀린 것은?

① 분석 결과를 활용하는 측면에서는 Precision, 분석 모형의 안정성 측면에서는 Accuracy 가 중요하다.
② 데이터 크기는 데이터가 지속적으로 생성되어 증가하는 점을 고려한다.
③ 분석 모형의 정확도와 복잡도는 Trade off 관계에 있음을 유념해야 한다.
④ 정형, 비정형 데이터와 다양한 시스템에 산재되어 있는 원천 데이터들을 통합하는 방안을 수립해야 한다.

정답 ①

Accuracy는 모형과 실제값 사이의 차이인 정확도를 측정하는 지표이며, Precision은 모형을 계속하여 반복했을 때 결과의 일관성을 측정하는 지표이다. 분석 결과를 활용하는 측면에서는 Accuracy가 중요하고, 분석 모형의 안정성 측면에서는 Precision이 중요하다.

01 신뢰성 높은 데이터 분석 모형 개발을 위한 3가지 데이터셋이 <u>아닌</u> 것은?

① Training Dataset
② Verification Dataset
③ Validation Dataset
④ Test Dataset

02 외부 데이터를 수집하고자 할 때 고려해야 할 내용으로 적합하지 <u>않은</u> 것은?

① 데이터를 획득하는 데 필요한 비용을 고려하여야 한다.
② 데이터를 제공받기 위한 계약서를 잘 작성하여 모든 법률적 위험요소를 완전히 해소한다.
③ 데이터를 수집하여 저장할 방법을 살펴보아야 한다.
④ 내부 데이터와의 결합 가능여부 등을 검토하여야 한다.

03 데이터 확보 계획 수립 시 분석 변수 점검항목으로 적절하지 <u>않은</u> 것은?

① 데이터 다양성
② 데이터 가용성
③ 데이터 적정성
④ 기술적 타당성

04 생성 분석 변수의 전처리 방법으로 적합하지 않은 것은?

① 데이터 정제
② 데이터 통합
③ 데이터 변환
④ 데이터 삭제

05 빅데이터의 주요 품질 지표가 <u>아닌</u> 것은?

① 편의성
② 정확성
③ 완전성
④ 적시성

06 일반적인 데이터 분석 절차를 순서대로 나열한 것은?

① 연구조사 → 문제 인식 → 데이터 수집 → 모형화 → 데이터 분석 → 분석 결과 제시
② 문제 인식 → 연구조사 → 모형화 → 데이터 수집 → 데이터 분석 → 분석 결과 제시
③ 데이터 수집 → 연구조사 → 문제 인식 → 모형화 → 데이터 분석 → 분석 결과 제시
④ 연구조사 → 데이터 수집 → 문제 인식 → 모형화 → 데이터 분석 → 분석 결과 제시

07 분석작업계획 수립 절차로 적절하지 <u>않은</u> 것은?

① 프로젝트 소요비용 배분
② 프로젝트 작업분할구조 수립
③ 프로젝트 정의서 작성
④ 프로젝트 업무 분장 계획 및 배분

08 다음 중 데이터 분석 과제 수행을 위한 필요역량으로 적합하지 <u>않은</u> 것은?

① 데이터 거버넌스 체계 수립 역량
② 도메인 이슈 도출 역량
③ 분석 목표 수립 역량
④ 프로젝트 계획 수립 역량

09 분석목표정의서의 구성요소로 적절하지 <u>않은</u> 것은?

① 데이터 분석과제 정의
② 원천 데이터 조사
③ 분석 방안 및 적용 가능성 판단
④ 성과평가 기준

10 분석 프로젝트가 갖는 속성으로 적절하지 <u>않은</u> 것은?

① 데이터 크기
② 데이터 분석가의 역량
③ 데이터와 분석 모형의 복잡도
④ 정확도와 정밀도

11 내부 데이터를 수집하고자 할 때 고려해야 할 내용으로 적합하지 <u>않은</u> 것은?

① 필요 데이터에 대한 데이터 목록(변수 명칭, 설명, 형태, 기간, 용량, 권한 등)을 작성한다.
② 필요 데이터에 대한 관련 법률적인 요소들을 확인한다.
③ 필요 데이터가 내부적 사용 목적일 경우 보안적인 요소들로부터 자유롭다.
④ 필요 데이터가 개인정보일 경우 비식별 조치방안을 고려한다.

12 분석 변수 생성 프로세스 정의에 대한 설명으로 적절하지 <u>않은</u> 것은?

① 객관적 사실 기반의 문제 접근이 필요하다.
② 데이터의 상관관계 분석이 필요하다.
③ 프로토타입을 통한 분석 변수 접근이 필요하다.
④ 분석 변수 유형과 형성 알고리즘을 이용한 분석 유형 도출이 필요하다.

13 생성된 분석 변수의 정제를 위한 점검항목 중 데이터 적합성과 관련된 항목이 <u>아닌</u> 것은?

① 데이터 중복
② 변수 간 결합 가능 여부
③ 분석 변수별 범위
④ 분석 변수별 연관성

14 생성된 분석 변수의 정제를 위한 점검항목 중 데이터 수집과 관련된 항목이 <u>아닌</u> 것은?

① 데이터 적정성
② 편익/비용 검증
③ 데이터 가용성
④ 대체 분석 데이터 유무

15 생성 변수의 검증 방안 수립 과정에서 데이터 검증 체계 수립과 관련된 내용으로 적합하지 <u>않은</u> 것은?

① 수집한 데이터의 출처가 명확한지 검증한다.
② 데이터 관리 대상 선별을 검증한다.
③ 데이터의 타당성이 확보되었는지 검증한다.
④ 주요 품질 지표를 분석 및 검증한다.

16 분석목표정의서 성과평가 기준 중 정성적 평가와 관련된 내용으로 적합하지 <u>않은</u> 것은?

① 분석 기법이나 기술의 활용 가능성을 평가한다.
② 신규 데이터나 외부 데이터의 활용 가능성을 평가한다.
③ 세분화나 군집화를 통해 집단을 선정한다.
④ 분석 특성에 따른 자체 KPI에 의한 성과를 측정한다.

17 분석목표정의서 성과평가 기준 중 정량적 평가와 관련된 내용으로 적합하지 <u>않은</u> 것은?

① 세분화나 군집화를 통해 집단을 선정한다.
② 기존 방법 대비 효과의 증감 비율을 평가한다.
③ 유효한 가설의 수나 목표 대비 증감 비율을 평가한다.
④ 데이터 모형의 정확도를 측정하여 평가한다.

18 정확도(Accuracy)와 정밀도(Precision)의 설명으로 적절하지 <u>않은</u> 것은?

① 정확도는 모형과 실제값 사이의 차이를 측정하는 지표이다.
② 편향(bias)도 높고 분산(variance)도 높은 모델이 정확도와 정밀도가 높다.
③ 정밀도는 모형을 계속하여 반복했을 때 결과의 일관성을 측정하는 지표이다.
④ 정확도와 정밀도는 Trade off인 경우가 많다.

19 정확도는 낮지만 정밀도가 높은 모델의 특징을 바르게 설명한 것은?

① 예측값들이 실제값과 멀리 떨어져 있고 예측값끼리도 멀리 떨어져 있다.
② 예측값들은 실제값에 가까이 있으나 예측값끼리는 떨어져 있다.
③ 예측값들이 실제값과 멀리 떨어져 있지만 예측값끼리는 모여있다.
④ 예측값들과 실제값이 거의 같으며 모여있다.

20 분석 프로젝트의 영역별 관리 항목 중 조달 관리와 관련된 내용으로 적합한 것은?

① 프로젝트 관리 프로세스들을 통합적으로 운영될 수 있도록 관리하여야 한다.
② 분석 프로젝트에 영향을 미치는 이해관계자와 참여하는 데이터, 분석, 비즈니스, 시스템 등의 전문가들을 잘 관리하여야 한다.
③ 분석의 최종 결과물이 분석 보고서 형태인지 시스템인지에 따라 투입되는 자원과 범위가 크게 달라지므로 사전에 충분히 고려되어야 한다.
④ 상황에 따라 분석 프로젝트 목적에 적합한 범위 내에서 외부에 아웃소싱을 수행할 수 있다.

21 분석 작업 계획 수립을 위한 작업분할구조도 작성절차로 적합한 것은?

① 데이터 분석과제 정의 → 데이터 준비와 탐색 → 산출물 정리 → 데이터 분석 모델링 및 검증
② 데이터 준비와 탐색 → 데이터 분석과제 정의 → 산출물 정리 → 데이터 분석 모델링 및 검증
③ 데이터 준비와 탐색 → 데이터 분석과제 정의 → 데이터 분석 모델링 및 검증 → 산출물 정리
④ 데이터 분석과제 정의 → 데이터 준비와 탐색 → 데이터 분석 모델링 및 검증 → 산출물 정리

SECTION 02

01 ②	02 ②	03 ①	04 ④	05 ①
06 ②	07 ③	08 ①	09 ①	10 ②
11 ③	12 ④	13 ②	14 ②	15 ③
16 ④	17 ①	18 ②	19 ③	20 ④
21 ④				

01 ②

신뢰성 높은 데이터 분석 모형 개발과 정확한 데이터 분석을 위해 편향되지 않고 충분한 양의 Training Dataset, Validation Dataset, Test Dataset이 필요하다.

02 ②

데이터를 제공받기 위한 계약서는 공급자와 요청자 사이의 거래 조건 등을 정리한 것이며, 계약서 작성만으로 법률적 위험요소들이 해소되었다고 볼 수는 없다. 또한 개인정보를 포함한 데이터가 있다면 개인정보 관련 법규를 검토하여 비식별화 조치 등을 취하여야 한다.

03 ①

데이터 확보 계획 수립 시 데이터 수집을 위해 데이터 적정성과 가용성, 대체 분석 데이터 유무에 대한 확인이 필요하며, 타당성 검증을 위해 편익/비용 검증과 기술적 타당성을 점검한다.

04 ④

생성 분석 변수의 전처리 방법으로 데이터 정제, 데이터 통합, 데이터 축소, 데이터 변환이 있다.

05 ①

빅데이터의 주요 품질 지표로는 정확성, 완전성, 적시성, 일관성이 있다.

06 ②

데이터 분석 절차는 문제 인식, 연구조사, 모형화, 데이터 수집, 데이터 분석, 분석 결과 제시 순으로 수행된다.

07 ③

분석작업계획 수립 절차로는 프로젝트 소요비용 배분, 프로젝트 작업분할 구조 수립, 프로젝트 업무 분장 계획 및 배분이 있다.

08 ①

NCS 데이터 분석 요구역량으로 도메인 이슈 도출, 분석 목표 수립, 프로젝트 계획 수립, 보유 데이터 자산 확인 능력을 정의하고 있다.

09 ①

분석목표정의서의 구성요소는 원천 데이터 조사, 분석 방안 및 적용 가능성 판단, 성과평가 기준으로 이루어져 있다.

10 ②

분석 프로젝트가 갖는 속성으로는 데이터 크기, 데이터 복잡도, 속도, 분석 모형의 복잡도, 정확도와 정밀도가 있다.

11 ③

필요 데이터에 대한 관련 법률이나 보안적인 요소들을 확인하고, 개인정보일 경우 비식별 조치방안을 고려해야 한다.

12 ④

분석에 필요한 변수를 정의하는 과정에서 분석 변수 유형과 형성 알고리즘을 이용한 분석 유형 도출이 필요하다.

13 ②

데이터 적합성 관련 점검항목들은 데이터 중복, 분석 변수별 범위, 분석 변수별 연관성, 데이터 내구성이 있으며, 변수 간 결합 가능 여부는 특징 변수 관련 항목이다.

14 ②

데이터 수집 관련 점검항목들은 데이터 적정성, 데이터 가용성, 대체 분석 데이터 유무가 있으며, 편익/비용 검증은 타당성 관련 항목이다.

15 ③

데이터의 타당성이 아닌 다양성이 확보되었는지, 데이터셋이 충분한지 검증한다.

16 ④

분석 특성에 따른 자체 KPI에 의한 성과를 측정하는 것은 정량적 평가이다.

17 ①

세분화나 군집화를 통해 집단을 선정하는 것은 정성적 평가이다.

18 ②

정확도와 정밀도가 높은 모델은 편향과 분산 모두 낮다.

19 ③

예측값들이 실제값과 멀리 떨어져 있지만 예측값끼리는 모여있으며, 편향은 높고 분산은 낮다.

20 ④

조달 관리에서는 상황에 따라 분석 프로젝트 목적에 적합한 범위 내에서 외부에 아웃소싱을 수행할 수 있으며, PoC와 같이 지속성이 보장되지 않은 프로젝트는 인프라 구매보다 클라우드와 같은 대여방식을 고려해 볼 필요가 있다.

21 ④

작업분할구조도 작성절차는 데이터 분석과제 정의, 데이터 준비와 탐색, 데이터 분석 모델링 및 검증, 산출물 정리 순으로 작성한다.

CHAPTER **03**

데이터 수집 및 저장 계획

학습 방향

유형에 따른 데이터 수집방법과 여러 기술들을 학습합니다. 수집된 데이터의 비식별화를 위한 가명처리, 총계처리, 삭제, 범주화, 마스킹 방법은 시험에 자주 나오므로 철저히 공부해야 합니다. 하둡을 비롯한 분산 파일 저장구조의 동작원리를 이해하고, NoSQL을 이용한 다양한 유형의 데이터 저장방법을 비교할 수 있어야 합니다.

출제빈도

SECTION 01	하	90%
SECTION 02	하	10%

데이터 수집 및 전환

01 데이터 수집

데이터 처리 시스템에 들어갈 데이터를 모으는 과정으로 여러 장소에 있는 데이터를 한 곳으로 모으는 것이다.

1) 데이터 수집 수행 자료

- 용어집
- 서비스 흐름도
- 업무 매뉴얼
- 데이터 명세서
- 데이터 수집 계획서
- 원천 데이터 담당자 정보
- 원천 데이터 소유 기관 정보
- 데이터 수집 기술 매뉴얼
- 인프라 구성도
- 소프트웨어 아키텍처 개념도
- 수집 솔루션 매뉴얼
- 하둡 오퍼레이션 매뉴얼
- 비즈니스 및 원천 데이터 파악을 위한 비즈니스 모델

> **하둡(Hadoop)**
> 다수의 컴퓨터를 마치 하나인 것처럼 묶어 대용량 데이터를 처리하는 오픈소스 프레임워크

▲ 기초 데이터 수집 수행 절차

▲ 데이터 수집 시스템 구축 절차

2) 비즈니스 도메인과 원천 데이터 정보 수집

① 비즈니스 도메인 정보

- 비즈니스 모델, 비즈니스 용어집, 비즈니스 프로세스로부터 관련 정보를 습득한다.
- 도메인 전문가 인터뷰를 통해 데이터의 종류, 유형, 특징 정보를 습득한다.

> **비즈니스 프로세스**
> 비즈니스 전개에 필요한 모든 순차적이거나 병렬적인 활동들의 집합

구분	내용
비즈니스 모델	비즈니스 모델은 비즈니스 전개를 위해 필요한 구성요소 간의 상호 관계를 모델화시켜 놓은 것이다.
비즈니스 용어집	특정 비즈니스 영역에서 사용되는 신뢰할 수 있는 용어 및 관계 사전이다.
비즈니스 프로세스	다양한 시스템과 비즈니스에 넓게 분산되어 있고 변형되어 있는 복잡하고, 동적인 실체로서 고객에게 가치를 전달하는데 필요한 모든 순차적이거나 병렬적인 활동들의 집합이다.
도메인 전문가 인터뷰	인터뷰를 통해 도메인에 사용되는 전문용어 및 다른 의미로 통용되는 일상용어를 익히고, 해당 분야에서 다루어지는 데이터의 종류, 유형, 특징 정보를 습득한다.

② 원천 데이터 정보

데이터 분석에 필요한 대상 원천 데이터의 수집 가능성, 데이터의 보안, 정확성을 탐색하고, 데이터 수집의 난이도, 수집 비용 등 기초 자료를 수집할 수 있다.

구분	내용
데이터의 수집 가능성	원천 데이터 수집의 용이성과 데이터 발생 빈도를 탐색하고, 데이터 활용에 있어서 전처리 및 후처리 비용을 대략 산정할 수 있다.
데이터의 보안	수집 대상 데이터의 개인정보 포함 여부, 지적 재산권 존재 여부를 판단하여 데이터 분석 시 발생할 수 있는 문제를 예방한다.
데이터 정확성	데이터 분석 목적에 맞는 적절한 데이터 항목이 존재하고, 적절한 데이터 품질이 확보될 수 있는지 탐색해야 한다.
수집 난이도	원천 데이터의 존재 위치, 데이터의 유형, 데이터 수집 용량, 구축비용, 정제 과정의 복잡성을 고려하여 데이터를 탐색한다.
수집 비용	데이터를 수집하기 위해 발생할 수 있는 데이터 획득 비용을 산정할 수 있다.

3) 내·외부 데이터 수집

① 데이터의 종류

- 내부 데이터는 조직 내부의 서비스 시스템, 네트워크 및 서버 장비, 마케팅 관련 시스템 등으로부터 생성되는 데이터를 말한다.
- 외부 데이터는 다양한 소셜 데이터, 특정 기관 데이터, M2M 데이터, LOD 등으로 나눌 수 있다.

위치	원천 시스템	종류
내부 데이터	서비스 시스템	ERP, CRM, KMS, 포탈, 원장정보시스템, 인증/과금 시스템, 거래시스템 등
	네트워크 및 서버 장비	백본, 방화벽, 스위치, IPS, IDS 서버 장비 로그 등
	마케팅 데이터	VOC 접수 데이터, 고객 포털 시스템 등
외부 데이터	소셜 데이터	제품 리뷰 커뮤니티, 게시판, 페이스북
	특정 기관 데이터	정책 데이터, 토론 사이트
	M2M 데이터	센서 데이터, 장비 발생 로그
	LOD	경제, 의료, 지역 정보, 공공 정책, 과학, 교육, 기술, 산업, 역사, 환경, 과학, 통계 등 공공 데이터

M2M(Machine to Machine)
사물 간 통신

LOD(Linked Open Data)
웹에서 누구나 사용할 수 있도록 무료로 공개되는 연계 데이터

ERP(Enterprise Resource Planning)
전사적자원관리

CRM(Customer Relationship-Management)
전사적고객관리

KMS (Knowledge Management System)
지식관리시스템

② 데이터의 수집 주기

- 내부 데이터는 조직 내부에서 습득할 수 있는 데이터로 실시간으로 수집하여 분석할 수 있도록 한다.
- 외부 데이터는 일괄 수집으로 끝날지, 일정 주기로 데이터를 수집할지를 결정하여 수집 데이터 관리 정책을 정해야 한다.

③ 데이터의 수집 방법

- 내부 데이터는 분석에 적합한 정형화된 형식으로 수집되기 때문에 가공에 많은 노력을 기울이지 않아도 된다.
- 외부 데이터는 분석 목표에 맞는 데이터를 탐색, 수집하고, 분석 목표에 맞게 수집 데이터를 변환하는 노력이 필요하다.

구분	내부 데이터	외부 데이터
업무 협의	조직 내부의 협의에 따른 데이터 수집	외부 조직의 데이터 필요시 상호 협약에 의한 수집
수집 경로	인터페이스 생성	인터넷을 통한 연결
수집 대상	파일 시스템, DBMS, 센서 등	협약에 의한 DBMS 데이터, 웹 페이지, 소셜 데이터, 문서 등

2014년 이후에는 데이터 거래소를 통한 데이터 유통이 활성화되고 있어 이를 통해서도 필요데이터를 습득할 수 있다.

4) 데이터 수집 기술

① 데이터 유형별 데이터 수집 기술

수집 시스템 사양 설계를 위해 수집 데이터 유형을 파악하여 그에 맞는 수집 기술을 선정할 수 있다.

기적의 TIP

데이터 유형에 따라 적용할 수 있는 수집 기술을 알아두자.

데이터 유형	데이터 수집 방식/기술	설명
정형 데이터	ETL(Extract Transform Load)	수집 대상 데이터를 추출 및 가공하여 데이터 웨어하우스에 저장하는 기술이다.
	FTP(File Transfer Protocol)	TCP/IP나 UDP 프로토콜을 통해 원격지 시스템으로부터 파일을 송수신하는 기술이다.
	API(Application Programming Interface)	솔루션 제조사 및 3rd party 소프트웨어로 제공되는 도구로, 시스템 간 연동을 통해 실시간으로 데이터를 수신할 수 있도록 기능을 제공하는 인터페이스이다.
	DBToDB	데이터베이스 관리시스템(DBMS) 간 데이터를 동기화 또는 전송하는 방법이다.
	스쿱(Sqoop)	관계형 데이터베이스(RDBMS)와 하둡(hadoop) 간 데이터를 전송하는 방법이다.

	크롤링(Crawling)	인터넷상에서 제공되는 다양한 웹 사이트로부터 소셜 네트워크 정보, 뉴스, 게시판 등으로부터 웹 문서 및 정보를 수집하는 기술이다.
비정형 데이터	RSS(Rich Site Summary)	블로그, 뉴스, 쇼핑몰 등의 웹 사이트에 게시된 새로운 글을 공유하기 위해 XML 기반으로 정보를 배포하는 프로토콜이다.
	Open API	응용 프로그램을 통해 실시간으로 데이터를 수신할 수 있도록 공개된 API다.
	척와(Chukwa)	분산 시스템으로부터 데이터를 수집, 하둡 파일 시스템에 저장 실시간으로 분석할 수 있는 기능을 제공한다.
	카프카(Kafka)	대용량 실시간 로그처리를 위한 분산 스트리밍 플랫폼 기술이다.
반정형 데이터	플럼(Flume)	분산 환경에서 대량의 로그 데이터를 수집 전송하고 분석하는 기능을 제공한다.
	스크라이브(Scribe)	다수의 수집 대상 서버로부터 실시간으로 데이터를 수집, 분산 시스템에 데이터를 저장하는 기능을 제공한다.
	센싱(Sencing)	센서로부터 수집 및 생성된 데이터를 네트워크를 통해 활용하여 수집하는 기능을 제공한다.
	스트리밍(Streaming) – TCP, UDP, Bluetooth, RFID	네트워크를 통해 센서 데이터 및 오디오, 비디오 등의 미디어 데이터를 실시간으로 수집하는 기술이다.

비정형 데이터 수집 기술은 반정형 데이터에도 적용이 가능하다.

카프카(Kafka), 스크라이브(Scribe)
대용량 실시간 로그 처리를 위한 분산 스트리밍 플랫폼

② ETL(Extract Transform Load)

• 하나 이상의 데이터 소스로부터 데이터 웨어하우스, 데이터 마트, 데이터 통합, 데이터 이동(Migration) 등 다양한 응용시스템을 위한 데이터 구축에 필요한 핵심 기술이다.

• ETL은 추출(Extract), 변환(Transform), 적재(Load)의 3단계 프로세스로 구성된다.

마이그레이션(migration)
하나의 운영환경으로부터 더 나은 운영환경(또는 그 반대방향)으로 옮기는 과정

프로세스	설명
데이터 추출(Extract)	하나 또는 그 이상의 데이터 원천으로부터 데이터를 획득한다.
데이터 변환(Transform)	목표로 하는 형식이나 구조로 데이터를 변환한다. 데이터 정제, 변환, 표준화, 통합 등을 진행한다.
데이터 적재(Load)	변환이 완료된 데이터를 특정 목표 시스템에 저장한다.

Extract   Transform   Load

▲ ETL 프로세스

③ FTP(File Transfer Protocol)

- FTP는 대량의 파일(데이터)을 네트워크를 통해 주고받을 때 사용되는 파일 전송 서비스이다.

- 인터넷을 통한 파일 송수신 만을 위해 만들어진 프로토콜이기 때문에 동작 방식이 단순하고 직관적이며, 파일을 빠른 속도로 한꺼번에 주고받을 수 있다.

- FTP 특징

  - 인터넷 프로토콜인 TCP/IP 위에서 동작한다.

  - 서버와 클라이언트를 먼저 연결하고 이후에 데이터 파일을 전송한다.

  - FTP 서비스를 제공하는 서버와 접속하는 클라이언트 사이에 두 개의 연결을 생성한다. (데이터 제어 연결과 데이터 전송 연결)

  - 사용자 계정 및 암호 등의 정보나 파일 전송 명령 및 결과 등은 데이터 제어 연결에서, 이후 실제 파일 송수신 작업(올리기, 내려받기)은 데이터 전송 연결에서 처리된다.

▲ FTP 동작원리

④ 정형 데이터 수집을 위한 아파치 스쿱(Sqoop) 기술

- 관계형 데이터 스토어 간에 대량 데이터를 효과적으로 전송하기 위해 구현된 도구이다.

- 커넥터를 사용하여 MySQL, Oracle, MS SQL 등 관계형 데이터베이스의 데이터를 하둡 파일시스템(HDFS, Hive, Hbase)으로 수집한다.

- 관계형 데이터베이스에서 가져온 데이터들을 하둡 맵리듀스(Mapreduce)로 변환하고, 변환된 데이터들을 다시 관계형 데이터베이스로 내보낼 수 있다.

- 데이터 가져오기/내보내기 과정을 맵리듀스를 통해 처리하기 때문에 병렬처리가 가능하고 장애에도 강한 특징을 갖는다.

- 아파치 스쿱 특징

  - 스쿱은 모든 적재 과정을 자동화하고 병렬처리 방식으로 작업한다.

특징	설명
Bulk import 지원	전체 데이터베이스 또는 테이블을 HDFS로 전송 가능하다.
데이터 전송 병렬화	시스템 사용률과 성능을 고려한 병렬 데이터를 전송한다.
Direct input 제공	RDB에 매핑하여 Hbase와 Hive에 직접적 import를 제공한다.
프로그래밍 방식의 데이터 인터랙션	자바 클래스 생성을 통한 데이터 상호작용을 지원한다.

TCP/IP
서로 다른 시스템을 가진 컴퓨터들을 연결하고, 데이터를 전송하는 데 사용하는 통신 프로토콜들의 집합

FTP는 데이터 제어 연결(Control Connection)을 위해서 21번 포트, 데이터 전송 연결(Data Connection)을 위해서 20번 포트를 사용한다.

Sqoop(SQL + HADOOP)
- MySQL, Oracle 환경의 데이터를 Hbase, Hive 또는 HDFS로 import 가능
- Sqoop의 명령어는 인터프리터에 의해 한 번에 하나씩 실행

HDFS(Hadoop Distributed File System)
하둡 분산 파일 시스템

Hive
하둡에서 동작하는 데이터 웨어하우스 인프라 구조로서 데이터 요약, 질의 및 분석 기능을 제공

HBase
하둡 플랫폼을 위한 공개 비관계형 분산 데이터베이스

인터프리터(Interpreter)
고급언어로 작성된 코드를 한 단계씩 해석하여 실행시키는 방법

▲ 아파치 스쿱(Sqoop)

⑤ 로그/센서 데이터 수집을 위한 아파치 플럼(Flume) 기술

플럼(Flume)
분산 환경에서 대량의 로그 데이터를 효과적으로 수집, 전송할 수 있는 서비스

- 아파치 플럼(Flume)은 대용량의 로그 데이터를 효과적으로 수집, 집계, 이동시키는 신뢰성 있는 분산 서비스를 제공하는 솔루션이다.

- 스트리밍(Streaming) 데이터 흐름에 기반을 둔 간단하고 유연한 구조를 가진다.

- 플럼에서 하나의 에이전트는 소스, 채널, 싱크로 구성된다. 소스는 웹서버, 로그데이터서버 등 원시데이터소스와 연결되며, 소스로부터 들어오는 데이터는 큐의 구조를 갖는 채널로 들어간 후, 싱크를 통해 목표 시스템으로 전달된다.

- 아파치 플럼 특징

  - 플럼은 로그 데이터 수집과 네트워크 트래픽 데이터, 소셜 미디어 데이터, 이메일 메시지 등 대량의 이벤트 데이터 전송을 위해 사용된다.

특징	설명
신뢰성(reliability)	장애 시 로그 데이터의 유실 없이 전송을 보장한다.
확장성(scalability)	수평 확장이 가능하여 분산 수집 가능한 구조이다.
효율성(efficiency)	커스터마이징 가능하면서 고성능을 제공한다.

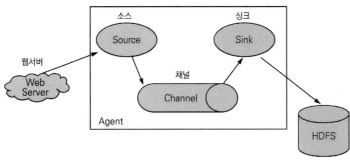

▲ 아파치 플럼(Flume)

⑥ 웹 및 소셜 데이터 수집을 위한 스크래피(Scrapy) 기술

Scrapy
- 파이썬으로 작성된 오픈소스 웹 크롤링 프레임워크
- 데이터 마이닝, 정보 처리, 이력 기록 같은 다양한 애플리케이션에 유용하게 사용

- 웹사이트를 크롤링하고 구조화된 데이터를 수집하는 도구이다.

- API를 이용하여 다양한 형식의 데이터를 추출할 수 있어, 범용 웹크롤러로 사용될 수 있다.

- 스크래피 특징

– 파이썬 기반의 프레임워크로 스크랩 과정이 단순하며 한 번에 여러 페이지를 불러오기 수월하다.

특징	설명
파이썬 기반	파이썬 코드에 친숙하다면 쉬운 설정이 가능하다.
단순한 스크랩 과정	크롤링 후, 바로 데이터 처리가 가능하다.
다양한 부가 요소	scrapyd, scrapinghub 등 부가요소, 쉬운 수집, 로깅을 지원한다.

✅ 개념 체크

1 다음 데이터 수집 기술에 대한 설명으로 옳은 것은?

① ETL은 소스데이터의 형식과 내용을 그대로 유지하여 목표시스템으로 데이터를 이동시킨다.

② 아파치 스쿱(Sqoop)은 스트리밍 데이터 처리에 적합하며, 로그나 네트워크 데이터를 수집하는데 사용된다.

③ 아파치 플럼(Flume)은 관계형 데이터베이스의 데이터를 HBASE, HIVE, HDFS로 가져오는데 사용된다.

④ 스크래피(Scrapy)는 파이썬 기반의 프레임워크로 주로 웹사이트를 크롤링하는데 사용된다.

정답 ④

ETL은 하나 이상의 소스데이터를 정제, 표준화, 통합 등의 과정을 거쳐 데이터를 변환한 후 목표 시스템에 저장한다. 플럼은 로그나 스트리밍 데이터 처리에 사용되고, 스쿱은 관계형 데이터베이스 등 정형 데이터 처리를 위해 사용된다.

2 관계형 데이터베이스로부터 데이터를 추출하는데 사용되는 기술로 틀린 것은?

① ETL
② 스쿱(Sqoop)
③ API
④ 크롤링

정답 ④

크롤링 또는 스크래핑(Scraping)은 웹페이지를 그대로 가져온 후 데이터를 추출하는 것을 말한다.

02 데이터 유형 및 속성 파악

1) 데이터 수집 세부 계획 작성

- 데이터 수집 세부 계획 수립은 데이터 선정 이후, 데이터의 유형, 위치, 데이터의 저장방식, 데이터 수집 기술, 데이터의 보안 사항 등을 구체적으로 작성하는 활동이다.

- 데이터 유형, 위치, 크기, 보관방식, 수집주기, 확보비용, 데이터 이관 절차를 조사하여 세부 계획서를 작성한다.

▲ 세부 계획 작성 절차

2) 데이터 유형과 위치 및 비용

① 데이터 유형

• 크게 정형 데이터, 반정형 데이터, 비정형 데이터로 나눈다.

유형	특징	종류
정형 데이터	정형화된 스키마를 가진 데이터이다.	RDB, File
반정형 데이터	메타 구조를 가지는 데이터이다.	HTML, XML, JSON, RSS, 웹로그, 센서 데이터
비정형 데이터	이미지나 동영상으로 존재하는 데이터이다.	동영상, 이미지, 텍스트

RDB(Relational DataBase)
데이터를 테이블 형태로 표현하는 관계형 데이터베이스

② 데이터 위치

• 수집 데이터의 원천에 따라 내부 데이터와 외부 데이터로 구분할 수 있다.

위치	특징	분석 가치
내부 데이터	• 내부 조직간 협의를 통해 데이터 수집한다. • 대부분 정형 데이터로 존재한다. • 데이터 담당자와 협의가 원활하다. • 비용 및 데이터 수집 난이도가 낮다. • 서비스의 수명 주기 관리가 용이하다.	보통
외부 데이터	• 외부 조직과 협약, 데이터 구매, 웹 상의 오픈 데이터를 통해 수집한다. • 대부분 반정형, 비정형 데이터로 존재한다. • 외부 데이터 담당자와 의사소통이 어렵다. • 대부분 추가적인 데이터 가공 작업이 필요하다. • 비용 및 데이터 수집 난이도가 높다. • 외부 환경에 대한 통제 어려움에 따른 서비스 관리정책 수립이 필요하다.	높음

③ 데이터 확보 비용 산정

• 데이터 확보 비용 산정 시 데이터의 크기, 수집 주기, 수집 기술, 수집 방식, 대상 데이터의 가치를 고려한다.

비용 요소	설명
데이터의 종류	RDB, 파일, HTML
데이터의 크기 및 보관 주기	데이터 수집, 저장 크기, 수집 데이터의 저장 주기
데이터의 수집 주기	실시간, 매시, 매일, 매주, 매달
데이터의 수집 방식	자동 수집, 수동 수집
데이터의 수집 기술	ETL, FTP, 크롤러, DBtoDB
데이터의 가치성	분석 수행을 위한 목적성 있는 대상 데이터

3) 수집되는 데이터 형태

① HTML(Hypertext Markup Language)

- 웹 페이지를 만들 때 사용되는 문서 형식을 말한다.
- 텍스트, 태그, 스크립트로 구성된다.

스크립트
동적인 웹 문서 작성을 지원하는 명령어들의 집합

구분	내용
텍스트	실제 표현하고자 하는 내용으로 웹 문서의 본문이다.
태그	텍스트에 속성, 기능을 부여하기 위해 문서 중간에 붙여주는 꼬리표이다.
스크립트	동적인 웹 문서 작성을 지원하는 명령어들의 집합이다.

② XML(eXtensible Markup Language)

- 데이터를 표현하기 위해서 태그(tag)를 사용하는 언어이다.
- 엘리먼트, 속성, 처리명령, 엔티티, 주석, CDATA 섹션으로 구성된다.

구분	내용
엘리먼트	⟨head⟩...⟨/head⟩, ⟨a⟩...⟨/a⟩ 같이 쌍으로 존재하는 태그이다.
속성	⟨img src='abc.gif/⟩ 같이 태그 안에 특정 의미를 상세화한 표현이다.
처리명령	⟨? 와 ?⟩ 사이에 표현되고 특정 응용프로그램이 처리할 정보나 명령을 지정한다.
엔티티	⟨!ENTITY xml "eXtensible Markup Language"⟩를 정의하고, XML문서 내에서는 &xml;과 같이 사용하는 것처럼, ⟨ ⟩ &를 사용해서 문자열을 특정 문자열로 대체하는 것이다.
주석	⟨! — 와 — ⟩ 사이에 Comment를 정의하는 것이다.
CDATA 섹션	⟨![CDTA[⟨greeting⟩Hello⟨/greeting⟩]]⟩ 으로 정의하여, ⟨greeting⟩Hello ⟨/greeting⟩를 모두 문자열로 인식하게 한다.

③ JSON(JavaScript Object Notation)

- 자바스크립트를 위해 객체 형식으로 자료를 표현하는 문서 형식이며, 경량의 데이터 교환 방식이다.

자료형	내용
수(Number)	• 정수, 실수(고정 소수점, 부동 소수점)를 지원한다. • 8진수, 16진수를 표현하는 방법은 지원하지 않는다.
문자열	큰따옴표로 묶어서 사용한다. 예 "abcd", "₩"JSON₩""
배열	대괄호로 나타낸다. 예 [10, {"a" : 30 }, [40, "서른"]]
객체	이름/값 쌍의 집합이다. 예 {"name":10, "name2":"값", "name3":false}

4) 데이터 저장 방식

① 파일 시스템 : 데이터를 읽고, 쓰고, 찾기 위해 일정한 규칙으로 파일에 이름을 명명하고 파일의 위치를 지정하는 체계이다.

② 관계형 데이터베이스 : 데이터의 종류나 성격에 따라 여러 개의 칼럼을 포함하는 정형화된 테이블로 구성된 데이터 항목들의 집합체이다.

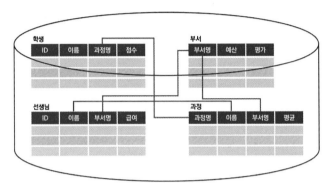

▲ 관계형 데이터베이스

③ 분산처리 데이터베이스 : 데이터의 집합이 여러 물리적 위치에 분산 배치되어 저장되는 데이터베이스이다.

▲ 분산처리 데이터베이스

5) 데이터 적절성 검증

① 데이터 누락 점검 : 수집 데이터 세트의 누락, 결측 여부를 판단하여 누락 발생 시 재수집한다.

② 소스 데이터와 비교 : 수집 데이터와 소스 데이터의 사이즈 및 개수를 비교 검증한다.

③ 데이터의 정확성 점검 : 유효하지 않는 데이터 존재여부를 점검한다.

④ 보안 사항 점검 : 수집 데이터의 개인정보 유무 등 보안 사항의 점검이 필요하다.

⑤ 저작권 점검 : 데이터의 저작권 등 법률적 검토를 수행한다.

⑥ 대량 트래픽 발생 여부 : 네트워크 및 시스템에 트래픽을 발생시키는 데이터 여부를 검증한다.

03 데이터 변환

1) 데이터 변환(Data Transformation)

데이터를 하나의 표현 형식에서 다른 형식으로 변형하는 과정이다.

① 데이터 변환 방식의 종류

- 비정형 데이터를 정형 데이터 형태로 저장하는 방식(관계형 데이터베이스)
- 수집 데이터를 분산파일시스템으로 저장하는 방식(HDFS 등)
- 주제별, 시계열적으로 저장하는 방식(데이터 웨어하우스)
- 키-값 형태로 저장하는 방식(NoSQL)

NoSQL
- 빅데이터 처리를 위한 비관계형 데이터베이스 관리 시스템
- 대규모 확대가 가능한 수평적 확장성이 특징

수집 데이터 저장 형태	저장 솔루션	라이센스
관계형 데이터베이스	MySQL, Oracle, DB2, PostgreSQL 등	상용 라이센스, 오픈소스
분산데이터 저장	HDFS(hadoop Distributed File System)	오픈소스
데이터 웨어하우스	네티자, 테라데이타, 그린플럼의 DW 솔루션	상용 라이선스
NoSQL	Hbase, Cassandra, MongoDB	오픈소스

② 데이터 변환 수행 자료

- 데이터 수집 계획서
- 데이터 변환 솔루션
- 소프트웨어 아키텍처 개념도
- 수집 솔루션 매뉴얼
- 하둡 오퍼레이션 매뉴얼

2) 데이터베이스 구조 설계

- 수집 데이터를 저장하기 위한 데이터베이스 구조를 설계한다.
  - 수집 데이터를 바로 HDFS에 저장하여 데이터를 분석할 수 있다.

– 수집 데이터를 루비(Ruby), 파이썬(Python) 등으로 데이터 변환 과정을 거쳐 데이터베이스에 저장하기도 한다.

Ruby
• 마츠모토 유키히로가 발표한 스크립트 언어
• 파이썬과 주로 비견되며 일본에서 많이 사용

▲ 데이터베이스 구조 설계 절차 4단계

① **DBMS 구축 여부 결정**

• 수집 대상을 확인하고, 필요 데이터의 속성을 파악하여 DBMS 구축 여부를 결정한다.

• 수집 데이터의 특성에 따라 저장 데이터베이스 생성 여부를 결정한다.

– 수집 데이터가 정형 데이터일 경우는 수집 솔루션을 거쳐 바로 데이터베이스에 저장하지만, 그렇지 않은 경우 저장하고자 하는 데이터베이스의 종류를 선택하고 데이터에 맞게 모델링을 한다.

• 저장 데이터베이스는 분석이 쉬운 RDBMS를 보편적으로 사용한다.

② **저장 데이터베이스 결정**

• 다양한 상용, 비상용, 오픈소스 DBMS를 검토한다.

③ **DBMS 설치**

• 선택한 DBMS를 설치하고, 정상적인 설치 여부를 확인한다.

④ **테이블 구조 설계**

• 필요 데이터의 속성을 구체적으로 파악한다.

• 속성에 따라 테이블 구조를 설계하여 테이블을 생성한다.

3) 비정형/반정형 데이터의 변환

데이터 전처리나 후처리가 수행되기 전에 비정형/반정형 데이터를 구조적 형태로 전환하여 저장하는 과정이다.

① **수집 데이터의 속성 구조 파악**

• 수집할 데이터를 파악한다.
　🄰 title, votes, body, tags, link 등

• 수집할 데이터 구조를 정의하고 적절한 변수명으로 구분한다.

② **데이터 수집 절차에 대한 수행 코드 정의**

• 추출하고자 하는 정보들의 위치와 정보 구조를 파악한다.

• 필요 데이터를 추출한다.

③ 데이터 저장 프로그램 작성

- 생성된 데이터베이스 테이블에 수집 데이터를 저장하는 프로그램을 작성한다.

④ 데이터베이스에 저장

- 데이터베이스 테이블로 수집 데이터를 저장한다.

4) 융합 데이터베이스 설계

- 데이터의 유형과 의미를 파악하여 활용 목적별 융합 DB를 설계한다.
- 구조화된 형태로 수집, 저장된 데이터의 의미를 파악하여 해당 데이터를 활용할 수 있는 융합 DB로 재구성할 수 있다.
- 활용 업무데이터 요구사항을 분석하고, 데이터 표준화 활동 및 모델링 과정을 수행하여야 한다.

① 요구사항 분석

- 업무 활용 목적과 방향을 파악하여 어떤 데이터의 속성들이 필요한지 파악한다.
- 필요한 데이터 항목, 개인정보 또는 민감정보 포함 여부를 식별한다.

② 데이터 표준화와 모델링 수행

- 다양한 데이터 소스로부터 수집한 데이터에는 표준화 및 모델링 과정을 수행한다.
- 표준 코드, 표준 용어, 데이터 도메인(데이터값이 공통으로 갖는 형식과 값의 영역) 등을 정의한다.
- 수집 데이터로부터 엔티티와 애트리뷰트를 추출하여 엔티티 간의 관계를 정의하는 개념적 설계와 관계형 스키마를 작성하는 논리적 설계를 수행한다.
- 개념적 설계 수행
  - 저장된 데이터를 엔티티와 애트리뷰트로 추출하여, 엔티티 간의 관계를 정의하고 ER 다이어그램을 그린다.

엔티티
인간이 생각하는 개념, 의미있는 정보의 단위

ER 다이어그램
Entity Relationship Diagram

엔티티	애트리뷰트
IT기술	IT기술번호, 이름, 분야, 보급률
정책기관	정책기관번호, 이름, 전화번호, 주소
조사	정책기관번호, IT기술번호, 조사명, 조사일자, 조사내용

▲ ER 다이어그램 예시

- 논리적 설계 수행
  - 작성된 ER 다이어그램을 기반으로 매핑하여 관계형 스키마를 만들어 낸다.

▲ 관계형 스키마 예시

스키마
데이터베이스의 논리적, 물리적 구조를 기술한 것

5) 고려사항

- 비정형, 반정형 데이터를 데이터 분석의 용이성을 위해 정형화된 데이터베이스로 변환함에 집중한다.
- 수집 데이터의 속성 구조를 정확히 파악하여야 툴을 이용한 데이터를 쉽게 저장할 수 있다.
- 융합 DB 구성은 활용 업무 목적을 정확히 판단하는 것이 중요하고, 쉽게 자동화 구축될 수 있도록 설계하여야 한다.

04 데이터 비식별화

1) 비식별화 개요

- 개인정보 비식별화는 개인정보를 식별할 수 있는 값들을 몇 가지 정해진 규칙으로 대체하거나 사람의 판단에 따라 가공하여 개인을 알아볼 수 없도록 하는 조치를 말한다.
- 개인정보 보호와 데이터 분석의 균형을 맞추는 중요한 요소로, 정보주체를 알아볼 수 없도록 비식별 조치를 적정하게 한 비식별 정보는 개인정보가 아닌 것으로 추정되며, 따라서 빅데이터 분석 등에 활용이 가능하다.
- 데이터의 유효성을 유지하면서 개인 식별 가능성을 제거하는 것이 목표이다.

① 식별자(Identifier)와 속성자(Attribute value)

- 식별자는 개인 또는 개인과 관련한 사물에 고유하게 부여된 값 또는 이름을 말한다.
- 데이터셋에 포함된 식별자는 원칙적으로 삭제조치하며, 데이터 이용 목적상 필요한 식별자는 비식별 조치 후 활용한다.

식별자
개인을 고유하게 식별할 수 있는 정보

속성자
개인에 대한 추가적인 정보

- 속성자는 개인과 관련된 정보로서 다른 정보와 쉽게 결합하는 경우 특정 개인을 알아볼 수도 있는 정보를 말한다.
- 데이터셋에 포함된 속성자도 데이터 이용 목적과 관련이 없는 경우에는 원칙적으로 삭제하며, 데이터 이용 목적과 관련이 있을 경우 가명처리, 총계처리 등의 기법을 활용하여 비식별 조치한다.

식별자에 해당하는 사항

- 고유식별정보(주민등록번호, 여권번호, 외국인등록번호, 운전면허번호)
- 성명(한자 · 영문 성명, 필명 등 포함)
- 상세 주소(구 단위 미만까지 포함된 주소)
- 날짜정보 : 생일(양/음력), 기념일(결혼, 돌, 환갑 등), 자격증 취득일 등
- 전화번호(휴대전화번호, 집전화, 회사전화, 팩스번호)
- 의료기록번호, 건강보험번호, 복지 수급자 번호
- 통장계좌번호, 신용카드번호
- 각종 자격증 및 면허 번호
- 자동차 번호, 각종 기기의 등록번호 & 일련번호
- 사진(정지사진, 동영상, CCTV 영상 등)
- 신체 식별정보(지문, 음성, 홍채 등)
- 이메일 주소, IP 주소, Mac 주소, 홈페이지 URL 등
- 식별코드(아이디, 사원번호, 고객번호 등)
- 기타 유일 식별번호 : 군번, 개인사업자의 사업자 등록번호 등

▶ 속성자 예시

특성 분류	속성자의 예
개인 특성	• 성별, 연령(나이), 국적, 고향, 시 · 군 · 구명, 우편번호, 병역, 결혼, 종교, 취미, 동호회 · 클럽 등 • 흡연, 음주, 채식, 관심사항 등
신체 특성	• 혈액형, 신장, 몸무게, 허리둘레, 혈압, 눈동자 색깔 등 • 신체검사 결과, 장애유형, 장애등급 등 • 병명, 상병(傷病)코드, 투약코드, 진료내역 등
신용 특성	• 세금 납부액, 신용등급, 기부금 등 • 건강보험료 납부액, 소득분위, 의료 급여자 등
경력 특성	• 학교명, 학과명, 학년, 성적, 학력 등 • 경력, 직업, 직종, 직장명, 부서명, 직급, 전직장명 등
전자적 특성	• 쿠키정보, 접속일시, 방문일시, 서비스 이용 기록, 접속로그 등 • 인터넷 접속기록, 휴대전화 사용기록, GPS 데이터 등
가족 특성	• 배우자 · 자녀 · 부모 · 형제 등 가족 정보, 법정대리인 정보 등

개인정보 해당 여부 판단 기준

가. 개인정보 보호법 등 관련 법률에서 규정하고 있는 개인정보의 개념은 다음과 같으며, 이에 해당하지 않는 경우에는 개인정보가 아니다.

나. 개인정보는 ⅰ)살아 있는 ⅱ)개인에 관한 ⅲ)정보로서 ⅳ)개인을 알아볼 수 있는 정보이며, 해당 정보만으로는 특정 개인을 알아볼 수 없더라도 ⅴ)다른 정보와 쉽게 결합하여 알아볼 수 있는 정보를 포함한다.

  ⅰ) (살아있는) 자에 관한 정보이어야 하므로 사망한 자, 자연인이 아닌 법인, 단체 또는 사물 등에 관한 정보는 개인정보에 해당하지 않는다.

  ⅱ) (개인에 관한) 정보이어야 하므로 여럿이 모여서 이룬 집단의 통계값 등은 개인정보에 해당하지 않음

  ⅲ) (정보)의 종류, 형태, 성격, 형식 등에 관하여는 특별한 제한이 없다.

  ⅳ) (개인을 알아볼 수 있는 정보)이므로 특정 개인을 알아보기 어려운 정보는 개인정보가 아니다.

  ** 여기서 '알아볼 수 있는'의 주체는 해당 정보를 처리하는 자(정보의 제공 관계에 있어서는 제공받은 자를 포함)이며, 정보를 처리하는 자의 입장에서 개인을 알아볼 수 없다면 그 정보는 개인정보에 해당하지 않는다.

  ⅴ) (다른 정보와 쉽게 결합하여)란 결합 대상이 될 다른 정보의 입수 가능성이 있어야 하고, 또 다른 정보와의 결합 가능성이 높아야 함을 의미한다.

  ** 즉, 합법적으로 정보를 수집할 수 없거나 결합을 위해 불합리한 정도의 시간, 비용 등이 필요한 경우라면 "쉽게 결합"할 수 있는 상태라고 볼 수 없다.

② 비식별 조치 방법

- 가명처리, 총계처리, 데이터 삭제, 데이터 범주화, 데이터 마스킹 등 여러 가지 기법을 단독 또는 복합적으로 활용한다.
- 각각의 기법에는 이를 구현할 수 있는 다양한 세부기술이 있으며, 데이터 이용 목적과 기법별 장·단점 등을 고려하여 적절한 기법·세부기술을 선택·활용한다.

> '가명처리' 기법만 단독 활용된 경우는 충분한 비식별 조치로 보기 어렵다.

▶ 비식별 조치 방법

처리기법	설명 및 예시	세부기술
가명처리 (Pseudonymization)	• 개인정보 중 주요 식별요소를 다른 값으로 대체하는 방법이다. • 값을 대체 시 규칙이 노출되어 역으로 쉽게 식별할 수 없도록 주의해야 한다. 예 홍길동, 35세, 서울 거주, 한국대 재학 → 임꺽정, 30대, 서울 거주, 국제대 재학	① 휴리스틱 가명화 ② 암호화 ③ 교환 방법
총계처리 (Aggregation)	• 데이터의 총합 값을 보여주고 개별 값을 보여주지 않는 방법이다. • 특정 속성을 지닌 개인으로 구성된 단체의 속성 정보를 공개하는 것은 그 집단에 속한 개인의 정보를 공개하는 것과 마찬가지이므로 주의해야 한다. 예 임꺽정 180cm, 홍길동 170cm, 이콩쥐 160cm, 김팥쥐 150cm → 물리학과 학생 키 합 : 660cm, 평균키 165cm	① 총계처리 ② 부분총계 ③ 라운딩 ④ 재배열

> **라운딩**
> 반올림, 올림, 내림 등 숫자의 자리 수를 정리하는 것

데이터 삭제 (Data Reduction)	• 데이터 공유나 개방 목적에 따라 데이터 셋에 구성된 값 중 필요 없는 값 또는 개인식별에 중요한 값을 삭제하는 방법이다. ⑩ 주민등록번호 901206-1234567 → 90년대 생, 남자(개인과 관련된 날짜정보 (합격일 등)는 연단위로 처리)	① 식별자 삭제 ② 식별자 부분삭제 ③ 레코드 삭제 ④ 식별요소 전부삭제
데이터 범주화 (Data Suppression)	• 데이터의 값을 범주의 값으로 변환하여 값을 숨기는 방법이다. ⑩ 홍길동, 35세 → 홍씨, 30~40세	① 감추기 ② 랜덤 라운딩 ③ 범위 방법 ④ 제어 라운딩
데이터 마스킹 (Data Masking)	• 개인을 식별하는데 기여할 확률이 높은 주요 식별자를 보이지 않도록 처리하는 방법이다. • 남아 있는 정보만으로 개인을 식별할 수 없어야 하며, 공개된 다른 정보와 결합하더라도 특정 개인을 식별할 수 없어야 한다. ⑩ 홍길동, 35세, 서울 거주, 한국대 제학 → 홍○○, 35세, 서울 거주, ○○대학 재학	① 임의 잡음 추가 ② 공백과 대체

2) 가명처리(Pseudonymization)

개인 식별이 가능한 데이터를 직접적으로 식별할 수 없는 다른 값으로 대체하는 기법이다.

장점	데이터의 변형 또는 변질 수준이 적다.
단점	대체 값 부여 시에도 식별 가능한 고유 속성이 계속 유지된다.

① 휴리스틱 가명화(Heuristic Pseudonymization)

• 식별자에 해당하는 값들을 몇 가지 정해진 규칙으로 대체하거나 사람의 판단에 따라 가공하여 자세한 개인정보를 숨기는 방법이다.

• 식별자의 분포를 고려하거나 수집된 자료의 사전 분석을 하지 않고 모든 데이터를 동일한 방법으로 가공하기 때문에 사용자가 쉽게 이해하고 활용 가능하다.

• 활용할 수 있는 대체 변수에 한계가 있으며, 다른 값으로 대체하는 일정한 규칙이 노출되는 취약점이 있어 규칙 수립 시 개인을 쉽게 식별할 수 없도록 세심한 고려가 필요하다.

 ⑩ 성명을 홍길동, 임꺽정 등 몇몇 일반화된 이름으로 대체하여 표기하거나 소속기관명을 화성, 금성 등으로 대체하는 등 사전에 규칙을 정하여 수행한다.

• 적용정보 : 성명, 사용자 ID, 소속(직장)명, 기관번호, 주소, 신용등급, 휴대전화번호, 우편번호, 이메일 주소 등이다.

② 암호화(Encryption)

• 정보 가공시 일정한 규칙의 알고리즘을 적용하여 암호화함으로써 개인정보를 대체하는 방법이다.

- 통상적으로 다시 복호가 가능하도록 복호화 키(key)를 가지고 있어서 이에 대한 보안방안도 필요하다.
- 일방향 암호화(one-way encryption 또는 hash)를 사용하는 경우는 이론상 복호화가 원천적으로 불가능하다.
- 적용정보 : 주민등록번호, 여권번호, 의료보험번호, 외국인등록번호, 사용자 ID, 신용카드번호, 생체정보 등이다.
  ** 일방향 암호화는 식별성을 완전히 제거하는 것으로, 양방향 암호화에 비해 더욱 안전하고 효과적인 비식별 기술에 해당한다.

③ 교환 방법(Swapping)
- 기존의 데이터베이스의 레코드를 사전에 정해진 외부의 변수(항목)값과 연계하여 교환한다.
- 적용정보 : 사용자 ID, 요양기관번호, 기관번호, 나이, 성별, 신체정보(신장, 혈액형 등), 소득, 휴대전화번호, 주소 등이다.

3) 총계처리(Aggregation)
- 통계 값(전체 혹은 부분)을 적용하여 특정 개인을 식별할 수 없도록 한다.
- 개인과 직접 관련된 날짜 정보(생일, 자격 취득일), 기타 고유 특징(신체정보, 진료기록, 병력정보, 특정소비기록 등 민감한 정보)을 주요 대상으로 한다.
- 데이터 전체 또는 부분을 집계(총합, 평균 등)한다.
  예 집단에 속한 각 개인의 나이값을 평균 나이값(대푯값)으로 대체한다.

총계처리는 통계값을 적용하여 특정 개인을 식별할 수 없도록 한다.

장점	민감한 수치 정보에 대하여 비식별 조치가 가능하며, 통계분석용 데이터셋 작성에 유리하다.
단점	정밀 분석이 어려우며, 집계 수량이 적을 경우 추론에 의한 식별 가능성이 있다.

① 부분총계(Micro Aggregation)
- 데이터셋 내 일정부분 레코드만 총계 처리하며, 다른 데이터 값에 비하여 오차 범위가 큰 항목을 통계값(평균 등)으로 변환한다.
  예 다양한 연령대의 소득 분포에 있어서 40대의 소득 분포 편차가 다른 연령대에 비하여 매우 크거나 특정 소득 구성원을 포함하고 있을 경우, 40대의 소득만 선별하여 평균값을 구한 후 40대에 해당하는 각 개인의 소득 값을 해당 평균값으로 대체한다.

데이터 전체가 유사한 특징을 가진 개인으로 구성되어 있을 경우 그 데이터의 대푯값이 특정 개인의 정보를 그대로 노출시킬 수도 있으므로 주의한다.

② 라운딩(Rounding)
- 집계 처리된 값에 대하여 라운딩(올림, 내림, 반올림) 기준을 적용하여 최종 집계 처리하는 방법이다.
- 일반적으로 세세한 정보보다는 전체 통계정보가 필요한 경우 많이 사용한다.
  예 23세, 41세, 57세, 26세, 33세 각 나이 값을 20대, 30대, 40대, 50대 등 각 대표 연령대로 표기하거나 3,576,000원, 4,210,000원 등의 소득 값을 일부 절삭하여 3백만원, 4백만원 등으로 집계 처리하는 방식이다.

③ 재배열(Rearrangement)

- 기존 정보 값은 유지하면서 개인이 식별되지 않도록 데이터를 재배열하는 방법이다.
- 개인의 정보를 타인의 정보와 뒤섞어서 전체 정보에 대한 손상 없이 특정 정보가 해당 개인과 연결되지 않도록 한다.
  예 데이터 셋에 포함된 나이, 소득 등의 정보를 개인별로 서로 교환하여 재배치하게 되면 개인별 실제 나이와 소득과 다른 비식별 자료를 얻게 되지만, 전체적인 통계 분석에 있어서는 자료의 손실 없이 분석 가능하다.
- 적용정보 : 나이, 신장, 소득, 질병, 신용등급, 학력 등이다.

4) 데이터 삭제(Data Reduction)

데이터 삭제는 개인 식별이 가능한 데이터를 삭제 처리한다.

개인을 식별 할 수 있는 정보(이름, 전화번호, 주소, 생년월일, 사진, 고유식별정보(주민등록번호, 운전면허번호 등), 생체정보(지문, 홍채, DNA 정보 등), 기타(등록번호, 계좌번호, 이메일주소 등))를 주요 대상으로 한다.

장점	개인 식별요소의 전부 및 일부 삭제 처리가 가능하다.
단점	분석의 다양성과 분석 결과의 유효성·신뢰성이 저하된다.

① 식별자 (부분)삭제

- 원본 데이터에서 식별자를 단순 삭제하는 방법과 일부만 삭제하는 방법이 있다.
- 남아 있는 정보 그 자체로도 분석의 유효성을 가져야 함과 동시에 개인을 식별할 수 없어야 하며, 인터넷 등에 공개되어 있는 정보 등과 결합하였을 경우에도 개인을 식별할 수 없어야 한다.
  예 생년월일(yy–mm–dd)을 분석목적에 따라 yy로 대체 가능하다면 mm–dd 값은 삭제한다.

② 레코드 삭제(Reducing Records)

- 다른 정보와 뚜렷하게 구별되는 레코드 전체를 삭제하는 방법이다.
- 통계분석에 있어서 전체 평균에 비하여 오차범위를 벗어나는 자료를 제거할 때에도 사용 가능하다.
  예 소득이 다른 사람에 비하여 뚜렷이 구별되는 값을 가진 정보는 해당 정보 전체를 삭제한다.

③ 식별요소 전부삭제

- 식별자뿐만 아니라 잠재적으로 개인을 식별할 수 있는 속성자까지 전부 삭제하여 프라이버시 침해 위험을 줄이는 방법이다.
- 개인정보 유출 가능성을 최대한 줄일 수 있지만 데이터 활용에 필요한 정보까지 사전에 모두 없어지기 때문에 데이터의 유용성이 낮아지는 문제가 발생한다.
  - 📵 연예인 · 정치인 등의 가족정보(관계정보), 판례 및 보도 등에 따라 공개되어 있는 사건과 관련되어 있음을 알 수 있는 정보 등 잠재적 식별자까지 사전에 삭제함으로써 연관성 있는 정보의 식별 및 결합을 예방한다.

5) 데이터 범주화(Data Suppression)

특정 정보를 해당 그룹의 대푯값 또는 구간값으로 변환(범주화)하여 개인 식별을 방지한다.

데이터 범주화는 특정 정보를 해당 그룹의 대푯값 또는 구간값으로 변환한다.

장점	통계형 데이터 형식이므로 다양한 분석 및 가공 가능하다.
단점	정확한 분석결과 도출이 어려우며, 데이터 범위 구간이 좁혀질 경우 추론 가능성이 있다.

① 감추기

- 명확한 값을 숨기기 위하여 데이터의 평균 또는 범주 값으로 변환하는 방식이다.
  - 다만 특수한 성질을 지닌 개인으로 구성된 단체 데이터의 평균이나 범주 값은 그 집단에 속한 개인의 정보를 쉽게 추론할 수 있다.
  - 📵 간염 환자 집단임을 공개하면서 특정인물 '갑'이 그 집단에 속함을 알 수 있도록 표시하는 것은 '갑'이 간염 환자임을 공개하는 것과 동일하다.

② 랜덤 라운딩(Random Rounding)

- 수치 데이터를 임의의 수 기준으로 올림(round up) 또는 내림(round down)하는 기법으로 수치 데이터 이외의 경우에도 확장 적용 가능하다.
  - 📵 나이, 우편번호 등과 같은 수치 정보로 주어진 식별자는 일의 자리, 십의 자리 등 뒷자리 수를 숨기고 앞자리 수만 나타내는 방법이다. (나이 : 42세, 45세 → 40대로 표현)

③ 범위 방법(Data Range)

- 수치 데이터를 임의의 수 기준의 범위(range)로 설정하는 기법이다.
- 해당 값의 범위 또는 구간(interval)으로 표현한다.
  - 📵 3,300만 원을 3,000~4,000만 원으로 대체 표기한다.

④ 제어 라운딩(Controlled Rounding)

- 랜덤 라운딩 방법에서 어떠한 특정 값을 변경할 경우 행과 열의 합이 일치하지 않는 단점 해결을 위해 행과 열이 맞지 않는 것을 제어하여 일치시키는 기법이다.
- 컴퓨터 프로그램으로 구현하기 어렵고 복잡한 통계표에는 적용하기 어려우며, 해결할 수 있는 방법이 존재하지 않을 수 있어 아직 현장에서는 잘 사용하지 않는다.

6) 데이터 마스킹(Data Masking)

데이터의 전부 또는 일부분을 대체 값(공백, 노이즈 등)으로 변환한다.

장점	개인 식별 요소를 제거하는 것이 가능하며, 원 데이터 구조에 대한 변형이 적다.
단점	마스킹을 과도하게 적용할 경우 데이터 필요 목적에 활용하기 어려우며 마스킹 수준이 낮을 경우 특정한 값에 대한 추론이 가능하다.

① 임의 잡음 추가(Adding Random Noise)

- 개인 식별이 가능한 정보에 임의의 숫자 등 잡음을 추가(더하기 또는 곱하기)하는 방법이다.
- 지정된 평균과 분산의 범위 내에서 잡음이 추가되므로 원 자료의 유용성을 해치지 않으나, 잡음 값은 데이터 값과는 무관하기 때문에, 유효한 데이터로 활용하기 곤란하다.

   예 실제 생년월일에 6개월의 잡음을 추가할 경우, 원래의 생년월일 데이터에 1일부터 최대 6개월의 날짜가 추가되어 기존의 자료와 오차가 날 수 있도록 적용한다.

② 공백(blank)과 대체(impute)

- 특정 항목의 일부 또는 전부를 공백 또는 대체문자('*', '_' 등이나 전각 기호)로 바꾸는 기법이다.

   예 생년월일 1999-09-09를 19**-**-**로 대체 표기한다.

7) 적정성 평가

- 개인정보 비식별 조치가 충분하지 않은 경우 공개 정보 등 다른 정보와의 결합, 다양한 추론 기법 등을 통해 개인이 식별될 우려가 있으므로, 개인정보 보호책임자 책임 하에 외부전문가가 참여하는 「비식별 조치 적정성 평가단」을 구성, 개인식별 가능성에 대한 엄격한 평가가 필요하다.
- 적정성 평가 시 프라이버시 보호 모델 중 최소한의 수단으로 k-익명성을 활용하며, 필요시 추가적인 평가모델(l-다양성, t-근접성)을 활용한다.

▶ 프라이버시 보호 모델

기법	의미	적용
k-익명성	특정인임을 추론할 수 있는지 여부를 검토, 일정 확률수준 이상 비식별 되도록 하는 기법이다.	동일한 값을 가진 레코드를 k개 이상으로 하며, 이 경우 특정 개인을 식별할 확률은 $1/k$이다.
l-다양성	특정인 추론이 안된다고 해도 민감한 정보의 다양성을 높여 추론 가능성을 낮추는 기법이다.	각 레코드는 최소 l개 이상의 다양성을 가지도록 하여 동질성 또는 배경지식 등에 의한 추론을 방지한다.
t-근접성	l-다양성뿐만 아니라, 민감한 정보의 분포를 낮추어 추론 가능성을 더욱 낮추는 기법이다.	전체 데이터 집합의 정보 분포와 특정 정보의 분포 차이를 t 이하로 하여 추론을 방지한다.

** k, l, t값은 전문가 등이 검토하여 마련한다.

① k-익명성(k-anonymity)

• 공개된 데이터에 대한 연결공격 등 취약점을 방어하기 위해 제안된 개인정보 보호 모델로 비식별화 조치를 위한 최소의 기준으로 사용된다.

• k-익명성은 주어진 데이터 집합에서 같은 값이 적어도 k개 이상 존재하도록 하여 쉽게 다른 정보로 결합할 수 없도록 한다.

  − 데이터 집합의 일부를 수정하여 모든 레코드가 자기 자신과 동일한(구별되지 않는) k−1개 이상의 레코드를 가진다.

  − 예를 들어, 〈표 A〉의 의료 데이터가 비식별 조치된 〈표 B〉에서 1~4, 5~8, 9~12 레코드는 서로 구별되지 않는다. 따라서, 비식별된 데이터 집합에서는 공격자가 정확히 어떤 레코드가 공격 대상인지 알아낼 수 없다.

  − 적정성 평가단은 적절한 k−값을 선택한 후 평가(예 k=3, k=4 등)를 진행한다.

▶ 표 A. 공개 의료데이터 사례

구분	지역 코드	연령	성별	질병
1	13053	28	남	전립선염
2	13068	21	남	전립선염
3	13068	29	여	고혈압
4	13053	23	남	고혈압
5	14853	50	여	위암
6	14853	47	남	전립선염
7	14850	55	여	고혈압
8	14850	49	남	고혈압
9	13053	31	남	위암
10	13053	37	여	위암
11	13068	36	남	위암
12	13068	35	여	위암

동질집합(Equivalent class)
같은 속성자 값들로 비식별된 레코드들의 모임

표 B에서 1,2,3,4번이 동질집합이며, 5,6,7,8 역시 동질집합이다.

구분	지역 코드	연령	성별	질병	상태
1	130**	〈 30	*	전립선염	다양한 질병이 혼재되어 안전
2	130**	〈 30	*	전립선염	
3	130**	〈 30	*	고혈압	
4	130**	〈 30	*	고혈압	
5	1485*	〉 40	*	위암	다양한 질병이 혼재되어 안전
6	1485*	〉 40	*	전립선염	
7	1485*	〉 40	*	고혈압	
8	1485*	〉 40	*	고혈압	
9	130**	3*	*	위암	모두가 동일 질병 (위암)으로 취약
10	130**	3*	*	위암	
11	130**	3*	*	위암	
12	130**	3*	*	위암	

➕ 더 알기 TIP

공개 데이터의 취약점 – 연결공격(Linkage attack)

일반적으로 활용하는 데이터의 이름, 주민등록번호 등과 같이 개인을 직접 식별할 수 있는 데이터는 삭제한다. 그러나 활용 정보의 일부가 다른 공개되어 있는 정보 등과 결합하여 개인을 식별하는 문제(연결공격)가 발생 가능하다.

- 예를 들어, 의료데이터와 선거인명부가 지역 코드, 연령, 성별에 의해 결합되면, 개인의 민감한 정보인 병명이 드러날 수 있다.
  - ➡ 김민준 (13053, 28, 남자)→ 환자 레코드 1번→ 전립선염

_k_-익명성의 취약점의 원인
- 다양성의 부족(lack of diversity)
  : 비식별 조치 할 때 정보의 다양성을 고려하지 않는다.
  : 동일한 정보를 가진 (다양하지 않은) 레코드가 비식별되어 하나의 '동질 집합'으로 구성될 경우 동질성 공격에 무방비된다.
- 강한 배경지식(strong background knowledge)
  : *k*-익명성은 '여자는 전립선염에 걸리지 않는다' 또는 '남자는 자궁암에 걸리지 않는다'와 같은 공격자의 배경지식을 고려하지 않아 이를 이용한 공격에 취약하다.

_k_-익명성의 취약점

1. 동질성 공격(Homogeneity attack)

k-익명성에 의해 레코드들이 범주화 되었더라도 일부 정보들이 모두 같은 값을 가질 수 있기 때문에 데이터 집합에서 동일한 정보를 이용하여 공격 대상의 정보를 알아내는 공격이다.

- 〈표 A〉에서 범주화의 기초가 되는 정보(지역코드, 연령, 성별)에 대해서는 여러 다양한 값들이 혼재되어 있어서 연결 공격에 의한 식별이 어렵지만, 이 정보와 연결된 정보(질병)는 '*k*-익명성'의 기초가 아니기 때문에 발생할 수 있다.
- 예를 들어, 〈표 B〉에서 레코드 9~12의 질병정보는 모두 '위암'이므로 *k*-익명성 모델이 적용되었음에도 불구하고 그 질병정보가 직접적으로 노출된다.

2. 배경지식에 의한 공격(Background knowledge attack)

주어진 데이터 이외의 공격자의 배경 지식을 통해 공격 대상의 민감한 정보를 알아내는 공격이다.

- 〈표 B〉의 1~4 레코드 중 하나이며 질병은 전립선염 또는 고혈압임을 알 수 있는데, '여자는 전립선염에 걸릴 수 없다'라는 배경 지식이 있고, 특정하는 대상이 여자라면 익명성 범위가 줄어들게 된다.

② *l*-다양성

- *k*-익명성에 대한 두 가지 공격, 즉 동질성 공격 및 배경지식에 의한 공격을 방어하기 위한 모델로, 주어진 데이터 집합에서 함께 비식별되는 레코드들은 (동질 집합에서) 적어도 *l*개의 서로 다른 정보를 가지도록 한다.

- 비식별 조치 과정에서 충분히 다양한(1개 이상) 서로 다른 정보를 갖도록 동질 집합을 구성함으로써 다양성의 부족으로 인한 공격에 방어가 가능하고, 배경지식으로 인한 공격에도 일정 수준의 방어능력을 가질 수 있다.
- 예를 들어, 〈표 C〉에서 모든 동질 집합은 3-다양성($l=3$)을 통해 비식별되어 3개 이상의 서로 다른 정보를 가지며, 〈표 B〉과 같이 동일한 질병으로만 구성된 동질 집합이 존재하지 않는다.
  - 공격자가 질병에 대한 배경지식(⑩ 여자는 전립선염에 걸리지 않음)이 있더라도 어느 정도의 방어력을 가진다.

▶ 표 C. l-다양성 모델에 의해 비식별된 의료데이터 사례

구분	지역 코드	연령	성별	질병	상태
1	1305*	≤ 40	*	전립선염	다양한 질병이 혼재되어 안전
4	1305*	≤ 40	*	고혈압	
9	1305*	≤ 40	*	위암	
10	1305*	≤ 40	*	위암	
5	1485*	〉40	*	위암	다양한 질병이 혼재되어 안전
6	1485*	〉40	*	전립선염	
7	1485*	〉40	*	고혈압	
8	1485*	〉40	*	고혈압	
2	1306*	≤ 40	*	전립선염	다양한 질병이 혼재되어 안전
3	1306*	≤ 40	*	고혈압	
11	1306*	≤ 40	*	위암	
12	1306*	≤ 40	*	위암	

l-다양성의 취약점

1. 쏠림 공격(Skewness attack)

정보가 특정한 값에 쏠려 있을 경우 l-다양성 모델이 프라이버시를 보호하지 못한다.

〈쏠림 공격의 예〉

- 임의의 '동질 집합'이 99개의 '위암 양성' 레코드와 1개의 '위암 음성' 레코드로 구성되어 있다고 가정하면, 공격자는 공격 대상이 99%의 확률로 '위암 양성'이라는 것을 알 수 있다.

2. 유사성 공격(Similarity attack)

비식별 조치된 레코드의 정보가 서로 비슷하다면 l-다양성 모델을 통해 비식별된다 할지라도 프라이버시가 노출될 수 있다.

〈유사성 공격의 예〉

- 〈표 D〉는 3-다양성($l=3$) 모델을 통해 비식별된 데이터이다.
- 레코드 1,2,3이 속한 동질 집합의 병명이 서로 다르지만 의미가 서로 유사하다(위궤양, 급성 위염, 만성 위염).
  - 공격자는 공격 대상의 질병이 '위'에 관련된 것이라는 사실을 알아낼 수 있다.
  - 또 다른 민감한 정보인 급여에 대해서도 공격 대상이 다른 사람에 비해 상대적으로 낮은 급여값을 가짐을 쉽게 알아낼 수 있다(30 ~ 50백만원).

▶ 표 D. *l*-다양성 모델에 의해 비식별되었지만 유사성 공격에 취약한 사례

구분	속성자		민감한 정보		상태
	지역 코드	연령	급여(백만원)	질병	
1	476**	2*	30	위궤양	모두가 '위'와 관련한
2	476**	2*	40	급성 위염	유사 질병으로 취약
3	476**	2*	50	만성 위염	
4	4790*	≥ 40	60	급성 위염	다양한 질병이
5	4790*	≥ 40	110	감기	혼재되어 안전
6	4790*	≥ 40	80	기관지염	
7	476**	3*	70	기관지염	다양한 질병이
8	476**	3*	90	폐렴	혼재되어 안전
9	476**	3*	100	만성 위염	

③ *t*-근접성

- *l*-다양성의 취약점(쏠림 공격, 유사성 공격)을 보완하기 위한 모델로 값의 의미를 고려하는 모델이다.
- *t*-근접성은 동질 집합에서 특정 정보의 분포와 전체 데이터 집합에서 정보의 분포가 *t* 이하의 차이를 보여야 하며, 각 동질 집합에서 '특정 정보의 분포'가 전체 데이터집합의 분포와 비교하여 너무 특이하지 않도록 한다.
  - 〈표 D〉에서 전체적인 급여 값의 분포는 30~110이나 레코드 1, 2, 3이 속한 동질 집합에 서는 30~50으로 이는 전체 급여 값의 분포(30~110)와 비교할 때 상대적으로 유사한 수준이라 볼 수 없다.
  - 공격자는 근사적인 급여 값을 추론할 수 있다.
- *t*-근접성은 정보의 분포를 조정하여 정보가 특정 값으로 쏠리거나 유사한 값들이 뭉치는 경우를 방지하는 방법이다.
- *t* 수치가 0에 가까울수록 전체 데이터의 분포와 특정 데이터 구간의 분포 유사성이 강해지기 때문에 그 익명성의 방어가 더 강해지는 경향이 있다.
- 익명성 강화를 위해 특정 데이터들을 재배치해도 전체 속성자들의 값 자체에는 변화가 없기 때문에 일반적인 경우에 정보 손실의 문제는 크지 않다.

k-익명성
동일한 값을 가진 레코드를 k개 이상으로 하여 특정 개인을 식별할 확률을 1/k로 함

l-다양성
각 레코드는 최소 l개 이상의 다양성을 가지도록 하여 동질성 또는 배경지식 등에 의한 추론을 방지

t-근접성
전체 데이터 집합의 정보 분포와 특정 정보의 분포 차이를 t 이하로 하여 추론 방지

✅ 개념 체크

1 *k*-익명성 기법에서 동일 그룹 데이터의 집합이 같은 값으로만 구성될 경우 문제가 발생할 수 있다. 이를 해결하기 위한 방법으로 옳은 것은?

① *l*-다양성
② *t*-근접성
③ 암호화
④ 랜덤라운딩

정답 ①

l-다양성은 *k*-익명성에 대한 두 가지 공격, 즉 동질성 공격 및 배경지식에 의한 공격을 방어하기 위한 모델로, 주어진 데이터 집합에서 함께 비식별되는 레코드들은 (동질 집합에서) 적어도 *l*개의 서로 다른 정보를 가지도록 한다.

2 표 D의 구분 1, 2, 3에 대한 [상태]는 비식별화 결과에 대한 취약점을 보여준다. 이를 해결하기 위한 방법으로 옳은 것은?

① 민감한 정보 영역에서 각 그룹별로 3개 이상의 서로 다른 값을 갖도록 한다.
② 전체 데이터의 분포를 조정하여 특정 그룹에 유사한 질병이 나오지 않도록 한다.
③ 질병값을 다른 질병이름으로 대체한다.
④ 하나의 그룹에 속하는 레코드의 수를 줄인다.

정답 ②

t-근접성은 *l*-다양성의 취약점(쏠림 공격, 유사성 공격)을 보완하기 위한 모델로 값의 의미를 고려하는 모델이다. 동질 집합에서 특정 정보의 분포와 전체 데이터 집합에서 정보의 분포가 *t* 이하의 차이를 보이도록 조정한다.

3 개인정보 비식별 방법 중 데이터 범주화에 대한 것으로 옳은 것은?

① 김만수 35세, 서울 거주 → 홍길동 35세, 부산 거주
② 김만수 35세, 서울 거주, ○○대학 재학 → 김○○ 35세, 서울 거주, ○○ 대학 재학
③ 장민경, 35세 → 장씨, 30~40세
④ 주민등록번호 653889-2001232 → 65년생 여자

정답 ③

① 가명 처리, ② 데이터 마스킹, ③ 데이터 범주화, ④ 데이터 삭제의 예이다.

---

05 데이터 품질 검증

1) 데이터 품질 관리

① 데이터 품질 관리의 정의

비즈니스 목표에 부합한 데이터 분석을 위해 가치성, 정확성, 유용성 있는 데이터를 확보하고, 신뢰성 있는 데이터를 유지하는 데 필요한 관리 활동이다.

② 데이터 품질 관리의 중요성

• 분석 결과의 신뢰성은 분석 데이터의 신뢰성과 직접 연계된다.
• 빅데이터의 특성을 반영한 데이터 품질 관리 체계를 구축하여 효과적인 분석결과를 도출하여야 한다.

구분	내용
분석 결과의 신뢰성 확보	분석 품질을 좌우하는 것은 데이터 품질이다.
일원화된 프로세스	업무 처리, 데이터 관리의 효율화를 도모한다.
데이터 활용도 향상	고품질 데이터 확보로 데이터 이용률을 향상시킨다.
양질의 데이터 확보	불필요한 데이터 제거를 통한 고품질 데이터의 준비도를 향상시킨다.

2) 데이터 품질

① 정형 데이터 품질 기준

정형 데이터에 대한 품질 기준은 일반적으로 완전성, 유일성, 일관성, 유효성, 정확성 5개의 품질 기준으로 나눌 수 있다.

- 완전성 : 필수항목에 누락이 없어야 한다.
- 유일성 : 데이터 항목은 유일해야 하며 중복되어서는 안된다.
- 일관성 : 데이터가 지켜야할 구조, 값, 표현되는 형태가 일관되게 정의되고, 서로 일치해야 한다.
- 유효성 : 데이터 항목은 정해진 데이터 유효범위 및 도메인을 충족해야 한다.
- 정확성 : 실세계에 존재하는 객체의 표현 값이 정확히 반영되어야 한다.

🅑 기적의 TIP

품질 세부 기준과 예시를 연결하면서 이해하면 품질기준에 대한 비교가 수월하다.

품질 기준	품질 세부 기준	품질 기준 설명	활용 예시
완전성 (Completeness)	개별 완전성	필수항목에 누락이 없어야 한다.	고객의 아이디는 NULL일 수 없다.
	조건 완전성	조건에 따라 칼럼 값이 항상 존재해야 한다.	기업 고객의 사업자 등록번호가 NULL일 수 없다.
유일성 (Uniqueness)	단독 유일성	칼럼은 유일한 값을 가져야 한다.	고객의 이메일 주소는 유일해야 한다.
	조건 유일성	업무 조건에 따라 칼럼 값은 유일해야 한다.	교육과정의 강의시작일이 있으면, 강의실 코드, 임대일, 강사코드가 모두 동일한 레코드는 존재하지 않는다.
일관성 (Consistency)	기준코드 일관성	데이터가 지켜야 할 구조, 값, 표현되는 형태가 일관되게 정의되고, 서로 일치해야 한다.	고객의 직업코드는 통합코드테이블의 직업코드에 등록된 값이어야 한다.
	참조 무결성	테이블 간의 칼럼값이 참조 관계에 있는 경우 그 무결성을 유지해야 한다.	대출원장의 대출원장번호는 대출 상세내역에 존재해야 한다.
	데이터 흐름 일관성	데이터를 생성하거나 가공하여 데이터가 이동되는 경우, 연관된 데이터는 모두 일치해야 한다.	운영계의 현재 가입 고객 수와 DW의 고객 수는 일치해야 한다.
	칼럼 일관성	관리 목적으로 중복 칼럼을 임의 생성하여 활용하는 경우 각각의 동의어 칼럼 값은 일치해야 한다.	주문의 주문번호와 고객번호는 배송의 주문번호와 고객번호와 서로 일치해야 한다.

유효성 (Validity)	범위 유효성	데이터 항목은 정해진 데이터 유효범위 및 도메인을 충족해야 한다.	기준점 좌표각은 −360초과, 360미만까지의 값을 가진다.
	날짜 유효성	칼럼 값이 날짜유형일 경우에는 유효날짜 값을 가져야 한다.	99991231, 20080231은 유효하지 않은 값이다.
	형식 유효성	칼럼은 정해진 형식과 일치하는 값을 가져야 한다.	주민번호는 '000000-0000000'의 형식이어야 한다.
정확성 (Accuracy)	선후 관계 정확성	복수의 칼럼값이 선후 관계에 있을 경우 이 규칙을 지켜야 한다.	시작일은 종료일 이전 시점이어야 한다.
	계산/집계 정확성	한 칼럼의 값은 다수 칼럼의 계산된 값일 경우 계산 값이 정확해야 한다.	월 통계 테이블의 매출액은 현재 월 매출액의 총합과 일치해야 한다.
	최신성	정보의 발생, 수집, 그리고 갱신 주기를 유지해야 한다.	고객의 현재 값은 고객변경 이력의 마지막 ROW와 일치해야 한다.
	업무규칙 정확성	칼럼이 업무적으로 복잡하게 연관된 경우 관련 업무 규칙에 일치해야 한다.	지급원장의 지급여부가 'Y'이면 지급원장의 지급일자는 신청일보다 이전 시점이어야 하고 NULL이 아니어야 한다.

② 비정형 데이터 품질 기준

비정형 컨텐츠 자체에 대한 품질 기준은 컨텐츠 유형에 따라 다소 다를 수 있다.

품질 기준	품질 세부 기준	정의
기능성 (Functionality)	• 적절성 • 정확성 • 상호 운용성 • 기능 순응성	해당 컨텐츠가 특정 조건에서 사용될 때, 명시된 요구와 내재된 요구를 만족하는 기능을 제공하는 정도이다.
신뢰성 (Reliability)	• 성숙성 • 신뢰 순응성	해당 컨텐츠가 규정된 조건에서 사용될 때 규정된 신뢰 수준을 유지하거나 사용자로 하여금 오류를 방지할 수 있도록 하는 정도이다.
사용성 (Usability)	• 이해성 • 친밀성 • 사용 순응성	해당 컨텐츠가 규정된 조건에서 사용될 때, 사용자에 의해 이해되고, 선호될 수 있게 하는 정도이다.
효율성 (Efficiency)	• 시간 효율성 • 자원 효율성 • 효율 순응성	해당 컨텐츠가 규정된 조건에서 사용되는 자원의 양에 따라 요구된 성능을 제공하는 정도이다.
이식성 (Portability)	• 적응성 • 공존성 • 이식 순응성	해당 컨텐츠가 다양한 환경과 상황에서 실행될 가능성이다.

3) 데이터 품질 진단 기법

① 정형 데이터 품질 진단

- 정형 데이터의 품질은 데이터 프로파일링 기법을 통해 진단할 수 있다.

기적의 TIP

데이터 품질을 검사하는 다양한 방법에 대해서 알아둔다.

기법	설명
메타데이터 수집 및 분석	테이블 정의서, 칼럼 정의서, 도메인 정의서, 데이터 사전, ERD, 관계 정의서를 수집하여 테이블명 누락, 불일치, 칼럼 누락, 칼럼명 불일치, 자료형 불일치 내역을 추출한다.
칼럼 속성 분석	대상 칼럼의 총 건수, 유일값 수, NULL값 수, 공백값 수, 최대값, 최소값, 최대 빈도, 최소 빈도 등을 추출하여 유효범위 내의 존재여부를 판단한다.
누락 값 분석	반드시 입력되어야 하는 값의 누락이 발생한 칼럼을 발견하는 절차이다.
값의 허용 범위분석	속성값이 가져야 할 범위 내에 속성값이 있는지 파악한다.
허용 값 목록 분석	해당 칼럼의 허용 값 목록이나 집합에 포함되지 않는 값을 발견한다.
문자열 패턴 분석	칼럼 속성값의 특성을 문자열로 도식화하여 패턴 오류를 검출한다.
날짜 유형 분석	날짜 유형 적용의 일관성 여부를 분석한다.
기타 특수 도메인 (특정 번호 유형) 분석	사업자등록번호, 주민등록번호의 유효성 분석이 있다.
유일 값 분석	유일해야 하는 칼럼의 중복 발생 여부를 분석한다.
구조 분석	관계분석, 참조 무결성 분석, 구조 무결성 분석이 있다.

② 비정형 데이터 품질 진단

- 비정형 데이터의 품질 진단은 품질 세부 기준을 정하여 항목별 체크리스트를 작성하여 진단한다.

기적의 TIP

- 비정형 데이터의 품질 기준은 상황에 따라 매우 다르게 적용될 수 있다.
- 어떤 기준을 적용할 수 있는지 정도만 이해한다.

▶ 동영상 유형 비정형 데이터의 체크리스트 사례

품질 기준	품질 세부 기준	측정항목	체크리스트
기능성	정확성	부가요소 정확성 등	1. 자막은 맞춤법 표기에 따라 작성되었는가? 2. 내레이션 시나리오와 사운드 내용은 일치하는가?
	적절성	운용 적절성 등	3. 비디오 압축 코덱은 표준을 준수하는가?
	상호 운용성	사운드/ 자막동기화 등	4. 사운드와 자막은 일치하는가?
	기능 순응성	규격화 여부 등	5. 기능성 관련 항목에 대한 표준 지침이 있는가?
신뢰성	성숙성	결함 발생 정도 등	6. 결함 발생 횟수는 얼마인가?
	신뢰 순응성	규격 준수 정도 등	7. 신뢰성 관련 항목에 대한 표준 지침이 있는가?

	이해성	영상 인식만족도 등	8. 영상과 자막은 선명한가?
사용성	친밀성	포맷 친숙성 등	9. 영상 포맷에 대한 표준을 준수하는가?
	사용 순응성	규격화 여부	10. 사용성 항목에 대한 표준 지침이 있는가?
	시간 효율성	응답 속도	11. 선택한 동영상이 기준 시간 내에 로딩되는가?
효율성	효율 순응성	규격화 여부	12. 효율성 항목에 대한 표준 지침이 있는가?
	적응성	운영 환경 호환성	13. 운영 환경 및 플레이어 호환성이 있는가?
이식성	공존성	타 SW 영향 여부	14. 실행중인 타 SW 성능에 영향을 미치는가?
	이식 순응성	규격화 여부	15. 이식성 관련 항목에 대한 표준 지침이 있는가?

4) 데이터 품질 진단 절차

데이터 품질 진단은 일반적으로 품질 신단 계획 수립, 품질기준 및 진단 대상 정의, 품질 측정, 품질 측정 결과 분석, 데이터 품질 개선의 5단계로 진행한다.

① 품질 진단 계획 수립

- 데이터 품질 진단의 목적과 배경, 목표, 추진 방향, 업무 범위 등을 정의한다.
- 데이터 품질 진단을 수행할 전담 조직을 구성한다.
- 데이터 품질 진단 수행 방법론, 절차, 기법, 도구 등을 정의한다.
- 수립된 방법론, 절차에 따라 인력, 기간, 자원, 산출물 등을 정의하여 상세 계획을 확정한다.

② 품질 기준 및 진단 대상 정의

- 품질 측정을 수행하기 위한 품질기준 및 대상 선정, 데이터 프로파일링, 업무규칙 정의 및 체크리스트 준비 등이 이루어진다.
- 데이터 품질 진단 수행 시 적용할 품질 측정의 기준을 사전에 정의하고, 데이터의 형태(정형 · 비정형)에 따라 데이터 품질 진단을 수행할 대상 정보 시스템의 테이블 및 컬럼 등을 정의한다.
- 진단 대상이 되는 멀티미디어 콘텐츠 및 해당 메타데이터를 선정하여, 데이터 유형별 특성에 따른 데이터 프로파일링 및 업무규칙 정의, 체크리스트 준비 등을 수행한다.

🅱 기적의 TIP

데이터 품질 진단을 위한 5단계 절차에서 수행되는 내용을 확인한다.

③ 품질 측정

- 품질 측정을 위한 구체적인 실행계획을 수립한다.
- 정형 · 비정형 데이터 유형에 따라 도출된 업무규칙과 측정항목을 토대로 품질 측정에 사용할 체크리스트를 작성한다.
- 도출된 업무규칙과 측정항목에 대해 실 운영시스템에 적용하여 품질 수준을 측정하며, 종합품질지수를 산출한다.
- 프로파일링 결과, 업무규칙 도출 현황, 콘텐츠 유형별 측정 항목 및 측정 내용 도출 현황, 품질 측정 결과 등의 내용을 요약하여 보고한다.

④ 품질 측정 결과 분석

- 데이터 품질 측정이 완료되면 오류 유형에 따른 발생 원인을 분석하고 이에 따라 각 업무 분야에 해당되는 개선방안을 도출한다.
- 오류가 발견된 컬럼 또는 측정 항목에 대해 품질 기준별, 발생 유형별 오류 원인을 분석한다.
- 주요 오류 원인별 개선 방안을 도출하고, 우선순위를 부여한다.

⑤ 데이터 품질 개선

- 도출된 개선안과 우선순위에 따라 세부 수행 일정과 책임소재, 관련 조직 및 업무 관련자에 대한 공지계획 등이 포함된 품질 개선 계획을 수립한다.
- 수립된 품질 개선 계획에 따라 개선활동을 수행한다.
- 오류 원인별 개선 수행 내용과 결과를 요약하여 보고한다.

5) 데이터 품질 검증 수행

- 수집 데이터 품질 보증 체계를 수립하여 품질 점검 수행 후 품질검증 결과서를 작성한다.
- 품질 점검 수행 과정에서 데이터 오류수정이 용이하지 않을 경우 데이터를 재수집한다.

▲ 수집 데이터 품질검증 수행절차

1 정형 데이터 품질 기준 중에서 아래의 규칙을 만족하는 것으로 옳은 것은?

> (가) 학기 시작일은 학기 종료일보다 이전 시점이어야 한다.
> (나) 1분기 매출액은 1월, 2월, 3월 매출액의 합계와 같아야 한다.

① 정확성   ② 완전성
③ 적시성   ④ 일관성

정답 ①

데이터 품질 관리 요소 중 정확성은 데이터 값이 실제 값과 일치해야 하는 것으로 날짜의 선후 관계 정확성, 계산/집계 정확성, 최신성, 업무규칙 정확성 등을 만족해야 한다. 보기의 (가)는 선후관계 정확성, (나)는 계산집계 정확성에 대한 조건이다.

2 정형 데이터 품질 기준 중에서 아래의 규칙을 만족하는 것으로 옳은 것은?

> (가) 학생의 입학년도는 2001보다 크거나 같고 2022보다 작아야 한다.
> (나) 학생의 휴대전화 번호는 010으로 시작하는 11자리 번호이다.

① 정확성   ② 완전성
③ 적시성   ④ 유효성

정답 ④

데이터 품질 관리 요소 중 유효성은 데이터 항목은 정해진 데이터 유효범위 및 도메인을 충족해야 한다는 것으로 보기의 (가)는 범위 유효성, (나)는 형식 유효성에 해당한다.

3 다음 중 데이터 프로파일링 기법을 통해 검증할 수 있는 것으로 틀린 것은?

① 누락된 값을 찾아낸다.
② 유일해야 하는 칼럼의 중복값 존재 여부를 파악한다.
③ 연락처가 최신의 것으로 업데이트 되었는지를 파악한다.
④ 메타데이터를 이용해 데이터 형식의 불일치를 찾아낸다.

정답 ③

데이터 프로파일링은 데이터 품질 진단을 위한 다양한 기법을 적용하며, 데이터 누락 값, 허용범위를 벗어나는 값, 형식 위반 등의 검사를 수행한다. 다만, 현실의 데이터가 반영된 것인지에 대한 확인은 별도의 검증 방법(휴대폰 인증, 이메일 인증 등)을 제공하지 않는 이상 프로파일링 만으로 진단하기 어렵다.

01 데이터 수집을 위한 시스템 구축 절차로 적절한 것은?

① 수집데이터 유형파악 → 수집기술 결정 → 아키텍처 수립 → 하드웨어 구축 → 실행환경 구축

② 수집기술 결정 → 수집데이터 유형파악 → 아키텍처 수립 → 하드웨어 구축 → 실행환경 구축

③ 수집데이터 유형파악 → 아키텍처 수립 → 수집기술 결정 → 하드웨어 구축 → 실행환경 구축

④ 아키텍처 수립 → 수집기술 결정 → 수집데이터 유형파악 → 하드웨어 구축 → 실행환경 구축

02 비즈니스 도메인 정보를 습득하기 위해 필요한 것으로 적절하지 <u>않은</u> 것은?

① 비즈니스 모델
② 비즈니스 파트너
③ 비즈니스 용어집
④ 비즈니스 프로세스

03 원천 데이터에 대한 정보를 습득하고자 할 때 필요한 정보에 해당하지 <u>않는</u> 것은?

① 데이터의 보안
② 데이터의 신속성
③ 데이터의 정확성
④ 데이터의 수집 가능성

04 다음 중 내부 데이터가 <u>아닌</u> 것은?

① 서비스 시스템 데이터
② 네트워크 및 서버 장비 데이터
③ 마케팅 데이터
④ 소셜 데이터

05 데이터 유형에 대한 설명으로 적절하지 <u>않은</u> 것은?

① 비정형 데이터로는 웹로그, 센서 데이터, JSON 파일 등이 있다.
② 정형 데이터는 정형화된 스키마를 가진 데이터이다.
③ 반정형 데이터는 메타 구조를 가지는 데이터이다.
④ 데이터의 유형은 크게 정형 데이터, 반정형 데이터, 비정형 데이터로 나뉜다.

06 외부 데이터의 특징으로 적절하지 <u>않은</u> 것은?

① 대부분 반정형, 비정형 데이터로 존재한다.
② 서비스의 수명 주기 관리가 용이하다.
③ 대부분 추가적인 데이터 가공 작업이 필요하다.
④ 비용 및 데이터 수집 난이도가 높다.

07 데이터 확보 비용 산정을 위한 비용 요소로 적절하지 <u>않은</u> 것은?

① 데이터의 크기 및 보관주기
② 데이터의 수집 방식
③ 데이터의 역사적 가치
④ 데이터의 종류

08 다음 중 대표적인 데이터 저장 방식과 거리가 먼 것은?

① 파일 시스템
② 분산처리 데이터베이스
③ 관계형 데이터베이스
④ 객체지향 데이터베이스

09 데이터 적절성 검증을 위한 방법으로 적절하지 않은 것은?

① 데이터의 신속성
② 소스 데이터와 비교
③ 보안 사항 점검
④ 저작권 점검

10 데이터 변환 방식의 종류로 적절하지 않은 것은?

① 비정형 데이터를 정형 데이터 형태로 저장 하는 방식
② TCP 방식에서 Open API로 수집하여 저 장하는 방식
③ 수집 데이터를 분산파일시스템으로 저장 하는 방식
④ 주제별, 시계열적으로 저장하는 방식

11 개인정보 비식별화 방법 중 가명처리 기법의 세 부기술이 아닌 것은?

① 휴리스틱 가명화
② 암호화
③ 교환 방법
④ 제어 라운딩

12 개인정보 비식별화 방법에 대한 설명으로 적절하 지 않은 것은?

① 가명처리는 개인정보 중 주요 식별요소를 다른 값으로 대체하는 방법이다.
② 총계처리는 데이터의 총합 값을 보여 주고 개별 값을 보여주지 않는 방법이다.
③ 데이터 마스킹은 개인을 식별하는 데 기여 할 확률이 낮은 요소들을 보이지 않게 하 는 방법이다.
④ 데이터 범주화는 데이터의 값을 범주의 값 으로 변환하여 값을 숨기는 방법이다.

13 비식별화된 개인정보의 재식별 가능성 검토 기법 으로 적절하지 않은 것은?

① s−보안성
② k−익명성
③ l−다양성
④ t−근접성

14 비정형 데이터의 품질기준으로 적절하지 않은 것 은?

① 기능성
② 정확성
③ 사용성
④ 효율성

15 정형 데이터의 품질 진단 기법으로 적절하지 않 은 것은?

① 메타데이터 수집 및 분석
② 값의 허용 범위 분석
③ 운영환경 호환성 분석
④ 문자열 패턴 분석

16 정형 데이터 수집 기술로 적절하지 <u>않은</u> 것은?

① DBToDB
② ETL(Extract Transform Load)
③ Crawling
④ FTP(File Transfer Protocol)

17 정형 데이터 수집을 위한 아파치 스쿱에 대한 설명으로 적절하지 <u>않은</u> 것은?

① 관계형 데이터 스토어 간에 대량 데이터를 효과적으로 전송하기 위해 구현된 도구이다.
② 커넥터를 사용하여 MySQL, Oracle, MS SQL 등 관계형 데이터베이스의 데이터를 HDFS로 수집한다.
③ 관계형 데이터베이스에서 가져온 데이터들을 하둡 맵리듀스로 변환하고 변환된 데이터들을 다시 관계형 데이터베이스로 내보낼 수 있다.
④ 데이터 가져오기/내보내기 과정을 맵리듀스를 통해 처리하기 때문에 병렬처리가 가능하지만 장애에 취약하다.

18 휴리스틱 가명화에 대한 설명으로 적절하지 <u>않은</u> 것은?

① 정보 가공 시 일정한 규칙의 알고리즘을 적용하여 암호화함으로써 개인정보를 대체하는 방법이다.
② 식별자에 해당하는 값들을 몇 가지 정해진 규칙으로 대체하거나 사람의 판단에 따라 가공하여 개인정보를 숨긴다.
③ 식별자의 분포를 고려하거나 수집된 자료의 사전 분석을 하지 않고 모든 데이터를 동일한 방법으로 가공한다.
④ 활용할 수 있는 대체 변수에 한계가 있으며, 다른 값으로 대체하는 일정한 규칙이 노출되는 취약점이 있다.

19 비식별화 방법 중 데이터 삭제 기법의 단점을 설명하는 보기는?

① 대체값 부여 시에도 식별 가능한 고유 속성이 계속 유지된다.
② 분석의 다양성과 분석 결과의 유효성과 신뢰성이 저하된다.
③ 정밀 분석의 어려움 및 수량이 적을 경우 추론에 의한 식별 가능성이 있다.
④ 정확한 분석결과 도출의 어려움 및 데이터 범위 구간이 좁혀질 경우 추론 가능성이 있다.

20 정형 데이터 품질 기준 중 정확성의 세부 품질 기준 항목으로 적절하지 <u>않은</u> 것은?

① 선후 관계 정확성
② 최신성
③ 참조 무결성
④ 업무 규칙 정확성

SECTION 01

01 ①	02 ②	03 ②	04 ④	05 ①
06 ②	07 ③	08 ④	09 ①	10 ②
11 ④	12 ③	13 ①	14 ②	15 ③
16 ③	17 ④	18 ①	19 ②	20 ③

01 ①

데이터 수집을 위한 시스템 구축 절차는 수집데이터 유형파악, 수집기술 결정, 아키텍처 수립, 하드웨어 구축, 실행환경 구축 순으로 수행된다.

02 ②

비즈니스 도메인 정보를 습득하기 위해서는 비즈니스 모델, 비즈니스 용어집, 비즈니스 프로세스로부터 정보를 습득하고, 도메인 전문가 인터뷰를 통해 데이터의 정보를 습득한다.

03 ②

원천 데이터에 대한 정보는 데이터의 수집 가능성, 데이터의 보안, 데이터 정확성, 수집 난이도, 수집 비용 항목이 필요하다.

04 ④

내부 데이터에는 서비스 시스템 데이터, 네트워크 및 서버 장비 데이터, 마케팅 데이터가 있으며, 외부 데이터로는 소셜 데이터, 특정 기관 데이터, M2M 데이터, Linked Open Data가 있다.

05 ①

비정형 데이터는 이미지나 동영상으로 존재하는 데이터이며, 웹로그나 센서 데이터 또는 JSON 파일의 경우 반정형 데이터에 해당한다.

06 ②

외부 데이터의 경우 외부 환경에 대한 통제가 어려움에 따른 서비스 관리정책 수립이 필요하다.

07 ③

데이터 확보 비용 산정을 위해서는 데이터의 종류, 데이터의 크기 및 보관주기, 데이터의 수집 주기, 데이터의 수집 방식, 데이터의 수집 기술, 데이터의 가치성을 고려하여야 한다.

08 ④

대표적인 데이터 저장 방식으로는 파일 시스템, 관계형 데이터베이스, 분산처리 데이터베이스가 있다.

09 ①

데이터 적절성 검증을 위해 데이터 누락, 소스 데이터와 비교, 데이터의 정확성, 보안 사항 점검, 저작권 점검, 대량 트래픽 발생 여부를 점검해 보아야 한다.

10 ②

TCP 방식에서 Open API로 수집하여 저장하는 방식은 데이터 변환 방식의 종류가 아니라 데이터를 수집하는 방식을 변경하는 것이다.

11 ④

가명처리 기법의 세부기술로는 휴리스틱 가명화, 암호화, 교환 방법이 있으며, 제어 라운딩은 데이터 범주화 기법의 세부기술이다.

12 ③

데이터 마스킹은 개인을 식별하는 데 기여할 확률이 높은 주요 식별자를 보이지 않도록 처리하는 방법이다.

13 ①

비식별화된 개인정보의 재식별 가능성 검토 기법으로는 k–익명성, l–다양성, t–근접성이 있다.

14 ②

비정형 데이터의 품질기준으로는 기능성, 신뢰성, 사용성, 효율성, 이식성이 있으며, 정형 데이터의 품질기준으로는 완전성, 유일성, 유효성, 일관성, 정확성이 있다.

15 ③

정형 데이터의 품질 진단 기법으로는 메타데이터 수집 및 분석, 칼럼 속성 분석, 누락 값 분석, 값의 허용 범위 분석, 허용 값 목록 분석, 문자열 패턴 분석, 날짜 유형 분석, 기타 특수 도메인 분석, 유일 값 분석, 구조 분석 등이 있다.

16 ③

크롤링(Crawling)은 인터넷상에서 제공되는 다양한 웹 사이트의 소셜 네트워크 정보, 뉴스, 게시판 등으로부터 웹 문서 및 정보를 수집하는 기술로 비정형 데이터를 수집하는 방법이다.

17 ④

데이터 가져오기 내보내기 과정을 맵리듀스를 통해 처리하기 때문에 병렬처리가 가능하고 장애에도 강한 특징을 갖는다.

18 ①

정보 가공 시 일정한 규칙의 알고리즘을 적용하여 암호화함으로써 개인정보를 대체하는 방법은 암호화이다.

19 ②

오답 피하기
- ① 가명처리의 단점
- ③ 총계처리의 단점
- ④ 데이터 범주화의 단점

20 ③

정확성의 세부 품질 기준으로는 선후 관계 정확성, 계산/집계 정확성, 최신성, 업무 규칙 정확성이 있으며, 참조 무결성은 일관성의 세부 품질 기준이다.

분산된 여러 서버에서 데이터를 수집하는 플랫폼과 저장 방법의 중요성이 점점 더 커지고 있다.

01 데이터 적재

1) 데이터 적재 도구

- 수집한 데이터는 빅데이터 분석을 위한 저장 시스템에 적재해야 한다.
- 적재할 데이터의 유형과 실시간 처리 여부에 따라 관계형 데이터베이스, HDFS를 비롯한 분산파일시스템, NoSQL 저장 시스템에 데이터를 적재할 수 있다.
- 수집된 데이터를 저장시스템에 적재 시 Fluentd, Flume, Scribe, Logstash와 같은 데이터 수집 도구들을 이용하여 적재하는 방법들도 있다.

① 데이터 수집 도구를 이용한 데이터 적재

- 로그 수집을 해야 하는 각 서버에 Fluentd를 설치하면, 서버에서 로그를 수집해서 중앙 로그 저장소로 전송한다.
- Fluentd의 로그 수집 구조는 가장 간단한 구조로 Fluentd가 로그 수집 에이전트 역할만 수행하지만, 이에 더해 각 서버에서 Fluentd에서 수집한 로그를 다른 Fluentd로 보내서 이 Fluentd가 최적으로 로그 저장소에 저장하도록 설정할 수 있다.
- 중간에 Fluentd를 두는 이유는, 이 Fluentd가 먼저 들어오는 로그들을 수집해서 로그 저장소에 넣기 전에 로그 트래픽을 속도 조절하고 로그저장소의 용량에 맞게 트래픽을 조정할 수 있기 때문이다.
  - 또한 로그를 여러 저장소에 복제해서 저장하거나 로그의 종류에 따라서 다른 로그 저장소로 라우팅할 수 있다.
- Fluentd 로그 수집기는 로그화 시킬 소스 데이터에 대한 환경 설정, 추출한 데이터를 어디로 전달할 것인지에 대한 설정, 실행 주기 설정 등을 통하여 다양한 데이터 수집이 가능하다.

JSON
(JavaScript Object Notation)
속성-값 쌍 또는 카-값 쌍으로 이루어진 데이터 오브젝트를 전달하기 위해 인간이 읽을 수 있는 텍스트를 사용하는 개방형 표준 포맷

데이터 수집 도구	설명
플루언티드(Fluentd)	• 트레저 데이터(Treasure Data)에서 개발된 크로스 플랫폼 오픈 소스 데이터 수집 소프트웨어이다. • 사용자의 로그를 다양한 형태로 입력받아 JSON 포맷으로 변환한 뒤 다양한 형태로 출력한다.

플럼(Flume)	• 많은 양의 로그 데이터를 효율적으로 수집, 취합, 이동하기 위한 분산형 소프트웨어이다. • 로그 데이터 수집과 네트워크 트래픽 데이터, 소셜 미디어 데이터, 이메일 메시지 데이터 등 대량의 이벤트 데이터 전송을 위해 사용한다.
스크라이브(Scribe)	• 수많은 서버로부터 실시간으로 스트리밍되는 로그 데이터를 집약시키기 위한 서버이다. • 클라이언트 사이드의 수정 없이 스케일링 가능하고 확장이 가능하다.
로그스태시(Logstash)	• 다양한 소스에서 데이터를 수집하여 변환한 후 자주 사용하는 저장소이다.

② NoSQL DBMS가 제공하는 도구를 이용한 데이터 적재

• 로그 수집기를 이용한 방법처럼 많은 기능을 사용할 수는 없지만, 수집한 데이터가 CSV 등의 텍스트 데이터라면 mongoimport와 같은 적재 도구를 사용하여 데이터 적재를 수행할 수 있다.

CSV
(Comma Separated Value)
쉼표를 기준으로 항목을 구분하여
저장한 데이터

• 로그 수집 도구를 쓰는 방식처럼 데이터 수집 주기 등을 환경설정하여 사용할 수는 없다.

③ 관계형 DBMS의 데이터를 NoSQL DBMS에서 적재

• 기존의 운영 중이던 관계형 데이터베이스로부터 데이터를 추출하여 NoSQL 데이터베이스로 적재할 수도 있다.

• 데이터 변형이 많이 필요하다면, 데이터 적재를 위한 프로그램을 작성하여 적재할 수 있고, 큰 변화 없이 적재한다면 SQLtoNoSQLimporter, Mongify 등의 도구를 사용하여 적재할 수도 있다.

2) 데이터 적재 완료 테스트

① 데이터 적재 내용에 따라 체크리스트를 작성

• 정형 데이터인 경우에는 테이블의 개수와 속성의 개수 및 데이터 타입의 일치 여부, 레코드 수 일치 여부가 체크리스트가 될 수 있다.

적재하는 데이터(정형, 반정형, 비정형)의 유형과 특성에 따라 체크리스트를 작성한다.

• 반정형이나 비정형인 경우에는 원천 데이터의 테이블이 목적지 저장시스템에 맞게 생성되었는지, 레코드 수가 일치하는지 등이 체크리스트에 포함될 수 있다.

② 데이터 테스트 케이스를 개발

• 적재된 레코드 수를 확인하는 간단한 것 외에도 원천 데이터 중에 특정 데이터에 대해 샘플링을 해서 목적지 저장시스템에서 조회하는 테스트 케이스를 개발할 수 있다.

데이터 테스트 케이스
적재가 정상적으로 완료되었는지
확인하는 시험

• 적재한 대량 데이터의 데이터 타입, 특별히 한글 문자 등의 ASCII 코드가 아닌 문자들이 정상적으로 적재되는지 확인이 꼭 필요하다.

• 문자열이 숫자로 이루어지면 문자열로 적재되었는지 또는 숫자인데 문자열로 적재되지는 않았는지 확인해야 한다.

③ 체크리스트 검증 및 데이터 테스트 케이스 실행

• 이전 단계에서 작성된 체크리스트와 테스트 케이스에 대해 검증을 실행한다.

• 검증 결과를 분석하여 데이터 적재 결과 보고서를 작성한다.

✅ **개념 체크**

1 다음 소프트웨어 중에서 데이터 수집 목적으로 사용하기 어려운 것은?

① 플럼(Flume)

② 스쿱(Sqoop)

③ 플루언티드(Fluentd)

④ HDFS

정답 ④

HDFS는 분산 파일 시스템으로 데이터 저장 목적으로 사용된다.

2 다음 빅데이터 관련 소프트웨어 중에서 그 성격이 다른 하나는?

① 플럼(Flume)

② 로그스태시(Logstash)

③ 플루언티드(Fluentd)

④ 하이브(Hive)

정답 ④

①, ②, ③은 데이터 수집을 위한 소프트웨어이고, Hive는 하둡기반 저장소에 대한 질의처리를 담당하는 시스템이다.

02 데이터 저장

1) 빅데이터 저장시스템

대용량 데이터 집합을 저장하고 관리하는 시스템으로 사용자에게 데이터 제공 신뢰성과 가용성을 보장하는 시스템이다.

① 파일 시스템 저장방식

• 빅데이터를 확장 가능한 분산 파일의 형태로 저장하는 방식의 대표적인 예는 Apache HDFS(Hadoop Distributed File System), 구글의 GFS(Google File System) 등을 들 수 있다.

• 파일 시스템 저장방식은 저사양 서버들을 활용하여 대용량, 분산, 데이터 집중형의 애플리케이션을 지원하며 사용자들에게 고성능 fault-tolerance 환경을 제공하도록 구현되어 있다.

② 데이터베이스 저장방식

• 빅데이터를 저장하는 방식에는 전통적인 관계형 데이터베이스 시스템을 이용하거나 NoSQL 데이터베이스 시스템을 이용하는 방식이 있다.

최근에는 전통적인 관계형 데이터베이스보다 NoSQL 데이터베이스를 활용하는 방식이 선호되고 있다.

- NoSQL 데이터베이스는 대용량 데이터 저장 측면에서 봤을 때, 관계형 데이터베이스보다 수평적 확장성, 데이터 복제, 간편한 API 제공, 일관성 보장 등의 장점이 있다.

2) 분산 파일 시스템

① 하둡 분산파일 시스템(HDFS: Hadoop Distributed File System)

- 하둡은 아파치 진영에서 분산 환경 컴퓨팅을 목표로 시작한 프로젝트로 분산 처리를 위한 파일 시스템이다.
- HDFS는 대용량 파일을 클러스터에 여러 블록으로 분산하여 저장하며, 블록들은 마지막 블록을 제외하고 모두 크기가 동일하다(기본 크기 64MB).
- HDFS는 마스터(Master) 하나와 여러 개의 슬레이브(Slave)로 클러스터링 되어 구성된다.
  - 마스터노드(Master Node)는 네임노드(Name Node)라고 하며 슬레이브를 관리하는 메타데이터와 모니터링 시스템을 운영한다.
  - 슬레이브노드(Slave Node)는 데이터노드(Data Node)라고 하며 데이터 블록을 분산처리한다.
- 데이터 손상을 방지하기 위해서 데이터 복제 기법을 사용한다.

▲ HDFS의 전체 구성도

➕ 더 알기 TIP

하둡의 장점

- 하둡의 DFS는 대용량의 비정형 데이터 저장 및 분석에도 효율적이다.
- 클러스터 구성을 통해 멀티 노드로 부하를 분산시켜 처리한다.
- 개별적인 서버에서 진행되는 병렬처리 결과를 하나로 묶어 시스템의 과부하나 병목 현상을 줄여준다.
- 하둡은 장비를 증가시킬 수록 성능이 향상된다.
- 오픈소스 하둡은 무료로 사용할 수 있다.

하둡(Hadoop)
대용량 파일을 저장할 수 있는 기능을 제공하는 분산파일 시스템과, 저장된 데이터를 쉽고 빠르게 분석할 수 있는 컴퓨팅 플랫폼인 맵리듀스로 구성

분산 데이터 처리기술 – 맵리듀스(MapReduce)

- 구글에서 발표한 MapReduce 방법을 하둡 오픈소스 프로젝트에서 구현하였다.
- MapReduce는 주어진 입력에 대해, 이를 여러 개의 부분으로 분할하고 각각의 부분에 대해 필요한 함수를 적용하여 결과값을 저장한다(Map함수와 Reduce함수로 구성).
- 분산 병렬처리가 가능하다.

  예 여러 문서에 들어있는 단어의 수를 MapReduce를 통해 계산하는 과정
  - Input : 데이터 소스를 입력한다. (분산되어 저장되어 있는 여러 문서들)
  - Splitting : 문서를 여러 개의 조각으로 나눈다. (분산 병렬처리가 가능해짐)
  - Mapping : 문서 조각에 포함된 단어와 그 빈도수를 계산하여 기록한다.
  - Shuffling : 각 조각별로 계산된 결과를 같은 단어들로 모은다.
  - Reducing : 단어 별로 출연 빈도수를 합한다.
  - Final result : 최종 합산 결과를 출력한다.

The overall MapReduce word count process

- 맵리듀스 패턴의 종류
  - 단어 세기(Word Count) 패턴 : 대용량 텍스트 데이터에서 각 단어의 빈도를 계산하는데 사용된다.
  - 그룹화(Grouping) 패턴 : 대용량 데이터를 그룹화하여 처리하는데 사용된다. 예를 들어, 고객 데이터를 지역별로 그룹화하여 처리할 수 있다.
  - 조인(Join) 패턴 : 두 개 이상의 데이터 세트를 조인하여 처리하는데 사용된다.
  - 필터링(Filtering) 패턴 : 데이터에서 특정 조건을 충족하는 레코드를 선택하는데 사용된다.
  - 인버트 인덱스(Inverted Index) 패턴 : 문서 검색 엔진에서 사용되며, 단어를 키로 하고 해당 단어가 포함된 문서를 값으로 하는 인덱스를 생성하는데 사용된다.
  - 최대/최소값(Maximum/Minimum) 패턴 : 대용량 데이터에서 최댓값 또는 최솟값을 찾는데 사용된다.
  - 통계(Statistics) 패턴 : 대용량 데이터에서 통계적 분석을 수행하는데 사용된다. 예를 들어, 평균, 중앙값, 분산 등을 계산할 수 있다.

② 구글 파일 시스템(GFS: Google File System)

- 구글 파일 시스템(GFS 또는 GoogleFS)은 엄청나게 많은 데이터를 보유해야 하는 구글의 핵심 데이터 스토리지와 구글 검색 엔진을 위해 최적화된 분산 파일 시스템이다.
- 마스터(Master), 청크 서버(Chunk Server), 클라이언트로 구성된다.
- 마스터는 GFS 전체의 상태를 관리하고 통제한다.
- 청크서버는 물리적인 하드디스크의 실제 입출력을 처리한다.
- 클라이언트는 파일을 읽고 쓰는 동작을 요청하는 애플리케이션이다.
- 파일들은 일반적인 파일 시스템에서의 클러스터들과 섹터들과 비슷하게 64MB로 고정된 크기의 청크들로 나누어서 저장된다.

- 가격이 저렴한 서버에서도 사용되도록 설계되었기 때문에 하드웨어 안정성이나 자료들의 유실에 대해서 고려하여 설계되었고 응답시간이 조금 길더라도 데이터의 높은 처리성능에 중점을 두었다.

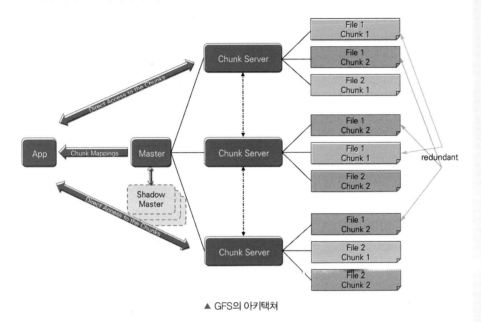

▲ GFS의 아키텍쳐

3) NoSQL

① NoSQL 개요

- NoSQL 데이터베이스는 전통적인 관계형 데이터베이스보다 유연한 데이터의 저장 및 검색을 위한 매커니즘을 제공한다.
- 대규모 데이터를 처리하기 위한 확장성, 가용성 및 높은 성능을 제공하며, 빅데이터 처리와 저장을 위한 플랫폼으로 활용된다.
- SQL 계열 쿼리를 지원하는 데이터베이스도 있어, "Not Only SQL"로 불리기도 한다.

▶ RDBMS와 NoSQL의 장단점 및 특성 비교

구분	장 · 단점	특성
RDBMS	• 데이터 무결성과 정확성을 보장한다. • 정규화된 테이블과 소규모 트랜잭션이 있다. • 확장성에 한계가 있다. • 클라우드 분산 환경에 부적합하다.	• UPDATE, DELETE, JOIN 연산이 가능하다. • ACID 트랜잭션이 있다. • 고정 스키마가 있다.
NoSQL	• 데이터의 무결성과 정확성을 보장하지 않는다. • 웹 환경의 다양한 정보를 검색, 저장 가능하다.	• 수정, 삭제를 사용하지 않는다. (입력으로 대체) • 강한 일관성은 불필요하다.

트랜잭션
데이터베이스의 상태를 변경하는 논리적 작업 단위의 개념, 데이터베이스가 항상 정확하고 일관된 상태를 유지할 수 있도록 기능함

② CAP 이론 : 기존 데이터 저장 구조의 한계

- 2000년 버클리 대학의 에릭 브루어 교수가 발표한 이론으로, 분산 컴퓨팅 환경의 특징을 일관성(Consistency), 가용성(Availability), 지속성(Partition Tolerance) 세 가지로 정의하고, 어떤 시스템이든 이 세 가지 특성을 동시에 만족하기 어렵다고 설명한다.
  - 일관성(Consistency) : 분산 환경에서 모든 노드가 같은 시점에 같은 데이터를 보여줘야 한다.
  - 가용성(Availability) : 일부 노드가 다운되어도 다른 노드에 영향을 주지 않아야 한다.
  - 지속성(Partition Tolerance) : 데이터 전송 중에 일부 데이터를 손실하더라도 시스템은 정상 동작해야 한다.

▲ CAP 이론

다이나모(Dynamo)
아마존에서 발표한 NoSQL DBMS

카산드라(Cassandra)
아파치 재단의 자유-오픈소스 분산형 NoSQL DBMS

▶ CAP 이론을 기준으로 한 RDBMS와 NoSQL 비교

구분	설명	적용 예
RDBMS	일관성(C)과 가용성(A)을 선택했다.	트랜잭션 ACID 보장(금융 서비스)
NoSQL	일관성(C)이나 가용성(A) 중 하나를 포기하고, 지속성(P)을 보장한다.	C+P형 : 대용량 분산 파일 시스템(성능 보장) A+P형 : 비동기식 서비스(아마존, 트위터 등)

③ NoSQL의 기술적 특성

NoSQL은 고전적인 관계형 데이터베이스의 주요 특성을 보장하는 ACID특성 중 일부만을 지원하는 대신 성능과 확장성을 높이는 특성을 강조한다.

ACID(원자성, 일관성, 고립성, 지속성)
데이터베이스 트랜잭션이 안전하게 수행된다는 것을 보장하기 위한 성질

▶ NoSQL의 기술적 특성

특성	내용
無 스키마	• 데이터를 모델링하는 고정된 데이터 스키마 없이 키 값을 이용하여 다양한 형태의 데이터 저장 및 접근 가능하다. • 데이터 저장 방식은 크게 열, 값, 문서, 그래프 등의 네 가지를 기반으로 구분한다.

탄력성(Elasticity)	• 시스템 일부에 장애가 발생해도 클라이언트가 시스템에 접근 가능하다. • 응용 시스템의 다운 타임이 없록록 하는 동시에 대용량 데이터의 생성 및 갱신한다. • 질의에 대응할 수 있도록 시스템 규모와 성능 확장이 용이하며, 입출력의 부하를 분산시키는데도 용이한 구조이다.
질의(Query) 기능	• 수십 대에서 수천 대 규모로 구성된 시스템에서도 데이터의 특성에 맞게 효율적으로 데이터를 검색, 처리할 수 있는 질의 언어, 관련 처리 기술, API를 제공한다.
캐싱(Caching)	• 대규모 질의에도 고성능 응답 속도를 제공할 수 있는 메모리 기반 캐싱 기술을 적용하는 것이 중요하다. • 개발 및 운영에도 투명하고 일관되게 적용할 수 있는 구조이다.

④ NoSQL의 데이터 모델

• NoSQL의 데이터 저장 방식에 따라 키-값 구조, 칼럼기반 구조, 문서기반 구조로 구분할 수 있다.

• 키-값(Key-Value) 데이터베이스

‐ 데이터를 키와 그에 해당하는 값의 쌍으로 저장하는 데이터 모델에 기반을 둔다.

‐ 단순한 데이터 모델에 기반을 두기 때문에 관계형 데이터베이스보다 확장성이 뛰어나고 질의 응답시간이 빠르다.

‐ 아마존의 Dynamo 데이터베이스가 효시이며, Redis와 같은 In-memory 방식의 오픈소스 데이터베이스가 대표적이다.

• 열기반(칼럼기반, Column-oriented) 데이터베이스

‐ 데이터를 로우가 아닌 칼럼기반으로 저장하고 처리하는 데이터베이스를 말한다.

‐ 칼럼과 로우는 확장성을 보장하기 위하여 여러 개의 노드로 분할되어 저장되어 관리된다.

‐ 구글의 Bigtable이 칼럼기반 데이터베이스의 효시이며, 이로부터 파생된 Cassandra, HBase, HyperTable 등이 대표적인 칼럼기반 데이터베이스이다.

• 문서기반(Document-oriented) 데이터베이스

‐ 문서 형식의 정보를 저장, 검색, 관리하기 위한 데이터베이스이다.

‐ 키-값 데이터베이스보다, 문서의 내부 구조에 기반을 둔 복잡한 형태의 데이터 저장을 지원하고 이에 따른 최적화가 가능하다는 장점이 있다.

‐ 대표적으로 MongoDB, SimpleDB, CouchDB가 있다.

데이터 모델	설명	제품 예
키-값 저장 구조	• 가장 간단한 데이터 모델이다. • 범위 질의는 사용이 어렵다. (DB에서 지원하면 사용 가능) • 응용 프로그램 모델링이 복잡하다.	• DynamoDB(아마존) • Redis
열 기반 저장 구조	• 연관된 데이터 위주로 읽는데 유리한 구조이다. • 하나의 레코드를 변경하려면 여러 곳을 수정해 야 한다. • 동일 도메인의 열 값이 연속되므로 압축 효율이 좋다. 범위 질의에 유리하다.	• Bigtable(구글) • Cassandra(아파치) • HBase • HyperTable
문서 저장 구조	• 문서마다 다른 스키마가 있다. • 레코드 간의 관계 설명이 가능하다. • 개념적으로 RDBMS와 비슷하다.	• SimpleDB(아마존) • CouchDB(아파치) • MongoDB

아파치 소프트웨어 재단
비영리 재단, 개발자들의 분산 커뮤니티, 개발된 소프트웨어는 아파치 라이선스 조항 아래 배포되며 오픈소스 소프트웨어여야 함

샤딩(Sharding)
데이터를 분할하여 다른 서버에 나누어 저장하는 과정

▶ NoSQL 데이터베이스 제품 및 특징

제품(개발사)	주요기능 및 특징
DynamoDB (아마존)	• 하드웨어 프로비저닝, 복제, 설정 패치, 사용하는 응용 프로그램에 따른 DB 자 동 분할 기능 등을 지원한다. • DynamoDB의 기본 데이터 모델은 속성, 항목, 테이블로 구성된다. • DynamoDB의 모든 데이터는 SSD에 저장한다.
Redis (Redis Labs)	• 메모리 기반의 〈키, 값〉 저장 공간이다. • NoSQL이나 인메모리 솔루션으로 분류한다. • 다양한 데이터 구조를 지원한다. • 메모리에 저장된 내용을 지속시키기 위해 파일로 싱크하는 기능을 제공한다.
MongoDB (MongoDB)	• 크로스 플랫폼 문서기반 데이터베이스로 방대한 양의 데이터에서 낮은 관리 비 용과 사용 편의성을 목표로 개발되었다. • MongoDB에서 저장의 최소 단위는 문서로, 각 문서들은 RDBMS의 테이블과 비슷한 컬렉션이라는 곳에 수집한다. • MongoDB는 자동-샤딩(Auto-Sharding)을 이용한 분산 확장이 가능하다. • 기존 DBMS의 범위 질의, 보조 인덱스, 정렬 등 연산과 맵리듀스 등 집계 연산 을 함께 지원한다.
CouchDB (아파치)	• 인터페이스가 JavaScript로 구성된 문서 기반 데이터베이스로 데이터베이스는 독립된 도큐먼트들의 컬렉션으로 정의된다. • MongoDB보다 제공 질의, 확장성, 버전 관리 등에서 성능이 더 우수하다. • 문서단위의 ACID 속성을 지원하며, 데이터가 여러 시점에서 접근할 때 발생할 수 있는 문제점을 다중 버전 동시 동작 제어 기능으로 해결하였다.
SimpleDB (아마존)	• SimpleDB는 아마존의 데이터 서비스 플랫폼으로, 웹애플리케이션에서 사용하 는 데이터의 실시간 처리를 지원한다. • Domain, Item, Attribute, Value로 구성되는 데이터 모델을 사용한다. • 트랜잭션 종료 후 데이터가 모든 노드에 즉시 반영되지 않고 초 단위로 지연 동 기화되는 'Eventual Consistency' 정책을 취하고 있다.
Cassandra (아파치)	• 〈키, 값〉 구조를 복잡하게 확장한 컬럼 패밀리 구조의 DBMS로 페이스북에 적용 하여 사용하고 있다. • 토큰링 배경의 키 구간이 설정되어 있어 서버(노드)의 추가 및 제거만으로도 전 체 저장 공간의 유연한 확장 및 축소가 가능하다. • 다른 서버(노드)에 데이터 복제본을 구성하여 특정 노드에 장애가 발생해도 서 비스 가능하다.

HBase (아파치)	• Hadoop DataBase이다. • 데이터 모델은 열 집합 기반의 저장소로 구성되며, 행, 열 그룹, 열 이름, 타임스탬프를 이용한 테이블 구조이다. • 하둡 파일 시스템 위에 설치되며, 읽기와 수정은 즉시 실행되며, 맵리듀스 연산은 일괄 처리하는 방식을 지원한다.
Hypertable (Zvents Inc.)	• C++ 언어로 개발되었으며, 열 그룹과 타임스탬프 개념을 사용한다. • HQL이라는 SQL과 비슷한 명령어를 제공하여 RDBMS와 기능이 유사하다. • C++ API를 완벽하게 제공하며, Java로 개발된 HBase보다 성능이 우수하다.
Bigtable (구글)	• 구글 클라우드 플랫폼에서 사용하는 칼럼기반 데이터 저장 구조이다. • 공유 디스크 방식으로 모든 노드가 데이터, 인덱스 파일을 공유한다. • 하나의 로우는 n개의 칼럼–집합(Column–Family)을 가질 수 있다.

4) 빅데이터 저장시스템 선정을 위한 분석

① 기능성 비교분석

구분	내용
데이터 모델	• 데이터를 테이블로 정리하고 사용하는데 무리가 없다면, RDBMS가 필요하고 NoSQL을 사용할 필요가 없다. • MongoDB는 RDBMS보다 한층 유연한 스키마를 활용하는 것이 가능하므로, RDBMS에서 문서 중심의 데이터 모델로 전환하는 데 도움이 된다. • Apache CouchDB는 데이터 저장소에 대한 인터페이스로 RESTful HTTP를 지원하므로 상대적으로 웹기반 시스템을 구축하는 데 장점이 있는 document 데이터베이스 시스템이다. • 단순 key–value 쌍을 저장하여 대규모 사용자와 부하 분산을 위한 안정적인 분산 저장소가 필요할 경우, Dynamo나 Redis를 선택하면 된다. • Cassandra, HyperTable, HBase는 column family 중심의 데이터베이스 시스템으로 극단적인 확장성을 보장할 수 있다는 장점이 있다.
확장성	• 확장성에서는 HBase, Cassandra, HyperTable과 같은 column–oriented 데이터베이스가 가장 뛰어난 것으로 알려져 있다. • Redis와 같은 인메모리 방식의 데이터베이스와 MongoDB, CouchDB와 같은 document 데이터베이스가 약간 뒤처지는 것으로 알려져 있다.
트랜잭션 일관성	• 트랜잭션의 일관성은 데이터 수정, 삭제 등의 작업이 빈번하게 일어나는 환경에서는 중요도가 높지만, 배치중심의 하둡 기반 분석환경에서는 중요도가 그리 높지 않다. • 트랜잭션의 일관성이 중요한 분야에서는 RDBMS를 선택해야 하며, 그렇지 않은 때에만 NoSQL을 선택하여야 한다.
질의 지원	• MongoDB는 SQL과 유사한 문법에 기반을 두어 쉽게 학습할 수 있는 우수한 질의 인터페이스를 지원한다. • CouchDB도 MongoDB에 비해 뒤처지지 않으며, 뷰 개념을 이해하고 활용하면 간편하다. • key–value 데이터베이스의 대표 격인 Redis도 풍부한 질의기능을 제공한다. • HBase나 HyperTable은 자체 질의지원 기능은 제공하지 않으나 Hive를 통해 SQL과 유사한 형태의 질의기능을 사용할 수 있다는 장점이 있다.
접근성	• MongoDB를 접근하기 위한 드라이버는 아주 다양하며, 현존하는 주류 라이브러리용 드라이버를 대부분 지원하고 있다. • CouchDB는 웹 통신을 지원하는 프로그래밍 언어라면 다 사용이 가능하다. • Redis, HBase, HyperTable, Cassandra는 대부분의 프로그래밍 언어에서 연결이 가능하도록 언어 바인딩을 지원한다.

궁극적 일관성(Eventual Consistency)

분산 컴퓨팅에 쓰이는 일관성 모델의 하나. 데이터 항목에 새로운 업데이트가 없을 시 해당 항목에 대한 모든 접근들은 마지막 업데이트된 값을 반환하는 것을 비공식적으로 보장

② 분석방식 및 환경

- 빅데이터 저장 방식은 파일 시스템 형식으로 저장하는 방식, NoSQL 저장시스 템을 사용하는 방식, RDBMS에 기반을 둔 데이터 웨어하우스 방식이 있다.
- 필요로 하는 분석 및 검색결과가 상시로 온라인 형식으로 필요한지, 분석가를 통해 별도의 프로세스를 거쳐 제공받는지 등을 구분하여 저장 방식과 환경을 선택한다.

③ 분석대상 데이터 유형

- 분석대상이 되는 데이터 유형이 기업 내외부에서 발생하는 기업 데이터인가, IoT 환경에서 발생하는 데이터인가 혹은 기타 다양한 과학, 바이오, 의학 분 야에서 취급되는 데이터인가에 따라 데이터의 volume, velocity, variety, veracity 등을 고려하여 빅데이터 저장시스템을 선택한다.

④ 기존 시스템과의 연계

빅데이터 저장시스템을 선정할 때 는 기존 시스템과의 연계성을 반 드시 고려하여야 한다.

- 저장 대상 데이터의 유형이 대부분 테이블로 정의될 수 있는 형태이고 기존에 RDBMS 기반의 데이터 웨어하우스가 도입된 형태라면 기존 시스템을 그대로 활용하여 저장한다.
- 기존에 HDFS만을 활용하여 빅데이터 저장시스템이 구축되어 있으나, SQL-like 분석환경을 구축하고자 한다면 HBase를 추가 도입하는 것을 권장한다.
- 빅데이터 분석 애플리케이션이 키-값 쌍 처리 위주로 시스템이 구현되어 있다 면 Redis 등을 도입하는 것이 좋다.
- IoT 데이터처럼 다양한 데이터가 지속해서 실시간 발생하는 것을 수집하는 시스템 환경이라면 key-value, 데이터베이스나 확장성이 중요한 요소라면 Cassandra와 같이 확장성이 보장된 칼럼 기반 데이터베이스를 선정하는 것 이 좋다.

5) 데이터 발생 유형 및 특성

① 대용량 실시간 서비스 데이터 개요

- 대상 데이터의 용량, 실시간 여부, 정형, 비정형 등 유형 및 요건을 파악하여 빅 데이터 저장 계획 수립에 반영하여야 한다.

대용량 데이터를 실시간으로 처리 하지 않을 때는 하둡 기반의 대용 량 데이터 처리 시스템 등을 선택 할 수 있다.

스트리밍 데이터
빠르고 연속적, 대용량, 다양한 장 소에서 발생

아파치 스톰
실시간 데이터를 처리를 위해 개 발된 분산형 스트림 프로세싱 프 레임워크

- 일반적으로 실시간으로 처리해야 하는 데이터를 스트리밍 데이터로 통칭하는 데 대용량의 특성과 무중단 서비스를 보장하는 저장 체계를 구축해야 한다.
- 실시간 데이터 처리를 위해 사용되는 시스템으로는 대표적으로 스파크 (Spark), 스톰(Storm) 등이 있으며 배치 기반의 대용량 데이터 처리에 특화된 하둡 시스템보다 실시간 대용량 데이터 처리에 특화되어 있다.
- IoT(Internet of Things)에서 발생하는 센서 데이터, 네트워크 모니터링 데 이터, 에너지 관리 분야 데이터, 통신 데이터, 웹 로그, 주식 데이터나 생산현 장에서 발생하는 데이터 등이 이에 해당한다.

② 대용량 실시간 서비스 데이터 저장

- 실시간 빅데이터 처리를 위해 스톰(Storm)을 사용한다고 가정하면, 스톰은 저장소가 없으므로 외부 저장 시스템과의 연동이 필수적이다.
- 다양한 소스의 로그로부터 데이터가 발생하는 환경에서는 스톰을 통하여 데이터를 전처리한 후 HDFS나 MongoDB, Cassandra, HBase와 같은 NoSQL을 저장소로 사용하거나, 데이터를 정규화하여 일반 RDBMS를 저장소로 사용할 수도 있다.
- 대표적인 실시간 데이터 처리 시스템인 스파크(Spark) 역시 내장된 저장소를 제공하지 않기 때문에 외부 빅데이터 저장 시스템과의 연계가 필수적이다.
- 실시간 서비스를 웹 페이지로 제공하는 것이 필요한 환경에서는 Redis와 같은 메인 메모리 저장 시스템을 저장소로 사용하기도 한다.

스트리밍 데이터의 수집과 처리에 특화된 시스템과의 연계가 필수적이다.

6) 안정성과 신뢰성 확보 및 접근성 제어계획 수립

① 빅데이터 저장시스템 안정성 및 신뢰성 확보

- 안정성 및 신뢰성을 확보하고 보장하기 위해 저장 계획 수립단계에서 용량산정이 필요하다.
  - 조직의 빅데이터 활용목적에 부합하는 현재와 향후 증가 추세를 추정 반영한다.

② 접근성 제어계획 수립

- 저장 시스템의 사용자와 관리자 유형, 역할 및 기능을 정의하고 각각에 해당하는 제어계획을 수립한다.

✅ 개념 체크

1 다음 NoSQL 데이터베이스 중 데이터 저장 구조가 나머지와 다른 하나는?

① HBase
② Cassandra
③ Bigtable
④ DynamoDB

정답 ④

①, ②, ③은 모두 열기반(칼럼기반) 데이터모델을 사용하며, DynamoDB는 키-값(key-value) 데이터 모델을 사용한다.

2 다음 NoSQL 데이터베이스의 특징으로 틀린 것은?

① 고정된 데이터 스키마가 존재하지 않고 데이터 저장을 위한 다양한 모델을 사용한다.
② 분산 컴퓨팅 환경에서 일관성, 가용성, 지속성을 동시에 지원한다.
③ 대용량 데이터를 처리하기 위해 입출력 부하를 분산시킨다.
④ 데이터 검색을 위한 질의언어나 API를 제공한다.

정답 ②

NoSQL 데이터베이스는 대규모 데이터를 처리하기 위한 확장성, 가용성 및 높은 성능을 제공하지만, CAP이론에 따라 일관성, 가용성, 지속성을 동시에 만족하는 시스템을 구현하기는 어렵다.

---

01 데이터 적재 완료 테스트를 위한 정형 데이터 체크리스트 항목으로 적절하지 <u>않은</u> 것은?

① 파티션의 개수
② 테이블의 개수
③ 속성의 개수
④ 레코드의 개수

02 데이터 저장 시 NoSQL 데이터베이스 저장방식의 종류가 <u>아닌</u> 것은?

① key-value 데이터베이스
② column-oriented 데이터베이스
③ relational 데이터베이스
④ document 데이터베이스

03 빅데이터 저장시스템 선정을 위한 분석 요소로 적절하지 <u>않은</u> 것은?

① 기능성 비교분석
② 분석대상 데이터 유형
③ 사용자 교육 용이성
④ 기존 시스템과의 연계성

04 빅데이터 저장시스템 선정을 위한 기능성 비교분석의 요소로 적절하지 <u>않은</u> 것은?

① 트랜잭션 일관성
② 확장성
③ 데이터모델
④ 호환성

05 스트리밍 데이터에 대한 특징으로 적절하지 <u>않은</u> 것은?

① 비용효율성
② 대용량성
③ 실시간성
④ 무중단성

06 key-value 데이터베이스에 대한 특징으로 올바르지 <u>않은</u> 것은?

① 관계형 데이터베이스보다 확장성이 뛰어나다.
② 인덱스가 없어 질의응답 시간이 느리다.
③ 데이터를 키와 그에 해당하는 값의 쌍으로 저장하는 방식이다.
④ 단순한 데이터 모델에 기반을 두고 있다.

07 데이터 수집을 목적으로 사용하기에 적절하지 <u>않은</u> 것은?

① 플루언티드(Fluentd)
② 맵리듀스(MapReduce)
③ 스크라이브(Scribe)
④ 로그스태시(Logstash)

08 하둡 분산파일 시스템에 대한 설명으로 적절하지 **않은** 것은?

① 하둡은 아파치 진영에서 분산 환경 컴퓨팅을 목표로 시작한 프로젝트로 분산 처리를 위한 파일 시스템이다.
② 데이터 손상을 방지하기 위해서 데이터 복제 기법을 사용한다.
③ HDFS는 대용량 파일을 클러스터에 여러 블록으로 분산하여 저장한다.
④ 클러스터에 저장되는 블록들은 마지막 블록을 제외하고 모두 크기가 동일하며 기본 크기는 32MB이다.

09 하둡의 장점으로 적절하지 **않은** 것은?

① 히둡의 DFS는 내용량의 비정형 데이터 저장 및 분석에도 효율적이다.
② 오픈소스 하둡은 무료로 사용할 수 있으며, 이용자가 많아 언제든 기술지원이 용이하다.
③ 개별적인 서버에서 진행되는 병렬처리 결과를 하나로 묶어 시스템의 과부하나 병목 현상을 줄여준다.
④ 하둡은 장비의 수를 증가시킬수록 성능이 향상된다.

10 맵리듀스 연산 과정을 올바르게 나열한 것은?

① Input – Splitting – Shuffling – Mapping – Reducing – Final result
② Input – Splitting – Mapping – Shuffling – Reducing – Final result
③ Input – Mapping – Splitting – Shuffling – Reducing – Final result
④ Input – Splitting – Shuffling – Reducing – Mapping – Final result

11 NoSQL 기술에 대한 설명으로 적절하지 **않은** 것은?

① NoSQL 데이터베이스는 전통적인 관계형 데이터베이스보다 유연한 데이터의 저장 및 검색을 위한 매커니즘을 제공한다.
② 대규모 데이터를 처리하기 위한 확장성, 가용성 및 높은 성능을 제공하며 빅데이터 처리와 저장을 위한 플랫폼으로 활용된다.
③ 분산 컴퓨팅 특징 중에서 일관성(Consistency)과 가용성(Availability)을 보장하고, 지속성(Partition Tolerance)을 포기한다.
④ 고전적인 관계형 데이터베이스의 주요 특성을 보장하는 ACID 특성 중 일부만을 지원하는 대신 성능과 확장성을 높였다.

12 column–oriented 데이터베이스에 대한 특징으로 올바르지 **않은** 것은?

① 연관된 데이터 위주로 읽는데 유리한 구조이다.
② 하나의 레코드를 변경하려면 여러 곳을 수정해야 한다.
③ 동일 도메인의 열 값이 연속되므로 압축 효율이 좋다.
④ 범위 질의는 사용이 어렵다.

13 document–oriented 데이터베이스에 대한 특징으로 올바르지 **않은** 것은?

① 연관된 데이터 위주로 읽는데 유리한 구조이다.
② 문서마다 다른 스키마가 있다.
③ 레코드 간의 관계 설명이 가능하다.
④ 개념적으로 관계형 데이터베이스와 비슷하다.

14 relational 데이터베이스에 대한 특징으로 올바르지 <u>않은</u> 것은?

① 데이터 무결성과 정확성을 보장한다.
② 강한 일관성은 불필요하다.
③ 정규화된 테이블과 소규모 트랜잭션이 있다.
④ 확장성에 한계가 있으며, 클라우드 분산 환경에 부적합하다.

15 CAP 이론에 대한 설명으로 적절하지 <u>않은</u> 것은?

① 분산 환경에서 모든 노드가 같은 시점에 같은 데이터를 보여줘야 하는 것을 일관성이라 한다.
② 일부 노드가 다운되어도 다른 노드에 영향을 주지 않아야 하는 것을 가용성이라 한다.
③ 데이터 전송 중에 일부 데이터를 손실하더라도 시스템은 정상 동작해야 하는 것을 지속성이라 한다.
④ NoSQL 데이터베이스는 일관성과 가용성, 지속성 모두를 보장한다.

16 CAP 이론을 바탕으로 각 시스템별 필요 조건을 설명한 것으로 적절하지 <u>않은</u> 것은?

① 관계형 데이터베이스는 일관성과 가용성이 보장되어야 한다.
② 대용량 분산 파일 시스템은 일관성과 지속성이 보장되어야 한다.
③ 비동기식 서비스는 가용성과 지속성이 보장되어야 한다.
④ 분산 병렬 시스템은 일관성, 가용성, 지속성 모두가 보장되어야 한다.

17 NoSQL의 기술적 특성에 대한 설명으로 적절하지 <u>않은</u> 것은?

① 데이터를 정확하고 효율적으로 생성, 검색, 갱신, 삭제할 수 있는 표준 SQL 질의 언어를 제공한다.
② 고정된 데이터 스키마 없이 키 값을 이용하여 다양한 형태의 데이터 저장 및 접근이 가능하다.
③ 응용 시스템의 다운 타임이 없도록 하는 동시에 대용량 데이터의 생성 및 갱신한다.
④ 대규모 질의에도 고성능 응답 속도를 제공할 수 있는 메모리 기반 캐싱 기술을 적용하는 것이 중요하다.

18 빅데이터 저장시스템 선정을 위한 기능성 비교분석 항목 중 트랜잭션 일관성에 대한 설명으로 적절하지 <u>않은</u> 것은?

① 데이터 수정, 삭제 등의 작업이 빈번하게 일어나는 환경에서 중요도가 높다.
② 트랜잭션의 일관성이 중요한 분야에서는 NoSQL을 선택하고, 그렇지 않은 때에만 RDBMS를 선택하여야 한다.
③ 배치중심의 하둡 기반 분석환경에서는 중요도가 그리 높지 않다.
④ 데이터베이스 트랜잭션이 안전하게 수행된다는 것을 보장하기 위한 ACID 요소 중 하나의 성질이다.

19 빅데이터 저장시스템 선정을 위한 기능성 비교분석 항목 중 질의 지원에 대한 설명으로 적절하지 <u>않은</u> 것은?

① MongoDB는 SQL과 유사한 문법에 기반을 두어 쉽게 학습할 수 있는 우수한 질의 인터페이스를 지원한다.
② CouchDB는 MongoDB와 비슷한 기능을 제공하며, 뷰 개념을 이해하고 활용하면 간편하다.
③ Hbase나 HyperTable은 자체 질의 지원 기능을 제공하여 편리하게 이용할 수 있다.
④ key-value 데이터베이스의 대표격인 Redis는 풍부한 질의기능을 제공한다.

20 대용량 실시간 서비스 데이터 저장 시 고려해야 할 내용으로 적절하지 <u>않은</u> 것은?

① 대상 데이터의 용량, 정형/비정형 등 유형 및 요건을 파악하여 빅데이터 저장 계획 수립에 반영하여야 한다.
② 대용량의 특성과 무중단 서비스를 보장하는 저장 체계를 구축해야 한다.
③ 실시간 서비스를 웹 페이지로 제공하는 것이 필요한 환경에서는 RDBMS와 같은 정형화된 저장소를 사용하기도 한다.
④ 스파크는 내장된 저장소를 제공하지 않으므로 외부 저장 시스템과의 연계가 필수적이다.

21 HDFS에 대한 설명으로 옳은 것은?

① 칼럼기반 데이터 저장 구조를 사용한다.
② 마스터노드와 슬레이브 노드로 구성되며, 데이터는 슬레이브 노드에 저장된다.
③ 하나의 데이터는 하나의 데이터 노드에 매핑되어 저장된다.
④ 구글의 파일 시스템의 기본 구조로 사용된다.

합격을 다지는 예상문제 / 정답 & 해설

SECTION 02

01 ①	02 ③	03 ③	04 ④	05 ①
06 ②	07 ②	08 ④	09 ②	10 ②
11 ③	12 ④	13 ①	14 ②	15 ④
16 ④	17 ①	18 ②	19 ③	20 ③
21 ②				

01 ①

정형 데이터 체크리스트 항목으로는 테이블의 개수와 속성의 개수 및 데이터 타입의 일치 여부, 레코드 수 일치 여부가 될 수 있다.

02 ③

NoSQL 데이터베이스 저장방식의 경우 key-value 데이터베이스, column-oriented 데이터베이스, document 데이터베이스가 있다.

03 ③

빅데이터 저장시스템 선정을 위한 분석 시 기능성 비교분석, 분석방식 및 환경, 분석대상 데이터 유형, 기존 시스템과의 연계성 등을 고려하여야 한다.

04 ④

빅데이터 저장시스템 선정을 위한 기능성 비교분석 요소로는 데이터모델, 확장성, 트랜잭션 일관성, 질의지원, 접근성이 있으며, 호환성은 기존 시스템과의 연계성의 요소로 볼 수 있다.

05 ①

스트리밍 데이터의 경우 대용량성, 실시간성, 무중단성의 특징은 갖고 있지만, 실시간 처리의 성격상 비용효율적이지는 못하다.

06 ②

key-value 데이터베이스는 데이터를 키와 그에 해당하는 값의 쌍으로 저장하는 방식이며, 단순한 데이터 모델에 기반을 두기 때문에 관계형 데이터베이스보다 확장성이 뛰어나고 질의 응답시간도 빠르다.

07 ②

데이터 수집을 위한 도구로는 플루언티드(Fluentd), 플럼(Flume), 스크라이브(Scribe), 로그스태시(Logstash) 등이 있으며, 맵리듀스(MapReduce)는 데이터를 효율적으로 처리하기 위한 기술이다.

08 ④

HDFS는 대용량 파일을 클러스터에 여러 블록으로 분산하여 저장하며, 블록들은 마지막 블록을 제외하고 모두 크기가 동일하다. 기본 크기는 64MB이다.

09 ②

하둡은 오픈소스로 별도 라이센스 구입 비용을 절약할 수 있지만, 상용 소프트웨어에 비해 기술지원이 쉽지 않다.

10 ②

데이터 소스를 입력 받아 이를 여러 개의 조각으로 나누어 조각에 포함된 단어와 그 빈도수를 계산하여 기록한다. 이후 각 조각 별로 계산된 결과를 같은 단어들로 모아 단어 별로 출연 빈도수를 합하여 최종 합산한 결과를 출력한다.

11 ③

NoSQL은 일관성이나 가용성 중 하나를 포기하고, 지속성을 보장한다.

12 ④

column-oriented 데이터베이스는 범위 질의에 유리하며, 범위 질의에 사용이 어려운 것은 key-value 데이터베이스의 특징이다.

13 ①

연관된 데이터 위주로 읽는데 유리한 구조는 column-oriented 데이터베이스의 특징이다.

14 ②

강한 일관성이 불필요한 것은 NoSQL 데이터베이스의 특징이다.

15 ④

NoSQL 데이터베이스는 일관성이나 가용성 중 하나를 포기하고, 지속성을 보장한다.

16 ④

분산 컴퓨팅 환경의 특징을 일관성(Consistency), 가용성(Availability), 지속성(Partition Tolerance) 세 가지로 정의할 수 있으며, 어떤 시스템이든 이 세 가지 특성을 동시에 만족하기는 어렵다.

17 ①

수십 대에서 수천 대 규모로 구성된 시스템에서도 데이터의 특성에 맞게 효율적으로 데이터를 검색, 처리할 수 있는 질의 언어, 관련 처리 기술, API를 제공한다.

18 ②

트랜잭션의 일관성이 중요한 분야에서는 RDBMS를 선택하고, 그렇지 않은 때에만 NoSQL을 선택하여야 한다.

19 ③

Hbase나 HyperTable은 자체 질의 지원 기능은 제공하지 않으나 Hive를 통해 SQL과 유사한 형태의 질의기능을 사용할 수 있다.

20 ③

실시간 서비스를 웹 페이지로 제공하는 것이 필요한 환경에서는 Redis와 같은 메인 메모리 저장 시스템을 저장소로 사용하기도 한다.

21 ②

HDFS는 데이터를 분산해서 저장하는 구조를 제공하며, 저장되는 데이터 형식과 모델을 지정하지 않는다. 하나의 데이터는 여러 노드에 복제/분산되어서 저장되어 장애로 인한 데이터 손실이 발생해도 쉽게 복구가 가능하다. 구글은 구글 파일 시스템을 사용한다.

MEMO

빅데이터 탐색

파트 소개

2과목은 데이터를 어떻게 처리하고 탐색하는지에 대한 이해가 필요합니다. 관련 기술과 통계와 관련한 어려운 개념들이 등장하므로 이해는 물론 수학적 해석 능력이 요구될 수 있습니다. 시험 전반의 베이스가 되는 내용이므로 철저히 공부하여 준비하는 것이 좋습니다.

데이터 전처리

데이터 전처리를 위해 필요한 기법을 학습합니다. 분석 전 단계로서 데이터 정제의 필요성과 과정을 이해하고, 결측값과 이상값의 처리, 변수선택 방법, 차원축소, 파생변수와 변수변환 방법을 학습합니다.

특히, 결측값과 이상값을 탐지하고 이를 대체할 수 있는 방법과 차원축소 기법들은 시험에서 중요한 비중을 차지하니 철저히 공부해야 합니다.

출제빈도

SECTION 01	하	10%
SECTION 02	중	90%

데이터 정제

01 데이터에 내재된 변수의 이해

빅데이터 분석이나 전통적 통계분석을 통해 원하는 결과를 얻기 위해서는 모든 근간이 되는 자료의 이해가 필수이다. 여기서는 자료에 대한 엄밀한 정의와 관련된 내용에 대해 다룬다.

1) 데이터 관련 정의

데이터
관심의 대상이 되는 사물이나 사건의 속성을 일정한 규칙에 의해 측정, 조사, 관찰하여 습득

① **데이터(Data)** : 이론을 세우는 기초가 되는 사실 또는 자료를 지칭하며 컴퓨터와 연관되어 프로그램을 운용할 수 있는 형태로 기호화 · 수치화한 자료를 말한다.

② **단위(Unit)** : 관찰되는 항목 또는 대상을 지칭한다.

③ **관측값(Observation)** : 각 조사 단위별 기록정보 또는 특성을 말한다.

④ **변수(Variable)** : 각 단위에서 측정된 특성 결과이다.

⑤ **원자료(Raw Data)** : 표본에서 조사된 최초의 자료를 이야기한다.

2) 데이터의 종류

자료의 종류에 대한 파악이 중요한 이유는 수집된 자료의 특성에 따라서 해당자료로부터 결과를 도출하기 위한 적용방법론이 바뀌기 때문이다.

① **단변량자료(Univariate Data)** : 자료의 특성을 대표하는 특성 변수가 하나인 자료이다.

② **다변량자료(Multivariate Data)** : 자료의 특성을 대표하는 특성 변수가 두 가지 이상인 자료이다.

③ **질적자료(Qualitative Data)** : 정성적 또는 범주형 자료라고도 하며 자료를 범주의 형태로 분류한다. 분류의 편의상 부여된 수치의 크기 자체에는 의미를 부여하지 않는 자료이며 명목자료, 서열자료 등이 질적자료로 분류된다.

질적자료	설명
명목자료 (Nominal Data)	측정대상이 범주나 종류에 대해 구분되어지는 것을 수치 또는 기호로 분류되는 자료이다. 예 전화번호상의 국번 · 지역번호(명목자료 처리 시 사용가능 연산자는 ≠, =)
서열자료 (Ordinal Data)	명목자료와 비슷하나 수치나 기호가 서열을 나타내는 자료이다. 예 기록경기의 순위 등 일반적인 순위를 나타내는 대부분의 자료를 지칭(자료 처리 시 사용가능 연산자는 ≠, =, ≤, ≥)

④ **수치자료(Quantitative Data)** : 정량적 또는 연속형 자료라고도 한다. 숫자의 크기에 의미를 부여할 수 있는 자료를 나타내며 구간자료, 비율자료가 여기에 속한다.

수치자료	설명
구간자료 (Interval Data)	명목자료, 서열자료의 의미를 포함하면서 숫자로 표현된 변수에 대해서 변수 간의 관계가 산술적인 의미를 가지는 자료이다. ⑩ 온도(비율로 의미가 부여될 수 있는 자료가 아니며 사용연산자는 ≠, =, ≤, ≥, +, −)
비율자료 (Ratio Data)	명목자료, 서열자료, 구간자료의 의미를 다 가지는 자료로서 수치화된 변수에 비율의 개념을 도입할 수 있는 자료이다. ⑩ 무게(사용연산자는 ≠, =, ≤, ≥, +, −, ×, ÷)

⑤ **시계열자료(Time Series Data)** : 일정한 시간간격 동안에 수집된, 시간개념이 포함되어 있는 자료이다.
   ⑩ 일별 주식 가격

⑥ **횡적자료(Cross Sectional Data)** : 횡단면자료라고도 하며 특정 단일 시점에서 여러 대상으로부터 수집된 자료이다. 즉 한 개의 시점에서 여러 대상으로부터 취합하는 자료를 말한다.

⑦ **종적자료(Longitudinal Data)** : 시계열자료와 횡적자료의 결합으로 여러 개체를 여러 시점에서 수집한 자료이다.

데이터의 종류는 앞의 내용에서 변수들의 집합인 자료의 종류와 그 특성을 동일하게 가지므로 데이터의 종류에 따라서 적용방법론이 다양하게 변화할 수 있다.

3) 데이터의 정제
수집된 데이터를 대상으로 분석에 필요한 데이터를 추출하고 통합하는 과정이다.

① 데이터 정제의 필요성
- 데이터로부터 원하는 결과나 분석을 얻기 위해서는 수집된 데이터를 분석의 도구 또는 기법에 맞게 다듬는 과정이 필요하다.

② 정제과정을 거치지 않은 데이터의 문제점
- 데이터 구성의 일관성이 없어지므로 분석의 처리에 어려움이 발생한다.
- 도출된 결과의 신뢰성 저하가 발생한다.

③ 데이터 정제의 과정(Processing)
- 다양한 매체로부터 데이터를 수집, 원하는 형태로 변환, 원하는 장소에 저장, 저장된 데이터의 활용가능성을 타진하기 위한 품질확인, 필요한 시기와 목적에 따라 사용이 원활하도록 관리의 과정이 필요하다.

- 시스템 내 · 외부에서 데이터를 수집하면 정형(Structured)보다 비정형(Un-structured) 데이터들이 많다. 비정형 데이터의 경우 기본적으로 구조화된 정형 데이터로의 변환을 수행하고 변환된 데이터에서 결측치나 오류의 수정 과정을 거친다.

- 기존 시스템 내의 데이터와 비교분석이 필요한 경우 레거시(Legacy Data)와 통합 · 변환의 과정이 발생할 수 있다.

구분	수행내용	Process
데이터의 수집	• 데이터의 입수 방법 및 정책 결정 • 입수경로의 구조화 • 집계(Aggregation) • 저장소 결정	전처리 (Pre Processing) 포함
데이터의 변환	• 데이터 유형의 변환 및 분석 가능한 형태로 가공 • ETL(Extraction, Transformation, Loading) • 일반화(Generalization) • 정규화(Normalization) • 평활화(Smoothing)	
데이터의 교정	• 결측치의 처리, 이상치(Outlier) 처리, 노이즈 처리 • 비정형데이터 수집 시 필수사항	
데이터의 통합	• 데이터분석이 용이하도록 기존 또는 유사 데이터와의 연계 통합 • 레거시 데이터(Legacy Data)와 함께 분석이 필요할 경우 수행	

- 집계(Aggregation) : 데이터를 요약하거나 그룹화하여 통계적 정보를 얻는 과정으로, 데이터의 합계, 평균, 중앙값, 최빈값, 최소/최대값, 분산과 표준편차 등을 이용하여 데이터의 특성을 파악한다.

- 일반화(Generalization) : 데이터 변환 과정에서 데이터의 일반적인 특성이나 패턴을 추출하는 작업이다. 데이터를 단순히 변환하는 것 이상으로, 데이터의 복잡성을 감소시키고 중요한 특징을 강조한다. 데이터의 특징을 일반화함으로써 다양한 상황에서 일관된 분석 및 예측을 가능하게 한다. 예를 들어, 이미지 처리에서 일반화는 주어진 이미지에서 특징을 추출하여 일반적인 패턴을 학습하는 과정이며, 이를 통해 새로운 이미지에서도 유사한 패턴을 인식할 수 있다.

- 정규화(Normalization) : 데이터를 일정한 범위로 조정하여 상대적인 크기 차이를 제거하고 데이터를 표준화하는 작업이다. 일반적으로 수치형 데이터에 적용하며, 데이터를 일반적인 형태로 변환하여 분석과 모델링에 적용하기 쉽게 한다. Min-Max 정규화, Z-score 정규화 등과 같은 방법을 사용하며, 데이터의 상대적인 비교를 용이하게 하고, 이상치에 대한 영향을 완화하는 것이 주 목적이다.

- 평활화(Smoothing) : 데이터의 변동을 줄이고 노이즈를 제거하여 데이터의 추세나 패턴을 부드럽게 만드는 기술로 데이터 시계열 분석, 데이터 시각화, 데이터 예측 등 다양한 분야에서 사용된다. 주요 평활화 기법으로 이동평균법, 지수평활법, Savitzky-Golay 필터법 등이 있다.

④ 데이터 정제의 전처리 · 후처리

- 전처리(Pre Processing) : 데이터 저장 전의 처리과정으로 대상 데이터와 입수방법 결정 및 저장방식 장소를 선정한다.
- 후처리(Post Processing) : 저장 후의 처리를 지칭하며 저장 데이터의 품질관리 등의 과정을 포함한다.

02 데이터 결측값 처리

데이터 분석에서 결측치(결측값, Missing Data)는 데이터가 없음을 의미한다.

- **결측치를 임의로 제거 시** : 분석 데이터의 직접손실로 분석에 필요한 유의수준 데이터 수집에 실패할 가능성이 발생한다.
- **결측치를 임의로 대체 시** : 데이터의 편향(bias)이 발생하여 분석 결과의 신뢰성 저하 가능성이 있다.

결측치에 대한 처리는 임의 제거 · 대체의 방법을 사용함에 있어 상기의 문제를 피하는 데이터에 기반한 방법으로 처리해야 한다.

1) 결측 데이터의 종류

① 완전 무작위 결측(MCAR: Missing Completely At Random) : 어떤 변수상에서 결측 데이터가 관측된 혹은 관측되지 않는 다른 변수와 아무런 연관이 없는 경우이다.

② 무작위 결측(MAR: Missing At Random) : 변수상의 결측데이터가 관측된 다른 변수와 연관되어 있지만 그 자체가 비관측값들과는 연관되지 않은 경우이다.

③ 비 무작위 결측(NMAR: Not Missing At Random) : 어떤 변수의 결측 데이터가 완전 무작위 결측(MCAR) 또는 무작위 결측(MAR)이 아닌 결측데이터로 정의하는 즉, 결측변수값이 결측여부(이유)와 관련이 있는 경우이다.
  - 예 지역 가구소득 조사 시 소득이 적은 가구에 대한 소득값 결측이 쉽다(소득이 적은 가구는 소득을 밝히기 싫어함을 가정).

나이대별(X), 성별(Y)과 체중(Z) 분석에 대한 모델링을 가정해 보면
- X, Y, Z와 관계없이 Z가 없는 경우 : 데이터의 누락(응답 없음) → 완전 무작위 결측(MCAR)
- 여성(Y)은 체중 공개를 꺼려 하는 경향 : Z가 누락될 가능성이 Y에만 의존 → 무작위 결측(MAR)
- 젊은(X) 여성(Y)의 경우는 체중 공개를 꺼리는 경우가 더 높음 → 무작위 결측(MAR)
- 무거운(가벼운) 사람들은 체중 공개 가능성이 적음 : Z가 누락될 가능성이 Z값 자체에 관찰되지 않는 값에 달려 있음 → 비 무작위 결측(NMAR)

결측치(손실 데이터)
어떠한 자료값도 관측 대상 변수에 저장되지 않을 때 발생

결측 데이터를 가진 모든 변수가 완전 무작위 결측이라면 대규모 데이터에서 단순 무작위 표본추출을 통해 처리 가능하다.

MCAR
변수상에 발생한 결측이 다른 데이터에 영향 없음

MAR
결측이 특정 변수와 관련되어 발생하지만 그 결과에는 영향 없음

NMAR
결측이 다른 변수와 연관 있음

2) 결측값 유형의 분석 및 대치

- 결측치의 처리를 위해서 실제 데이터셋에서 결측치가 어떤 유형으로 분류되는지 분석하고 분석된 결과에 따라서 결측치 처리 방법의 선택이 필요하다.
- 일반적으로 결측·무응답을 가진 자료를 분석할 때는 완전 무작위 결측(MCAR)하에 처리한다. 즉, 불완전한 자료는 무시하고 완전히 관측된 자료만을 표준적 분석을 시행한다. 그러나 이런 결측치가 존재하는 데이터를 이용한 분석은 다음 세 가지 고려사항이 발생하는데 효율성(efficiency), 자료처리의 복잡성, 편향(bias) 문제이다.

① 단순 대치법(Simple Imputation)

기본적으로 결측치에 대하여 MCAR 또는 MAR로 판단하고 이에 대한 처리를 하는 방법이다.

- **완전 분석(Completes Analysis)** : 불완전 자료는 완전하게 무시하고 분석을 수행한다. 분석의 용이성을 보장하나 효율성 상실과 통계적 추론의 타당성에 문제 발생 가능성이 있다.
- **평균 대치법(Mean Imputation)** : 관측 또는 실험으로 얻어진 데이터의 평균으로 결측치를 대치해서 사용한다. 평균에 의한 대치는 효율성의 향상 측면에서 장점이 있으나 통계량의 표준오차가 과소 추정되는 단점이 있다. 비조건부 평균 대치법이라고도 한다.
- **회귀 대치법(Regression Imputation)** : 회귀분석에 의한 예측치로 결측치를 대치하는 방법으로 조건부 평균 대치법이라고도 한다.

➕ 더 알기 TIP

회귀 대치법
결측값이 없는 다른 변수(독립변수)를 이용하여 결측값이 있는 변수(종속변수)를 예측하는 회귀모델을 구축하고 사용하여 결측값을 대체한다.

장점	• 데이터의 구조와 패턴을 반영하여 결측값 대체한다. • 통계적 분석에서 예측된 값을 사용하므로, 데이터의 변동성을 반영한다.
단점	• 회귀모델의 정확도에 따라 대체된 값의 정확도의 변화가 발생할 수 있다. • 독립변수와 종속변수 간의 관계가 약할 경우, 예측값의 신뢰성이 저하된다. • 결측값이 많을 경우, 회귀모델의 구축이 어렵다.

- **단순확률 대치법(Single Stochastic Imputation)** : 평균 대치법에서 추정량 표준오차의 과소 추정을 보완하는 대치법으로 Hot-deck 방법이라고도 한다. 확률추출에 의해서 전체 데이터 중 무작위로 대치하는 방법이다.
- **최근접 대치법(Nearest-Neighbor Imputation)** : 전체표본을 몇 개의 대체군으로 분류하여 각 층에서의 응답자료를 순서대로 정리한 후 결측값 바로 이전의 응답을 결측치로 대치한다. 응답값이 여러 번 사용될 가능성이 단점이다.

사회적 조사방법론의 경우 조사단위 대치법(Substitution Imputation), 콜드 덱 대치(Cold-deck Imputation), 이월 대치법(Carry-over Imputation)의 방법도 있다.

콜드덱 대치
결측값을 외부 출처(유사한 다른 조사, 과거 조사 등)에서 가져온 값 으로 대체

② 다중 대치법(Multiple Imputation)

단순 대치법을 복수로 시행하여 통계적 효율성 및 일치성 문제를 보완하기 위하여 만들어진 방법이다. 복수 개(n개)의 단순대치를 통해 n개의 새로운 자료를 만들어 분석을 시행하고 시행결과 얻어진 통계량에 대해 통계량 및 분산 결합을 통해 통합하는 방법이다.

- 1단계 – 대치단계(Imputation Step) : 복수의 대치에 의한 결측을 대치한 데이터를 생성한다.
- 2단계 – 분석단계(Analysis Step) : 복수 개의 데이터셋에 대한 분석을 시행한다.
- 3단계 – 결합단계(Combination Step) : 복수 개의 분석결과에 대한 통계적 결합을 통해 결과를 도출한다.

03 데이터 이상값 처리

이상치(이상값, Outlier)란 데이터의 전처리 과정에 발생 가능한 문제로 정상의 범주(데이터의 전체적 패턴)에서 벗어난 값을 의미한다. 데이터의 수집과정에서 오류가 발생할 수도 있기 때문에 이상치가 포함될 수 있다. 오류가 아니더라도 굉장히 극단적인 값의 발생으로 인한 이상치가 존재할 수도 있다.

이상치는 앞선 결측치와 마찬가지로 분석결과의 왜곡이 발생할 수 있으므로 처리하는 작업이 필요하다.

1) 이상치의 종류 및 발생원인

① 이상치의 종류

- 단변수 이상치(Univariate Outlier) : 하나의 데이터 분포에서 발생하는 이상치를 말한다.
- 다변수 이상치(Multivariate Outlier) : 복수의 연결된 데이터 분포공간에서 발생하는 이상치를 의미한다.

② 이상치의 발생 원인

- 비자연적 이상치 발생(Artificial/Non-Natural Outlier)
- 입력실수(Data Entry Error) : 데이터의 수집과정에서 발생하는 에러로 입력의 실수 등을 지칭한다.
- 측정오류(Measurement Error) : 데이터의 측정(Measuring) 중에 발생하는 에러로 측정기 고장(이상 작동)으로 발생되는 문제이다.

이상치의 발생 원인은 매우 다양하다. 이것을 어떻게 탐지하는지가 중요하다.

- 실험오류(Experimental Error) : 실험과정 중 발생하는 에러로 실험환경에서 야기된 모든 문제점을 지칭한다.
- 의도적 이상치(Intentional Outlier) : 자기 보고 측정(Self-reported Measure)에서 발생되는 이상치를 지칭한다. 의도가 포함된 이상치로 예를 들어 남성의 키를 조사 시 의도적으로 키를 높게 기입하는 경우 등이 있다.
- 자료처리오류(Data Processing Error) : 복수 개의 데이터셋에서 데이터를 추출·조합하여 분석 시, 분석 전의 전처리에서 발생하는 에러를 말한다.
- 표본오류(Sampling Error) : 모집단에서 표본을 추출하는 과정에서 편향이 발생하는 경우를 지칭한다.
• 상기 경우 이외에 발생하는 이상치들은 자연적 이상치(Natural Outlier)라고 한다.

2) 이상치의 문제점

① 기초(통계적) 분석결과의 신뢰도 저하 : 평균, 분산 등에 영향을 준다. 단 중앙값은 영향이 적다.

② 기초통계에 기반한 다른 고급 통계분석의 신뢰성 저하 : 검정·추정 등의 분석, 회귀분석 등이 영향을 받는다.

• 특히 이상치가 비무작위성(Non-Randomly)을 가지고 나타나게(분포하게) 되면 데이터의 정상성(Normality) 감소를 초래하며 이는 데이터 자체의 신뢰성 저하로 연결될 가능성이 있다.

이상치의 제거
탐지 기준을 벗어나는 데이터를 제거

3) 이상치의 탐지

종속변수가 단변량(Univariate)인지 다변량(Multivariate)인지 데이터의 분포를 고려하여 모수적(Parametric) 또는 비모수적(Non-Parametric)인지에 따라 다양한 방법으로 고려해야 한다.

① 시각화(visualization)를 통한 방법(비모수적, 단변량(2변량)의 경우)

• 상자 수염 그림(Box Plot, 상자 그림)

- 데이터의 분포를 한 눈에 볼 수 있게 시각화하여 이상치 등을 탐지할 수 있는 시각화 도구이다.
- 데이터의 최솟값, 최댓값, 중앙값, 1사분위수(Q1), 3사분위수(Q3) 등을 표현한다.
- 집단이 여러 개인 경우에도 한 공간에 쉽게 나타낼 수 있다.

○ 이상치
최대값

Q3

중앙값

Q1

최소값

➕ 더 알기 TIP

상자 수염 그림과 이상치 판단

25, 28, 29, 29, 30, 34, 35, 35, 37, 38

1. 자료를 오름차순으로 정렬하고 중앙값을 구한다.

　자료의 개수가 짝수일 경우, 중앙값은 가운데 두 수의 평균이다.

　(30 + 34) / 2 = 32

2. 사분위수를 구한다.

　3사분위수(Q3) = 데이터를 정렬했을 때 75%에 위치한 수 = 35

　1사분위수(Q1) = 데이터를 정렬했을 때 25%에 위치한 수 = 29

　사분위범위(IQR) = Q3 − Q1 = 35 − 29 = 6

3. 최댓값, 최솟값을 구한다.

　최댓값 = Q3 + (1.5*IQR) = 35 + 9 = 44

　최솟값 = Q1 − (1.5*IQR) = 29 − 9 = 20

따라서 44보다 크거나 20보다 작은 값을 이상치로 판단한다.

- **줄기−잎 그림(Stem and Leaf Diagram)**

　− 줄기−잎 그림은 주로 작은 데이터셋에 적합하며, 각 데이터 포인트를 숫자의 일부인 줄기와 그 줄기에 해당하는 값들의 리스트인 잎으로 분리하여 나타낸다. 이를 통해 데이터의 분포와 이상치를 확인할 수 있다.

➕ 더 알기 TIP

줄기−잎 그림 생성과 이상치 판단

줄기는 데이터의 정수 부분을 나타내고, 잎은 소수 부분이나 가장 오른쪽 자리수로 사용된다.

예를 들어 16, 19, 23, 24, 25, 34, 35, 42, 100을 줄기−잎 그림으로 나타낸다면 다음과 같다.

1 | 6 9

2 | 3 4 5

3 | 4 5

4 | 2

10 | 0

줄기−잎 그림에서 이상치는 100과 같이 일반적인 패턴에서 크게 벗어난 값, 주로 특정 줄기 또는 잎에서 큰 차이를 보이는 값으로 확인할 수 있다.

- **산점도 그림(Scatter Plot)**

　− 두 변수로 이루어진 데이터를 2차원 평면 상에 점으로 표현하는 시각화 방법으로, 데이터 포인트들이 그래프 상에서 너무 멀리 떨어져 있는 값을 이상치로 판단한다.

② **Z−score 방법(모수적 단변량 또는 저변량의 경우)**

- Z−score는 데이터 포인트가 평균으로부터 얼마나 떨어져 있는지를 표준편차의 단위로 나타내는 통계적 지표이다.

- Z−score를 이용한 이상치 탐지 방법

　− 먼저 데이터를 정규화하여 평균이 0이고 표준편차가 1인 표준정규분포로 변환한다. 이를 위해 각 데이터 포인트에서 평균을 빼고, 표준편차로 나누어준다.

– 정규화된 데이터 포인트(x)의 Z-score를 계산한다.

$$z_i = \frac{x_i - \mu}{\sigma} \quad , \quad \mu: \text{평균} \quad \sigma: \text{표준편차}$$

$$|z_i| > z_{thr}$$

– 통상적 threshold는 1σ 사이(전체의 68.27%), 2σ 사이(전체의 95.45%) 3σ 사이(전체의 99.73%) 등을 사용한다.

(4σ, 5σ, 6σ 등 용도에 따라 정밀도를 높여 제거)

– 보통 Z-score의 절댓값이 일정한 임계값(threshold)보다 큰 데이터는 이상치로 간주된다. 일반적으로, 임계값은 1σ 사이(전체의 68.27%), 2σ 사이(전체의 95.45%) 3σ 사이(전체의 99.73%) 등을 사용한다.

• Z-score를 이용한 이상치 덤지 방법은 데이터가 정규분포를 따른다고 가정할 때 효과적으로 작동할 수 있으며, 비정규분포를 따르는 경우에는 잘못된 결과를 도출할 수 있으므로 주의가 필요하다. 또한, 이상치 탐지는 데이터의 특성과 분석 목적에 따라 적절한 임계값 설정이 필요하며, 추가적인 검토와 판단이 필요할 수 있다.

③ 밀도기반 클러스터링 방법(DBSCAN: Density Based Spatial Clustering of Application with Noise)

• 비모수적 다변량의 경우 군집간의 밀도를 이용하여 특정 거리 내의 데이터 수가 지정 개수 이상이면 군집으로 정의하는 방법이다. 정의된 군집에서 먼거리에 있는 데이터는 이상치로 간주한다.

④ 고립 의사나무 방법(Isolation Forest)

• 데이터가 다른 데이터들과 얼마나 분리되어 있는지를 측정하여 이상치를 탐지한다. 알고리즘의 매개변수 설정과 이상치 판단 기준의 임계값 설정에 따라 결과가 달라질 수 있다.

• 고립 의사결정나무의 동작 과정

– 데이터 포인트 분할 : 먼저 데이터를 분할하여 의사결정나무를 생성한다. 데이터를 분할할 때는 이상치를 찾기 위해 특정 기준을 사용한다.

– 분할 기준 설정 : 분할 기준은 데이터의 특성에 따라 정해진다. 예를 들어, 데이터의 특성 값이 특정 임계값보다 큰 경우와 작은 경우로 분할할 수 있다.

– 분할된 데이터 영역 계산 : 각 분할된 영역에서의 데이터 밀도를 계산한다. 이를 통해 데이터가 다른 데이터들과 얼마나 분리되어 있는지를 측정할 수 있다.

– 이상치 탐지 : 데이터의 분리 정도를 기준으로 이상치를 탐지한다. 일반적으로 밀도가 낮은 영역에 위치한 데이터들이 이상치로 간주된다.

– 의사결정나무 생성 : 데이터의 분할과 이상치 탐지를 반복하여 의사결정나무를 생성한다. 이상치를 제외한 정상 데이터들은 나무의 잎 노드에 할당된다.

기적의 TIP

자세한 내용은 CHAPTER 02 – SECTION 01 데이터 탐색의 기초에서 다룬다.

01 데이터의 정의에 대한 다음 설명 중 **틀린** 것은?

① 단위(Unit) : 관찰 되는 항목 또는 대상을 지칭한다.
② 관측값(Observation) : 각 조사 단위별 기록정보 또는 특성을 말한다.
③ 변수(Variable) : 각 단위에서 측정된 특성 결과이다.
④ 원자료(Raw Data) : 표본에서 얻어진 분석결과 자료를 이야기한다.

02 다음 데이터의 종류에 대한 설명 중 **틀린** 것을 고르시오.

① 명목자료(Nominal Data) : 질적자료의 한 종류로 측정대상이 범주나 종류에 대해 구분되어지는 것을 수치 또는 기호로 분류되는 자료이다.
② 서열자료(Ordinal Data) : 정량적 자료의 한 종류로 명목자료와 비슷하나 수치나 기호가 서열을 나타내는 자료이다.
③ 구간자료(Interval Data) : 수치자료의 한 종류로 명목자료, 서열자료의 의미를 포함하면서 숫자로 표현된 변수에 대해서 변수 간의 관계가 산술적인 의미를 가지는 자료이다.
④ 비율자료(Ratio Data) : 수치자료의 한 종류로 명목자료, 서열자료, 구간자료의 의미를 다 가지는 자료로서 수치화된 변수에 비율의 개념을 도입할 수 있는 자료이다.

03 질적자료의 설명으로 옳은 것을 고르시오.

① 정량적 자료라고 하며 수치의 크기 자체의 의미를 부여하는 자료를 말한다.
② 서열자료는 수치나 기호가 서열을 나타내는 자료이다.
③ 명목자료는 측정대상이 범주나 종류에 대해 구분 되어지는 것을 수치 또는 기호로 분류할 수 없는 자료이다.
④ 정성적 자료라고 하며 분류가 불가능한 비정형자료이다.

04 데이터의 정제에 관련한 설명으로 **틀린** 것을 고르시오.

① 데이터의 정제는 수집된 데이터를 대상으로 분석에 필요한 데이터를 추출하고 통합하는 과정이다.
② 데이터로부터 원하는 결과나 분석을 얻기 위해서는 수집된 데이터를 분석의 도구 또는 기법에 맞게 다듬는 과정이 필요하다.
③ 데이터의 유효성을 유지하기 위하여 데이터의 변화는 가급적 하지 않는다.
④ 다양한 매체로부터 데이터를 수집, 저장, 변환, 품질확인, 관리하는 것이 필요하다.

05 다음 중 모든 사칙연산이 가능한 척도로 맞는 것은?

① 명목자료 : 성별, 연령대
② 비율자료 : 키, 몸무게, 월수입
③ 서열자료 : 성적 순위
④ 구간자료 : 온도

06 다음은 데이터 정제의 과정과 요소를 나열한 것이다. 괄호 안의 요소로 알맞은 것은?

다양한 매체로부터 데이터를 수집, 원하는 형태로 변환, 원하는 장소에 저장, (　　), 필요한 시기와 목적에 따라 사용이 원활하도록 관리의 과정이 필요하다.

① 비정형 데이터의 경우 기본적으로 구조화된 정형 데이터로의 변환을 수행
② 결측치의 처리, 이상치 처리, 노이즈 처리
③ 저장된 데이터의 활용가능성을 타진하기 위한 품질확인
④ 데이터분석이 용이하도록 기존 또는 유사 데이터와의 연계 통합

07 데이터 집합에서 다른 측정값들과 비교하여 현저한 차이를 보이는 샘플 또는 변수 값은?

① 결측치
② 잡음
③ 이상치
④ 데이터 정제

08 다음은 어떠한 종류의 데이터를 설명하는 내용인가?

수치의 크기에 의미를 부여할 수 있는 자료를 나타내며 세부적으로는 구간자료, 비율자료가 있다.

① 질적자료
② 수치자료
③ 횡적자료
④ 종적자료

09 나이대별 성별과 체중에 대해서 조사를 하고자 한다. 이때 발생 가능한 결측치에 대해서 분류를 다음 아래와 같이 구분하였다. 옳은 것은?

① 데이터의 누락 : 비 무작위 결측
② 여성은 체중 공개를 꺼림 : 무작위 결측
③ 젊은 여성은 체중 공개를 꺼림 : 비 무작위 결측
④ 무거운 사람은 체중 공개를 꺼림 : 무작위 결측

10 다음은 어떠한 대치법(Imputation)에 대한 설명인가?

평균 대치법에서 추정량 표준오차의 과소 추정을 보완하는 대치법으로 Hot-deck 방법이라고도 한다. 확률 추출에 의해서 전체 데이터 중 무작위로 대치하는 방법이다.

① 평균 대치법(Mean Imputation)
② 회귀 대치법(Regression Imputation)
③ 단순확률 대치법(Single Stochastic Imputation)
④ 최근방 대치법(Nearest-Neighbor Imputation)

11 다음은 결측값의 종류에 대한 설명이다. **틀린** 설명을 고르시오.

① 완전 무작위 결측은 어떤 변수상에서 결측 데이터가 관측된 혹은 관측되지 않는 다른 변수와 아무런 연관이 없는 경우로 정의한다.

② 결측 데이터를 가진 모든 변수가 완전 무작위 결측(MCAR)이라면 소규모 데이터에서 단순 무작위 표본추출을 통해 처리 가능하다.

③ 무작위 결측(MAR)은 변수상의 결측데이터가 관측된 다른 변수와 연관되어 있지만 그 자체가 비 관측값들과는 연관되지 않은 경우이다.

④ 비 무작위 결측(NMAR)은 어떤 변수의 결측 데이터가 완전 무작위 결측(MCAR) 또는 무작위 결측(MAR)이 아닌 결측데이터로 정의하는 것이다.

12 다음 이상치에 대한 설명 중 **틀린** 것은?

① 이상치가 비무작위성(Non-Randomly)을 가지고 나타나게(분포하게) 되면 데이터의 정상성(Normality) 증대를 초래하며 이는 데이터 자체의 신뢰성 저하로 연결될 가능성이 있다.

② 자료처리오류(Data Processing Error)는 복수개의 데이터셋에서 데이터를 추출·조합하여 분석 시, 분석 전의 전처리에서 발생하는 에러를 말한다.

③ 비 모수적 이상치를 탐지하는 방법 중에는 산점도(Scatter Plot)를 이용한 방법이 있다.

④ 의도적 이상치(Intentional Outlier)의 예는 남성의 키를 조사 시 의도적으로 키를 높게 기입하는 경우 등이 있다.

SECTION 01

01 ④	02 ②	03 ②	04 ③	05 ②
06 ③	07 ③	08 ②	09 ②	10 ③
11 ②	12 ①			

01 ④

원자료(Raw Data) : 표본에서 조사된 최초의 자료를 이야기한다.

02 ②

서열자료는 질적자료(정성적 자료, Qualitative Data)이다.

03 ②

질적자료(Qualitative Data) : 정성적 자료라고도 하며 자료를 범주의 형태로 분류한다. 분류의 편리상 부여된 수치의 크기자체에는 의미를 부여하지 않는 자료이며 명목자료, 서열자료 등이 질적자료로 분류된다.

오답 피하기
- 명목자료(Nominal Data) : 측정대상이 범주나 종류에 대해 구분되어지는 것을 수치 또는 기호로 분류되는 자료이다.
- 서열자료(Ordinal Data) : 명목자료와 비슷하나 수치나 기호가 서열을 나타내는 자료이다. 기본적으로 정형자료에 대한 분류 체계이다.

04 ③

데이터의 정제 과정 : 수집, 저장, 변환, 품질확인, 관리의 과정을 거치며 변환은 데이터 유형의 변화 및 분석 가능한 형태로 가공을 의미한다.

05 ②

비율자료는 구간 자료의 특성을 가지며 절대기준이 존재한다. 데이터간 비율이 의미 있는 동시에 사칙연산이 다 가능한 자료로 키, 몸무게 등이 해당된다.

06 ③

데이터의 정제 과정 : 수집, 저장, 변환, 품질확인, 관리의 과정

오답 피하기
- 비정형 데이터의 경우 기본적으로 구조화된 정형 데이터(Structured Data)로의 변환을 수행 (변환의 세부수행)
- 결측치의 처리, 이상치(Outlier) 처리, 노이즈 처리(데이터 변환과정의 실무)
- 데이터분석이 용이하도록 기존 또는 유사 데이터와의 연계 통합(변환과정의 종류)

07 ③

이상치에 대한 설명이다.

08 ②

수치자료의 정의 : 수치의 크기에 의미를 부여할 수 있는 자료를 나타내며 구간자료, 비율자료가 여기에 속한다.

09 ②

나이대별(X) 성별(Y)과 체중(Z) 분석에 대한 모델링을 가정해 보면
X, Y, Z와 관계없이 Z가 없는 경우 : 데이터의 누락(응답 없음) → 완전 무작위 결측(MCAR)
여성(Y)은 체중공개를 꺼려 하는 경향 : Z가 누락될 가능성이 Y에만 의존 → 무작위 결측(MAR)
젊은(X) 여성(Y)의 경우는 체중공개를 꺼리는 경우가 더 높음 → 무작위 결측(MAR)
무거운(가벼운) 사람들은 체중 공개 가능성이 적음 : Z가 누락될 가능성이 Z 값 자체에 관찰되지 않는 값에 달려 있음 → 비 무작위 결측(NMAR)

10 ③

단순확률 대치법(Single stochastic Imputation)에 대한 설명이다.

11 ②

어떤 변수상에서 결측 데이터가 관측된 혹은 관측되지 않는 다른 변수와 아무런 연관이 없는 경우, 결측 데이터를 가진 모든 변수가 완전 무작위 결측이라면 대규모 데이터에서 단순 무작위 표본추출을 통해 처리 가능하다.

12 ①

이상치가 비무작위성(Non-Randomly)을 가지고 나타나게(분포하게) 되면 데이터의 정상성(Normality) 감소를 초래하며 이는 데이터 자체의 신뢰성 저하로 연결될 가능성이 있다.
정상성이 높아지면 데이터의 신뢰도가 높아진다.

출제빈도 상 ⑬ 하
반복학습 ① ② ③

빈출 태그 변수 선택 • 차원 축소 • 파생 변수 • 불균형 데이터

ⓞ1 변수 선택

통계적 분석 결과의 신뢰성을 위해서 기본적으로 데이터와 이를 특정 짓는 변수는 많으면 좋다. 하지만 분석모형을 구성하고 사용하는 데 지속적으로 필요 이상의 많은 데이터를 요구할 수 있다.

예를 들어, 회귀모형에 의한 분석의 경우 최종 결과를 도출해 내기 위해서 사용된 독립 변수가 m개이고 이를 통해서 얻어진 설명력이 R^2=89%라고 했을 때, m보다 작은 n개만을 사용 시 동일한 설명력이 나온다면 변수의 효율적 선택의 필요성이 증가한다.

회귀(regression)
변수 x와 y의 관계를 함수식으로 설명하는 통계적 방법

1) 변수별 모형의 분류

① 전체 모형(FM: Full Model) : 모든 독립변수를 사용한 모형으로 정의한다.

② 축소 모형(RM: Reduced Model) : 전체 모형에서 사용된 변수의 개수를 줄여서 얻은 모형이다.

상관계수
두 변수 간 연관성, 상관관계의 정도를 나타내는 수치

③ 영 모형(NM: Null Model) : 독립변수가 하나도 없는 모형을 의미한다.

2) 변수의 선택 방법

① 전진 선택법(Forward Selection)

• 영 모형에서 시작, 모든 독립변수 중 종속변수와 단순상관계수의 절댓값이 가장 큰 변수를 분석모형에 포함시키는 것을 말한다.

전진 선택법
가장 단순한 회귀모형에서 출발하여 가장 중요한 변수들을 고르며 차례대로 모형에 포함시켜 나감

• 부분 F 검정(F test)을 통해 유의성 검증을 시행하여, 유의한 경우는 가장 큰 F 통계량을 가지는 모형을 선택하고 유의하지 않은 경우는 변수선택 없이 과정을 중단한다.

• 한번 추가된 변수는 제거하지 않는 것이 원칙이다.

② 후진 선택법(Backward Selection), 후진 소거법(Backward Elimination)

• 전체모델에서 시작, 모든 독립변수 중 종속변수와 단순상관계수의 절댓값이 가장 작은 변수를 분석모형에서 제외시킨다.

후진 소거법
전진 선택법과 반대로 모든 변수가 포함된 모형에서 설명력이 떨어지는 변수를 제거해 나감

• 부분 F 검정을 통해 유의성 검증을 시행, 유의하지 않은 경우는 변수를 제거하고 유의한 경우는 변수제거 없이 과정을 중단한다.

유의성 검증
통계적 추정값의 신뢰도를 확인하기 위해 통계적 이론에 근거하여 추론

• 한번 제거된 변수는 추가하지 않는다.

변수 선택에 의해 구성된 축소모형이 데이터분석에 사용하는 최적의 모형후보로 선택 될 수 있다.

③ 단계적 선택법(Stepwise Selection)

- 전진 선택법과 후진 선택법의 보완방법이다.
- 전진 선택법을 통해 가장 유의한 변수를 모형에 포함 후 나머지 변수들에 대해 후진 선택법을 적용하여 새롭게 유의하지 않은 변수들을 제거한다.
- 제거된 변수는 다시 모형에 포함하지 않으며 유의한 설명변수가 존재하지 않을 때까지 과정을 반복한다.

02 차원 축소

1) 자료의 차원

분석하는 데이터의 종류의 수를 의미한다.

2) 차원의 축소

차원의 축소는 어떤 목적에 따라서 변수(데이터의 종류)의 양을 줄이는 것이다.

3) 차원 축소의 필요성

① 복잡도의 축소(Reduce Complexity)

데이터를 분석하는 데 있어서 분석시간의 증가(시간복잡도: Time Complexity)와 저장변수 양의 증가(공간복잡도: Space Complexity)를 고려 시 동일한 품질을 나타낼 수 있다면 효율성 측면에서 데이터 종류의 수를 줄여야 한다.

② 과적합(Overfit)의 방지

과적합
학습 데이터를 너무 많이 과하게 학습하는 것

- 차원의 증가는 분석모델 파라미터의 증가 및 파라미터 간의 복잡한 관계의 증가로 분석결과의 과적합 발생의 가능성이 커진다. 이것은 분석모형의 정확도(신뢰도) 저하를 발생시킬 수 있다.
- 작은 차원만으로 안정적인(robust) 결과를 도출해 낼 수 있다면 많은 차원을 다루는 것보다 효율적이다.

③ 해석력(Interpretability)의 확보

- 차원이 작은 간단한 분석모델일수록 내부구조 이해가 용이하고 해석이 쉬워진다.
- 해석이 쉬워지면 명확한 결과 도출에 많은 도움을 줄 수 있다.

④ 차원의 저주(Curse of Dimensionality)

- 데이터 분석 및 알고리즘을 통한 학습을 위해 차원이 증가하면서 학습데이터의 수가 차원의 수보다 적어져 성능이 저하되는 현상이다.
- 해결을 위해서 차원을 줄이거나 데이터의 수를 늘리는 방법을 이용해야 한다.

4) 차원 축소의 방법

데이터분석에 있어서 차원 축소의 필요성을 인지하고 실제적으로 차원을 축소하는 데 사용될 수 있는 방법이다.

① 요인 분석(Factor Analysis)

• 요인 분석의 개념

– 다수의 변수들 간의 관계(상관관계)를 분석하여 공통차원을 축약하는 통계분석 과정이다.

• 요인 분석의 목적

– 변수 축소 : 다수의 변수들의 정보손실을 억제하면서 소수의 요인(Factor)으로 축약하는 것을 말한다.

– 변수 제거 : 요인에 대한 중요도 파악이다.

– 변수특성 파악 : 관련된 변수들이 묶임(군집)으로써 요인 간의 상호 독립성 파악이 용이해진다.

– 타당성 평가 : 묶여지지 않는 변수의 독립성 여부를 판단하다.

– 파생변수 : 요인점수를 이용한 새로운 변수를 생성한다. 회귀분석, 판별분석 및 군집분석 등에 이용할 수 있다.

• 요인 분석의 특징

– 독립변수, 종속변수 개념이 없다. 주로 기술 통계에 의한 방법을 이용한다.

• 요인 분석의 종류

– 주성분 분석, 공통요인 분석, 특이값 분해(SVD: Singular Value Decomposition) 행렬, 음수미포함 행렬분해(NMF: Non-negative Matrix Factorization) 등이 있다.

– 공통요인 분석은 분석대상 변수들의 기저를 이루는 구조를 정의하기 위한 요인분석 방법으로 변수들이 가지고 있는 공통분산만을 이용하여 공통요인만 추출하는 방법이다.

② 주성분 분석(PCA: Principal Component Analysis)

• 주성분 분석의 개념

– 분포된 데이터들의 특성을 설명할 수 있는 하나 또는 복수 개의 특징(주성분, Principal Component)을 찾는 것을 의미한다.

– 서로 연관성이 있는 고차원공간의 데이터를 선형연관성이 없는 저차원(주성분)으로 변환하는 과정을 거친다(직교변환을 사용).

– 기존의 기본변수들을 새로운 변수의 세트로 변환하여 차원을 줄이되 기존 변수들의 분포특성을 최대한 보존하여 이를 통한 분석결과의 신뢰성을 확보한다.

판별분석은 회귀분석과 개념이 동일하며, 종속변인이 범주변인이라는 점만 다르다.

• PCA 방법의 이해

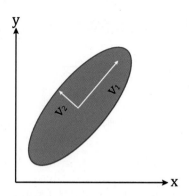

- 2차원 좌표평면에 n개의 점 데이터 $(x_1, y_1), (x_2, y_2), \cdots, (x_n, y_n)$ 들이 타원형으로 분포되어 있을 때, 이 데이터들의 분포 특성을 2개의 벡터로 가장 잘 설명할 수 있는 방법은 그림에서와 같이 v_1, v_2 두 개의 벡터로 데이터분포를 설명하는 것이다.

- v_1의 방향과 크기, 그리고 v_2의 방향과 크기를 알면 이 데이터분포가 어떤 형태인지를 가장 단순하면서도 효과적으로 파악할 수 있다.

- PCA는 데이터 하나하나에 대한 성분을 분석하는 것이 아니라, 여러 데이터들이 모여 하나의 분포를 이룰 때, 이 분포의 주성분을 분석해 주는 방법이라고 할 수 있다.

• PCA의 특징

- 차원 축소에 폭넓게 사용된다. 어떠한 사전적 분포 가정의 요구가 없다.

- 가장 큰 분산의 방향들이 주요 중심 관심으로 가정한다.

- 본래의 변수들의 선형결합으로만 고려한다.

- 차원의 축소는 본래의 변수들이 서로 상관이 있을 때만 가능하다.

- 스케일에 대한 영향이 크다. 즉 PCA 수행을 위해선 변수들 간의 스케일링이 필수이다.

③ 특이값 분해(SVD: Singular Value Decomposition)

• 특이값 분해 소개(선형대수)

- 데이터공간을 나타내는 m×n 크기의 행렬 M에 대해, 다음과 같이 분해 가능하다.

$$M = U\Sigma V^t$$

V'는 행렬 V의 전치행렬(Transpose Matrix)로 행렬 V의 행과 열을 바꾼 행렬로 정의한다.

- 여기서 U는 m×m 크기의 직교행렬(Orthogonal Matrix)이고 Σ는 m×n 크기의 대각행렬(Diagonal Matrix), V'는 n×n 크기의 직교행렬이다.

– 직교행렬(Orthogonal Matrix) : 행렬의 열벡터가 독립이라는 의미로 다음과 같은 관계가 성립한다.

$$U가\ 직교행렬이면\ U^t U = I_m\ (여기서\ I_m 는\ 단위행렬)$$

$$즉,\ U^t = U^{-1}\ (역행렬이\ 됨)$$

– 대각행렬(Diagonal Matrix) : 행렬의 대각성분을 제외한 나머지행렬의 원소의 값이 모두 0인 행렬이다.

단위행렬
주 대각선의 원소가 모두 1이고, 다른 원소는 모두 0인 행렬

• 특이값 분해의 차원 축소 원리

– 수학적 원리 : SVD 방법은 주어진 행렬 M(크기가 m×n인 행렬)을 여러 개의 행렬 M과 동일한 크기를 갖는 행렬로 분해할 수 있으며 각 행렬의 원소값의 크기는 Diagonal Matrix에서 대각성분의 크기에 의해 결정된다.

– 데이터의 응용 : 기존의 전차원의 정보 A를 SVD에 의해서 3개의 행렬로 분해하며 적당한 k(특이값)만을 이용해 원래 행렬 A와 비슷한 정보력을 가지는 차원을 만들어 낼 수 있다.

– 즉, 큰 몇 개의 특이값을 가지고도 충분히 유용한 정보를 유지할 수 있는 차원을 생성해 낼 수 있다(차원 축소).

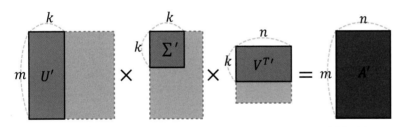

▲ SVD를 통해 얻어진 U, Σ, Vᵗ 일부만으로 A와 유사한 정보력을 가지는 행렬을 생성

④ 음수 미포함 행렬분해(NMF: Non-negative Matrix Factorization)

• 음수 미포함 행렬분해는 음수를 포함하지 않은 행렬 V를 음수를 포함하지 않은 두 행렬의 곱으로 분해하는 알고리즘이다.

• NMF의 이해

– 일반적으로 W의 열 개수와 H의 행 개수가 WH=V가 되도록 결정된다. 기존 행렬 V와 분해한 음수 미포함 행렬 W와 H의 곱과의 차이를 오차 U라고 이야기한다. V=WH+U, U의 원소들은 양수나 음수가 될 수 있다.

– W와 H의 크기가 V보다 작기 때문에 저장하거나 다루기에 용이하다. 또한 V를 원래 정보보다 상대적으로 적은 정보로 표현하여 분해한 행렬 하나가 전체 정보의 대략적인 정보를 제시할 수 있다.

일반적으로 행렬 분해는 정확한 해가 없기 때문에 대략적인 해를 구하게 된다.

• NMF의 차원 축소

– 행렬 곱셈에서 곱해지는 행렬은 결과행렬보다 훨씬 적은 차원을 가지기 때문에 NMF가 차원을 축소할 수 있다.

03 파생변수의 생성

데이터 분석 시 주어진 원데이터를 그대로 활용하기 보다는 분석의 목표에 적합하게 계속해서 데이터 형태를 수정보완할 필요가 있다.

데이터 마트(Data Mart)는 데이터 웨어하우스(Data Warehouse)로부터 복제 또는 자체 수집된 데이터모임의 중간층이지만 분석을 위한 기본단계변수가 모여지는 단계로 요약변수와 파생변수들의 모임이라고 볼 수 있다.

요약변수와 파생변수는 분석모델을 구축하는 데 있어서 핵심인 환경과 문제를 잘 해석할 수 있는 변수를 찾는 데 의의가 있다.

파생변수
기존의 변수를 조합하여 새로운 변수를 만들어 내는 것을 의미

1) 파생변수

- 사용자가 특정 조건을 만족하거나 특정 함수에 의해 값을 만들어 의미를 부여하는 변수로 매우 주관적일 수 있으므로 논리적 타당성을 갖출 필요가 있다.
- 세분화 고객행동예측, 캠페인반응예측 등에 활용할 수 있다.
- 특정상황에만 유의미하지 않게 대표성을 나타나게 할 필요가 있다.

➕ **더 알기 TIP**

파생변수

성명	국어	수학
김민수	69	80
신민섭	56	70
이부영	89	90
차동수	90	95
한민석	70	100

어떤 반의 국어, 수학 점수에 대한 데이터가 있다. 위의 표를 가지고 반의 종합적 학업 능력을 평가하고 싶다면 특정 과목만 기준으로 보는 것보다 상기 데이터로부터 과목에 대한 평균과 총합 즉, 새로운 변수(파생변수)를 생성한다.

성명	국어	수학	총합	평균
김민수	69	80	149	74.5
신민섭	56	70	126	63.0
이부영	89	90	179	89.5
차동수	90	95	185	92.5
한민석	70	100	170	85.0

생성된 파생변수 두 개를 통해 전반적인 학업성취도에 대한 판단을 용이하게 할 수 있도록 하며 또한 객관적 생성기준(근거)에 대해 이야기할 수 있다.

수능의 원점수와 표준점수 관계
원점수는 실제 문항별 배점취득에 따른 점수(단순점수)를 지칭한다. 이것은 영역별 난이도에 대한 고려가 없으므로 정규화 변수(Z-검정통계량)를 이용한 표준점수와 영역별 난이도에 따른 상대점수를 통해 학업 성취도(변별력)를 측정한다. 기타 백분위 등급도 원점수로부터 파생된 변수로 볼 수 있다.

2) 요약변수

- 수집된 정보를 분석에 맞게 종합(aggregate)한 변수이다.
- 데이터 마트에서 가장 기본적인 변수이다.
- 많은 분석 모델에서 공통으로 사용될 수 있어 재활용성이 높다.

3) 요약변수 vs 파생변수

▶ CRM 관련 데이터를 통한 요약변수와 파생변수 사례

요약변수(단순 종합 개념)	파생변수(주관적 변수 개념)
매장이용 횟수	주 구매매장 변수
구매상품품목 개수	구매상품 다양성 변수
기간별 구매금액·횟수	주 활동지역 변수
상품별 구매금액·횟수	주 구매상품 변수

① 요약변수 처리시의 유의점

- 처리(단어의 빈도, 초기행동변수, 트렌드변수 등) 방법에 따라 결측치의 처리 및 이상값 처리에 유의해야 한다.
- 연속형 변수의 구간화 적용과 고정된 구간화를 통한 의미 파악 시 정구간이 아닌 의미 있는 구간을 찾도록 해야 한다.

② 파생변수 생성 및 처리의 유의점

- 특정 상황에만 의미성 부여가 아닌 보편적이고 전 데이터구간에 대표성을 가지는 파생변수 생성을 위해서 노력해야 한다.
- 파생변수의 생성방법
  - 한 값으로부터 특징을 추출한다.
  - 한 레코드내의 값들을 결합한다.
  - 다른 테이블의 부가적 정보를 결합한다.
  - 다수의 필드내에 시간 종속적인 데이터를 선택(pivoting)한다.
  - 레코드 또는 중요 필드를 요약한다.

상기 이외에도 다양한 형태의 파생 변수를 목적에 맞게 생성이 가능하다.

- 교호작용(interaction)을 포함한 파생변수 생성
  - 교호작용은 데이터 분석에서 변수 간의 상호작용을 말하는 것으로 두 개 이상의 독립변수가 함께 작용하여 종속변수에 영향을 미치는 경우이다.
  - 교호작용을 포함한 파생변수는 독립변수 간의 상호작용 효과를 모델에 반영하는 중요한 방법 중 하나이다.
  - 독립변수 간의 교호작용을 파생변수로 만드는 것은 일반적인 기법이지만, 종속변수와 독립변수의 교호작용을 사용하는 것은 피해야 한다.

CRM(Customer Relationship Management)
기업이 고객과 관련된 내·외부 자료를 분석, 통합해 고객 중심 자원을 극대화하고 이를 토대로 고객 특성에 맞게 마케팅 활동을 진행

04 변수 변환

1) 변수 변환의 개념

- 데이터를 분석하기 좋은 형태로 바꾸는 작업을 말한다. 수학적 의미로 변환 (transformation)은 기존의 변수공간에서는 해결하거나 관찰할 수 없는 사실을 영역을 달리 하는 것으로(변환) 해석이 용이해지거나 취급이 단순해지는 장점이 있다.
- 데이터의 전처리 과정(Data Preprocessing) 중 하나로 간주된다.

2) 변수 변환의 방법

① 범주형 변환

연속형 변수 중에서 변수자체로의 분석보다는 분석결과의 명료성 및 정확성을 배가시키기 위해 범주형으로 바꾸는 것이 좋은 경우가 있다.

> '소득이 100만 원 늘 때마다 사교육비의 지출이 10만 원 증가한다.' 보다는 '상위 10% 소득가정의 사교육비 지출이 하위 10%보다 10배 많다.' 식의 설명이 이해가 쉽다.
> - 이 경우 소득의 연속적 데이터를 그대로 사용하기 보다는 순위형(rank) 데이터로 범주를 나누어 상대 비교를 하는 방법, 즉 연속형 데이터를 범주형 데이터로 나누는 설명이 효과적임을 알 수 있다.

② 정규화

분석을 정확히 하려면 원래 주어진 연속형(이산형) 데이터 값을 바로 사용하기 보다는 정규화를 이용하는 경우가 타당할 수 있다.

특히, 데이터가 가진 스케일이 심하게 차이나는 경우 그 차이를 그대로 반영하기 보다는 상대적 특성이 반영된 데이터로 변환하는 것이 필요하다.

- 일반 정규화 : 수치로 된 값들을 여러 개 사용할 때 각 수치의 범위가 다르면 이를 같은 범위로 변환해서 사용하는데 이를 일반 정규화라고 한다.

> 두 과목의 시험을 가지고 평가하는데 과목 A의 시험은 10점 만점이고, 다른 과목 B는 50점 만점이라고 하자.
> - 만약 A에서는 8점, B에서는 20점을 받았을 때, 이것을 정규화하면 8/10=0.8점, 20/50=0.4점이 되고 평점은 0.6이 된다.

- 최소-최대 정규화(Min-Max Normalization) : 데이터를 정규화하는 가장 일반적인 방법이다.
  - 모든 feature에 대해 최소값 0, 최대값 1로, 그리고 다른 값들은 0과 1 사이의 값으로 변환하는 것이다.
  - 만약 X라는 값에 대해 최소-최대 정규화를 한다면 다음과 같은 수식을 사용할 수 있다.

$$\text{Min-Max Normalization} = \frac{(X-Min)}{(Max-Min)}$$

어떤 특성의 최소값이 20이고 최대값이 40인 경우, 30은 딱 중간이므로 0.5로 변환된다.

– 최소-최대 정규화의 단점으로 이상치(outlier) 영향을 많이 받는 점에 유의한다.

• Z-점수(Z-score) 정규화 : 이상치 문제를 피하는 데이터 정규화 전략이다.

$$Z = \frac{X - \mu}{\sigma}$$

– 만약 데이터의 값이 평균과 일치하면 0으로 정규화되고, 평균보다 작으면 음수, 평균보다 크면 양수로 나타난다. 이때 계산되는 음수와 양수의 크기는 그 데이터의 표준편차에 의해 결정된다. 그래서 만약 데이터의 표준편차가 크면(값이 넓게 퍼져 있으면) 정규화되는 값이 0에 가까워진다.

– 이상치를 잘 처리하지만, 정확히 동일한 척도로 정규화된 데이터를 생성하지는 않는다는 점에 유의한다.

③ 로그변환(Log Transformation)

로그변환이란 어떤 수치 값을 그대로 사용하지 않고 여기에 로그를 취한 값을 사용하는 것을 말한다.

데이터 분석에서 로그를 취하는 게 타당한 경우가 종종 있는데 먼저 로그를 취하면 그 분포가 정규 분포에 가깝게 분포하는 경우가 있다. 이런 분포를 로그정규분포(Log-normal Distribution)를 가진다고 한다.

$$X \sim ln(X)$$

로그 변환은 큰 값과 작은 값 사이의 차이를 줄이고 데이터의 스케일을 조정한다.

• 로그변환분포를 사용하는 전형적 데이터

– 국가별 수출액, 사람의 통증 정도 수치화, 개별 주식의 가격이용 변동성 분석 등이 있다.

– 데이터분포의 형태가 좌측으로 치우친 경우 정규분포화를 위해 로그변환을 사용한다.

좌측 또는 우측으로 치우치다.
→ 데이터의 균질성 관점

④ 역수변환(Inverse Transformation)

어떤 변수를 데이터 분석에 그대로 사용하지 않고 역수를 사용하면 오히려 선형적인 특성을 가지게 되어 의미를 해석하기가 쉬워지는 경우를 말한다.

• 데이터분포의 형태로 보면 극단적인 좌측으로 치우친 경우 정규분포화를 위해 역수변환을 사용한다.

$$X \sim 1/X$$

⑤ 지수변환(Power Transformation)

어떤 변수를 데이터 분석에 그대로 사용하지 않고 지수를 사용하면 오히려 선형적인 특성을 가지게 되어 의미를 해석하기가 쉬워지는 경우를 말한다.

- 데이터의 분포형태가 우측으로 치우친 경우 정규분포화를 위해 지수변환을 사용한다.

$$X \sim X^n$$

⑥ 제곱근변환(Square Root Transformation)

어떤 변수를 데이터 분석에 그대로 사용하지 않고 제곱근을 사용하면 오히려 선형적인 특성을 가지게 되어 의미를 해석하기가 쉬워지는 경우를 말한다.

- 데이터분포의 형태로 보면 좌측으로 약간 치우친 경우 정규분포화를 위해 제곱근변환을 사용한다.

$$X \sim \sqrt{X}$$

⑦ 분포형태별 정규분포로의 변환

모집단의 분포형태별로 사용가능한 변수변환이 다르다. 최종적으로 정규분포 형태를 지향한다.

변수변환 전 분포	사용변수 변환식	변수변환 후 분포
우로 치우침	X^3	
우로 약간 치우침	X^2	
좌로 약간 치우침	$\sqrt{X}$	정규분포화
좌로 치우침	$\ln(X)$	
극단적 좌로 치우침	$\dfrac{1}{X}$	

영어로 Right-skewed는 오른쪽으로 꼬리가 긴, 즉 왼쪽 치우침을 의미하므로 유의한다.

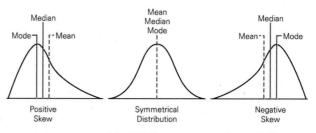

▲ Positive Skew(좌로 치우침), Negative Skew(우로 치우침)

- 기본적으로 단일집단의 정규성 검정은 데이터 분포의 형태를 눈으로 확인할 수도 있지만 샤피로테스트(Shapiro Test) 또는 큐큐 플롯(Q-Q Plot)을 이용해 확인 가능하며, 결과에 따라 적당한 변수변환식을 사용하여 정규분포 형태로 변환이 가능할 수 있다.

큐큐 플롯
정규모집단 가정을 하는 방법 중 하나로 수집 데이터를 표준정규분포의 분위수와 비교하여 그리는 그래프

⑧ Box-Cox

Box-Cox는 데이터의 변환을 통해 정규분포에 가깝게 만들어 통계 분석 및 모델링을 용이하게 하는 통계적 방법이다.

$Y=(y_1, y_2, \cdots, y_n)^t$ 에 대하여

$$y_i(\lambda) = \begin{cases} \dfrac{y_i^\lambda - 1}{\lambda} & if \ \lambda \neq 0 \\ log \ y_i & if \ \lambda = 0 \end{cases}$$

여기서

$$\lim_{\lambda \to 0} \frac{y^\lambda - 1}{\lambda} = log \ y$$

이므로 $y_i(\lambda)$는 모든 실수에서 연속인 변환이다.

Box-Cox 방법은 양수 데이터가 비대칭 분포를 가지고 있을 때 사용된다. 통계 분석, 회귀 분석, 시계열 분석 등 다양한 분야에서 데이터 전처리에 활용된다.

• λ에 따라서 0일 때는 로그변환, 0이 아닐 때는 멱변환(Power Transform)으로 변환된다.
• λ를 자동으로 결정하는 방법과 사용자가 수동으로 설정하는 방법이 있다. 자동으로 결정하는 방법은 최대 가능도 추정을 통해 최적의 λ 값을 찾아내는 것이며, 수동으로 설정하는 방법은 분석가가 경험과 지식을 바탕으로 λ 값을 선택하는 것이다.

멱변환
데이터를 어떤 지수의 거듭제곱으로 변환하는 것

⑨ 기타

데이터의 축소 등이 있다(해당 내용은 **02** 차원 축소 참고).

05 불균형 데이터 처리

어떤 데이터에서 각 클래스(주로 범주형 반응 변수)가 갖고 있는 데이터의 양에 차이가 큰 경우, 클래스 불균형이 있다고 말한다.

예를 들어, 병원에서 질병이 있는 사람과 질병이 없는 사람의 데이터를 수집했다고 하자. 일반적으로 질병이 있는 사람이 질병이 없는 사람에 비해 적다. 병원 데이터뿐 아니라 대부분의 '현실 데이터'에 클래스 불균형 문제가 있다.

데이터에는 클래스 불균형(Class Imbalance) 문제가 자주 있다.

1) 불균형 데이터의 문제점

• 데이터 클래스 비율이 너무 차이가 나면(Highly-imbalanced Data) 단순히 우세한 클래스를 택하는 모형의 정확도가 높아지므로 모형의 성능판별이 어려워진다. 즉, 정확도(accuracy)가 높아도 데이터 개수가 적은 클래스의 재현율(recall-rate)이 급격히 작아지는 현상이 발생할 수 있다.

		사실	
		참(Positive)	거짓(Negative)
실험 결과	참(Positive)	TP (True Positive)	FP(False Positive)
	거짓(Negative)	FN(False Negative)	TN(True Negative)

$$정확도(Accuracy) = \frac{TP + TN}{TP + TN + FP + FN}$$

$$재현율(Recall) = \frac{TP}{TP + FN}$$

기적의 TIP

정확도, 재현율은 PART 04 –
CHAPTER 01 – SECTION 01을
참고한다.

클래스 균형은 소수의 클래스에
특별히 더 큰 관심이 있는 경우에
필요하다.

2) 불균형 데이터의 처리 방법

① 가중치 균형방법(Weighted Balancing)

데이터에서 손실(loss)을 계산할 때 특정 클래스의 데이터에 더 큰 loss 값을 갖
도록 하는 방법이다. 즉 데이터 클래스의 균형이 필요한 경우로 각 클래스별 특
정 비율로 가중치를 주어서 분석하거나 결과를 도출하는 것으로 정의한다.

• 고정 비율 이용

– 클래스의 비율에 따라 가중치를 두는 방법이다. 예를 들어, 클래스의 비율이
1:5라면 가중치를 5:1로 줌으로써 적은 샘플 수를 가진 클래스를 전체 손실에
동일하게 기여하도록 할 수 있다.

• 최적 비율 이용

– 분야와 최종 성능을 고려해 가중치 비율의 최적 세팅을 찾으면서 가중치를 찾
아가는 방법이다.

② 언더샘플링(Undersampling)과 오버샘플링(Oversampling)

언더샘플링
다수 클래스 데이터에서 일부만
사용

오버샘플링
소수 클래스 데이터를 증가시킴

비대칭 데이터는 다수 클래스 데이터에서 일부만 사용하는 언더샘플링이나, 소
수 클래스 데이터를 증가시키는 오버샘플링을 사용하여 데이터 비율을 맞추면 정
밀도(precision)가 향상된다.

▲ 언더샘플링과 오버샘플링

- 언더샘플링

  – 언더샘플링은 대표클래스(Majority Class)의 일부만을 선택하고, 소수클래스(Minority Class)는 최대한 많은 데이터를 사용하는 방법이다. 이때 언더샘플링된 대표클래스 데이터가 원본 데이터와 비교해 대표성이 있어야 한다.

- 오버샘플링

  – 소수클래스의 복사본을 만들어, 대표클래스의 수만큼 데이터를 만들어 주는 것이다. 똑같은 데이터를 그대로 복사하는 것이기 때문에 새로운 데이터는 기존 데이터와 같은 성질을 갖게 된다.

✅ 개념 체크

다음 중 클래스 불균형 데이터를 처리하기 위한 방안과 내용으로 옳지 않은 것은?

① 다수 클래스의 샘플을 제거한다.
② 소수 클래스의 샘플을 복제하거나 새로운 샘플을 추가한다.
③ 모델 학습 시 소수 클래스에 높은 가중치를 부여한다.
④ 불균형 데이터에서는 정확도가 높게 나타난다.

정답 ④

①은 언더샘플링, ②는 오버샘플링, ③은 가중치 균형방법
클래스 불균형 데이터에서 정확도(Accuracy)는 일반적으로 사용하기에 적절한 평가 지표는 아니다. 불균형한 클래스 분포로 인해 많은 데이터가 다수 클래스에 속하는 경우, 모델이 모든 샘플을 다수 클래스로 예측하는 경향을 보일 수 있기 때문이다. 예를 들어, 100개의 샘플 중 95개가 다수, 5개가 소수 클래스에 속한다고 가정하면, 만약 모든 샘플을 다수 클래스로 예측하면 정확도가 95%가 되나 이것은 소수 클래스를 잘 예측하지 못함을 의미한다.

06 인코딩

범주형 데이터를 수치형으로 변환하여 머신러닝 모델에 적용 가능하게 하는 기법이다.

1) 레이블 인코딩(Label Encoding)

- 레이블 인코딩은 각 범주에 순차적인 정수 레이블을 할당하여 데이터를 변환하며, 주로 순서나 크기에 의미가 없는 범주형 데이터를 변환할 때 사용된다. 예를 들어, 옷의 크기를 표현하는 "S", "M", "L"과 같은 데이터를 레이블 인코딩으로 변환할 수 있다.

- 주의할 점은 숫자 값에 의도적으로 순서나 크기를 부여하게 될 수 있다는 점이다. 이는 명목형 데이터에서는 문제가 없지만, 순서형 데이터에서는 잘못된 결과를 초래할 수 있다. 따라서, 순서나 계층 구조가 없는 데이터에 주로 사용되며, 순서나 계층 구조가 있는 데이터에는 다른 인코딩 기법을 고려해야 한다.

  – 또한, 일부 머신러닝 알고리즘에서는 숫자 값의 크기가 결과에 영향을 미칠 수 있다. 이 경우에는 숫자 값의 크기가 중요하지 않도록 원-핫 인코딩과 같은 다른 인코딩 기법을 고려해야 한다.

2) 원-핫 인코딩(One-Hot Encoding)

• 원-핫 인코딩은 각 범주에 대해 해당하는 인덱스만 1이고 나머지는 0인 이진 벡터로 변환한다. 이를 통해 컴퓨터가 범주형 데이터를 이해하고 처리할 수 있다.

• 예를 들어, "사과", "바나나", "딸기"와 같은 과일 종류를 원-핫 인코딩으로 변환한다고 가정하면, 과일 종류에 대해 다음과 같이 변환된다.

사과: [1, 0, 0]

바나나: [0, 1, 0]

딸기: [0, 0, 1]

각 과일은 자신의 인덱스에 해당하는 위치에 1을 가지고, 나머지 위치에는 0을 가지는 벡터로 표현된다. 이러한 원-핫 인코딩은 각 과일의 범주를 명확하게 나타내며, 다른 과일과의 비교나 모델링에 사용할 수 있다.

다중 클래스 분류 문제, 텍스트 처리, 자연어 처리(NLP) 등에서 레이블 또는 범주형 데이터를 입력으로 사용할 때 원-핫 인코딩을 적용하는 것이 일반적이다.

3) 타깃 인코딩(Target Encoding)

• 타깃 인코딩은 주로 분류 문제에서 사용된다. 각 범주에 대한 종속 변수(타깃)의 평균 값을 인코딩으로 사용하는 방식이다.

• 타깃 인코딩 수행 단계

– 범주형 변수의 각 범주에 대해 종속 변수의 평균 값을 계산한다.

– 계산된 평균 값을 해당 범주에 대한 인코딩 값으로 대체한다.

• 타깃 인코딩의 목적은 범주형 변수의 각 범주가 종속 변수와 어떤 관계를 가지는지를 수치화하여 모델이 이를 학습할 수 있게 하는 것이다. 타깃 인코딩을 사용하면 범주형 변수의 정보가 보다 명확하게 모델에 반영되기 때문에 예측 성능을 향상시킬 수 있다.

• 주의할 점은 과적합의 가능성이 있으며, 훈련 데이터에만 적용되어야 한다는 것이다. 따라서 교차검증 등을 통해 적절한 평균 값을 계산하고 적용하는 과정이 필요하다. 또한, 범주의 수가 적고 데이터가 적은 경우에는 타깃 인코딩을 사용하는 것이 적절하지 않을 수 있다.

01 변수선택 방법 중 전진 선택법에 대한 설명으로 옳은 것을 모두 고르시오.

(가) 영 모형에서 시작. 모든 독립변수 중 종속변수와 단순상관계수의 절댓값이 가장 큰 변수를 분석모형에 포함시키는 것을 말한다.

(나) 부분 F 검정(F test)을 통해 유의성 검증을 시행. 유의한 경우는 가장 큰 F 통계량을 가지는 모형을 선택하고 유의하지 않은 경우는 변수선택 없이 과정을 중단한다.

(다) 한번 추가된 변수는 제거하지 않는 것이 원칙이다.

① 가, 나   ② 나, 다
③ 가, 다   ④ 가, 나, 다

02 다음 중 변수선택에 대한 설명으로 맞는 것은?

① 후진 선택법은 전체모델에서 시작. 모든 독립변수 중 종속변수와 단순상관계수의 절댓값이 가장 큰 변수부터 순차적으로 분석모형에서 제외시킨다.

② 전진 선택법은 영 모형에서 시작. 모든 독립변수 중 종속변수와 단순상관계수의 절댓값이 가장 작은 변수를 분석모형에 포함시키는 것을 말한다.

③ 전진/후진 선택법 둘 다 한번 추가된 변수에 대해서 최종적으로 교차검증을 통해 제거여부를 결정한다.

④ 단계적 선택법은 전진 선택법을 통해 가장 유의한 변수를 모형에 포함하고, 나머지 변수들에 대해 후진 선택법을 적용한다.

03 차원축소 필요성에 대한 설명으로 틀린 것은?

① 데이터를 분석하는 데 있어서 분석시간의 증가(시간복잡도: Time Complexity)와 저장변수 양의 증가(공간복잡도: Space Complexity)를 고려 시 동일한 품질을 나타낼 수 있다면 효율성 측면에서 데이터 종류의 수를 줄여야 한다.

② 차원이 작은 간단한 분석모델일수록 내부 구조 이해가 용이하고 해석이 쉬워진다.

③ 차원의 증가는 분석모델 파라메터의 증가 및 파라메터 간의 복잡한 관계의 증가로 분석결과의 오적합 발생의 가능성이 커진다. 이것은 분석모형의 정확도(신뢰도) 저하를 발생시킬 수 있다.

④ 작은 차원만으로 안정적인(robust) 결과를 도출해낼 수 있다면 많은 차원을 다루는 것보다 효율적이다.

04 주성분 분석(PCA: Principal Component Analysis)에 대한 설명으로 틀린 것을 모두 고르시오.

(가) 분포된 데이터들의 특성을 설명할 수 있는 하나 또는 복수 개의 특징(주성분: Principal Component)을 찾는 것을 의미한다.

(나) 서로 연관성이 있는 고차원공간의 데이터를 선형연관성이 없는 저차원(주성분)으로 변환하는 과정을 거친다(직교변환을 사용).

(다) 기존의 기본변수들을 새로운 변수의 세트로 변환하여 차원을 줄이되 기존 변수들의 분포특성을 최대한 보존하여 이를 통한 분석결과의 신뢰성을 확보한다.

(라) 차원 축소에 폭넓게 사용된다. 각 차원 간 사전 분포는 독립적인 정규분포를 따른다.

(마) 차원의 축소는 본래의 변수들이 서로 독립일 때 만 가능하다.

① 가, 마   ② 가, 나
③ 다, 라   ④ 라, 마

05 요인분석에 대한 설명으로 맞지 <u>않은</u> 것은?

① 요인분석은 다수의 변수들 간의 관계(상관관계)를 분석하여 공통차원을 축약하는 통계분석 과정이다.
② 독립변수, 종속변수 개념이 없다. 주로 기술 통계에 의한 방법을 이용한다.
③ 다수의 변수들의 정보손실을 억제하면서 소수의 요인(factor)으로 축약하기도 하지만 변수 자체의 제거는 하지 않는다.
④ 관련된 변수들을 군집화함으로써 요인 간의 상호 독립성 및 변수의 특성을 파악한다.

06 파생변수에 대한 설명으로 <u>틀린</u> 것은?

① 기존의 변수를 조합하여 새로운 변수를 만들어내는 것을 의미한다.
② 사용자가 특정 조건을 만족하거나 특정 함수에 의해 값을 만들어 의미를 부여하는 변수로 매우 주관적일 수 있으므로 논리적 타당성을 갖출 필요가 있다.
③ 데이터의 특성을 파악하는 데 중점을 두어 특정상황에 유의미하도록 대표성을 나타나게 한다.
④ 고객관리 등에 유용하게 사용된다.

07 다음 중 요약변수의 설명으로 옳은 것을 모두 고르시오.

(가) 수집된 정보를 분석에 맞게 종합(aggregate)한 변수이다.
(나) 데이터 마트에서 가장 기본적인 변수이다.
(다) 많은 분석 모델에서 공통으로 사용될 수 있어 재활용성이 높다.
(라) 특정 상황에만 의미성 부여가 아닌 보편적이고 전 데이터구간에 대표성을 가지는 변수생성을 위해서 노력해야 한다.

① 가, 나, 다   ② 가, 다, 라
③ 나, 다, 라   ④ 가, 나, 라

08 다음은 변수변환 중 로그변환에 대한 설명이다. 틀린 것을 고르시오.

① 로그를 취하면 그 분포가 정규 분포에 가깝게 분포하는 경우가 있다. 이런 분포를 로그정규분포(Log-normal Distribution)를 가진다고 한다.
② 로그변환을 사용하는 데이터 중 대표적인 것은 주식가격의 변동성 분석이다.
③ 로그변환에서 취하는 로그는 밑수가 10인 상용로그이다.
④ 데이터분포의 형태가 좌측으로 치우친 경우 정규분포화를 위해 로그변환을 사용한다.

09 각 변수변환 전 분포와 사용 변환식을 연결한 것 중 옳은 것을 고르시오.

	변수변환 전 분포	사용변수 변환식	변수변환 후 분포
(가)	우로 치우침	X^3	
(나)	우로 약간 치우침	X	
(다)	좌로 약간 치우침	$\frac{\sqrt{X}}{2}$	정규 분포화
(라)	좌로 치우침	$\ln(X)$	
(마)	극단적 좌로 치우침	$\frac{1}{X}$	

① 가, 나, 마 ② 가, 나, 다
③ 가, 라, 마 ④ 나, 다, 마

10 불균형 데이터에 대한 설명 중 옳은 것은?

① 데이터에서 각 클래스가 갖고 있는 데이터의 질의 차이가 큰 경우, 클래스 불균형이 있다고 말한다.
② 데이터 클래스 비율이 너무 차이가 나면 재현율(recall-rate)이 높아도 데이터 개수가 적은 클래스의 정확도(accuracy)가 급격히 작아지는 현상이 발생할 수 있다.
③ 클래스 균형은 다수의 클래스에 특별히 더 큰 관심이 있는 경우에 필요하다.
④ 클래스에 속한 데이터의 개수의 차이에 의해 발생하는 문제들을 불균형 데이터 문제 또는 비대칭 데이터 문제(Imbalanced Data Problem)라고 한다.

11 다음 언더샘플링과 오버샘플링에 대한 대한 설명 중 틀린 것은?

(가) 다수 클래스 데이터에서 일부만 사용하는 방법은 오버샘플링이다.
(나) 소수 클래스 데이터를 증가시키는 것은 언더샘플링이다.
(다) 언더샘플링은 대표클래스(Majority Class)의 일부만을 선택하고, 소수클래스(Minority Class)는 최대한 많은 데이터를 사용하는 방법이다.
(라) 오버샘플링은 소수클래스(Minority Class)의 복사본을 만들어, 대표클래스(Majority Class)의 수만큼 데이터를 만들어 주는 것이다.

① 가, 나 ② 나, 다
③ 다, 라 ④ 나, 라

SECTION 02

01 ④	02 ④	03 ③	04 ④	05 ③
06 ③	07 ①	08 ③	09 ③	10 ④
11 ①				

01 ④

전진 선택법(Forward Selection)
- 영 모형에서 시작. 모든 독립변수 중 종속변수와 단순상관계수의 절댓값이 가장 큰 변수를 분석모형에 포함시키는 것을 말한다.
- 부분 F 검정(F test)을 통해 유의성 검증을 시행. 유의한 경우는 가장 큰 F 통계량을 가지는 모형을 선택하고 유의하지 않은 경우는 변수선택 없이 과정을 중단한다.
- 한번 추가된 변수는 제거하지 않는 것이 원칙이다.

02 ④

오답 피하기
- 전진 선택법은 영 모형에서 시작. 모든 독립변수 중 종속변수와 단순상관계수의 절댓값이 가장 큰 변수를 분석모형에 포함시키는 것을 말한다.
- 후진 선택법은 전체모델에서 시작. 모든 독립변수 중 종속변수와 단순상관계수의 절댓값이 가장 작은 변수부터 순차적으로 분석모형에서 제외시킨다.
- 전진/후진 선택법 둘 다 한번 추가된 변수에 대해서 제거하지 않는 것이 원칙이다.

03 ③

차원의 증가는 분석모델 파라메터의 증가 및 파라메터 간의 복잡한 관계의 증가로 분석결과의 과적합 발생의 가능성이 커진다. 이것은 분석모형의 정확도(신뢰도) 저하를 발생시킬 수 있다.

04 ④

- 차원 축소에 폭넓게 사용된다. 어떠한 사전적 분포 가정의 요구가 없다.
- 차원의 축소는 본래의 변수들이 서로 상관이 있을 때만 가능하다.

05 ③

요인에 대한 중요도를 파악하고 필요가 없다면 제거하는 것도 필요하다.

06 ③

특정상황에만 유의미하지 않게 대표성을 나타나게 할 필요가 있다.

07 ①

오답 피하기
- '특정 상황에만 의미성 부여가 아닌 보편적이고 전 데이터구간에 대표성을 가지는 변수생성을 위해서 노력해야 한다.'는 파생 변수의 생성 및 처리 시의 유의점 설명이다.

08 ③

로그변환이란 어떤 수치 값을 그대로 사용하지 않고 여기에 로그를 취한 값을 사용하는 것을 말한다.

09 ③

변수변환 전 분포	사용변수 변환식	변수변환 후 분포
우로 치우침	X^3	
우로 약간 치우침	X^2	
좌로 약간 치우침	$\sqrt{X}$	정규 분포화
좌로 치우침	$\ln(X)$	
극단적 좌로 치우침	$\dfrac{1}{X}$	

10 ④

데이터에서 각 클래스가 갖고 있는 데이터의 양에 차이가 큰 경우, 클래스 불균형이 있다고 말한다.

오답 피하기
- 데이터 클래스 비율이 너무 차이가 나면(Highly-imbalanced Data) 단순히 우세한 클래스를 택하는 모형의 정확도가 높아지므로 모형의 성능 판별이 어려워진다. 즉, 정확도(accuracy)가 높아도 데이터 개수가 적은 클래스의 재현율(recall-rate)이 급격히 작아지는 현상이 발생할 수 있다. 클래스 균형은 소수의 클래스에 특별히 더 큰 관심이 있는 경우에 필요하다.

11 ①

다수 클래스 데이터에서 일부만 사용하는 방법은 언더샘플링, 소수 클래스 데이터를 증가시키는 것은 오버샘플링이다.

CHAPTER **02**

데이터 탐색

학습 방향

탐색적 데이터 분석을 통한 데이터의 특징을 이해하는 방법을 학습합니다. 기초통계
량과 시각화도구를 이용해 데이터의 기본적인 특징을 파악하며, 왜도와 첨도 등을 이
용하여 데이터의 분포를 이해할 수 있어야 합니다. 또한, 변수들 사이의 연관성을 분석
하는 상관분석 방법도 시험에서 중요하게 다루어집니다. 고급 데이터 탐색 기법은 데
이터의 특성에 따라 적용되는 탐색 기법들의 특징을 이해하는 것이 중요합니다.

출제빈도

SECTION 01	중	90%
SECTION 02	하	10%

데이터 탐색의 기초

빈출 태그 데이터 분석 · 상관분석 · 기초통계 · 분산 · 편차

탐색적 데이터 분석을 통해 자료에 대한 충분한 이해를 하고 좀 더 정교한 모형을 개발할 수 있다.

01 데이터 탐색의 개요

1) 탐색적 데이터 분석(EDA: Exploratory Data Analysis)

수집한 데이터가 들어왔을 때, 다양한 방법을 통해서 자료를 관찰하고 이해하는 과정을 의미하는 것으로 본격적인 데이터 분석 전에 자료를 직관적인 방법으로 통찰하는 과정이다.

2) 탐색적 데이터 분석의 필요성

• 데이터의 분포 및 값을 검토함으로써 데이터가 표현하는 현상을 이해하며 내재된 잠재적 문제에 대해 인식하고 해결안을 도출할 수 있다.

– 문제점 발견 시 본 분석 전 데이터의 수집 의사를 결정할 수 있다.

• 다양한 각도에서 데이터를 살펴보는 과정을 통해 문제정의 단계에서 인지 못한 새로운 양상 · 패턴을 발견할 수 있다.

– 새로운 양상을 발견 시 초기설정 문제의 가설을 수정하거나 또는 새로운 가설을 설립할 수 있다.

3) 분석과정 및 절차

• 분석의 목적과 변수가 무엇인지, 개별변수의 이름이나 설명을 가지는지 확인한다.

• 데이터의 문제성을 확인한다. 즉, 데이터의 결측치의 유무, 이상치의 유무 등을 확인하고 추가적으로 분포상의 이상 형태와 Head 또는 Tail 부분을 확인한다.

• 데이터의 개별 속성값이 예상한 범위 분포를 가지는지 확인한다(기초통계산출을 통한 확인과정을 거친다).

• 관계속성 확인 절차를 가진다. 즉, 개별 데이터 간의 속성 관찰에서 보지 못한 데이터 간의 속성(예 상관관계 등)을 확인한다.

4) 이상치의 검출

이상치가 왜 발생했는지 의미를 파악하는 것이 중요하다. 그리고 그러한 의미를 파악했으면 어떻게 대처해야 할지(제거, 대체, 유지 등)를 판단한다.

이상치를 발견하는 기법으로 다음과 같은 방법들이 있다.

① 개별 데이터 관찰

- 데이터 값을 눈으로 살펴보면서 전체적인 추세와 특이사항을 관찰할 수 있다.
- 데이터가 많다고 앞부분만 보면 안 되고, 패턴이 뒤에서 나타날 수도 있으므로 뒤 or 무작위로 표본을 추출해서 관찰한다. 단, 이상치는 표본의 크기가 작은 경우 나타나지 않을 수도 있다.

② 통계값 활용

- 적절한 요약 통계지표(Summary Statistics)를 사용할 수 있다.
- 데이터의 중심을 알기 위해서는 평균(mean), 중앙값(median), 최빈값(mode)을 사용할 수 있다.
- 데이터의 분산도를 알기 위해서는 범위(range), 분산(variance)을 사용할 수 있다.
- 통계 지표를 이용할 때는 데이터의 특성에 주의해야 한다. 예를 들어, 평균에는 집합 내 모든 데이터 값이 반영되기 때문에, 이상값이 있으면 값이 영향을 받지만, 중앙값에는 가운데 위치한 값 하나가 사용되기 때문에 이상값의 존재에도 대표성이 있는 결과를 얻을 수 있다.

분산
관측값에서 산술평균을 뺀 값을 제곱하고, 그것을 모두 더한 후 전체 개수로 나눠서 구한 것

➕ 더 알기 TIP

통계값 활용 방법

1. IQR(Inter Quartile Range) 방법(사분위범위를 이용한 이상치 제거 방법)

전체 데이터들을 오름차순으로 정렬하고, 정확히 4등분(25%, 50%, 75%, 100%)으로 나눈다.

여기서 75% 지점의 값(75% percentile: 3 사분위수)과 25% 지점(25% percentile: 1 사분위수)의 값의 차이를 IQR이라고 정의한다.

　　최대값＝75% percentile: 3 사분위수＋1.5×IQR
　　최소값＝25% percentile: 1 사분위수−1.5×IQR

결정된 최대값보다 크거나 최소값보다 작은 값을 이상치로 간주한다. 터키펜스(Turkey Fences)라고도 한다.

정규분포
평균을 중심으로 좌우대칭인 종 모양을 이루는 분포

표준정규분포
정규 분포 중에서 평균이 0이고 표준 편차가 1인 것, 변수를 z로 쓰며 z−분포라고 줄여 부르기도 함

2. 정규분포를 활용(평균과 분산을 이용한 이상치 제거 방법)

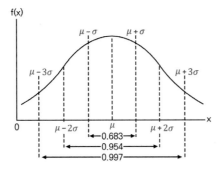

▲ 정규분포의 평균과 표준편차 내의 데이터 분포 관계

정규분포를 이용하여 어느 정도의 값이 이상치인지 직접 판단하여 이상치를 제거할 수도 있다. 예를 들어 (μ−2σ) ～ (μ+2σ) 또는 (μ−1.5σ) ～ (μ+1.5σ) 구간을 벗어나는 값을 이상치로 판단한다.

＊＊ 여기서 σ: 표준편차, μ: 평균을 말한다.

▶ 6 Sigma의 통계적 의미

단위	분포내의 면적(μ 중심으로)	비고
1σ (μ−σ) ～ (μ+σ)	68.3%	불량률 32%
2σ (μ−2σ) ～ (μ+2σ)	95.4%	불량률 5%
3σ (μ−3σ) ～ (μ+3σ)	99.7%	불량률 0.3%
4σ (μ−4σ) ～ μ+4σ	99.99%	불량률 0.01%
5σ (μ−5σ) ～ (μ+5σ)	99.9999%	불량률 0.0001%
6σ (μ−6σ) ～ (μ+6σ)	99.99999999%	불량률 0.00000001%

③ 시각화 활용

시각적인 표현은, 분석에 많은 도움을 준다. 시각화를 통해 주어진 데이터의 개별 속성에 어떤 통계 지표가 적절한지 결정할 수 있다.

- 시각화 방법에는 확률밀도 함수, 히스토그램, 점플롯(dot plot), 워드 클라우드, 시계열 차트, 지도 등이 있다.

④ 머신러닝 기법 활용

- 대표적인 머신러닝 기법으로 K-means를 통해 이상치를 확인할 수 있다.
- 정상 데이터의 패턴을 학습하여 이상치를 검출하는 방법이 주로 사용된다.

02 상관관계분석

1) 변수 간의 상관성 분석

두 변수 간에 어떤 선형적 관계를 갖고 있는지를 분석하는 방법이다. 두 변수는 서로 독립적인 관계이거나 상관된 관계일 수 있으며 이때 두 변수 간의 관계의 강도를 상관관계(correlation)라 한다.

① 단순상관분석(Simple Correlation Analysis) : 단순히 두 개의 변수가 어느 정도 강한 관계에 있는가를 측정한다.

② 다중상관분석(Multiple Correlation Analysis) : 3개 이상의 변수 간의 관계강도를 측정한다.

- 편상관관계분석(Partial Correlation Analysis) : 다중상관분석에서 다른 변수와의 관계를 고정하고 두 변수의 관계강도를 측정하는 것을 말한다.

2) 상관분석의 기본가정

① 선형성 : 두 변인 X와 Y의 관계가 직선적인지를 알아보는 것으로 이 가정은 분포를 나타내는 산점도를 통하여 확인할 수 있다.

② 동변량성(등분산성, Homoscedasticity) : X의 값에 관계없이 Y의 흩어진 정도가 같은 것을 의미한다. 반의어는 이분산성(Heteroscedasticity)이다.

상관분석
2개 이상의 양적 변수간의 관계가 유의한지 확인하는 분석

산점도
직교 좌표계를 이용해 두 개 변수 간의 관계를 나타내는 방법

- 산포도가 특정 구간에 상관없이 퍼진 정도가 일정할 때 자료가 동변량성을 띤다고 얘기하며, 반대로 그 정도가 일정하지 않으면 이분산성을 보인다고 말한다.

산포도
변량이 흩어져 있는 정도를 하나의 수로 나타낸 값

③ 두 변인의 정규분포성 : 두 변인의 측정치 분포가 모집단에서 모두 정규분포를 이루는 것이다.

④ 무선독립표본 : 모집단에서 표본을 뽑을 때 표본대상이 확률적으로 선정된다는 것이다.

3) 상관분석 방법

① 피어슨 상관계수(Pearson Correlation Coefficient 또는 Pearson's r)

- 두 변수 X 와 Y 간의 선형 상관관계를 계량화한 수치이다.

상관계수
두 변량 x, y 사이의 상관관계의 정도를 나타내는 수치

- 피어슨 상관계수는 +1과 −1 사이의 값을 가지며, +1은 완벽한 양의 선형 상관관계, 0은 선형 상관관계 없음, −1은 완벽한 음의 선형 상관관계를 의미한다.

$$\rho = \frac{C(x,y)}{\sigma_x \sigma_y}$$

$$C(x,y) = Cov(x,y) = \frac{1}{n-1}\sum_{i=1}^{n}(x_i - \bar{x})(y_i - \bar{y})$$: 표본 간의 공분산

σ_x: 표본 x의 표준편차, σ_y: 표본 y의 표준편차, $\bar{x}, \bar{y}$: 각각의 평균

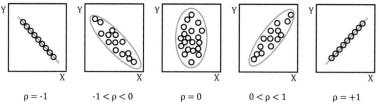

$\rho = -1$ $-1 < \rho < 0$ $\rho = 0$ $0 < \rho < 1$ $\rho = +1$

▲ 상관계수값과 데이터의 산점도

② 스피어만 상관계수(Spearman Correlation Coefficient)

- 데이터가 서열자료인 경우, 즉 자료의 값 대신 순위를 이용하는 경우의 상관계수로서, 데이터를 작은 것부터 차례로 순위를 매겨 서열 순서로 바꾼 뒤 순위를 이용해 상관계수를 구한다.

- 두 변수 간의 연관 관계가 있는지 없는지를 밝혀 주며 자료에 이상점이 있거나 표본크기가 작을 때 유용하다.

$$\rho = 1 - \frac{6\sum d_i^2}{n(n^2 - 1)}$$

- d_i^2 : x_i의 순위(x_i의 관측치를 크기 순으로 정렬하였을 때 순위)와 y_i의 순위 차이를 나타낸다. n은 표본의 개수이다.

- 크기 순으로 정한 두 변수의 차이가 클수록 스피어만 상관계수의 값은 커진다. 즉 스피어만 상관계수는 한 변수의 값이 커지면 다른 변수의 값도 단조적으로 커지는지를 알아볼 수 있다. 스피어만 상관계수가 1에 가까울수록 두 변수는 단조적 상관성(커지면 같이 증가)을 가지는 것이고, 0에 가까우면 상관성이 없는 것으로 판단할 수 있다.

▲ 선형관계와 단조관계

선형관계의 경우는 직선의 형태로 모형화가 가능한 것으로 해석될 수 있다. 단조 관계는 두 변수가 동일한 방향으로 변화는 하지만 직선의 형태로 모형화가 가능하지 않은(일정한 비율로 변화되는 것이 아닌) 것을 의미한다.

03 기초통계량의 추출 및 이해

자료를 수집하여 요약·정리하는 기초통계(또는 기술통계)는 자료의 특성을 정량적인 수치에 의해서 나타내는 방법이다.

자료의 특성을 중심화 경향(Central Tendency), 퍼짐 정도(산포도·분산도), 자료의 분포형태(Shape of Distribution) 등의 수치적 결과로 나타낼 수 있다.

1) 중심화 경향 기초통계량

① 산술평균(Arithmetic Mean)

- 모든 자료들을 합한 후 전체 자료수로 나누어 계산하는 일반적인 평균을 의미한다.
- 모평균 μ(Population Mean) : 모집단 전체 자료의 산술평균

$$\mu = \frac{x_1 + x_2 + x_3 \cdots + x_N}{N} = \frac{1}{N}\sum_{i=1}^{N} x_i \text{ (N : 전체 모집단의 크기)}$$

- 표본평균 $\bar{X}$(Sample Mean) : 모집단의 부분집합인 추출된 표본 전체의 산술평균

$$\bar{X} = \frac{x_1 + x_2 + x_3 \cdots + x_n}{n} = \frac{1}{n}\sum_{i=1}^{n} x_i \text{ (n : 전체 표본의 크기)}$$

② 기하평균(Geometric Mean)

- N개의 자료에 대해서 관측치를 곱한 후 n 제곱근으로 표현한다.

$$기하평균 = \sqrt[n]{x_1 \times x_2 \times x_3 \cdots \times x_n}$$

- 다기간의 수익률에 대한 평균 수익률, 평균물가상승률 등을 구할 때 사용한다.

> 10,000원짜리 주식이 있다고 가정하고 10% 상승하고 10% 하락했다고 하면 산술평균적인 개념으로 봤을 때 가격변동이 없는 것으로 착각할 수 있다.
> 그러나 10,000 × 0.1 = 1000원이므로 11000원이 되고 이후 11,000 × 10% = 1,100원이므로 9,900원이 된다.
> 기하평균식으로 보면 다음 아래와 같다(수익률변환기준).
> $$\sqrt{1.1 \times 0.9} = 0.995$$
> 0.995 − 1 = −0.005 즉, 평균 수익률은 −0.5% 손실로 해석할 수 있다.
> 최초 10,000원 − 50원 − 50원 ≒ 9,900원

③ 조화평균(Harmonic Mean)

- 각 요소의 역수의 산술평균을 구한 후 다시 역수를 취하는 형태로 표현한다.

$$조화평균 = \frac{n}{\frac{1}{x_1} + \frac{1}{x_2} + \cdots + \frac{1}{x_n}}$$

- 변화율 등의 평균을 구할 때 사용한다.
- 각 자료가 동일한 경우 자료에 대한 조화평균, 산술평균값과 기하평균의 값은 같다. 다만 자료가 서로 다를 경우 조화평균≤기하평균≤산술평균의 부등식 관계를 가진다.

$$\frac{2ab}{a+b} \leq \sqrt[2]{ab} \leq \frac{a+b}{2}$$

④ 중앙값(Median)

- 중앙값은 자료를 크기 순으로 나열할 때 가운데에 위치한 값이다.
- 자료의 수를 n이라 할 때, n이 홀수이면 (n+1)/2번째 자료값이 중앙값이 되고, n이 짝수이면, n/2번째와 n/2+1번째 자료의 평균을 중앙값으로 정의한다.

⑤ 최빈값(Mode)

- 가장 노출 빈도가 높은 자료를 최빈값이라 한다. 최빈값은 질적자료나 양적자료 모두에 사용된다.

⑥ 분위수(Quantile)

· 분위수는 자료의 위치를 표현하는 수치이다. 자료를 크기순서대로 배열을 한 후 그 자료를 분할하는 역할을 하는 위치의 수치를 계산한 것이다.

· 자료를 몇 등분 하느냐에 따라 사분위수(quartile), 오분위수(quintile), 십분위수(decile), 백분위수(percentile) 등이 있다.

· N개의 자료가 존재할 때 백분위수로 전환되는 분위수의 위치를 나타내는 식은 아래와 같다. 전체 y(%)가 해당 분위수의 하부에 위치한다.

$$\text{분위수의 위치} = (N+1)\frac{y}{100}$$

2) 산포도(분산도, Degree Dispersion)

자료의 퍼짐 정도를 나타내는 기초 통계량이다. 중심 위치의 측도만으로 자료의 분포에 대한 충분한 정보를 얻을 수 없으므로 중심 경향도 수치에서 자료가 얼마나 떨어져 있는지를 측정하는 척도도 필요하다.

① 분산(Variance), 표준편차(Standard Deviation)

· 분산은 평균을 중심으로 밀집되거나 퍼짐 정도를 나타내는 척도이고, 표준편차는 분산의 제곱근으로 표현한다.

· 분산은 개개의 자료값과 평균과의 편차의 제곱을 이용하여 표현되므로 자료값의 단위를 제곱한 단위를 사용하게 된다. 분산으로 얻은 수치를 해석하기가 곤란하다는 단점을 보완하기 위하여 제곱근을 취한 척도가 표준편차이다.

$$\sigma^2 = \frac{1}{N}\sum_{i=1}^{N}(x_i - \mu)^2 \ (\text{모분산}), \qquad s^2 = \frac{1}{n-1}\sum_{i=1}^{n}(x_i - \bar{x})^2 \ (\text{표본분산})$$

$$\sigma = \sqrt{\frac{1}{N}\sum_{i=1}^{N}(x_i - \mu)^2} \ (\text{모표준편차}), \qquad s = \sqrt{\frac{1}{n-1}\sum_{i=1}^{n}(x_i - \bar{x})^2} \ (\text{표본표준편차})$$

· 분산의 특성
 - 개개의 자료값에 대한 정보를 반영한다.
 - 수리적으로 다루기 쉽다.
 - 특이점에 매우 큰 영향을 받는다.
 - 분산이 클수록 각 자료값이 평균으로부터 넓게 흩어진 형태를 갖는다.
 - 미지의 모분산을 추론할 때 많이 사용한다.

여러 자산에 대한 투자수익률이 다음과 같이 제시되었을 때 분산과 표준편차를 구하여 보면
12%, 20%, 23%, 25%, 30%

$$일단 \ 평균은 \ \frac{12\% + 20\% + 23\% + 25\% + 30\%}{5} = 22\%$$

분산(모분산)은

$$\sigma^2 = \frac{(12\%-22\%)^2 + (20\%-22\%)^2 + (23\%-22\%)^2 + (25\%-22\%)^2 + (30\%-22\%)^2}{5} = 35.6$$

이 되고 표준편차는 $\sqrt{35.6} = 5.97\%$가 된다.

② 범위(Range)

• 데이터 간의 최댓값과 최솟값의 차이를 나타내는 것으로 동일한 범위를 갖더라도 자료의 분포모양은 다를 수가 있음에 유의해야 한다.

③ 평균 절대 편차(평균 편차, 절대 편차, MAD: Mean Absolute Deviation)

• 각 자료값과 표본평균과의 편차의 절댓값에 대한 산술평균을 의미한다.

$$MAD = \frac{1}{n}\sum_{i=1}^{n}|x_i - \bar{x}|$$

• 개개의 자료값에 대한 정보를 반영한다.

• 이상치에 대한 영향을 범위보다 적게 받는다.

• 절댓값을 사용하므로 수리적으로 다루기 부적절하다(평균이 대푯값인 표준 편차나 분산이 더 선호되는 이유이다).

 – 편차는 유클리디안 거리 개념이며 특정 대푯값으로 떨어진 거리를 의미한다.

 – 절대 편차의 최소값을 갖는 자료값(기초통계량)은 평균이 아닌 중앙값이다.

 – 절대 편차는 미분 불가능점이 존재한다.

• 평균 절대 편차가 클수록 자료는 폭넓게 분포한다.

 – 평균 절대 편차보다는 중앙값 절대 편차(Median Absolute Deviation)를 사용할 때, 유용할 수 있다.

평균 절대 편차
관측값에서 평균을 빼고, 그 차이값에 절댓값을 취하고, 그 값들을 모두 더하여 전체 데이터 개수고 나눠 준 것

평균 편차는 각각의 자료가 평균과의 차이가 있는데 이 차이들의 평균이 얼마인가?를 의미한다.

다음과 같이 여러 자산에 대한 투자수익률이 제시 되었을 때 MAD를 구하여 보면
12%, 20%, 23%, 25%, 30%

$$일단 \ 평균은 \ \frac{12\% + 20\% + 23\% + 25\% + 30\%}{5} = 22\%$$

$$평균편차는 \ \frac{|12-22| + |20-22| + |23-22| + |25-22| + |30-22|}{5} = 4.8\%$$

MAD의 의미는 개별 수익률이 평균 22%이고 ±4.8%의 편차가 발생하고 있다는 것이다.

④ 사분위범위(Inter Quartile Range)

- 자료를 크기 순으로 배열 후 자료의 1/4에 해당하는 1사분위수(Q1)를 구하고 3/4에 해당하는 3사분위수(Q3)를 구한다. 사분위범위는 Q3−Q1으로 정의되며 자료의 50% 범위 내에 위치하게 됨을 의미한다.

> 8, 10, 12, 13, 15, 17, 17, 18, 19, 23, 24 자료에 대해서 사분위범위를 구하면
> Q1=(11+1)×(25/100)=3이므로 3번째 수치인 12이고
> Q3=(11+1)(75/100)=9이므로 9번째 수치인 19이다.
> 그러므로 사분위범위는 19−12=7이 된다.

- 사분위범위는 주로 이상치의 판단 시에 사용되는 것으로

$$최대값=75\% \text{ percentile}: 3\text{ 사분위수}+1.5\times IQR$$

$$최소값=25\% \text{ percentile}: 1\text{ 사분위수}-1.5\times IQR$$

결정된 최대값보다 크거나 최소값보다 작은 값을 이상치로 간주한다.

> 상기 예에서 최대값과 최소값을 구하여 보면
> 최대값=75% percentile: 3 사분위수+1.5×IQR=19+1.5×7=29.5
> 최소값=25% percentile: 1 사분위수−1.5×IQR=12−1.5×7=1.5
> 전체 표본에서 1.5보다 작은 값과 29.5보다 큰 값은 이상치로 제외시켜 사용하면 된다는 의미이다.

변동계수 = 표준편차/평균

⑤ 변동계수(CV: Coefficient of Variance)

- 평균을 중심으로 한 상대적인 산포의 척도를 나타내는 수치이다.
- 측정 단위가 동일하지만 평균이 큰 차이를 보이는 두 자료집단 또는 측정단위가 서로 다른 두 자료집단에 대한 산포의 척도를 비교할 때 많이 사용한다.

$$CV = \frac{\sigma}{\mu} \times 100(\%) \ \text{(모집단의 변동계수)}$$

- 변동계수가 클수록 상대적으로 넓게 분포를 이룬다.
  예 신생아의 몸무게와 산모의 몸무게(단위는 같으나, 평균의 차가 큰 경우)

> 포트폴리오A 평균 수익률은 30% 표준편차는 4%이며, 포트폴리오B 평균 수익률은 15% 표준편차는 3% 라고 한다. 포트폴리오A, B의 변동계수를 구하여 보면
>
> $$포트폴리오A의 CV = \frac{4\%}{30\%} = 13.3\%$$
>
> $$포트폴리오B의 CV = \frac{3\%}{15\%} = 20\%$$
>
> 포트폴리오A, B 중 포트폴리오 B의 수익의 변동이 더 크다고 판단할 수 있다.

3) 자료의 분포형태(Shape of Distribution)

① 왜도(Skewness)

• 왜도는 분포의 비대칭(asymmetry) 정도를 나타내는 통계적 측도이다. 데이터 분포의 대칭성과 비대칭성을 정량화하여 평가하는 데 사용된다.

• 분포가 대칭이면 왜도는 0이다. 왼쪽으로 치우친 경우 왜도는 양수, 오른쪽으로 치우친 경우 왜도는 음수이다.

• 왜도는 분포의 모양 뿐만 아니라 이상치의 존재 여부를 파악하는 데에도 도움을 줄 수 있다. 이상치는 분포의 비대칭성을 높이고, 왜도의 크기를 변화시킨다.

• 왜도는 다음과 같은 공식으로 계산된다.

$$Skewness = \frac{\frac{1}{n}\sum_{i=1}^{n}(x_i - \bar{x})^3}{(\frac{1}{n}\sum_{i=1}^{n}(x_i - \bar{x})^2)^{3/2}}$$

n은 데이터의 총 개수, x_i는 개별 데이터 값, $\bar{x}$는 데이터의 평균

• 왜도의 값은 일반적으로 −3과 +3 사이의 범위에 있으며, 보통 왜도의 절대값이 1.96보다 크면 비대칭성이 있다고 판단할 수 있다. 하지만 이것은 규칙적 기준은 아니며, 데이터 분포의 특성과 분석 목적에 따라 다르다.

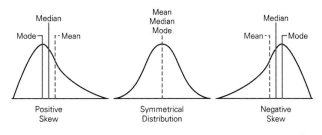

왜도(Skewness)	모양	성질
양수(Positive)	오른쪽으로 긴꼬리	평균 〉 중앙값 〉 최빈값
0	좌우 대칭	평균 = 중앙값 = 최빈값
음수(Negative)	왼쪽으로 긴꼬리	평균 〈 중앙값 〈 최빈값

왜도의 부호는 분포의 비대칭성 방향을 나타낸다

Mode : 최빈값
Median : 중앙값
Mean : 평균

3을 곱함으로써 비대칭 정도를 좀
더 강조한 값을 얻을 수 있다.

➕ 더 알기 TIP

피어슨의 비대칭 계수(Pearson's skewness coefficients)

피어슨의 비대칭 계수는 칼 피어슨이 비대칭도 측정을 위해 제안한 간단한 계산법으로, 일반적으로 왜도와 비슷하게 분포가 좌우로 얼마나 대칭적인지를 나타내는 통계값이다(분포의 모양과 성질은 표의 구분과 동일).

피어슨의 비대칭 계수는 다음과 같이 정의된다.

(평균 − 최빈값) / 표준편차
3*(평균 − 최빈값) / 표준편차
3*(평균 − 중앙값) / 표준편차

일반적으로 계수 값 = 3*(평균 − 중앙값)/표준편차로 구할 수 있다.
- 중앙값, 최빈값, 평균이 일치하면 Cs=0으로 정규분포를 이룬다.
- 계수 값이 0보다 크면 왼쪽으로 치우치고 오른쪽으로 긴 꼬리를 가지는 분포를 이룬다. 이를 정적편포라 한다.
- 계수 값이이 0보다 작으면 오른쪽으로 치우치고 왼쪽으로 긴 꼬리를 가지는 분포를 이룬다. 이를 부적편포라 한다.

평균을 중심으로 가까이 몰리면
더욱 뾰족한 모양, 즉 첨도가 커
진다.

② **첨도(Kurtosis)**

- 분포의 뾰족한(peakedness) 정도를 나타내는 통계적 척도이다.

$$Kurtosis = \frac{\sum_{i=1}^{n}(x_i - \bar{x})^4}{[\sum_{i=1}^{n}(x_i - \bar{x})^2]^4}$$

첨도>3   첨도=3   첨도<3

- 첨도의 값이 3 미만인 경우는 평평한 분포이고 3이면 정규분포를 나타내며 3이 넘는 경우는 뾰족한 분포의 형태를 가지는 것으로 판단할 수 있다.

04 시각적 데이터 탐색

시각화를 통한 탐색적 자료분석은 기본적으로 전통적 통계차트 및 다이어그램에 의존하는 부분에 대해 설명하며 좀 더 심화된 데이터 시각화는 〈PART 04〉에서 다룬다.

1) 통계적 시각화 도구

① 도수분포표(Frequency Table) : 수집된 자료를 적절한 계급에 의해 분류하여 정리한 표로 질적 자료의 경우는 각 자료값(범주)에 대하여 도수나 상대도수로 표현한다.
  예 서울지역 초등학생 100명 대상의 빙과류 선호도 조사 도수분포표

상품	도수	상대도수
콘 형태 아이스크림	65	65/100=0.65
막대 형태 아이스크림	25	25/100=0.25
기타	10	10/100=0.1
합계	100	1.0

- 도수(Frequency) : 질적 자료의 경우 각 범주별 빈도
- 상대도수(Relative Frequency) : 도수/전체 자료 수
- 양적 자료의 경우는 전체 자료를 그룹화(계급구간)하고 각 그룹별 속하는 자료의 수를 계산하여 도수 및 상대도수로 표현한다.

② 히스토그램(Histogram) : 도수분포표를 이용하여 표본의 자료분포를 나타낸 그래프이다.

- 도수분포표의 각 계급의 양 끝 값을 가로축에 표시하고 그 계급의 도수를 세로축에 표시하여 직사각형 모양으로 나타낸다.
- 히스토그램은 가로축에 반드시 수량을 표시하지만, 막대그래프는 그렇지 않다.

③ 막대그래프(Bar Chart) : 각 자료값에 대한 도수 또는 상대도수를 그림으로 표현한 것이다.

④ 파이차트(Pie Chart) : 각 자료값의 상대도수로 기입하여 원의 면적에 각 상대 크기별로 나타낸 그래프이다.

양적 자료(정량적 자료)
온도, 가격, 주가, 매출액 등 수치로 측정 가능한 자료

산점도는 이상치를 확인하는 경우에도 유용하다.

⑤ 산점도(Scatter Plot) : 직교 좌표계를 이용해 두 개 변수 간의 관계를 나타내는 방법이다.

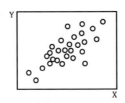

⑥ 줄기 잎 그림(Stem-and-Leaf Diagram) : 통계적 자료를 표 형태와 그래프 형태의 혼합된 방법으로 나타내는 것을 말한다. 줄기 잎 그림은 자료의 정리가 가능할 뿐 아니라 자료의 구조에 대한 정보도 파악이 가능한 도구이다.

• 줄기 잎 그림 작성 절차

(Step1) : 원 자료를 크기 순으로 정리한다.

(Step2) : 원 자료의 숫자를 두 부분으로 나누어 앞부분은 줄기, 뒷부분은 잎으로 한다.

(Step3) : 줄기에 해당하는 숫자를 크기 순으로 나열한다.

(Step4) : 원 자료의 수치를 해당 줄기 우측 뒷부분에 기록한다.

(Step5) : 한 줄기에 기록된 잎의 수가 너무 많은 경우에는 두 줄로 나누어 잎을 기록할 수 있다.

10 자리는 줄기
1 자리는 잎

줄기 잎 그림

줄기	잎
3	6,6,7,8,8,9,9
4	0,1,1,2,4,4,5,5,6,8,9
5	1,5,7,8
6	0,1,2,3,3,4,7,7

예시의 원 자료는 36, 60 등과 같이 두 자리 데이터임을 알 수 있고 대략적인 자료의 분포 파악도 가능하다.

⑦ 상자 수염 그림(Box Plot)

수치적 자료를 표현하는 그래프이다. 이 그래프는 가공하지 않은 자료 그대로를 이용하여 그린 것이 아니라, 자료로부터 얻어 낸 통계량인 5가지 요약 수치(다섯 숫자 요약, Five-number Summary)를 가지고 그린다.

▲ 상자 그림(Box Plot)

- 5가지 요약 수치 : 최솟값, 제 1사분위(Q1), 제2사분위(Q2, 중앙값), 제3사분위(Q3), 최댓값을 일컫는 말이다.

- 작성 방법

  (Step1) : 주어진 데이터에서 각 사분위수를 계산한다.

  (Step2) : 그래프에서 제1사분위와 제3사분위를 밑변으로 하는 직사각형을 그리고, 제2사분위에 해당하는 위치에 선분을 긋는다.

  (Step3) : 사분위범위(IQR: Interquartile Range, Q3-Q1)를 계산한다.

  (Step4) : Q3과 차이가 1.5IQR 이내인 값 중에서 최댓값을 Q3과 직선으로 연결하고, 마찬가지로 Q1과 차이가 1.5IQR 이내인 값 중에서 최솟값을 Q1과 연결한다.

  (Step5) : Q3보다 1.5IQR 이상 초과하는 값과 Q1보다 1.5IQR 이상 미달하는 값은 점이나, 원, 별표 등으로 따로 표시한다(이상치 점).

01 탐색적 데이터 분석 및 필요성에 대한 설명으로 **틀린** 것은?

① 수집한 데이터가 들어왔을 때, 다양한 방법을 통해서 자료를 관찰하고 이해하는 과정을 의미하는 것이다.
② 데이터의 분포 및 값을 검토함으로써 데이터가 표현하는 현상을 이해할 수 있다.
③ 문제점 발견 시 본 분석 전 데이터의 수집 의사를 결정할 수 있다.
④ 최초의 가설에 집중하여 원하는 패턴과 양상에 맞는지에 집중하여 검증하는 데 노력한다.

02 탐색적 분석의 절차에 대한 설명이다. 다음 중 옳은 것을 모두 고른 것은?

> **(가)** 분석의 목적과 변수가 무엇인지, 개별변수의 이름이나 설명을 가지는지 확인한다.
> **(나)** 데이터의 문제성을 확인한다. 즉, 데이터의 결측치의 유무, 이상치의 유무 등을 확인하고 추가적으로 분포상의 이상 형태, Head 또는 Tail 부분을 확인한다.
> **(다)** 데이터의 개별 속성 값이 예상한 범위 분포를 가지는지 확인한다.
> **(라)** 관계속성 확인 절차를 가진다. 즉, 개별 데이터 간의 속성 관찰에서 보지 못한 데이터 간의 속성(예: 상관관계 등)을 확인한다.

① 가, 나
② 가, 다
③ 가, 나, 라
④ 가, 나, 다, 라

03 이상치 발견의 통계적 기법 활용을 설명한 것 중 옳은 것은?

① 데이터의 중심을 알기 위해서는 평균(mean), 중앙값(median), 최빈값(mode), 첨도(kurtosis)를 사용할 수 있다.
② 데이터의 분산도를 알기 위해서는 범위(range), 분산(variance) 왜도(skewness)를 사용할 수 있다.
③ 평균에는 집합 내 모든 데이터 값이 반영되기 때문에, 이상값의 영향을 받는다.
④ 중앙값은 전체변수의 범위 중에서 가운데 값을 사용하므로 이상값의 크기에 영향을 받는다.

04 상관분석의 기본가정에 대한 용어와 설명을 연결한 것 중 **틀린** 것은?

① 선형성 : 두 변인 X와 Y의 관계가 직선적인지를 알아보는 것으로 이 가정은 분포를 나타내는 산점도를 통하여 확인할 수 있다.
② 동변량성 : X의 값에 관계없이 Y의 흩어진 정도가 다른 정도를 의미한다.
③ 두 변인의 정규분포성 : 두 변인의 측정치 분포가 모집단에서 모두 정규분포를 이루는 것이다.
④ 무선독립표본 : 모집단에서 표본을 뽑을 때 표본대상이 확률적으로 선정된다는 것이다.

05 피어슨 상관계수(Pearson Correlation Coefficient)에 대한 설명으로 옳은 것은?

① 두 변수 X와 Y 간의 비선형 상관관계를 계량화한 수치이다.
② 두 변수 간의 연관 관계가 있는지를 밝혀주며 자료에 이상점이 있거나 표본크기가 작을 때 유용하다.
③ 피어슨 상관계수는 +1과 −1 사이의 값을 가지며, +1은 완벽한 양의 선형 상관관계, 0은 선형 상관관계 없음, −1은 완벽한 음의 선형 상관관계를 의미한다.
④ 데이터가 서열자료인 경우 즉 자료의 값 대신 순위를 이용하는 경우의 상관계수로서, 데이터를 작은 것부터 차례로 순위를 매겨 서열 순서로 바꾼 뒤 순위를 이용해 상관계수를 구한다.

06 피어슨 상관계수 값과 산점도 그림의 연결이 바르지 못한 것은?

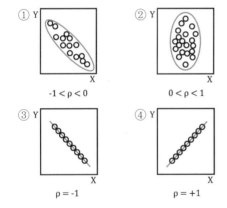

① Y
X
$-1 < \rho < 0$

② Y
X
$0 < \rho < 1$

③ Y
X
$\rho = -1$

④ Y
X
$\rho = +1$

07 자료의 특성을 수치적 결과로 나타내는 기초통계 방법을 나열한 것이다. 다음 중 성질이 <u>다른</u> 하나는?

① 산술평균　　　② 기하평균
③ 최빈값　　　　④ 범위

08 다음 아래의 자료에서 분산, 평균, 중앙값을 구하시오.

101, 103, 105, 107, 109

① 평균 105, 분산 7.5, 중앙값 105
② 평균 104.5, 분산 8, 중앙값 104.5
③ 평균 105, 분산 8, 중앙값 105
④ 평균 106.5, 분산 8.5, 중앙값 106.5

09 다음의 자료가 있을 때

5, 9, 10, 12, 13, 14, 15, 17, 18, 18, 20, 24, 24, 25

$$\sum_{i=1}^{n}(x_i - A) = 0$$

위 식을 만족하는 A 값은? (여기서 x_i는 위의 자료를 말함)

① 16　　　　② 6
③ 15　　　　④ 17

10 포트폴리오의 투자수익률, GDP 성장률 등의 연간 자료에 대해서 알맞은 기술적 통계량인 평균은 무엇인가?

① 산술평균　　　② 조화평균
③ 기술평균　　　④ 기하평균

11 100명의 여자에 대한 신장과 체중을 비교한 자료이다. 체중의 개인차가 신장의 개인차보다 크다고 할 수 있는가?

	평균	표준편차
체중	52.3kg	2.54kg
신장	152.7 cm	2.28cm

① 체중에 대한 개인차가 크다.
② 신장에 대한 개인차가 크다.
③ 체중에 대한 개인차와 신장에 대한 개인차는 동일하다.
④ 체중과 신장의 개인차는 알 수 없다.

12 왜도에 대한 설명으로 틀린 것은?

① 기초 통계량 중 자료분포의 형태를 알아보는 기초통계량이다.
② 분포가 어느 한쪽으로 치우친(비대칭: asymmetry) 정도를 나타내는 통계적 척도이다.
③ 산출공식에 의해 오른쪽으로 더 길면 음의 값이 되고 왼쪽으로 더 길면 양의 값이 된다. 분포가 좌우대칭이면 0이 된다.
④ 왜도 산출공식은 $\dfrac{\frac{1}{n}\sum_{i=1}^{n}(x_i - \bar{x})^3}{(\frac{1}{n}\sum_{i=1}^{n}(x_i - \bar{x})^2)^{3/2}}$ 이다.

13 평균이 50, 중앙값이 30, 표준편차가 5인 분포의 피어슨 비대칭 계수와 특징을 잘 설명한 것은?

① 계수 = 12, 왼쪽으로 긴꼬리(오른쪽으로 치우침)
② 계수 = −12, 왼쪽으로 긴꼬리(오른쪽으로 치우침)
③ 계수 = 12, 오른쪽으로 긴꼬리(왼쪽으로 치우침)
④ 계수 = −12, 오른쪽으로 긴꼬리(왼쪽으로 치우침)

14 다음 자료에 대해서 사분위범위를 구하시오.

8, 10, 12, 13, 15, 17, 17, 18, 19, 23, 24

① 6
② 7
③ 8
④ 9

15 정규분포에 대한 분포의 모습을 설명한 것 중 틀린 것은?

① 왜도는 0이다.
② 좌우가 서로 대칭인 형태의 분포의 모습을 가지고 있다.
③ 평균 중앙값 최빈값 순으로 크기 나열이 가능하다(평균〉중앙값〉최빈값).
④ 첨도는 3이다.

SECTION 01

01 ④	02 ④	03 ③	04 ②	05 ③
06 ②	07 ④	08 ③	09 ①	10 ④
11 ①	12 ③	13 ③	14 ②	15 ③

01 ④

다양한 각도에서 데이터를 살펴보는 과정을 통해 문제정의 단계에서 인지 못한 새로운 양상·패턴을 발견할 수 있다. 그러므로 새로운 양상을 발견 시 초기설정 문제의 가설을 수정하거나 또는 새로운 가설을 설립할 수 있다.

02 ④

탐색적 데이터분석의 분석과정 및 절차의 4가지 항목이다.

03 ③

첨도, 왜도는 데이터의 분포모양에 해당된다. 중앙값은 전체변수의 범위에서 가운데가 아니라 관찰된 변수들 중의 가운데값이므로 이상값의 영향을 받지 않는다.

04 ②

동변량성 : X의 값에 관계없이 Y의 흩어진 정도가 같은 것을 의미한다.

05 ③

피어슨 상관계수는 두 변수 X와 Y 간의 선형 상관관계를 계량화한 수치이다.

오답 피하기
• ②, ④는 스피어만 상관계수에 대한 설명이다.

06 ②

②그림은 $\rho = 0$ 이다..

07 ④

산술평균, 기하평균, 최빈값은 중심화 경향 기초통계량이고 범위는 산포도(퍼짐정도)에 대한 기초통계량이다.

08 ③

$$평균 = \frac{101+103+105+107+109}{5} = \frac{525}{5} = 105$$

$$분산 = \frac{(101-105)^2+(103-105)^2+(105-105)^2+(107-105)^2+(109-105)^2}{5}$$

$$= \frac{16+4+0+4+16}{5} = 8$$

중앙값 = 105

09 ①

산술평균 x의 성질로

$$\sum (x_i - \bar{x}) = 0$$

자료 −산술평균의 전체의 합은 편차를 의미하며 그 값은 0이 된다.
그러므로 문제의 답은 x을 구하면 되고 그 값은 16이다.

10 ④

비율의 성격을 가지는 자료에 대한 기술적 통계량(평균)은 기하 평균을 사용한다.

11 ①

체중에 대한 CV = 2.54/52.3 × 100 = 4.857%
신장에 대한 CV = 2.28/152.7 × 100 = 1.493%이므로
체중에 대한 CV가 더 큼 → 산포도가 넓으므로 개인차가 크다.

12 ③

오른쪽으로 더 길면 양의 값이 되고 왼쪽으로 더 길면 음의 값이 된다.

13 ③

$$피어슨의 비대칭 계수 = \frac{3(평균 - 중앙값)}{표준편차}$$

$$피어슨의 비대칭 계수 = \frac{3(50 - 30)}{5} = \frac{60}{5} = 12 > 0$$

오른쪽으로 긴꼬리(왼쪽으로 치우침)를 가지는 분포의 형태로 파악이 가능하다.

14 ②

Q1=(11+1)×(25/100)=3이므로 3번째 수치인 12이고 Q3=(11+1)(75/100)=9이므로 9번째 수치 19이다. 따라서 사분위범위는 19−12=7이 된다.

15 ③

정규분포 모양의 특징은 좌우가 대칭인 형태로 왜도의 값이 0이 되며 이 경우 평균=중앙값=최빈값이 된다. 첨도의 경우는 3이 된다.

01 시공간 데이터 탐색

1) 시공간 데이터의 개념

- 기본적으로 공간적 정보(데이터)에 시간의 흐름(이력정보 등)이 결합된 다차원 데이터를 다루는 것을 지칭한다.
- 무선이동 통신기술의 발달로 인해 데이터의 통신 및 처리를 다루는 이동 컴퓨팅 등의 분야에서 관심을 가지는 데이터 분야로 특히 스마트폰의 발전으로 그 중요성이 커지고 있다.

① 시간 데이터

기존 데이터는 어느 한 시점에 대한 스냅샷 정보이다. 그래서 데이터에 유효 시간, 거래 시간, 사용자 정의 시간과 같은 연관된 시간 표현을 정의한다.

- **유효 시간** : 데이터가 발생하거나 소멸된 시간
- **거래 시간** : 관리 시스템을 통해 처리된 시간
- **사용자 정의 시간** : 유효 시간이나 거래 시간이 없는 경우 사용자가 정의
- **스냅샷 데이터** : 시간 개념이 필요하지 않아 거래, 유효시간 미지원
- **거래 시간 데이터, 유효 시간 데이터** : 각각 거래, 유효시간만 지원
- **이원 시간 데이터** : 둘 다 지원

② 공간 데이터

공간 데이터는 기존 데이터베이스보다 복잡하고 다양한 유형의 값을 가지므로 효율적으로 관리, 저장, 이용하는 데 초점을 맞춘다.

- **비공간 타입** : 기본적인 데이터 유형을 가진 속성
- **래스터 공간 타입** : 실세계에 존재하는 객체의 이미지
- **벡터 공간 타입** : 점,선,면 등의 요소로 구성
- **기하학적 타입** : 벡터 타입의 요소로부터 거리, 면적, 길이 등과 같은 유클리드 기하학 계산 값으로 표현
- **위상적 타입** : 공간 객체 간의 관계를 표현하며, 방위, 공간 객체 간의 중첩, 포함, 교차, 분리 등과 같은 위치적 관계로 대량의 공간을 필요로 해서 일반적으로 저장되지 않고 보통 공간객체로부터 동적으로 계산

래스터 데이터(Raster Data)
그리드에서 픽셀로 표현

③ 공간 데이터 모델

- 관계형 모델 : 데이터의 표현이 유연하지 못하며 실세계 공간의 객체의 특징을 적절히 표현하지 못하는 문제점이 있다.
- 객체지향 모델
  - 비 구조적이고 복잡한 데이터를 자연스럽게 표현한다.
  - 데이터 계층 구조를 이용한 연산이 쉽다.
  - 새로운 함수의 확장이 쉽다.
  - 데이터 무결성 검사가 쉽다.
  - 설계 단계 모델-구현 단계 모델 사이의 불일치 문제를 줄인다.

④ 시공간 데이터

시간과 공간 데이터의 결합 형태를 지칭한다.

- 실제 객체들은 공간적 정보뿐만 아니라 시간적 정보와도 연관이 있다. 기본적으로 위치 · 영역과 같은 공간 정보는 시간의 흐름에 따라서 변화를 하기 때문이다.

2) 시공간 데이터 분석

① 시공간 데이터에 대한 질의어

- 시공간자료 정의언어 : 시공간 테이블 인덱스 및 뷰(view)의 정의문, 변경문 등이 포함되어 있다. 이 자료는 공간적 속성과 시간적 속성을 동시에 포함한다.
- 시공간자료 조작언어 : 객체의 삽입, 삭제, 변경 등의 검색문이 있다. 이 문장들은 시간지원 연산자와 공간 연산자를 포함하며 이를 통해 객체에 대한 공간관리와 이력정보를 제공한다.

② 시공간 데이터의 연산

- 시공간위상 관계연산 : 공간위상 연산자는 두 객체 간 공간영역상의 관계에 대해서 참 · 거짓을 반환하는 연산으로 대표적으로 교차(intersection) 연산자는 선과 선의 교차, 선과 면의 교차 여부를 반환한다. 시간관계의 경우는 두 객체의 유효시간 정보를 기반으로 선후관계를 평가하여 참 · 거짓을 반환하는 연산자이다.
- 시공간기하 연산 : 공간기하 연산자와 시간구성 연산자의 결합이다. 공간기하 연산자는 두 객체 간의 거리(distance) 연산을 지칭하며 시간 구성 연산자는 주어진 객체의 유효시간값에 대하여 지정된 시간 혹은 다른 객체의 유효시간값과의 계산을 통해 객체의 유효시간값을 변경하는 연산이다.

3) 적용 및 응용분야

- 시공간 데이터 기술은 지리정보 시스템, 위치기반 서비스, 차량 위치추적 서비스 등에 활용된다.

시공간 테이블의 정의문은 점, 선, 면 등의 공간속성 타입이 추가되어 있다.

02 다변량 데이터 탐색

다변량 데이터 탐색은 기본적으로 변수들 간 인과관계의 규명과 분석을 하는 것이다. 변수들 간의 상관관계를 이용하여 변수를 축약하거나 개체들을 분류하고 관련된 분석방법 등을 동원하여 데이터 분석을 하는 것이다.

1) 종속변수와 독립변수 사이의 인과 관계

① 다중회귀(Multiple Regression)

독립변수가 2개 이상인 회귀모형을 지칭하며 각 독립변수는 종속변수와 선형관계에 있음을 가정한다.

- 장점
  - 변수를 추가하여 분석내용의 질적 향상을 도모할 수 있다(단순회귀분석의 단점을 극복할 수 있다).
  - 종속변수를 설명하는 독립변수가 두 개일 때 단순회귀모형을 설정한다면 모형설정(specification)이 부정확할 뿐 아니라 종속변수에 대한 중요한 독립변수를 누락함으로써 계수 추정량에 대해 편이(bias)를 야기시킬 수 있다. 이때 다중회귀분석을 통해 편이를 제거할 수 있다.

- 일반형식
  - 종속변수 Y에 대해서 X_1, X_2, $\cdots$, X_k의 독립변수 k개가 존재하여 종속변수를 설명한다.

$$Y = \alpha_1 X_1 + \alpha_2 X_2 + \cdots + \alpha_k X_k + \beta + \varepsilon_k$$

여기서 설명변수는 k개이며 추정해야 할 모수는 α_i, i=1, 2,$\cdots$, k, β 포함 $k+1$개이다(α_i, i=1, 2,$\cdots$, k는 기울기, β는 절편).

- 기본가정
  - 회귀모형은 모수에 대해 선형인 모형이다.
  - 오차항의 평균은 0이다.
  - 오차항의 분산은 모든 관찰치에 대해 σ^2의 일정한 분산을 갖는다.
  - 서로 다른 관찰치 간의 오차항은 상관이 없다(오차항은 서로 독립이며 공분산은 0).
  - 오차항의 각 독립변수 역시 독립인 관계이다.
  - 오차항은 정규분포를 따르며 $N(0, \sigma^2)$이다.

- 분석 방법
  - 최소자승법을 이용하여 결과를 도출할 수 있다(해당 내용은 PART 03 빅데이터 모델링에서 자세히 다룬다).

독립변수
종속변수에 영향을 줄 것으로 기대되거나 종속 변수의 변화를 예측할 수 있다고 여겨지는 변수

종속변수
독립변수의 변화에 의해 영향을 받을 것으로 기대되는 변수

오차항
관측치와 모예측치 간 편차 차이

잔차항
관측치와 표본예측치 간 편차 차이

모집단 전체를 대상으로 예측결과를 이야기할 때는 오차항, 표본만으로 한정 시에는 잔차항

② 로지스틱 회귀(Logistic Regression)★

영국의 통계학자인 D. R. Cox가 1958년에 제안한 확률 모델로 <mark>독립변수의 선형 결합을 이용하여 사건의 발생 가능성을 예측</mark>하는 데 사용되는 통계 기법이다.

- 로지스틱 회귀 모델은 종속변수와 독립변수 사이의 관계에 있어서 선형 모델과 차이점을 지니고 있다. 첫 번째 차이점은 이항형인 데이터에 적용하였을 때 종속변수 y의 결과가 범위[0,1]로 제한된다는 것이고 두 번째 차이점은 종속변수가 이진적이기 때문에 조건부 확률 $P(y \mid x)$의 분포가 정규분포 대신 이항 분포를 따른다는 점이다.

$$G(x) = \frac{e^x}{1+e^x} : \text{로지스틱 모형 함수(시그모이드 함수)}$$

- 독립변수는 실제 값, 이진 값, 카테고리 등 어떤 형태든 될 수 있다. 종속변수의 형태는 연속 변수(수입, 나이, 혈압) 또는 이산 변수(성별, 인종)로 구분된다.
- 만약, 특정 이산 변수값의 후보가 2개 이상 존재한다면 일반적으로 해당 후보들을 임시 변수로 변환하여 로지스틱 회귀를 수행한다.

③ 분산분석(ANOVA: Analysis of Variance)

분산분석은 3개 이상의 표본들의 차이를 표본평균 간의 분산과 표본 내의 관측치 간 분산을 비교하여 가설을 검정하는 것이다.

- 일원분산분석(One-Way ANOVA) : 단 하나의 인자에 근거하여 여러 수준으로 나누어지는 분석이다.
- 일원분산분석의 특징
  - 일원분산분석은 단일용인변수(독립변수)에 의해 종속변수에 대한 평균치의 차이를 검정하는 데 이용한다.
  - 일원분산분석을 위해서는 종속변수(등간 척도)와 정수값을 갖는 요인변수가 각 하나여야 하고 요인변수가 정의되어야 한다.
    - 예 3학급(A반, B반, C반) 간 성적의 평균 차이가 존재할 것이다.
    - 예 판매방법이나 지역에 따라 자사 매출액 평균에 차이가 존재하는가?

④ 다변량 분산분석(Multi Variate ANOVA)

측정형 변수, 종속변수가 2개 이상인 분산분석이다.

- 이원분산분석(Two-Way ANOVA) : 두 개 이상의 인자에 근거하여 여러 수준으로 나누어지는 분석이다.
- 이원분산분석의 특징
  - 이원분산분석은 일원분산분석과는 달리 독립변인의 수가 둘이다.
  - 만약 연구자의 관심이 한 변수에 따른 종속변수의 영향이 아니라 두 개 이상의 변수, 예를 들어 성별변수와 연령변수에 따라 직무만족도가 어떻게 차이 나는가를 알아보고자 한다면 이원분산분석을 해야 한다.

★ 로지스틱 회귀
종속변수가 이항형 문제(유효한 범주의 개수가 두 개인 경우)를 지칭할 때 사용

이항형 데이터
성공 아니면 실패, 남성 및 여성 등 두 변수를 선정하여 둘에 대한 빈도수 및 비율 분포 특성을 파악할 수 있는 데이터

이항분포(Binomial Distribution)
베르누이 시행을 n번 독립적으로 시행할 때 성공횟수를 X로 정의한 이산확률분포
(세부내용은 PART 02 – CHAPTER 03 참고)

2) 공분산과 독립성 관계

서로 독립적인 변수는 통계적으로 독립적인 사건으로 볼 수 있으며, 한 변수의
변화가 다른 변수에 영향을 미치지 않는 관계를 가지고 있다. 이러한 경우 공분
산은 0이 되며, 공분산 행렬의 비대각 성분은 모두 0이 된다.

그러나 공분산이 0이라고 해서 항상 독립적인 관계인 것은 아니다. 예를 들어,
두 변수가 비선형적인 관계를 가지고 있을 수 있으며, 이러한 경우에도 공분산은
0이 될 수 있다. 또한, 다른 종류의 관계(이차항 관계, 상호작용 효과 등)가 존재
할 수도 있다. 이 경우에는 공분산이 0이 되지 않을 수도 있다.

> 두 확률변수가 상호 독립이면 Cov(A, B) = 0이다.
> 그러나 Cov(A, B) = 0이라고 해서 두 확률변수 A, B가 상호 독립이라고 할 수는 없다.

• 변수 간의 독립성 여부를 판단하기 위해서는 공분산 이외의 다른 통계적 성성
이나 분석을 사용해야 한다.

3) 두 확률분포 간의 독립성 확인

① 분포의 독립성 확인

두 확률변수의 결합 확률분포를 확인하여 독립성을 판단할 수 있다. 두 변수가
상호 독립이라면, 결합 확률분포는 두 개별 변수의 확률분포의 곱과 동일해야 한
다. 즉, P(X, Y) = P(X) * P(Y)의 관계를 만족해야 한다.

② 공분산 및 상관 계수 확인

두 확률변수의 공분산과 상관계수를 계산하여 판단할 수 있다. 두 변수가 상호
독립이라면 공분산은 0이 되며, 상관계수도 0이 된다. 따라서, 공분산이 0이고
상관계수가 0인 경우 두 변수가 독립적이라고 할 수 있다.

③ 독립성 검정

독립성을 확인하기 위해 독립성 검정을 수행할 수 있다. 대표적인 검정 방법으로
는 카이제곱 독립성 검정이 있다. 이 검정은 주어진 데이터에서 두 변수 간의 독
립성을 검정하는 방법으로, 유의수준을 설정하여 검정 결과를 해석할 수 있다.

4) 변수축약

변수들 간의 상관관계를 이용하여 변수를 줄이는 방법으로 변수유도기법이라고
도 한다.

① 주성분 분석(PCA: Principal Component Analysis)

• 다변량자료에서 존재하는 비정규성(abnormality)이나 이상치(outlier)를 발
  견하기 위하여 변수들의 상관관계(또는 공분산)가 존재하지 않는 새로운 변수
  (주성분)를 구하는 것을 지칭한다.
• 주성분 분석은 N개의 변수로부터 서로 독립인 $K(\langle N \rangle)$개의 주성분을 구해 원 변
  수의 차원을 줄이는 방법이다.

② 요인 분석(Factor Analysis)

다수의 변수들의 상관관계를 분석하여 공통차원들을 통해 축약해 나가는 방법으로 이해하면 된다. 즉, 다수의 변수들 간 정보손실을 최소화하면서 소수의 요인(Factor)으로 축약하는 것이다.

- 요인 분석의 특징
  - 독립변수와 종속변수의 개념이 없다.
  - 추론통계가 아닌 기술통계기법에 의해 수행할 수 있다(상관분석 등).
- 요인 분석의 목적
  - 변수 축소 : 여러 개의 관련변수가 하나의 요인으로 묶인다.
  - 변수 제거 : 요인에 포함되지 않거나 포함되더라도 중요도가 낮은 변수를 찾을 수 있다.
  - 변수 특성 파악 : 관련된 변수들의 묶음으로 상호독립특성을 파악하기 용이해진다.

    측정항목의 타당성 평가 : 그룹이 되지 않은 변수의 특성을 구분할 수 있게 된다.
  - 요인점수를 통한 변수 생성 : 회귀분석, 군집분석, 판별분석 등에 적용 가능한 변수를 생성할 수 있다.

③ 정준상관분석(Canonical Analysis)

두 변수집단 간의 연관성(Association)을 각 변수집단에 속한 변수들의 선형결합(Linear Combination)의 상관계수를 이용하여 분석하는 방법이다(일반화된 상관계수).

> 스트레스하에서 심리적 상황을 나타내는 변수들과 육체적인 변수들이 어떻게 상호 작용하는지에 관심이 있다면, 심리적인 것들로 간주되는 불안도, 집중력 정도 등의 변수들과 혈압, 맥박, 심전도 등과 같은 육체적 측면의 변수들을 측정하고, 이들 사이의 연관성을 보는 것이 바람직할 것이다.
> 이때, 각 변수집단에 속하는 변수들의 선형결합은 선형결합들 사이의 상관관계가 최대가 되도록 가중값(weight)을 결정하여 구성한다.

- 정준변수(Canonical Variable) : 새로 만들어진 선형결합이다.
- 정준상관계수(Canonical Correlation Coefficient) : 정준변수들 사이의 상관계수이다.

두 집단에 속하는 변수들의 개수 중에서 변수의 개수가 적은 집단에 속하는 변수의 개수만큼의 정준변수가 만들어질 수 있다.

- 정준분석과 회귀분석의 차이점
  - 회귀분석의 경우 하나의 반응변수를 여러 개의 설명변수로 설명하고자 할 때, 가장 설명력이 높은 변수들의 선형결합을 찾아 이들 사이의 인과관계를 생각하는 반면에 정준분석에서는 이와 같은 인과성이 없다.

canonical
표준(기준)이 되는

변수집단 간의 상관구조를 가장 잘 설명하는 집단 내 변수들의 선형결합(정준변수)를 찾는 과정이다.

5) 개체유도

개체들의 특성을 측정한 변수들의 상관관계를 이용하여 유사한 개체를 분류하는 방법이다.

① 군집 분석(Cluster Analysis)

변수 또는 개체(item)들이 속한 모집단 또는 범주에 대한 사전정보가 없는 경우에 관측값들 사이의 거리(또는 유사성)를 이용하여 변수 또는 개체들을 자연스럽게 몇 개의 그룹 또는 군집(cluster)으로 나누는 분석기법이다.

- 군집 간의 거리에 대한 정의가 가장 중요한 부분으로 거리의 정의에 따라서 유사성에 대한 척도가 형성된다.
- 계층적(hierarchical) 방법 : 가까운 개체끼리 차례로 묶거나 멀리 떨어진 개체를 차례로 분리해 가는 군집방법으로 한 번 병합된 개체는 다시 분리되지 않는 것이 특징이다.
- 비계층적(nonhierarchical) 방법 또는 최적분화(partitioning) 방법 : 다변량 자료의 산포를 나타내는 여러가지 측도를 이용하여 이들 판정기준을 최적화시키는 방법으로 군집을 나누는 방법이다. 한 번 분리된 개체도 반복적으로 시행하는 과정에서 재분류될 수 있는 것이 특징이다.
- 조밀도에 의한 방법 : 데이터가 분포한 특성에 따라 군집을 나누는 방법이다.
- 그래프를 이용하는 방법 : 다차원 자료들을 2차원 또는 3차원으로 축소할 수 있다면 시각적 차원에서 자연스러운 군집을 형성할 수 있다.

② 다차원 척도법(MDS: Multi-Dimensional Scaling)

다차원 척도법은 다차원 관측값 또는 개체들 간의 거리(distance) 또는 비유사성(dissimilarity)을 이용하여 개체들을 원래의 차원보다 낮은 차원(보통 2차원)의 공간상에 위치시켜(spatial configuration) 개체들 사이의 구조 또는 관계를 쉽게 파악하고자 하는 데 목적이 있다.

- 차원의 축소와 개체들의 상대적 위치 등을 통해 개체들 사이의 관계를 쉽게 파악하고, 공간적 배열에 대한 주관적인 해석에 중점을 두고 있다.

③ 판별 분석(Discriminant Analysis)

2개 이상의 그룹으로 나누어진 개체에 대해 분류에 영향을 미칠 것 같은 특성(변수)을 측정하고 이를 이용하여 새로운 개체를 분류하는 방법이다.

- 로지스틱 판별분석(Logistic Discriminant Analysis) : 분류를 하는 도구(판별식)를 로지스틱 회귀분석을 이용하여 분류하는 방법이다.

03 비정형 데이터 탐색

1) 비정형 데이터(Unstructured Data)

비정형 데이터(비구조화 데이터, 비구조적 데이터)는 미리 정의된 데이터 모델이 없거나 미리 정의된 방식으로 정리되지 않은 정보를 말한다.

① 비정형 데이터의 특징

- 비정형 정보는 일반적으로 텍스트 중심으로 되어 있으며 날짜, 숫자, 사실과 같은 데이터도 포함할 수 있다.
- 변칙과 모호함이 발생하므로 데이터베이스의 칸 형식의 폼에 저장되거나 문서에 주석화된(의미적으로 태그된) 데이터에 비해 전통적인 프로그램을 사용하여 이해하는 것을 불가능하게 만든다.

▶ 데이터의 형태와 데이터 수집 간의 관계

형태	특징
성형 데이터 (Structured Data)	• 내부 시스템인 경우가 대부분이라 수집이 쉽다. • 파일 형태의 스프레드시트라도 내부에 형식을 가지고 있어 처리가 쉬운 편이다.
반정형 데이터 (Semi-structured Data)	보통 API 형태로 제공되기 때문에 데이터 처리 기술이 요구된다.
비정형 데이터 (Unstructured Data)	텍스트 마이닝 혹은 파일일 경우 파일을 데이터 형태로 파싱해야 하기 때문에 수집 데이터 처리가 어렵다.

② 비정형 데이터 관리 및 분석 의미 도출

- 정형 데이터는 데이터 저장의 효율성 측면에서 사전에 정의된 규칙에 따라 저장·관리되었으나 비정형의 경우는 규격화의 어려움이 있어 저장·관리의 어려움이 있다.
- 정형 데이터에 비해 차지하는 저장 공간이 넓다.
- 정형화되지 않은 데이터로 분석이 용이하지 않은 부분이 있다.

2) 비정형 데이터의 분석

① 데이터 마이닝(Data Mining)

대규모로 저장된 데이터 안에서 체계적이고 자동적으로 통계적 규칙이나 패턴을 분석하여 가치 있는 정보를 추출하는 과정이다.

- 데이터 마이닝은 통계학에서 패턴 인식에 이르는 다양한 계량 기법을 사용한다.
- 데이터 마이닝 기법은 통계학 쪽에서 발전한 탐색적 자료분석, 가설 검정, 다변량 분석, 시계열 분석, 일반선형모형 등의 방법론이 쓰인다.
- 데이터베이스 쪽에서 발전한 OLAP(온라인 분석 처리, On-Line Analytic Processing), 인공지능 진영에서 발전한 SOM, 신경망, 전문가 시스템 등의 기술적인 방법론이 쓰인다.

비정형 데이터는 데이터 구조가 없어 그 자체만으로 내용에 대한 질의 처리를 할 수 없다. 따라서 데이터의 특징을 추출하여 반정형 또는 정형으로 변환하는 전처리가 필요하다.

API
운영체제와 응용프로그램 사이에 사용되는 언어 형식

SOM(Self-Organizing Map)
자기조직화 지도

- 데이터 마이닝 적용 분야
  - 신용평점 시스템(Credit Scoring System)의 신용평가모형 개발, 사기탐지 시스템(Fraud Detection System), 장바구니 분석(Market Basket Analysis), 최적 포트폴리오 구축과 같이 다양한 산업 분야에서 광범위하게 사용되고 있다.
  - 분류(Classification) : 일정한 집단에 대한 특정 정의를 통해 분류 및 구분을 추론한다.
    - **예** 경쟁자에게로 이탈한 고객
  - 군집화(Clustering) : 구체적인 특성을 공유하는 군집을 찾는다. 군집화는 미리 정의된 특성에 대한 정보를 가지지 않는다는 점에서 분류와 다르다.
    - **예** 유사 행동 집단의 구분
  - 연관성(Association) : 동시에 발생한 사건 간의 관계를 정의한다.
    - **예** 장바구니에 동시에 들어가는 상품들의 관계 규명
  - 연속성(Sequencing) : 특정 기간에 걸쳐 발생하는 관계를 규명한다. 기간의 특성을 제외하면 연관성 분석과 유사하다.
    - **예** 슈퍼마켓과 금융상품 사용에 대한 반복 방문
  - 예측(Forecasting) : 대용량 데이터집합 내의 패턴을 기반으로 미래를 예측한다.
    - **예** 각종 수요예측
- 데이터 마이닝의 단점
  - 자료에 의존하여 현상을 해석하고 개선하려고 하기 때문에 자료가 현실을 충분히 반영하지 못한 상태에서 정보를 추출한 모형을 개발할 경우 잘못된 모형을 구축하는 오류를 범할 수가 있다.

② **텍스트 마이닝(Text Mining)**

전통적인 데이터 마이닝의 한계를 벗어난 방법으로 인간의 언어로 이루어진 비정형 텍스트 데이터들을 자연어 처리방식을 이용하여 대규모 문서에서 정보 추출, 연계성 파악, 분류 및 군집화, 요약 등을 통해 데이터의 숨겨진 의미를 발견하는 기법이다.

- 자연어 처리(NLP: Natural Language Process)
  - 인간의 언어 현상을 컴퓨터와 같은 기계를 이용해서 모사할 수 있도록 연구하고 이를 구현하는 인공지능의 주요 분야 중 하나다.
  - 자연 언어 처리는 연구 대상이 언어이기 때문에 당연하게도 언어 자체를 연구하는 언어학과 언어 현상의 내적 기재를 탐구하는 언어 인지 과학과 연관이 깊다.
  - 구현을 위해 수학적·통계적 도구를 많이 활용하며 특히 기계학습 도구를 많이 사용하는 대표적인 분야이다. 정보검색, QA 시스템, 문서 자동분류, 신문기사 클러스터링, 대화형 Agent 등 다양한 응용이 이루어지고 있다.

데이터 마이닝의 필수 요소는 신뢰도가 높은 충분한 자료이다.

n-gram
통계학 기반의 언어 모델. 주어진 텍스트로부터 n개 단어의 연속적 나열을 하나의 토큰으로 간주

③ 오피니언 마이닝(Opinion Mining)

오피니언 마이닝은 텍스트 마이닝의 한 분류로서, 특정 주제에 대한 사람들의 주관적 의견을 통계·수치화해 객관적 정보로 바꾸는 빅데이터 분석기술이다.

- 텍스트 마이닝과 같이 문장을 분석하기 때문에 자연어 처리 방법(NLP)을 사용하지만, 텍스트 마이닝은 문장 내 주제를 파악하고 오피니언 마이닝은 감정·뉘앙스·태도 등을 판별한다는 차이가 있다. 이 때문에 감정 분석(Sentiment Analysis)이라고도 불린다.

- 적용 분야

  - 텍스트 내 정보를 파악하기 위해 문장 구조, 문장 간의 관계, 어휘 등을 분석해 키워드와 연관된 감성 어휘의 빈도를 중립·긍정·부정으로 분류하고 그 강도를 평가한다.

  - 특정 서비스 및 상품에 대한 시장 규모 예측, 소비자의 반응, 입소문 분석 등에 활용되고 있으며, 최근 많은 기업이 자사와 자사 상품 관련 댓글·SNS 등을 실시간으로 분석해 이미지를 파악하고 대응 전략을 세워 사용하고 있다.

④ 웹 마이닝(Web Mining)

웹 마이닝 또는 웹 데이터 마이닝은 일반적으로 웹 자원으로부터 의미있는 패턴, 추세 등을 도출해 내는 것을 지칭한다.

- 기기 내 쌓이는 로그, 사용자 행동 및 작성 콘텐츠 등 모든 것을 포함한다. 이러한 데이터를 분석하여 유용한 정보를 추출, 통찰(insight)을 얻어 내는 것이 핵심이다.

- 웹 마이닝의 특징

  - 웹 환경에서 얻어지는 고객의 정보, 특정 행위, 패턴 등의 정보를 이용하여 다양한 활동(마케팅 등)에 활용할 수 있다.

  - 데이터 마이닝을 이용하여 문서들과 서비스로부터 정보를 추출할 수 있다.

  - 대량의 로그기록을 기반으로 정보를 수집하고 자료를 정제한다.

  - 웹상의 고객의 행동기록과 CRM 등을 연결하는 등 다양한 서비스에 접목이 가능하다(연관 분류 등의 데이터 마이닝 기법을 동시 적용가능).

- 웹 마이닝의 유형

  - 웹구조 마이닝(Web Structure Mining) : 웹 사이트로부터 구조적 요약정보를 추출하는 것이다.

  - 웹내용 마이닝(Web Contents Mining) : 웹사이트 또는 페이지로부터 의미 있는 내용을 추출하는 것을 말한다.

  - 웹사용 마이닝(Web Usage Mining) : 웹상의 사용자의 행동 등 패턴으로부터 통찰을 이끌어 내는 방법을 말한다.

로그(Log)
컴퓨터의 처리 내용이나 이용 상황을 시간의 흐름에 따라 기록한 것

01 시간데이터의 정의와 의미 연결이 틀린 것은?

① 유효 시간 : 객체가 발생하거나 소멸된 시간
② 거래 시간 : 관리 시스템을 통해 처리된 시간
③ 스냅샷 데이터 : 시간 개념이 필요하지 않아 거래, 유효시간을 미지원하는 데이터
④ 다변량 데이터 : 거래 시간과 유효 시간을 동시에 지원하는 데이터

02 다음은 어떤 공간데이터 용어의 정의인가?

공간 객체 간 관계를 표현하며 방위, 공간 객체 간의 중첩, 포함, 교차, 분리 등과 같은 위치적 관계

① 비 공간 타입
② 레스터 공간 타입
③ 벡터 공간 타입
④ 위상적 공간 타입

03 다음은 시공간 정의언어와 조작언어에 대한 설명이다. 틀린 것을 고르시오.

① 시공간자료 정의언어에는 시공간테이블 인덱스 및 뷰(view)의 정의문, 변경문 등이 포함되어 있다.
② 시공간자료 조작언어에는 시공간테이블의 정의문이 포함되며 점, 선, 면 등의 공간속성 타입이 추가되어 있다.
③ 시공간 조작언어는 객체의 삽입, 삭제, 변경 등의 검색문이 있다.
④ 시공간자료 조작언어는 시간지원 연산자와 공간 연산자를 포함하며 이를 통해 객체에 대한 공간관리와 이력정보를 제공한다.

04 두 개의 연속형 변수가 있다. 둘 사이의 함수적 관계를 분석하려고 할 때, 가장 적합한 분석 방법은?

① 교차분석
② 분산분석
③ 회귀분석
④ 판별분석

05 다중회귀분석을 하는 데 있어서 기본 가정 중 틀린 것은?

① 회귀모형은 모수에 대해 선형인 모형이다.
② 오차항의 분산은 모든 관찰치에 대해 σ^2의 일정한 분산을 갖는다.
③ 서로 다른 관찰치 간의 오차항은 상관이 없다(오차항은 서로 독립이며 공분산은 1).
④ 오차항은 정규분포를 따르며 $N(0, \sigma^2)$이다.

06 로지스틱 분석에서 사용하는 시그모이드 함수식으로 올바른 것은?

① $G(x) = \dfrac{e^x}{1+e^x}$ ② $G(x) = \dfrac{e^{-x}}{1+e^x}$

③ $G(x) = \dfrac{e^x}{1+e^{-x}}$ ④ $G(x) = \dfrac{e^{-x}}{1+e^{-x}}$

07 다음은 어떤 분석에 대한 내용인지 고르시오.

텍스트 내 정보를 파악하기 위해 문장 구조, 문장 간의 관계, 어휘 등을 분석해 키워드와 연관된 감성 어휘의 빈도를 중립·긍정·부정으로 분류하고 그 강도를 평가한다.

① 오피니언 마이닝
② 웹 콘텐츠 마이닝
③ 자연어처리
④ 군집분석

08 일원분산분석의 정의와 특성을 연결시킨 것 중 틀린 것은?

① 하나의 인자에 근거하여 여러 수준으로 나누어지는 분석이다.
② 단일용인변수(독립변수)에 의해 종속변수에 대한 최빈값의 차이를 검정하는 데 이용한다.
③ 종속변수(등간 척도)와 정수값을 갖는 요인변수가 각 하나여야 하고 요인변수가 정의되어야 한다.
④ "A반, B반, C반 간 성적의 평균 차이가 존재할 것이다."는 일원분산분석의 예이다.

09 요인분석이 목적이 아닌 것은?

① 변수특성파악 : 관련된 변수들의 묶음으로 상호독립특성을 파악할 수 있다.
② 측정항목의 타당성 평가 : 그룹이 되지 않은 변수의 특성을 구분할 수 있게 된다.
③ 분포분석 : 추론통계의 의한 분석을 통해 수행한다.
④ 요인점수를 통한 변수생성 : 회귀분석, 군집분석, 판별분석 등에 적용 가능한 변수를 생성할 수 있다.

10 다음은 어떤 분석에 대한 설명인가?

> 변수 또는 개체(item)들이 속한 모집단 또는 범주에 대한 사전정보가 없는 경우에 관측값들 사이의 거리(또는 유사성)를 이용하여 변수 또는 개체들을 자연스럽게 몇 개의 그룹으로 나누는 분석법으로 정의한다.

① 판별분석
② 로지스틱 판별분석
③ 정준분석
④ 군집분석

11 정준분석의 설명으로 틀린 것은?

① 두 변수집단 간의 연관성(Association)을 각 변수집단에 속한 변수들의 선형결합(Linear Combination)의 상관계수를 이용하여 분석하는 방법이다.
② 정준상관계수(Canonical Correlation Coefficient)는 정준변수들 사이의 상관계수이다.
③ 두 집단에 속하는 변수들의 개수 중에서 변수의 개수가 적은 집단에 속하는 변수의 개수만큼의 정준변수가 만들어질 수 있다.
④ 정준분석의 경우 하나의 반응변수를 여러 개의 설명변수로 설명하고자 할 때, 가장 설명력이 높은 변수들의 선형결합을 찾아 이들 사이의 인과관계를 생각하는 방법이다.

12 다음은 어떤 데이터에 대한 설명인가?

> 변칙과 모호함이 발생하므로 데이터베이스 형식으로 저장된 데이터나 문서에 주석화된(의미적으로 태그된) 데이터에 비해 전통적인 프로그램을 사용하여 이해하는 것을 불가능하게 만든다.

① 정형 데이터
② 반정형 데이터
③ 부정형 데이터
④ 비정형 데이터

13 데이터 마이닝에 대한 설명으로 옳지 않은 것을 고르시오.

① 대규모로 저장된 데이터 안에서 체계적이고 자동적으로 통계적 규칙이나 패턴을 분석하여 가치 있는 정보를 추출하는 과정이다.
② 데이터베이스 쪽에서 발전한 OLAP(온라인 분석 처리), 인공지능 진영에서 발전한 SOM, 신경망, 전문가 시스템 등의 기술적인 방법론이 쓰인다.
③ 자료가 현실을 충분히 반영하지 못한 상태에서 정보를 추출한 모형을 개발할 경우 잘못된 모형을 구축할 수 있다.
④ 다수의 변수들의 상관관계를 분석하여 공통차원들을 통해 축약해 나가는 방법이다.

SECTION 02

01 ④	02 ④	03 ②	04 ③	05 ③
06 ①	07 ①	08 ②	09 ③	10 ④
11 ④	12 ④	13 ④		

01 ④

거래, 유효시간과 스냅샷데이터를 동시에 지원하는 데이터는 이원시간 데이터이다. 다변량 데이터는 2개 이상의 변수로 구성된 데이터를 말한다.

02 ④

위상적 타입 : 공간 객체 간의 관계를 표현하며, 방위, 공간 객체 간의 중첩, 포함, 교차, 분리 등과 같은 위치적 관계

03 ②

시공간자료 정의언어에는 공간적 속성과 시간적 속성을 동시에 포함하며 시공간 테이블의 정의문은 점, 선, 면 등의 공간속성 타입이 추가되어 있다.

오답 피하기
• ②번은 시공간 정의언어의 내용이다.

04 ③

두 개의 변수를 독립변수, 종속변수로서 함수적 관계를 분석하는 방법은 회귀분석이다.

오답 피하기
• 교차분석은 명목자료 및 서열자료의 독립성, 동질성, 적합성을 분석하는 데 사용된다.

05 ③

서로 다른 관찰치 간의 오차항은 상관이 없다(오차항은 서로 독립이며 공분산은 0).

06 ①

로지스틱 회귀의 모델은 종속 변수와 독립 변수 사이의 관계에 있어서 선형 모델과 차이점을 지니고 있다. 첫 번째 차이점은 이항형인 데이터에 적용하였을 때 종속 변수 y의 결과가 범위[0,1]로 제한된다는 것이고 두 번째 차이점은 종속 변수가 이진적이기 때문에 조건부 확률($P(y \mid x)$)의 분포가 정규분포 대신 이항 분포를 따른다는 점이다.

$G(x) = \dfrac{e^x}{1+e^x}$: 로지스틱 모형 함수(시그모이드 함수)

07 ①

오피니언 마이닝은 텍스트 마이닝의 한 분류로서, 특정 주제에 대한 사람들의 주관적 의견을 통계·수치화해 객관적 정보로 바꾸는 빅데이터 분석기술이다. 텍스트 내 정보를 파악하기 위해 문장 구조, 문장 간의 관계, 어휘 등을 분석해 키워드와 연관된 감성 어휘의 빈도를 중립·긍정·부정으로 분류하고 그 강도를 평가한다.

08 ②

단일용인변수(독립변수)에 의해 종속변수에 대한 평균치의 차이를 검정하는 데 이용한다.

09 ③

요인분석의 목적에는 분포분석이 없으며 요인분석의 특성상 추론통계가 아닌 기술 통계에 의한 분석이 그 특징이다.

10 ④

군집분석 : 변수 또는 개체(item)들이 속한 모집단 또는 범주에 대한 사전정보가 없는 경우에 관측값들 사이의 거리(또는 유사성)를 이용하여 변수 또는 개체들을 자연스럽게 몇 개의 그룹 또는 군집(cluster)으로 나누는 분석법으로 정의한다.

11 ④

회귀분석의 경우 하나의 반응변수를 여러 개의 설명변수로 설명하고자 할 때, 가장 설명력이 높은 변수들의 선형결합을 찾아 이들 사이의 인과관계를 생각하는 반면에 상순분석에서는 이와 같은 인과성이 없다.

12 ④

비정형 데이터의 특징

변칙과 모호함이 발생하므로 데이터베이스 형식으로 저장된 데이터나 문서에 주석화된(의미적으로 태그된) 데이터에 비해 전통적인 프로그램을 사용하여 이해하는 것을 불가능하게 만든다.

13 ④

오답 피하기
• ④번은 요인분석에 대한 내용이다.

CHAPTER 03

통계기법의 이해

학습 방향

통계는 크게 기술통계와 추론통계로 나눌 수 있습니다. 기술통계에서는 확률분포의 이해가 중요합니다. 이산확률분포와 연속확률분포를 구별할 수 있어야 하며, 다양한 확률분포의 특징을 설명할 수 있어야 합니다. 추론통계에서는 점추정과 구간추정 방법을 비교해서 학습합니다. 특히, 정규분포를 이용한 신뢰구간을 추정하는 방법을 정확히 이해하는 것이 중요합니다.

출제빈도

| SECTION 01 | 중 | 50% |
| SECTION 02 | 중 | 50% |

01 데이터 요약

기술통계(Descriptive Statistics)는 분석에 필요한 데이터를 요약하여 묘사·
설명하는 통계기법을 말한다.

분석을 위해서 단순히 데이터를 정리하는 행위 자체는 의미가 없다. 분석 전 데
이터의 특성을 찾아내서 그 특성의 정량화를 통한 체계적 요약이 필요하다.

▶ 기술통계의 종류

중심화 경향 (Central Tendency)	관찰 또는 수집된 데이터의 물리적 상대적 위치에 대한 정리 요약이다.
분산도 경향 (Degree of Dispersion)	데이터들이 흩어진 정도에 대한 기술 및 요약이다.
자료의 분포형태 (Shape of Distribution, Skewness)	자료의 분포가 대칭인지 치우쳐 있는지에 대한 기술 및 요약이다.

분석대상이 되는 데이터의 단순 정리가 아닌 데이터의 분포가 가지는 특성을
찾아내서 본격적인 분석 이전에 기본적인 특징을 수치적으로 정량화하여 기술
한다.

• 주로 기초 통계량을 산출하여 결과를 도출한다.

기적의 TIP

기초 통계량은 CHAPTER
02 – SECTION 01의 내용을
참고한다.

모집단은 우리가 무엇을 알려고
하느냐에 따라 다르게 정의되기
때문에 모집단을 명확하게 정의해
야 한다.

02 표본추출

• 모집단(Population) : 연구·실험의 결과가 일반화된 큰 집단, 정보를 얻고자 하
는 관심 대상의 전체집합으로 정의한다.

• 표본(Sample) : 여러 자료를 포함하는 모집단 속에서 그 일부를 끄집어 내어 조
사한 결과로 원래 집단의 성질을 추측할 수 있는 자료로 정의한다.

• 표본추출(Sampling) : 모집단으로부터 표본을 선택하는 행위(과정)를 말한다.

1) 전수조사와 표본조사

① 전수조사 : 관심의 대상이 되는 모집단 전체를 대상으로 조사하는 것이다.
   예 인구조사 등

• 인력(manpower)과 예산(budget)이 비교적 많이 소요된다.

– 현실적으로 집단 내 모든 단위를 조사하는 것은 불가능한 경우가 많기 때문에, 대부분의 통계조사는 표본조사에 의해 이루어진다.

② 표본조사 : 관심의 대상이 되는 모집단에서 표본을 추출하여 표본을 대상으로 조사를 시행하는 것이다.

• 기본적으로 전수조사가 정확한 결과를 도출할 수 있으나 비용문제 등의 제약사항이 존재한다. 따라서 모집단의 일부가 전체를 대표할 수 있다는 근거가 명확하다면 일부의 표본으로 조사분석을 시행하고 모집단 전체의 분석결과로 사용이 가능하다.

– 전수조사에 비해 비용 절감

– 조사결과의 신속성

– 조사규모가 크지 않기 때문에 심도 있는 조사 가능

– 관리가 비교적 잘 되어 정확성이 높음

2) 표본추출 오차(Sampling Bias, Sampling Error)

표본에서 선택된 대상이 모집단의 특성을 과잉 대표하거나 최소 대표할 때 발생한다.

① 과잉 대표 : 중복선택 등의 원인으로 모집단이 반복 · 중복된 데이터만으로 규정되는 현상을 지칭한다.

② 최소 대표 : 실제모집단의 대표성을 나타낼 표본이 아닌 다른 데이터가 표본이 되는 현상이다.

• 표본추출 시 표본의 크기(Sample Size)보다는 대표성을 가지는 표본을 추출하는 것이 중요하다.

3) 확률 표본추출 기법

모집단에 속하는 모든 추출단위에 대해 사전에 일정한 추출확률이 주어지는 표본추출법이다.

• 모든 표본들의 추출확률을 사전에 알 수 있다.

• 표본자료로부터 얻어지는 추정량의 통계적 정확도를 확률적으로 나타낼 수 있다.

① 단순무작위 추출(Simple Random Sampling) : 통계조사에서 가장 기본이 되는 표본추출법이다.

• 모집단으로부터 무작위(randomly) 추출하고 독립적 선택으로 편향성(bias)을 제거하여 난수(Random Number)를 이용하는 것이 기본이다.

• 모집단내의 조사단위수(N)를 파악한 다음 원하는 표본수(n) 만큼 난수를 발생시키고 그 수에 해당되는 조사단위를 표본으로 선택하는 방법이다.

• 추출 모집단에 대해 사전지식이 많지 않은 경우 시행하는 방법이다.

표본추출 오차
표본을 이용하여 모집단 특성을 추정함으로써 발생하는 모집난과 표본의 오차 범위

② 계통추출(Systematic Sampling)

- 모집단에서 추출간격(Sampling Interval)을 설정하여 간격 사이에서 무작위로 추출하는 방법이다.
- 만일 전체 모집단이 N개인 집단에서 K(단, $K \langle N$)라는 추출간격으로 뽑는다면 N/K 수만큼 표본이 선택될 수 있다(1/K 계통추출법).

▲ 계통추출의 예시

③ 층화추출(Stratified Sampling)

- 모집단을 서로 겹치지 않게 여러 층(strata)으로 나누어 분할된 층별로 배정된 표본을 단순 임의 추출법에 따라 추출하는 방법이다.
- 각 집단별 분석이 필요한 분석의 경우나 모집단 전체에 대한 특성치의 효율적 추정(추론)이 필요한 경우 시행한다.
  - **에** 모집단의 남녀 성비가 3:2이면 표본의 성비도 3:2가 되도록 뽑는 경우
- 층화추출의 특징
  - 단순임의추출법에 비해 추정의 정도를 높일 수 있다.
  - 전체 모집단에 대한 추정뿐만 아니라 각 층별 추정결과도 얻을 수 있다.
  - 모집단을 효과적으로 층화할 경우 임의표본에서 구한 추정량보다 오차가 적게 되어 추정의 정도를 높일 수 있다.
  - 표본의 대표성 제고 및 조사관리가 편리하고, 조사비용이 절감된다.
- 층화변수(Stratification Variable)
  - 모집단을 몇 개의 층으로 나누려고 할 때 각 추출단위가 어느 층에 속하는지를 구분하기 위해 기준으로 사용되는 변수이다.
  - 사전에 모집단 단위들의 정보를 쉽게 알 수 있으면서도 조사하고자 하는 주변수와 밀접한 관련이 있는 보조 변수가 되어야한다.
  - 질적 층화변수 : 변수값에 따라 층 구분
  - 양적 층화변수 : 층의 경계점을 나누는 방법 필요
  - 층화변수가 양적 변수인 경우 층의 최적경계점(optimum point of stratification)
    1. 모집단을 n개의 층으로 나누려면 $n-1$개의 경계점을 결정해야 함
    2. 추정값의 분산을 최소화시킬 수 있도록 경계점 결정
       - **에** 여론조사에서 층화변수의 선택시 성별, 지역, 연령, 학력 등을 기준으로 할 수 있다.

층
- 관심을 갖고 있는 집단
- 각 집단 내에 있는 추출단위들이 유사하도록 구성

층화추출
집단 내 동질적
집단 간 이질적

- 표본의 배분
  - 각 층 내의 추출단위들의 수 : 많으면 크게 늘림
  - 각 층 내에서 변동의 정도 : 변동의 정도가 커지면 크게 늘림
  - 각 층에서 추출단위를 조사하는데 드는 비용 : 비용증가 시 줄임
- 표본 배분의 방법 예시

방법	특징
비례배분법	- 각 층 내의 추출단위 수에 비례하여 표본크기를 배분하는 방법 - 층 내의 변동과 조사비용은 고려하지 않고 층의 크기만을 고려한 방법 - 일반적으로 여론조사, 의식조사 등에 많이 활용됨 예 여론 조사를 위해 한지역의 유권자가의 성비가 (남:여 = 3:2) 라면 추출 표본의 성비도 남녀를 3:2 수준으로 추출
네이만배분법	- 각 층의 크기와 층별 변동의 정도를 동시에 고려한 표본배정 방법 - 변동이 큰 층에 대해서는 상대적으로 많은 표본을 배정
최적배분법	- 추정량의 분산을 최소화 시키거나 주어진 분산의 범위 하에서 비용을 최소화 시키는 방법

④ **군집추출(Cluster Sampling)**

- 모집단을 차이가 없는 여러 개 군집으로 나누어 군집의 단위의 일부 또는 전체에 대한 분석을 시행한다.
- 모집단에 대한 구체적인 추출 방법론을 정하기 어려운 경우 사용하면 편리하다.
- 표본크기가 같은 경우 단순 임의추출에 비해 표본 오차가 증대할 가능성이 있다.

4) 비확률 표본추출 기법

각 추출단위들이 표본에 추출될 확률을 객관적으로 나타낼 수 없는 표본추출법이다.

- 일반적으로 모집단을 정확하게 규정지을 수 없는 경우, 표본오차가 큰 문제가 되지 않는 경우, 본 조사에 앞서서 진행되는 새로운 개념에 대한 탐색적 연구 등에 사용한다.
- 비용, 시간, 조사의 편리함 때문에 자주 사용한다.

① **간편추출법(편의추출법, Convenience Sampling)**

- 응답자를 선정하는 데 있어서 조사원 개인의 자의적인 판단에 따라 간편한 방법으로 표본을 추출하는 방법이다.
- 얻어진 표본이 목표모집단을 얼마나 잘 대표하는지 알 수 없고, 얻어진 통계치에 대한 통계적 정확성을 평가할 수 없다.
  예 어떤 특정장소를 지나가는 사람들을 대상으로 여론조사를 하는 경우

층화추출은 계층이 특성에 의해 나뉘는 것이며, 군집추출은 각 군집이 모집단과 유사한 특성을 가져 모집단을 대표할 수 있어야 한다.

② 판단추출법(Judgement Sampling)

- 조사자가 나름의 지식과 경험에 의해 모집단을 가장 잘 대표한다고 여겨지는 표본을 주관적으로 선정하는 방법이다.
- 판단추출법에 의한 표본은 조사자의 주관적 판단에 의해서 표본이 추출되기 때문에 그 표본을 통해 얻은 추정치의 정확성에 대해 객관적으로 평가할 수 없다.
- 표본의 크기가 작은 경우에 조사의 오차를 좌우하는 요인은 추정량의 분산이 될 수 있다.
  - 예 어느 교육연구소의 연구원이 전체 학생들의 평균성적을 알아보기 위해 전체 학생들의 성적을 대표한다고 생각되는 몇 학교를 나름대로 선택하는 경우

③ 할당추출법(Quota Sampling)

- 조사목적과 밀접하게 관련되어 있는 조사대상자의 연령이나 성별과 같은 변수값에 따라 모집단을 부분집단으로 구분하고, 모집단의 부분집단별 구성비율과 표본의 부분집단별 구성비율이 유사하도록 표본을 선정하는 방법이다.
- 비용이 적게 들고 손쉽기 때문에 단기간에 조사를 해야하는 경우에 알맞은 방법이다.
  - 예 어느 대학에서 학생 서비스 만족도를 조사하고자 한다면 기존의 자료에 의거하여 각 학과별, 학년별, 성별 구성비율을 알아본 다음, 그 비율에 따라 표본을 학과별, 학년별, 성별로 할당

④ 눈덩이추출법(Snowball Sampling)

- 접근이 어렵거나 추출틀(Sampling Frame)의 작성이 곤란한 특정한 집단에 대한 조사에서 사용되는 방법이다.
- 먼저 해당 집단에 속하는 것을 사전에 알고 있는 사람들을 대상으로, 해당 집단에 속하는 다른 사람들을 소개받아서 조사를 진행하는 방법이다(이와 같은 소개과정을 통해서 표본은 눈덩이처럼 점점 커지게 됨).
  - 예 폭력조직원들의 약물사용 실태를 조사할 경우, 대학교수들의 금융투자자산에 대한 인식 조사를 할 경우

03 확률분포

- **기술통계** : 분석에 필요한 데이터를 요약하고 묘사 · 설명하는 통계기법이다.
- **추측(추론)통계** : 표본에 내포되어 있는 정보를 이용하여 모집단에 대한 과학적인 추론을 하는 통계기법이다.

확률과 확률분포는 모집단에 대한 추측 및 추론이 얼마나 정확한지에 대한 논리적 타당성을 제시하는 도구이다.

통계학
불확실한 상황에서 불확실성을 감소시키고, 현명한 의사결정을 하기 위한 이론과 방법의 체계이며, 수치화된 자료의 수집, 분류, 분석과 해석의 체계를 갖춘 학문

1) 확률의 개념

- **통계적 현상** : 불확정 현상을 반복하여 관찰하거나 혹은 집단 안에서 대량으로 관찰하여 그 고유의 법칙성을 찾아내는 것이 가능한 현상을 지칭한다.
- **확률 실험** : 같은 조건 아래에서 반복할 수 있다. 시행의 결과는 매번 우연적으로 변하므로 예측할 수 없으나, 가능한 모든 결과의 집합을 알 수 있다. 시행을 반복할 때 낱낱의 결과는 불규칙하게 나타나지만, 반복의 수를 늘리면 어떤 규칙성이 나타나는 특징을 가질 수 있다.

➕ 더 알기 TIP

경우의 수
확률시험 1회의 시행에 있어서 일어날 수 있는 사건의 종류를 말한다.

- **합의 법칙** : 두 사건 A 또는 B 가 일어나는 경우의 수를 고려할 때

$$n(A) = k, \ n(B) = j \ \text{이면} \ n(A \cup B) = n(A) + n(B) - n(A \cap B)$$

여기서 $A \cap B = \emptyset$ 이면 $n(A \cup B) = n(A) + n(B)$ 이 된다.

- **곱의 법칙** : 두 사건 A, B가 동시에 일어나는 경우의 수를 고려할 때

$$n(A) = k, \ n(B) = j \ \text{이면} \ n(A \times B) = n(A) \times n(B) \ \text{이다.}$$

- **순열** : 서로 다른 n개의 원소에서 r개를 중복없이 순서를 고려하여 선택하는 경우의 수

$$_nP_r = \frac{n!}{(n-r)!} \ (\text{여기서 n!=n×(n-1)×(n-2)×}\cdots\text{×2×1})$$

- **조합** : 서로 다른 n개의 원소에서 r개를 중복없이 순서를 고려하지 않고 선택하는 경우의 수

$$\binom{n}{r} = {_nC_r} = \frac{n!}{(n-r)! \, r!} \ \text{이 된다.}$$

① 확률

확률은 통계적 현상의 확실함의 정도를 나타내는 척도이며, 랜덤 시행에서 어떠한 사건이 일어날 정도를 나타내는 사건에 할당된 수들을 말한다.

- **수학적 확률**(Mathematical Probability) : 표본공간 S의 각 사건이 일어날 가능성이 동등할 때, 사건 A에 대하여 $n(A)/n(S)$를 사건 A의 수학적 확률이라고 한다. 이때, $n(A)$는 사건 A가 일어날 경우의 수, $n(S)$는 전체 사건에 대한 경우의 수이다.

$$P(A) = \frac{n(A)}{n(S)}$$

** 주사위를 던질 때 6의 눈이 나올 확률은 1/6이다.

** 전체 카드(52장) 중 한 장 뽑았을 때 하트카드가 나올 확률은 13/52 = 1/4이다.

> 주사위를 던지거나 굴릴 때 힘의 크기를 미세하게 조절할 수 있다면 원하는 결과를 만들어 낼 수도 있을 것이다. 그러나 이러한 능력이 없는 일반인에게 주사위 던지기는 결과를 예측할 수 없는 확률 실험(random experiment)이다.

상대도수
도수분포표에서 도수의 총합에 대
한 각 계급의 도수의 비율
일반적으로 소수 또는 분수로 나
타냄

- **통계적 확률(Statistical Probability)** : 일반적인 자연 현상이나 사회 현상에서 일어날 가능성이 동일한 경우가 많지 않아서 수학적 확률로 구할 수 없는 경우가 대부분이다. 이러한 경우 사건이 일어나는 확률을 상대도수에 의해 추정한다. 즉, n회의 시행에서 문제의 사건이 r회 일어났다고 하면 상대도수는 r/n으로 정의할 수 있으며, 이와 같이 추정되는 확률을 통계적 확률이라고 한다.

- 어떤 시행을 n번 반복하고, 사건 A가 일어난 횟수를 r_n이라 할 때, n을 크게 함에 따라 r_n/n이 일정한 값 p에 가까워지면, 이때 p를 사건 A의 통계적 확률이라 한다.

$$p = \frac{r_n}{n}$$

서울에서 출생한 남, 여 각 500명을 기준으로 각 연령대의 생존자 수를 표에 기록하였다.

생존자 수	남	여
0세	500	500
30세	440	450
60세	390	410

현재 30세인 남자가 60세까지 살아있을 확률을 구하면
통계적으로 30세인 남자가 60세까지 살아있을 확률은 390/440 = 88.6%이다.

---

② 사건(Event)

동일한 상태로 여러 차례 반복할 수 있는 실험이나 관측을 시행이라 하고, 시행의 결과로서 나타나는 것을 사건이라 한다.

- 사건은 개별적으로 발생할 결과일 수도 있고, 몇 가지의 복합된 결과의 집합이 될 수도 있다.
- 어떤 사건의 확률은 그 사건에 포함되어 있는 각 결과의 발생 확률의 합으로 나타낸다.
  - 예 두 개의 동전을 던졌을 때, 하나만 앞면이 나올 사건의 확률은 [앞,뒤]가 나올 사건의 확률(1/4)과 [뒤,앞]이 나올 사건의 확률(1/4)의 합(1/2)으로 구할 수 있다.

③ 표본공간(Sample Space)

- 통계적 실험에서 모든 발생 가능한 실험결과들의 집합을 의미한다.
- 표본공간 자체는 전사건, 아무것도 포함하지 않는 사건은 공사건이라 하고 하나의 결과를 포함하는 사건은 근원사건이라고 한다.
- 표본공간이 S인 확률 실험에서 사건은 S의 부분집합이 된다.
  - 예 두 개의 동전을 던졌을 때, 표본공간 S는 다음과 같이 정의된다.
    S = { (앞,앞), (앞,뒤), (뒤,앞), (뒤,뒤) }
    이때, 앞면이 적어도 한 번 나오는 사건 A는 다음과 같이 표현할 수 있다.
    A = { (앞,앞), (앞,뒤), (뒤,앞) }

④ 확률의 기본성질

정리 1. $0 \leq P(A_i)$ A_i : 근원사건

: 어떤 사건 A가 발생할 확률은 항상 0 이상이다.

정리 2. $P(S) = 1$ S : 전공간

: 표본공간 S 사건이 발생할 확률은 1이다(사건은 무조건 표본공간 내에서 발생).

정리 3. $P(A_i \cup A_j) = P(A_i) + P(A_j) - P(A_i \cap A_j)$

만약 $A_i \cap A_j = \emptyset$ 이면, $P(A_i \cap A_j) = 0$, $P(A_i \cup A_j) = P(A_i) + P(A_j)$

: 사건 A_i 또는 A_j가 발생할 확률은 A_i가 발생할 확률과 A_j가 발생할 확률을 더한 값에서 A_i와 A_j가 동시에 발생할 확률을 뺀 것이다.

: 서로 배반사건인 경우($A_i \cap A_j = \emptyset$)는 각 사건의 발생 확률을 더한다.

배반사건
한쪽이 일어나면 다른 쪽이 일어나지 않을 때의 두 사건

정리 4. $P(A^c) = 1 - P(A)$

: A^c는 A의 여사건이며 A가 발생하지 않을 사건을 말한다.

정리 5. $P(A) \leq 1$, $P(\emptyset) = 0$

: 존재하지 않는 사건이 일어날 확률은 0이다.

정리 6. 만약 $A_i \subset A_j$ 이면, $P(A_i) \leq P(A_j)$

: A_i가 A_j의 부분집합이면 A_i가 발생할 확률은 A_j가 발생할 확률보다 작거나 같다.

⑤ 조건부 확률

사건 B가 일어났다는 조건하에서 다른 사건 A가 일어날 확률을 말한다.

$$P(A|B) = \frac{P(A \cap B)}{P(B)} \quad , \quad P(B) > 0$$

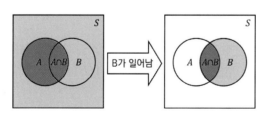

▲ B 사건 하에 A가 일어날 조건부 확률

비슷하게

$$P(B|A) = \frac{P(A \cap B)}{P(A)} \quad , \quad P(A) > 0$$

이것은 사건 A가 일어났다는 조건하에서 다른 사건 B가 일어날 확률을 말한다.

 기적의 TIP

베이지안 정리와 연결하여 확실히 이해하도록 하자.

주사위를 던져서 2의 눈이 나올 확률은 1/6이지만 짝수라는 조건하에서는 1/3이 된다.

즉, 조건이 주어지지 않은 경우 표본공간은 {1,2,3,4,5,6}이지만 짝수라는 조건에서는 {2,4,6}으로 축소되는 것이다.

$$(짝수라는 조건하에 2의 눈이 나올 확률)P = \frac{짝수이면서\ 2가\ 나올\ 확률}{짝수일\ 확률}$$

$$= \frac{\left(\frac{1}{6}\right)}{\left(\frac{1}{2}\right)} = (2/6) = 1/3$$

⑥ 결합 확률(확률의 곱셈)

사건 A와 B가 동시에 발생하는 확률로 이를 확률의 곱셈 법칙이라고 한다.

$$P(A \cap B) = P(A|B) \times P(B)$$

$P(A|B) = \frac{P(A \cap B)}{P(B)}$에서 A, B가 서로 독립이면 둘 사이의 조건부 확률은

$P(A|B) = P(A)$가 되므로 $P(A \cap B) = P(A) \times P(B)$의 결과 도출이 가능하다.

어떤 회사가 제작하는 공작기계가 1년내에 고장 날 가능성이 20%이다. 이 회사의 공작기계 2대를 구입할 때, 1년 내에 두 기계가 모두 고장 날 확률과 정확히 한 기계만 고장 날 확률을 구해보면 다음과 같다.

(두 기계의 고장 사건은 서로 독립적) 사건 A는 첫 번째 기계가 고장 날 확률, 사건 B는 두 번째 기계가 고장 날 확률이라고 하면 P(A)=0.2 P(B)=0.2이다.

그리고 두 사건은 서로 독립이므로 P(A∩B)=P(A)×P(B)=0.2×0.2=0.04이고 정확히 한 기계가 1년 내 고장 날 확률은

P(A^c ∩ B)+P(A ∩ B^c)=P(A^c)×P(B)+P(A)×P(B^c)=0.8×0.2+0.2×0.8=0.32가 된다.

** P(A^c ∩ B) : B가 고장날 때 A가 고장나지 않을 확률

⑦ 총확률정리(Total Probability Rule)

총확률정리는 임의의 사건 B의 확률을 k개의 조건부 확률을 이용해서 구하는 것이다.

• 사전에 표본공간은 상호 배타적인($i \neq j$이면 $A_i \cap A_j = \emptyset$, $P(A_i \cap A_j)=0$) 사건으로 분할(partition)적인 사건으로 분할되었다고 하면 임의의 사건 $P(B)$는 아래와 같이 표현이 가능하다.

표본공간이 상호 배타적인 사건 $A_1, A_2, \cdots, A_k$로 분할될 때,

$$P(B) = \sum_{i=1}^{k} P(B|A_i)P(A_i)$$

⑧ 베이지안 정리(베이즈 정리, Baye's Theorem)

- 총확률정리를 이용하여 임의의 사건 B의 확률을 k개의 조건부 확률을 이용해 계산하면 베이지안 법칙을 이용하여 표본공간을 분할하는 k개의 상호 배타적인 사건 A_1, A_2, $\cdots$, A_k에 대한 사후확률(Posterior Probability)을 구할 수 있다.

- $P(A_i)$는 미리 주어진 사전확률(Prior Probability)이지만 사건 B라는 새로운 사건이 발생 시 $P(A_i|B)$의 확률을 구할 수 있고 이 확률이 사후확률이 된다.

- 베이지안 법칙은 사전에 어떤 사건 A에 대한 사전확률이 부여된 상태에서 어떤 사건 B에 관한 정보가 알려진 후, 그 사건 A에 대한 사후확률을 다음 아래와 같이 정리할 수 있다.

표본공간이 상호 배타적인 사건 A_1, A_2, $\cdots$, A_k로 분할될 때,

$$P\left(A_j|B\right) = \frac{P(B|A_j)P(A_j)}{P(B)} = \frac{P(B|A_j)P(A_j)}{\sum_{i=1}^{k} P(B|A_i)P(A_i)}$$

직장 남성의 30%는 지나친 흡연으로 인한 기관지에 이상이 있다고 알려져 있다. 실제 기관지를 검사하였을 때, 검사결과 90%가 이상이 있는 것으로 나타나고 기관지에 이상이 없는 경우에도 이상반응이 나타날 수 있는 확률이 10%이면, 임의의 직장 남성이 기관지 검사를 하였을 때 이상반응이 나타났지만 실제로 이상이 없을 확률은 얼마인가?

A_1은 기관지에 이상이 있을 사건, A_2는 이상이 없을 사건, 검사결과 이상반응이 나타날 사건을 B라고 한다면

$$P(A_1) = 0.3, \quad P(A_2) = 0.7, \quad P(B|A_1) = 0.9, \quad P(B|A_2) = 0.1$$

와 같이 정리할 수 있다.

** $P(B|A_1)$: 기관지에 이상이 있으며 검사결과 이상 반응이 나타날 확률
** $P(B|A_2)$: 기관지에 이상이 없는데 검사결과 이상 반응이 나타날 확률

먼저 임의의 직장 남성이 기관지 검사를 하였을 때, 이상을 보일 확률은

$$P(B) = \sum_{i=1}^{2} P(B|A_i)P(A_i) = P(B|A_1)P(A_1) + P(B|A_2)P(A_2)$$

$= 0.9 \times 0.3 + 0.1 \times 0.7 = 0.34$

이제 검사결과 이상이 있는 것으로 나타난 사람에게 실제로 기관지에 이상이 없는 사후확률은 다음 아래와 같이 구할 수 있다.

$$P(A_2|B) = \frac{P(B|A_2)P(A_2)}{P(B)} = \frac{P(B|A_2)P(A_2)}{P(B|A_1)P(A_1) + P(B|A_2)P(A_2)}$$

2) 확률변수

① 확률변수(Random Variable)

확률변수는 사건의 시행의 결과(확률)를 하나의 수치로 대응시킬 때의 값(확률값)을 의미하며, 일반적으로 대문자 X로 표기한다.

해석적 측면에서는 새로운 증거에 기반하여 과거의 정보를 향상시키거나 개선할 수 있다. 어떤 사건 A의 사건 B에 대한 조건부 확률은 사건 B의 사건 A에 대한 조건부 확률과 일반적으로 다르지만, 이 두 확률 사이에서는 어떠한 관계가 존재하며 이 관계를 설명할 수 있다.

예를 들어, 동전 두 개를 던져 앞면이 나오는 횟수를 확률변수 X라고 하면, 다음과 같이 네 가지의 경우가 발생한다.

{뒤-뒤, 앞-뒤, 뒤-앞, 앞-앞}

이때, 확률변수 X의 값을 구해보면, X(뒤-뒤)=0, X(앞-뒤)=1, X(뒤-앞)=1, X(앞-앞)=2가 된다. 즉, 확률변수 X가 취할 수 있는 값은 X=0, X=1, X=2와 같이 모두 세 가지가 된다. 확률변수에서 (앞-뒤), (뒤-앞)과 같은 특정 사건 결과는 생략하고 X=x와 같이 취하는 값만 표기한다.

** 확률변수 X가 특정한 값 x를 가질 때 그에 대한 확률은 P(X=x)로 표기한다. 앞면이 2개 나올 확률은 P(X=2)로 표기하면 된다.

▲ 확률변수의 개념

② 확률변수의 종류

- 이산확률변수(Discrete Random Variable) : 확률변수가 취할 수 있는 값의 수가 유한한 변수이다.

  – 확률변수 X가 $X=\{0, 1, 2, 3\}$이나 $X=\{0.2, 0.3, 0.4\}$ 등과 같이 셀 수 있는 값을 취할 때 이산확률변수라 한다. 동전을 던지거나 주사위를 던지는 사건 등은 셀 수 있는 경우이므로 이산확률변수에 해당한다.

- 연속확률변수(Continuous Random Variable) : 확률변수가 취할 수 있는 값의 수가 무한한 변수이다.

  – 확률변수 X가 키, 몸무게, 시간과 같이 셀 수 없고 연속적인 값을 취할 때 연속확률변수라 한다. 연속확률변수는 확률변수가 특정한 값을 취할 때의 확률이 아닌 특정 구간 내에서의 확률값을 구하며, $P(a \leq X \leq b)$와 같이 표기한다. 예를 들어, 확률변수 X가 어떤 집단의 몸무게를 나타낼 때 몸무게가 50에서 60일 확률은 $P(50 \leq X \leq 60)$로 나타낸다.

3) 확률분포

확률분포는 수치로 대응된 확률변수의 개별 값들이 가지는 확률값의 분포이다.

▶ 두 개의 주사위를 던져서 나오는 점들의 합

y	2	3	4	5	6	7	8	9	10	11	12
P(Y=y)	1/36	2/36	3/36	4/36	5/36	6/36	5/36	4/36	3/36	2/36	1/36

확률변수가 취할 수 있는 구체적인 값을 확률공간상의 확률값으로 할당한다.

① 이산확률분포(Discrete Probability Distribution)

확률변수가 취할 수 있는 값의 수가 유한하거나 셀 수 있는 확률분포이다.

- 확률질량함수(Probability Mass Function) : 이산확률변수에서 특정 값에 대한 확률을 나타내는 함수 $f(x)=P(X=x)$이다.

확률질량함수
확률변수가 취할 수 있는 값이 이산확률변수일 때, 그 불연속한 값에 대한 확률을 나타내는 함수

확률질량함수는 음수를 함숫값으로 가질 수 없으며, 함숫값을 모두 더하면 1이다.

$$\text{모든 } x\text{에 대해서 } 0 \le f(x) \le 1$$

$$\sum_{\forall x} f(x) = 1$$

모든 x

② 연속확률분포(Continuous Probability Distribution)

확률변수가 취할 수 있는 값의 수가 무한하며 연속적인 확률분포이다.

- 확률밀도함수(Probability Density Function) : 확률 변수의 분포를 나타내는 함수이다.

$$\text{모든 } x\text{에 대해서 } 0 \le f(x) \le 1$$

$$\int f(x)dx = 1$$

$$P(a < X < b) = \int_a^b f(x)dx$$

③ 확률분포함수(Probability Distribution Function, 확률함수)

확률변수가 취할 수 있는 구체적인 값 하나하나를 확률공간상의 확률값으로 할당해주는 함수를 의미한다.

- 이산확률분포함수(Discrete Probability Distribution Function) : 확률변수가 이산적인 확률분포를 가지는 함수이다.
- 연속확률분포함수(Continuous Probability Distribution Function) : 확률변수가 연속적인 확률분포를 가지는 함수이다.

4) 확률변수의 기댓값과 분산

① 기댓값(Expected Value)

각 확률변수가 특정 값을 가질 확률을 가중치로 확률변수의 결과값을 평균화한 값으로 표시한다.

기댓값
어떤 확률 과정을 무한히 반복했을 때 얻을 수 있는 값들의 평균으로 기대하는 값

- 이산확률변수의 기댓값

$$E(X) = \sum xf(x) \quad \text{단, } f(x)\text{는 확률질량함수}$$

예 주사위를 한 번 던졌을 때, 각 눈의 값이 나올 확률은 1/6이고, 주사위 값의 기댓값은 각 눈의 값에 그 확률을 곱한 값의 합으로 구한다.

$$E(X) = 1 \times \frac{1}{6} + 2 \times \frac{1}{6} + 3 \times \frac{1}{6} + 4 \times \frac{1}{6} + 5 \times \frac{1}{6} + 6 \times \frac{1}{6} = 3.5$$

- 연속확률변수의 기댓값

$$E(X) = \int_{-\infty}^{\infty} xf(x)\,dx \quad \text{단, } f(x)\text{는 확률밀도함수}$$

예 구간 [0, 1]에서 연속인 확률변수 X의 확률밀도함수 $f(x) = 1$이라고 하면, X의 기댓값은 다음과 같이 구할 수 있다.

$$E(X) = \int_{-\infty}^{\infty} xf(x)dx = \int_{-\infty}^{\infty} xdx = \left[\frac{1}{2}x^2\right]_0^1 = \left(\frac{1}{2} - 0\right) = \frac{1}{2}$$

② 기댓값의 성질

- 기댓값의 선형성

상수 a, b와 확률변수 X에 대해서 다음 식이 성립한다.

$$E(aX + b) = aE(X) + b \quad \text{단, } a, b\text{는 상수}$$

- 기댓값의 덧셈법칙

두 확률변수 X, Y에 대하여 $X+Y$의 기댓값은 X의 기댓값과 Y의 기댓값을 더한 것과 같다.

(두 확률변수가 독립이든, 종속이든 무관하게 항상 성립)

$$E(X + Y) = E(X) + E(Y)$$

- 기댓값의 곱셈법칙

두 확률변수 X, Y에 대하여 일반적으로 곱셈법칙이 성립하지 않는다.

$$E(XY) \neq E(X)E(Y)$$

하지만, 두 확률변수 X, Y가 독립이면 곱셈법칙이 성립한다.

$$E(XY) = E(X)E(Y)$$

③ 분산(Variance)

확률분포의 산포도(퍼짐정도)를 나타내는 측도로 기댓값에서 떨어진 거리의 제곱의 기댓값(평균)이며 $Var(X)$로 표시한다.

> 분산은 음의 값을 가질 수 없으며 분산이 클수록 확률분포는 평균에서 멀리 퍼져 있고 0에 가까워질수록 평균에 집중된다.

- 이산확률변수의 분산

$$E(X) = \sum xf(x) = \mu \quad \text{단, } f(x)\text{는 확률질량함수}$$

$$Var(X) = \sum (x - \mu)^2 f(x) = \sum x^2 f(x) - \mu^2 = E(X^2) - \{E(X)\}^2$$

• 연속확률변수의 분산

$$E(X) = \int_{-\infty}^{\infty} xf(x)\,dx = \mu \quad \text{단, } f(x)\text{는 확률밀도함수}$$

$$Var(X) = \int_{-\infty}^{\infty} (x-\mu)^2 f(x)dx = \int_{-\infty}^{\infty} x^2 f(x)dx - \mu^2$$

$$= E(X^2) - \{E(X)\}^2$$

④ 분산의 성질

$$Var(aX) = a^2 Var(X) \quad \text{단, } a\text{는 상수}$$

$$Var(X + b) = Var(X) \quad \text{단, } b\text{는 상수}$$

$$Var(aX + b) = a^2 Var(X)$$

$$Var(X + Y) = Var(X) + Var(Y) + 2Cov(X, Y)$$

연속형확률변수가 다음과 같다고 하면

$$f(x) = \begin{cases} 3x^2, & 0 < x < 1 \\ 0, & otherwise \end{cases}$$

확률의 성질 만족여부는

모든 x에 대해서 $0 \le f(x) \le 1$

$$\int f(x)dx = \int_0^1 3x^2 dx = 3 \times \frac{1}{3}x^3]_0^1 = 1 - 0 = 1$$

P(X⟨1/2)일 확률은

$$P(X < 1/2) = \int_0^{1/2} 3x^2 dx = 3 \times \frac{1}{3}x^3]_0^{1/2} = (\frac{1}{2})^3 - 0 = \frac{1}{8}$$

누적분포함수는 0⟨x⟨1 일 때,

$$F(x) = P(X \le x) = \int_0^x 3t^2 dt = 3 \times \frac{1}{3}t^3]_0^x = x^3$$

따라서

$$F(x) = \begin{cases} 0, & x < 0 \\ x^3, & 0 \le x < 1 \\ 1, & x \ge 1 \end{cases}$$

평균과 분산은 다음과 같이 구할 수 있다.

$$E(X) = \int_{-\infty}^{\infty} xf(x)\,dx = \int_0^1 x3x^2 dx = 3 \times \frac{1}{4}x^4]_0^1 = \frac{3}{4}(1-0) = \frac{3}{4}$$

$$Var(X) = \int_{-\infty}^{\infty} (x-\mu)^2 f(x)dx = \int_{-\infty}^{\infty} x^2 f(x)dx - \mu^2 = \int_0^1 x^2 3x^2 dx - \left(\frac{3}{4}\right)^2$$

$$= 3 \times \frac{1}{5}x^5]_0^1 - \left(\frac{3}{4}\right)^2 = \frac{3}{5} - \frac{9}{16} = \frac{3}{80}$$

5) 이산확률분포의 종류

베르누이 시행
결과가 두 개인 시행을 독립적으로 반복하는 것

p(성공확률)
q(실패확률)=1−p

① 베르누이 분포(Bernoulli Distribution, $X \sim Bern(x,p)$)

결과가 성공 아니면 실패, 두 가지로 귀결되어 나오는 이산확률분포이다.

- 확률질량함수 $f(x) = p^x q^{1-x}$
- 기댓값 $E(X) = p$
- 분산 $Var(X) = pq$

② 이항분포(Binomial Distribution, $X \sim B(n,p)$)

베르누이 시행을 n번 독립적으로 시행할 때 성공횟수를 X로 정의한 이산확률분포이다.

- 확률질량함수 $f(x) = \binom{n}{x} p^x q^{n-x}$
- 기댓값 $E(X) = np$
- 분산 $Var(X) = npq$

> 동전을 3번 던졌을 때 앞면이 나오는 횟수를 X라고 할 때, 앞면이 두 번 나올 확률은
> $f(2) = \binom{3}{2}(\frac{1}{2})^2(\frac{1}{2})^{3-2}$ 이므로 3/8이 된다. 단, 여기서 $\binom{3}{2} = \frac{3!}{2!(3-2)!}$ 조합을 나타낸다.
> 기댓값은 베르누이 시행에 의해 $E(X) = np = \frac{3}{2}$, 분산은 $Var(X) = npq = 3(\frac{1}{2})(\frac{1}{2}) = \frac{3}{4}$ 이다.

③ 다항분포(Multinomial Distribution)

여러 개의 값을 가질 수 있는 독립 확률변수들에 대한 확률분포로, 여러 번의 독립적 시행에서 각각의 값이 특정 횟수가 나타날 확률을 정의하는 분포이다.

- 확률질량함수

$x_1 + x_2 + \cdots + x_k = n$
$p_1 + p_2 + \cdots + p_k = 1$

$$f(x_1, x_2, \ldots x_k; \ n, p_1, p_2, \ldots, p_k) = \frac{n!}{x_1! \, x_2! \ldots x_k!} \ p_1^{x_1} \ p_2^{x_2} \ldots p_k^{x_k}$$

- 기댓값 $E(X_i) = np_i$
- 분산 $Var(X_i) = np_i(1 - p_i)$

> 어느 공항의 항공기 이착륙 상황에 대한 이상적인 조건을 알아보기 위해 컴퓨터 시뮬레이션이 수행되었을 때, 3개의 활주로가 있는 이 공항에서 각 활주로가 사용될 확률은 다음과 같고, 임의로 도착하는 6대의 비행기가 다음과 같이 활주로에 도착할 확률은 다음과 같다.
>
> 활주로 1 $p_1 = \frac{2}{9}$, 활주로 2 $p_2 = \frac{1}{6}$, 활주로 3 $p_3 = \frac{11}{18}$
>
> 활주로 1 : 2대, 활주로 2 : 1대, 활주로 3 : 3대
>
> 이 경우 확률은 다항분포에 의해
>
> $$f(x_1, x_2, \ldots x_k; \ n, p_1, p_2, \ldots, p_k) = f\left(2, 1, 3; \ 6, \frac{2}{9}, \frac{1}{6}, \frac{11}{18}\right)$$
> $$= \frac{6!}{2! \, 1! \, 3!}\left(\frac{2}{9}\right)^2\left(\frac{1}{6}\right)^1\left(\frac{11}{18}\right)^3 = 0.112703 \ \text{이 된다.}$$

④ 포아송분포(Poisson Distribution, $X \sim Pois(\lambda)$)

④ 포아송분포(Poisson Distribution, $X \sim Pois(\lambda)$)

단위 시간 안에 어떤 사건이 몇 번 발생할 것인지를 표현하는 이산확률분포이다. 이것은 단위공간이나 면적 등에도 적용될 수 있다. 예를 들면 특정 시간대에 은행창구에 도착한 고객의 수, 책 한 페이지당 오탈자의 수, 하루 동안 걸려오는 전화의 수 등이 될 수 있다.

X를 단위시간당 발생건수라고 하면 포아송분포는 평균 사건 발생수 λ에 의해 유도된다. 그러므로 포아송분포는 기댓값과 분산이 동일하게 정의된다.

- 확률질량함수 $f(x) = \dfrac{\lambda^x e^{-\lambda}}{x!}$

- 기댓값 $E(X) = \lambda$

- 분산 $Var(X) = \lambda$

- 포아송분포의 근사 : 이항분포는 n과 p라는 두개의 모수에 유도되지만 포아송분포는 λ(평균 사건 발생수) 하나로 정의되므로 이항분포를 포아송분포로 근사시켜 확률을 구하는 경우도 있다. 경험적으로 이항확률변수 X는 n이 무한히 커지고 성공확률 p가 매우 작다면($n \geq 30$, $p \leq 0.05$) $\lambda=np$(이항분포의 기댓값)으로 될 수 있고 포아송분포를 따른다.

> 대형 호텔의 자료에 따르면 통상적으로 호텔을 예약한 사람의 5% 정도는 당일 호텔을 이용 안하고 예약을 취소한다고 알려져 있다. 그래서 통상적으로 실제 호텔 객실수 보다 다소 많은 예약을 받는 경우가 있다고 한다. 한 지역의 호텔 객실수가 95개인 한 지점에서 예약건수가 100이라고 할 때, 당일 호텔에 도착한 사람들이 모두 호텔에 들어갈 확률은?
>
> 당일 도착한 예약건수가 95이하이면 모두 투숙을 할 수 있다. 즉 예약 건수 100건이면 5건 이상 취소를 하면 된다. 즉 n=100, p=0.05라고 하면 이항분포의 포아송근사에 의해 λ=np=100×0.05가 되고 확률변수 X를 호텔 취소수라고 하면 P(X≥5)이다. 이는
>
> $$P(X \geq 5) = 1 - [P(X = 4) + P(X = 3) + P(X = 2) + P(X = 1) + P(X = 0)]$$
> $$= 1 - \left(\frac{5^4 e^{-5}}{4!} + \frac{5^3 e^{-5}}{3!} + \frac{5^2 e^{-5}}{2!} + \frac{5^1 e^{-5}}{1!} + \frac{5^0 e^{-5}}{0!} \right)$$
> $$= 1 - (0.1755 + 0.1404 + 0.0842 + 0.0337 + 0.0067)$$
> $$= 1 - 0.4405 = 0.5595$$
>
> 로 나타낼 수 있다(여기서 분포값의 경우는 포아송확률 분포표를 활용).

⑤ 기하분포(Geometric Distribution)

베르누이 시행에서 처음 성공까지 시도한 횟수를 분포화한 이산확률분포의 한 종류이다.

- 확률질량함수 $f(x) = pq^{x-1}, (q = 1 - p)$

- 기댓값 $E(X) = 1/p$

- 분산 $Var(X) = q/p^2$

포아송분포 응용
- 일정 시간 동안 톨게이트를 통과하는 차량의 수
- 주어진 생산시간 동안 발생하는 불량품 수

포아송분포 확률변수의 기댓값과 분산은 모두 λ이다.

어떤 학생이 한 자격증 시험에 합격할 확률은 0.70이다. 이 학생이 4번만에 붙을 확률은?

X는 응시횟수라고 하면 $P(X) = q^3p = (0.3)^3 \times 0.7 = 0.027 \times 0.7 = 0.0189$가 된다.

⑥ 음이항분포(Negative Binomial Distribution)

x번의 베르누이 시행에서 k번째 성공할 때까지 계속 시행하는 실험에서의 확률을 나타내는 이산확률분포이다. 전체 x번의 시행에서 생각해보면 $x-1$까지 $k-1$개의 성공이 있어야 한다. 이 경우 실패의 갯수는 $(x-1)-(k-1)=x-k$가 된다.

• 확률질량함수 $f(x) = \binom{x-1}{k-1}q^{x-k}p^k$, $x = k, k+1, \cdots$

• 기댓값 $E(X) = k\dfrac{1-p}{p}$

• 분산 $Var(X) = k\dfrac{1-p}{p^2}$

한국시리즈는 7전 4선승제로 치루어 진다. 두 팀의 승률을 안다고 했을 때 각 팀이 실제 7번 경기만에 우승이 결정될 확률을 계산할 수 있다.

팀 A, B가 우승을 경쟁할 때, A팀이 승률이 0.70이라고 하면 A팀이 7전째 우승할 확률은(즉, 4승할 확률은) k=4, p=0.70이므로

$$f(X = 7) = \binom{x-1}{k-1}q^{x-k}p^k = \binom{7-1}{4-1}0.3^{7-4}0.7^4 = \binom{6}{3}0.3^3 0.7^4 = 0.129654$$

⑦ 초기하분포(Hypergeometric Distribution)

비복원 추출에서 N개 중에 n개를 추출했을 때, 원하는 것 k개가 뽑힐 확률을 나타내는 이산확률분포이다.

• 확률질량함수 $f_X(k) = \dfrac{\binom{K}{k}\binom{N-K}{n-k}}{\binom{N}{n}}$

N : 전체 모집단의 개체수 , K : 전체 모집단에서 성공의 횟수

n : 전체 시행 횟수, k : 관찰된 성공의 횟수

• 기댓값 $E(x) = n\dfrac{K}{N}$

• 분산 $Var(x) = n\dfrac{K}{N}\left(\dfrac{N-K}{N}\right)\left(\dfrac{N-n}{N-1}\right)$

초기하분포의 분산
• 이항분포의 분산 npq에 유한모집단 수정계수 (N-n)/(N-1)을 곱한 값
• n이 커질수록 분산이 작아지며 변동성이 줄어듦

한 공장에서 제품을 생산하는데 한 포장박스에 12개의 제품을 넣는다. 검사자는 한 박스에서 3개를 무작위로 뽑아 검사한다. 박스에 5개의 불량품이 있다고 하면 검사자가 뽑은 3개 제품 중 불량품 1개가 들어갈 확률은 다음과 같다.

확률변수 X는 표본(n=3) 중 우리가 원하는 값은 k=1 여기서 N=12, K=5이므로

$$f_X(1) = \frac{\binom{K}{k}\binom{N-K}{n-k}}{\binom{N}{n}} = \frac{\binom{5}{1}\binom{12-5}{3-1}}{\binom{12}{3}} = \frac{\frac{5!}{1!4!} \times \frac{7!}{2!5!}}{\frac{12!}{3!9!}} = \frac{105}{220} = 0.4773$$

6) 연속확률분포의 종류

① 연속균등분포(Continuous Uniform Distribution, $X \sim U(a,b)$)

연속균등분포는 연속확률분포로, 분포가 특정 범위 내에서 균등하게 나타나 있을 경우를 가리킨다. 이 분포는 두 개의 매개변수 a, b를 받으며, 이때 $[a,b]$ 범위에서 균등한 확률을 가진다. 보통 기호로 $U(a,b)$로 나타낸다.

▲ 확률밀도함수

- 확률밀도함수 $f(x) = \dfrac{1}{b-a}$

- 평균 $\dfrac{a+h}{2}$

- 분산 $\dfrac{(b-a)^2}{12}$

어떤 마을버스는 정류장에서 정확히 5분 간격으로 출발한다. 한 학생이 정류장에 임의로 도착하여 버스가 발차할 때까지 기다리는 평균 시간과 3분 이상 기다릴 확률을 구하라.

X : 학생이 도착한 시간

X는 [0,5]에서 연속균등분포를 따르므로 확률밀도함수는

$$f(x) = \frac{1}{5-0}, \quad 0 \leq x \leq 5$$

X분에 도착하여 기다리는 시간은

$$h(x) = 5 - x$$

평균은

$$\mu = E(h(x)) = E(5-x) = 5 - E(X) = 5 - \frac{5+0}{2} = 2.5$$

3분 이상 기다릴 확률을 구하면

$$P(h(x) \geq 3) = P(5-x \geq 3) = P(x \leq 2) = F(2) = \frac{2-0}{5-0} = \frac{2}{5}$$

여기서 F(x) 누적확률밀도함수이다.

** 연속균등분포의 누적 밀도 함수는

$$F(x) = \begin{cases} 0, & x < a \\ \dfrac{x-a}{b-a}, & a \leq x < b \\ 1, & x \geq b \end{cases}$$

지수분포는 특정한 사건이 일어나고, 그 다음에 같은 사건이 다시 일어날 때까지 걸리는 시간에 대한 분포이다.

② **지수분포(Exponential Distribution, $X \sim Exp(\beta)$)**

사건이 서로 독립적일 때, 일정 시간 동안 발생하는 사건의 횟수가 포아송분포를 따른다면, 다음 사건이 일어날 때까지의 대기시간(β)에 대한 확률이 따르는 분포이다. 즉 포아송과정에서 한 개의 사건이 발생할 때까지의 대기 시간을 의미한다.

- 확률밀도함수 $f(x) = \dfrac{1}{\beta} e^{-x/\beta}, \; x > 0$

- 평균 β

- 분산 β^2 : 지수분포의 경우는 평균과 표준편차가 같은 분포이다(포아송은 평균과 분산이 동일).

확률변수 X가 소방서에 화재신고 등 구조요청이 걸려오는데 기다리는 시간이라 하고 평균적으로 전화오는데 걸리는 시간이 20분이라고 하면 확률밀도함수는

$$f(x) = \frac{1}{20} e^{-x/20}, \quad x > 0$$ 이 된다.

구조요청 간격시간

평균과 분산은

$$E(X) = \int_{-\infty}^{\infty} x f(x)\, dx = \int_{0}^{\infty} x \frac{1}{20} e^{-x/20}\, dx = 20$$

$$Var(x) = 400$$

P(X)20)인 확률의 계산은

$$P(X > 20) = \int_{20}^{\infty} \frac{1}{20} e^{-x/20}\, dx = \frac{1}{20} \int_{20}^{\infty} e^{-x/20}\, dx$$ 이 된다.

$$= \frac{1}{20} \left[e^{-\frac{x}{20}}(-20) \right]_{20}^{\infty} = \lim_{t \to \infty} (e^{-1} - e^{-t}) = e^{-1}$$

- 지수분포의 특징

  - 포아송분포와의 관계 : 포아송분포는 단위 시간당 발생하는 사건의 횟수를 관측한다. 반면 지수분포는 사건이 일어날 때까지의 대기 시간을 관측하는데 관심이 있는 것이다. 즉, 지수분포는 대기시간, 포아송분포는 횟수이다.

– 지수분포의 무기억성질(Memoryless Property)

$X \sim Exp(\beta)$일 때 어떤 수 a, b에 대해

$$P(X > a + b | X > a) = P(X > b)$$ 가 성립하는데

이 성질을 지수분포의 무기억성질이라고 한다.

이는 $P(X > a + b | X > a)$의 고려 시 이전의 a에 대한 확률값은 고려대상이 안되며 결국 $P(X > b)$ 만 고려하면 된다는 의미이다.

어떤 부품의 수명이 평균 300시간을 가진다고 하면 (β=300인 지수분포를 따른다.)

$$f(x) = \frac{1}{300} e^{-x/300}, \quad x > 0$$

이 부품이 100시간동안 고장나지 않았을 때, 앞으로 400시간동안 고장나지 않고 작동할 확률은

$$P(X > 100 + 400 | X > 100) = P(X > 400)$$

과 같다는 것이 무기억성질(Memoryless Property)인데

$$P(X > 100 + 400 | X > 100) = \frac{P(X > 500)}{P(X > 100)} = \frac{e^{-500/300}}{e^{-100/300}} = \frac{e^{-5/3}}{e^{-1/3}} = e^{-4/3} \text{ 이다.}$$

이것은

$$P(X > 400) = \int_{400}^{\infty} \frac{1}{300} e^{-x/300} dx = \frac{1}{300} \int_{400}^{\infty} e^{-x/300} dx$$

$$= \frac{1}{300} \left[e^{-\frac{x}{300}} (-300) \right]_{400}^{\infty} = \lim_{t \to \infty} (e^{-4/3} - e^{-t}) = e^{-4/3}$$

그러므로 무기억성질을 만족한다.

---

③ **정규분포(Normal Distribution, $X \sim N(\mu, \sigma^2)$)**

정규분포는 19세기의 위대한 수학자 Carl Friedrich Gauss에 의해 물리학과 천문학 등에 폭넓게 응용되기도 하였는데 이러한 연유로 정규분포를 가우스분포(Gaussian Distribution)라 부르기도 한다.

정규분포는 표본을 통한 통계적 추정 및 가설검정이론의 핵심이 되며, 실제로 우리가 사회적, 자연적 현상에서 접하는 여러 자료들의 분포가 정규분포를 띄게 된다.

• 확률밀도함수 $f(x) = \frac{1}{\sigma\sqrt{2\pi}} e^{-\frac{1}{2}\left(\frac{x-\mu}{\sigma}\right)^2}$

• 평균 μ

• 분산 σ^2

- 정규분포의 특징

– 정규분포는 평균을 중심으로 대칭이며 종모양(bell-shaped)인 확률밀도함수의 그래프를 띤다.

– 정규분포의 모양과 위치는 평균과 표준편차에 의해 완전히 결정된다.

– 분포의 평균과 표준편차가 어떤 값을 갖더라도, 정규곡선과 X축 사이의 전체 면적은 1이다.

– 정규분포를 가지는 확률변수, 즉 정규확률변수(Normal Random Variable)는 평균 주위의 값을 많이 취하며 평균으로부터 좌우로 표준편차의 3배 이상 떨어진 값은 거의 취하지 않는다.

– 정규분포곡선은 X축에 맞닿지 않으므로 확률변수 X가 취할 수 있는 값의 범위는 $-\infty < X < +\infty$이다.

▲ 정규분포 그래프

z–분포라고 줄여 부르기도 한다.

④ **표준정규분포(Standard Normal Distribution, $X \sim N(0, 1)$)**

정규확률변수가 어떤 범위의 값을 취할 확률을 계산할 때 매번 확률밀도함수 그래프의 밑부분에서 그 범위에 해당하는 넓이를 구하는 일은 매우 번거로우며, 정규분포의 위치는 평균과 표준편차에 따라 달라지게 된다.

따라서 모든 정규확률변수는 적당한 변환을 취하여 수많은 가능한 정규분포에 모두 적용할 수 있는 표준정규분포를 이용하여 분포의 모양을 통일한 다음, 확률을 계산하는 방법을 사용하면 편리하다.

수능은 작년 수학 원점 100점과 올해 수학 원점 100점이 같은 100점이 아니다. 난이도의 차이 때문인데, 상대적으로 어느 점수가 더 잘한 것인지 판단을 위해 표준화 과정을 이용한다.

- 표준정규분포는 평균 μ=0, 표준편차 σ=1이 되도록 표준화한 정규분포이다.

- 정규화 : 어떤 관측치 X의 값이 그 분포의 평균에서 표준편차 대비 얼마나 떨어져 있는지를 표준화된 정규분포 변환식에 의해서 알 수 있다.

$$Z = \frac{X - \mu}{\sigma}$$

- 표준정규분포표에 의해서 해당 확률변수의 확률값 계산이 가능하다.

어느 과목 수강생들의 점수는 평균이 80, 분산이 100인 정규분포를 보인다고 한다. 총 100명의 수강생 중에서 어떤 학생이 80점에서 85점 사이의 점수를 받았을 확률은 얼마인가? 그리고 82점 이하를 받을 학생은 몇 명인가?

한 학생이 80점~85점 사이의 점수를 받을 경우 :

$$Z = \frac{X-\mu}{\sigma} = \frac{80-80}{10} = 0 \quad , \quad Z = \frac{X-\mu}{\sigma} = \frac{85-80}{10} = 0.5$$

$$P(80 \leq X \leq 85) = P(0 \leq Z \leq 0.5) = 0.1915$$

(부록의 표준정규분포표를 참고)

82점 이하를 받을 학생은 :

$$Z = \frac{X - \mu}{\sigma} = \frac{82 - 80}{10} = 0.2$$

P(X≤82) = P(Z≤0.2) = 0.5 + 0.0793 = 0.5793이므로 100명중 57.93%, 그래서 57.9명이 될 수 있다.

⑤ 감마분포(Gamma Distribution)

연속 확률분포로, 두 개의 매개변수를 받으며 양의 실수를 가질 수 있다. 감마분포는 지수분포나 포아송분포 등의 매개변수와 연관이 있는 분포로 포아송과정($1/\lambda=\theta$)에서 k개의 사건이 발생할 때까지의 대기시간으로 확률변수 X를 정의할 수 있다.

• 사건의 횟수(λ)가 포아송분포를 따른다면, 다음 사건까지의 대기시간은 $\theta=1/\lambda$

• 모수는 k〉0, θ〉0

• 확률밀도함수 $f(x,k,\theta) = \frac{1}{\Gamma(k)\theta^k}x^{k-1}e^{-x/\theta}, \ x > 0$

– 여기서 $\Gamma(\alpha)$는 감마함수로 다음과 같이 정의된다.

감마함수
팩토리얼을 실수 영역으로 확장한 것

$$\Gamma(k) = \int_0^\infty x^{k-1}e^{-x}dx = \begin{cases} (k-1)! & , \quad \text{양의 정수} \\ \sqrt{\pi} & , \qquad k = 1/2 \end{cases}$$

k≥1인 정수일 때,

$$\Gamma(k) = (k-1)! = (k-1)(k-2)! = (k-1)\Gamma(k-1)$$

그리고 a〉0일 때,

$$\int_0^\infty x^k e^{-ax}dx = \frac{k!}{a^{k+1}} = \frac{\Gamma(k+1)}{a^{k+1}}$$

• 기댓값 $k\theta$

• 분산 $k\theta^2$

k=1, θ=1/λ이면 지수분포

감마분포는 지수분포를 한 번의 사건이 아닌 여러 개의 사건으로 확장한 개념이다.

감마분포는 전반적으로 편향된 확률밀도함수를 가지며, 모양은 두 모수 k와 θ에 의해 결정된다. k가 증가할수록 점차 좌우대칭의 정규분포와 유사한 모양을 가진다.

• 감마분포의 특징

$(k, \theta)=(1, \theta)$ 경우의 감마분포는 지수분포와 동일하다.

$$f(x, k, \theta) = \frac{1}{\Gamma(k)\theta^k} x^{k-1} e^{-x/\theta}, \ x > 0$$

$$f(x, 1, \theta) = \frac{1}{\Gamma(1)\theta^1} x^{1-1} e^{-x/\theta} = \frac{1}{\Gamma(1)\theta^1} x^0 e^{-x/\theta} = \frac{1}{\theta^1} e^{-x/\theta}, \ (\Gamma(1) = 0! = 1)$$

신뢰성 이론이나 수명시험에 유용하게 사용된다.

▲ 감마분포 그래프 예

손님의 방문횟수는 평균 λ=0.5(명/분)인 포아송 분포를 따른다고 한다. 처음 2명의 고객이 방문할 때까지 5분 이상 기다릴 확률은?

확률변수 X : k=2 즉 2명이 방문할 때까지 걸리는 시간
먼저 1명 방문할 경우의 평균 소요시간은 θ=1/λ=1/0.5=2(분/명)
그러므로

$$f(x) = \frac{1}{\Gamma(2)2^2} x^{2-1} e^{-x/2} \ 이 확률밀도함수가 되고$$

$$P(x > 5) = \int_5^\infty \frac{1}{\Gamma(2)2^2} x^{2-1} e^{-x/2} dx = \frac{1}{\Gamma(2)2^2} \int_5^\infty x e^{-x/2} dx$$

$$= \frac{1}{\Gamma(2)2^2} \left\{ \left[(-2)e^{-\frac{x}{2}}x \right]_5^\infty - \int_5^\infty (-2)e^{-\frac{x}{2}} dx \right\}$$

$$= \frac{1}{\Gamma(2)2^2} \left\{ \left[(-2)e^{-\frac{x}{2}}x \right]_5^\infty - \left[(4)e^{-\frac{x}{2}} \right]_5^\infty \right\} \ (부분적분에 의한 계산)$$

$$= \lim_{t \to \infty} \frac{1}{\Gamma(2)2^2} \left\{ (t(-2)e^{-\frac{t}{2}} - (-2)5e^{-\frac{5}{2}}) - ((4)e^{-\frac{t}{2}} - (4)e^{-\frac{5}{2}}) \right\}$$

$$= \frac{1}{\Gamma(2)2^2} \left(10e^{-\frac{5}{2}} + 4e^{-\frac{5}{2}} \right) = \frac{1}{4}\left(14e^{-\frac{5}{2}} \right) = \frac{7}{2}e^{-\frac{5}{2}} = 0.287297, \quad (\Gamma(2) = (2-1)! = 1)$$

평균은 kθ = 2×2 = 4이고 분산은 kθ² = 2×2² = 8이 된다.

⑥ 카이제곱분포(Chi-Squared Distribution, $X \sim \chi^2(k)$)

- k개의 서로 독립적인 표준정규확률 변수를 각각 제곱한 다음 합해서 얻어지는 분포로 정의한다.

- 양의 정수 k가 주어졌을 때, k개의 독립적이고 표준 정규분포를 따르는 확률변수 $X_1, \cdots, X_k$를 정의하면 k의 카이제곱분포는 $W = \sum_{i=1}^{k} X_i^2$를 확률변수로 가지는 분포이다.

- 자유도(df, Degree of Freedom) : k를 지칭하는 것으로 카이제곱분포의 매개변수가 된다.

- 확률밀도함수 $f(x; k) = \dfrac{1}{2^{\frac{k}{2}} \, \Gamma\left(\frac{k}{2}\right)} x^{\frac{k}{2}-1} e^{-x/2}$ $\{x \geq 0\}$

여기서 $\Gamma(k) = \int_0^\infty t^{k-1} e^{-t} dt$ 단, k가 자연수이면 $\Gamma(k) = (k-1)!$

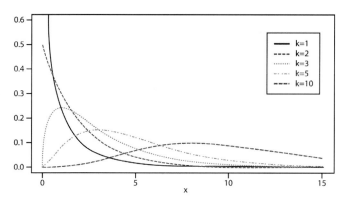

▲ 카이제곱분포 그래프

- 기댓값 k

- 분산 $2k$

- 카이제곱분포의 특징

$(k/2, \theta)=(k/2, 2)$ 경우의 감마분포가 카이제곱분포가 된다.

$$f(x, k, \theta) = \frac{1}{\Gamma(k)\theta^k} x^{k-1} e^{-x/\theta}, \ x > 0 \ \text{감마분포}$$

$(k/2, \theta)=(k/2, 2)$ 라고 하면

$$f(x, k/2, 2) = \frac{1}{\Gamma(k/2)2^{k/2}} x^{k/2-1} e^{-x/2}, \ \text{카이제곱분포}$$

- 카이제곱분포는 신뢰구간이나 가설 검정에서 많이 사용된다.

⑦ 스튜던트 t 분포(Student t-Distribution, $X \sim t(n-1)$)

- 정규분포의 평균 측정 시 주로 사용하는 분포이다. 분포의 모양은 Z-분포와 유사하다. 종 모양으로서 $t=0$에 대하여 대칭을 이루는데 t-곡선의 모양을 결정하는 것은 자유도이다.

- 확률변수의 분포(검정통계량) $\dfrac{Z}{\sqrt{V/v}}$로 정의된다. 여기서 Z는 표준정규분포, V는 자유도 v인 카이제곱분포이다.

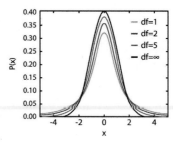

▲ 자유도(Degree of Freedom)에 따른 스튜던트 t 분포의 그림

- 자유도 : 표본 크기 n에서 1을 뺀 것이다.

자유도란 자료집단의 변수 중에서 자유롭게 선택될 수 있는 변수의 수를 말한다. 자유도는 S^2을 계산하는데 사용된 정보의 양으로서 분모 항과 같다.

표본크기가 n인 랜덤표본에서는 제공되는 정보의 양이 n개이다. 그러나 다음에서 알 수 있는 바와 같이 S^2을 계산할 때는 표본평균(모든 관측값의 합)이 이미 계산되었다.

$$(n-1)S^2 = (X_1 - \bar{X})^2 + (X_2 - \bar{X})^2 + \cdots + (X_n - \bar{X})^2$$
$$= X_1^2 + X_2^2 + \cdots + X_n^2 - (X_1 + X_2 + \cdots + X_n)^2/n$$

즉, n개의 정보 중에서 표본평균을 계산하는데 하나의 정보를 상실하였다. 따라서 전체 n개의 정보에서 하나를 제거한 $(n-1)$이 S^2을 계산할 때 사용된 정보의 양이다.

> 확률변수 X가 10개의 값을 갖게 되고 그 평균을 구했다고 하자. 이때 10개의 변수 중 일단 9개만 정해지면 평균이 알려져 있으므로 나머지 하나는 자동적으로 정해짐을 알 수 있다. 그러므로 이 경우의 자유도는 n-1=9가 된다.

- 확률밀도함수 $f(x) = \dfrac{\Gamma\left(\frac{v+1}{2}\right)}{\sqrt{v\pi}\,\Gamma\left(\frac{v}{2}\right)} \left(1 + \dfrac{x^2}{v}\right)^{-\left(\frac{v+1}{2}\right)}$,   v는 자유도

- 기댓값 0 (v)1일 때), 나머지는 정의되지 않음

> t-분포는 양쪽이 대칭이므로 자유도가 20일 때, t가 -1.725보다 작을 확률도 0.05가 되며, t가 -2.086보다 작을 확률도 역시 0.025가 된다.
> $$P(t \geq 1.725) = P(t \leq -1.725) = 0.05$$
> $$P(t \leq -2.086) = P(t \geq 2.086) = 0.025$$

⑧ F 분포(F Distribution, $X{\sim}F(k_1, k_2)$)

- 두 개의 확률 변수 V_1, V_2의 자유도가 각각 k_1, k_2이고 서로 카이제곱분포를 따른다고 할 때, 다음 아래와 같이 정의된 확률변수(검정 통계량)

$$F = \frac{V_1/k_1}{V_2/k_2} \sim F(k_1, k_2)$$는 자유도가 k_1, k_2인 F-분포를 따른다고 한다.

- F 분포는 F 검정이나 분산분석 등에 주로 사용되는 분포함수이다.

카이제곱분포가 한 집단의 분산을 다룬다면, F분포는 두 집단의 분산을 다룬다.

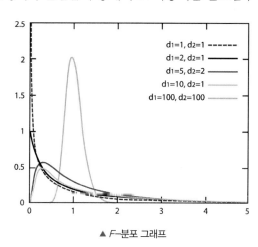

▲ F-분포 그래프

- 확률밀도함수

$$f(x) = \frac{1}{B(d_1/2,\ d_2/2)}\left(\frac{d_1 x}{d_1 x + d_2}\right)^{\frac{d_1}{2}}\left(1 - \frac{d_1 x}{d_1 x + d_2}\right)^{\frac{d_2}{2}} x^{-1}$$

여기서 B는 베타함수로 $B(x, y) = \int_0^1 t^{x-1}(1-t)^{y-1}dt$

- 기댓값 $\dfrac{d_2}{d_2-2}$ (단, $d_2 > 2$)

04 표본분포(Sampling Distribution, Finite-sample Distribution)

표본분포는 크기 n의 확률표본(Random Sample)의 확률변수(Random Variable)의 분포이다. 하나의 표본으로부터 계산된 통계량(statistic)은 여러 가지가 있으나 평균을 가장 많이 사용하므로 평균을 사용한 표본분포를 대표적으로 기술한다.

확률표본(임의표본)
모집단에서 동등한 확률로 추출된 개체들의 집합

1) 모집단 분포와 표본분포

① 모집단의 모수(parameter)

- 모집단의 평균 μ, 모집단의 표준편차 σ
- 모집단의 특성을 나타내는 특성값은 모수라고 정의한다.

② 표본의 통계량

• 표본집단의 평균 $\bar{X}$, 표본집단의 표준편차 S

• 표본집단의 특성을 나타내는 특성값은 통계량이라 정의한다.

2) 표본평균의 표본분포

모집단으로부터 표본을 추출하였을 때 얻을 수 있는 모든 표본평균값($\bar{X}$)을 확률변수로 하는 확률분포이다.

3) 표본평균의 표본분포 통계량

① 표본평균의 표본분포의 평균

• 표본평균 $\bar{X}$의 표본분포의 평균은 모집단의 평균 μ와 동일하다.

모집단의 평균을 μ라 놓고 모집난에서 크기가 n인 표본을 추출한다고 가성한다. (x_i, i=1,2,3,$\cdots$,n)

($\bar{X}$)$= \frac{\sum_{i=1}^{n} x_i}{n}$에서 기댓값을 정의하면 다음 아래와 같이 쓸 수 있다.

$$E(\bar{X}) = E\left(\frac{\sum_{i=1}^{n} x_i}{n}\right) = \frac{1}{n}E(\sum_{i=1}^{n} x_i)$$

이것을 정리하면

$$E(\bar{X}) = \frac{1}{n}E(\sum_{i=1}^{n} x_i) = \frac{1}{n}E(x_1 + x_2 + \cdots + x_n)$$

$$= \frac{1}{n}[E(x_1) + E(x_2) + \cdots + E(x_n)]$$

각각의 표본의 평균은 모집단의 평균과 같으므로

$$E(\bar{X}) = \frac{1}{n}[\mu + \mu + \cdots + \mu] = \frac{1}{n}[n\mu] = \mu \text{ 이다.}$$

② 표본평균의 표본분포의 분산(표준편차)

모집단의 표준편차가 σ이면 표본분포의 표준편차는 $\sigma/\sqrt{n}$이라고 정의한다.

특히 표본평균의 표본분포는 $N(\mu, (\sigma/\sqrt{n})^2)$인 정규분포를 따른다.

$$VAR(\bar{X}) = E(\bar{X}^2) - \mu^2 = E\left(\left[\frac{\sum_{i=1}^{n} x_i}{n}\right]^2\right) - \mu^2$$

위 식을 정리하면

$$E\left(\left[\frac{\sum_{i=1}^{n} x_i}{n}\right]^2\right) - \mu^2 = \frac{1}{n^2}E([x_1 + x_2 + \cdots + x_n]^2) - \mu^2$$

$$= \frac{1}{n^2}E(x_1^2 + x_2^2 + \cdots + x_n^2 + 2\underbrace{(x_1 x_2 + \cdots + x_{n-1} x_n)}_{{}_n C_2 \text{개}}) - \mu^2$$

$$= \frac{1}{n^2}(E(x_1^2) + E(x_2^2) + \cdots + E(x_n^2) + 2(E(x_1)E(x_2) + \cdots + E(x_{n-1})E(x_n))) - \mu^2$$

모든 $i = 1, 2, \ldots, n$에 대해서 $E(x_i) = E(X)$이고, $\quad {}_nC_2 = \dfrac{n!}{(n-2)!2!} = \dfrac{n(n-1)}{2}$

$$= \frac{1}{n^2}\left(nE(X^2) + n(n-1)(E(X))^2\right) - \mu^2$$

$E(X) = \mu$이므로
$$= \frac{1}{n^2}(nE(X^2) + n(n-1)\mu^2) - \mu^2$$

정리하면
$$= \frac{1}{n}(E(X^2) - \mu^2) = \frac{VAR(X)}{n} = \frac{\sigma^2}{n}$$

③ 표준오차(Standard Error of the Mean)

표본평균 $\bar{X}$의 평균과 표준편차를 각각 $\mu_{\bar{X}}$, $\sigma_{\bar{X}}$로 표시하는데 특히, 표본평균 $\bar{X}$의 표준편차 $\sigma_{\bar{X}}$를 평균의 표준오차 또는 간단히 표준오차라 한다.

- 모집단의 크기가 무한대에 한해서 표본평균의 표준오차는 $\dfrac{\sigma}{\sqrt{n}}$

- 모집단 크기가 유한한 경우 표준오차

$$\sigma_{\bar{X}} = \sqrt{\frac{N-n}{N-1}} \cdot \frac{\sigma}{\sqrt{n}} \quad (N: \text{모집단크기}, \ n: \text{표본크기})$$

여기서 $\sqrt{\dfrac{N-n}{N-1}}$는 유한 모집단 수정계수(Finite Population Correction Factor)라 한다. 또한 표본집단의 크기 n이 모집단 크기의 5% 이상 시 유한 모집단 수정계수를 사용하여 표준편차를 산출한다.

표준편차
- 자료의 퍼짐 정도
- 분산의 양의 제곱근

표준오차
- 표본분포의 표준편차(퍼짐 정도)

4) 중심극한정리(Central Limit Theorem)

동일한 확률분포를 가진 독립 확률변수 n개의 평균의 분포는 n이 적당히 크다면 정규분포에 가까워진다는 정리이다.

중심극한정리
동일분포를 가지는 분포들의 평균은 그 개수가 많아지면서 언제나 정규분포로 수렴

① 린데베르그–레비(Lindeberg–Levy) 중심극한정리

만약 확률변수 $X_1, X_2, \cdots, X_n$들이 서로 독립이고 같은 확률분포를 가지며 그 확률분포의 평균과 표준편차가 유한하다면 평균 $S_n = \dfrac{X_1 + X_2 + \cdots + X_n}{n}$의 분포는 기댓값 μ, 표준편차 $\sigma/\sqrt{n}$인 정규분포 $N(\mu, \sigma^2/n)$에 수렴한다. 즉,

$$\sqrt{n}\left(\left(\frac{1}{n}\sum_{i=1}^{n} X_i\right) - \mu\right) \xrightarrow{d} N(0, \sigma^2)$$

② 중심극한정리의 의미

- 모집단의 분포가 무엇이든 상관없이 표본의 수가 큰 표본분포들의 표본평균의 분포가 정규분포를 이룬다는 의미이다.

- 즉 정규분포는 다시 표준정규분포로 변환이 가능하므로 우리가 알고 있는 표준 정규분포의 각종 결과를 이용하여 추정(판단)을 할 수 있다.

중심극한정리는 독립적인 확률 변수들의 합 또는 평균에 대해 적용된다.

중심극한정리는 표본의 크기가 충분히 크다는 조건(일반적으로 30 이상)이 있다.

5) 표본평균의 표준화

- 표본평균 $\bar{X}$는 정규 분포의 확률변수로서 평균이 μ, 표준오차 $\sigma/\sqrt{n}$이므로 표준화는

$$Z = \frac{\bar{X} - \mu}{\sigma_{\bar{X}}} = \frac{\bar{X} - \mu}{\sigma/\sqrt{n}} \quad \text{(단, } Z \sim N(0,1))\text{이 된다.}$$

모평균
원래 모집단(전체집단)의 평균

- 표준화 Z는 확률변수인 표본평균 $\bar{X}$가 모평균인 μ로부터 표본평균들의 표준편차인 표준오차의 몇 배만큼 떨어져 있는가를 표시하는 것이다. 따라서 다음과 같은 확률관계를 나타낼 수 있다.

$$P\left(\mu - k\frac{\sigma}{\sqrt{n}} \le \bar{X} \le \mu + k\frac{\sigma}{\sqrt{n}}\right) = P\left(-k \le \frac{\bar{X} - \mu}{\frac{\sigma}{\sqrt{n}}} \le k\right)$$

대표적 k 값	k에 해당되는 표준정규분포상의 확률값
1	$P\left(\mu - \frac{\sigma}{\sqrt{n}} \le \bar{X} \le \mu + \frac{\sigma}{\sqrt{n}}\right) = P\left(-1 \le \frac{\bar{X} - \mu}{\frac{\sigma}{\sqrt{n}}} \le 1\right) = 0.68$
2	$P\left(\mu - 2\frac{\sigma}{\sqrt{n}} \le \bar{X} \le \mu + 2\frac{\sigma}{\sqrt{n}}\right) = P\left(-2 \le \frac{\bar{X} - \mu}{\frac{\sigma}{\sqrt{n}}} \le 2\right) = 0.95$
3	$P\left(\mu - 3\frac{\sigma}{\sqrt{n}} \le \bar{X} \le \mu + 3\frac{\sigma}{\sqrt{n}}\right) = P\left(-3 \le \frac{\bar{X} - \mu}{\frac{\sigma}{\sqrt{n}}} \le 3\right) = 0.997$

- 표본평균의 구간확률

  – 표준화 Z를 통해서 표본 평균을 표준화한 후 표준정규분포표를 이용하여 확률을 찾으면 된다.

어떤 공장이 생산하는 제품의 평균 길이는 1m이며 표준편차는 1cm인 정규분포로 따른다고 한다.
16개의 표본을 조사하여 길이를 측정한 결과 표본 평균이 모평균과 의 차이가 0.3cm 이내일 확률을 구해보면 $P(|\overline{X_{16}} - \mu| \le 0.3) = P(-0.3 \le \overline{X_{16}} - \mu \le 0.3)$을 구하는 것이므로

$$P\left(\frac{-0.3}{\frac{\sigma}{\sqrt{n}}} \le \frac{\overline{X_{16}} - \mu}{\frac{\sigma}{\sqrt{n}}} \le \frac{0.3}{\frac{\sigma}{\sqrt{n}}}\right) = P\left(\frac{-0.3}{\frac{1}{\sqrt{16}}} \le \frac{\overline{X_{16}} - \mu}{\frac{1}{\sqrt{16}}} \le \frac{0.3}{\frac{1}{\sqrt{16}}}\right) = P(-1.2 \le z \le 1.2)$$

$$= 2(0.5 - P(Z \ge 1.2)) = 2 \times (0.5 - 0.1151) = 0.7698$$

그러므로 77% 이상의 확률로 표본평균과 모평균의 차이는 0.3cm이내가 된다고 볼 수 있다.
여기서 만일 표본의 개수를 늘리면 예를 들어 25개로 늘리면

$$P\left(\frac{-0.3}{\frac{1}{\sqrt{25}}} \le \frac{\overline{X_{16}} - \mu}{\frac{1}{\sqrt{25}}} \le \frac{0.3}{\frac{1}{\sqrt{25}}}\right) = P(-1.5 \le z \le 1.5) = 2(0.5 - P(Z \ge 1.5))$$

$$= 2 \times (0.5 - 0.0668) = 0.8664$$

즉 표본의 개수를 늘리면 표본평균과 모평균의 차이가 적을 것이라 확신할 수 있는 확률값은 더욱 커짐을 알 수 있다.

---

6) 표본비율(Sample Proportion)

크기가 N인 모집단으로부터 표본크기가 n인 표본을 추출 시 이 표본을 구성하는 n개의 개체들을 통해 조사하고자 하는 결과가 성공 또는 실패로 구분될 때, 표본을 구성하는 n개의 개체 중에서 성공으로 나타나는 개체 수의 비율을 표본비율이라고 하며 보통 $\hat{P}$로 표시한다.

$$\hat{P} = \frac{X}{n} \quad (X = \text{표본중에 성공으로 나타난 개체수}, \ n = \text{표본의 개체수})$$

• 모비율 : 모집단에서 성공으로 나타나는 개체 수의 비율을 모비율이라고 하며 모집단의 특성을 나타낸다.

7) 표본비율의 표본분포(Sampling Distribution of Sample Proportion)

표본으로 추출될 가능성이 있는 모든 표본들에 대한 표본비율 값의 확률분포를 표본비율의 표본분포라 한다.

• 모비율과 비슷한 표본비율을 가진 표본들이 추출될 가능성은 매우 클 것으로 기대되지만 반대의 경우는 희박해질 것이 예상될 때, 이렇게 표본으로 추출될 가능성이 있는 모든 표본비율의 값을 표본분포라 정의한다.

① 표본분포에서의 평균과 표준오차

표본의 크기가 클 때, 중심극한정리에 의해 표본분포는 모비율 P(평균)이고 표준오차는

$$\sigma_p = \sqrt{pq/n} \quad (\text{단}, \ q = 1-p, \ n\text{은 표본크기})\text{이다}.$$

• 표본크기가 클 때는 보통 $np \geq 5$와 $nq \geq 5$가 모두 성립할 때이다(단, 모비율이 극단적으로 0에 가깝거나 1에 근접시 해당 조건 만족이 어려운 경우 발생).

> 한 여론 조사기관에서 어느 소도시의 노숙자를 위한 무료급식소 설치에 대한 여론조사를 하였다. 1000명을 무작위로 추출하여 찬반을 조사하였고 900명이 찬성하였다. 찬성률에 대한 추정값(표본비율)과 표준오차를 구하여 보면 아래와 같다.
>
> $$\hat{P} = \frac{X}{n} = \frac{900}{1000} = 0.9, \quad \sigma_p = \sqrt{\frac{pq}{n}} = \sqrt{\frac{0.9 \times 0.1}{1000}} = \frac{0.3}{10\sqrt{10}} \quad (\text{단}, \ q = 1-p, \ n\text{은 표본크기})$$

• 표준오차는 표본분포의 퍼짐 정도를 나타내며, 작을수록 표본평균이 모집단 평균에 가까워지므로, 더 정확한 추정을 할 수 있다.

② 표본비율의 표본분포

표본비율의 표준화는 표본평균의 표준화와 동일개념이다.

$$Z = \frac{\hat{P}-p}{\sigma_{\hat{p}}} = \frac{\hat{P}-p}{\sqrt{\frac{pq}{n}}} \quad \text{(단, } Z \sim N(0,1)\text{)}$$

어떤 증권사가 특정 통신사와 제휴하여 독점적으로 주식거래와 투자정보의 무상 제공 서비스를 하고 있다. 고객확보를 위해 최신의 휴대폰을 시중가의 50% 가격으로 판매한다고 할 때, 해당 특정 통신사로 번호이동을 하려는 고객은 잠정적으로 25% 수준으로 추정된다. 다른 통신사 가입자중 해당 증권사 고객인 100명을 대상으로 30명 이상이 해당 특정 통신사로 이동할 확률은?

문제에서 요구하는 것은

$$P(\hat{p} \geq 0.3) = P\left(Z \geq \frac{0.3 - 0.25}{\sqrt{\frac{0.25 \times 0.75}{100}}} \right) = P(Z \geq 1.1547) = 0.1251$$

가 된다고 볼 수 있다.

대학생들을 대상으로 조사결과 자취를 하는 학생들의 70%가 저녁을 매일 사먹는다고 한다. 표본조사를 통해 1000명의 학생을 조사한 결과 650명의 학생이 저녁을 매일 사먹는다고 응답하였다. 표본비율의 분포에서 관측된 표본비율보다 작을 확률은 얼마일까?

표본의 크기가 1,000명이므로 표본비율 p 의 표본분포는 정규분포를 따른다고 볼 수 있다.
여기서 p 의 평균은

$$\mu_{\hat{p}} = p = 0.7$$

표준오차는

$$\sigma_p = \sqrt{\frac{pq}{n}} = \sqrt{\frac{0.7 \times 0.3}{1000}} = 0.0145 \text{(소수점 5째자리 반올림)}$$

표본비율은

$$\hat{P} = \frac{X}{n} = \frac{650}{1000} = 0.65$$

여기서 표본비율의 표본분포는

$$Z = \frac{\hat{P}-p}{\sigma_{\hat{p}}} = \frac{\hat{P}-p}{\sqrt{\frac{pq}{n}}} \quad \text{(단, } Z \sim N(0,1)\text{)}$$

$$P\left(Z < \frac{0.65 - 0.7}{\sqrt{\frac{0.7 \times 0.3}{1000}}} \right) = P(Z < -3.45033) = 0.0003 \text{ 이 된다.}$$

01 다음 아래의 설명은 표본추출 중의 하나를 설명한 것이다. 해당하는 추출방법은 무엇인가?

> • 모집단을 서로 겹치지 않게 여러 층(strata)으로 나누어 분할된 층(stratum)별로 배정된 표본을 단순 임의추출법에 따라 추출하는 방법이다.
> • 각 집단별 분석이 필요한 분석의 경우나 모집단 전체에 대한 특성치의 효율적 추정(추론)이 필요한 경우 시행한다.

① 계통추출
② 군집추출
③ 층화추출
④ 단순무작위추출

02 다음은 표본추출오차에 관한 설명이다. 설명 중 틀린 것은?

① 표본추출 시 표본의 크기(Sample Size)보다는 대표성을 가지는 표본을 추출하는 것이 중요하다.
② 과잉대표는 중복선택 등의 원인으로 모집단이 반복·중복된 데이터만으로 규정되는 현상을 지칭한다.
③ 최소대표는 실제모집단의 대표성을 나타낼 표본이 아닌 다른 데이터가 표본이 되는 현상이다.
④ 최대대표는 모집단에서 추출된 표본이 너무 많이 추출되어 전수조사에 가까운 조사가 되는 현상이다.

03 군집추출에 대한 설명 중 틀린 것은?

① 추출 모집단에 대해 사전지식이 많지 않은 경우 시행하는 방법이다.
② 모집단을 차이가 없는 여러 개 군집으로 나누어 군집 단위의 일부 또는 전체에 대한 분석을 시행한다.
③ 모집단에 대한 추출기반을 마련하기가 어려운 경우 사용하면 편리하다.
④ 표본크기가 같은 경우 단순 임의추출에 비해 표본오차가 증대할 가능성이 있다.

04 확률에 대한 설명 중 틀린 것은?

① 표본공간 S의 각 근원 사건이 일어날 가능성이 동등할 때, 사건 A에 대하여 $n(A)/n(S)$를 사건 A의 수학적 확률이라고 한다.
② 일반적인 자연 현상이나 사회 현상에서 일어날 가능성이 동일한 현상은 드물고 분명하지 않은 경우가 대부분이다.
③ 수학적 확률을 무한 번 시행하면 그 값은 통계적 확률의 값으로 수렴한다.
④ 확률은 통계적 현상의 확실함의 정도를 나타내는 척도이며, 랜덤 시행에서 어떠한 사건이 일어날 정도를 나타내는 사건에 할당된 수들을 말한다.

05 정규화 식 중 맞는 것을 고르시오(μ : 평균, σ : 표준편차).

① $Z = \frac{X-\mu}{\sigma}$ ② $Z = \frac{X-\mu}{\sigma^2}$

③ $Z = \frac{X-\mu}{\sqrt{\sigma}}$ ④ $Z = \frac{X-\mu}{\sqrt{\sigma/n}}$

06 결합확률에 대한 설명으로 **틀린** 것은?

① 사건 A와 B가 동시에 발생하는 확률로 이를 확률의 곱셈 법칙이라고 한다.

② $P(A) \times P(B) = P(A \cap B)$이다.

③ 배반사건은 두 사건 A, B가 동시에 일어날 수 없을 때 A, B는 서로 배반한다고 한다. 즉 $A \cap B = U$(전체집합)을 의미한다.

④ 독립사건은 두 사건 A, B가 서로에게 영향을 주지 않는 상태를 말한다.

07 $P(A) = 0.6$, $P(B) = 0.5$ 그리고 $P(A|B) = 0.4$라고 할 때, $P(A \cup B)$를 구하시오.

① 0.6   ② 0.7

③ 0.8   ④ 0.9

08 두 개의 생산라인을 가진 공장에서 생산된 2,000대의 자전거를 같은 보관창고에 적재하였다(각 라인별 1000개씩 생산). 생산라인을 조사하여 1번 라인의 경우는 10%가 불량, 2번 라인은 15%가 불량임을 알았다. 창고에서 샘플 제품 하나를 선택하여 조사한 결과 불량인 경우 이 자전거가 1번 라인의 생산품일 확률은?

① 10%   ② 15%

③ 30%   ④ 40%

09 구간 $[0, 1]$에서 정의된 연속인 확률변수 X의 함수 $f(x) = ax^3$이라고 하면, 주어진 함수가 확률밀도함수가 되기 위한 상수 a(단 a 는 양의 실수)의 값을 구하고 이 경우 기댓값을 구하시오.

① $a = 4$, $E(X) = 4/5$

② $a = 4$, $E(X) = 3/4$

③ $a = 3$, $E(X) = 3/5$

④ $a = 3$, $E(X) = 6/5$

10 어떤 분포 X가 $E(X) = 5$, $Var(X) = 2$를 가진다고 할 때 $Y = 3X + 2$로 정의된 분포의 $E(Y)$, $Var(Y)$의 값은 무엇인가?

① $E(Y) = 17$, $Var(Y) = 8$

② $E(Y) = 45$, $Var(Y) = 18$

③ $E(Y) = 17$, $Var(Y) = 18$

④ $E(Y) = 45$, $Var(Y) = 20$

11 이항분포에 대한 설명 중 **틀린** 것을 고르시오.

① 결과가 성공 아니면 실패, 두 가지로 귀결되어 나오는 베르누이 시행을 반복할 때 성공의 횟수로 정의되는 이산확률분포이다.

② 확률질량함수는 $\binom{n}{x} pq^{x-1}$이다.

③ 기댓값 $E(X) = np$이다.

④ $Var(X) = npq$로 분산을 나타낸다.

12 포아송분포에 대해서 설명한 것 중 **틀린** 것을 고르시오.

① 단위 시간 안에 어떤 사건이 몇 번 발생할 것인지를 표현하는 이산확률분포이다.

② 한 은행지점에서 하룻동안 찾아오는 은행 고객 수도 포아송분포가 적용될 수 있다.

③ 포아송분포의 평균은 λ이고 분산은 λ^2이다(여기서 λ는 단위시간당 평균발생횟수이다).

④ 이항분포에서 성공확률이 0.01이고 시행 횟수가 1000 이상이면 포아송분포로 근사가 가능하다.

13 초기하 분포의 확률질량함수로 맞는 것은?

① $f(x) = pq^{x-1}$

② $f_X(k) = \dfrac{\binom{K}{k}\binom{N-K}{n-k}}{\binom{N}{n}}$

③ $f(x_1, x_2, \ldots x_k; \ n, p_1, p_2, \ldots, p_k)$
$= \dfrac{n!}{x_1! x_2! \ldots x_k!} \ p_1^{x_1} \ p_2^{x_2} \ldots p_k^{x_k}$

④ $f(x) = \binom{n}{x} p^x q^{n-x}$

14 어느 휴대폰충전기 제조공장에서 출하된 제품의 품질을 조사한 결과 40개 중 5개가 불량품이라고 한다. 한 가게에서 10개를 구입하였는데 가게에서 구입한 10개에 불량품이 없을 확률은 얼마인가?

① $f_X(0) = \dfrac{\binom{5}{0}\binom{35}{10}}{\binom{40}{10}}$ ② $f_X(0) = \dfrac{\binom{10}{10}\binom{35}{35}}{\binom{40}{35}}$

③ $f_X(0) = \dfrac{\binom{10}{5}\binom{35}{40}}{\binom{40}{5}}$ ④ $f_X(0) = \dfrac{\binom{10}{5}\binom{35}{5}}{\binom{40}{5}}$

15 다음 각 분포 중 성질이 다른 하나는 무엇인가?

① 포아송분포 ② t−분포
③ 정규분포 ④ 카이제곱분포

16 어느 지방도시에서 화력발전소의 도시내 유치에 대한 찬반 여부를 위해 100명의 주민에게 찬반 여부를 조사하였다. 그 결과 찬성으로 나온 비율이 60%였다. 실제 찬성율이 50%인데도 여론조사가 60% 이상 지지가 나올 확률은 얼마인가?

① 0.13413 ② 0.0228
③ 0.5432 ④ 0.1856

17 다음 중 포아송분포를 적용할 수 있는 예가 <u>아닌</u> 것을 고르시오.

① 10시부터 11시 사이에 은행지점창구에 도착한 고객의 수
② 하루 동안 걸려 오는 전화 수
③ 원고집필 시 원고지 한 장당 오타의 수
④ 금융상품 가입 상담건수 10회 중 실제 가입이 이루어진 수

18 어느 지역 119 콜센터에 10분마다 평균 4통의 장난신고가 들어온다. 1시간 동안 2통 이내 장난전화가 올 확률은?

① $\dfrac{24^0 e^{-24}}{0!} + \dfrac{24^1 e^{-24}}{1!} + \dfrac{24^2 e^{-24}}{2!}$

② $\dfrac{24^0 e^{-24}}{0!} - \dfrac{24^1 e^{-24}}{1!} - \dfrac{24^2 e^{-24}}{2!}$

③ $\dfrac{24^0 e^{-24}}{0!} \times \dfrac{24^1 e^{-24}}{1!} \times \dfrac{24^2 e^{-24}}{2!}$

④ $\dfrac{24^0 e^{-24}}{0!} \div \dfrac{24^1 e^{-24}}{1!} \div \dfrac{24^2 e^{-24}}{2!}$

19 정규분포에 대한 아래 사항 중 <u>틀린</u> 것은?

① 정규분포는 평균을 중심으로 대칭이며 종모양(bell−shaped)인 확률밀도함수의 그래프를 띤다.
② 정규분포의 모양과 위치는 평균과 표준편차에 의해 완전히 결정된다.
③ 분포의 평균과 표준편차가 어떤 값을 갖더라도, 정규곡선과 X축 사이의 전체 면적은 $1/\sigma\sqrt{2\pi}$이다.
④ 정규분포를 가지는 확률변수, 즉 정규확률변수는 평균 주위의 값을 많이 취하며 평균으로부터 좌우로 표준편차의 3배 이상 떨어진 값은 거의 취하지 않는다.

20 스튜던트 t 분포에서 자유도에 대한 설명으로 맞는 것은?

① 자유도는 자료집단의 변수 중에서 자유롭게 선택될 수 있는 변수의 수를 말한다.

② 스튜던트 t 분포는 정규분포의 평균 측정 시 주로 사용하는 분포이다. 분포의 모양은 Z-분포와 유사하다. 종 모양으로서 t=0에 대하여 대칭을 이루는데 t-곡선의 대칭을 결정하는 것은 자유도이다.

③ 자유도가 클수록 정규분포보다 더욱 높은 종 모양을 가지게 된다.

④ 자유도가 1보다 클 때만 스튜던트 t 분포에서 기댓값은 1이다.

21 어느 회사에서 합격한 신입사원들의 직무적성시험의 성적을 조사한 결과 평균이 480이고 분산이 900인 정규분포를 따른다고 한다. 임의로 선택된 직원의 성적이 500점과 520점 사이일 확률을 구하여라.

① 0.1367
② 0.1596
③ 0.2742
④ 0.2935

22 어느 사과농장에서 포장하는 사과상자의 평균 무게는 18kg이고 표준편차가 2kg인 정규분포를 따른다고 한다. 임의의 사과상자를 선택하여 이 사과상자가 16kg 이상이고 22kg 이하일 확률을 구하여라.

① 0.3413
② 0.4772
③ 0.5432
④ 0.8185

23 모집단과 표본의 통계량에 대한 설명 중 틀린 것은?

① 표본분포의 평균은 모집단의 평균 μ와 동일하다.

② 모집단의 표준편차가 σ이면 표본 표준편차는 $\sigma/\sqrt{n}$이라고 정의한다. 특히 표본평균의 표본분포는 $N(\mu, \sigma^2/n)$인 정규분포를 따른다.

③ 모집단의 크기가 무한대에 한해서 표본평균의 표준오차는 $\sigma/\sqrt{n}$로 정의한다.

④ 동일한 모집단의 표준편차에서 표본의 크기가 커지면 커질수록 표준오차는 늘어나는 경향이 있다.

24 표본평균의 표준화에 대한 설명 중 옳은 것을 고르시오.

① 표본평균 $\bar{X}$는 정규 분포의 확률변수로서 평균이 μ, 표준오차 $\sigma/\sqrt{n}$ 이므로 표준화는
$Z = \dfrac{\bar{X}-\mu}{\sigma_{\bar{X}}} = \dfrac{\bar{X}-\mu}{\sigma/\sqrt{n}}$ (단, $Z \sim N(0,1)$)이 된다.
모집단이 유한한 경우이다.

② 표본평균 $\bar{X}$는 정규 분포의 확률변수로서 평균이 μ, 표준오차 $\sigma/\sqrt{n}$ 이므로 표준화는
$Z = \dfrac{\bar{X}-\mu}{\sigma_{\bar{X}}}$ (단, $Z \sim N(0,1)$)이 된다.
단 모집단이 유한한 경우 $\sigma_{\bar{X}} = \sqrt{\dfrac{N-n}{N}} \cdot \dfrac{\sigma}{\sqrt{n}}$

③ 표본평균 $\bar{X}$는 정규 분포의 확률변수로서 평균이 μ, 표준오차 $\sigma/\sqrt{n}$ 이므로 표준화는
$Z = \dfrac{\bar{X}-\mu}{\sigma_{\bar{X}}} = \dfrac{\bar{X}-\mu}{\sigma/\sqrt{n}}$ (단, $Z \sim N(0,1)$)이 된다.
모집단이 무한한 경우이다.

④ 표본평균 $\bar{X}$는 정규 분포의 확률변수로서 평균이 μ, 표준오차 $\sigma/\sqrt{n}$ 이므로 표준화는
$Z = \dfrac{\bar{X}-\mu}{\sigma_{\bar{X}}}$ (단, $Z \sim N(0,1)$)이 된다.
단 모집단이 유한한 경우 $\sigma_{\bar{X}} = \sqrt{\dfrac{N-n}{N-\mu}} \cdot \dfrac{\sigma}{\sqrt{n}}$

SECTION 01

01 ③	02 ④	03 ①	04 ③	05 ①
06 ③	07 ④	08 ④	09 ①	10 ③
11 ②	12 ③	13 ②	14 ①	15 ①
16 ②	17 ④	18 ①	19 ③	20 ①
21 ②	22 ④	23 ④	24 ③	

01 ③

보기는 층화추출에 대한 설명이다.

02 ④

표본추출오차(Sampling Bias, Sampling Error)
- 표본에서 선택된 대상이 모집단의 특성을 과잉대표하거나 최소대표할 때 발생한다.
  - 과잉대표 : 중복선택 등의 원인으로 모집단이 반복·중복된 데이터만으로 규정되는 현상을 지칭한다.
  - 최소대표 : 실제모집단의 대표성을 나타낼 표본이 아닌 다른 데이터가 표본이 되는 현상이다.
- 표본추출 시 표본의 크기(Sample Size)보다는 대표성을 가지는 표본을 추출하는 것이 중요하다.

오답 피하기
- 최대대표라는 현상은 없다.

03 ①

추출 모집단에 대해 사전지식이 많지 않은 경우 시행하는 것은 단순 무작위 추출방법의 특징이다.

04 ③

이론적으로 값은 통계적 확률 시행을 무한 번 반복시행하면 수학적 확률을 값으로 수렴한다.

05 ①

정규화 : 어떤 관측치 X의 값이 그 분포의 평균에서 표준편차 대비 얼마나 떨어져 있는지를 표준화된 정규분포 변환식에 의해서 알 수 있다.

06 ③

배반사건 : 두 사건 A, B가 동시에 일어날 수 없을 때 A, B는 서로 배반한다고 한다. 즉 $A \cap B = \varnothing$을 의미한다.

07 ④

조건부확률에 의해

$$P(A|B) = \frac{P(A \cap B)}{P(B)}$$

정리하면

$$P(A \cap B) = P(A|B)P(B) = 0.4 \times 0.5 = 0.2$$

그러므로

$$P(A \cup B) = P(A) + P(B) - P(A \cap B) = 0.6 + 0.5 - 0.2 = 0.9$$

08 ④

베이지안 정리에 의해

$$P\left(1\text{번라인생산}|\text{불량품}\right) = \frac{P\left(\text{불량품}|1\text{번라인 생산}\right)P\left(1\text{번라인생산}\right)}{P\left(\text{불량품}\right)}$$

여기서 분모는 총확률정리에 의해 다시 정리하면

$$= \frac{P\left(\text{불량품}|1\text{번라인생산}\right)P\left(1\text{번라인생산}\right)}{P\left(\text{불량품}|1\text{번라인생산}\right)P\left(1\text{번라인생산}\right) + P\left(\text{불량품}|2\text{번라인생산}\right)P\left(2\text{번라인생산}\right)}$$

여기서 P(1번라인생산)=P(2번라인생산)=1000/2000=0.5 이므로 (분자 분모에서 소거가능)

$$\frac{P\left(\text{불량품}|1\text{번라인생산}\right)}{P\left(\text{불량품}|1\text{번라인생산}\right) + P\left(\text{불량품}|2\text{번라인생산}\right)} = \frac{0.1}{0.1 + 0.15} = \frac{0.1}{0.25} = 0.4 = 40\%$$

09 ①

구간 [0, 1]에서 연속인 확률변수 X의 함수 f(x)=ax3이라고 하면, 주어진 함수가 확률밀도함수가 되기 위해서
확률밀도함수의 정의에 의해 모든 x에 대해서 $0 \leq f(x) \leq 1$

$$\int f(x)dx = 1$$

이므로

$$\int_{-\infty}^{\infty} f(x)\,dx = \int_{-\infty}^{\infty} ax^3\,xdx = \left[\frac{a}{4}x^4\right]_0^1 = \left(\frac{a}{4} - 0\right) = 1$$

$$\therefore a = 4$$

기댓값은

$$E(X) = \int_{-\infty}^{\infty} xf(x)\,dx = \int_{-\infty}^{\infty} x4x^3\,dx = \left[\frac{4}{5}x^5\right]_0^1 = \left(\frac{4}{5} - 0\right) = \frac{4}{5}$$

10 ③

E(aX+b)=aE(X)+b 단, a,b는 상수이므로 E(Y)=3E(X)+2=3×5+2=17
Var(aX+b)=a2 Var(X)이므로 Var(Y)=32 Var(X)=32×2=18

11 ②

확률질량함수는 $\binom{n}{x}p^x q^{n-x}$이다.

12 ③

포아송분포는 분산과 기댓값이 같은 분포이다.
이항분포에서 성공확률이 p=0.05 이하, 시행횟수가 n=30 이상이면 포아송분포로 근사가 가능하며 이 경우 λ=np가 된다.

13 ②

1번은 기하분포, 3번은 다항분포, 4번은 이항분포의 확률질량함수이다.

14 ①

초기하분포 확률질량함수 $f_X(k) = \frac{\binom{K}{k}\binom{N-K}{n-k}}{\binom{N}{n}}$

N : 전체 모집단의 개체수, K : 전체 모집단에서 성공의 횟수
n : 전체 시행 횟수, k : 관찰된 성공의 횟수
그러므로 $f_X(0) = \frac{\binom{5}{0}\binom{35}{10}}{\binom{40}{10}}$

15 ①

포아송분포는 이산확률분포이고 나머지는 연속확률분포이다.

16 ② ....

여기서 표본비율의 표본분포는

$$Z = \frac{\hat{p} - p}{\sigma_{\hat{p}}} = \frac{\hat{p} - p}{\sqrt{\frac{pq}{n}}} \quad \text{(단, } Z \sim N(0,1)\text{)}$$

문제에서 요구하는 것은

$$P(\hat{p} \geq 0.6) = P\left(Z \geq \frac{0.6 - 0.5}{\sqrt{\frac{0.5 \times 0.5}{100}}} \right) = P(Z \geq 2) = 0.0228$$

17 ④ ....

금융상품 가입 상담건수 10회 중 실제 가입이 이루어진 수 → 이항분포
포아송분포 : 단위 시간 안에 어떤 사건이 몇 번 발생할 것인지를 표현하는
이산확률분포이다.

18 ① ....

1시간을 기준으로 'X= 한 시간 동안 걸려온 장난전화 수'라고 하면
λ=24 (10분에 4번이므로 1시간에 6×4=24)
포아송분포의 확률질량함수는

$$f(x) = \frac{\lambda^x e^{-\lambda}}{x!} = \frac{24^x e^{-24}}{x!}$$

이므로

$$P(X \leq 2) = P(0) + P(1) + P(2) = \frac{24^0 e^{-24}}{0!} + \frac{24^1 e^{-24}}{1!} + \frac{24^2 e^{-24}}{2!}$$

이 된다.

19 ③ ....

분포의 평균과 표준편차가 어떤 값을 갖더라도, 정규곡선과 X축 사이의 전
체 면적은 1이다.

20 ① ....

- 자유도가 클수록 정규분포에 모양이 수렴된다.
- 자유도가 1보다 클 때만 스튜던트 t 분포에서 기댓값은 0이다.
- 스튜던트 t 분포는 정규분포의 평균 측정 시 주로 사용하는 분포이다. 분
  포의 모양은 Z–분포와 유사하다. 종 모양으로서 t=0에 대하여 대칭을 이
  루는데 t–곡선의 모양을 결정하는 것은 자유도이다.

21 ② ....

$$P(500 \leq X \leq 520) = P\left(\frac{500 - 480}{30} \leq Z \leq \frac{520 - 480}{30} \right) = P(0.67 \leq Z \leq 1.33)$$

$$= P(0 \leq Z \leq 1.33) - P(0 \leq Z \leq 0.67) \quad \text{(표준정규분포표 이용)}$$

$$= 0.4082 - 0.2486 = 0.1596$$

22 ④ ....

$$P(16 \leq X \leq 22) = P\left(\frac{16 - 18}{2} \leq Z \leq \frac{22 - 18}{2} \right) = P(-1 \leq Z \leq 2)$$

$$= P(0 \leq Z \leq 1) + P(0 \leq Z \leq 2) \quad \text{(표준정규분포표 이용)}$$

$$= (0.5 - 0.1587) + (0.5 - 0.0228)$$

$$= 0.3413 + 0.4772 = 0.8185$$

23 ④ ....

모집단 크기가 커질수록 표준오차 $\sigma_{\bar{X}} = \sigma/\sqrt{n}$ 는 점점 줄어든다.

24 ③ ....

표본평균은 정규 분포의 확률변수로서 평균이 μ, 표준오차 σ/√n 이므로
표준화는 $Z = \frac{\bar{X} - \mu}{\sigma_{\bar{X}}} = \frac{\bar{X} - \mu}{\sigma/\sqrt{n}}$ (단, $Z \sim N(0,1)$)이 된다.

- 모집단의 크기가 무한대에 한해서 표본평균의 표준오차는 σ/√n
- 모집단 크기가 유한한 경우 표준오차
- $\sigma_{\bar{X}} = \sqrt{\frac{N-n}{N-1}} \cdot \frac{\sigma}{\sqrt{n}}$ (N : 모집단크기, n : 표본크기)

추론통계

빈출 태그 점추정 • 적률 • 편향 • 우도함수 • 구간추정 • 신뢰구간 • 가설검정 • 기각역

01 통계적 추론

통계적 추론(Statistical Inference) 또는 통계적 추측은 모집단에 대한 어떤 미지의 양상을 알기 위해 통계학을 이용하여 추측하는 과정을 지칭하며 통계학의 한 부분으로서 추론 통계학이라고 불린다. 이것은 기술 통계학(Descriptive Statistics)과 구별되는 개념이다.

- 통계적 추론은 추정(estimation)과 가설검정(testing hypothesis)으로 나눌 수 있다.

  ① 추정(estimation) : 표본을 통해 모집단 특성이 어떠한가에 대해 추측하는 과정이다. 표본평균 계산을 통해 모집단평균을 추측해 보거나, 모집단 평균에 대한 95% 신뢰구간의 계산 과정을 나타낸다.

  ② 가설검정(testing hypothesis) : 모집단의 실제값이 얼마나 되는가 하는 주장과 관련해서, 표본이 가지고 있는 정보를 이용해 가설이 올바른지 그렇지 않은지 판정하는 과정을 나타낸다.

추론 통계학
데이터의 요약으로부터 논리적인 결론을 이끌어내는 통계적 추론을 다루는 분야

기술 통계학
전체 자료를 간단하게 표, 그림 등을 이용하여 정리하거나, 지표를 통하여 자료의 특성을 나타내는 방법을 다루는 분야

02 점추정(Point Estimate)

모수에 대한 즉 모평균(μ)이나 모표준편차(σ) 등과 같은 추정치를 이에 대응하는 통계량으로 추정하는 것이다.

모수(parameter)
모집단의 특성을 수치화하여 나타낸 것(ⓔ 평균, 분산)

1) 추정량의 선택기준

① 불편성(Unbiasedness)

표본 통계량의 기댓값이 모수의 실제값과 같을 때 이 추정량은 불편성을 가진다.

$$E(\hat{\theta}) = \theta \quad (\hat{\theta}=\text{모수의 추정량}, \ \theta=\text{모수})$$

불편추정량
모집단의 모수 추정에서 추정량의 기대값이 모수와 같을 때 추정량

② 효율성(Efficiency)

추정량 중에서 최소의 분산을 가진 추정량(표준 편차가 작은 추정량)이 가장 효율적이다.

즉, θ_1과 θ_2 둘다 불편추정량이라고 하더라도 $VAR(\hat{\theta}_1) < VAR(\hat{\theta}_2)$이면, θ_1이 θ_2보다 더 효율적이라고 할 수 있다. 즉, 두 개의 점 추정량과의 비교형태로 우위를 결정하는 θ_1은 θ_2보다 유효하다고 말할 수 있다.

분산이 작다는 곧 편차가 작다이다. 이것은 평균으로 집중된다라고 해석이 가능하므로 추정량의 분산이 작은 것이 더 유효하다고 판단할 수 있다.

- **최소분산불편추정량**(MVUE: Minimum Variance Unbiased Estimator) : 모든 불편추정량 중에서 가장 작은 분산을 가지는 추정량이다.

③ 일치성(Consistency)

표본크기가 증가할수록 좋은 추정값을 제시한다. 즉 표본의 크기가 커지면 커질수록 추정량 $\hat{\theta}$이 모수 θ에 근접하게 되는 특성을 나타내게 된다.

④ 충분성(Sufficiency)

추정량이 모수에 대하여 가장 많은 정보를 제공할 때 그 추정량은 충분추정량이 된다.

기댓값을 나타내는 다음의 두 추정량을 추정량의 선택기준인 불편성과 효율성 측면에서 비교하여 보자.

$$\hat{\theta}_1 = \frac{1}{4}X_1 + \frac{1}{4}X_2 + \frac{1}{4}X_3 + \frac{1}{4}X_4$$

$$\hat{\theta}_2 = \frac{1}{4}X_1 + \frac{1}{2}X_2 + \frac{1}{4}X_3 \quad \text{(단, } E(X_i) = \mu, \ VAR(X_i) = \sigma^2\text{)}$$

$$E(\hat{\theta}_1) = \frac{1}{4}E(X_1) + \frac{1}{4}E(X_2) + \frac{1}{4}E(X_3) + \frac{1}{4}E(X_4) = \frac{4}{4}\mu = \mu$$

$$E(\hat{\theta}_2) = \frac{1}{4}E(X_1) + \frac{1}{2}E(X_2) + \frac{1}{4}E(X_3) = \frac{1}{4}\mu + \frac{1}{2}\mu + \frac{1}{4}\mu = \mu$$

이므로 둘다 불편추정량이다. 그러나 분산을 비교하여 보면

$$VAR(\hat{\theta}_1) = \frac{1}{16}VAR(X_1) + \frac{1}{16}VAR(X_2) + \frac{1}{16}VAR(X_3) + \frac{1}{16}VAR(X_4) = \frac{4}{16}\sigma^2 = \frac{1}{4}\sigma^2$$

$$VAR(\hat{\theta}_2) = \frac{1}{16}VAR(X_1) + \frac{1}{4}VAR(X_2) + \frac{1}{16}VAR(X_3) = \frac{6}{16}\sigma^2 = \frac{3}{8}\sigma^2$$

$$\therefore \ VAR(\hat{\theta}_1) < VAR(\hat{\theta}_2)$$

즉, $\hat{\theta}_1$이 $\hat{\theta}_2$보다 더 효율적이라고 말할 수 있다.

2) 점추정량(Point Estimator)

> 점추정량은 우리가 원하는 수치를 대체할 구체적인 값을 직관적으로 제시할 수 있다.

모집단의 특성을 단일값으로 추정(특정)하는 것을 말한다.

- 점 추정량은 모집단에서 추출한 표본공간 $X_1, X_2, \cdots, X_{n-1}, X_n$의 함수이다.
- $\hat{\theta}$를 모수 θ에 대한 점추정량이라고 하면 $\hat{\theta} = h(X_1, X_2, \cdots, X_{n-1}, X_n)$이다. 만일 모수가 평균이면 각각의 표본공간에서 추출한 표본평균의 함수가 추정량이 되는 것이다.

즉, $\theta = E(X)$ 모수가 평균이면

추정량 $\hat{\theta} = \bar{X} = \dfrac{X_1 + X_2 + \cdots + X_{n-1} + X_n}{n}$ 이 된다.

- 대표적인 점추정량으로 표본평균, 표본분산 등이 있으며 이외에도 단일값으로 표현되는 중앙값 등을 추정량으로 사용하기도 한다.

모수	추정량	비고
모평균(μ)에 대한 점추정	표본집단의 표본평균 $$\bar{x} = \frac{1}{k}\sum_{i=1}^{k} x_i$$	• 모집단의 크기가 무한대에 한해서 표본평균의 표준오차는 $\dfrac{\sigma}{\sqrt{n}}$ • 모집단 크기가 유한한 경우 표준오차 $$\sigma_{\bar{x}} = \sqrt{\frac{N-n}{N-1}} \cdot \frac{\sigma}{\sqrt{n}}$$
모분산(σ^2)에 대한 점추정	표본집단의 표본분산 $$s^2 = \frac{1}{n-1}\sum_{i=1}^{n}(x_i - \bar{x})^2$$	
모비율에 대한 점추정	$$\hat{P} = \frac{X}{n}$$ X : 표본중에 성공으로 나타난 개체수 n : 표본의 개체수	표준오차 $= \sqrt{\dfrac{pq}{n}}$ (단, $q = 1-p$, n은 표본크기)

- 점추정의 방법으로는 적률방법(Moment Method)과 최대우도추정법(Maximum Likelihood Function Method)이 있다.

3) 적률 방법(Moment Method)

① 적률(Moment)

양수 n에 대해 확률변수 X^n의 기댓값 $E(X^n)$을 확률변수 X의 원점에 대한 n차 적률이라고 한다.

$$\mu_n = E(X^n)$$

$$E(X^n) = \begin{cases} \sum X^n f(x) & : \text{이산확률변수} \\ \int_{-\infty}^{\infty} X^n f(x)dx & : \text{연속확률변수} \end{cases}$$

$f(x)$는 확률질량함수 또는 확률밀도함수

> 적률은 확률분포의 특징을 설명하는 역할을 하므로, 적률생성함수를 알면 그 분포의 특징을 알 수 있다.

② 표본평균을 이용한 모수(평균)의 점추정 시 적률에 의한 방법

확률밀도함수가 $f(x\,;\,\theta_1, \theta_2, \cdots, \theta_m)$인 모집단으로부터 n개의 표본을 $X_1, X_2, \cdots, X_{n-1}, X_n$이라 하면 $\theta_1, \theta_2, \cdots, \theta_m$은 알려지지 않은 모수이다.

원점에 대한 k차 적률은

> 1차적률은 X의 기댓값, 확률변수의 평균이다.

$$E(X^n) = \int_{-\infty}^{\infty} X^k f(x\,;\,\theta_1, \theta_2, \ldots, \theta_m)dx$$

또한 적률은 n개의 표본으로부터 X^k의 기댓값이므로

$$M_k = \frac{1}{n}\sum_{i=1}^{n} x_i^k = \frac{1}{n}(x_1^k + x_2^k + \cdots + x_n^k)$$

그러므로 m개의 모수가 있다면, n개의 표본으로부터 m개의 적률을 이용해 모수의 추정값을 얻는다.

$$E(X) = M_1,\ E(X^2) = M_2,\ ...,\ E(X^n) = M_m$$

t에 대해서 n번 미분하고 t=0을 대입하면 n차 적률이 나온다.

• 적률생성함수(이산형의 경우)

X는 이산형 확률질량함수 $f(x)$와 공간 S를 가지는 확률변수라고 할 때,

$$M(t) = E(e^{tx}) = \sum_{x \in S} e^{tx} f(x) \quad (-h < t < h, h > 0)$$

이때,

$$\begin{cases} M'(t) = \displaystyle\sum_{x \in S} x e^{tx} f(x) \\ M''(t) = \displaystyle\sum_{x \in S} x^2 e^{tx} f(x) \end{cases}$$

여기서

$$\begin{cases} M'(0) = \displaystyle\sum_{x \in S} x e^{tx} f(x) = \sum_{x \in S} x f(x) = E(x) \\ M''(0) = \displaystyle\sum_{x \in S} x^2 e^{tx} f(x) = \sum_{x \in S} x^2 f(x) = E(x^2) \end{cases}$$

이므로

$$\mu = E(x) = M'(0), \quad \sigma^2 = E(x^2) - [E(x)]^2 = M''(0) - [M'(0)]^2 \text{이 된다.}$$

• 포아송분포의 경우 적률에 의한 평균과 분산

포아송분포의 확률질량함수는

$$f(x) = \frac{\lambda^x e^{-\lambda}}{x!}$$

$E(X)=\lambda,\ Var(X)=\lambda$이다.

여기서 포아송분포의 적률함수는

$$M(t) = E(e^{tx}) = \sum_{x \in S} e^{tx} f(x) = \exp\left[\lambda(e^t - 1)\right]$$

여기서

$$M'(t) = \lambda \exp[t + \lambda(e^t - 1)]$$

$$M''(t) = \lambda(1 + \lambda e^t) \exp[t + (-1 + e^t)\lambda]$$

이 된다.

$$M'(0) = \lambda \exp[0 + \lambda(e^0 - 1)] = \lambda$$

$$M''(0) = \lambda(1 + \lambda e^t) \exp[t + (-1 + e^t)\lambda] = \lambda(1 + \lambda)$$

그러므로

$$\mu = E(x) = M'(0) = \lambda$$

$$\sigma^2 = E(x^2) - [E(x)]^2 = M''(0) - [M'(0)]^2 = \lambda + \lambda^2 - \lambda^2 = \lambda$$

임을 알 수 있다.

4) 편향

기대하는 추정량과 모수의 차이다. 표본에서 얻어낸 추정량은 모수에 가까울수록 좋다.

① 편향(bias)

• 임의의 추정량의 편향을 $B(\hat{\theta})$이라고 하면 $B(\hat{\theta}) = E(\hat{\theta}) - \theta$

② 불편추정량(Unbiased Estimator)의 다른 표현

$$B(\hat{\theta}) = 0$$

• 편향이 0이 되는 상황의 추정량 $\hat{\theta}$를 불편추정량이라고 한다. 참고로 표본평균은 불편추정량이나 표본분산은 불편추정량이 아니다(표본분산과 모분산의 계산 차이의 이유, n이 아닌 $n-1$로 나누는 이유).

5) 평균제곱오차(MSE: Mean Square Error)

점추정량을 $\hat{\theta}$, 모수를 θ라 할 때, Error=$\hat{\theta}-\theta$라고 정의하면 평균제곱오차는 Error를 제곱한 값의 기댓값으로 정의하고 $MSE(\hat{\theta}) = E[(\hat{\theta} - \theta)^2]$로 나타낸다.

평균제곱오차
정확도에 대한 척도로 많이 사용

6) 최대우도점추정

① 우도함수(Likelihood Function)

$X_1, X_2, \cdots, X_{n-1}, X_n$의 결합확률밀도함수 $f(x_1, x_2, \cdots, x_n; \theta)$를 모수 θ에 대한 함수로 볼 때, 이를 우도함수로 정의하며 $L(x_1, x_2, \cdots, x_n; \theta)$로 표시한다.

만일 각 확률변수가 서로 독립이면 우도함수는 다음과 같이 정의할 수 있다.

$$L(x_1, x_2, \ldots, x_n; \ \theta) = f(x_1; \ \theta)f(x_2; \ \theta) \ldots \ f(x_n; \ \theta) = \prod_{i=1}^{n} f(x_i; \ \theta)$$

즉, 각각 주변확률밀도함수의 곱(product)으로 표현이 가능하다.

② 최대우도추정(Maximum Likelihood Estimation)

표본 $X_1, X_2, \cdots, X_{n-1}, X_n$을 얻을 확률이 가장 높은 $\hat{\theta}$(최대우도), 즉 주어진 관찰값을 가장 잘 설명해 주는 $\hat{\theta}$를 모수 θ의 추정량으로 하며 이 추정량을 최대우도추정이라 한다.

- 확률표본의 우도함수 $L(x_1, x_2, \cdots, x_n; \theta)$를 최대로 하는 θ를 $\hat{\theta}$이라 할 때, $\hat{\theta}$를 모수 θ의 최대우도추정량이라 한다.
- 일반적인 최대우도추정법을 준용하여 미분을 통해 극댓값을 찾는 방법으로 최대우도추정량을 구한다.
- 확률표본의 로그우도함수 $lnL(x_1, x_2, \cdots, x_n; \theta)$를 최대로 하는 θ를 $\hat{\theta}$이라 할 때, $\hat{\theta}$를 모수 θ의 최대우도추정량이라 한다(ln은 단조증가함수이므로 우도 $L(x_1, x_2, \cdots, x_n; \theta)$를 최대화하는 θ는 $lnL(x_1, x_2, \cdots, x_n; \theta)$에서도 최대이다).

$X_1, X_2, \cdots, X_{n-1}, X_n$를 베르누이 실행으로부터 얻은 관측치라고 할 때, 성공확률 p, 실패확률 $1-p$라고 하면 확률질량함수는 $f(1, p)=p$, $f(0, p)=1-p$가 된다.

$$f(x_i, p) = p^{x_i}(1 - p)^{1-x_i}$$

따라서 우도함수는

$$L(x_1, x_2, \ldots, x_n; \ p) = \prod_{i=1}^{n} f(x_i; \ p) = \prod_{i=1}^{n} p^{x_i}(1 - p)^{1-x_i}$$

$$= p^x(1 - p)^{n-x} \quad \text{(여기서 } x = x_1 + x_2 + \cdots + x_n)$$

최대우도추정치 $\hat{p}$는 우도함수를 최대화함으로써 구할 수 있다.

$$L(x_1, x_2, \ldots, x_n; \ p) = p^x(1 - p)^{n-x}$$

양변에 로그를 취하면

$$ln[L(x_1, x_2, \ldots, x_n; \ p)] = ln[p^x(1 - p)^{n-x}] = xlnp + (n - x)ln(1 - p)$$

위 식을 p에 대해 미분하면

$$\frac{d \ln[L(x_1, x_2, \dots, x_n; \ p)]}{dp} = \frac{x}{p} - \frac{n-x}{1-p}$$

상기식을 0이 되게 하는 값(미분값이 0) p 값이 최대우도추정 $\hat{p}$이며

$$\frac{x}{p} - \frac{n-x}{1-p} = 0$$

정리하면 $pn - px = x - xp$ 이 되고 $p = x/n$

그러므로,

$$\hat{p} = \frac{x}{n} = \frac{x_1 + x_2 + \dots + x_n}{n}$$이 된다.

** 미분의 성질에 의해서 함수 $L(x_1, x_2, \cdots, x_n; \theta)$는

$$L''(x_1, x_2, \dots, x_n; \ p) = \frac{d^2 y}{dx^2} < 0$$이므로

$$\frac{d \ln[L(x_1, x_2, \dots, x_n; \ p)]}{dp} = 0$$의 근에서 $L(x_1, x_2, \cdots, x_n; p)$ 최대값을 가진다.

** $X_1, X_2, \cdots, X_{n-1}, X_n$는 확률질량함수

$$f(x; \lambda) = \frac{\lambda^x e^{-\lambda}}{x!}$$ 인 포아송분포로부터의 임의의 표본이고

최대우도추정법에 의해 모수 λ를 추정하면 우선 우도함수는

$$L(x_1, x_2, \dots, x_n; \ p) = \prod_{i=1}^{n} f(x_i; \lambda) = \prod_{i=1}^{n} \frac{\lambda^{x_i} e^{-\lambda}}{x_i!} = \frac{\lambda^{\sum_{i=1}^{n} x_i} e^{-n\lambda}}{x_1! \cdots x_n!}$$

여기서 로그우도함수는

$$\ln L(x_1, x_2, \dots, x_n; \ p) = \sum_{i=1}^{n} x_i \ln \lambda - n\lambda - \ln(x_1! \cdots x_n!)$$이 된다.

이를 λ에 대해서 미분하면

$$\frac{d}{d\lambda} \ln L(x_1, x_2, \dots, x_n; \ p) = \frac{d}{d\lambda}\left(\sum_{i=1}^{n} x_i \ln \lambda - n\lambda - \ln(x_1! \cdots x_n!)\right)$$를 정리하면

$$\frac{d}{d\lambda} \ln L(x_1, x_2, \dots, x_n; \ p) = \frac{1}{\lambda} \sum_{i=1}^{n} x_i - n$$

$\frac{d}{d\lambda} lnL(x_1, x_2, ..., x_n; \ p) = 0$일 때$(\lambda \neq 0$이므로$)$

$$0 = \sum_{i=1}^{n} x_i - n\lambda \text{ 이 된다.}$$

그러므로 정리하면

$$\lambda = \frac{1}{n}\sum_{i=1}^{n} x_i = \bar{x} \text{ 이다.}$$

그러므로 모수 λ의 최대우도추정량은

$$\hat{\lambda} = \bar{X}(\text{표본평균})\text{이 된다.}$$

❸ 구간추정

점추정은 모집단의 모수를 하나의 값으로 추정해 주는 것이다. 그러나 우리가 아무리 좋은 추정방법을 사용한다고 하더라도 표본을 택하고 이 표본으로부터 계산된 추정값이 목표값을 정확하게 추정한다고 주장할 수는 없다.

• 구간추정(Interval Estimation) 또는 신뢰구간(Confidence Interval) 방법을 적용하면 이러한 부분을 해결할 수 있다.

1) 구간추정의 개념

구간추정
모집단의 특성을 담아내는 구간을 표본자료로부터 산출하는 방법

점추정에 오차(error)의 개념을 도입하여 모수가 포함되는 확률변수구간을 어떤 신뢰성 아래 추정하는 것이다.

• 모수가 있을 것으로 예상되는 구간을 정해 그 구간에 실제 모수가 있다고 예상되는 확률을 기반으로 수행한다.

① 일반화

• 구간의 상한을 $\hat{\theta}_h$, 구간의 하한을 $\hat{\theta}_l$라고 한다면 구간 $[\hat{\theta}_l, \hat{\theta}_h]$로 나타내고 구간의 크기는 $\hat{\theta}_h - \hat{\theta}_l$이 된다.

• 구간의 크기가 작을수록 실제모수를 좀 더 정확하게 추정할 수 있으며 우리가 설정한 구간 안에 모수가 들어갈 확률을 구하여 확인하는 과정이 필요하다.

② 신뢰수준(Confidence Level), 유의수준(Level of Significance)

유의수준
오차의 가능성, 오류를 범할 허용 한계

95%의 신뢰수준(신뢰도)을 기준으로 한다면 (1−0.95)인 0.05값이 유의수준이다.

구간추정에 있어서 추정한 구간에 모수가 들어갈 확률 즉, 확률구간 $[\hat{\theta}_l, \hat{\theta}_h]$에 대해 $P(\hat{\theta}_l \leq \theta \leq \hat{\theta}_h) = 1-\alpha(0\langle\alpha\langle1)$, 여기서 $1-\alpha$ (또는 $100(1-\alpha)\%$)를 신뢰수준, α를 유의수준이라 한다.

2) 신뢰구간(Confidence Interval)의 의미

신뢰구간은 통계적 추정에서 사용되는 개념으로, 표본 데이터를 기반으로 모집단의 모수를 추정할 때 사용된다. 신뢰구간은 모수 추정치 주변에 구간을 형성하여 모수의 값이 해당 구간에 속할 확률을 나타낸다.

- 모집단에서 추출한 여러 표본들로부터 구한 신뢰구간 중 95%의 구간은 실제 모집단 모수를 포함한다. 이는 해당 신뢰구간이 95%의 신뢰도(Confidence Level)를 가지고 있다는 것을 의미한다.

> 특정 모집단의 평균을 추정하려고 할 때, 표본 데이터를 사용하여 평균의 신뢰구간을 구할 수 있다.
> 만약 95%의 신뢰도를 가진 신뢰구간을 계산한다면, 이 구간은 표본의 평균 주변에 형성되며, 이 구간에 모집단의 평균이 속할 확률이 95%이다. 이는 우리가 표본을 통해 얻은 정보를 바탕으로 모집단 평균에 대한 불확실성을 반영한 것이다.

- 신뢰구간은 모집단 모수에 대한 불확실성을 고려하고 신뢰도를 제공한다. 신뢰구간은 표본 데이터의 변동성에 기반하여 모수의 범위를 제시하므로, 추정 결과의 신뢰성을 평가하는 데 도움이 된다.

표본의 크기가 커지면 신뢰구간의 길이는 줄어든다.

3) 모평균의 구간추정

① 모집단의 분산을 알고 있는 경우

모집단의 모분산을 σ^2, 모집단에서 얻는 크기가 n인 확률표본 X의 표본평균을 $\bar{X}$라고 할 때 모평균 μ의 신뢰구간 $100(1-\alpha)\%$는

$$\bar{X} - Z_{\frac{\alpha}{2}} \cdot \frac{\sigma}{\sqrt{n}} \leq \mu \leq \bar{X} + Z_{\frac{\alpha}{2}} \cdot \frac{\sigma}{\sqrt{n}}$$

여기서 $Z_{(\alpha/2)}$는 오른쪽 면적이 $\alpha/2$인 표준정규분포를 따르는 Z값이다.

> **기적의 TIP**
>
> Z값은 부록 정규분포표를 참고 한다.

▶ Z-통계량에 의한 신뢰구간

신뢰수준	신뢰구간
90%	$\bar{X} - 1.645 \cdot \frac{\sigma}{\sqrt{n}} \leq \mu \leq \bar{X} + 1.645 \cdot \frac{\sigma}{\sqrt{n}}$
95%	$\bar{X} - 1.960 \cdot \frac{\sigma}{\sqrt{n}} \leq \mu \leq \bar{X} + 1.960 \cdot \frac{\sigma}{\sqrt{n}}$
99%	$\bar{X} - 2.576 \cdot \frac{\sigma}{\sqrt{n}} \leq \mu \leq \bar{X} + 2.576 \cdot \frac{\sigma}{\sqrt{n}}$

신뢰수준 95%는 같은 조사를 100번 하면 오차범위 내 동일한 결과가 나올 횟수가 95번이라는 의미이다.

> 어느 고등학교 3학년 학생들의 평균 수면시간을 조사하기 위하여 100명을 조사 결과 $\bar{X}=6$(시간), 표준편차가 1(시간)이었다. 평균 수면시간의 95% 신뢰구간을 구하여라.
> 모평균 μ의 신뢰구간을 추정하는 식은
>
> $$\bar{X} - Z_{\frac{\alpha}{2}} \cdot \frac{\sigma}{\sqrt{n}} \leq \mu \leq \bar{X} + Z_{\frac{\alpha}{2}} \cdot \frac{\sigma}{\sqrt{n}}$$
>
> 여기에서 $Z_{(\alpha/2)}$는 오른쪽 면적이 α/2인 표준정규분포를 따르는 Z값으로 95% 신뢰수준일 때 1.960이다. 따라서 다음과 같이 구할 수 있다.
>
> $$= (6 - 1.960 \times \frac{1}{\sqrt{100}} \leq \mu \leq 6 + 1.960 \times \frac{1}{\sqrt{100}})$$
>
> $$= (6 - 0.1960 \leq \mu \leq 6 + 0.1960) = (5.804 \leq \mu \leq 6.1960)$$

② 모집단의 분산을 모르는 경우

모집단의 평균을 추정할 때 모집단의 표준편차 σ를 알고 있는 것으로 가정했으나, 모집단의 평균을 모르면서 모집단의 표준편차를 알고 있는 경우는 매우 드물다.

- 모집단의 표준편차 σ를 모를 때는 표본에서 구한 불편추정량 S, 즉 표본의 표준편차를 σ 대신 사용한다.

$$S = \sqrt{\frac{1}{n-1}\sum(x_i - \bar{X})^2}$$

단, 표본의 크기가 작고 모집단의 σ를 모르므로 표본통계량인 $(X-\mu)/(S/\sqrt{n})$는 정규분포를 따르지 않고 자유도 $(n-1)$인 t-분포를 따르므로 t-분포를 이용하여 신뢰구간을 구한다.

신뢰구간 $100(1-\alpha)\%$는

$$\bar{X} - t_{\frac{\alpha}{2},n-1} \cdot \frac{S}{\sqrt{n}} \;\leq\; \mu \;\leq\; \bar{X} + t_{\frac{\alpha}{2},n-1} \cdot \frac{S}{\sqrt{n}}$$

▶ t-분포에 의한 신뢰구간(자유도 20)

신뢰수준	신뢰구간
90%	$\bar{X} - 1.725 \cdot \dfrac{S}{\sqrt{n}} \;\leq\; \mu \;\leq\; \bar{X} + 1.725 \cdot \dfrac{S}{\sqrt{n}}$
95%	$\bar{X} - 2.086 \cdot \dfrac{S}{\sqrt{n}} \;\leq\; \mu \;\leq\; \bar{X} + 2.086 \cdot \dfrac{S}{\sqrt{n}}$

- t-분포는 자유도가 작을 때에는 정규분포에 비해 넓게 퍼진 모양을 갖지만, 자유도가 클 때에는 정규분포에 거의 근접하게 된다.

▲ 자유도가 5, 30인 경우의 t-분포와 정규분포를 비교한 그림

- 다시 말해서 모집단의 분포가 정규분포를 이루며, 표준편차 σ가 알려지지 않을 때에는 t-분포를 사용하는 것이 원칙이나 표본의 크기가 클 때에는 표본의 표준편차와 모집단의 표준편차의 차이가 작기 때문에 t-통계량 또는 Z-통계량 중 어느 것을 사용해도 비슷한 결과를 얻는다.

모집단의 분산을 모르고 구간추정을 한다면 t-분포를 사용한다.

> 어느 초등학교 1학년 여자아이들의 혈압자료에서 5명을 랜덤하게 택한 결과가 다음과 같다고 할 때
>
> $$102 \quad 92 \quad 98 \quad 88 \quad 104$$
>
> 이를 이용하여 초등학교 여학생 혈압의 대표 값에 대한 95% 신뢰구간을 구해보자.
>
> 이 표본으로부터 계산된 표본평균과 표본표준편차 S는 각각 다음과 같다.
>
> $$표본평균 = 96.80, \ S = 6.72$$
>
> 이 표본의 경우 자유도는 5-1=4이다. 표로부터 자유도가 4인 $t_{0.025}$경우는 2.78이므로 공식에 대입하면 다음이 성립한다.
>
> $$목표값 = 96.8 \pm 2.78(6.72/2.24)$$
> $$= 목표값 = 96.8 \pm 8.32$$
>
> 여기서 2.24는 표본크기 5의 제곱근이다. 따라서 이 표본결과 초등학교 여자아이들의 혈압은 88에서 105 사이에 있다고 할 수 있다.

③ 모평균 신뢰구간 정리

구분	신뢰구간 100(1-α%)
모집단의 분산을 아는 경우	$\bar{X} - Z_{\frac{\alpha}{2}} \cdot \dfrac{\sigma}{\sqrt{n}} \leq \mu \leq \bar{X} + Z_{\frac{\alpha}{2}} \cdot \dfrac{\sigma}{\sqrt{n}}$
모집단의 분산을 모르는 경우 (표본크기가 작은 경우)	$\bar{X} - t_{\frac{\alpha}{2}, n-1} \cdot \dfrac{S}{\sqrt{n}} \leq \mu \leq \bar{X} + t_{\frac{\alpha}{2}, n-1} \cdot \dfrac{S}{\sqrt{n}}$
모집단의 분산을 모르는 경우 (표본크기가 큰 경우)	$\bar{X} - Z_{\frac{\alpha}{2}} \cdot \dfrac{S}{\sqrt{n}} \leq \mu \leq \bar{X} + Z_{\frac{\alpha}{2}} \cdot \dfrac{S}{\sqrt{n}}$

4) 모분산의 신뢰구간

모집단 X가 정규분포를 따른다고 할 때, 모집단으로부터 n개의 표본을 추출하여 표본공간의 표본분산을 S^2이라고 하면 모분산 σ^2에 대해서

일반적으로 표본표준편차를 S로 나타내므로 표본분산은 S²이다.

$$\frac{(n-1)S^2}{\sigma^2} \sim \chi^2(n-1), \quad \chi^2(n-1)은 \ 자유도가 \ (n-1)인 \ \chi^2분포$$

그러면 100(1-α)%인 신뢰 구간은

$$\chi^2_{1-\frac{\alpha}{2}} < \frac{(n-1)S^2}{\sigma^2} < \chi^2_{\frac{\alpha}{2}} 이다.$$

상기의 관계식을 정리하면

$$\frac{(n-1)S^2}{\chi^2_{\frac{\alpha}{2}}} < \sigma^2 < \frac{(n-1)S^2}{\chi^2_{1-\frac{\alpha}{2}}} \ 이 \ 신뢰구간이 \ 된다.$$

한 제약회사에서 개발한 진통제의 지속시간에 대한 효과를 알아보기 위하여 임상실험 대상자 30명에게 투약 후 진통억제 시간을 조사하였다. 실험 대상자들은 평균 4.3시간 지속효과를 나타내었으며 분산은 2.5시간으로 나타났다.

진통제 효과의 분산을 확인하기 위하여 95% 신뢰도의 분산신뢰구간을 확인하면 아래와 같다.

모집단에서 n=30이고 표본분산 S^2=2.50이다. 그럼 모분산 σ^2에 대해서

$$\frac{(n-1)S^2}{\sigma^2} \sim \chi^2(n-1)$$

여기서 $\chi^2(n-1)$은 자유도가 n-1인 χ^2 분포를 따르므로 χ^2 분포표에서

$$\chi^2_{\frac{\alpha}{2}}(n-1) = \chi^2_{0.025}(29) = 16.05 \qquad \chi^2_{1-\frac{\alpha}{2}}(n-1) = \chi^2_{0.975}(29) = 45.7$$

$$\frac{(n-1)S^2}{\chi^2_{1-\frac{\alpha}{2}}} < \sigma^2 < \frac{(n-1)S^2}{\chi^2_{\frac{\alpha}{2}}}$$

$$\frac{29 \times 2.5}{45.7} < \sigma^2 < \frac{29 \times 2.5}{16.05} = 1.586 < \sigma^2 < 4.517 \text{ (소수점 4번째자리 반올림)} \text{ 이 된다.}$$

모비율
모집단에서 특정 사건이 발생하는 비율

5) 모비율의 신뢰구간

모집단 X가 이항분포 $B(n,p)$를 따르고 모비율 p에 대한 표본집단의 비율 $\hat{p} = x/n$이므로 n이 충분히 크다고 하면 근사적으로 $N(\mu, \sigma^2) = N(np, np(1-p))$이다. 따라서

$$Z = \frac{X - np}{\sqrt{np(1-p)}} = \frac{\hat{p} - p}{\sqrt{\dfrac{\hat{p}(1-\hat{p})}{n}}}$$ 는 근사적으로 N(0, 1)을 따른다.

모비율 p에 대한 $100(1-\alpha)$%의 신뢰구간은

$$\hat{p} - Z_{\frac{\alpha}{2}}\sqrt{\frac{\hat{p}(1-\hat{p})}{n}} < p < \hat{p} + Z_{\frac{\alpha}{2}}\sqrt{\frac{\hat{p}(1-\hat{p})}{n}}$$ 이 된다.

시중에서 판매되는 한 제품의 불량률을 추정하려고 한다. 900대의 제품을 랜덤으로 조사하였더니 불량률이 450대였다. 판매되는 제품의 불량률에 대한 90% 신뢰구간을 구하여 보면 아래와 같다.

$$\hat{p} = \frac{X}{n} = \frac{450}{900} = \frac{1}{2} = 0.5 , \quad \sqrt{\frac{\hat{p}(1-\hat{p})}{n}} = \sqrt{\frac{0.5 * 0.5}{900}} = 0.016667$$

따라서 불량률 p의 신뢰구간은 다음과 같다. (α=0.1 , $Z_{\alpha/2}$=1.64)

$$\hat{p} - Z_{\frac{\alpha}{2}}\sqrt{\frac{\hat{p}(1-\hat{p})}{n}} < p < \hat{p} + Z_{\frac{\alpha}{2}}\sqrt{\frac{\hat{p}(1-\hat{p})}{n}}$$

$$(0.5 - 1.64 \times 0.016667) < p < (0.5 + 1.64 \times 0.016667)$$
$$0.472667 < p < 0.52733$$

6) 신뢰구간 표본 크기의 결정

- 모평균에 의한 신뢰구간을 이용한 표본의 크기

신뢰구간 $100(1-\alpha)\%$에 대한 신뢰구간은 다음과 같다.

$$\bar{X} - Z_{\frac{\alpha}{2}} \cdot \frac{\sigma}{\sqrt{n}} \ \leq \ \mu \ \leq \ \bar{X} + Z_{\frac{\alpha}{2}} \cdot \frac{\sigma}{\sqrt{n}}$$

상기식을 정리해서 보면 신뢰구간상의 허용오차 범위는

$$\left(-Z_{\frac{\alpha}{2}} \cdot \frac{\sigma}{\sqrt{n}} \ , \ Z_{\frac{\alpha}{2}} \cdot \frac{\sigma}{\sqrt{n}} \right)$$

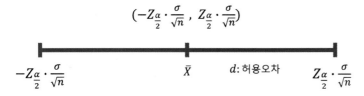

$-Z_{\frac{\alpha}{2}} \cdot \frac{\sigma}{\sqrt{n}} \qquad\qquad \bar{X} \qquad d: 허용오차 \qquad Z_{\frac{\alpha}{2}} \cdot \frac{\sigma}{\sqrt{n}}$

그러므로 허용오차 d에 대해서

$$d = Z_{\frac{\alpha}{2}} \cdot \frac{\sigma}{\sqrt{n}}$$

n에 대해서 정리하면

$$n = \left(Z_{\frac{\alpha}{2}} \cdot \frac{\sigma}{d} \right)^2 \ 이 \ 된다.$$

- 모비율에 의한 신뢰구간을 이용한 표본의 크기

$$n = \left(Z_{\frac{\alpha}{2}} \cdot \frac{\sqrt{pq}}{d} \right)^2, \quad q = 1 - p$$

✽✽ 모비율에 대한 정보가 주어지지 않은 경우 $p=1/2$로 놓고 표본의 크기를 결정한다. 따라서

$$n = \frac{1}{4} \left(Z_{\frac{\alpha}{2}} \cdot \frac{1}{d} \right)^2 \ 가 \ 된다.$$

어느 도시에서 시민들의 여당후보지지율을 조사하고자 한다. 여당후보지지율의 95% 추정오차한계가 5% 이내가 되기 위한 표본크기를 구하여라.

$\alpha=0.05$일 때, $Z_{\alpha/2}=1.960$ d=0.05 이고 지지율에 대한 모비율정보가 없으므로

$$n = \frac{1}{4} \left(Z_{\frac{\alpha}{2}} \cdot \frac{1}{d} \right)^2 = \frac{1}{4} \left(1.960 \cdot \frac{1}{0.05} \right)^2 = 384.16 \ 이 \ 된다.$$

04 가설검정

모집단에 대해 어떤 가설을 설정하고 그 모집단으로부터 추출된 표본을 분석함으로써 그 가설이 틀리는지 맞는지 타당성 여부를 결정(검정)하는 통계적 기법이다.

모집단의 특성에 대한 주장은 옳을 수도 있고 틀릴 수도 있다. 객관적이고 과학적인 판단을 위해서는 표본을 선택하여 그 표본을 이용한 결과를 이용하여 가설을 검정해야 한다.

검정통계량
귀무가설이 참이라는 가정 아래 얻은 통계량

• 검정통계량(Test Statistic)
– 연구자에 의해 설정된 가설은 표본을 근거로 하여 채택여부를 결정짓게 되는데 이때 사용되는 표본통계량을 검정통계량이라 정의한다.

• 가설검정(Testing Hypothesis)
– 검정통계량의 표본분포에 따라 채택여부를 결정짓는 일련의 통계적 분석과정을 가설검정이라 하며 일반적으로 몇 단계의 절차를 거쳐 검정이 수행된다.

1) 가설검정의 절차

① 가설의 설정

집단의 특성을 파악하기 위해서 표본을 이용한 의사결정은 오류의 가능성이 상존한다. 따라서 가설검정은 오류의 가능성을 사전에 관리하는 것이 중요하다. 오류의 허용확률을 정해 놓고 그 기준에 따라 가설의 채택이나 기각을 결정한다.

귀무가설=영가설

• 귀무가설(Null Hypothesis, H_0) : 현재 통념적으로 믿어지고 있는 모수에 대한 주장 또는 원래의 기준이 되는 가설이다.
• 대립가설(Alternative Hypothesis, H_1) : 연구자가 모수에 대해 새로운 통계적 입증을 이루어 내고자 하는 가설이다.
• 표본을 통해 새롭게 주장하는 대립가설이 충분히 입증되지 못한다면, 연구자는 현재 믿어지고 있는 주장인 귀무가설을 그대로 받아들여야 할 것이다.

② 유의수준 α

유의수준
표본에서 얻은 표본통계량이 기각역(rejection region)에 들어갈 확률

가설검정의 결과로 가설의 채택여부를 결정하게 될 때 우리는 두 가지의 오류를 생각할 수 있다.

검정결과 ＼ 실제상황	H_0	H_1
H_0 채택	success	Type 2 Error
H_0 기각	Type 1 Error	success

- 제1종 오류(Type I Error) : 귀무가설이 참일 때 귀무가설을 기각하도록 결정하는 오류(즉, 대립가설을 채택)(무죄인데 유죄라고 할 경우 – 더 중요함)

- 제2종 오류(Type II Error) : 귀무가설이 거짓인데 귀무가설을 채택할 오류, 또는 대립가설이 참일 때 귀무가설을 채택하도록 결정하는 오류(즉, 대립가설을 기각) (유죄인데 무죄라고 할 오류)

- 유의수준(Significance Level) : 제1종 오류를 범할 확률의 최대 허용한계를 유의수준 또는 위험률(risk ratio)이라고 하며 가설검정에서 판단의 기준으로 삼고 있다.

  – 가설검정의 유의수준 α는 귀무가설이 참인데도 이것을 기각하게 될 확률을 말한다. 일반적으로 1%, 5%, 10% 유의수준 등이 많이 이용된다.

  – 귀무가설이 맞는데 틀렸다고 결론 내렸을 확률(귀무가설을 잘못 기각할 확률), 즉 유의수준이 낮을수록 연구자는 귀무가설을 기각하고 자신의 주장에 확신을 가질 수 있다.

- p-value가 .07인 경우 귀무가설을 기각하면 잘못 기각할 확률이 .07이 되고 .03인 경우 귀무가설을 기각하면 잘못 기각할 확률이 .03이 된다. 따라서 전자의 경우보다 후자의 경우 귀무가설을 보다 자신 있게 기각하는 것이다.

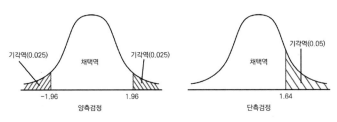

▲ 가설검정의 기각역과 채택역

- 귀무가설의 기각여부는 p-value와 α의 크기에 달려 있다. 즉 p-value가 작을수록 그리고 α의 값이 클수록 귀무가설을 기각할 수 있다.

- 유의수준은 곧 1종 오류의 확률이다. 허용 유의수준 α값은 보통 0.05로 정해지지만 경우에 따라서는 0.01 혹은 0.1이 사용되기도 한다. α값이 0.05라는 것은 95% 신뢰수준을 의미한다.

2) 검정통계량 및 표본분포의 결정

- 모수에 대한 정보는 표본에 함축되어 있다. 따라서 표본을 통하여 가설의 채택 여부를 결정짓게 되는데, 이때 사용되는 표본 통계량을 검정통계량이라 한다.

- 또한 유의수준에 따른 귀무가설의 기각역을 결정하기 위해서, 귀무가설이 참일 때 검정통계량의 확률분포를 알아야만 하며, 알려져 있지 않을 때에는 통계학의 극한이론에 근거하여 근사적인 분포가 정해져야 한다.

유의수준이 0.05이면 귀무가설을 기각하기 위해 5% 확률로 잘못된 결론을 내릴 수 있는 것을 고려하여 더 강한 증거가 필요하다. 의학 분야에서는 0.01로 낮게 설정되는 경우가 많다.

p-value(유의확률)
관찰된 데이터의 검정통계량이 귀무가설을 지지하는 정도를 확률로 표현한 것

3) 기각역의 결정

표본에서 계산된 통계량이 가설로 설정한 모집단의 성격과 현저한 차이가 있을 경우에는 모집단에 대해 설정한 귀무가설을 기각하게 된다.

- 이때 귀무가설을 기각하게 되는 검정통계량의 범위를 기각역(Critical Region, Rejection Region)이라 하며, 기각역의 경계값을 임계치라 한다.
  - 임계치(Critical Value) : 주어진 유의수준 α에서 귀무가설의 채택과 기각에 관련된 의사결정을 할 때, 그 기준이 되는 점이다.
- 기각역은 검정통계량의 확률분포(귀무가설이 참일 때)와 유의수준 α와 대립 가설의 형태(우측, 좌측 또는 양측)에 따라 단측 또는 양측 검정통계량이 설정된다.
- 양측 검정 : 가설검정에서 기각영역이 양쪽에 있는 것이다.
- 단측 검정 : 가설검정에서 기각영역이 어느 한쪽에만 있게 되는 경우이다.

4) 검정통계량의 계산

① 의사결정

표본의 관측치로부터 계산된 검정통계량의 값이 기각역에 속하면 귀무가설을 기각하며(즉, 대립가설을 채택) 그렇지 않으면 귀무가설을 채택(즉, 대립가설을 기각)한다.

② 통계량의 계산과 임계치의 비교

- 임계치가 결정되면 표본에서 얻은 통계량이 기각영역에 속하는지 채택 영역에 속하는지를 결정해야 한다.
- 임계치는 $\overline{X}$, Z, t 값으로 나타낼 수 있다. 예를 들어 표본을 기초로 계산된 $Z(t)$ 값을 계산된 $Z(t)$ 값(computed $Z(t)$-value)이라고 부르며, $Z_c(t_c)$로 표시한다.
- 계산한 $Z(t)$ 값인 $Z_c(t_c)$와 임계치를 비교해서, $Z_c(t_c)$가 기각영역 안에 있으면 H_0를 기각하고 채택 영역 안에 있으면 H_0를 채택한다.

③ *p*-value

주어진 자료로서 귀무가설을 기각하려고 할 때 필요한 최소의 유의수준을 의미하며, 다른 용어로 유의성 확률(Significant Probability) 또는 관측된 유의수준(Observed Significance Level)이라고도 한다. p-값이 계산되는 경우에는 유의수준 α와 비교하여 다음과 같은 결정을 할 수 있다.

$$p\text{-value} < \alpha : 귀무가설을 기각$$
$$p\text{-value} > \alpha : 귀무가설을 채택$$

기각역이 작은데도 불구하고 기각

실제로 기존의 귀무가설(일반적이거나, 기존의 이론 등 보수적 견해)에 대해 통계분석 결과는 그렇지 않다는 것을 증명하게 되는 결과를 가져온다. 기존의 이론이나 가정이 잘못되었다는 것을 반증하게 되는 것이다.

5) 표본의 평균 검정

단일 표본에서 모평균에 대한 검정은 표본평균 $\overline{X}$를 이용한다.

• $\overline{X}$를 이용한 검정법을 만들려면 $\overline{X}$의 분포를 알아야 한다. 다음 아래의 절차를 따라서 검정 절차를 수행한다.

① 집단크기에 따른 검정 통계량의 선택

• 대표본 또는 모집단이 정규분포 : $Z = \frac{\overline{X}-\mu}{\sigma/\sqrt{n}} \sim N(0,1)$

• 정규분포 따르면서 소표본 : $T = \frac{\overline{X}-\mu}{S/\sqrt{n}} \sim t(n-1)$

② 가설의 설정 : μ에 대한 검정 절차

• 귀무가설 $H_0 : \mu = \mu_0$

• 대립가설 $H_1 : \mu > \mu_0$, $H_1 : \mu < \mu_0$ 또는 $H_1 : \mu \neq \mu_0$

③ 검정 통계량 : Z−검정 또는 t−검정을 시행한다(선택은 ① 내용 참고).

④ 검정 : α 오류값의 Z−검정 또는 t−검정과 비교

• $H_1 : \mu > \mu_0$ 일 때, $z \geq z_\alpha$

• $H_1 : \mu < \mu_0$ 일 때, $z \leq -z_\alpha$

• $H_1 : \mu \neq \mu_0$ 일 때, $|z| \geq z_{\alpha/2}$

• t−검정의 경우는 자유도 $N-1$인 t−분포 사용

> 어느 고등학교의 학생의 용돈수준을 조사하려고 한다.
> 16명의 학생을 표본으로 조사하였더니, 한 달 용돈이 96,000원이었다. 그 학교 학생 전체 한 달 용돈의 표준편차가 6,000원이었다면, 그 학교 학생들의 한 달 용돈이 월 100,000원 이상이라고 할 수 있을까?(기존에 100,000원 이상이라는 귀무가설을 가정) α−오류를 5%로 하여 검정하라.
> $$\text{가설 } H_0 : \mu \geq 100,000 \text{ 이고 } H_1 : \mu < 100,000$$
> $$\text{유의수준 } \alpha = 5\%$$
> $$\text{채택영역은 } Z \geq -1.64 \text{ , 기각영역은 } Z < -1.64$$
>
> $$Z = \frac{\overline{X}-\mu}{\sigma/\sqrt{n}} = \frac{96000-100000}{6000/\sqrt{16}} = -\frac{4000}{1500} = -2.67$$
>
> 이 값은 −1.64보다 작으므로 학생의 한 달 용돈이 10만 원이 된다고 볼 수 없다.

자유도
어떤 통계값을 계산하기 위해 독립적으로 취할 수 있는 값들의 수

	t-분포	정규분포
표본의 크기	• 작은 표본 크기에 대해서도 적용 가능 • 일반적으로 표본 크기가 30 미만인 경우 사용	• 큰 표본 크기에 대해서 적용 가능 • 표본 크기가 30 이상이거나 모집단이 정규분포를 따른다고 가정할 수 잇는 경우 사용
모집단의 표준편차	• 모집단의 표준편차를 알지 못할 때 사용 • 표본 표준편차를 통해 표본 오차를 추정하여 t-통계량을 계산	• 모집단의 표준편차를 알 수 있을 때 사용 • 모집단 표준편차를 기반으로 표준오차를 계산하여 z-통계량을 계산
분포의 형태	정규분포와 유사하지만 표본 크기가 작을 때 자유도에 의해 더 두터운 꼬리를 가짐	대표적인 연속형 확률분포

t-분포는 작은 표본 크기와 모집단의 표준 편차를 알지 못하는 경우에 주로 사용되며, 정규분포는 큰 표본 크기와 모집단의 표준 편차를 알고 있는 경우에 사용된다.

6) 두 독립표본의 평균차이 검정

두 개의 독립 표본 X, Y가 각각 $N(\mu_1, \sigma_1^2)$, $N(\mu_2, \sigma_2^2)$를 따를 때, 두 모집단의 평균 차이 $\mu_1 - \mu_2$의 검정은 다음과 같은 절차를 따른다.

① 가설의 설정 : μ에 대한 검정 절차

• 귀무가설 $H_0 : \mu_1 - \mu_2 = 0$

• 대립가설 $H_1 : \mu_1 - \mu_2 > 0$, $H_1 : \mu_1 - \mu_2 < 0$ 또는 $H_1 : \mu_1 - \mu_2 \neq 0$

② 검정 통계량 설정 : 위의 가설을 검정하는 데 사용되는 검정통계량은 X-표본과 Y-표본의 표본평균인 X와 Y의 차이에 근거하여 구성한다.

$$T = \frac{\bar{X} - \bar{Y}}{S_p \sqrt{\frac{1}{n} + \frac{1}{m}}}$$

여기서 $S_p^2 = \frac{(n-1)S_1^2 + (m-1)S_2^2}{n+m-2}$으로 공통분산(Common Variance) σ^2의 합동표본분산(Pooled Sample Variance)이며 S_1^2, S_2^2는 각각의 표본의 표본분산을 말한다. 검정 통계량 T는 자유도 $m+n-2$인 t-분포를 따른다.

③ 기각역의 설정 : 검정통계량 T에 의한 기각역은 다음의 그림과 같이 구성할 수 있다. 이 그림에서 색칠된 부분은 귀무가설을 기각하게 되는 검정통계량의 범위를 나타내며, 임계치도 자유도 $m+n-2$인 t-분포표로부터 얻을 수 있다.

임계치
귀무가설의 기각이나 채택 여부를 결정하는 판정 기준 값

표본으로부터 계산된 검정통계량의 관측값이 색칠된 부분에 속하면 귀무가설을 기각하게 된다.

▲ 정규분포와 t-분포

두 종류의 사료가 젖소의 우유 생산량에 미치는 영향의 차이를 조사하고자 한다.

젖소들 가운데 랜덤하게 8마리씩 두 그룹을 뽑아 한 그룹에는 사료 1을, 다른 그룹에는 사료 2를 주면서 3주간 우유 생산량을 조사한 결과 다음과 같은 자료를 얻었다. 두 종류의 사료가 우유 생산량에 차이를 준다고 할 수 있는지를 유의수준 5%에서 검정해 보면 다음과 같다.

| 사료1 | 54 | 60 | 66 | 53 | 62 | 61 | 42 | 50 |
| 사료2 | 65 | 70 | 62 | 67 | 59 | 45 | 60 | 52 |

먼저 두 사료에 대한 평균과 표준편차를 구하면

	표본의 크기	평균	표준편차
사료1	8	56	7.76
사료2	8	60	8.18

귀무가설 $H_0 : \mu_1 - \mu_2 = 0$

대립가설 $H_1 : \mu_1 - \mu_2 \neq 0$이고 유의수준 α는 0.05이다.

검정통계량은 $T = \dfrac{\bar{X} - \bar{Y}}{S_p \sqrt{\dfrac{1}{n} + \dfrac{1}{m}}}$이고 기각역은 $|T| \geq t_{0.025}(8+8-2) = t_{0.025}(14) = 2.145$

$$S_p^2 = \frac{(n-1)S_1^2 + (m-1)S_2^2}{n+m-2} = 63.57 \quad , \quad |T| = \left| \frac{56-60}{\sqrt{63.57} \times \sqrt{\frac{1}{8} + \frac{1}{8}}} \right| = 1.0 < 2.145$$

이므로 H_0를 기각할 수 없다. 즉, 두 사료에 대한 우유 생산량이 특별히 다르다고 볼 수 없다.

7) 대응표본의 평균차이 검정

실험단위를 동질적인 쌍으로 묶은 다음, 각 쌍의 실험단위에서 랜덤하게 선택하여 두 처리를 적용하고, 각 쌍에서 관측값의 차를 이용하여 두 모평균의 차에 관한 추론 문제를 다룰 수 있다. 이와 같은 방법을 대응비교(paired comparison) 또는 쌍체비교라고 한다.

① 통계량의 설정

n쌍의 독립적인 표본쌍(쌍체 표본) (X_1, Y_1), $(X_2, Y_2), \cdots, (X_n, Y_n)$이 주어지고, 각 쌍의 차이를 $D_i = X_i - Y_i$ $(i=1, 2, \cdots, n)$로 정의할 때, D_i는 $N(\mu_D, \sigma_D^2)$로부터의 확률표본으로 가정한다.

② 가설의 설정

- 귀무가설 $H_0 : \mu_D = 0$
- 대립가설 $H_1 : \mu_D \neq 0$, $H_1 : \mu_D > 0$ 또는 $H_1 : \mu_D < 0$

③ 검정통계량 및 표본분포

위의 가설을 검정하는 데 사용되는 검정통계량은 차이의 평균에 근거하여 다음과 같이 구성한다.

확률표본(임의표본)
유한한 모집단에서 동등한 확률로 추출되거나 모분포로부터 독립적으로 생성된 개체들의 집합

- 검정통계량 : $T = \dfrac{D}{S_D/\sqrt{n}}$ 여기서 $S_D^2 = \dfrac{\sum(D_i-\bar{D})^2}{(n-1)}$의 표본분산

T의 귀무가설이 참일 때, 자유도 $n-1$인 t-분포를 따른다.

(만일 표본의 크기가 크면 검정통계량의 값은 표본정규분포를 따름)

④ 기각역의 설정

- 대립가설에 따른 기각역이 결정된다.

- 양측으로 설정되어 있으면, 양측에 기각역이 구성되며, 계산된 검정통계량의 값이 $|T| > t_{(\alpha/2,\,n-1)}$을 만족하면 유의수준 α에서 귀무가설을 기각하게 된다.

- 여기서 임계치 $t_{(\alpha/2,\,n-1)}$는 자유도 $(n-1)$인 t-분포의 $100(1-\alpha/2)$ 백분위수를 나타낸다. 대립가설이 우측 또는 좌측으로 설정되어 있을 때도 같은 방법으로 결정된다.

어느 제약회사에서 비만증 환자를 위한 약을 개발하였다. 이 약이 부작용 없이 실제로 체중감소에 도움이 되는지를 알아보기 위하여 10명에게 임상실험을 하였다. 약을 투여하기 전의 체중(X_1)과 2주간 약을 투여한 후의 체중(X_2)을 측정하고 이들의 체중감소를 조사한 결과 체중의 차의 표본평균과 표본표준편차는 각각 다음과 같았다.

$\bar{D}$=0.54(kg), S_D=2.15

이 약은 체중감소에 효과적이라고 할 수 있는지를 유의수준 1%에서 검정 해보면

귀무가설 $H_0 : \mu_D$=0

대립가설 $H_1 : \mu_D > 0$ 이고 유의수준은 α=0.01 이므로

검정통계량 $T = \dfrac{D}{S_D/\sqrt{n}} = \dfrac{0.54}{2.15/\sqrt{10}} = 0.79$

기각역은 T$> t_{(\alpha,n-1)}$=t$_{(0.01,\,9)}$=2.821 (t-분포표 참조)

0.79<2.821이므로 H_0를 기각시키지 못한 결과를 나타내고 이로써 약이 체중감소에 효과가 있다는 근거는 없다고 결론 내릴 수 있다.

---

8) 단일표본 모분산에 대한 가설검정(χ^2 검정)

모집단의 평균과 분산이 각각 μ, σ^2인 정규모집단 $N(\mu,\sigma^2)$에서 μ, σ^2가 미지인 경우 모분산 σ^2에 대한 가설검정은 점추정량인 s^2을 이용하여 검정한다.

① 가설의 설정

- 귀무가설 $H_0 : \sigma^2 = \sigma_0^2$

- 대립가설 $H_1 : \sigma^2 \neq \sigma_0^2$(양측검정), 또는 $H_1 : \sigma^2 > \sigma_0^2$(단측검정:우측검정),

            $H_1 : \sigma^2 < \sigma_0^2$(단측검정:좌측검정)

Φ, φ 는 그리스 문자 피(phi)

② 검정통계량 $\chi^2 = \dfrac{\sum(x_i-\bar{x})^2}{\sigma_0^2} = \dfrac{\phi s^2}{\sigma_0^2}$ (여기서 $\phi = n-1$ 자유도)

③ 표본크기 n과 유의수준 α에 의해서 결정

④ 자유도 Φ=n-1 검정통계량에 따른 기각역

귀무가설	대립가설	유의수준 α인 기각역
$H_0:\ \sigma^2 = \sigma_0^2$	$H_1:\ \sigma^2 \neq \sigma_0^2$	$\chi^2 \geq \chi^2\left(\phi, \frac{\alpha}{2}\right)$ 또는 $\chi^2 \leq \chi^2\left(\phi, 1-\frac{\alpha}{2}\right)$
$H_0:\ \sigma^2 \leq \sigma_0^2$	$H_1:\ \sigma^2 > \sigma_0^2$	$\chi^2 \geq \chi^2(\phi, 1-\alpha)$
$H_0:\ \sigma^2 \geq \sigma_0^2$	$H_1:\ \sigma^2 < \sigma_0^2$	$\chi^2 \leq \chi^2(\phi, \alpha)$

• 통계적 결정 : 검정통계량이 기각역에 포함되면 귀무가설(영가설)을 기각한다.

어느 기계회사의 생산제품의 수명은 분산이 1200시간인 정규분포를 따른다. 새로운 공정설계에 의하여 일부를 변경하고 이 공정에서 생산된 제품 30개를 추출하여 분산을 조사하니 1050시간이었다. 공정을 변경하면 제품수명의 변동이 적어지는지 유의수준 α=0.05 수준에서 검정하라.

귀무가설은
$$H_0 : \sigma^2 = 1200$$
여기에서 대립 가설은
$$H_1 : \sigma^2 \langle 1200$$
로 세울 수 있다.

자유도는 Φ=n−1=30−1=29이고 이에 따른 검정 통계량은 다음 아래와 같다.

$$\chi^2 = \frac{\sum(x_i - \bar{x})^2}{\sigma_0^2} = \frac{\phi s^2}{\sigma_0^2} = \frac{29 * 105}{120} = 25.375$$

이에 따른 기각역은 유의수준에 따라서 (χ²분포표에 의해)

$$\chi^2 \leq \chi^2(\phi, \alpha) = \chi^2(29, 0.05) = 17.71$$이 된다.

그러므로 25.375〉17.71이므로 H_0를 기각할 수 없다(채택). 새로운 공정으로 변경하더라도 제품수명의 변동은 적어지지 않는다.

9) 두 모분산비에 대한 가설 검정(F 검정)

모평균과 모분산을 모르는 경우 두 정규모집단에서 각각 표본크기가 n_1, n_2 이며, 표본분산이 s_1^2, s_2^2이라고 하면 두 모분산의 비 σ_1^2/σ_2^2에 대한 가설검정의 방법은 다음과 같다.

① 가설의 설정

• 귀무가설 $H_0 : \sigma_1^2 = \sigma_2^2$

• 대립가설 $H_1 : \sigma_1^2 \neq \sigma_2^2$, $H_1 : \sigma_1^2 \rangle \sigma_2^2$ 또는 $H_1 : \sigma_1^2 \langle \sigma_2^2$

② 검정통계량 $F = s_1^2 / s_2^2$

③ 표본의 크기 n_1, n_2 와 유의수준 α를 결정

④ 자유도 $\Phi_1 = n_1 - 1$, $\Phi_2 = n_2 - 1$인 F 검정통계량에 따른 기각역

귀무가설	대립가설	검정 통계량(기각역)
$H_0:\ \sigma_1^2 = \sigma_2^2$	$H_1:\ \sigma_1^2 \neq \sigma_2^2$	$F \geq F(\phi_1, \phi_2;\ \frac{\alpha}{2})$ or $F \leq F(\phi_1, \phi_2;\ 1-\frac{\alpha}{2})$
$H_0:\ \sigma_1^2 \leq \sigma_2^2$	$H_1:\ \sigma_1^2 > \sigma_2^2$	$F \leq F(\phi_1, \phi_2;\ 1-\alpha)$
$H_0:\ \sigma_1^2 \geq \sigma_2^2$	$H_1:\ \sigma_1^2 < \sigma_2^2$	$F \geq F(\phi_1, \phi_2;\ 1-\alpha)$

예를 들어 자유도 4의 카이제곱 분포에서 χ^2 값이 9.49보다 커지는 확률은 0.05이다. 이것을 $\chi^2(4,\ 0.05)$=9.49와 같이 기술한다.

카이제곱 분포표는 그래프의 총면적이 1이라는 특성을 활용한다. 그래프의 왼쪽면적을 α라고 하면, 오른쪽 면적은 1−α가 된다.

F 분포표 보는 방법(도서 뒤 부록)
각 유의수준별 분자의 자유도는 상단의 숫자, 분모의 자유도는 옆면의 해당 숫자를 찾아 두 숫자가 만나는 점이 해당 값이 됨

어떤 화장품 회사의 두 공장에서 최근 샴푸 1병의 내용물이 외관상 변동이 있다고 판단되어 각 공장에서 임의로 20병씩 추출하여 측정한 결과 제1공장의 평균과 분산은 각각 $\bar{x}_1=1013.5$, $s_1^2=39.0$, 제2공장의 평균과 분산은 $\bar{x}_2=1009.7$, $s_2^2=26.12$였다. 내용물의 변동에 차이가 있다고 말할 수 있는지, 유의수준 $\alpha=0.05$에서 검정한다.

귀무가설 $H_0 : \sigma_1^2=\sigma_2^2$은 대립가설 $H_1 : \sigma_1^2 \neq \sigma_2^2$로 놓고 보면
F 검정통계량에 따라서

$$F = \frac{s_1^2}{s_2^2} = \frac{39.0}{26.12} = 1.4931$$

이다.
$n_1=20$, $n_2=20$, $\Phi_1=n_1-1=19$, $\Phi_2=n_2-1=19$이고 F 분포표에서

$$F(\Phi_1, \Phi_2; \frac{\alpha}{2}) = F(19,19; \ 0.025) = 2.5265 이므로$$

$$F < F(19,19; \ 0.025) 이다. \cdots\cdots (1)$$

또 다른 경우는

$$F \leq F(\phi_1, \phi_2; \ 1-\frac{\alpha}{2})$$

F분포의 성질에 의해서(서로 역수관계)

$$F(\Phi_1, \Phi_2; \ 1-\frac{\alpha}{2}) = \frac{1}{F(\Phi_1, \Phi_2; \ \frac{\alpha}{2})} = \frac{1}{2.5265} = 0.3959$$

$$F(19,19; \ 1-0.025) \leq F \cdots\cdots (2)$$

(1), (2)에 의해서 $F(19,19; \ 1-0.025) \leq F \leq F(19,19; \ 0.025)$ 사이에 존재하므로(기각역에 포함되지 않음)
H_0 즉, 등분산이 채택된다. 그러므로 두 공장의 내용물의 차이는 없다고 할 수 있다.

01 추론통계에 대한 설명으로 맞는 것을 모두 고르시오.

> (가) 모집단에 대한 어떤 미지의 양상을 알기 위해 통계학을 이용하여 추측하는 과정을 지칭하며 통계학의 한 부분으로서 추론 통계학이라고 불린다.
> (나) 평균, 분산, 변동계수 등의 값도출을 통해 분석 대상의 구조적 특이성을 밝혀낸다.
> (다) 추정(estimation)은 표본을 통해 모집단 특성이 어떠한가에 대해 추측하는 과정이다. 표본평균 계산을 통해 모집단평균을 추측해보거나, 모집단 평균에 대한 95% 신뢰구간의 계산 과정을 나타낸다.
> (라) 데이터의 시각화를 통해서 데이터의 분포모양 구조적 특이성에 대한 가설과 실제 간의 차이를 밝혀낸다.

① 가, 나   ② 나, 다
③ 다, 라   ④ 가, 다

02 구간 추정과 점추정에 대한 설명으로 <u>틀린</u> 것은?

① 점추정은 모집단의 모수를 하나의 값으로 추정해 주는 것이다.
② 구간추정은 모수가 포함되는 확률변수구간을 어떤 신뢰성 아래 추정하는 것이다.
③ 우리가 아무리 좋은 추정방법을 사용한다고 하더라도 표본을 택하고 이 표본으로부터 계산된 추정값이 목표값을 정확하게 추정한다고 주장할 수는 없다.
④ 구간추정에 오차(error)의 개념을 도입하여 모수가 포함되는 확률변수 구간 내의 가장 신뢰성을 가지는 값 하나를 선택하는 것이 점추정이다.

03 모수와 모수추정 개념에 대한 설명이다. <u>틀린</u> 것은?

① 모수(parameter)는 모집단의 특성을 수치화하여 나타낸 것이다.
② 모수의 추정량의 선택기준으로 불편성, 효율성, 일치성, 충분성이 있다.
③ 충분성은 추정량이 모수에 대하여 가장 많은 정보를 제공할 때 그 추정량은 충분추정량이 된다.
④ 일치성은 표본 크기에 대한 최적치를 반영하여 추정값의 품질의 척도를 제시한다.

04 편향에 대한 설명으로 <u>틀린</u> 것은?

① 기대하는 추정량과 모수의 차이를 편향(bias)이라고 한다.
② 임의의 추정량의 편향을 $B(\hat{\theta})$이라고 한다면 $B(\hat{\theta}) = E(\hat{\theta}) - \theta$로 정의할 수 있다.
③ 불편추정량(Unbiased Estimator)은 $B(\hat{\theta}) = 0$, 즉 편향이 0이 되는 상황의 추정량 $\hat{\theta}$를 불편추정량이라고 한다.
④ 표본평균은 이상치의 영향으로 값의 변화가 커지므로 대표적인 불편추정량이 아니다.

05 어떤 금융사의 고객센터에서 한 고객당 전화응대 소요시간은 평균 θ인 지수분포를 따른다고 한다. 5명의 고객에 대해서 측정한 결과 각각 $x_1=3$, $x_2=5$, $x_3=2$, $x_4=4$, $x_5=1$을 측정할 수가 있었다. 고객당 평균 응대 소요시간의 최대우도추정치는 얼마인가?

① 3   ② 4.3
③ 5   ④ 2.5

06 다음의 두 추정량

$$\hat{\theta}_1 = \frac{1}{4}X_1 + \frac{1}{4}X_2 + \frac{1}{4}X_3 + \frac{1}{4}X_4$$

$$\hat{\theta}_2 = \frac{1}{4}X_1 + \frac{1}{2}X_2 + \frac{1}{4}X_3 \quad \text{(단, } E(X_i) = \mu, \ VAR(X_i) = \sigma^2)$$

에 대한 설명으로 옳은 것은?

① $\hat{\theta}_1$은 불편추정량이나 $\hat{\theta}_2$는 불편추정량이
아니다.

② $\hat{\theta}_2$은 불편추정량이나 $\hat{\theta}_1$는 불편추정량이
아니다.

③ $\hat{\theta}_1$, $\hat{\theta}_2$는 불편추정량이나 효율성 측면에서
비교하여 보면 $\hat{\theta}_1$이 더 효율적이다.

④ $\hat{\theta}_1$, $\hat{\theta}_2$는 불편추정량이니 효율성 측면에서
비교하여 보면 $\hat{\theta}_2$이 더 효율적이다.

07 모집단의 분산을 알고 있는 경우의 모평균의 신
뢰구간을 구하는 것에 대한 설명이다. <u>틀린</u> 것
은?

① 모집단의 모분산을 σ^2, 모집단에서 얻는
크기가 n인 확률표본 X의 표본평균을 $\bar{X}$
라고 할 때 모평균 μ의 신뢰구간 $100(1-\alpha)$%는 $\bar{X} - Z_{\frac{\alpha}{2}} \cdot \frac{\sigma}{\sqrt{n}} \leq \mu \leq \bar{X} + Z_{\frac{\alpha}{2}} \cdot \frac{\sigma}{\sqrt{n}}$ 이다.

② $Z_{\frac{\alpha}{2}}$ 는 오른쪽 면적이 $\frac{\alpha}{2}$ 인 표준정규분포를
따르는 Z값이다.

③ 신뢰수준 90%인 경우의 신뢰구간은
$\bar{X} - 1.960 \cdot \frac{\sigma}{\sqrt{n}} \leq \mu \leq \bar{X} + 1.960 \cdot \frac{\sigma}{\sqrt{n}}$으로 나타낸
다.

④ 신뢰수준 99%인 경우의 신뢰구간은
$\bar{X} - 2.576 \cdot \frac{\sigma}{\sqrt{n}} \leq \mu \leq \bar{X} + 2.576 \cdot \frac{\sigma}{\sqrt{n}}$으로 나타낸
다.

08 어떤 포장 식품의 포장 겉면의 내용물 중량이
300g 이라고 표시되어 있다. 소비자보호원에서
실제 무게를 추정하기 위하여 시중의 매장에서
10개의 제품을 구입하여 조사한 결과 다음의 정
보를 얻었다.

310, 295, 298, 302, 305,   285, 300, 311, 301, 294

통조림 무게의 표본평균과 표준오차를 구하시오.

① 표본평균 300.1, 표준오차 7.75

② 표본평균 300.1, 표준오차 2.45

③ 표본평균 333.45, 표준오차 7.75

④ 표본평균 333.45, 표준오차 2.45

09 모평균에 대한 신뢰구간에 대한 각 상황별 정리
이다. 옳은 것을 모두 고르시오.

	구분	신뢰구간 $100(1-\alpha)$%
(가)	모집단의 분산을 아는 경우	$\bar{X} - Z_{\frac{\alpha}{2}} \cdot \frac{\sigma}{\sqrt{n}} \leq \mu \leq \bar{X} + Z_{\frac{\alpha}{2}} \cdot \frac{\sigma}{\sqrt{n}}$
(나)	모집단의 분산을 모르는 경우 (표본크기가 작은 경우)	$\bar{X} - t_{\frac{\alpha}{2}, n-1} \cdot \frac{S}{\sqrt{n}} \leq \mu \leq \bar{X} + t_{\frac{\alpha}{2}, n-1} \cdot \frac{S}{\sqrt{n}}$
(다)	모집단의 분산을 모르는 경우 (표본크기가 큰 경우)	$\bar{X} - Z_{\frac{\alpha}{2}} \cdot \frac{S}{\sqrt{n}} \leq \mu \leq \bar{X} + Z_{\frac{\alpha}{2}} \cdot \frac{S}{\sqrt{n}}$

① 가   ② 가, 나

③ 가, 다   ④ 가, 나, 다

10 우리나라 중학생들의 월평균 용돈이 얼마인지 알아보려고 한다. 100명을 임의로 선택하여 본 결과, 그들의 평균이 82,000원이라는 것을 알았다. 모집단의 표준편차가 10만 원이고, 모집단이 정규분포를 이룬다고 가정할 때 우리나라 중학생들의 평균용돈의 90% 신뢰구간으로 옳은 것은?

① $p(65,550 \leq \mu \leq 98,450)$
② $p(62,400 \leq \mu \leq 101,600)$
③ $p(56,300 \leq \mu \leq 107,700)$
④ $p(56,500 \leq \mu \leq 105,300)$

11 어느 초등학교 1학년 여자아이들의 혈압자료에서 5명을 랜덤하게 택한 결과가 다음[102, 92, 98, 88, 104]과 같다고 할 때, 이를 이용하여 초등학교 여학생 혈압의 대표 값에 대한 95% 신뢰구간을 가장 근사하게 분석한 결과를 고르시오.

① 표본결과 초등학교 여자아이들의 혈압은 88에서 105 사이에 있다고 할 수 있다.
② 표본결과 초등학교 여자아이들의 혈압은 80에서 115 사이에 있다고 할 수 있다.
③ 표본결과 초등학교 여자아이들의 혈압은 82에서 109 사이에 있다고 할 수 있다.
④ 표본결과 초등학교 여자아이들의 혈압은 80에서 120 사이에 있다고 할 수 있다.

12 한 커피공장에서 소단위 원두커피믹스를 포장하여 판매하는데 무게는 정규분포를 따른다고 한다. 원두커피 한 봉지의 평균무게 μ를 구간추정하기 위하여 다음과 같이 9개의 표본을 선택하여 실제 무게에 대한 표본을 얻었다. 평균무게 μ의 95% 신뢰구간을 구하시오(단, 과거 데이터로부터 표준편차는 알려져 있고 그 값은 0.3g이다). 정답은 소수점 이하 2째자리까지 구하시오.

7.1 7.0 7.0 7.1 6.8 7.4 6.8 6.6 7.2 (단위 g)

① $(6.8 \sim 7.2)$
② $(7.2 \sim 7.8)$
③ $(6.8 \sim 6.9)$
④ $(7.0 \sim 7.2)$

13 모비율의 신뢰구간을 구하는 식으로 올바른 것은? (단, q=1−p)

① 모비율 p에 대한 표본집단의 비율을 $\hat{p}$이라 하면

$\hat{p} - Z_{\frac{\alpha}{2}}\sqrt{\frac{p}{n}} < p < \hat{p} + Z_{\frac{\alpha}{2}}\sqrt{\frac{p}{n}}$ 이다.

② 모비율 p에 대한 표본집단의 비율을 $\hat{p}$이라 하면

$\hat{p} - Z_{\frac{\alpha}{2}}\sqrt{\frac{q}{n}} < p < \hat{p} + Z_{\frac{\alpha}{2}}\sqrt{\frac{q}{n}}$ 이다.

③ 모비율 p에 대한 표본집단의 비율을 $\hat{p}$이라 하면

$\hat{p} - Z_{\alpha}\sqrt{\frac{pq}{n}} < p < \hat{p} + Z_{\alpha}\sqrt{\frac{pq}{n}}$ 이다.

④ 모비율 p에 대한 표본집단의 비율을 $\hat{p}$이라 하면

$\hat{p} - Z_{\frac{\alpha}{2}}\sqrt{\frac{pq}{n}} < p < \hat{p} + Z_{\frac{\alpha}{2}}\sqrt{\frac{pq}{n}}$ 이다.

14 한 대학교에서 3월 한 달간 신입학생 325명을 대상으로 일주일에 1회 이하로 술을 마시는 사람을 조사해본 결과 25명이었다. 99% 신뢰수준에서 모비율을 추정하라.

① $0.048716 < p < 0.165084$
② $0.038716 < p < 0.115084$
③ $0.030716 < p < 0.127084$
④ $0.040716 < p < 0.12794$

15 어느 사료회사에서 16kg 규격의 사료를 생산하고 있다. 실제 용량의 편차를 알아보기 위해 표본을 추출하려고 한다. 생산되는 전체 사료의 평균 용량의 추정치의 오차가 0.2kg 이상 되지 않으려고 하는데 이 결과가 95% 신뢰수준을 요구한다. 과거 자료에 의하면 사료중량의 표준편차는 1.34kg로 알려져 있다. 이러한 요구를 충족시키기 위하여 표본의 크기는 얼마로 해야 하는가?

① 31   ② 78
③ 155   ④ 173

16 어느 지역의 시장 선거에서 후보들의 당선 가능성에 대해 알아보기 위해서 표본추출에 의한 여론 조사를 하기로 하였다. 표본추출에 의한 여론 조사를 통한 추정치가 2.5% 이상 빗나가지 않을 것을 99%의 신뢰수준으로 확인하기 위한 최소 표본의 크기는 얼마인가?

① 1,537   ② 2,663
③ 25,343   ④ 66,564

17 어떤 대선 예비후보의 지지도를 추정하기 위하여 100명의 선인을 대상으로 지지여부를 설문조사하였다. 그 결과 표본비율(표본지지율)은 0.6이었다. 실제 지지율이 0.5인데도 여론지지도 조사가 이와 같이 60%로 나올 확률은 얼마인가?

① 0.9772   ② 0.95
③ 0.05   ④ 0.0228

18 기각역에 대한 설명으로 틀린 것을 고르시오.

① 귀무가설을 기각하게 되는 검정통계량의 범위를 기각역(Critical Region, Rejection Region)이라 한다.
② 임계치(Critical Value)는 주어진 유의수준 α에서 대립가설의 채택과 기각에 관련된 의사결정을 할 때, 그 기준이 되는 점이다.
③ 양측검정은 가설검정에서 기각영역이 양쪽에 있는 것이다.
④ 단측검정은 가설검정에서 기각영역이 어느 한쪽에만 있게 되는 경우이다.

19 가설검정에 대한 설명으로 옳은 것은?

① 연구자에 의해 설정된 가설은 모집단 전체를 근거로 하여 채택여부를 결정짓게 되는데 이때 사용되는 통계량을 검정통계량이라 정의한다.

② 검정통계량의 표본분포에 따라 채택여부를 결정짓는 일련의 통계적 분석과정을 가설검정이라 하며 일반적으로 몇 단계의 절차를 거쳐 검정이 수행된다.

③ 귀무가설(Null Hypothesis, H0)은 연구자가 모수에 대해 새로운 통계적 입증을 이루어 내고자 하는 가설이다.

④ 대립가설(Alternative Hypothesis, H1)은 현재 통념적으로 믿어지고 있는 모수에 대한 주장 또는 원래의 기준이 되는 가설이다.

20 가설검정의 결과로 가설 채택여부를 결정 시 설명으로 틀린 것은?

① 제1종 오류(Type I Error)는 귀무가설이 참일 때 귀무가설을 기각하도록 결정하는 오류이다.

② 제2종 오류(Type II Error)는 귀무가설이 거짓인데 귀무가설을 채택할 오류이다.

③ 제3종 오류(Type III Error)는 귀무가설, 대립가설 전부가 거짓인 오류이다.

④ 가설검정의 유의수준 α는 귀무가설이 참인데도 이것을 기각하게 될 확률을 말한다.

21 표본의 평균 검정에 대한 절차 중 일부를 정리한 것이다. 빈칸에 알맞은 것을 순서대로 적은 것은?

> 집단크기에 따른 검정 통계량의 선택
> – 대표본 또는 모집단이 정규분포 : (가)
> – 정규분포 따르면서 소표본 : (나)

① 가) $Z = \frac{\bar{X} - \mu}{\sigma/\sqrt{n}} \sim N(0,1)$ 나) $T = \frac{\bar{X} - \mu}{\sigma} \sim t(n-1)$

② 가) $Z = \frac{\bar{X} - \mu}{\sigma/\sqrt{n}} \sim t(n-1)$ 나) $T = \frac{\bar{X} - \mu}{\sigma} \sim t(n-1)$

③ 가) $Z = \frac{\bar{X} - \mu}{\sigma/\sqrt{n}} \sim N(0,1)$ 나) $T = \frac{\bar{X} - \mu}{S/\sqrt{n}} \sim t(n-1)$

④ 가) $Z = \frac{\bar{X} - \mu}{\sigma/\sqrt{n}} \sim N(0,1)$ 나) $T = \frac{\bar{X} - \mu}{\sigma} \sim N(0,1)$

22 어느 고등학교의 학생의 용돈수준을 조사하려고 한다. 16명의 학생을 표본으로 조사하였더니, 한 달 용돈이 96,000원이었다. 그 학교 학생 전체 한 달 용돈의 표준편차가 6,000원이었다면, 그 학교 학생들의 한 달 용돈이 월 100,000원 이상이라고 할 수 있을까? (기존에 100,000원 이상이라는 귀무가설을 가정, 유의수준을 5%로 하여 검정한 결과로 타당한 것은?)

① 학생의 한 달 용돈이 10만 원이 된다고 볼 수 없다.

② 학생의 한 달 용돈이 10만 원이 된다고 볼 수 있다.

③ 학생의 한 달 용돈이 10만 원이 타당성 검정 자체가 불가능하다.

④ 학생의 한 달 용돈이 10만 원이 된다는 점은 표본에 따라 달라진다.

23 두 독립표본(각 n, m 표본 수) 사이의 평균차이의 검정을 하기 위한 검정 통계량 식으로 옳은 것은?

① 검정 통계량

$$T = \frac{\bar{X} - \bar{Y}}{S_p \sqrt{\frac{1}{n} + \frac{1}{m}}} \ , \ S_p^2 = \frac{(n-1)S_1^2 + (m-1)S_2^2}{n+m-2}$$

으로 공통분산 σ^2의 합동표본분산이며, S_1^2, S_2^2는 각각의 표본의 표본분산을 말한다. 검정 통계량 T는 자유도 m+n−2인 t−분포를 따른다.

② 검정 통계량

$$T = \frac{\bar{X} - \bar{Y}}{S_p \sqrt{\frac{1}{n} + \frac{1}{m}}} \ , \ S_p^2 = \frac{(n-1)S_1^2 + (m-1)S_2^2}{n+m+2}$$

으로 공통분산 σ^2의 합동표본분산이며, S_1^2, S_2^2는 각각의 표본의 표본분산을 말한다. 검정 통계량 T는 자유도 n+m+2인 t−분포를 따른다.

③ 검정 통계량

$$T = \frac{\bar{X} - \bar{Y}}{S_p \sqrt{\frac{n}{m} + \frac{1}{n}}} \ , \ S_p^2 = \frac{(n-1)S_1^2 + (n-1)S_2^2}{n+m-2}$$

으로 공통분산 σ^2의 합동표본분산이며, S_1^2, S_2^2는 각각의 표본의 표본분산을 말한다. 검정 통계량 T는 자유도 n+m−2인 t−분포를 따른다.

④ 검정 통계량

$$T = \frac{\bar{X} - \bar{Y}}{S_p \sqrt{\frac{m}{n} + \frac{1}{m}}} \ , \ S_p^2 = \frac{(m-1)S_1^2 + (m-1)S_2^2}{n+m-2}$$

으로 공통분산 σ^2의 합동표본분산이며, S_1^2, S_2^2는 각각의 표본의 표본분산을 말한다. 검정 통계량 T는 자유도 n+m−2인 t−분포를 따른다.

24 두 종류의 사료가 젖소의 우유 생산량에 미치는 영향의 차이를 조사하고자 한다. 젖소들 가운데 랜덤하게 8마리씩 두 그룹을 뽑아 한 그룹에는 사료1을, 다른 그룹에는 사료2를 주면서 3주간 우유 생산량을 조사한 결과 다음과 같은 자료를 얻었다. 두 종류의 사료가 우유 생산량에 변화를 주는지 올바르게 분석한 것을 고르시오. (유의수준 5%)

▶ 우유 생산량

사료1	54	60	66	53	62	61	42	50
사료2	65	70	62	67	59	45	60	52

① 사료1이 우유 생산량 향상에 더 기여한다고 판단 가능하다.
② 사료2가 우유 생산량 향상에 더 기여한다고 판단 가능하다.
③ 두 사료에 대한 우열은 못 가르나 차이가 있음을 알 수 있다.
④ 두 사료에 대한 우유 생산량이 다르다고 볼 수 없다.

25 증권사 A는 기존의 고객센터 인력을 충원하였고 증권사 B는 인공지능 챗봇을 도입하여 기존 고객센터와 같이 운영하였다. 20주간의 운영 후 두 증권사의 고객에 대한 업무처리 불만족도에 대하여 실제 차이가 있는지 조사하였다.

A 증권사는 매일 100건의 무작위 고객응대에 대해서 일일 불만 건수는 평균 2.7회 분산 1.1이었다.

B 증권사의 경우는 무작위 120건의 조사에 대해서 평균 2.4회 분산 0.9를 나타내었다.

두 증권사의 불만족 횟수 차이에 대한 90% 신뢰구간을 구하고 두 증권사의 차이가 있는지를 10% 유의수준에서 검정하였을 때 다음 중 맞는 것은?

① 신뢰구간 0.076, 0.524, 검정결과 차이가 있다 볼 수 있다.
② 신뢰구간 0.076, 0.524, 검성결과 차이가 없다 볼 수 있다.
③ 신뢰구간 0.9476, 0.924, 검정결과 차이가 있다 볼 수 있다.
④ 신뢰구간 0.9476, 0.924, 검정결과 차이가 없다 볼 수 있다.

26 한 공장에서 운영하고 있는 공작 기계에서 제품의 길이에 대한 분산이 2.25cm를 넘는 경우 기계가 이상 있다고 판단하기로 하였다. 10개의 제품을 샘플로 조사하여 분산이 5.16cm가 나왔을 때, 기계에 이상 있는지 여부를 유의수준 5%에서 검정하면 옳은 것은?

① 기계에 이상이 있다고 판단 가능하다.
② 기계에 이상이 없다고 판단 가능하다.
③ 기계에 이상이 있는지 없는지 판단이 불가능하다.
④ 현재 데이터로는 기계 이상 유무를 판단 불가능하며 샘플수를 늘리면 판단 가능하다.

SECTION 02

01 ④	02 ④	03 ④	04 ④	05 ①
06 ③	07 ③	08 ②	09 ④	10 ①
11 ①	12 ①	13 ④	14 ②	15 ④
16 ②	17 ④	18 ②	19 ②	20 ③
21 ③	22 ①	23 ①	24 ④	25 ①
26 ①				

01 ④

통계적 추론 또는 통계적 추측은 모집단에 대한 어떤 미지의 양상을 알기 위해 통계학을 이용하여 추측하는 과정을 지칭하며 통계학의 한 부분으로서 추론 통계학이라고 불린다. 이것은 기술 통계학(Descriptive Statistics)과 구별되는 개념이다.
– 추정은 통계적추론의 하나이다.

02 ④

구간추정은 점추정에 오차(error)의 개념을 도입하여 모수가 포함되는 확률변수구간을 어떤 신뢰성 아래 추정하는 것이다.

03 ④

일치성(consistency) : 표본 크기가 증가할수록 좋은 추정값을 제시한다.

04 ④

표본평균은 불편추정량이나 표본분산은 불편추정량이 아니다.
– 표본분산과 모분산의 계산 차이의 이유, n이 아닌 n–1로 나누는 이유

05 ①

$X_1, X_2, \cdots, X_{n-1}, X_n$는 확률밀도함수
$f(x; \theta) = \frac{1}{\theta} e^{-x/\theta}$ ($0 < x < \infty$, $\theta > 0$)
인 지수분포로부터의 임의 표본이라고 하면 모수 θ의 최대우도추정에 의한 추정량은 $\hat{\theta} = \bar{x}$이므로 $\hat{\theta} = \frac{3+5+2+4+1}{5} = 3$

06 ③

두 추정량의 평균 비교를 해보면
$E(\hat{\theta}_1) = \frac{1}{4}E(X_1) + \frac{1}{4}E(X_2) + \frac{1}{4}E(X_3) + \frac{1}{4}E(X_4) = \frac{4}{4}\mu = \mu$

$E(\hat{\theta}_2) = \frac{1}{4}E(X_1) + \frac{1}{2}E(X_2) + \frac{1}{4}E(X_3) = \frac{1}{4}\mu + \frac{1}{2}\mu + \frac{1}{4}\mu = \mu$

$VAR(\hat{\theta}_1) = \frac{1}{16}VAR(X_1) + \frac{1}{16}VAR(X_2) + \frac{1}{16}VAR(X_3) + \frac{1}{16}VAR(X_4) = \frac{4}{16}\sigma^2 = \frac{1}{4}\sigma^2$

$VAR(\hat{\theta}_2) = \frac{1}{16}VAR(X_1) + \frac{1}{4}VAR(X_2) + \frac{1}{16}VAR(X_3) = \frac{6}{16}\sigma^2 = \frac{3}{8}\sigma^2$

∴ $VAR(\hat{\theta}_1) < VAR(\hat{\theta}_2)$

이 된다. 즉, $\hat{\theta}_1$이 $\hat{\theta}_2$보다 더 효율적이라고 말할 수 있다.
추정량 중에서 작은 분산을 가진 추정량(표준편차가 작은 추정량)이 더 효율적이다.

07 ③

신뢰수준 90%인 경우의 신뢰구간은
$\bar{X} - 1.645 \cdot \frac{\sigma}{\sqrt{n}} \leq \mu \leq \bar{X} + 1.645 \cdot \frac{\sigma}{\sqrt{n}}$으로 나타낸다.

08 ②

평균을 구하면
$\bar{X} = \frac{1}{n}\sum X_i = \frac{3001}{10} = 300.1$

표본의 표준편차는
$\sqrt{S^2} = \sqrt{\frac{1}{n-1}\sum(X_i - \bar{X})^2} = \sqrt{\frac{540.9}{9}} = \sqrt{60.1} = 7.752419$ 이므로 표준오차는

$\frac{S}{\sqrt{n}} = \frac{7.752419}{\sqrt{10}} = 2.45153$

09 ④

모집단의 분산을 모르는 경우 표본표준편차를 이용해서 모집단의 분산을 추정한다. 표본크기가 작은 경우는 t분포를, 표본크기가 큰 경우는 정규분포를 이용해서 추정한다.

10 ①

n=100이고 σ=100,000이므로 σ/√n=100,000/√100=10,000이 된다.
그럼 90% 신뢰구간은
$P(\bar{X} - 1.645 \cdot \frac{\sigma}{\sqrt{n}} \leq \mu \leq \bar{X} + 1.645 \cdot \frac{\sigma}{\sqrt{n}})$
=P(82,000–1,645×10,000≤μ≤82,000–1,645×10,000)
= P(65,550≤μ≤98,450)

11 ①

이 표본으로부터 계산된 표본평균과 표본표준편차(S)는 각각 다음과 같다.
표본평균 = 96.80, S = 6.72
이 표본의 경우 자유도는 5–1=4이다. T–분포표로부터 자유도가 4인 $t_{0.025}$ 경우는 2.780이므로 공식에 대입하면 다음이 성립한다.(부록 T–분포표 참조)
목표값 = 96.8 ± 2.78(6.72/2.24) = 96.8 ± 8.32
여기서 2.24는 표본크기 5의 제곱근이다. 따라서 이 표본결과 초등학교 여자아이들의 혈압은 88에서 105 사이에 있다고 할 수 있다.

12 ①

분산과 분포를 알고 소규모 샘플을 이용하는 경우이므로
$\bar{X} - Z_{\frac{\alpha}{2}} \cdot \frac{\sigma}{\sqrt{n}} \leq \mu \leq \bar{X} + Z_{\frac{\alpha}{2}} \cdot \frac{\sigma}{\sqrt{n}}$ 여기서
$\bar{X} = \frac{7.1 + 7.0 + 7.0 + 7.1 + 6.8 + 7.4 + 6.8 + 6.6 + 7.2}{9} = \frac{63.0}{9} = 7$
이므로 양측검정으로 5% 신뢰구간을 고려하여 정리하면

$7 - Z_{\frac{\alpha}{2}} \cdot \frac{0.3}{\sqrt{9}} \leq \mu \leq 7 + Z_{\frac{\alpha}{2}} \cdot \frac{0.3}{\sqrt{9}}$

$7 - 1.96 \cdot \frac{0.3}{\sqrt{9}} \leq \mu \leq 7 + 1.96 \cdot \frac{0.3}{\sqrt{9}}$

계산하여 반영하면 신뢰구간은 (6.80, 7.20)

13 ④

$\hat{p} - Z_{\frac{\alpha}{2}}\sqrt{\frac{pq}{n}} < p < \hat{p} + Z_{\frac{\alpha}{2}}\sqrt{\frac{pq}{n}}$이 모비율의 신뢰구간이 된다.

14 ②

표본비율은 $\frac{25}{325} = 0.0769$
표본비율분포의 표준오차는 $\sqrt{\frac{pq}{n}} = \sqrt{\frac{0.0769(1-0.0769)}{325}} = 0.0148$
이 된다. 그러므로 99% 신뢰구간은 $\hat{p} - Z_{\frac{\alpha}{2}}\sqrt{\frac{pq}{n}} < p < \hat{p} + Z_{\frac{\alpha}{2}}\sqrt{\frac{pq}{n}}$

0.0769–2.58×0.0148 〈 p 〈 0.0769+2.58×0.0148

0.038716 〈 p 〈 0.115084

15 ④

모평균에 의한 신뢰구간을 이용한 표본크기를 구하는 문제

모수는 모집단의 평균. 그러면 추정량은 표본평균이 된다. 신뢰수준은 95%
이므로 모분산은 σ=1.34, 허용오차는 0.2가 된다. (단, $Z_{a/2}$=1.96)
그럼

$$n \geq \left[\frac{Z_{\frac{a}{2}}\sigma}{허용오차}\right]^2 = \left[\frac{1.96 \times 1.34}{0.2}\right]^2 = 172.45$$

표본의 개수가 173개 이상 되어야 신뢰수준 95% 경우의 허용오차 0.2 이상
이 되지 않는다.

16 ②

모비율에 의한 신뢰구간을 이용한 표본크기를 구하는 문제
모수는 모비율. 표본비율이 추정량이 되는 경우 모수는 전체 모집단의 비율
과 반 이상 되어야 당선이 되므로 표준편차는 $\sqrt{0.5 \times (1-0.5)} = 0.5$
99% 신뢰수준에서 허용오차를 2.5%라고 하면 (단, $Z_{a/2}$=2.58)

$$n \geq \left[\frac{Z_{\frac{a}{2}}\sigma}{허용오차}\right]^2 = \left[\frac{2.58 \times 0.5}{0.025}\right]^2 = 2,662.56$$ 그러므로 최소 2,663명이 되어야 한다.

17 ④

$\hat{p}$=0.6, p=0.5, n=100 이므로 표본비율의 신뢰도는

$$P\left(Z \geq \frac{\hat{p}-p}{\sqrt{\frac{p(1-p)}{n}}}\right) = P\left(Z \geq \frac{0.6-0.5}{\sqrt{\frac{0.5(1-0.5)}{100}}}\right) = P(Z \geq 2) = 0.0228$$

이 된다.

18 ②

임계치(Critical Value) : 주어진 유의수준 α에서 귀무가설의 채택과 기각에
관련된 의사결정을 할 때, 그 기준이 되는 점이다.

19 ②

연구자에 의해 설정된 가설은 표본을 근거로 하여 채택여부를 결정짓게 되
는데 이때 사용되는 통계량을 검정통계량이라 정의한다.
• 귀무가설(Null Hypothesis, H_0) : 현재 통념적으로 믿어지고 있는 모수에
  대한 주장 또는 원래의 기준이 되는 가설
• 대립가설(Alternative Hypothesis, H_1) : 연구자가 모수에 대해 새로운 통
  계적 입증을 이루어 내고자 하는 가설

20 ③

• 유의수준(Significance Level) : 제1종 오류를 범할 확률의 최대 허용한계
  를 유의수준 또는 위험률(risk ratio)이라고 하며 가설검정에서 판단의 기
  준으로 삼고 있다.

21 ③

집단크기에 따른 검정 통계량의 선택

대표본 또는 모집단이 정규분포 : $Z = \frac{\bar{X}-\mu}{\sigma/\sqrt{n}} \sim N(0,1)$
정규분포 따르면서 소표본 : $T = \frac{\bar{X}-\mu}{S/\sqrt{n}} \sim t(n-1)$

22 ①

가설 H_0 : μ≥100,0000이고 H_1 : μ<100,000
유의수준 α=5% 채택영역은 Z≥−1.64 기각영역은 Z<−1.64

$$Z = \frac{\bar{X}-\mu}{\sigma/\sqrt{n}} = \frac{96000-100000}{6000/\sqrt{16}} = -\frac{4000}{1500} = -2.67$$

이 값은 −1.64보다 작으므로 학생의 한 달 용돈이 10만 원이 된다고 볼 수
없다.

23 ①

두 독립표본의 평균차이 검정의 검정 통계량

검정 통계량 설정 : 위의 가설을 검정하는 데 사용되는 검정통계량은 X−표
본과 Y−표본의 표본평균인 $\bar{X}$와 $\bar{Y}$의 차이에 근거하여 구성한다.

검정 통계량 $T = \frac{\bar{X}-\bar{Y}}{S_p\sqrt{\frac{1}{n}+\frac{1}{m}}}$

여기서 $S_p^2 = \frac{(n-1)S_1^2+(m-1)S_2^2}{n+m-2}$
공통분산(Common Variance) σ2의 합동표본분산(Pooled Sample
Variance)이며 s_1^2, s_2^2는 각각의 표본의 표본분산을 말한다. 검정 통계량 T는
자유도 m+n−2인 t−분포를 따른다.

24 ④

먼저 두 사료에 대한 평균과 표준편차를 구하면

	표본의 크기	평균	표준편차
사료1	8	56	7.76
사료2	8	60	8.18

귀무가설 H_0 : $\mu_1-\mu_2$=0
대립가설 H_1 : $\mu_1-\mu_2 \neq$0 , 유의수준 α는 0.05
검정통계량 $T = \frac{\bar{X}-\bar{Y}}{S_p\sqrt{\frac{1}{n}+\frac{1}{m}}}$이고 기각역은 T≥$t_{0.025}$(8+8−2)=$t_{0.025}$(14)=2.145

$$S_p^2 = \frac{(n-1)S_1^2+(m-1)S_2^2}{n+m-2} = 63.57, \quad |T| = \left|\frac{56-60}{\sqrt{63.57} \times \sqrt{\frac{1}{8}+\frac{1}{8}}}\right| = 1.0 < 2.145$$

이므로 H_0를 기각할 수 없다.
즉, 두 사료에 대한 우유 생산량이 다르다고 볼 수 없다.

25 ①

두 독립표본은 각각 일정 숫자이상의 대표본이므로 표준정규분포(z−분포)
에 의해서 모평균의 차이를 비교하면
90% 신뢰구간을 고려하면 $Z_{\alpha/2}$=±1.6450이므로 신뢰구간은
$(\bar{X}_1 - \bar{X}_1) \pm Z_{\frac{a}{2}}\sqrt{\frac{\sigma_1^2}{n_1}+\frac{\sigma_2^2}{n_2}} = (2.7 - 2.4) \pm 1.645\sqrt{\frac{1.1}{100}+\frac{0.9}{120}} = (0.076, 0.524)$
가 된다.
귀무가설 H_0 : $\mu_1-\mu_2$=0
대립가설 H_1 : $\mu_1-\mu_2 \neq$0, 유의수준 α는 0.10일 때,
귀무가설의 임계치는 $Z_{\alpha/2}$=±1.6450이고
$$Z = \frac{(\bar{X}_1 - \bar{X}_1) - \mu_0}{\sqrt{\frac{\sigma_1^2}{n_1}+\frac{\sigma_2^2}{n_2}}} = \frac{(2.7 - 2.4) - 0}{\sqrt{\frac{1.1}{100}+\frac{0.9}{120}}} = 2.21$$
이 된다. 이 값은 임계치보다 크므로 귀무가설은 기각된다.
신뢰구간에서도 0을 포함하지 않으므로 두 증권사 고객에 대한 업무처리
불만족도에 대하여 실제 차이가 있는 것이 보인다.

26 ①

귀무가설과 대립 가설은 다음 아래와 같다.
H_0 : $\sigma^2 \leq \sigma_0^2 = 2.25$
H_1 : $\sigma^2 > \sigma_0^2 = 2.25$
분산에 대한 검정이므로 χ^2 검정을 이용하며
자유도는 Φ=n−1=10−1=90고 이에 따른 검정 통계량은 다음 아래와 같다.
$$\chi^2 = \frac{\sum(x_i - \bar{x})^2}{\sigma_0^2} = \frac{\phi s^2}{\sigma_0^2} = \frac{9 \times 5.16}{2.25} = 20.62$$
$\chi^2 \geq \chi^2(\phi, 1-\alpha) = \chi^2(9, 0.95) = 16.919$ 임계치
그러므로 임계치보다 크므로 귀무가설은 기각이 된다. 즉 기계가 이상이 있
는 것으로 판단 가능하다.

빅데이터 모델링

파트 소개

3과목은 분석 모형과 각종 분석기법에 대해 공부합니다. 시험에 폭넓게 출제될 것으로 예상되는 내용들을 다수 포함하고 있으며 어떻게 공부하는가에 따라 체 감 난이도는 크게 달라질 수 있습니다. 정확한 개념을 이해하면서 분석기법들에 어떤 차이가 있는지 확인하는 것이 필요합니다.

분석 모형 설계

분석모형의 종류와 선정 프로세스에 대해 학습합니다. 분석 목적에 적합한 모형을 선택하고, 분석 데이터를 학습 데이터, 평가 데이터, 검증용 테스트 데이터의 역할을 이해합니다. 과대적합과 과소적합의 의미를 이해하고 이를 해소할 수 있는 방안을 학습합니다

출제빈도

SECTION 01	하	50%
SECTION 02	하	50%

분석 절차 수립

빈출 태그 분석 모형 • 통계적 가설 • 분석 모델링 설계 • 검정

01 분석 모형 선정

1) 분석 모형 선정 필요성

- 분석 기법 또는 분석 알고리즘을 적용하기 전에 분석 모형에 대한 선정이 필요하다.
- 분석이 필요한 데이터 속성을 세부적으로 파악, 처리한 뒤에 분석 모형을 선정, 적합한 분석 기법을 선택하게 된다.
- 데이터가 준비되어 있지 않다면 사전 분석 목적을 정확하게 파악해야 문제 인식과 필요 데이터 준비에 따른 분석 모형 선정을 수월하게 진행할 수 있다.

정보처리 관점에서 의사결정

1. 의사 결정
- 여러 대안 중에서 하나의 행동을 고르는 일을 해내는 정신적 지각 활동이다.
- 최종적으로 하나의 선택을 가지게 되고 이로 인한 결과가 도출된다.

2. 불확실성 해소
- 의사결정의 가장 큰 문제는 불확실성이다.
- 분석을 통해 불확실성을 제어한다면 시장 대응에 큰 도움이 될 수 있다.

3. 요약
- 데이터 요약을 통해 현 상황을 쉽고 빠르게 파악 가능하며 다음 대응할 방안 등을 생각할 수 있다.

4. 인과관계 파악
- 단순히 요약 기능만 사용하기보다 데이터 간 연관관계 분석으로 원인과 결과를 파악할 수 있다.
- 인과관계 파악으로 세부적인 판단을 내릴 수 있다.

5. 예측
- 원인과 결과로 어떤 패턴을 파악하게 된다면 다음에 생길 결과에 대한 예측 또한 가능하다.
- 반드시 같은 패턴으로 이어지는 결과가 생기지는 않지만 향후 미래에 생길 결과에 대한 대비가 가능해진다.

> **빅데이터 분석 근본 목적**
>
> - 과거의 데이터를 토대로 원인에 대해 분석하고 그 결과로 미래를 예측하는 것이다.
> - 데이터는 후행성 성격을 지니지만 선행성의 성격도 가지고 있다.
> - 사람들이 포털에서 검색하는 것은 무언가를 알고 싶기 때문이며 검색키워드라는 후행성 데이터로 '왜 사람들이 그것을 알고 싶어할까?'라는 분석을 통해 미래에 일어날 일을 예측할 수 있다.

2) 분석 모형 선정 프로세스

- 분석 모형 선정은 다음 순서와 같은 분석 이전의 단계들을 수행하면서 선정을 진행한다.

① 문제요건 정의 또는 비즈니스 이해에 따른 대상 데이터 선정과 분석 목표/조건 정의

② 데이터 수집, 정리 및 도식화

③ 데이터 전처리(데이터 정제, 종속/독립변수 선정, 데이터 변환, 데이터 통합, 데이터 축소 등)

④ 최적의 분석 모형 선정

✔ 개념 체크

1 주요 데이터 분석 목적으로 적합하지 않은 항목을 선택한다면?

① 사업 추진에서 여러 대안들 중에 하나를 선택해야 한다.
② 논문을 쓰기 위해 실험을 했는데 정리해야 한다.
③ 미세먼지를 예측하기 위해 센서를 설치하였다.
④ 과거에 따랐던 지침이 유효하다는 판단에 따라 행동한다.

정답 ④

데이터 분석의 주요 목적은 현황을 분석하여 현재 상황을 정리 및 개선 또는 미래의 의사결정 · 예측을 하기 위함이다.

2 빅데이터 분석의 중요 활용 목적으로 잘못된 것은?

① 비즈니스 인사이트 발굴
② 제조 공정 프로세스의 효율화
③ 고대 희귀 예술품 보유가치 판정
④ 공공민원 서비스 개선

정답 ③

고대 희귀 예술품 보유가치는 정량적으로는 측정하기 어려우며 전문가 집단에 의해 평가된다.

The Big Data Value Model (2015), 가트너 그룹 빅데이터 분석의 목적
- 고객 인사이트(Customer Insight)
- 제품 및 절차 효율성(Product & Process Efficiency)
- 디지털 제품 및 서비스(Digital Products & Service)
- 운영의 탁월성(Operational Excellence)
- 디지털 마케팅(Digital Marketing)
- 위기 관리시스템(Risk Management and Compliance)

⑫ 분석 모형 정의

분석 모형
• 예측 분석 모형
• 현황 진단 모형
• 최적화 분석 모형

1) 분석 모형 정의와 종류

분석 모형은 분석 목표에 따라 데이터 특성을 도출하고, 가설 수립에 따라 전체적인 분석 방향을 정의하는 모형으로 예측 분석 모형, 현황 진단 모형, 최적화 분석 모형 등으로 구분한다.

① 예측 분석 모형 : "어떤 일들이 발생할 것인가?"

적조 예측, 날씨 예측, 주가 예측, 범죄/위험 예측, 쇼핑아이템 추천 등 과거, 현재까지의 데이터와 상황에 따른 가설을 기반하여 미래에 대한 현상을 사전에 분류하고 예측하는 모형이다.

② 현황 진단 모형 : "과거에 어떠한 상황이 왜 어떻게 일어났는가? 그리고 현재 어떠한 상태인가?"

과거 데이터를 통해 현재 상황을 객관적으로 진단하는 모형으로 미래 예측이 아닌 현재를 이해함에 활용한다.

③ 최적화 분석 모형 : "어떻게 하면 원하는 결과가 일어날 수 있을까?"

제한된 자원, 환경 내에서 최대의 효용성, 이익과 같은 결과를 생성하기 위해 분석 모델을 최적화하는 데에 중점을 둔다.

2) 분석 모형 정의를 위한 사전 고려사항

분석 모형을 정의하기 전에 분석이 실제 추진될 수 있을지 가능성을 타진하는 것이 중요하다.

• 분석을 진행하기 이전 상황에 맞는 평가 기준표, 테이블을 작성하여 항목별로 점수를 부여하고 총점을 매긴 후 분석 모형 정의의 가능성을 판별할 수 있다.
• 추진시급성과 구현가능성만으로 분석 모형 정의를 위한 사전 판별 기준 활용이 가능하다.

▶ 분석 모형 정의와 판별을 위한 평가기준표 예시

기준	판단 근거
필요성	개인이나 기관 관점에서 분석 과제가 필요한지 판단
파급효과	정성적, 정량적 기대효과의 정도 판단
추진 시급성	당장 해소되어야 할 사회현안 여부 판단, 장기과제 성격 분리
구현 가능성	과제를 구현함에 있어서 어려움이 없는지 현실성 판단
데이터 수집 가능성	공공기관 협조나 데이터 확보, 데이터 구매 등 제약사항 판단
모델 확장성	과제가 시범과제로 끝나지 않고 전체 데이터 모델로 확장 가능한지 판단

- 분석 모형 정의에 필요한 데이터가 충분히 확보되어 있는지를 판단하여 **관련 과거 분석 사례 또는 솔루션을 최대한 활용할 수 있는지** 검토한다면 보다 효율적인 분석 모형 설계를 진행할 수 있다.

① 상향식(Bottom-up) 접근 : 문제 정의가 어려울 경우 많은 양의 데이터 분석을 통해 인사이트를 도출한다.

특정 영역을 지정하여 의사결정 지점으로 진행하는 과정에서 분석 과제를 발굴하는 방식이다.

② 하향식(Top-down) 접근 : 문제 정의가 가능할 시 문제 탐색과 연관되어 비즈니스 모델, 외부 참조 모델, 분석 유스 케이스 기반 모델로 발굴하는 방식을 적용할 수 있다.

비즈니스 모델은 어떻게 수익을 창출할 것인가에 대한 검증으로 문제해결 위한 분석 과제를 발굴하며 외부 참조 모델은 벤치마킹으로 분석 테마 후보 Pool을 구축, 선택하는 것이다.

또한 분석 유스케이스는 문제에 대한 상세 설명과 해결 시 효과에 대해 명시함으로써 구체적인 분석 과제들을 도출한다.

✔ 개념 체크

1 분석 모형 종류에서 가장 적합한 결과가 예상되는 분석 모델이 무엇인지 찾는 분석 모형을 설명하는 것은?

① 현황 진단 모형
② 최적화 분석 모형
③ 예측 분석 모형
④ 유스케이스 분석 모형

정답 ②

최적화 분석 모형은 분석 모델을 실제로 수행 시에 가장 바람직한 결과가 예상되는 모델이 어떤 것인지를 알아내는 분석 모형이다.

2 현황 분석을 통해 인식된 문제를 해결하기 위해 과거 유사한 분석 테마 후보에서 분석 과제를 도출하는 접근법은?

① 상향식 접근
② 비즈니스 모델 기반 접근
③ 외부 참조 모델 기반 접근
④ 분석 유스케이스 기반 접근

정답 ③

하향식 접근은 현황 분석 또는 인식된 문제점에서 분석 과제를 도출한 후 해결 방안 탐색하는 접근법으로 이 중 외부 참조모델은 분석기회에 대한 아이디어를 참조모델들(벤치마킹)을 통해 얻어 분석 과제를 도출한다.

03 분석 모형 구축 절차

1) 분석 시나리오 작성

분석 시나리오 작성을 통해 분석 과정과 결과가 어떻게 활용되는지 명확하게 이해할 수 있다.

- 데이터 분석 대상 및 범위를 요구사항에 맞게 정의하며 분석을 통해 해결할 수 있는 문제와 목표 그리고 분석 목표별 구현 모델과 예상 결과를 작성한다.
- 분석 과정에 필요한 데이터, 절차, 분석기법 등의 세부사항들을 정의한다. 데이터의 경우 사전 확보 및 유형 분석이 필요하며 기존에 잘 구현되어 활용되고 있는 유사 분석 시나리오 및 솔루션을 고려할 수 있다.

2) 분석 모형 설계

분석 모형 설계는 분석 대상 및 범위를 정하여 분석 목적을 구현하기 위한 분석 방법론을 설계하는 단계이다.

① 분석 모형 설계 시 사전 확인 사항

- 필요한 데이터 항목이 정해졌는가?
- 데이터 단위를 고려, 항목에 따른 표준화 방법을 정하였는가?
- 데이터를 수집한 항목에 따라, 단계별로 모델이 설계되었는가?
- 분석 검증 통계 기법을 선정하였는가?

② 분석 모델링 설계와 검정

- 분석 목적에 기반한 가설검정 방법을 수립한다.
- 추정방법에 대한 기술을 검토한다.
- 분석 모델링 설계와 검정 방법을 수립한다.

③ 분석 모델링에 적합한 알고리즘 설계

- 비지도학습 : 군집분석, 연관성분석, 오토인코더 등
- 지도학습 : 의사결정트리, 랜덤 포레스트, 서포트벡터머신, 회귀분석 등
- 준지도학습 : 셀프 트레이닝, 적대적 생성 모델 등
- 강화학습 : Q-Learning, 정책경사(PG: Policy Gradient) 등

④ 분석 모형 개발 및 테스트

- 모듈 기능을 정의한다.
- 모듈을 설계한다.
- 모듈 개발 결과물과 모델 설계 일치를 확인한다.
- 모듈의 정상 동작 여부를 검증한다.

데이터 분석에 대한 절차와 방법을 체계적으로 구성하는 것이 중요하다.

비지도학습
입력값에 대한 목표치가 주어지지 않음

강화학습
선택 가능한 것 중 보상을 최대화하는 행동을 선택

모든 분석 모형에서는 반드시 검증 및 테스트를 거친다.

- 분석용 데이터를 훈련용과 테스트용으로 분리한 다음, 분석용 데이터를 이용해 자체 검증한다.
- 실제 테스트에서는 신규 데이터에 모델을 적용하여 결과를 도출한다.
- 테스트 데이터의 비율은 분석용 데이터셋의 30% 정도를 이용하는 것이 일반적이나, 전체 데이터가 충분할 경우 6:4 또는 5:5로 분리하여 테스트 집단을 선정할 수 있다.
- 실제로 테스트하여 분석과 운영 간 연계를 검증할 수 있으며, 정상적으로 모델을 적용할 수 있는지에 대해 전체적인 분석 과정을 통합적으로 시험한다.

3) 분석 모델링 설계와 검정 – 분석 목적에 기반한 가설검정 방법

🅑 기적의 TIP

분석 모델들에 대한 자세한 설명은 PART 03 – CHAPTER 02 분석기법 적용을 참고한다.

➕ 더 알기 TIP

통계적 가설검정

통계적 가설검정이란 통계적 추측의 하나로서, 모집단의 실제 값이 얼마가 된다는 주장에 대해 표본의 정보를 사용해서 가설의 합당성 여부를 판정하는 과정을 의미한다. 간단히 가설검정이라 부르는 경우가 많다.

통계적 가설은 통계학에서 사용하는 용어로, 하나의 특정 주장을 모수를 이용해 나타낸 형태를 지칭한다. 예를 들어 '미국 성인 여자는 키가 크다'는 통계적 가설이 될 수 없지만 '미국 성인여자의 평균 신장은 180이다'라는 것은 통계적 가설이 될 수 있다. 여기서 평균 신장은 모집단 특성을 나타내는 모수의 역할을 수행한다.

통계적 가설은 귀무가설과 이와 반대에 있는 대립가설로 나타난다.

가설검정은 다음과 같은 총 5단계의 절차를 거치게 된다.

① 유의수준 결정, 귀무가설과 대립가설 설정

- 귀무가설은 직접 검정 대상이 되는 가설이라고 할 수 있다. 다시 말해 '표본의 관찰을 통해 모집단은 **할 것이다'라고 내린 가설이다.
- 가설검정을 시행할 때는 귀무가설이 옳다는 가정하에 시작한다. 이것을 반대로 생각하면 진실일 가능성이 적어 처음부터 기각될 것이 예상되는 가설이다.
- 대립가설은 귀무가설이 기각이 될 때 받아들여지는 가설로 정의한다.

귀무가설
'영가설'이라고도 하며 대립가설에 상반되는 가설로서 기각되는 것이 예상되어 세워진 가설

② 검정통계량의 설정

- 검정통계량은 가설을 검정하기 위한 기준으로 사용하는 값을 의미한다.
- 검정통계량이 확률분포 상에 어디에 위치하는지에 따라 귀무가설을 기각하거나 기각하지 않는다.

③ 기각역의 설정

- 기각역은 확률분포에서 귀무가설을 기각하는 영역을 말한다.
- 기각역에 검정통계량이 위치하면 귀무가설을 기각한다.

▲ 신뢰구간과 기각역

④ 검정통계량 계산

검정통계량의 계산식은 다음과 같다.

$$\frac{(표본평균-모평균)}{(표본 \ 표준편차)}$$

- 신뢰수준 : 가설을 검정할 때 어느 정도로 검정할 것인지에 대한 수준을 말한다.
- 유의수준 : 가설을 검정할 때 일정 수준을 벗어나면 귀무가설이 오류라고 판단하는 수준을 말한다.
  - 유의수준의 수학적 의미는 기각역들의 합이며, 1에서 신뢰수준을 뺀 값이기도 하다.

⑤ 통계적인 의사결정(가설검정)

가설검정에서의 검정 방법은 양측검정과 단측검정 두 가지가 있다.

- 양측검정이란 귀무가설을 기각하는 영역이 양쪽에 있는 검정을 말한다. 만약 대립가설이 ~가 아니다(크거나 작다)라면 양측검정을 사용한다.

▲ 기각역 양측검정

- 단측검정이란 양측검정과는 달리 귀무가설을 기각하는 영역이 한쪽 끝에 있는 검정을 말한다. 만약 대립가설이 ~보다 작다 혹은 크다인 경우 단측검정을 사용한다.

▲ 기각역 좌측검정

- 통계적인 의사결정 단계에서는 계산한 검정 통계량을 t값 분포도와 비교하여 기각역에 속하는지 아닌지를 판단한다.

유의수준
귀무가설이 참임에도 불구하고 기각할 확률로 알파(α, alpha)값이라고도 부름

🅑 기적의 TIP

추정과 검정의 더 자세한 내용은 PART 02 – CHAPTER 03 – SECTION 02 추론통계를 참고한다.

▲ 검정통계량(t값)에 따른 귀무가설 기각 결정

4) 분석 모델링 설계와 검정 – 추정 방법에 대한 기술 검토

- 전체적으로 데이터에 대한 전처리 과정을 마치게 되면 모형에 활용될 후보 변수와 후보 분석 모형에 사용할 알고리즘을 파악하게 된다.
- 기초 통계, 데이터 검증, 데이터 정제 등의 데이터 변환 과정을 거치면 후보 변수는 전처리 과정에서 선정된다.
- 분석 모형은 크게 분류예측 추천 등의 예측 분석, 과거 데이터를 기반하여 현재를 진단하는 현황 진단, 시뮬레이션과 제한된 환경 최적화를 모색하는 예측 최적화로 나누어진다.
  - 분석 모형을 선정하는 문제는 비즈니스 환경 여건이나 종속 변수의 유무에 따라 달라지기 때문에 종속 변수가 있는지 없는지를 살펴보아야 한다.
  - 종속 변수의 유무에 따라 사용할 알고리즘이 제한을 받는다.
  - 예를 들어 종속 변수가 없으면 사용할 수 있는 알고리즘이 군집과 원인 분석, 이상치, 연관 법칙 등으로 제한된다. 또한 변수의 속성에 따라 알고리즘의 선택이 달라진다.

✔ 개념 체크

1 가설 종류에 따라 기각역을 설정하는 방법이 달라지는데 귀무가설이 기각될 확률을 뜻하면서 통계적검정에서 대립가설을 기준으로 설정하는 이것은?

① 베타값 ② 람다값
③ 알파값 ④ 감마값

정답 ③

100번 실험을 했을 때 귀무가설이 기각되는 횟수를 5번으로 최대 허용한계를 정하는 것을 유의수준인 알파값이다.

2 분석 모형 선정 시 (   )가 없는 경우 지도학습 알고리즘을 적용하기 어렵기 때문에 비지도학습으로만 분석을 수행할 수 있다. (   ) 안에 알맞은 말은?

① 연관 변수 ② 독립 변수
③ 종속 변수 ④ 군집 변수

정답 ③

종속변수는 원인들에 의해 도출된 결과를 뜻하는 변수로 종속변수가 없게 되면 비지도학습으로 국한되어 알고리즘을 선택, 활용할 수 있게 된다.

01 분석 모형 선정 프로세스와 관련 <u>없는</u> 항목은?

① 데이터 도식화 ② 분석 모델 개발
③ 분석목표 정의 ④ 데이터 수집

02 분석 모형 종류로 <u>틀린</u> 것은?

① 예측분석 모형 ② 현황진단 모형
③ 기계학습 모형 ④ 최적화분석 모형

03 분석 모형 설계에서 특정 영역을 지정, 의사결정 지점으로 진행하는 과정에서 분석과제를 발굴하는 방식을 의미하는 용어는?

① 분석 유스케이스(Use Case) 기반 접근
② 하향식(Top-down) 접근
③ 의사결정나무(Decision Tree) 기반 접근
④ 상향식(Bottom-up) 접근

04 분석 모형 종류 중 분석 예측모형에 해당되지 <u>않</u><u>는</u> 것은?

① 적조 발생 판단
② 지역별 범죄비율 예상
③ 쇼핑아이템 추천
④ 배합비율 최적화

05 통계검정에서 가설을 검정할 시 어느 정도로 검정할지에 대한 수준으로 표본 추출 시 모수를 포함할 구간의 비율을 일컫는 용어는?

① 기각수준 ② 신뢰수준
③ 검정수준 ④ 유의수준

06 분석 모형에서 종속변수가 없을 시에 사용할 수 <u>없는</u> 알고리즘은?

① 군집분석 ② 연관분석
③ 분류분석 ④ 주성분분석

07 가설검정의 절차와 관계 <u>없는</u> 항목은?

① 검정통계량 ② 통계추정
③ 유의수준 ④ 확률분포

08 분석( ) 작성을 통해 분석 과정에 필요한 데이터, 절차, 분석기법 등의 세부사항들을 정의, 분석 과정과 결과가 어떻게 활용되는지 명확히 알 수 있다. 괄호에 들어갈 용어는?

① 유스케이스 ② 프로젝트계획서
③ 시나리오 ④ 모델정의서

09 분석 모형 정의를 위한 사전 판단기준에 대한 세부설명으로 <u>틀린</u> 것은?

① 필요성 : 추진관점에서 분석 과제가 필요한지 판단
② 추진시급성 : 당장 해소되어야 할지 여부 판단, 장기과제 성격 분리
③ 모델확장성 : 분석 모델을 추가 확장 가능한지 판단
④ 구현가능성 : 과제구현에 대해 어려움이 없는지 현실성 판단

SECTION 01

01 ②	02 ③	03 ④	04 ④	05 ②
06 ③	07 ②	08 ③	09 ③	

01 ②

분석 모형 선정 프로세스는 분석 이전의 단계들을 수행하는 과정으로 분석 모델 개발과는 관련성이 없다.

02 ③

분석 모형 종류로는 예측분석, 현황진단, 최적화분석 모형이 있다.

03 ④

분석 모형 설계에서 상향식 접근은 특정 영역을 지정, 의사결정 지점으로 진행하는 과정에서 분석과제를 발굴하는 방식이다.

04 ④

분석 예측모형은 미래에 대한 현상을 사전에 분류, 예측하는 것으로 적조 예측, 날씨 예측, 주가 예측, 범죄/위험 예측, 쇼핑아이템 추천 등에 적용할 수 있다.

05 ②

신뢰구간은 모수가 포함될 가능성이 있는 구간으로 구간의 비율은 신뢰수준이라고 한다.

06 ③

종속변수는 결과값 변수로 지도학습 기반 분석 모형에 해당되는 것으로 이와 관계있는 분석은 분류분석이다.

07 ②

가설검정의 절차는 유의 수준결정 → 검정 통계량의 설정 → 기각역의 설정 → 검정통계량 계산 → 통계적 의사결정으로 나뉜다.

08 ③

분석시나리오 작성을 통해 분석 과정에 필요한 데이터, 절차, 분석기법 등의 세부사항들을 정의, 분석 과정과 결과가 어떻게 활용되는지 명확히 알 수 있다.

09 ③

분석 모형 정의 시 사전 고려사항으로 분석 모형으로 정의, 분석이 실제 추진될 수 있을지의 가능성을 타진하는 것이 중요하다. 모델확장성은 분석 모델 자체가 아닌 과제가 시범과제로 끝나지 않고 전체 데이터 모델로 확장 가능한지 판단함을 뜻한다.

분석 환경 구축

빈출 태그 R·파이썬·데이터 분할·과대적합·과소적합

01 분석 도구 선정

R 언어
통계 및 그래프 작업을 위한 인터
프리터 프로그래밍 언어

인터프리터
• 프로그래밍 언어의 소스 코드를
바로 실행하는 환경
• 원시 코드를 기계어로 번역하는
컴파일러와 대비

객체지향
데이터와 절차를 하나의 덩어리로
묶어서 생각하는 프로그래밍 방법

1) R

1993년 뉴질랜드 오클랜드 대학교 통계학과 교수들이 통계분석과 자료의 시각화를 위해 개발한 오픈소스 분석용 프로그래밍 언어로 다음과 같은 특징을 가지고 있다.

① **객체지향 언어** : 일반 데이터, 함수, 차트 등 모든 데이터가 객체 형태로 관리되어 효율적인 조작과 저장방법을 제공한다.

② **고속메모리 처리** : 모든 객체는 메모리로 로딩되어 고속으로 처리되고 재사용 가능하다.

③ **다양한 자료 구조** : 벡터, 배열, 행렬, 데이터프레임, 리스트 등 다양한 자료구조와 연산기능을 제공한다.

④ **최신 패키지 제공** : 오픈소스 커뮤니티(www.r-project.org) CRAN 사이트를 통해 데이터 분석에 필요한 최신의 알고리즘과 방법론을 제공한다.

⑤ **시각화** : 데이터 분석과 표현을 위한 다양한 그래픽 도구를 제공한다.

▶ R의 장·단점

장점	• 지속적으로 업데이트되는 다양한 패키지 • 그래프 및 도표, 시각화 기능에 특화
단점	• 대용량 메모리 처리가 어려우며 보안 기능이 취약 • 별도의 모듈 연동이 아니면 웹 브라우저에서 사용할 수 없음

• R Studio는 R을 위한 오픈소스 통합개발환경(IDE)으로 편리한 분석 개발 인터페이스를 제공한다.

Rstudio Desktop	프로그램이 일반 데스크톱 애플리케이션으로 실행
Rstudio Server	원격 리눅스 서버에서 실행되는 동안 웹 브라우저를 사용하여 Rstudio에 접근을 허용

2) 파이썬(Python)

1991년에 프로그래머 귀도 반 로섬(Guido van Rossum)이 발표한 오픈소스 분석용 프로그래밍 언어로, 플랫폼 독립적이며 인터프리터식, 객체지향적 대화형 언어이다.

① 배우기 쉬운 대화 기능의 인터프리터 언어 : 간결하고 쉬운 문법으로 컴파일, 실행, 테스트가 용이하다.

② 동적인 데이터타입 결정 지원 : 동적으로 데이터타입을 결정하므로 데이터타입에 무관하게 코드 작성이 가능하다.

③ 플랫폼 독립적 언어 : 운영체제에 독립적으로 컴파일 없이 동작을 실행한다.

④ 내장 객체 자료형과 자동 메모리 관리 : 리스트, 사전, 튜플 등 유연한 내장 객체 자료형을 지원하며 메모리 자동할당 뒤 종료 시 자동 해지하는 메모리 청소(Garbage Collection) 기능을 제공한다.

▶ 파이썬의 장 · 단점

장점	• 영어 문장 형식으로 구현된 빠른 개발 속도 • 재사용 가능한 모듈 제공 • C언어를 포함한 다른 언어 프로그램들과 연동성이 높음
단점	• 컴파일 없이 인터프리터가 한 줄씩 실행하는 방식으로 실행속도가 느림 – 바이트 코드를 일부 생산하거나 JIT(Just-In-Time) 컴파일러를 사용하여 보완

• 파이썬 아나콘다(Anaconda)는 파이썬 기반의 데이터 분석에 필요한 오픈소스들의 통합 개발 플랫폼으로 가상환경과 패키지를 관리, 개별 프로젝트 개발 환경을 효율적으로 구성할 수 있다.

02 데이터 분할

1) 데이터 분할 정의

분석용 데이터로 모형을 구축하여 평가 및 검증하기 위해서 전체 데이터를 학습 데이터, 평가 데이터, 검증용 테스트 데이터로 분할한다.

① 학습(training) 데이터 : 데이터를 학습하여 분석 모형을 만드는 데에 직접 사용되는 데이터이다.

② 평가(validation) 데이터 : 추정한 분석 모델이 과대/과소적합인지 모형의 성능을 평가하기 위한 데이터이다.

학습(훈련) 데이터는 모델 성능에 큰 영향을 미치므로 충분한 양과 다양성, 고품질 등의 특징을 반영해야 한다.

③ 검증용 테스트(test) 데이터 : 최종적으로 일반화된 분석 모형을 검증하는 테스트를 위한 데이터이다.

- 보통 학습과 검증을 위해서는 7:3 또는 8:2 비율로 진행되며 전체적인 훈련, 평가, 검증용 테스트 데이터 비율은 일반적으로 4:3:3 또는 5:3:2로 정한다.

2) 과대적합(Overfitting)과 과소적합(Underfitting)

① 과대적합(과적합)

일반적으로 학습 데이터는 실제 데이터의 부분 집합이므로 학습 데이터에 최적화된 분석 모델이 만들어지게 되면 실제 데이터에서 오차가 발생할 확률이 크다.

- 학습(훈련) 데이터에 대해서는 높은 정확도를 나타내지만 테스트 데이터나 새로운 데이터에 대해서는 예측을 잘 하지 못하는 것을 과대적합이라고 한다.
- 과대적합 방지를 위한 것으로 데이터 분할 외에 K-fold 교차검증, 정규화 등의 방법이 있다.

② 과소적합

- 모형이 단순하여 데이터 내부의 패턴 또는 규칙을 잘 학습하지 못하는 것을 과소적합이라 한다. 이것은 학습 데이터에서도 정확한 결과를 도출하지 못한다.

③ 일반화

- 학습 데이터를 통해 생성된 모델이 평가 데이터를 통한 성능 평가 외에도 검증용 테스트 데이터를 통해 정확하게 예측하는 모델을 일반화된 모형이라고 한다.

Under-fitting   Appropriate-fitting   Over-fitting

01 데이터 분석 도구 R의 주요 특징에 해당되지 않는 것은?

① 객체지향 언어
② 쉬운 대량 메모리 처리
③ 풍부한 시각화 라이브러리
④ 웹브라우저 연동 모듈 제공

02 파이썬의 단점으로 대화 기능과 한 줄씩 실행하는 방식의 실행속도가 느린 (　　) 언어라고 할 때 빈칸에 맞는 것은?

① 컴파일러
② 플랫폼 녹립
③ 인터프리터
④ 객체형

03 데이터 분석의 분할 부문에서 일반화된 분석 모형을 검증하기 위해 분할되는 데이터 명칭은?

① 학습(train) 데이터
② 평가(validation) 데이터
③ 검증(verification) 데이터
④ 테스트(test) 데이터

04 훈련데이터에 대해서는 높은 정확도를 나타나내 테스트데이터나 새로운 데이터에 대해서는 예측을 잘 못할 때 이를 뜻하는 명칭은?

① 예측오류
② 과대적합
③ 과소적합
④ 최적합

05 과대적합(Overfitting)을 방지하기 위한 기법으로 거리가 먼 것은?

① 데이터 분할
② 통계검증
③ K-fold 교차검증
④ 정규화

SECTION 02

01 ②	02 ③	03 ④	04 ②	05 ②

01 ②

R의 주요 특징으로 객체지향 언어, 풍부한 시각화 라이브러리, shiny와 같은 웹브라우저 연동 모듈 등이 있으며 단점은 대용량 메모리 처리가 어려우며 보안 기능이 취약한 점이 있다.

02 ③

파이썬의 단점은 컴파일없이 인터프리터가 한 줄씩 실행하는 방식으로 실행속도가 느리므로 바이트 코드를 일부 생산하거나 JIT(Just-In-Time)컴파일러를 사용하여 보완한다.

03 ④

검증용 테스트(test) 데이터는 최종적으로 일반화된 분석 모형을 검증하는 테스트를 위해 분할, 구분된다.

04 ②

과대적합에 대한 설명이다.

05 ②

과적합 방지 기법에는 데이터 분할, K-fold 교차검증, 정규화 등의 방법이 있다.

CHAPTER **02**

분석기법 적용

학습 방향

학습유형에 따른 데이터 분석 모델을 구분할 수 있어야 합니다. 대표적인 분석 모델인 회귀분석, 의사결정나무, 인공신경망, 서포트벡터머신 및 K-평균 군집분석의 동작원리와 활용 분야는 매우 중요하니 철저하게 학습합니다. 또한, 다변량 분석, 시계열 분석 등 고급 분석기법들의 특징과 장단점을 위주로 학습합니다.

출제빈도

SECTION 01	상	70%
SECTION 02	중	30%

출제빈도 ⓢ 중 하
반복학습 ① ② ③

빈출 태그 회귀분석 • 로지스틱 회귀분석 • 의사결정나무 • 인공신경망 • 딥러닝 • SVM • 연관성 분석 • 군집분석

① 분석기법 개요

1) 학습 유형에 따른 데이터 분석 모델

데이터 분석 모델은 학습 유형에 따라 지도학습, 비지도학습, 준지도학습, 강화학습으로 구분된다.

① 지도학습(Supervised Learning)

정답(Label, 라벨 또는 레이블)이 있는 데이터를 활용해 데이터를 학습시키는 방법으로 입력값이 주어질 때 정답이 무엇인지 알려주면서 컴퓨터를 학습시키는 방법이다.

• 지도학습은 대표적으로 분류(Classification)와 회귀(Regression)로 구분할 수 있다. 분류는 주어진 데이터를 여러 가지 중의 하나로 분류하는 것이고, 회귀는 주어진 데이터의 특징을 기반으로 새로운 데이터 값을 예측하는 것이다.

▶ 분류와 회귀 비교

분류	이진분류	주어진 데이터에 대해 두 가지 중 하나로 분류
	다중분류	주어진 데이터에 대해 여러 가지 중 하나로 분류
회귀	주어진 데이터의 특징을 기반으로 새로운 데이터 값을 예측	

▶ 지도학습 모델에서 활용되는 대표적인 데이터분석 기법

지도학습 – 분류	의사결정트리(분류), 랜덤 포레스트, 인공신경망(지도학습), 서포트벡터머신(SVM), 로지스틱 회귀분석
지도학습 – 회귀(예측)	의사결정트리(회귀), 선형회귀분석, 다중회귀분석

• 지도학습의 예 – 손글씨로 작성된 숫자 이미지 데이터 분류

MNIST 데이터베이스
손으로 쓴 숫자들로 이루어진 대형 데이터베이스, 아래 레이블은 각 손글씨가 의미하는 숫자(정답)

▲ MNIST 데이터셋

지도학습은 데이터와 레이블 정답을 컴퓨터에게 제공하여 학습(지도학습-분류)을 시키며 이때 이용된 데이터셋은 학습을 위해 이용된 데이터셋으로 훈련 데이터셋(Training Dataset)이라 부른다.

지도학습을 다 마치고 난 뒤 정답 레이블이 없는 테스트 데이터셋(Test Dataset)으로 새로운 숫자 이미지를 입력하여 나오는 출력값을 통해 학습이 잘 되었는지에 대해 학습모델의 성능을 평가한다.

② 비지도학습(Unsupervised Learning)

정답 없는 데이터를 컴퓨터 스스로 학습하여 숨겨진 의미, 패턴을 찾아내고 구조화하는 방법이다. 예를 들어, 전기자동차를 산 구매자들의 데이터를 갖고 있을 때, 어떤 사람들이 주로 전기자동차를 샀는지를 비지도학습을 통해 알아볼 수 있다. 다만, 입력값은 있으나 정답이 없어 출력값이 존재하지 않으므로 학습모델의 성능을 평가하기 어렵다.

 기적의 TIP

분류와 회귀 모델을 구분할 줄 알아야 한다.

• 비지도학습의 예 – USArrests 미국 주별 강력 범죄율 군집분석

– R에 내장된 USArrests 데이터셋은 1973년 미국 주(state)별 강력 범죄율 정보를 담고 있는 데이터셋으로, 비지도학습(종류: 군집)을 적용하게 뇌년 그림과 같이 아무런 정보가 없는 상태에서도 가까운 거리간에 있는 유사한 특징을 가진 도시들을 묶어서 보여준다.

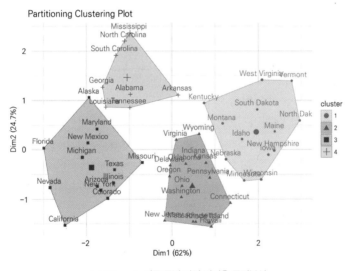

▲ USArrests 미국 주별 강력 범죄율 군집분석

• 비지도학습은 라벨이 없는 데이터에 대해서 데이터의 특성을 스스로 분석하여 데이터가 어떤 특성의 그룹으로 구성되어 있는지 확인하는데 사용되며, 빅데이터 분석 프로젝트에서 초기 데이터가 동질적인 소수 집단으로 이루어져 있는지, 이질적인 많은 집단으로 구성되어 있는지 탐색하는 데에도 활용될 수 있다.

• 비지도학습의 종류로 군집분석(Clustering), 연관성분석(Association Analysis), 인공신경망(Neural Networks), 오토인코더(Auto-encoder) 등이 있다.

③ 준지도학습(Semi-supervised Learning)

정답이 있는 데이터와 정답이 없는 데이터를 동시에 학습에 사용하는 기법이다. 일반적으로 데이터 라벨링(데이터에 정답을 붙이는 과정)을 하는 데에 훈련된 사람의 손을 거쳐야 하므로 데이터 규모가 클 경우 구축 비용이 기하급수적으로 증가하게 된다. 따라서 목표값이 없는 데이터에 적은 양의 목표값을 포함한 데이터를 사용할 경우 비용뿐만 아니라 학습 정확도가 상대적으로 좋아지게 되어 준지도학습을 이용하여 결과를 향상시킬 수 있다.

- 학습데이터의 일부만 정답(라벨)이 있는 경우 준지도학습을 이용한 트레이닝 방법
  - 준지도학습에서는 레이블이 된 소수의 데이터만으로 부분학습모델을 만들고, 이 모델을 사용해서 나머지 레이블이 없는 데이터에 레이블을 생성한 후 지도학습을 수행한다.

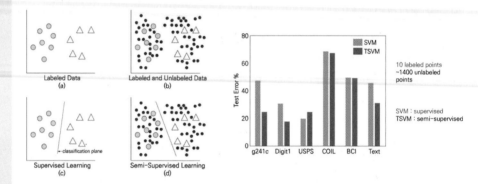

▲ 준지도학습 예

그림에서 (a)는 정답이 있는 데이터를 보여주고 (b)의 작은 점들은 정답이 없는 데이터이다. (a) 정답 데이터를 이용하여 (d)와 같이 준지도학습 기법을 적용했을 때 클러스터링이 잘 나뉘어지는 것을 볼 수 있다.

그림의 오른쪽 표는 지도학습(서포트벡터머신, SVM)을 사용했을 때와 준지도학습을 사용했을 때 성능을 비교해서 보여준다. 정답 데이터 10개와 정답이 없는 데이터 1400개를 이용할 때 준지도학습에서 테스트 에러율이 상대적으로 낮아 준지도학습이 전반적으로 좋은 성능을 보여준다.

- 준지도학습의 대표적인 종류로 셀프 트레이닝, GAN이 있다.
- 셀프 트레이닝은 정답이 있는 데이터로 모델을 학습한 뒤 정답이 없는 데이터를 예측하여 이 중에서 가장 확률값이 높은 데이터들만 정답 데이터로 다시 가져가는 방식을 반복하는 것으로 높은 확률값이 나오는 데에 가중치를 주는 간단한 기법이다.

셀프 트레이닝
레이블이 달린 데이터로 모델을 학습
↓
이 모델을 가지고 레이블이 달리지 않은 데이터 예측
↓
이 중 가장 확률값이 높은 데이터들만 레이블 데이터로 다시 가져감
↓
위 과정을 반복

2가지 정답 데이터로 준지도학습 기법을 적용한 사례

1. 2가지 정답 데이터를 가지고 나이브 베이즈 분류기로 훈련한다.

0.00
1.jpg

-Inf
14.jpg

2. 훈련모델 기반 정답이 없는 데이터들을 적용하고 결과에 대해 logP(Y=astronomy|X) 신뢰도로 기본 오름차순으로 정렬한다.

-137.13
19.jpg

-121.93
34.jpg

-109.89
84.jpg

-107.91
100.jpg

-96.98
13.jpg

-0.00
91.jpg

-0.00
94.jpg

-0.00
95.jpg

-0.00
96.jpg

-0.00
97.jpg

3. 가장 신뢰도(정확도)가 높은 이미지들과 정답을 기존 정답이 있는 데이터 그룹에 추가한다.

0.00
1.jpg

-Inf
14.jpg

-Inf
19.jpg

0.00
97.jpg

4. 분류기를 재학습, 반복 진행한다.

-194.24
34.jpg

-161.15
13.jpg

-159.15
100.jpg

-157.61
84.jpg

-143.27
8.jpg

-0.00
90.jpg

-0.00
91.jpg

-0.00
94.jpg

-0.00
95.jpg

-0.00
96.jpg

eclipse를 검색하면 나오는 두 이미지가 있다. 하나는 단어 뜻 그대로 일식 현상을 보여주는 그림이고, 하나는 자동차 모델명이다.

GAN은 원래 비지도학습을 위한 생성 모델의 형태로 제안되었지만 준지도학습에도 활용된다.

• GAN은 Generative Adversarial Networks(생성적 적대 신경망)의 줄임말로 생성모델(generative model)과 판별모델(식별모델, discriminative model)이 존재하여 생성모델에서 데이터 분포 법칙에 따라 데이터를 생성하면 판별 모델에서는 이를 판별하는 방식으로 학습을 진행한다.

이 방법은 위조지폐범과 경찰 사이의 게임에 비유할 수 있다. 위조지폐범은 진짜 같은 화폐를 만들어 경찰을 속이고자 하며 경찰은 진짜와 가짜 화폐를 판별함으로써 위조지폐범을 검거하는 것에 목표를 둔다. 이러한 경쟁적 학습이 지속되게 되면 위조지폐범은 진짜와 거의 흡사한 수준의 위조지폐를 만들게 되는 것과 유사한 원리이다.

이와 같이 진짜 같은 데이터를 생성하려는 생성모델과 진짜와 가짜 데이터를 판별하는 판별모델로 적대적으로 학습하게 된다.

▲ GAN 개념도

④ 강화 학습(Reinforcement Learning)

주어진 환경에서 보상을 최대화하도록 에이전트를 학습하는 기법이다. 에이전트와 환경의 상태 등이 인공신경망으로 들어가게 되고 에이전트가 행동을 결정하고 환경을 통해 보상(또는 벌칙)이 있으면 이전의 입력값과 행동들을 긍정적으로(또는 부정적으로) 학습하게 된다.

▲ 강화 학습 흐름도

▶ 비지도학습, 준지도학습, 강화학습 모델에서 활용되는 대표적인 데이터분석 기법

비지도학습	군집분석, 연관성분석, 인공신경망, 오토인코더
준지도학습	셀프 트레이닝, GAN
강화학습	Q-Learning, 정책경사(PG: Policy Gradient)

2) 데이터 분석 알고리즘과 분야

▶ 데이터 분석 알고리즘들이 활용되고 있는 대표 분야

알고리즘	주 활용 분야
업리프트 모델링	단계적 추정, 예측 분석
생존분석	의료 통계, 설비 분야 사건 예측
회귀분석	예측, 추정 분석
시각화	원인과 관계 분석
기초통계	기초 통계현황 파악
부스팅, 배깅	분류 분석
시계열분석	시간상의 예측(이자율)
요인분석	차원축소
텍스트 마이닝	감성 분석
의사결정 나무, 랜덤포레스트	분류
신경 회로망	예측 분석
군집분석	독립변수들만의 분류, 그룹화
추천-협업 필터링	아이템과 이용자 간의 상호 분석 통한 추천
앙상블 기법	추정, 예측, 규범 등의 결합 분석
소셜네트워크 분석	관계망 분석
서포트벡터머신	분류 분석
주성분분석	원인분석, 차원축소

- 업리프트 모델링은 마케팅 캠페인에서 많이 사용하는 기법으로 실제로는 추정 모델을 단계별로 적용하는 기법이며, A/B테스트와 같이 환경이나 조건을 달리 한 후에 적당한 그룹을 선택하여 마케팅이나 신용 관리, 채널, 가격 선택, 고객 이탈 관리 등 다양한 분야에 사용한다.
- 회귀분석은 예측 또는 분류에 사용하는 대중적인 알고리즘으로 특히 로지스틱 회귀분석은 이진분류에 자주 활용된다.
- 시계열 불량 감지는 이자율이나 주식 예측 등에 자주 사용되며 이상치 감지 기 법은 사기 탐지 등에 사용한다.
- 분석기법을 선택하는 기준은 목적과 해석 가능 여부에 따라 달라진다.

1 비지도학습 종류와 거리가 먼 알고리즘은?

① 군집분석

② 연관분석

③ 오토인코더

④ SVM

정답 ④

SVM(서포트벡터머신)은 지도학습 알고리즘에 해당한다.

2 정답이 있는 데이터와 정답이 없는 데이터를 동시에 학습에 사용하는 기법으로 데이터 레이블링에 소요되는 자원과 비용 대신 소량 레이블 데이터로 딥러닝 분류모델을 훈련 하기 위한 방법은?

① 강화 학습

② 준지도 학습

③ 비지도 학습

④ 지도 학습

정답 ②

준지도학습은 지도학습과 비지도학습의 중간단계로 정답이 있는 데이터와 없는 데이터를 모두 활용한다.

02 회귀분석

특정 변수가 다른 변수에 어떤 영향을 미치는지를 수학적 모형으로 설명, 예측하는 기법으로 독립변수로 종속변수를 예측하는 기법으로도 알려져 있다.

▲ 선형회귀 분석 예시

• 독립변수 : 입력값 또는 원인을 설명하는 변수이다.

• 종속변수 : 결과값 또는 효과를 설명하는 변수이다.

- 회귀선(회귀계수) : 독립변수가 주어질 때의 종속변수의 기댓값으로 일반적으로 최소제곱법을 이용한다.
- 최소제곱법(최소자승법, Method of Least Squares) : 잔차(residual, 관측값 y와 예측값 y 간 차이) 제곱의 합이 최소가 되게 하는 직선을 찾는 방법이다.

$$min \sum (Y_i - \hat{Y}_i)^2$$

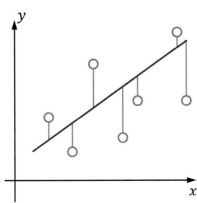

▲ 최소제곱법(OLS: Ordinary Least Squares)

 더 알기 TIP

회귀 분석 모형 진단

1. 적합도 검정(Goodness-of-fit Test)
추정된 회귀식이 표본의 실제값을 얼마나 잘 설명하는지에 대해 확인하는 방법으로 R^2(결정계수, 회귀선의 설명력)가 알려져 있다. SSR(회귀제곱합)/SST(총제곱합)으로 계산되며 1에 가까울수록 높은 설명력을 가진다.

2. 변수 영향력 분석
종속변수에 독립변수들이 얼마큼 영향력을 미치는 지 회귀 변수의 통계적 유의성 검정, 회귀 계수 추정치에 대한 표준오차와 신뢰구간 검증 등으로 확인하며 p값이 0.05보다 작을 경우 통계적으로 유의미하다고 판단한다.

그 외 잔차분석 등으로 회귀분석 예측 모형 결과를 진단할 수 있다.

1) 선형회귀분석

종속변수 y와 한 개 이상의 독립변수 x와의 선형 상관성을 파악하는 회귀분석 기법으로 종속변수와 독립변수 모두 연속형 변수여야 한다.

① 단순 선형회귀분석 : 가장 단순한 분석으로 한 개의 종속변수 y와 한 개의 독립변수 x로 두 개의 변수 사이의 관계를 분석한다.

$$y = ax + b$$

a는 회귀계수, b는 y절편

회귀제곱합
(SSR, Regression Sum of Squares)
회귀모형에 의해 설명되는 변동의 제곱합

오차제곱합
(SSE, Error(Residual) Sum of Squares)
오차에 의해 설명되는 변동의 제곱합

SSR과 SSE를 합하면 SST(Total Sum of Squares)

회귀계수와 결합형태 구분
1. 선형
2. 비선형

독립변수의 개수
1. Simple
2. Multiple

종속변수의 개수
1. 단변량
2. 다변량

단순 선형회귀분석
한 개의 종속변수 y와 한 개의 독립변수 x를 가지고 사용한 것

다중 선형회귀분석
한 개의 독립변수가 아닌 여러 개의 독립변수를 사용한 것

② 다중 선형회귀분석 : 하나의 독립변수가 아닌 여러 개의 독립변수를 사용한 회귀분석 기법으로 단순 선형회귀분석이 독립변수를 하나 가지고 있는 선형회귀분석이라면 다중 선형회귀분석은 독립변수가 두 개 이상이고 종속변수가 y 하나인 선형회귀분석이다.

$$y = ax_1 + bx_2 + \cdots + c$$

(a, b,⋯)는 회귀계수, c는 y절편

▶ 선형회귀분석의 기본적인 가정

선형성	독립변수와 종속변수가 선형적이어야 한다.
잔차 정규성	잔차의 기댓값은 0이며 정규분포를 이루어야 한다.
잔차 독립성	잔차들은 서로 독립적이어야 한다.
잔차 등분산성	잔차들의 분산이 일정해야 한다.
다중 공선성	다중 회귀분석을 수행할 경우 3개 이상의 독립변수 간에 상관관계로 인한 문제가 없어야 한다.

③ 일반화 선형모형(GLM: Generalized Linear Model)

• 선형회귀모형의 확장 형태로, 종속 변수가 정규분포를 따르지 않는 경우에도 적용 가능한 통계 모형이다.

• GLM은 선형예측변수와 링크함수를 사용하여 종속변수와의 관계를 설명한다.

• 일반화 선형모형에는 선형회귀, 로지스틱회귀, 포아송회귀 등 다양한 특수한 경우의 모델이 포함된다.

• GLM의 주요 구성 요소

– 선형예측변수(Linear Predictor) : 독립 변수와 모수(파라미터)을 결합한 선형적인 식이다.

$\eta = X\beta = \beta_0 + \beta_1 X_1 + \beta_2 X_2 + \ldots + \beta_n X_n$ (X는 독립 변수 행렬, β는 파라미터 벡터)

– 연결함수(Link Function) : 선형예측변수와 종속변수 간의 관계를 나타내는 함수로, 종속변수와 선형예측변수의 연결고리 역할을 한다.

– 확률분포 : GLM은 종속 변수가 특정 확률분포를 따른다고 가정한다. 일반적인 GLM은 이산확률분포인 이항 분포, 포아송 분포, 그리고 이항 분포와 같은 확률 분포를 가정할 수 있다.

2) 로지스틱 회귀분석(Logistic Regression)

통계학자 D. R. Cox가 1958년에 제안한 확률 모델로 종속변수와 독립 변수와의 관계를 함수를 통해 예측하는 것은 선형회귀분석과 유사하나, 종속변수가 연속형이 아닌 범주형으로 입력 데이터가 주어졌을 때 특정 분류로 결과가 나타나는 것이 다른 점이다.

선형회귀분석과의 차이점은 종속변수를 범주형으로 확장하였고 정규분포 대신 이항분포를 따른다는 점이다.

① 단순 로지스틱 회귀분석 : 종속변수가 이항형 문제(범주의 개수가 두 개인 경우) 인 회귀분석이다.

② 다중 로지스틱 회귀분석 : 종속변수가 이항형 문제가 아닌 두 개 이상의 범주를 가지게 될 경우의 회귀분석이다.

• 로지스틱 회귀함수식은 각 모수에 대해 비선형식이며 승산(odds)으로 로짓변환(0과 1로 조정하는 과정)을 통해 선형함수로 치환이 가능하다.

$$P(Y = 1|X = x_1, \ldots, x_p) = \frac{e^{(\beta_0 + x_1\beta_1 + \cdots + x_p\beta_p)}}{1 + e^{(\beta_0 + x_1\beta_1 + \cdots + x_p\beta_p)}}$$

– 승산(odds)은 임의의 사건 A가 발생하지 않을 확률 대비 일어날 확률의 비율을 뜻하는 개념으로 P(A)가 1에 가까울수록 발생확률 승산은 올라가며 반대로 P(A)가 0이라면 0이 된다.

$$odds = \frac{P(A)}{P(A^c)} = \frac{P(A)}{1 - P(A)}$$

• 이외 두 개 이상의 범주를 가지는 문제가 대상인 경우에는 다항 로지스틱 회귀(Multinomial Logistic Regression) 또는 분화 로지스틱 회귀(Polytomous Logistic Regression), 복수의 범주이면서 순서가 존재하면 서수 로지스틱 회귀(Ordinal Logistic Regression)로 다양한 분야에서 분류/예측을 위한 모델들로 활용된다.

▶ 로지스틱 회귀분석 종류

단순 로지스틱 회귀분석	종속변수가 이항형 문제(범주의 개수가 두 개인 경우)의 회귀분석
다중 로지스틱 회귀분석	종속변수가 이항형 문제가 아닌 두 개 이상의 범주를 가지게 될 경우의 회귀분석

3) 회귀분석의 장단점

• 장점 : 크기와 관계없이 계수들에 대한 명료한 해석과 손쉬운 통계적 유의성 검증이 가능하다.

• 단점 : 선형적인 관계로 데이터가 구성되어 있어야 적용할 수 있다.

1 선형회귀분석 기반 예측모델과 관계가 없는 항목은?

① 잔차 분석
② 다중공선성 검사
③ 선형성 확인
④ 로짓 변환

정답 ④

로짓 변환은 로지스틱 회귀함수에서 승산(odds)으로 변환(0과 1로 조정)하는 과정을 말하며, 이를 통해 선형함수로 치환이 가능하다.

2 회귀분석 모형 진단에서 표본의 실제값에 대한 회귀식의 설명력에 대한 것은?

① 변수 영향력 분석
② 잔차 분석
③ 적합도 검정
④ 유의성 검정

정답 ③

적합도 검정은 추정된 회귀식이 표본의 실제값을 얼마나 잘 설명하는지에 대해 확인하는 방법이다.

3 로지스틱 회귀의 장점으로 옳지 않은 것은?

① 분류 외에 확률값을 얻을 수 있다.
② 2개 이상의 분류기에 적용가능하다.
③ 선형관계에 있지 않아도 적용가능하다.
④ 예측변수에 범주형 변수를 넣을 수 있다.

정답 ③

로지스틱 회귀는 선형회귀와 동일하게 선형관계에 있음으로 가정해야 한다.

03 의사결정나무(Decision Tree)

의사결정 규칙을 나무 모양으로 나타내어 전체 자료를 몇 개의 소집단으로 분류(classification)하거나 예측(prediction)을 수행하는 기법이다.

• 상위노드로부터 하위노드로 트리구조를 형성하는 매 단계마다 분류 변수와 분류 기준값의 선택이 중요하다.

• 상위노드에서 분류된 각각의 하위노드는 노드 내 동질성이 커지고, 노드 간에는 이질성이 커지는 방향으로 분류 변수와 기준값을 선택한다.

• 모형의 크기는 과대적합(또는 과소적합) 되지 않도록 적절히 조절되어야 한다.

• 의사결정나무 기법을 사용한 분석은 시장조사, 광고조사, 품질관리 등 다양한 분야에서 활용되고 있으며, 타겟 고객 분류, 고객 신용분류, 행동 예측 등에 사용된다.

타이타닉 데이터셋은 Kaggle에서 머신러닝 학습에 자주 사용되는 것으로 생존 예측을 목표로 탑승객의 데이터를 분석한다.

✴ 타이타닉호 탑승객의 생존여부 결정에 대한 의사결정나무

아래 표는 타이타닉호 탑승객의 특성을 조사한 것이다. 왼쪽 두번째 칼럼이 생존여부(survived)를 표시한 칼럼이고 다른 칼럼은 승객의 성별, 나이, 객실등급 등 다양한 데이터를 보여준다.

	survived	pclass	sex	age	sibsp	parch	fare	class	adult_male	deck	embark_town	alive	alone
0	0	3	male	22.0	1	0	7.2500	Third	True	NaN	Southampton	no	False
1	1	1	female	38.0	1	0	71.2833	First	False	C	Cherbourg	yes	False
2	1	3	female	26.0	0	0	7.9250	Third	False	NaN	Southampton	yes	True
3	1	1	female	35.0	1	0	53.1000	First	False	C	Southampton	yes	False
4	0	3	male	35.0	0	0	8.0500	Third	True	NaN	Southampton	no	True

이 데이터를 기반으로 그림과 같은 의사결정트리를 구성할 수 있다. 그림에서 성별(sex), 나이(age), 형제자매(sibsp)의 3개 분류변수에 따라 성별이 남자인지 여자인지, 나이는 9.5세 아래인지 아닌지, 형제자매(sibsp)는 2.5명 이상인지 아닌지 등 해당 3가지 체크리스트를 기반으로 따라가면서 생존 여부에 대한 예측을 할 수 있다.

이와 같이 예측 가능한 규칙들의 조합을 만들어가는 형태가 나무 모양과 같다고 하여 의사결정나무라고 일컫는다.

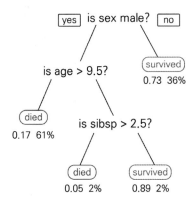

1) 의사결정나무의 구성

① **뿌리 마디(Root Node, 뿌리 노드)** : 나무가 시작되는 마디, 부모가 없는 마디로 대상이 되는 모든 자료집합을 포함

② **중간 마디(Internal Node)** : 뿌리 마디에서 나온 각 나무줄기 중간에 있는 마디

③ **끝 마디(Terminal Node, 잎 노드)** : 각 나무줄기의 끝에 있는 마디, 자식이 없는 마디

④ **자식 마디(Child Node)** : 하나의 마디로부터 분리된 2개 이상의 마디

⑤ **부모 마디(Parent Node)** : 자식 마디의 상위 마디

⑥ **가지(Branch)** : 하나의 마디로부터 끝 마디까지 연결된 마디들

⑦ **깊이(Depth)** : 가장 긴 가지의 크기(마디의 개수)

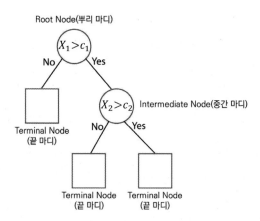

2) 의사결정나무의 종류

의사결정나무는 복표변수가 이산형인 경우의 분류나무와 목표변수가 연속형인 경우의 회귀나무로 구분된다.

> 의사결정나무는 분류와 회귀 모두 가능하다.

▶ 의사결정나무 종류

분류나무	• **이산형 목표변수** : 목표변수 범주에 속하는 빈도(frequency) 기반 입력 데이터가 분류되는 클래스
회귀나무	• **연속형 목표변수** : 목표변수 평균/표준편차 기반 예측된 결과로 특정 의미 지니는 실수값 출력

① 분류나무 : 이산형(범주형) 목표변수에 따른 빈도 기반 분리에 사용한다.

- 상위 노드에서 가지 분할을 진행할 때 카이제곱 통계량의 $p-value$, 지니 지수(Gini index), 엔트로피 지수(Entropy index) 등이 분리 기준으로 활용된다.

> **분리 기준**
> 어떤 입력변수를 입력하여 분리하는 것이 의사결정나무 모델의 목표에 가장 잘 부합하는지에 대한 기준

- 분리 기준을 선택할 때에는 서로 다른 데이터가 섞여 있는 정도인 불순도를 통해 자식 노드가 현재 노드에 비해 불순도가 감소되도록 설정해야 한다. 이 때의 불순도 차이를 정보 획득(Information Gain)이라고 한다.

- 카이제곱 통계량(불순도 함수) : ((실제도수−기대도수)²/기대도수)의 합

$$x_c^2 = \sum \frac{(O_i - E_i)^2}{E_i}$$

- 지니 지수(Gini index, 불순도 함수) : 특정 집합에서 한 항목을 뽑아 무작위로 라벨 추정 시 틀릴 확률

$$G(S) = 1 - \sum_{i=1}^{c} p_i^2$$

- 엔트로피 지수(Entropy index, 불순도 함수) : 무질서 정도에 대한 측도

$$Entropy(A) = -\sum_{k=1}^{m} p_k \log_2(p_k)$$

	지니 지수	$= 1 - \left(\frac{6}{16}\right)^2 - \left(\frac{10}{16}\right)^2 \approx 0.47$
• 총 16개의 점 • 회색 점은 6개	엔트로피 지수	$= -\frac{6}{16}\log_2\left(\frac{6}{16}\right) - \frac{10}{16}\log_2\left(\frac{10}{16}\right) \approx 0.95$

• 카이제곱 통계량 계산

	A	B	
Left	6(4)	2(4)	
Right	0(2)	4(2)	x(y) : 실제도수 값(기대도수 값)

$$\chi^2 = \frac{(6-4)^2}{4} + \frac{(2-4)^2}{4} + \frac{(0-2)^2}{2} + \frac{(4-2)^2}{2} = 6$$

② 회귀나무 : 연속형(수치형) 목표변수에 따른 평균/표준편차 기반 분리에 사용된다.

• 상위 노드에서 가지분할을 진행할 때 F-통계량의 p-value, 분산의 감소량 등이 분리 기준으로 활용된다.

• 분산분석 F-통계량의 p-값(p-value of F-Statistic) : 등분산성을 검정하여 p-값이 커지면 등분산성이 있음을 뜻하므로 낮은 이질성, 즉 순수도가 높아진다.

등분산성
분석하는 집단들의 분산이 같음을 의미

• 분산의 감소량(Variance reduction) : 분산의 감소량이 최대화가 될수록 낮은 이질성, 순수도가 높아지는 방향으로 가지분할이 진행된다.

▲ 회귀나무 예

3) 의사결정나무의 분석 과정

① 변수 선택 : 목표변수와 관련된 설명(독립) 변수들을 선택한다.

② 의사결정나무 형성 : 분석목적에 따른 적절한 분리기준과 정지규칙, 평가기준 등으로 의사결정나무를 만든다.

정지규칙(Stopping Rule)
더 이상 분리가 일어나지 않고 현재의 마디가 끝 마디가 되도록 하는 여러 규칙(조건)

▶ 정지규칙(정지조건)

최대 깊이 (Maximum Depth)	트리의 깊이가 지정된 최대값에 도달하면 분할을 정지
최소 샘플 수 (Minimum Samples per Leaf)	가지 끝 노드(잎 노드)에 속한 샘플 수가 정해진 값보다 작다면 분할을 정지
불순도 감소 (Minimum Impurity Decrease)	노드의 분할이 불순도(예: 지니 불순도, 엔트로피 등)를 감소시키는 최소량을 지정한 후 이 값보다 작은 불순도 감소가 있으면 분할을 정지

③ 가지치기 : 부적절한 나뭇가지는 제거한다. 오버피팅을 막고 일반화 성능을 높여준다.

④ 모형 평가 및 예측 : 이익(gain), 위험(risk), 비용(cost) 등을 고려하여 모형을 평가하며 분류 및 예측을 수행한다.

➕ 더 알기 TIP

불순도 계산의 예(Gini 지수 사용)

$$\Phi(g) = 1 - \sum_{i=1}^{j} \hat{p}_i(g)^2$$

성별을 기준으로 나눈 경우   나이를 기준으로 나눈 경우

	성별을 기준으로 나눈 경우	나이를 기준으로 나눈 경우
뿌리 노드의 불순도	1−[(50/100)^2+(50/100)^2]=0.5	
	1−[(40/50)^2+(10/50)^2]=0.32 1−[(10/50)^2+(40/50)^2]=0.32	1−[(20/50)^2+(30/50)^2]=0.48 1−[(30/50)^2+(20/50)^2]=0.48
불순도의 감소 폭	0.5−[(50/100)×0.32]×2=0.18	0.5−[(50/100)×0.48]×2=0.02

즉, 성별에 의해 자료를 나누는 것이 나이를 기준으로 분할하는 것보다 종료 노드의 순수성의 증가에 도움이 된다.

• 정보 획득(Information Gain)

– 정보이론(Information Theory)에서 순도가 증가하고 불확실성이 감소하는 것을 정보 획득이라 하며 현재 노드의 불순도와 자식노드의 불순도 차이를 의미한다.

$$I(x) = \log_2 \frac{1}{p(x)}$$

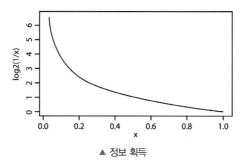

▲ 정보 획득

발생할 확률이 작은 사건일수록 정보의 가치가 크고, 반대로 발생할 확률이 클수록 정보의 가치가 작다.

• **재귀적 분기(Recursive Partitioning) 학습**

– 분기 전보다 분기 후 각 영역의 정보 획득량이 높아지도록 입력변수의 영역을 구분하여 사전에 설정한 기준을 만족할 때까지 분기를 반복하는 학습이다.

분기 뒤 순도의 증가, 불확실성이 최대한 감소하는 방향으로 학습을 진행한다.

– 모든 잎(끝마디)의 엔트로피가 0이 될 때까지 반복하는데 새로운 데이터가 제대로 분류되지 못하는 현상을 방지하기 위해 일정단계에서 중지하거나 분기를 재조정하는 가지치기 단계로 넘어가게 된다.

⑤ **가지치기** : 평가용 데이터를 활용, 부적절한 추론규칙을 가지고 있거나 불필요한 또는 분류오류를 크게 할 위험 있는 마디들을 제거한다.

▲ 가지치기

• **에러감소 가지치기(Reduced Error Pruning)** : 분할/결합 전과 후의 오류를 비교하여 오류가 더 이상 줄어들지 않을 때까지 반복하는 방법이다.

• **룰 포스트 가지치기(Rule Post Pruning)** : 나무구조를 뿌리 노드부터 잎 노드까지 경로의 형태로 변환한 뒤 정확도가 낮은 순서대로 제거하는 방법이다.

마디=노드(Node)

– 분기가 너무 많을 경우 학습데이터가 과적합(overfitting)되어 더 복잡한 트리가 생성될 수 있다. 이를 위해 사전 가지치기(pre-pruning)와 사후 가지치기(post-pruning)가 있다.

⑥ **타당성 평가** : 이익, 비용, 위험 등을 고려하여 모형을 평가하는 단계로 이익 도표, 위험 도표, 교차 타당성(교차 검증)으로 의사결정나무를 평가한다.

⑦ **해석 및 예측** : 의사결정나무 최종 모형에 대한 해석으로 분류 및 예측 모델을 결정한다.

4) 의사결정나무의 대표적 알고리즘

① CART(Classification and Regression Trees) : 일반적으로 활용되는 의사결정 나무 알고리즘이다. 불순도 측도로 범주형 또는 이산형일 경우 지니 지수를, 연속형인 경우 분산의 감소량을 이용한 이진분리(binary split)를 활용한다.

② C4.5 / C5.0 : 범주형/이산형 목표변수에만 활용되며 불순도 측도로 엔트로 피 지수를 활용한다. 범주의 수만큼 분리가 일어나는데 각 마디에서 다지분리 (multiple split)가 가능하다.

③ CHAID(Chi-squared Automatic Interaction Detection) : 범주형/이산형 목표변 수와 연속형 목표변수에 활용되며 불순도 측도로 카이제곱 통계량을 활용한 다. 가지치기를 하지 않고 적당한 크기에서 성장을 중지하며 분리변수의 범주 마다 마디를 형성하는 다지분리(multiple split)가 가능하다.

	범주형/이산형 목표변수	연속형 목표변수
CHAID	카이제곱 통계량	ANOVA F-통계량
CART	지니 지수	분산감소량
C4.5 / C5.0	엔트로피지수	

④ 랜덤 포레스트(Random Forest)

부트스트래핑 기반 샘플링을 활용한 의사결정나무 생성 이후 배깅 기반 나무들을 모아 앙상블 학습하여 숲을 형성하게 되면 이를 랜덤 포레스트라고 일컫는다.

- **부트스트래핑(Bootstrapping)**
  - 단순 복원 임의추출법(랜덤 샘플링)으로 크기가 동일한 여러 개의 표본자료를 생성한다.

- **배깅(Bagging: Bootstrap Aggregating)**
  - 여러 부트스트랩 자료를 생성하여 학습하는 모델링으로 분류기(classifiers) 를 생성한 후 그 결과를 앙상블 하는 방법이다.
  - 추출한 각 샘플별 모델링 학습 뒤 결과들을 집계, 최종 결과를 만들어 내는 방식으로 범주형 데이터인 경우 다수결 투표방식으로, 연속형 데이터인 경우 평균으로 결과를 집계한다.

▲ 배깅 구성 흐름도

앙상블 학습(Ensemble Learning)
여러 모델을 학습시켜 결합하는 방식의 학습방법으로 일반화 성능을 향상시켜 과적합을 해결할 수 있음

부트스트래핑
전체 관측값들 중 일부를 뽑아 통계값을 측정하는 과정을 여러 번 반복

복원 추출법
하나의 관측치를 한 번 뽑고, 다시 표본에 포함시켜 뽑히는 것을 허용하는 방식

- **부스팅(Boosting)**

  - 가중치를 활용하여 약분류기(weak classifier)를 강분류기(strong classifier)로 만드는 방법으로 순차적으로 분류 모델들이 틀린 곳에 집중하여 새로운 분류 규칙을 생성하는 기법이다.
  - 이전 분류기의 학습 결과를 토대로 다음 분류기의 학습 데이터의 샘플가중치를 조정해 학습을 진행하는데, 잘 맞춘 약분류기는 가중치를 더하고 잘못 평가한 약분류기의 가중치는 제하여 누적된 약분류기 가중치를 합산하여 최종 학습 모델링한다.

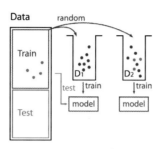

▲ 부스팅 구성 흐름도

5) 의사결정나무의 장단점

- **장점**

  - 연속형, 범주형 변수 모두 적용, 변수 비교가 가능하며 규칙에 대해 이해하기 쉽다.
  - 데이터로부터 규칙을 도출하는 데에 유용하므로 DB 마케팅, CRM, 시장조사, 기업 부도/환율 예측 등 다양한 분야에서 활용된다.

- **단점**

  - 트리구조가 복잡할 시 예측/해석력이 떨어진다.
  - 데이터 변형에 민감하다.

✔ **개념 체크**

1 **랜덤 포레스트(Random Forest) 알고리즘의 주요 특징이 아닌 것은?**

　① 여러 개의 의사결정 트리를 사용한다.
　② 각 트리는 데이터의 서로 다른 부분 샘플을 사용하여 학습된다.
　③ 최종 예측은 각 트리의 예측 결과를 다수결 투표로 결정한다.
　④ 각 트리의 깊이는 반드시 동일해야 한다.

정답 ④

랜덤 포레스트의 성능은 다양한 특징을 가진 여러 트리의 조합에 의해 결정되며, 각 트리의 깊이는 반드시 동일할 필요는 없다. 트리의 깊이는 각 트리의 학습 과정에서 데이터와 가지치기(pruning)에 따라 다를 수 있다.

2 다음의 분류 트리 설명으로 맞지 않는 것은?

① Petal.Length가 2.45인 경우 Petal.Width를 통해 versicolor와 virginica로 분류된다.
② Petal.Length가 2인 경우 setosa로 분류된다.
③ Petal.Length가 2.45이면서 Petal.Width가 1.75이면 versicolor로 분류된다.
④ Petal.Legnth가 2.6이면서 Petal.Width가 1.5이면 versicolor로 분류된다.

정답 ③

Petal.Length가 2.45이면서 Petal.Width가 1.750이면 virginica로 분류된다.

3 다음 중 의사결정나무를 활용하기 어려운 분야는?

① 마케팅 캠페인 반응분석
② 품질 관리
③ 시장 조사
④ 적조 영향인자 분석

정답 ④

의사결정나무는 데이터에서 규칙을 도출하는 데에 유용하며 보이지 않는 영향인자를 분석하기는 어렵다.

04 인공신경망(ANN: Artificial Neural Network)

1) 인공신경망의 특징

> 인공신경망의 종류는 CNN, RNN 등 수십 가지에 이른다.

• 인공신경망은 인간의 두뇌 신경세포인 뉴런을 기본으로 한 기계학습 기법으로 하나의 뉴런이 다른 뉴런들과 연결되어 신호를 전달, 처리하는 구조를 본떴다.
• 입력데이터가 들어가면서 신호의 강도에 따라 가중치 처리되고 활성화 함수를 통해 출력이 계산되는데 학습을 거쳐 원하는 결과가 나오게끔 가중치가 조정된다는 점이 주요 특징이다.
• 신경망 모형은 높은 복잡성으로 입력 자료의 선택에 민감하다.

▶ 신경망 모형 구축 시 고려 사항

범주형 변수	일정 빈도 이상의 값으로 비슷하고 범주가 일정한 구간이어야 한다.
연속형 변수	입력변수 값들의 범위가 큰 차이가 없어 표준화가 가능한 경우에 더 적합하다.

2) 인공신경망의 발전

① 기존 신경망 다층 퍼셉트론이 가진 문제

- **사라지는 경사도(Vanishing Gradient)** : 신경망 층수를 늘릴 때 데이터가 사라져 학습이 잘 되지 않는 현상이다.
- **과대적합(Overfitting)** : 데이터가 많지 않은 경우 특정 학습 데이터에만 학습이 잘되어 신규 데이터에 대한 추론처리 성능이 낮아지는 문제이다.

② 딥러닝(Deep Learning)의 등장

- 2000년 중·후반부터 사전학습(pre-training)으로 사라지는 경사도 문제를 해결하고 오버피팅을 방지하는 초기화(initialize point) 알고리즘의 발전 및 일정 뉴런들을 누락시키는 드롭아웃(dropout)을 사용하여 해결되는 것이 증명되면서 기존 인공신경망을 뛰어넘은 모델을 리브랜딩(re-branding)의 일환으로 딥러닝으로 부르게 된다.
- 딥러닝은 알고리즘 개선 외에도 풍부한 학습이 가능한 빅데이터 도래 및 신경망을 이용한 학습과 계산에 적합한 그래픽 처리장치(GPU: Graphics Processing Unit) 등 하드웨어 발전에 힘입어 21세기 이후 가장 알려진 인공신경망이 된다.
- 딥러닝의 기본구조인 DNN(Deep Neural Network)은 은닉층을 2개 이상 가진 학습 구조로 컴퓨터가 스스로 분류 답안을 만들어내며 데이터를 구분, 반복하여 최적의 답안을 결정한다.
  - DNN 응용 알고리즘 모델로는 지도학습 기반인 CNN, RNN, LSTM, GRU, 그 외 학습유형별 파생모델들(Autoencoder, GAN 등)이 있다.

3) 인공신경망의 원리

지도학습의 경우 하나의 뉴런은 입력 값(X)과 목표 출력 값(Y)이 있을 때 다음 뉴런으로 전달하는데 적절한 출력 값을 생성하기 위해 가중치 W를 곱한 값에 편향을 더하여 이를 조정하면서 학습, 최적화 과정을 거치게 되며 최종적으로 활성화 함수를 활용한다.

또한 비지도학습, 강화학습을 기반하여 다양한 인공신경망 모델들로 구현된다.

얼굴/행동 인식, 이미지 패턴인식, 음성인식, 감정분석, 시계열 데이터 예측, 이상 탐지 등 다양하게 활용된다.

지도학습	학습 데이터로 입력벡터와 함께 기대되는 출력벡터, 즉 답을 제시한다. 신경망에서 출력된 결과가 기대되는 출력과 다르면, 그 차이를 줄이는 방향으로 연결가중치를 조절한다.
비지도학습	학습 벡터에 목표가 없을 때, 학습 데이터의 관계를 추론하여 학습을 진행하는 방식으로 입력벡터들을 집단으로 그루핑(grouping)하여 해당 집단을 대표하는 데이터를 선정한다.
강화학습	특정 환경 안에서 에이전트가 현재 상태를 인식하여 보상을 최대화하는 방향으로 동작을 선택하는 방법이다.

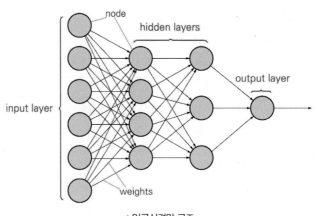

▲ 인공신경망 구조

- 뉴런 간의 연결 방법

  – 층간 연결 : 서로 다른 층에 존재하는 뉴런과 연결

  – 층내 연결 : 동일 층 내의 뉴런과의 연결

  – 순환 연결 : 어떠한 뉴런의 출력이 자기 자신에게 입력되는 연결

4) 학습

신경망에는 적응 가능한 가중치와 편향이 있으며 이를 훈련 데이터에 적응하도록 조정하는 과정을 학습이라고 정의한다.

① 손실 함수

- 신경망이 출력한 값과 실제 값과의 오차에 대한 함수이다.
- 일반적인 손실 함수로는 평균제곱 오차 또는 교차엔트로피 오차를 활용한다.

② 평균제곱 오차(MSE: Mean Squared Error) : 인공신경망의 출력 값과 사용자가 원하는 출력 값 사이의 거리 차이를 오차로 사용하며 각 거리 차이를 제곱하여 합산한 후에 평균을 구한다.

$$E = \frac{1}{n}\sum_k (y_k - t_k)^2$$

③ 교차엔트로피 오차(CEE: Cross Entropy Error) : 분류(Classification) 부문으로 t값이 원-핫 인코딩 벡터이며, 모델의 출력 값에 자연로그를 적용, 곱한다.

$$E = -\sum_k t_k \log y_k$$

④ 학습 알고리즘

- 1단계 : 미니배치

  – 훈련 데이터 중 일부를 무작위로 선택한 데이터를 미니배치라고 하며 이에 대한 손실함수를 줄이는 것으로 목표를 설정한다.

노드
신경계 뉴런, 가중치와 입력값으로 활성함수를 통해 다음 노드로 전달

가중치
신경계 시냅스, 노드와의 연결계수

활성함수
임계값을 이용, 노드의 활성화 여부를 결정

입력층
학습 위한 데이터 입력

은닉층
다층 네트워크에서 입력층과 출력층 사이, 데이터를 전파학습

출력층
결과값 출력

손실 함수값이 최소화되도록 하기 위해 가중치와 편향을 찾는 것을 인공신경망의 학습이라고 한다.

교차엔트로피
실제로는 확률분포 p인데 q를 사용했을 때 생기는 불확실함의 정도

- 2단계 : 기울기 산출
  - 미니배치의 손실함수 값을 최소화하기 위해 경사법으로 가중치 매개변수의 기울기를 일반적으로 미분을 통해 구한다.
  - 기울기의 최소값을 찾는 경사 하강법(Gradient Descent), 경사 상승법(Gradient Ascent), 무작위 미니배치를 통한 확률적 경사 하강법(SGD: Stochastic Gradient Descent)이 있다.
- 3단계 : 매개변수 갱신
  - 가중치 매개변수를 기울기 방향으로 조금씩 업데이트 하면서 1~3단계를 반복한다.

⑤ 오차역전파(Back Propagation)

- 가중치 매개변수 기울기를 미분을 통해 진행하는 것은 시간 소모가 크므로 오차를 출력층에서 입력층으로 전달, 연쇄법칙을 활용한 역전파를 통해 가중치와 편향을 계산, 업데이트한다.

경사법
현재 위치에서 기울어진 방향으로 일정 거리만큼 이동, 이동한 자리에서 다시 기울기를 구해서 기울어진 방향으로 이동하는 과정을 반복하는 기법

연쇄법칙(Chain Rule)
합성함수의 미분은 각각의 미분의 곱으로 나타낼 수 있음

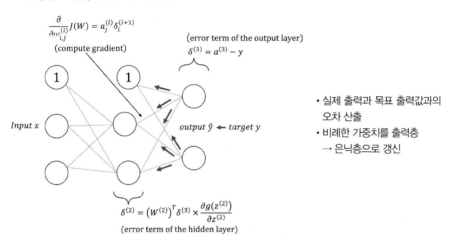

- 신경망 각 계층에서의 역전파 처리는 덧셈노드, 곱셈노드의 연산 역전파처리, 활성화 함수인 렐루(Relu) 계층, 시그모이드(Sigmoid) 계층, 아핀(Affine) 계층, Softmax−with−Loss 등이 있다.

⑥ 활성(활성화) 함수

입력 신호의 총합을 그대로 사용하지 않고 출력 신호로 변환하는 함수를 뜻하며 활성화를 일으킬지를 결정하게 된다.

대표적인 활성 함수는 시그모이드 (Sigmoid)와 렐루(Relu)가 있다.

- 퍼셉트론은 1개 이상의 입력층과 1개 출력층 뉴런으로 구성된 활성화 함수에 따라 출력되는 신경망구조이다.
- 다층 퍼셉트론은 은닉층이 1개 이상의 퍼셉트론으로 활성화 함수인 계단 함수(Step Function)를 사용하여 0 또는 1을 반환하는 반면에 딥러닝 인공신경망은 시그모이드를 포함한 다른 활성화 함수들을 사용하며 가중치 매개변수의 적절한 값을 데이터로부터 자동으로 학습하는 특징을 가진다.

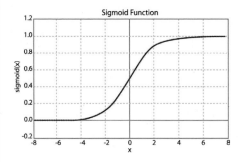

Sigmoid 활성화 함수(이진 분류)
- 참에 가까워지면 0.5~1 사이의 값을 출력
- 거짓이면 0~0.5 사이의 값으로 출력

Relu 활성화 함수(이진 분류)
- Sigmoid의 Gradient Vanishing 문제 해결
- 0 보다 크면 입력값을 그대로 출력
- 0 이하의 값만 0으로 출력

⑦ 과대적합(과적합, Overfitting)

> 일반적으로 훈련데이터가 적은 경우, 매개변수가 많고 표현력이 높은 모델인 경우 등에 발생한다.

과적합이란 기계학습에서 학습 데이터를 과하게 학습하는 것으로 학습 데이터에 대해서는 높은 정확도 성능으로 오차가 줄어드나 실제 데이터에 적용할 시에는 성능이 떨어지면서 오차가 증가하는 경우를 뜻한다.

- 해결방안 : 가중치 매개변수 절대값을 가능한 작게 만드는 가중치 감소(Weight Decay), 일정 비율 뉴런만 학습하는 드롭아웃(Dropout), 하이퍼파라미터 최적화 방법 등이 있다.

➕ **더 알기 TIP**

1. 가중치 감소(Weight Decay)

가중치가 클수록 일종의 패널티를 부과하여 가중치 매개변수 절대값을 감소시켜 과적합의 위험을 줄인다. 패널티 역할로 규제(Regularization, 정규화)가 이용되는데 모델을 강제로 제한한다는 의미이며 L1, L2 규제가 있다.

Lasso(라쏘) : L1 규제(정규화)

L1-norm 개념으로 Cost Function(비용함수)를 조정한다.

> **L1-norm**
> - 벡터 요소의 모든 절대값을 합한 값
> - 맨해튼(Manhattan) 또는 택시(Taxi) norm으로 불리는데 뉴욕 맨해튼의 택시가 출발지에서 목적지로 이동할 시 대각선이 아닌 건물들 블록(block)을 따라 이동하는 모습과 유사하다고 붙여진 명칭

- $x = (x_1, x_2, \cdots, x_n)$에 대해

$$\|x\|_1 = \sum_{i=1}^{n} |x_i|$$

- L1 Regularization

$$Cost = \sum_{i=0}^{N} (y_i - \sum_{j=0}^{M} x_{ij}W_j)^2 + \lambda \sum_{j=0}^{M} |W_j|$$

비용 함수에 가중치 절대값 합에 규제강도(λ)를 곱한 값을 더해줌으로써 편미분 할 때 W(가중치)값이 상수가 되며 +, −로 결정된다.

가중치가 너무 작은 경우 상수값에 의해 W가 0이 되므로 중요한 W(가중치)들만 남게 된다.

Ridge(릿지) : L2 규제(정규화)

L2-norm 개념으로 Cost Function(비용함수)를 조정한다.

- $x = (x_1, x_2, \cdots, x_n)$에 대해

$$\|x\|_2 = \sqrt{\sum_{i=1}^{n} x_i^2}$$

- L2 Regularization

$$\text{Cost} = \sum_{i=0}^{N}(y_i - \sum_{j=0}^{M} x_{ij} W_j)^2 + \lambda \sum_{j=0}^{M} W_j^2$$

Cost Function에 가중치 제곱의 합에 규제강도(λ)를 곱해 더해줌으로써 편미분 값을 이전 가중치에서 빼서 다음 가중치를 계산, 가중치를 업데이트하는데 가중치 크기가 직접 영향을 미치므로 L1 규제보다 L2 규제가 많이 활용되고 있다.

가중치 감소 적용 이전(과적합)

가중치 감소 적용 이후(과적합 문제가 해소됨)

L2-norm

벡터의 유클리드 거리값으로 한 지점에서 다른 지점으로 이동하는 최단거리로 n차원 좌표평면(유클리드 공간)에서의 벡터의 크기를 계산

2. 드롭아웃(Dropout)

신경망모델에서 은닉층의 뉴런을 임의로 삭제하면서 학습하는 방법으로 적은 뉴런만으로 훈련한 뒤 테스트 시에 전체 뉴런을 사용하면 정답을 보다 잘 찾을 수 있게 된다.
드롭아웃은 신경망의 과대적합을 줄이고 일반화 성능을 향상시킬 수 있는 효과가 있다

일반 인공신경망

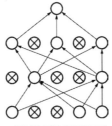

드롭아웃 적용 인공신경망

드롭아웃은 신경망을 훈련할 때마다 서로 다른 뉴런을 드롭아웃하기 때문에 앙상블 학습과 유사한 효과를 얻을 수도 있다.

신경망은 학습 과정에서 가중치를 조정하여 입력과 출력 사이의 관계를 학습하는데, 가중치가 큰 특정 뉴런에 너무 의존하게 되면, 해당 뉴런의 독립성이 감소하고 전체 신경망의 성능이 저하될 수 있다. 드롭아웃은 학습 과정에서 뉴런의 일부를 임의로 선택하여 출력을 0으로 만들어 해당 뉴런을 비활성화 시킨다. 이는 학습 과정에서 신경망의 일부를 사용하지 않도록 함으로써, 다른 뉴런들이 더 강제적으로 학습되도록 유도한다.

일반적으로 드롭아웃은 훈련 시에만 적용되며, 테스트나 추론 단계에서는 사용되지 않는다.

3. 초매개변수(Hyperparameter, 하이퍼파라미터) 최적화 방법

적절한 튜닝으로 최적화된 하이퍼파라미터를 도출하여 과적합을 방지할 수 있다.

하이퍼파라미터는 모델의 구조와 학습 알고리즘에 영향을 주는 변수로 사용자가 직접 설정해야 하며, 최적의 값은 데이터셋과 모델에 따라 다를 수 있다.

▲하이퍼파라미터 튜닝 기법

▶ 하이퍼파라미터 최적화 수행 방법

방법	설명
그리드 서치 (Grid Search)	• 주어진 하이퍼파라미터 공간에서 가능한 모든 조합을 시도하여 최적의 조합을 찾는 방법 • 간단하고 직관적이지만, 하이퍼파라미터 공간이 커질수록 계산 비용이 증가
랜덤 서치 (Random Search)	• 그리드 서치의 단점을 보완하기 위해 랜덤하게 하이퍼파라미터를 선택하여 성능을 평가하는 방법 • 계산 비용을 줄일 수 있으며, 하이퍼파라미터 공간에서 중요한 부분을 더 자주 탐색할 수 있음
베이지안 최적화 (Bayesian Optimization)	• 기존의 평가 결과를 토대로 다음에 시도할 하이퍼파라미터를 추정하는 방법 • 좋은 성능을 보인 하이퍼파라미터 주변을 더 자주 탐색할 수 있으며, 계산 비용을 효과적으로 관리 가능
자동화된 방법	• 최근에는 AutoML과 같은 자동화된 하이퍼파라미터 최적화 방법이 개발 • AutoML은 하이퍼파라미터 공간을 자동으로 탐색하고, 최적의 하이퍼파라미터 조합을 찾음

하이퍼파라미터 최적화는 일반적으로 교차 검증과 함께 사용되며, 각 조합의 성능을 평가하여 가장 우수한 성능을 내는 조합을 선택한다.

⑧ 기울기 소실(Vanishing Gradient)

기울기 소실은 신경망에서 가중치 업데이트 시, 역전파 알고리즘이 오차를 뒤로 전파시키는 도중에 기울기 값이 점차 사라지는 현상을 말한다.

기울기 소실 문제는 입력과 출력 사이 거리가 커질수록 자주 발생한다. 거리가 커질수록 기울기 값이 연쇄적으로 곱해지게 되며, 여기에 작은 값이 들어있으면 기울기는 시작층에 도달하기 전에 거의 0에 가까운 값을 가지게 된다.

- **기울기 소실 해결방안**

  - ReLU(Rectified Linear Unit) 함수 사용 : 시그모이드 함수와 달리, ReLU 함수는 양수 값에서 기울기가 일정한 1 값을 가지기 때문에 vanishing gradient 문제를 줄일 수 있다.

  - LSTM(Long Short-Term Memory) : RNN 구조의 변형으로 주로 시퀀스 길이가 길거나 장기의존성이 있는 데이터에 사용. 기억 셀과 게이트라는 요소를 추가해서 복잡한 시퀀스를 학습하고 과거의 데이터 패턴을 잡아내는데 매우 효과적이다.

  - GRU(Gated Recurrent Unit) : 여러 게이트와 기억 매커니즘을 활용하여, LSTM과 비슷한 성능을 보이며 더 단순한 구조로 연산비용을 절감할 수 있다.

  - 배치 정규화(Batch Normalization) : 각 층에서 데이터의 분포를 정규화하여 vanishing gradient 및 발산 문제를 완화하는 기법이다.

  - 또한, 다양한 최적화기법(Adam, AdaGrad, RMSprop 등)을 활용해 이 문제를 완화할 수 있다.

5) 딥러닝 모델 종류

① CNN(Convolutional Neural Network, 합성곱 신경망 모델)

신경네트워크(Neural Network)의 한 종류인 CNN은 사람의 시신경 구조를 모방한 구조로 인접하는 계층의 모든 뉴런과 결합된 완전 연결(전결합: fully connected)을 구현한 아핀(Affine) 계층을 사용하여 모든 입력 데이터들을 동등한 뉴런으로 처리한다.

- 형상정보를 처리할 수 없었던 과거 모델들과 달리 이미지 형상을 유지할 수 있는 모델로 데이터의 특징, 차원(feature)을 추출하여 패턴을 이해하는 방식으로 이미지(벡터)의 특징을 추출하는 과정과 클래스를 분류하는 과정을 통해 진행된다.

  - CNN에서 특징을 추출하는 과정은 합성곱 계층(Convolution Layer)과 풀링 계층(Pooling Layer)으로 나뉘어지는데 입력된 데이터를 필터가 순회하며 합성곱을 계산한 뒤 특징지도(피처맵: Feature Map)를 생성한다.

▲ CNN(합성곱 신경망)

완전연결 신경망은 Affine 계층 뒤에 활성화 함수를 갖는 ReLU 또는 Sigmoid 계층이 이어지는데 CNN은 합성곱 계층과 풀링 계층이 추가된 구조이다.

C는 Convolution
S는 Subsampling

32x32 크기의 이미지 입력
↓
5x5 filter로 convolution
↓
28x28 feature map 4개 생성
↓
2x2 subsampling
(average pooling 사용)
↓
14x14 feature map 4개 생성
⋮

1. 필터(Filter) : 이미지 특징을 찾기 위한 정사각형 행렬로 정의된 파라미터로 커널(kernel)로도 불린다.
2. 스트라이드(Stride) : 필터는 입력 데이터를 일정한 간격인 스트라이드로 순회하면서 특징을 추출하는데, 결과로 특징지도가 만들어진다.
3. 패딩(Padding) : 합성곱 계층에서 필터와 스트라이드 적용으로 생성된 특징지도는 입력데이터 크기보다 작은데 해당 출력데이터 크기가 줄어드는 것을 사전 방지하고자 입력데이터 주변을 특정값(예시로 0)으로 채우는 것을 의미한다.

기적의 TIP

OH와 OW 계산 방법을 알아야 한다.

입력 데이터에 대한 필터의 크기와 스트라이드 크기에 따라서 특징지도 크기가 결정된다.

OH
Output Height

OW
Output Width

$$OH = \frac{H + 2P - FH}{S} + 1$$

$$OW = \frac{W + 2P - FW}{S} + 1$$

입력 크기 : (H, W)

필터 크기 : (FH, FW)

출력 크기 : (OH, OW)

패딩 : P

스트라이드 : S

- 특징 지도는 서브샘플링(sub-sampling)을 통해 차원을 줄여주는 효과를 지니며 필터 크기, 스트라이드(stride), 패딩(padding) 적용여부, 최대 풀링(max pooling) 크기에 따라 출력 데이터의 구조(shape)가 결정된다.

• 합성곱 계층

- 2차원의 입력 데이터가 들어오면 필터의 윈도우를 일정 간격으로 이동하면서 입력 데이터에 적용, 입력과 필터에서 대응하는 원소끼리 곱한 뒤 총합을 구하면 결과가 출력되고 이를 모든 영역에서 수행하면 합성곱의 연산 출력이 완성된다.

- 필터의 매개변수가 완전연결 신경망의 가중치에 해당한다. 합성곱 신경망을 통해 학습이 반복되면서 필터의 원소값이 매번 갱신되며 편향은 항상 하나만 존재한다.

- 3차원의 합성곱 연산에서 입력 데이터 채널 수와 필터의 채널 수가 같아야 한다. 필터크기는 임의로 설정가능하나 모든 채널의 필터 크기가 동일해야 하는 조건을 가진다.

▲ 입력데이터에 필터를 적용, 합성곱을 수행하는 과정

필터의 크기, 패딩, 스트라이드 값은 이미지 복잡도나 크기 등에 따라 초기에 별도 설정하면서 학습을 진행하게 된다.

▶ 합성곱 연산의 필요 요소

패딩(padding)	• 합성곱 연산을 반복수행 시 출력크기가 1이 되어 더 이상 연산을 진행하기 어려운 상태를 사전 예방하기 위한 조치로 출력크기를 조절하는 기법 • 연산 전에 입력데이터의 주위를 0 또는 1로 채워 출력 데이터의 크기를 입력 데이터의 크기와 동일하게 설정
스트라이드(stride)	• 필터를 적용하는 위치간격을 의미 • 스트라이드가 커지면 필터의 윈도우가 적용되는 간격이 넓어져 출력 데이터 크기가 줄어듦

- **풀링 계층**

  - 선택적인 요소이며 독립적인 채널별 연산이다. 입력데이터의 채널수가 변화되지 않도록 2차원 데이터의 세로 및 가로 방향의 공간을 줄이는 연산으로 최대 풀링(Max Pooling), 평균 풀링(Average Pooling) 등이 있다.

  - 최대 풀링은 대상영역에서 최댓값을 취하는 연산이며 평균 풀링은 대상 영역의 평균을 계산한다.

  - 풀링 계층을 이용하는 경우 이미지를 구성하는 요소 변경 시 출력값이 영향을 받는 문제를 최소화하며 이미지 크기 축소를 통해 인공신경망의 매개변수 또한 크게 줄어들어 과적합 및 학습시간 소요를 해결할 수 있다.

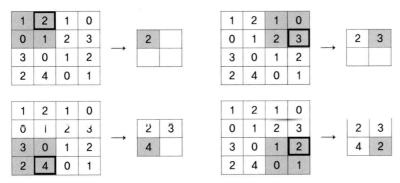

▲ 2×2 최대풀링을 스트라이드 2로 처리하는 과정

- 평탄화 계층(Flatten Layer)을 통해 이미지 형태의 데이터를 배열 형태로 처리한 뒤 완전연결계층(Fully Connected Layer)을 통해 최종 클래스가 분류된다. CNN 계층은 합성곱 계층-Affine ReLU-풀링(생략가능) 흐름으로 연결되며, 출력에 가까운 층에서는 Affine-ReLU 구성을 사용할 수 있고 마지막 출력 계층에서는 Affine-Softmax 조합을 이용한다.

- CNN은 보편적으로는 이미지 프로세싱에서 활용되는데 수치, 텍스트, 음성, 이미지들의 여러 유형의 데이터 들에서 많은 특징들을 자동으로 학습하여 추출, 분류, 인식 처리하는데 사용되고 있다.

- 대표적인 CNN 모델로 LeNet(1998)과 Alexnet(2012)이 있으며, VGG, GoogleLeNet, ResNet은 더 깊은 층을 쌓은 합성곱 신경망 기반 심층 신경망 모델(DNN)이다.

② RNN(Recurrent Neural Network)

순서를 가진 데이터를 입력하여 단위 간 연결이 시퀀스를 따라 방향성 그래프를 형성하는 신경네트워크 모델로 내부 상태(메모리)를 이용하여 입력 시퀀스를 처리한다.

- CNN과는 달리 중간층(은닉층)이 순환구조로 동일한 가중치를 공유한다. 가중치(weights)와 편향(bias)에 대한 오차함수의 미분을 계산하기 위해 확률적 경사하강법(SGD: Stochastic Gradient Descent)을 이용한다.

필기 인식이나 음성 인식과 같이 시변적 특징을 지니는 데이터를 처리하는데 적용할 수 있다.

확률적 경사하강법
데이터셋에서 확률적으로 선택하여 각 단계의 예측 기울기를 계산

- RNN은 가중치 업데이트를 위해 과거시점까지 역전파하는 BPTT(Back Propagation Through Time)를 활용한다. 입력 데이터의 순서(sequence)로 모두 동일 연산을 수행하며, 입력 시점마다 가중치가 공유된다. 계산 기울기(gradient)는 현재 상태와 이전 상태에 대해 의존적이므로, 순차적 데이터 처리에 유용하다.

▲ RNN 구조

③ LSTM(Long Short-Term Memory Network)

- LSTM은 RNN의 단점을 보완하기 위해 변형된 알고리즘으로 보통 신경망 대비 4배 이상 파라미터를 보유하여 많은 단계를 거치더라도 오랜 시간동안 데이터를 잘 기억한다.

- LSTM은 다음의 3가지 게이트(입력 게이트(Input Gate), 출력 게이트(Output Gate), 망각 게이트(Forget Gate))로 보완된 구조를 통해 가중치를 곱한 후 활성화 함수를 거치지 않고 컨트롤 게이트를 통해 상황에 맞게 값을 조절함으로써 문제를 해결한다.

RNN은 점차 데이터가 소멸해 가는 문제를 발생하는데, 관련 정보와 그 정보를 사용하는 지점 사이 거리가 멀 경우에 역전파 시 기울기가 점차 줄어들어 학습 능력이 떨어진다.

GRU(Gated Recurrent Unit)
LSTM 구조를 단순화, 비슷한 성능을 보임

▲ LSTM과 GRU 구조

은닉층
신경망 모델에서 입력층과 출력층 사이에 위치하여 특징이나 패턴을 추출하는 역할을 하는 층

- LSTM은 은닉층 이외 셀(C, Cell)이라는 층을 구성하는데 셀은 장기(long-term) 메모리를 기억하는 셀로 망각 게이트와 입력 게이트를 과거와 현재 상태의 셀로 조합, 과거정보를 얼마나 망각할 지 현재 정보를 얼마나 반영할지를 결정한다. 해당 메모리값이 활성화 함수를 거치고 출력 게이트를 통해 얼마나 밖으로 표현될지가 결정되면 현재의 은닉층 값이 정해지게 된다.

④ 오토인코더(Auto-encoder)

대표적 비지도학습 모델로 다차원 데이터를 저차원으로 바꾸고 바꾼 저차원 데이터를 다시 고차원 데이터로 바꾸면서 특징점을 찾아낸다.

• 입력으로 들어온 다차원 데이터를 인코더(encoder)를 통해 차원을 줄이는 은닉층으로 보내고, 은닉층의 데이터를 디코더(decoder)를 통해 차원을 늘리는 출력층으로 내보낸 뒤, 출력값을 입력값과 비슷해지도록 만드는 가중치를 찾아낸다. 하나의 신경망을 두 개 붙여놓은 형태이며 출력 계층과 입력 계층의 차원은 같다.

▶ 오토인코더 세부 종류

디노이징 오토인코더 (Denoising Auto-encoder)	손상이 있는 입력값을 받아도 손상을 제거하고 원본의 데이터를 출력값으로 만듦
희소 오토인코더 (Sparse Auto-encoder)	은닉층 중 매번 일부 노드만 학습하여 과적합 문제를 해결
VAE (Variational Auto-encoder)	확률분포를 학습함으로써 데이터를 생성

• 주로 활용되는 분야는 데이터 압축, 저차원화를 통한 데이터 관찰, 배경잡음 억제 등이다.

▲ 오토인코더 구조

⑤ GAN(Generative Adversarial Network)

학습 데이터 패턴과 유사하게 만드는 생성자(generator) 네트워크와 패턴의 진위 여부를 판별하는 판별자(discriminator) 네트워크로 구성되는데 두 네트워크가 서로의 목적을 달성하도록 학습을 반복한다.

지도학습(판별자)과 비지도학습(생성자) 딥러닝 모델의 결합으로 서로 경쟁하며 패턴을 흉내내는 MinMax Game으로 접근한다.

• 판별자 네트워크

– 랜덤 노이즈 m개를 생성하여, 생성자 네트워크에 전달하고 변환된 데이터 m개와 진짜 데이터 m개를 획득한다. 2m개의 데이터를 이용해 판별자 네트워크의 정확도를 최대화하는 방향으로 학습한다.

• 생성자 네트워크

– 랜덤 노이즈 m개를 재생성하여 생성자가 판별자의 정확도를 최소화하도록
  학습한다.

▲ GAN 개념도

• 생성자 네트워크에 랜덤 노이즈(random noise)가 주어지며 출력은 학습 데
  이터와 유사한 패턴으로 변환하는 함수를 학습한다. 판별자 네트워크는 생성된
  데이터가 학습 데이터에 포함된 진짜인지에 대한 확률을 출력한다.
• 생성자 네트워크와 판별자 네트워크 모두 데이터 형태에 적합한 네트워크를 선
  택하며 MLP(Multi-Layer Perceptron), CNN, Autoencoder 등 제약없
  이 사용할 수 있다.

latent space
encoder로 압축한 데이터 특징들의 형태, 데이터포인트들의 hid-den 표현

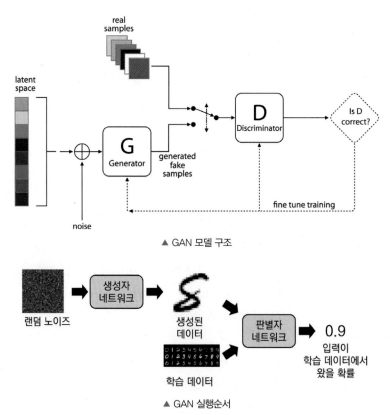

▲ GAN 모델 구조

▲ GAN 실행순서

- GAN은 기본적으로 두 모델간의 균형있는 경쟁이 필요하나 한쪽으로 역량이 치우치는 경우 성능이 제약되게 되는데 이를 개선한 모델이 DCGAN(Deep Convolutional GAN)이다.
  - 비지도학습 적용을 위해 기존의 Fully Connected DNN대신 CNN 기법으로 leaky_RELU 활성화 함수를 적용하여 신경망을 구성한다.
- GAN은 기초연구, 응용산업에 폭넓게 활용되고 있으며 DCGAN, SRGAN, 스택 GAN, Cycle GAN 등의 종류가 있다.

6) 인공신경망의 장단점

- 장점
- 비선형적 예측이 가능하다.
- 다양한 데이터 유형, 새로운 학습 환경, 불완전한 데이터 입력 등에도 적용할 수 있다.
- 단점
- 데이터가 커질수록 학습시키는 데에 시간 비용이 기하급수적으로 커질 수 있다.
- 모델에 대한 설명기능이 떨어지나 Explainable AI(설명가능한 AI) 등 대체 안이 연구되고 있다.

✔ **개념 체크**

1 인공신경망에서 대표적 비지도학습 모델로 다차원 데이터를 저차원으로 바꾸고 저차원 데이터를 다시 고차원 데이터로 바꾸면서 특징점을 찾아내는 인공신경망은?

① GAN
② RNN
③ 오토인코더
④ 피드포워드

정답 ③

오토인코더는 출력값을 입력값의 근사로 하는 함수를 학습하는 비지도학습 인공신경망이다.

2 한 층에서 반복을 많이 하는 RNN은 기울기 소실 문제가 발생하는데 이를 보완한 방법으로 반복되기 직전에 다음 층으로 기억된 값을 전달할지를 관리하는 단계를 추가한 모델은?

① DNN
② GAN
③ LSTM
④ GRU

정답 ③

LSTM은 기울기 소실로 학습능력이 저하되는 RNN의 단점을 보완하기 위해 변형된 알고리즘으로 보통 신경망 대비 4배 이상 파라미터를 보유하여 많은 단계를 거치더라도 오랜 시간동안 데이터를 잘 기억한다.

🔟 서포트벡터머신(SVM: Support Vector Machine)

서포트벡터머신은 지도학습 기법으로 고차원 또는 무한 차원의 공간에서 초평면 (의 집합)을 찾아 이를 이용하여 분류와 회귀를 수행한다.

두 카테고리 중 어느 하나에 속한 데이터의 집합이 주어졌을 때, 주어진 데이터 집합을 바탕으로 하여 새로운 데이터가 어느 카테고리에 속할지 판단하는 비확률 적 이진 선형 분류 모델을 만드는 기법이다. 만들어진 분류 모델은 데이터가 사 상된 공간에서 경계로 표현되는데 그 중 가장 큰 폭을 가진 경계를 찾는 알고리즘 이다.

1) SVM의 주요 요소

① 벡터(Vector) : 점들 간 클래스(class)

② 결정영역(Decision Boundary) : 클래스들을 잘 분류하는 선

초평면
2차원에서는 직선, 3차원에서는 평면

③ 초평면(Hyperplane) : 서로 다른 분류에 속한 데이터들 간 거리를 가장 크게 하 는 분류 선

④ 서포트벡터(Support Vector) : 두 클래스 사이에 위치한 데이터 포인트들

⑤ 마진(Margin) : 서포트벡터를 지나는 초평면 사이의 거리

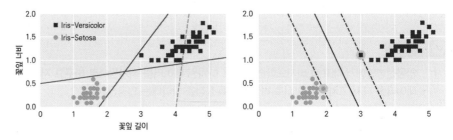

▲ 서포트벡터머신(SVM) 예

R, 파이썬 등에는 연습을 위한 다 양한 dataset이 내장되어 있다.

위 SVM 예시는 iris(붓꽃) 데이터셋(R, 파이썬 등 제공)으로 꽃잎 길이, 꽃잎 너 비에 따른 Versicolor, Setosa, Virginica 품종을 분류한다. 클래스를 구분시 키는 우측 그림과 같이 회색으로 표시된 점이 서포트벡터이며 두 클래스간의 간 격, 마진이 최대화될 수 있도록 분류하는 점선들의 중간 직선이 초평면이 된다.

2) SVM의 핵심적 특징

마진이 가장 큰 초평면을 분류기 (classifier)로 사용할 때, 새로운 자료에 대한 오분류가 가장 낮아 진다.

- 기존 분류기가 '오류율 최소화'를 특징으로 한다면 SVM은 '여백(마진) 최대화' 로 일반화 능력의 극대화를 추구한다.
- 아래 그림에서 가운데 직선이 초평면이며 양쪽 점선이 서포트 직선이다. 직선 을 두 개 정의하는데 두 직선 다 초평면과 같은 법선 벡터를 가지고 있고 1만큼 의 거리를 둔 식으로 $w \cdot x - b = 1$, $w \cdot x - b = -1$로 나타낸다.

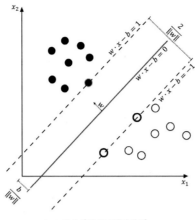

▲ SVM(서포트벡터머신)

- 초평면의 마진은 각 서포트 벡터를 지나는 초평면 사이의 거리를 의미한다. 기하학적 의미는 두 초평면 사이의 거리, 즉 $2/\|w\|$ 라는 것을 알 수 있으며 마진을 최대화해야 하므로 w의 크기가 최소가 되어야 한다.
- 선형으로 분리가 가능한 경우에는 분리 초평면은 $h(x) < 0$인 모든 점들은 -1의 군집으로, $h(x) > 0$인 모든 점들은 $+1$의 군집으로 분류되도록 구해질 수 있다.
- 가중치 벡터는 초평면에 직교하며 편향은 초평면의 오프셋(offset)을 제공한다.
- SVM은 선형 분류와 더불어 비선형 분류에서도 사용될 수 있다. 비선형 분류를 하기 위해서 주어진 데이터를 고차원 특징 공간으로 사상하는 작업이 필요한데, 이를 효율적으로 하기 위해 커널 트릭을 사용하기도 한다.

3) SVM의 장단점

- 장점
  - 다양한 라이브러리로 사용하기 쉬우며 분류, 회귀 예측 문제에 동시에 활용할 수 있다.
  - 신경망 기법에 비해 적은 데이터로 학습이 가능하며 과대적합, 과소적합 정도가 덜하다.
- 단점
  - 이진분류만 가능하며 데이터가 많을 시 모델 학습 시간이 오래 소요된다.
  - 각각 분류에 대한 SVM 모델 구축이 필요하다.

커널 트릭
선형 분류가 불가능한 데이터에 대한 처리를 위해 데이터의 차원을 증가시켜 하나의 초평면으로 분류할 수 있도록 도와주는 커널 함수를 사용

다중분류를 위해 n개의 SVM을 만들기도 한다.

1 SVM의 장점으로 맞지 않는 것은?

① 선형 또는 비선형 분류가 가능하다.

② 적은 양의 데이터로도 학습할 수 있다.

③ 예측 정확도가 높은 편이다.

④ 지도학습 다중분류 처리가 빠르다.

정답 ④

SVM은 이진 분류만 가능한 단점이 있다.

2 SVM은 고차원 혹은 무한 차원의 공간에서 마진을 최대화하는 ( )을 찾아 분류와 회귀를 수행하는 모델이다. ( )에 적합한 용어는?

① 경계면 ② 서포트벡터

③ 초평면 ④ 결정영역

정답 ③

SVM은 데이터를 분류하는 초평면을 구하는 알고리즘이다.

06 연관성분석

둘 이상의 거래, 사건에 포함된 항목들의 관련성을 파악하는 탐색적 데이터 분석 기법으로 컨텐츠 기반 추천(Contents-based Recommendation)의 기본 방법론으로도 알려져 있다. 그룹에 대한 특성 분석으로 군집분석과 병행 가능하며 장바구니 분석(Market Basket Analysis)으로도 불린다.

> 유사한 개체들을 그룹화하여 각 집단의 특성 파악에 활용되며 사건의 연관규칙을 찾는 기법으로 목표 변수가 없는 비지도학습에 해당된다.

장바구니의 아이템들, 예를 들면 거래 정보를 담고 구매 패턴과 여러 구매들 사이에서의 상품, 구매행동, 이용자들 간의 연관성을 분석할 때 일정한 규칙을 찾아내게 된다. 고객군 파악, 특정 구매를 한 이유 이해, 상품(제품)에 대한 통찰력 확보, 프로모션/마케팅 프로그램/상점 레이아웃 정비 등 마케팅 전략계획 수립 등으로 활용된다.

1) 연관규칙(Association Rule) 순서

① 데이터 간 규칙 생성 : if 조건절(Antecedent) → 결과절(Consequent)

② 어떤 규칙이 데이터 특성에 부합되는지 기준 설정

- 지지도(Support) : 데이터 전체에서 해당 물건을 고객이 구입한 확률이다.

- 신뢰도(Confidence) : 어떤 데이터를 구매했을 때 다른 제품이 구매될 조건부 확률이다.

$$Confidence(A \to B) = \frac{P(A \cap B)}{P(A)}$$

- 향상도(Lift) : 두 물건의 구입 여부가 독립인지 판단하는 개념으로 1이면 상호 독립적인 관계, 1보다 크면 양의 상관관계, 1보다 작으면 음의 상관관계이다.

$$Lift(A \rightarrow B) = \frac{P(A \cap B)}{P(A)P(B)}$$

향상도가 1보다 큰 양의 상관관계이면 두 품목의 동시 구매가능성이 높다.

③ 규칙의 효용성 평가(실제 규칙 생성)

지지도, 신뢰도, 향상도가 높은 규칙들을 발견하기 위해 모든 경우를 탐색한다면 계산비용이 급증하기 때문에 빈발(frequent item sets)만 고려하고, 연관규칙을 생성하는 아프리오리(Apriori) 알고리즘을 활용하는 추세이다.

➕ 더 알기 TIP

연관성분석

Customer ID	ITEMS
1	빵, 밥, 김
2	계란, 김치, 밥
3	참치, 김
4	참치, 계란, 김치
5	빵, 김치
6	김, 계란
7	참치, 밥
8	계란, 빵
9	김치, 계란, 김
10	밥, 계란, 김치

고객	빵	계란	김치	참치	김	밥
1	1	0	0	0	1	1
2	0	1	1	0	0	1
3	0	0	0	1	1	0
4	0	1	1	1	0	0
5	1	0	1	0	0	0
6	0	1	0	0	1	0
7	0	0	0	1	0	1
8	1	1	0	0	0	0
9	0	1	1	0	1	0
10	0	1	1	0	0	1

1. 6개 품목(빵, 계란, 김치, 참치, 김, 밥)을 구입할 수 있다고 가정한다.
2. 각 고객마다 상품을 구입했으면 1의 값을, 아니면 0의 값을 주는 행렬을 만든다(희소행렬이라고 한다).
3. 최소 지지도(0.35)를 설정한다.

    지지도(빵) = 0.3

    지지도(계란) = 0.6

    지지도(김치) = 0.5

    지지도(참치) = 0.3

    지지도(김) = 0.4

    지지도(밥) = 0.4

    지지도가 0.35 이하인 빵과 참치가 들어가는 모든 집합은 제외한다.

    이후 아이템 2개의 집합을 계산한다.

일반적으로 최소지지도 설정은 현장 전문가의 입장에서 5%로 설정하여 규칙이 도출될 때까지 하향하면서 조정하는 것이 좋다.

구분	계란	김치	김	밥
계란		0.4	0.2	0.2
김치			0.1	0.2
김				0.1
밥				

4. 기준 지지도를 넘는 품목이 계란과 김치만 있으므로 가장 큰 연관규칙은 '계란을 산 사람은 김치를 산다'가 된다.

2) 아프리오리(Apriori) 알고리즘

모든 항목집합에 대한 지지도를 계산하는 대신, 최소 지지도 이상의 빈발항목집합만을 찾아내서 연관규칙을 계산하는 기법이다.

- 최소지지도 이상의 한 항목집합이 빈발(frequent)하다면 이 항목집합의 모든 부분집합은 역시 빈발항목집합으로 연관규칙 계산에 포함한다.
- 최소지지도 미만의 한 항목집합이 비빈발(infrequent)하다면 이 항목집합을 포함하는 모든 집합은 비빈발항목집합으로 가지치기(pruning)를 한다.
- 이후 최소신뢰도 기준(Minimun Confidence Criteria)을 적용해서 최소 신뢰도에 미달하는 연관규칙은 다시 제거하여 반복(iteration)작업을 수행, 새로운 연관규칙이 없을 때까지 진행한다.

3) 연관성분석의 장단점

- 장점
– 분석 결과가 이해하기 쉽고 실제 적용하기에 용이하다.
- 단점
– 품목이 많아질수록 연관성 규칙이 더 많이 발견되나 의미성에 대해 사전 판단이 필요하다.
– 상당 수의 계산과정이 필요하다.

✔ 개념 체크

1 지지도와 신뢰도가 높을수록 발견되는 연관규칙 개수는?

① 더 줄어든다.
② 변동이 없다.
③ 더 늘어난다.
④ 다양한 변화가 있다.

정답 ①

지지도와 신뢰도가 높을수록 발견되는 연관규칙 개수는 더 줄어든다.

2 다음과 같이 연관성분석 함수를 통해 지지도가 0.5가 넘는 항목들을 출력한 결과에서 Egg와 Onion의 상관관계는?

	antecedents	consequents	antecedent	support	...	lift	leverage	conviction
0	(Eggs)	(Onion)		0.8	...	1.25	0.12	1.6
1	(Onion)	(Eggs)		0.6	...	1.25	0.12	inf

① 양의 상관관계
② 상호 독립적인 관계
③ 음의 상관관계
④ 관계없음

정답 ①

Egg와 Onion간의 Lift(향상도) 비율이 1이 넘기 때문에 양의 상관관계라고 할 수 있다.

07 군집분석(Cluster Analysis)

비지도학습의 일종으로 주어진 각 개체들의 유사성을 분석해서 높은 대상끼리 일반화된 그룹으로 분류하는 기법이다.

군집에 속한 개체들의 유사성과 서로 다른 그룹간의 상이성을 분류하여 규칙 내지 결과 없이 주어진 데이터들을 가장 잘 설명하는 그룹 또는 클러스터를 찾을 수 있는 방법이다.

➕ 더 알기 TIP

군집분석 활용 분야
- 컴퓨터 : 인터넷 사기/스팸 패턴 발견, 보안, 클러스터 구성
- 생물학 : 생물체 분류 연구
- 천문학 : 천체 데이터 분석
- 도시계획 : 주거 그룹 판별 조사
- 환경 : 지구 환경, 기상 / 해양 변화 조사
- 금융 : 주식 군집 분석(관계 분석)
- 마케팅 : 고객분석, 시장세분화
- 기타 : 소셜 네트워크 분석, 이미지 분학 등

1) 군집분류 시 기본적인 가정

- 하나의 군집 내에 속한 개체들의 특성은 동일하다.
- 군집의 개수 또는 구조와 관계없이 개체간의 거리를 기준으로 분류한다.
- 개별 군집의 특성은 군집에 속한 개체들의 평균값으로 나타낸다.

2) 군집분석의 척도

군집분석의 유사성 계산은 방법에 따라 거리와 유사성으로 구분하는데 거리는 값이 작을수록 두 관찰치가 유사함을 의미하며 유클리드 거리, 맨해튼 거리 등이 있다. 반대로 유사성은 값이 클수록 두 관찰치가 서로 유사함을 뜻하며 코사인 값, 상관계수 등이 있다.

① 유클리드 거리(Euclidean Distance)

2차원 공간에서 두 점간의 거리로 두 점을 잇는 가장 짧은 거리 개념인 피타고라스 정리를 통해 측정하며 민코프스키 거리(m=2) 적용시 L2 거리로도 불린다.

$$\sqrt{(p_1 - q_1)^2 + (p_2 - q_2)^2 + \cdots + (p_n - q_n)^2} = \sqrt{\sum_{i=1}^{n} (p_i - q_i)^2}$$

> 🅑 기적의 TIP
>
> 각 거리 개념에 어떤 차이가 있는지 구분하도록 한다.

② 맨해튼 거리(Manhattan Distance)

택시 거리, 시가지 거리, 민코프스키 거리(m=1) 적용 시 L1 거리로도 통칭되며 사각형 격자, 블록으로 이뤄진 지도에서 출발점에서 도착점까지 가로지르지 않고 도착하는 최단거리 개념이다.

- 공간벡터 사이에 차원 실수를 직교 좌표계에 일정한 좌표축의 점 위에 투영한 선분길이합으로 각 변수 값 차이의 절대값의 합이다.

$$d_M(x, y) = \sum_{j=1}^{m} |x_j - y_j|$$

다음 그림에서 (0, 0)을 출발점, (6, 6)을 도착점으로 설정한 뒤 출발점에서 도착점까지의 유클리드 거리와 맨해튼 거리 값을 구하시오.

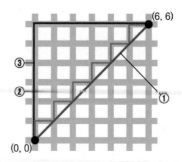

(6, 6)

③

②

①

(0, 0)

유클리드 거리 = 블록을 무시하는 출발점과 도착점을 잇는 가장 짧은 거리의 길이

①. $\sqrt{(X_2 - X_1)^2 + (Y_2 - Y_1)^2} = 6\sqrt{2}$

맨해튼 거리 = 블록별로 택시가 지나가 듯이 출발점과 도착점을 잇는 가장 짧은 거리의 길이

②=③. $|X_2 - X_1| + |Y_2 - Y_1| = 12$

③ 민코프스키 거리(Minkowski Distance)

m차원 민코프스키 공간에서의 거리를 뜻하며 m=1일 때 맨해튼 거리와 같고 m=2일 때 유클리드 거리와 같다.

- 민코프스키 공간은 아인슈타인의 특수 상대성 이론과 밀접한 관계가 있는 시공간으로 일반적인 3차원 유클리드 공간에 시간이 결합한 4차원적 다양체로 알려져 있다.

$$d(A, B) = \sqrt[m]{\sum_{i=1}^{p} (x_i - y_i)^m} = [\sum_{i=1}^{p} (x_i - y_i)^m]^{\frac{1}{m}}$$

④ 마할라노비스 거리(Mahalanobis Distance)

마할라노비스 거리는 변수의 표준화와 상관성이 함께 고려되는 특징이 있다.

일반적인 다변량 데이터에서 두 데이터 간의 거리를 파악하기 위해 서로 다른 의미를 지닌 특징 간의 상관관계를 고려해야 한다. 두 특징 간 나타나는 데이터의 방향성과 상관도를 나타낸 공분산 행렬(Covariance Matrix) 개념을 적용하여 정규 분포에서 특정 값이 얼마나 평균에서 멀리 있는지를 나타낸 거리이다.

▲ 마할라노비스 거리

⑤ 자카드 거리(Jaccard Distance)

비교 대상인 두 개의 객체를 특징들의 집합(Sets of Characteristics)으로 간주하며 범주형 데이터에서 비유사성을 측정하는 지표이다.

- 자카드 인덱스(Jaccard Index)는 집합 X와 집합 Y의 교집합(InterChapter)의 원소의 개수를 집합 X와 집합 Y의 합집합(Union)의 원소의 개수로 나눈 값으로 1에서 자카드 인덱스를 뺀 값이 자카드 거리로 비유사성 측도로 계산된다.

$$JaccardIndex = \frac{|A \cap B|}{|A \cup B|} = \frac{|A \cap B|}{|A| + |B| - |A \cap B|}$$

$$JaccardDistance = 1 - JaccardIndex$$

3) 군집분석의 종류

병합 방식	N 군집에서 시작, 하나의 군집이 남을 때까지 순차적으로 유사한 군집들을 병합
분할 방식	전체 하나의 군집에서 시작, N 군집으로 분할

① 계층적 군집분석

계층화된(상위–하위 그룹) 구조로 군집을 형성(군집 대상 중복 없이 작은 자료군 기반) 한다. 군집 수 명시가 필요하지 않고 덴드로그램을 통해 결과 표현을 시각화 한다.

- 계층적 병합 군집화
  - N개의 군집으로 시작하고, 가장 근접하고 유사한 두 개의 군집들이 1개 군집으로 병합한다.
  - 가장 거리가 짧은 두 개의 군집들이 순차적으로 병합한다.
- 최단 연결법(single–link)
  - 군집과 군집/데이터 간의 거리 중 최단거리(min) 값을 거리로 산정한다.

덴드로그램
개체들이 결합되는 순서를 나타내는 트리형태 구조

• 최장 연결법(complete-link)

– 군집과 군집/데이터 간의 거리 중 최장거리(max) 값을 거리로 산정한다.

• 평균 연결법(average-link)

– 군집과 군집/데이터 간의 거리의 평균거리(mean) 값을 거리로 산정한다.

• Ward 연결법

– 군집 내 편차들의 제곱합을 고려한 군집 내 거리를 기준으로 한다.

② 비계층적 군집분석(분할적 군집)

사전 군집 수로 표본을 나누며 레코드(군집)들을 정해진 군집에 할당한다.

• K-평균(K-means) 군집 분석

– 군집들 내부의 분산을 최소화하여 각각의 사례를 군집들 중 하나에 할당한다.

– 개별유형의 특징 파악 및 좌표 기반 군집 분석으로 대용량 데이터 처리/분산 처리에 용이하다.

➕ 더 알기 TIP

K-평균 군집

데이터포인트	x	y
x_1	1	1
x_2	2	1
x_3	2	3
x_4	3	2
x_5	6	6
x_6	6	8
x_7	7	7

1. 위 표에 따라 k 군집의 수를 2개로 군집 중심점 c_1, c_2에 대해 (4, 3), (7, 9)로 시작한다.
2. 각 데이터 포인트와 군집 중심점 간의 유클리드 거리를 계산한다.

데이터포인트	$s_1 = distance(x_i, c_1)$	$s_2 = distance(x_i, c_2)$
x_1	3.6056	10
x_2	2.8284	9.4340
x_3	2	7.8102
x_4	1.4142	8.0623
x_5	3.6056	3.1623
x_6	5.3852	1.4142
x_7	5	2

3. x_1, x_2, x_3, x_4는 s_1 군집에, x_5, x_6, x_7는 s_2 군집에 속하게 된다.
4. 해당 군집마다 중심점(c_1, c_2)을 구하면 (2, 1.75)과 (6.3333, 7)이 된다.

적은 계산량으로 대규모 DB에서 처리하 유용하다.

K-평균
주어진 데이터를 k개의 클러스터로 묶어 각 클러스터 간 거리 차이의 분산을 최소화하는 방식으로 동작

1. k개(중심점 임의 지정)의 초기 군집으로 시작
2. 가장 가까운 중심을 가진 군집에 할당
3. 군집 중심 재설정, 관찰치 변동 시 군집 중심 재계산
4. 2-3번 과정을 허용오차 이내 반복
5. 군집 사이에 관찰치 이동으로 분산 증가될 시 군집화 중단

5. 다시 각 데이터 포인트와 군집 중심점 간의 유클리드 거리를 계산한다.

데이터포인트	$s_1=distance(x_i, c_1)$	$s_2=distance(x_i, c_2)$
x_1	1.25	8.0277
x_2	0.75	7.4012
x_3	1.25	5.8972
x_4	1.0308	6.0092
x_5	5.8363	1.0541
x_6	7.4204	1.0541
x_7	7.25	0.6667

6. 해당 군집마다 중심점(c_1, c_2)을 구하면 (2, 1.75)과 (6.3333, 7)이 되며 이전과 차이가 없으므로 종료한다.

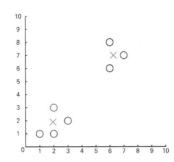

▲ K-means 군집 예시 결과(X 표시는 cluster의 중심)

• 밀도 기반 클러스터링(DBSCAN)

DBSCAN
Density-based spatial clustering of applications with noise

– 개체들의 밀도 계산을 기반으로 밀접하게 분포된 개체들끼리 그루핑한다.

– 파라미터로 밀도계산 범위(epsilon)와 하나의 그룹으로 묶는 최소 개체수(minPts)가 필요하다.

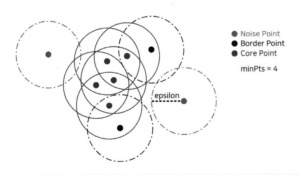

1. 임의의 점 p에서 epsilon 범위 내에 포함된 점들의 개수가 minPts 이상이면 p 중심 군집 형성
2. p와 동일한 군집에 있는 다른 q에 대해서 1번 단계 진행
3. 더 이상 그룹에 포함할 개체가 없으면 해당 군집이 아닌 다른 점 중심으로 1, 2번 단계 진행
*만약 r 중심 epsilon 범위 내에 minPts 이상 개체가 존재하지 않을 시 r은 아웃라이어로 처리

- 이상치(outlier)들은 충분한 고려없이 제외 가능하며 유형 간 밀도 차이가 뚜렷하지 않다면 밀도 기반 클러스터링을 대안으로 추천한다.
- **확률 분포 기반 클러스터링(Gaussian Mixture Model)**

가우시안 분포 = 정규 분포

- 전체 데이터의 확률 분포가 가우시안 분포 조합으로 이뤄졌음을 가정하고, 각 분포에 속할 확률이 높은 데이터들 간 군집을 형성하는 방법이다.
- 개별 데이터가 정규 분포 상에서 어떤 분포에 속할지 더 높은 확률로 배정된 부문으로 군집화 한다.

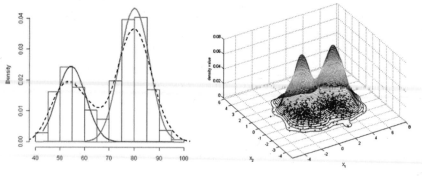

▲ 가우시안 혼합 모델 예

- 데이터가 정규 분포 조합 가설에 어긋나면 클러스터링이 부적절하게 될 수 있으며, 많은 계산량으로 인해 대용량 데이터 처리가 필요할 때는 적합하지 않다.

4) 군집분석의 장단점

- **장점**
- 다양한 데이터 형태에 적용이 가능하다.
- 특정 변수에 대한 정의가 필요하지 않는 적용이 용이한 탐색적 기법이다.
- **단점**
- 초기 군집 수, 관측치간의 거리 등의 결정에 따라 결과가 바뀔 수 있다.
- 사전 주어진 목표가 없으므로 결과 해석이 어렵다.

1 다음 내용에 대한 군집 분석 기준을 제시한다면?

금붕어, 상어, 명태 등	강아지, 고양이, 양, 도마뱀, 개구리 등

① 서식 환경
② 폐 유무/아가미
③ 애완 동물 선호도
④ 먹이사슬 레벨

정답 ②

해당 그룹들을 분리, 구분하기 위한 군집 분석 기준은 폐 유무/아가미이다.

2 주어진 데이터를 k개의 클러스터로 분할 군집하는 알고리즘으로, 각 클러스터와 거리 차이의 분산을 최소화하는 군집 분석 기법은?

① K-평균 군집분석
② DBSCAN
③ 계층적 규집분석
④ GMM

정답 ①

K-평균 군집분석은 군집 중심점(centroid), 즉 특정 임의 지점을 선택하여 가까운 데이터들을 찾아서 묶어주는 대표적인 알고리즘이다.

3 군집분석의 척도로 2차원 공간에서의 피타고라스 정리로 측정하며 L2 거리로도 불리는 것은?

① 유클리드 거리
② 민코프스키 거리
③ 마할라노비스 거리
④ 맨해튼 거리

정답 ①

유클리드 거리는 군집분석의 척도 중에서 두 점을 잇는 가장 짧은 직선 거리 개념이다.

01 지도학습 모델은 분류와 예측모델로 구분된다. 분류모델에 해당되지 <u>않는</u> 것은?

① 의사결정트리
② 인공신경망
③ 서포트벡터머신(SVM)
④ 다중회귀분석

02 회귀분석의 기본적인 가정으로 설명이 <u>틀린</u> 것은?

① 선형성 : 독립변수와 종속변수가 선형적이어야 함
② 잔차 정규성 : 잔차의 기댓값은 0이며 정규분포를 이루어야 함
③ 잔차 등분산성 : 잔차들의 분산이 1로 일정해야 함
④ 다중공선성 : 3개 이상의 독립변수간의 상관관계로 인한 문제가 없어야 함

03 로지스틱 회귀분석이 선형회귀분석과 비교 시 차이점으로 맞는 설명은?

① 종속변수 : 연속형 변수, 분포 : 정규분포
② 종속변수 : 범주형 변수, 분포 : 정규분포
③ 종속변수 : 범주형 변수, 분포 : 이항분포
④ 종속변수 : 연속형 변수, 분포 : 이항분포

04 정보이론에서 순도가 증가하고 불확실성이 감소하는 것을 의미하는 용어는?

① 재귀적 분기
② 가지치기
③ 정보 획득
④ 엔트로피 지수

05 다음 다중회귀분석 결과를 활용하여 유의미한 영향인자들을 추출한 회귀모형식을 구한다면?

Dep. Variable:	방문빈도	R-squared:	0.245
Model:	OLS	Adj. R-squared:	0.225
Method:	Least Squares	F-statistic:	12.02
Date:	Mon, 25 Feb 2019	Prob (F-statistic):	7.14e-07
Time:	15:56:14	Log-Likelihood:	−549.34
No. Observations:	115	AIC:	1107.
Df Residuals:	111	BIC:	1118.
Df Model:	3		
Covariance Type:	nonrobust		

	coef	std err	t	P>|t|	[0.025	0.975]
Intercept	−55.1744	31.260	−1.765	0.008	−117.117	6.768
거래기간	0.0786	0.029	2.665	0.009	0.020	0.137
총매출액	0.000001	2.51e−07	4.834	0.000	7.17e−07	1.71e−06
쿠폰사용횟수	0.2959	0.312	0.948	0.345	−0.323	0.915

① $\hat{Y}_i = 0.0786 \times$ 거래기간 $+ 0.000001 \times$ 총매출액 $+ 0.2959 \times$ 쿠폰사용횟수
② $\hat{Y}_i = -55.1744 + 0.0786 \times$ 거래기간 $+ 0.000001 \times$ 총매출액
③ $\hat{Y}_i = 0.0786 \times$ 거래기간 $+ 0.000001 \times$ 총매출액
④ $\hat{Y}_i = -55.1744 + 0.0786 \times$ 거래기간 $+ 0.000001 \times$ 총매출액 $+ 0.2959 \times$ 쿠폰사용횟수

06 다중회귀분석 결과를 해석할 시 진행순서가 올바른 것은?

① 다중공선성 진단 → 모형의 적합도 평가 → 회귀계수 유의성 확인 → 수정된 결정계수 확인
② 수정된 결정계수 확인 → 모형의 적합도 평가 → 회귀계수 유의성 확인 → 다중공선성 진단
③ 모형의 적합도 평가 → 회귀계수 유의성 확인 → 수정된 결정계수 확인 → 다중공선성 진단
④ 다중공선성 진단 → 회귀계수 유의성 확인 → 수정된 결정계수 확인 → 모형의 적합도 평가

07 의사결정나무의 요소별 설명으로 틀린 것은?

① 자식마디(child node) : 하나의 마디로부터 분리된 2개 이상의 마디

② 가지(branch) : 하나의 마디로부터 끝 마디까지 연결된 마디

③ 부모마디(parent node) : 자식마디의 상위 마디

④ 깊이(depth) : 자식마디의 최대 개수

08 다음 구매 이력에서 오렌지를 구매하면 동시에 키위를 구매할 가능성에 대해 연관규칙을 적용, 신뢰도를 계산한다면?

```
A: 키위, 오렌지, 포도
B: 포도, 선글라스, 수박, 오렌지
C: 참외, 키위, 오렌지
D: 포도, 딸기, 수박, 바나나
```

① 0.5   ② 0.6

③ 0.67   ④ 0.75

09 의사결정나무의 대표적 알고리즘인 CART(Classification and Regression Tree)는 불순도 측도로 범주형 또는 이산형일 경우 (가)를, 연속형인 경우 (나)의 감소량을 이용한 이진분리를 활용한다. 빈칸에 맞는 말을 고른다면?

① 가. 엔트로피 지수   나. 복잡도

② 가. 지니 지수   나. 복잡도

③ 가. 지니 지수   나. 분산

④ 가. 엔트로피 지수   나. 분산

10 여러 부트스트랩 자료를 생성하여 학습하는 모델링으로 랜덤 포레스트가 속한 알고리즘 기법은?

① 부스팅   ② 배깅

③ 앙상블   ④ 의사결정트리

11 한 회사의 직원 3명의 메일함에서 스팸메일들을 분류할 때 앙상블 값이 맞는 경우는?

모델명 \ 직원명	김철수	나윤아	이성희
나이브 베이지안	1	0	0
KNN	0	0	1
SVM	1	0	1
의사결정나무	1	1	1

① 김철수, 앙상블 값 = 3/4

② 나윤아, 앙상블 값 = 1

③ 이성희, 앙상블 값 = 1

④ 이성희, 앙상블 값 = 1/2

12 신경망학습에서 뉴런의 연결방법으로 올바른 설명이 아닌 것은?

① 층간 연결 : 서로 다른 층에 존재하는 뉴런과 연결

② 층내 연결 : 동일 층 내의 뉴런과의 연결

③ 순환 연결 : 주변 뉴런들과의 순환되는 연결

④ 정답이 없음

13 다음에 들어갈 단어로 맞는 것을 고른다면?

(가)함수는 신경망이 출력한 값과 실제 값과의 오차에 대한 함수로 (가)함수값이 최소화되도록 하기 위해 가중치와 (나)을 찾는 것이 인공신경망의 학습이라고 하며 일반적인 (가)함수로는 (다)오차 또는 교차 엔트로피 오차를 활용한다.

① 가. 손실   나. 교차점   다. 평균

② 가. 오차   나. 편향   다. 평균제곱

③ 가. 손실   나. 편향   다. 평균제곱

④ 가. 오차   나. 교차점   다. 평균

14 일반적인 신경망 알고리즘 학습 프로세스 순서로 적합한 것은?

① 미니배치 – 가중치 매개변수 기울기 산출 – 매개변수 갱신
② 샘플선정 – 가중치 매개변수 기울기 산출 – 매개변수 갱신
③ 미니배치 – 매개변수 갱신 – 가중치 매개변수 기울기 산출
④ 샘플선정 – 매개변수 갱신 – 가중치 매개변수 기울기 산출

15 가중치 매개변수의 기울기를 미분을 통해 진행하는 것은 시간비용이 크므로 오차를 출력층에서 입력층으로 전달, 연쇄법칙을 활용하여 가중치와 편향을 계산, 업데이트하는 기법을 칭하는 것은?

① 퍼셉트론
② 활성화함수
③ 확률적 경사하강법
④ 오차역전파

16 군집 분석의 유사성 계산은 거리와 유사성으로 구분하는데 개체들간 거리는 짧을수록 유사성은 클수록 서로 유사하다고 할 수 있다. 군집 분석에서 쓰이는 두 개체 간의 거리를 구하는 방법 중, 아래의 식과 같이 각 변수 값 차이의 절대값의 합을 지칭하는 거리 기법은?

$$d_M(x, y) = \sum_{j=1}^{m} |x_j - y_j|$$

① 유클리드 거리
② 자카드 거리
③ 맨해튼 거리
④ 코사인 거리

17 다음 〈보기〉는 SVM에 대한 설명이다. ⓐ, ⓑ에 들어갈 적절한 설명을 고르시오.

> SVM(Support Vector Machine) 분석모델은 지도학습 기법으로써 고차원 또는 무한 차원의 공간에서 초평면의 집합을 찾아 이를 이용하여 분류와 회귀를 수행한다. SVM의 핵심적 특징은 기존 분류기가 오류율 최소화에 있다면 여백(마진) 최대화로 일반화 능력의 극대화를 추구하는 점으로 마진이 가장 큰 (ⓐ)을 분류기(classifier)로 사용할 때 새로운 자료에 대한 오분류가 가장 낮아진다.
> 또한 경계면과 수직인 법선벡터를 w라고 할 때 마진은 (ⓑ)로 계산된다.

① ⓐ 초평면   ⓑ $2/(|W|)$
② ⓐ 결정 함수   ⓑ $1/(|W|)$
③ ⓐ 최대 마진   ⓑ $1/(|W|)$
④ ⓐ 서포트 벡터   ⓑ $2/(|W|)$

18 다음 내용은 GAN(Generative Adversarial Network)에 대한 설명이다. 〈보기〉에서 ⓐ와 ⓑ에 들어갈 용어로 맞는 것은?

> 생성적 적대 신경망은 확률 분포를 학습하는 (ⓐ) 모델과 서로 다른 집합을 구분하는 (ⓑ) 모델로 구성된다.
> (ⓐ) 모델은 가짜 예제를 만들어 판별모델을 최대한 속일 수 있도록 훈련한다. (ⓑ) 모델은 가짜 예제와 실제 예제를 최대한 정확하게 구분할 수 있도록 훈련한다.

① ⓐ 인식   ⓑ 생성
② ⓐ 생성   ⓑ 판별
③ ⓐ 생성   ⓑ 분류
④ ⓐ 분류   ⓑ 생성

19 활성화 함수 중 0보다 크면 입력값을 그대로 출력하고 0 이하의 값만 0으로 출력하는 함수명은?

① Sigmoid(시그모이드)
② ReLU(렐루)
③ Softmax(소프트맥스)
④ Perceptron(퍼셉트론)

20 지도학습 기법으로써 고차원 또는 무한차원 공간에서 초평면을 찾아 분류와 회귀를 수행하며 여백(마진)최대화를 추구하는 알고리즘은?

① 랜덤포레스트
② KNN
③ SVM
④ 다중회귀분석

21 랜덤 포레스트는 여러 개의 의사결정 나무를 활용하여, 분류 예측 결과를 (   ) 방식으로 예측 결정한다. 괄호에 적합한 용어는?

① 투표   ② 평균
③ 분류   ④ 군집

22 통계학 회귀분석에서 독립변수들 간에 강한 상관관계가 나타나는 문제를 (   ) 문제라고 한다. 괄호에 들어갈 단어는?

① 연관성
② 밀접상관성
③ 다중공선성
④ 상관도

23 의사결정나무에서 더이상 분리가 일어나지 않고 현재의 마디가 끝마디가 되도록 하는 규칙을 (   ) 규칙이라고 한다. 괄호에 들어갈 단어는?

① 종단   ② 완료
③ 미분리   ④ 정지

24 다음 중 비지도학습의 일종인 오토인코더(Auto Encoder)의 특징에 맞지 <u>않은</u> 설명은?

① 인코더를 통해 입력 데이터에 대한 특징 추출
② 입력층의 차원수보다 은닉층 차원수가 더 큰 네트워크이다.
③ 출력값을 입력값의 근사로 하는 함수를 학습
④ 디코더를 통해 원본 데이터를 재구성하는 학습 방식

25 신경망학습 구성요소 중 입력신호의 총합을 출력신호로 변환하는 기능이 있는 부문을 무엇이라고 하는가?

① 은닉층
② 활성화 함수
③ 출력층
④ 디코더

26 기저귀와 맥주 간 지지도(support), 신뢰도(confidence), 향상도(lift) 값은?

TID	Items
1	빵, 우유
2	빵, 기저귀, 맥주, 달걀
3	우유, 기저귀, 맥주, 콜라
4	빵, 우유, 기저귀, 맥주
5	빵, 우유, 기저귀, 콜라

① 3/5, 2/5, 3/4
② 4/5, 3/5, 2/3
③ 3/5, 3/4, 5/4
④ 2/5, 5/4, 3/5

27 비계층적 군집분석은 분석 전에 군집의 수를 정해놓고 군집의 중심으로부터 가까운 순으로 군집에 들어갈 데이터를 정하는 방법을 의미한다. 각 각 중심에 모인 데이터를 같은 군집으로 할당하는 대표적인 군집 분석알고리즘은?

① 최단연결 군집
② K-평균 군집
③ 중심결합기준 군집
④ Ward연결 군집

28 라벨되지 않은 이미지들을 예측, 가장 높은 확률 값의 이미지에 신규 라벨링 이미지로 분류 뒤 반복 훈련하는 대표적인 준지도학습 방법론은?

① GAN
② 오토인코더
③ 셀프트레이닝
④ CNN

29 기존 신경망 퍼셉트론과 딥러닝 신경망과의 차이점이 있는 부문은?

① 은닉층
② 활성화 함수
③ 출력층
④ 매개변수

30 행렬 $\begin{pmatrix} 4 & -5 \\ 2 & -3 \end{pmatrix}$에 대한 고유값을 구하면?

① 1, -2
② 2, 3
③ 3, -1
④ -1, 2

합격을 다지는 예상문제 / 정답 & 해설

SECTION 01

01 ④	02 ③	03 ③	04 ③	05 ②
06 ④	07 ④	08 ③	09 ③	10 ②
11 ③	12 ③	13 ③	14 ①	15 ④
16 ③	17 ①	18 ②	19 ②	20 ③
21 ①	22 ③	23 ④	24 ②	25 ②
26 ③	27 ②	28 ③	29 ②	30 ④

01 ④

다중회귀분석은 회귀(예측)모델로 분류된다.

02 ③

잔차들의 분산이 일정해야 하지만 1이 될 필요는 없다.

03 ③

선형회귀분석은 종속변수와 독립변수 모두 연속형 변수이다.
로지스틱 회귀분석은 도립변수는 선형회귀분석과 도입하지만 종속변수는
이항 분포를 이루는 범주형 변수이다.

04 ③

정보획득(Information Gain)에 대한 정의이다.

05 ②

다중회귀분석으로 회귀모형의 설명력은 Adj. R-squared값인 22.5%이며
Intercept(절편)값 계수(coef)는 −55.1744, 거래기간의 계수는 0.0786, 총매
출액 계수는 0.0000010이다. 쿠폰사용횟수의 경우 P)|t| 유의 확률이 기준치
0.05를 초과하므로 제외한다.

06 ④

다중공선성 진단 → 회귀계수 유의성 확인 → 수정된 결정계수 확인 → 모
형의 적합도 평가

07 ④

깊이(depth)는 가장 긴 가지를 이루는 마디의 개수이다.

08 ③

P(A) : 오렌지 구매 = 3/4 = 0.75
P(B) : 키위 구매 = 2/4 = 0.5
지지도(P(A,B)) : 동시거래/전체거래 = 2/4 = 0.5
신뢰도 : 지지도/P(A) = 0.5/0.75 = 0.67

09 ③

지니 지수(Gini index, 불순도 함수) : 특정 집합에서 한 항목을 뽑아 무작위
로 라벨 추정 시 틀릴 확률
이진분리(Binary split) : 분산의 감소량을 이용하여 분리기준을 설정

10 ②

배깅(Bagging)에 대한 설명이다.

11 ③

분류 모델의 앙상블은 다수결로 0 또는 1로 분류한다. 김철수는 1, 나윤아는
0, 이성희는 1이다.

12 ③

순환 연결은 어떠한 뉴런의 출력이 자기 자신에게 입력되는 연결이다.

13 ③

손실함수를 최소화하기 위해 가중치와 편향을 찾는 것이 인공신경망의 학
습이며 일반적인 손실함수로는 평균제곱오차가 있다.

14 ①

데이터를 미니배치로 무작위 선정 뒤 손실함수 값을 줄이기 위해 각 가중치
매개변수 기울기를 구한다. 다음 가중치 매개변수 기울기 방향으로 조금씩
갱신하여 앞에서 진행한 단계들을 반복한다.

15 ④

오차역전파는 실제 출력과 목표 출력값과의 오차 산출, 비례한 가중치를 출
력층에서 은닉층으로 갱신한다.

16 ③

맨해튼 거리는 사각형 격자로 이뤄진 지도에서 출발점에서 도착점까지 가
로지르지 않고 갈수 있는 최단거리를 구하는 기법이다.

17 ①

SVM에 대한 정의를 참고한다.

18 ②

GAN에 대한 정의를 참고한다.

19 ②

ReLU 활성화 함수(이진 분류)는 Sigmoid의 Gradient Vanishing 문제를
해결하며 0보다 크면 입력값을 그대로 출력하고 0 이하의 값은 0으로 출력
한다.

20 ③

데이터를 2개의 클래스로 나눌 수 있는 초평면 중 Support Vector에서 가
장 멀리 떨어진 초평면으로 채택, 분류하는 알고리즘이다.

21 ①

분류트리 랜덤 포레스트는 투표 또는 다수결 방식으로 예측 결정한다.

> **오답 피하기**
> • 회귀의 경우에는 평균으로 결정한다.

22 ③

회귀 분석에서 사용된 모형의 일부 예측 변수가 다른 예측 변수와 상관 정
도가 높아 데이터 분석 시 부정적인 영향을 미치는 것은 다중공선성이다.

23 ④

정지규칙에 대한 설명이다.

24 ②

오토인코더의 구조는 인공신경망 두 개(인코더+디코더)가 뒤집어 붙은 형태이다. 입력으로 들어온 다차원 데이터를 인코더를 통해 차원을 줄이는 은닉층으로 보내고, 은닉층의 데이터를 디코더를 통해 차원을 늘리는 출력층으로 내보낸 뒤, 출력값을 입력값과 비슷해지도록 만드는 가중치를 찾아낸다.

25 ②

입력신호의 총합을 출력신호로 변환하는 함수를 일반적으로 활성화 함수라고 한다.

26 ③

- 지지도(support) : 데이터 전체에서 해당 물건을 고객이 구입한 확률
  support(기저귀 → 맥주) = 3/5
- 신뢰도(confidence) : 어떤 데이터를 구매했을 때 나른 세품이 구매될 조건부 확률
  confidence(기저귀 → 맥주) = 3/4
- 향상도(lift) : 두 물건의 구입 여부가 독립인지 판단하는 개념으로 1이면 상호 독립적인 관계, 1보다 크면 양의 상관관계, 1보다 작으면 음의 상관관계

$$lift(A \to B) = \frac{P(A, B)}{P(A)P(B)}$$

lift(기저귀 → 맥주) = $(3/5)/((4/5) \times (3/5))$ = 5/4

27 ②

K-평균 군집은 기준점에 가까운 곳의 데이터들을 하나의 군집으로 묶는 방법이다.

28 ③

준지도학습의 셀프트레이닝은 레이블이 달린 데이터로 모델을 학습한 뒤 레이블 되지 않은 데이터를 예측하여 이 중에서 가장 확률값이 높은 데이터들만 레이블 데이터로 다시 가져간다.

29 ②

기존 신경망 퍼셉트론과 딥러닝 신경망의 차이점은 활성화 함수 종류에 있다. 다층 퍼셉트론은 은닉층이 1개 이상의 퍼셉트론으로 활성화 함수인 계단 함수(Step Function)를 사용하여 0 또는 1을 반환하는 반면에 딥러닝 인공신경망은 시그모이드를 포함한 다른 활성화 함수들을 사용한다.

30 ④

정방행렬 $A = \begin{pmatrix} a & b \\ c & d \end{pmatrix}$에서 $Ax = \lambda x$ (상수 λ)가 성립하는 0 아닌 벡터 x가 존재하는 경우, 상수 λ를 행렬 A의 고유값(eigenvalue)이라 하고, x를 이에 대응하는 고유벡터(eigenvector)라고 한다. $(A - \lambda) v = 0$이 되고 이때 v 값은 0이 아니므로 $(A - \lambda)$의 역행렬이 존재하지 않는다.

따라서 역행렬이 존재하지 않는 조건으로 행렬 A의 특성방정식인 det(A - λ)는 0이 된다.

$\begin{vmatrix} a - \lambda & b \\ c & d - \lambda \end{vmatrix} = (a - \lambda)(d - \lambda) - cb = 0$ 이며, 이를 대입하면 다음과 같다.

$(4 - \lambda)(-3 - \lambda) - ((-5) \times 2) = 0$
$\lambda^2 - \lambda - 2 = 0$
$\lambda_1 = -1, \ \lambda_2 = 2$

고급 분석기법

빈출 태그 　범주형 자료분석 • 다변량 분석 • 시계열 분석 • 베이즈 기법 • 딥러닝 분석 • 비정형 데이터 분석 • 앙상블 분석

01 범주형 자료분석

1) 범주형 자료분석의 통계적 정의

범주형 자료 = 질적 자료

범주형 자료분석은 변수들이 이산형 변수일 때 주로 사용하는 분석이다. 예를 들어, 두 제품 간의 선호도가 성별에 따라 연관이 있는지 여부를 판단하고자 하는 경우, 각 집단 간의 비율차이가 있는지 확인하기 위한 경우 등에 주로 사용한다.

- 범주형 변수를 다룰 때에는 일반적으로 그 빈도를 세서 표를 작성하게 된다. 만약 두 변수의 범주가 교차되어 있다면 이 표를 분할표(Contingency Table)라고 부른다.
  - 분할표는 범주형 변수를 요약해서 표현하기에 가장 적당하다. 분할표를 통해서 범주별 비교를 하고 분할표를 기반으로 범주형 변수의 독립성, 동질성 검정 등의 카이제곱 검정을 수행한다.
  - 분할표는 쉽지만 중요한 개념이며 로지스틱 회귀모형 등으로 대표되는 일반화 선형모형을 해석하는 과정에서도 사용한다.

2) 자료의 분석

① 자료의 형태에 따른 범주형 자료 분석 방법

독립변수	종속변수	분석방법	예제
범주형	범주형	빈도분석, 카이제곱 검정 로그선형모형	지역별 선호정당 (지역별 정당 선호도)
연속형	범주형	로지스틱 회귀분석	소득에 따른 결혼의 선호도
범주형	연속형	T검정(2그룹) 분산분석(2그룹 이상)	지역별 가계수입의 차이
연속형	연속형	상관분석, 회귀분석	

② 분할표

범주형데이터가 각 변수에 따라서 통계표 형태로 정리되어 쓴 것을 분할표라고 한다.

- 차원(Dimensionality) : 분할표의 구성에 관계된 변수의 수로 정의한다.
- 수준(Level) : 범주형 변수가 가지는 범주의 수이다.

지역	정당				행 합계
	A당	B당	C당	D당	
서울	10	14	4	12	40
대구	13	9	10	8	40
광주	12	8	10	10	40

▶ 2차원 분할표 상의 비율의 비교

		정당		
		1	2	
X	1	α_1	$1-\alpha_1$	1
	2	α_2	$1-\alpha_2$	1

– 비율의 차이(Difference of Proportions) : $D = \alpha_1 - \alpha_2$

　범위는 $-1 \sim 1$ 사이를 취하며 동질 또는 독립인 경우 $D=0$이다.

– 상대적 위험도(Relative Risk) : $RR = \alpha_1/\alpha_2$

　범위는 $0 \sim \infty$ 사이를 취하며 동질 또는 독립인 경우 $RR=1$이다.

– 오즈비(Odds Ratio) : $OR = \left\{\dfrac{\alpha_1}{1-\alpha_1}\right\}/\left\{\dfrac{\alpha_2}{1-\alpha_2}\right\}$

　범위는 $0 \sim \infty$ 사이를 취하며 동질 또는 독립인 경우 $OR=1$이다.

③ 빈도분석

빈도분석은 질적자료를 대상으로 빈도와 비율을 계산할 때 쓰인다. 그리고 데이터에 질적자료와 양적자료가 많을 때 질적자료를 대상으로 오류가 있는지 확인할 수 있다.

④ 로지스틱 회귀분석

분석하고자 하는 대상들이 두 집단 또는 그 이상의 집단으로 나누어진 경우 개별 관측치들이 어느 집단으로 분류될 수 있는지를 분석할 때 사용한다.

⑤ 교차분석 또는 카이제곱검정(Chi-Square Test)

두 범주형 변수가 서로 상관이 있는지 독립인지를 판단하는 통계적 검정방법이다. 예를 들면 성별에 따라 종교의 차이가 유의미한가, 종교에 따라 취미의 분포 차이가 있는지 또는 야당과 여당에 따라 정치에 대한 긍정, 부정의 시각차가 있는가 등을 보는 것이다.

사용되는 통계량은 χ^2을 이용하여 카이제곱검정(Chi-Square Test)에 의한 방법으로 분석한다.

상대적 위험도
위험인자가 있는 경우 사건이 발생할 확률과, 위험 인자가 없는 경우 사건이 발생할 확률의 비

오즈
어떤 사건이 일어날 가능성
$p/(1-p)$

오즈비
두 오즈의 비율

카이제곱검정

두 범주형 변수에서 관측된 빈도가 기대빈도와 의미 있게 다른지를 검증하는 통계기법으로 변수들 간 상관 또는 독립관계인지를 분석 설명할 수 있다. 적합도 검정, 동질성 검정, 독립성 검정의 형태가 있다.

- 적합도 검정 : 범주형 변수가 1개이며 이를 기준하여 변수의 관찰빈도와 기대빈도 값을 비교, 확률분포와 적합한지를 검정한다.

예 수건의 색(흰 수건, 파란 수건, 노란 수건)으로 관찰빈도와 기대빈도로 확률 계산하기

- 독립성 검정 : 범주형 변수가 2개이며 서로 연관되어 있는지(독립 또는 독립이 아닌지) 여부를 검정한다.

예 성별과 흡연여부의 관계 구하기

- 동질성 검정 : 범주형 변수가 2개이며 각 그룹별로 동질성이 있는지(확률분포가 같은지)를 검정한다.

예 남자그룹과 여자그룹의 흡연율이 동일한지 알아보기

$$\chi_0^2 = \sum_{i=1}^{k} \frac{(X_i - E_i)^2}{E_i}$$

X_i : 측정도수 E_i : 기대도수

(관측값−기대값)의 제곱값을 기대값으로 나눈 값들의 총합이 카이제곱검정 값이다.

예시를 통한 계산방법은 다음과 같다.

과일 종류	과일 실제 개수	과일 기대 개수	관측값−기대값	차이제곱	차이제곱/기대값
블루베리	100	50	50	2500	50
수박	80	50	30	900	18
포도	50	80	−30	900	11.25
자두	60	80	−20	400	5

카이제곱검정 값 = 50 + 18 + 11.25 + 5 = 84.25

⑥ t−검정

독립변수가 범주형(두 개의 집단)이고 종속변수가 연속형인 경우 사용되는 검정 방법으로 두 집단간의 평균 비교 등에 사용된다.

t−검정으로 두 집단의 평균 차이가 통계적으로 유의미한지를 판단할 수 있다. 모집단의 분산이나 표준편차를 알 수 없는 경우, 표본으로부터 추정된 분산이나 표준편차를 이용하여 두 모집단의 평균의 차이로 통계적 차이가 있는지 여부를 검정한다.

⑦ 분산분석

독립변수가 범주형(두 개 이상 집단)이고 종속변수가 연속형인 경우 사용되는 검정 방법으로 두 집단간의 분산 비교 등에 사용된다.

⑫ 다변량분석(Multivariate Analysis)

다변량분석은 조사 중인 각 개인 혹은 대상물에 대한 다수의 측정치를 동시에 분석하는 모든 통계적 방법이다. 따라서 많은 다변량분석 기법은 일변량(단변량)분석과 이변량분석의 확장형태라 할 수 있다.

• 통계적으로는 종속변수의 관계성을 고려해서 여러 개의 일변량분석을 동시에 수행하는 것을 의미한다.

1) 용어

① **종속 기법(Dependence Methods)** : 변수들을 종속변수와 독립변수로 구분하여 독립변수들이 종속변수에 미치는 영향력을 분석하는 기법이다.

② **상호의존적 기법(Interdependence Methods)** : 분석할 변수들을 종속변수와 독립변수로 구분하지 않고 전체를 대상으로 하는 분석이다.

③ **명목 척도(Nominal Scale)** : 단지 분류만을 위해 사용된 숫자로서 숫자 그 자체는 전혀 의미가 없는 측정단위이다.

④ **순위 척도(Ordinal Scale)** : 선호되는 순위를 나타낸 숫자로서 숫자 자체는 의미를 가지나 간격이나 비율이 의미를 가지지 못하는 측정단위이다.

⑤ **등간 척도(Interval Scale)** : 측정된 숫자 자체와 숫자의 차이는 의미를 가지나 숫자의 비율은 의미를 가지지 못하는 측정단위이다.

⑥ **비율 척도(Ratio Scale)** : 측정된 숫자와 그 간격이 의미를 가질 뿐만 아니라 숫자의 비율마저도 의미를 가지는 가장 높은 측정단위이다.

⑦ **정량적 자료(Metric Data)** : 등간척도나 비율척도로 측정된 자료로서 양적자료(Quantitative Data) 또는 모수화된 자료(Parametric Data)라고도 한다.

⑧ **비정량적 자료(Nonmetric Data)** : 명목척도나 순위척도로 측정된 자료로서 질적자료(Qualitative Data) 또는 비모수화된 자료(Nonparametric Data)라고도 한다.

⑨ **변량(Variate)** : 변수(Variable)들이 연구자의 실험대상인 표본으로부터 수집한 자료 그대로를 나타내는 반면에 변량(Variate)은 이러한 변수들을 일종의 통계적인 방법으로 가중치를 주어 변수들의 합의 형태로 나타낸 새로운 변수를 말한다.

2) 다변량분석기법의 분류

① 다중회귀분석(Multi Regression)

다중회귀분석은 하나의 계량적 종속변수와 하나 이상의 계량적 독립변수 간에 관련성이 있다고 가정되는 연구문제에 적합한 분석기법으로, 다수의 독립변수의 변화에 따른 종속변수의 변화를 예측한다.

- 다중회귀분석을 통해 연구자는 회귀모형의 적합도를 분석할 수 있고, 독립변수들이 종속변수를 설명하는 정도, 종속변수에 대한 독립변수들의 상대적인 기여도를 파악할 수 있다.
  - **예** 월 외식경비(종속변수)는 가정의 소득, 가족 구성원의 수와 같은 독립변수들에 의해 예측가능

분석변수들이 종속변수와 독립변수로 구분 가능한지 파악한다.

② 다변량분산분석, 다변량공분산분석

- 다변량분산분석(Multivariate ANOVA)

  - 두 개 이상의 범주형 독립변수와 다수의 계량적 종속변수 간 관련성을 동시에 알아볼 때 이용되는 통계적 방법으로 일변량분산분석의 확장된 형태이다.

    다변량분산분석은 두 개 이상의 계량적 종속변수에 대한 각 집단의 반응치의 분산에 대한 가설을 검증하는데 매우 유용하다.

    - **예** 다수의 관광행동집단과 관광만족도 차원이 있을 때 각 관광행동집단의 다수 관광만족도 차원을 비교분석 시 다변량분산분석이 사용

- 다변량공분산분석(Multivariate ANCOVA)

  - 실험에서 통제되지 않은 독립변수들의 종속변수들에 대한 효과를 제거하기 위해 다변량분산분석과 함께 이용되는 방법으로 그 절차는 이변량부분상관과 비슷하다.

    - **예** 호텔종업원 교육 시 종업원의 학력을 통제한 상태에서 종업원의 이론시험 성적과 실무 성적이 두 가지의 교육방식(강의/학습참여)에 따라 차이가 있는지를 알고자 하는 경우

다변량분산분석은 종속변수가 2개 이상이다.

③ 정준상관분석(Canonical Analysis)

정준상관분석은 하나의 계량적 종속변수와 다수의 계량적 독립변수 간의 관련성을 조사하는 다중회귀분석을 논리적으로 확대시킨 것이라 볼 수 있다.

- 정준상관분석의 기본원리는 종속변수군과 독립변수군 간의 상관을 가장 크게 하는 각 변수군의 선형조합을 찾아내는 일이다.
  - 종속변수군과 독립변수군 간의 상관을 최대화하는 각 변수군의 가중치의 집합을 찾아내는 것이다.
    - **예** 다수의 외식 동기 항목과 레스토랑 선택속성 변수들 간의 관계분석을 통해 고객의 외식동기가 레스토랑 선택에 미치는 영향을 분석하는 경우

★요인분석
주로 변수 간의 상호 의존성을 파악하거나 변수의 차원을 축소하기 위해 사용

④ 요인분석★(Factor Analysis)

요인분석은 많은 수의 변수들 간 상호관련성을 분석하고, 이들 변수들을 어떤 공통 요인들로 설명하고자 할 때 이용되는 기법이다. 즉, 요인분석은 많은 수의 원래 변수들을 이보다 적은 수의 요인으로 요약하기 위한 분석기법이다.

▶ 요인분석의 주요 목표

목표	설명
변수 간 상관 관계 파악	요인분석은 변수들 간의 상관 관계를 파악하여 어떤 변수들이 함께 변하는지, 어떤 변수들이 서로 독립적인지를 알려준다. 이를 통해 데이터에서 숨겨진 패턴이나 구조를 찾을 수 있다.
변수의 차원 축소	다수의 변수를 적은 수의 요인으로 대체하여 데이터의 차원을 축소할 수 있다. 변수의 차원을 축소함으로써 데이터의 복잡성을 감소시키고, 변수들 사이의 상호 의존성을 간소화하여 해석이 용이한 결과를 얻을 수 있다.
요인 해석	요인부석은 변수들을 함께 요약하여 어떤 의미 있는 주제나 특성을 추출할 수 있다. 이를 통해 데이터의 구조를 이해하고, 변수들을 해석 가능한 형태로 변환할 수 있다.

- 요인분석은 주로 주성분 분석(PCA)이나 최대우도법(Maximum Likelihood Estimation)을 기반으로 수행된다. 분석 결과로는 고유값(Eigenvalue), 요인 구성(Loadings), 요인 변수(Factor Scores) 등이 제공된다. 이를 통해 변수들의 중요도, 변수 간의 관계, 요인의 해석 등을 평가할 수 있다.

- 요인분석은 주로 검사나 측정도구의 개발과정에서 측정도구의 타당성을 파악하기 위한 방법으로 많이 사용되고 있다.

- 요인분석의 종류로는 연구자가 가설적인 요인을 설정하지 않고 얻어진 자료에 근거하여 경험적으로 요인의 구조를 파악하는 탐색적 요인분석과 연구자가 사전에 요인의 구조를 가설적으로 설정하고 이를 검증하는 확인적 요인분석이 있다.

탐색적 요인분석은 기존에 요인모형이 존재하지 않는 상태에서 요인을 어림해 만들어보는 것으로 확인적 요인분석을 거쳐 그 모형의 적합성을 확인해야 한다.

> 예 관광객이 여행사를 선택하는 변수(속성)들이 많을 때, 이들 변수 모두를 개별적으로 분석하기보다는 좀 더 이해하기 쉬운 몇 개의 요인으로 축소하거나 요약할 때

⑤ 군집분석(Cluster Analysis)

군집분석은 집단에 관한 사전정보가 전혀 없는 각 표본에 대하여 그 분류체계를 찾을 때, 다시 말해 각 표본을 표본들 간의 유사성에 기초해 한 집단에 분류시키고자 할 때 사용되는 기법으로 판별분석과 달리 군집분석에서는 집단이 사전에 정의되어 있지 않다.

- 군집분석의 단계

  - 첫째로 몇 개의 집단이 존재하는가를 알아보기 위해 각 표본들 간의 유사성 혹은 연관성을 조사한다.

  - 둘째로 첫 번째 단계에서 정의된 집단에 어떤 표본을 분류해 넣거나 혹은 그 소속을 예측한다.

- 두 번째 단계에는 군집기법에 의해 나타난 그룹들에 대해 판별분석을 적용하게 된다.
  - **예** 공원 운영자가 고객들로부터 각종 레저활동에 대한 관심도, 다양한 실내/외 시설에 대한 선호도 등을 조사하여 각종 주제시설의 세분시장을 발견하려는 경우

⑥ 다중판별분석(Multi Discriminant Analysis)

종속변수가 남/녀와 같이 두 개의 범주로 나누어져 있거나, 상/중/하와 같이 두 개 이상의 범주로 나누어져 있을 경우, 즉 종속변수가 비계량적 변수일 경우 다중판별분석이 이용된다.

- 다중회귀분석과 같이 독립변수는 계량적 변수로 이루어진다. 판별분석은 각 표본이 여러 개의 범주를 가진 종속변수에 기초한 여러 개의 집단으로 분류될 때 적합하다.
- 다중판별분석의 주목적은 집단 간의 차이를 판별하며, 어떤 사례가 여러 개의 계량적 독립변수에 기초하여 특정 집단에 속할 가능성을 예측하는 데 있다.

➕ 더 알기 TIP

다중판별분석

어떤 호텔의 책임자가 최근 새롭게 만든 패키지상품이 고객들에게 호응을 얻을 것인가를 알아보는데 관심이 있다고 가정하자.

종속변수	새 상품에 대한 고객의 구매 여부
새 상품을 평가하는 척도	• 가격 • 호텔의 명성 • 부대시설

다중판별분석은 새 패키지 상품을 구매하거나 구매하지 않을 고객을 예측하는 것과 새 상품을 평가하는 어떤 척도가 구매자와 비구매자를 가장 잘 판별해 줄 수 있는가를 보여주게 된다.

예를 들어, 새 상품을 살 것이라는 반응이 가격척도 점수가 높은 것과 항상 관련이 있고, 새 상품을 사지 않을 것이라는 반응이 가격척도 점수가 낮은 것과 관련이 있다면, 가격은 구매자와 비구매자를 판별하는 데 좋은 척도라는 결론을 내리게 된다.

⑦ 다차원척도법(MDS: Multi-Dimensional Scaling)

다차원척도법은 다차원 관측값 또는 개체들 간의 거리(distance) 또는 비유사성(dissimilarity)을 이용하여 개체들을 원래의 차원보다 낮은 차원(보통 2차원)의 공간상에 위치시켜(spatial configuration) 개체들 사이의 구조 또는 관계를 쉽게 파악하고자 하는데 목적이 있다.

다차원 공간상 척도에 위치시켜 개체들 간 숨겨진 구조적 관계를 파악해 소수의 차원으로 설명하거나 이론적 의미를 부여한다.

- 차원의 축소와 개체들의 상대적 위치 등을 통해 개체들 사이의 관계를 쉽게 파악하고자 하는데 목적이 있으며, 공간적 배열에 대한 주관적인 해석에 중점을 두고 있다.
  - **예** 특정 관광지를 대상으로 관광객의 인지에 대한 유사성 연구
- 응답자들이 경쟁관광지와 비교하여 자기 지역 관광상품에 대한 이미지를 어떻게 지각하는지를 알 수 있으며, 이를 통해 자기 지역의 차별화 방안을 구체화할 수 있다.

03 시계열분석

시계열 자료(data)를 분석하고 여러 변수들 간의 인과관계를 분석하는 방법론이다. 경제학에서도 매우 많이 쓰이는 방법론으로 계량경제학이나 금융, 거시경제 분석에 사용한다. 시계열자료의 구분, 정상성 구분에 따른 분석모형 그리고 회귀분석에 대해서 이해할 수 있어야 한다.

1) 시계열 자료

시간의 흐름에 따라서 관측되는 데이터를 지칭한다. 시계열 자료를 이용하여 미래에 대해 예측 또는 제어하는 것이 주 이용목적이다.

① 이산 시계열 : 관측값들이 이산적인 형태로 분리되어 존재한다.

② 연속 시계열 : 관측값들이 연속적으로 연결된 형태의 자료이다.

③ 시차(Time Lag) : 한 관측시점과 다른 관측시점 사이의 간격이다.

2) 시계열자료의 성분

① 불규칙 성분(Irregular Component) : 시간에 따른 규칙적인 움직임이 없는(무관하게) 랜덤하게 변화하는 변동성분이다.

▲ 불규칙 성분의 시계열자료 예

② 체계적 성분(Systemic Component) : 시간에 다른 규칙이 존재하는 변동성분이다.

• 추세성분(Trend Component) : 관측 값이 지속적 증가 또는 감소하는 추세(Trend)를 포함한다.

▲ 추세성분을 가지는 시계열자료 예

- 계절성분(Seasonal Component) : 주기적 성분에 의한 변동을 가지는 형태(계절, 주, 월, 년 등)이다.

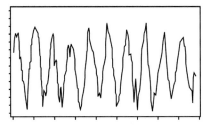

▲ 계절성분을 가지는 시계열자료 예

- 순환성분(Cyclical Component) : 주기적 변화를 가지나 계절적인 것이 아닌 주기가 긴 변동을 가지는 형태(경기 대순환, Business Cycle)이다.
- 복합성분 : 추세성분과 계절성분을 동시에 가지는 경우를 지칭한다.

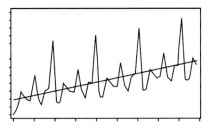

▲ 추세성분과 계절성분을 동시에 가지는 시계열 자료 예

- 자기상관성(Autocorrelation) : 시계열 데이터에서 시차값들 사이에 선형관계를 보이는 것을 자기상관이라 한다.
- 백색잡음(White Noise) : 자기 상관성이 없는 시계열 데이터를 지칭하며 아무런 패턴이 남아있지 않은 무작위한 움직임(진동)을 보이는 데이터를 말한다.

3) 정상성(Stationarity)

시계열 데이터가 평균과 분산이 일정한 경우를 지칭한다. 일반적으로 시계열 데이터가 정상성을 가지면 분석이 용이한 형태로 볼 수 있다.

① 평균이 일정

- 모든 시점에 대해 평균이 일정하다.
- 시계열 데이터가 평균이 일정하지 않으면 차분(difference)을 통해 정상성을 가지도록 한다.

② 분산이 일정

- 모든 시점에서 분산이 일정하다.
- 시계열 데이터가 분산이 일정하지 않으면 변환(transformation)을 통해 정상성을 가지도록 한다.

시계열 데이터가 정상성을 가지지 못한 경우 다루기가 힘드므로 전처리를 통해 정상성을 가지는 데이터로 만드는 과정이 필요하다.

③ 공분산의 경우도 단지 시차에만 의존하며 특정시점에는 의존하지 않는다.

4) 정상성을 가지는 시계열 자료의 특징

- 정상시계열은 어떤 시점에서 평균분산 그리고 특정시차가 일정한 경우의 공분산이 동일하다.
- 정상시계열은 항상 평균회귀 경향이 있으며 평균 주변의 변동은 대체로 일정한 폭을 가진다.
- 정상성을 가지는 시계열의 경우는 특정기간에서 얻은 정보를 다른 시기에서도 사용이 가능한 정보로 일반화가 가능하지만 아닌 경우는 일반화가 힘들다.

5) 시계열자료의 분석 방법

본 도서에서는 데이터분석 중 예측 복석 중심으로 나눈다.

▶ 분석 방법 개요

예측(Forecast) 목적	단순 방법	• 추세분석(Trend Analysis) 이동평균 • 평활법(Smoothing Method) • 분해법(Decomposition Method)
	모형 기반	• 자기회귀모형(AR: AutoRegressive Model) • 자기회귀이동평균모형(ARMA: AutoRegressive Moving Average Model) • 자기회귀누적이동평균모형(ARIMA: AutoRegressive Integrated Moving Average Model)
이해와 제어의 목적		• 스펙트럼분석(Spectral Analysis) • 개입분석(Intervention Analysis)

① 단순방법

- 이동평균법(Moving Average Method)
  - 과거로부터 현재까지 시계열 자료를 대상으로 일정기간(관측기간)을 시계열을 이동하면서 평균을 계산하는 방법이다. 이를 통해 추세를 파악하여 시계열의 다음기간을 예측하는데 사용된다.

$$MA(x, n) = \frac{1}{n}(x_k + x_{k-1} + \cdots + x_{k-n+1}) = \frac{1}{n}\sum_{i=k-n+1}^{n} x_i$$

  여기서 n은 관찰기간(윈도우) x_k는 가장 최근 시점의 관찰값을 의미한다.

  - 간단한 방법으로 추세의 판단이 가능하다. 특히 데이터가 많고 안정된 패턴을 보이는 경우 추세의 판단의 효용성이 높다.
  - 데이터가 뚜렷한 추세가 있거나 불규칙 움직임이 적은 경우는 n을 작게(짧은 관찰기간) 사용하고 반대의 경우는 n을 늘려서 사용한다.

- 지수평활법(Exponential Smoothing Method)
- 이동평균법과 달리 관찰기간의 제한이 없이 모든 시계열 데이터를 사용하며 최근 시계열에 더 많은 가중치를 주며 추세를 찾는 방법을 말한다.

$$Z_{n+1} = \lambda x_n + (1 - \lambda)Z_n$$
$$= \lambda x_n + (1 - \lambda)[\lambda x_{n-1} + (1 - \lambda)Z_{n-1}]$$
$$= \lambda x_n + \lambda(1 - \lambda)x_{n-1} + (1 - \lambda)^2 Z_{n-1}$$
$$= \lambda x_n + \lambda(1 - \lambda)x_{n-1} + (1 - \lambda)^2[\lambda x_{n-2} + (1 - \lambda)Z_{n-2}]$$
$$\vdots$$
$$= \lambda x_n + \lambda(1 - \lambda)x_{n-1} + \lambda(1 - \lambda)^2 x_{n-2} + \lambda(1 - \lambda)^3 x_{n-3} + \cdots$$

여기서 $Z_{(n+1)}$은 n시점 다음의 예측값, λ는 지수평활계수($0 < \lambda < 1$), x_n은 n시점의 관측값이다.

- 지수평활법은 단기간에 발생하는 불규칙 변동을 평활하는데 주로 사용하며 지수평활계수의 효과로 과거 데이터일수록 가중치를 적게(지수적감소로) 배당하며 구한다.
- 지수평활법은 중기 이상의 예측에 주로 사용한다. 단, 단순지수평활법의 경우 장기 추세나 계절성이 포함된 시계열 데이터에는 부적합하다.
- 지수평활계수 λ가 작으면 지엽적 변화에 민감하고, 반대로 크면 지엽적 변화에 둔감해지는 효과가 있다.

- 분해법(Decomposition Method)
- 분해법은 시계열자료의 성분 분류대로 시계열 데이터를 분해하는 방법이다.
- 시계열이 체계적 성분과 불규칙적 성분으로 이루어져 있다는 가정하에 체계적 성분을 시계열로부터 분리하여 분석/예측을 목적으로 하는 기법이다.
- 분해법사용의 목적은 시계열 자료를 분해된 성분별로 해석하는 데 있다. 즉 시계열자료로부터 계절적 특성, 추세/순환 성분을 분리하여 시계열의 장기적 추이를 분석하며, 불규칙성분으로부터 불규칙성이 발생한 시점을 찾는 것이다.
- 계절조정(Seasonal Adjustment) 자료를 제공한다. 체계적 성분 중 계절 성분은 종종 시계열의 장기적 변화를 살피는데 방해가 된다. 그래서 많은 공공 기관에서 시계열 자료는 원자료에서 계절성분을 뺀 자료를 제공한다. 이러한 자료를 계절조정된 시계열 자료라 한다. 계절조정된 시계열 자료를 만들기 위해서는 우선 원자료로부터 계절 성분을 분리해야 한다.

시간의 지수배로 가중치가 높아진다.

체계적 성분이란 추세성분, 계절성분 및 순환성분을 말한다.

② 모형에 의한 방법

• 자기회귀모형(AR: AutoRegressive Model)

자기회귀모형
P시점 전의 자료가 현재자료에 영향을 준다는 가정하에 만들어진 시계열예측 모형

- 자기회귀모형은 현재 값이 이전의 값들에 의존하는 선형회귀 모형이며, 시계열 데이터의 패턴과 추세를 파악하는 데 사용된다. 예를 들어, 과거 주가 데이터를 AR 모형으로 모델링하면, 과거 주가 값들이 현재 주가에 어떤 영향을 미치는지, 어떤 패턴을 따르는 지를 알 수 있다.

- AR 모형은 시계열 데이터 예측, 변동성 모델링, 이상 탐지 등 다양한 분야에서 활용된다.

▶ AR 모형의 주요 특징

종류	설명
차수(p)	AR 모형에서는 현재 값이 p개의 이전 값에 의존하며, 이전 값들은 현재 값의 회귀 계수와 함께 선형 조합을 이루어 현재 값을 예측하는데 사용된다.
회귀 계수 (AR 계수)	AR 모형에서는 이전 값들의 회귀계수가 중요한 역할을 한다. 이 회귀계수는 시계열 데이터의 자기상관 구조를 나타내며, 이전 값들의 영향력을 결정한다. 일반적으로 이전 값들과 현재 값 사이의 자기상관 관계를 나타내는 파라미터로 추정된다.
백색 잡음 (White Noise)	AR 모형에서는 예측 오차를 백색 잡음으로 가정한다. 이는 예측 오차들이 상관 관계 없이 독립적으로 발생한다는 가정을 의미한다.

- AR 모형은 AR(p)로 표현되며, AR(1)은 이전 1개 값에만 의존하는 모형을 의미한다. AR(2)는 이전 2개 값에 의존하는 모형을 의미하며, 이와 같은 식으로 차수 p를 지정하여 모델을 구성할 수 있다.

iid(independently and identically distributed)
독립적이면서 동일한 분포

> 과거의 패턴이 지속된다면 시계열 데이터 관측치 Xt는 과거 관측치 X(t-1), X(t-2),…, X(t-p)에 의해 예측할 수 있을 것이다. 어느 정도의 멀리 있는 과거 관측치까지 이용할 것인지에 대한 판단이 중요하다.
>
> $AR(1) : X_t = \alpha_1 X_{t-1} + \varepsilon_t$ $\quad\quad\quad\quad\quad\quad\quad : \varepsilon_t \sim iid\ N\ (0, \sigma^2)\quad white\ noise$
>
> $AR(2) : X_t = \alpha_1 X_{t-1} + \alpha_2 X_{t-2} + \varepsilon_t$ $\quad\quad\quad : \varepsilon_t \sim iid\ N\ (0, \sigma^2)\quad white\ noise$
>
> $AR(p) : X_t = \alpha_1 X_{t-1} + \alpha_2 X_{t-2} + \cdots + \alpha_p X_{t-p} + \varepsilon_t : \varepsilon_t \sim iid\ N\ (0, \sigma^2)\quad white\ noise$
>
> 여기서 백색잡음(White Noise)은 오차항을 의미한다.

• 자기회귀이동평균모형(ARMA: AutoRegressive Moving Average Model)

이동평균모형(MA)
오차항에 의해서만 시계열이 결정

- ARMA 모형은 자기회귀모형(AR)과 이동평균모형(MA)을 결합한 형태로, 시계열 데이터의 자기 상관과 이동평균 구조를 설명하는데 사용된다.

- ARMA 모형은 시계열 데이터의 자기상관 구조와 이동평균 구조를 동시에 고려하여 데이터를 모델링한다. 이 모형을 사용하면 과거 값들과 이전 예측 오차들이 현재 값을 예측하는데 어떤 영향을 미치는지 알 수 있다.

▶ ARMA 모형의 주요 특징

종류	설명
AR(p) 구성요소	ARMA 모형에서는 자기회귀모형(AR)의 구성요소를 포함한다. AR 구성요소는 현재 값이 p개의 이전 값에 의존하는 선형회귀 모형이다.
MA(q) 구성요소	ARMA 모형에서는 이동평균모형(MA)의 구성요소를 포함한다. MA 구성요소는 현재 값이 q개의 이전 예측 오차에 의존하는 선형회귀 모형이다.
백색 잡음 (White Noise)	ARMA 모형에서는 예측 오차를 백색 잡음으로 가정한다. 이는 예측 오차들이 상관관계 없이 독립적으로 발생한다는 가정을 의미한다.

시계열 데이터 관측치 X_t가 과거 관측치 $X_{(t-1)}$, $X_{(t-2)}$,…, $X_{(t-p)}$들과 과거오차 $\varepsilon_{(t-1)}$, $\varepsilon_{(t-2)}$, …, $\varepsilon_{(t-q)}$들에 의해서 설명되어질 때, ARMA(p,q)의 정의는 아래와 같다.

$$AR(p) : X_t = \alpha_1 X_{t-1} + \alpha_2 X_{t-2} + \cdots + \alpha_p X_{t-p} + \varepsilon_t \quad \text{(AR 모형)}$$

$$MA(q) : X_t = \varepsilon_t - \beta_1 \varepsilon_{t-1} - \beta_2 \varepsilon_{t-2} - \cdots - \beta_p \varepsilon_{t-q} \quad \text{(MA 모형)}$$

MA모형을 앞에서의 정의와 다르게 유한개의 백색잡음의 집합으로 결합된 형태로 데이터를 설명할 수 있다.

$$ARMA(p, q) : X_t - \alpha_1 X_{t-1} + \alpha_2 X_{t-2} + \cdots + \alpha_p X_{t-p}$$
$$- \beta_1 \varepsilon_{t-1} - \beta_2 \varepsilon_{t-2} - \cdots - \beta_p \varepsilon_{t-q} + \varepsilon_t$$

즉, AR(p) 모형과 MA(q) 모형의 결합형태가 자기회귀이동평균모형(ARMA)이다.

– ARMA 모형은 ARMA(p, q)로 표현되며, p는 AR 구성요소의 차수를, q는 MA 구성요소의 차수를 나타낸다. 예를 들어, ARMA(1, 1) 모형은 자기회귀 모형에서 이전 1개 값에 의존하고, 이동평균 모형에서 이전 1개 예측 오차에 의존하는 모형을 의미한다.

• 자기회귀누적이동평균모형(ARIMA: AutoRegressive Integrated Moving Average Model)

– ARIMA 모형은 비정상적인 시계열 데이터를 정상성을 가진 시계열 데이터로 변환한 후, 자기회귀모형(AR)과 이동평균모형(MA)을 결합하여 모델을 구축한다. 시계열 데이터의 경향성, 계절성, 잔차 구조 등을 설명하는데 사용된다.

– ARIMA 모형은 자기회귀모형(AR), 이동평균모형(MA), 그리고 데이터의 차분(Differencing)을 결합한 형태로 정의한다.

ARMA 모형은 시계열 데이터 분석에서 주로 사용되며, 예측, 변동성 모델링, 잔차 분석 등 다양한 분야에서 활용된다.

▶ ARIMA 모형의 주요 특징

종류	설명
AR(p) 구성요소	ARIMA 모형에서는 자기회귀모형(AR)의 구성요소를 포함한다. AR 구성요소는 현재 값이 p개의 이전 값에 의존하는 선형회귀 모형이다.
MA(q) 구성요소	ARIMA 모형에서는 이동평균모형(MA)의 구성요소를 포함한다. MA 구성요소는 현재 값이 q개의 이전 예측 오차에 의존하는 선형회귀 모형이다.
차분 (Differencing)	ARIMA 모형에서는 원래 시계열 데이터의 차분을 포함한다. 차분은 현재 값과 이전 값의 차이를 계산하여 시계열 데이터의 경향성을 제거하는 과정이다. 이를 통해 데이터를 정상성을 가진 시계열로 변환하여 모델링할 수 있다.

– ARIMA 모형은 ARIMA(p, d, q)로 표현되며, p는 AR 구성요소의 차수를, q는 MA 구성요소의 차수를, d는 차분(Differencing)의 차수를 나타낸다. 예를 들어, ARIMA(1, 1, 1) 모형은 자기회귀 모형에서 이전 1개 값에 의존하고, 이동평균 모형에서 이전 1개 예측 오차에 의존하며, 1차 차분을 통해 정상성을 가진 모형을 의미한다.

> 자기회기누적이동평균모형은 ARIMA(p,d,q) 형태로 정의하며 비정상성을 가지는 시계열 데이터 분석에 많이 사용된다.
>
> 시계열 데이터 X_t를 차분에 의해 분해해서 만들어진 시계열 데이터 Y_t가 ARMA(p,q) 모형이면 X_t는 차수가 p, d, q인 ARIMA 모형이라 한다.
>
> d=0 : ARMA(p,q)이므로 정상성을 가지는 데이터가 된다.
> p=0 : IMA(d, q)이므로 d번 차분하면 MA(q) 모형을 따른다.
> q=0 : ARI(p,d)이므로 d번 차분하면 AR(p) 모형을 따른다.

**시계열에서 차분의 정의

미분의 이산적 형태로 정의하며

1차 차분 : $\Delta X_t = X_t - X_{t-1}$

2차 차분 : $\Delta^2 X_t = \Delta(\Delta(X_t)) = \Delta(X_t - X_{t-1}) = \Delta X_t - \Delta X_{t-1}$
$$= (X_t - X_{t-1}) - (X_{t-1} - X_{t-2}) = X_t - 2X_{t-1} + X_{t-2}$$

와 같이 정의할 수 있다.

04 베이즈 기법

1) 베이즈 추론(베이지안 추론, Bayesian Inference)

베이즈 추론은 통계적 추론의 한 방법으로, 추론 대상의 사전 확률과 추가적인 정보를 통해 해당 대상의 사후 확률을 추론하는 방법이다.

베이즈 추론은 베이즈 확률론을 기반으로 하며, 이는 추론하는 대상을 확률변수로 보아 그 변수의 확률분포를 추정하는 것을 의미한다.

① 확률론적 의미해석(조건부 확률)

추론의 대상인 사건을 "A"라고 할 때 사전 확률(Prior Probability) $P(A)$가 주어지고 "A"와 관계된 B가 있을 때 조건부 확률 $P(B|A)$가 주어진다면 조건부 확률식에 의해

$$P(B|A) = \frac{P(A \cap B)}{P(A)} \quad , \quad 단 \ P(A) > 0$$

이고 여기서 $P(B|A)P(A)=P(A \cap B)$이므로 사후 확률(Posterior Probability)

$$P(A|B) = \frac{P(A \cap B)}{P(B)} = \frac{P(B|A)P(A)}{P(B)}$$

베이즈 정리
사전 확률과 우도(가능도)를 데이터에 적용하여 사후 확률을 확인

로 구할 수 있다. 이를 베이즈 정리(Bayes' Theorem)라고 한다.

- 사전 확률 $P(A)$는 결과가 나타나기 전에 결정되어 있는 원인 "A"의 확률

- $P(B|A)$는 우도 확률(Likelihood Probability)로 원인 "A"가 발생하였다고 했을 때 관계 된 B가 발생할 조건부 확률

- 사후 확률 $P(A|B)$는 B가 발생 시 조건하에서 "A"가 발생하는 확률

② 베이즈 기법의 개념

- 베이즈 확률에는 두 가지 관점이 있는데 그 하나는 객관적 관점으로 베이즈 통계의 법칙은 이성적, 보편적으로 증명될 수 있으며 논리의 확장으로 설명될 수 있다는 것이다. 한편 주관주의 확률 이론의 관점으로 보면 지식의 상태는 개인적인 믿음의 정도(Degree of Belief)로 측정할 수 있다.

- 많은 현대적 기계 학습 방법은 객관적 베이즈 원리에 따라 만들어졌다. 베이즈 확률론은 심리학, 사회학, 경제학 이론에 많이 응용된다. 어떤 가설의 확률을 평가하기 위해서 사전 확률을 먼저 밝히고 새로운 관련 데이터에 의한 새로운 확률값을 변경한다.

- 머신러닝에서의 베이즈 확률모델을 적용하는 원리는 크게 회귀분석모델(Regression Model)과 분류(Classification)에 적용을 나누어서 정리한다.

2) 회귀분석모델에서 베이즈 기법의 적용

① 선형회귀분석모델(Linear Regression)

$$y = \theta_0 + \theta_1 x$$

- 머신러닝에서 목표로 하는 것은 독립변수와 종속변수의 관계에 대해 추론하는 것이라고 할 수 있다. 즉 추정치와 실제의 차이(loss)를 최소화하는 것이 회귀분석모델의 목표이다.

- 기존 머신러닝에서 회귀분석은 경사하강법(Gradient Descent)과 같은 알고리즘을 통해 점진적으로 학습하여 매개변수(parameter)를 추정한다.

② 베이지안 확률론의 적용개념

- 추정하고자 하는 θ_0과 θ_1이 하나의 특정한 값을 갖는 것이 아니라 분포를 갖는다고 생각하면, 머신러닝이 매개변수를 찾는 과정을 베이즈 정리를 이용해서 다음과 같이 표현할 수 있다.

$$P(model|Data) = \frac{P(Data|Model)P(model)}{P(data)}$$

- 우리는 $P(model)$라는 사전확률(prior)을 알고 있는데 새로운 데이터가 관측이 되면 posterior($P(model \mid Data)$)를 얻고 이를 다음 번 학습의 사전확률로 사용하면서 점진적으로 $P(model)$, 즉 매개변수(parameter)들의 분포를 찾아가는 과정이 머신러닝 과정으로 만들어지는 것이다.

우도(가능도)
데이터가 관측된 상태에서 특정 확률분포에 대한 어떤 강도를 나타내는 값

경사하강법
함수의 기울기(경사)를 구하고 경사의 반대 방향으로 계속 이동시켜 극값에 이를 때까지 반복

나이브 베이즈
베이즈 이론을 바탕으로 나이브한
(순진한) 전제를 함

3) 분류에서 베이즈 기법의 적용

① 나이브 베이즈 분류(Naïve Bayes Classification)

• 특성들 사이의 독립을 가정하는 베이즈 정리를 적용한 확률 분류기를 지칭한다.

• 분류기를 만들 수 있는 간단한 기술로서 단일 알고리즘을 통한 훈련이 아닌 일반적인 원칙에 근거한 여러 알고리즘들을 이용하여 훈련된다.

• 모든 나이브 베이즈 분류기는 공통적으로 모든 특성 값이 서로 독립임을 가정한다.

> **예** 특정과일을 귤로 인식(분류)하게 하는 특성을 생각해보면 노란색, 둥글다, 표면이 울퉁불퉁, 지름이 5cm인 특성들은 나이브 베이즈 분류기에서는 아무런 연관성이 없다 (즉, 독립사건).

② 나이브 베이즈의 장점

• 일부 확률모델에서 나이브 베이즈 분류는 지도 학습(Supervised Learning) 환경에서 매우 효율적으로 훈련될 수 있다.

• 분류에 필요한 파라미터를 추정하기 위한 트레이닝 데이터의 양이 매우 적다.

• 간단한 디자인과 단순한 가정에도 불구하고, 나이브 베이즈 분류는 많은 복잡한 실제 상황에서 잘 작동한다.

③ 나이브 베이즈 분류기의 생성(확률모델)

나이브 베이즈는 조건부 확률 모델이다. 분류될 인스턴스들은 N개의 특성(독립변수)을 나타내는 벡터 $X=x_1, x_2, \cdots, x_n$로 표현되며, 나이브 베이즈 분류기는 이 벡터를 이용하여 k개의 가능한 확률적 결과들(클래스)을 다음과 같이 할당한다.

$$P(C_k|X) = P(C_k| \ x_1, x_2, \ldots, x_n)$$

위의 공식은 특성 N의 수가 많은 경우나 하나의 특성이 많은 수의 값을 가질 수 있는 경우, 확률 테이블에 베이즈 모델을 바로 적용하기 어려움이 있다. 그러므로 위의 식은 베이즈 정리와 조건부 확률을 이용하여 다음과 같이 정리 가능하다.

분류기의 목표는 C_k에 대해서 식이 최대값을 가지는 클래스 k를 찾는 것이다.

$$P(C_k|x_1, x_2, \ldots, x_n) = \underset{k \in \{1,2,\ldots,K\}}{\mathrm{argmax}} \ P(C_k) \prod_{i=1}^{n} P(x_i|C_k)$$

문서 이진분류 문제

문서 doc가 주어졌을 때 범주 C_1와 C_2로 분류 시

$$P(C_1|Doc) = \frac{P(Doc|C_1)P(C_1)}{P(Doc)} \quad , \quad P(C_2|Doc) = \frac{P(Doc|C_2)P(C_2)}{P(Doc)}$$

나이브 베이즈 모델은 P(C₁Doc)/P(Doc)와 P(C₂Doc)/P(Doc)를 비교해서 그 값이 큰 쪽으로 범주를 할당한다는 개념이다.

---

④ 이벤트 모델

- 클래스의 사전확률은 각 클래스 간 동일하다고 가정할 수 있다(사전확률 = 1/ 클래스의 수).
- 트레이닝 셋(training set)으로부터 각 클래스의 샘플 수를 기반으로 사전확률을 추정할 수 있다(해당 클래스의 사전확률 = 해당 클래스의 샘플 수/샘플의 총 수).
- 특성의 분포에 대한 모수들을 추정하기 위해서는 트레이닝셋의 특성들을 위한 비모수 모델이나 분포를 가정 또는 생성해야 한다.
- 이벤트 모델은 사전확률과 특성의 분포에 대한 가정들을 기반으로 데이터를 설명하고 예측하는 것이 목표이다.
  - 문서 분류나 스팸 필터링처럼 이산적 특성을 가진 경우, 다항 분포나 베르누이 분포를 사용한다.
    - 예 다항 분포는 단어의 등장 횟수, 베르누이 분포는 특정 단어의 존재 여부와 같은 데이터를 모델링할 때 사용한다.

만약 클래스가 3개라면 각 클래스의 사전확률은 1/3이다.

만약 클래스 A의 샘플이 20개, 전체 샘플이 100개라면 클래스 A의 사전확률은 0.2이다.

비모수 모델은 트레이닝 셋을 통해 분포를 추정한다.

▶ 이벤트 모델의 종류

이벤트 모델	적용사항
가우시안 나이브 베이즈	연속적인 값을 지닌 데이터를 처리할 때, 각 클래스의 연속적인 값 벡터 $X=(x_1, x_2, \cdots, x_n)$들이 가우시안 분포를 따른다고 가정한다.
다항분포 나이브 베이즈	특성 벡터 $X=(x_1, x_2, \cdots, x_n)$들이 다항분포에 의해 생성된 이벤트의 경우 사용한다.
베르누이 나이브 베이즈	특성 벡터 $X=(x_1, x_2, \cdots, x_n)$들이 독립적인 이진 변수로 표현될 경우 사용한다. 예 성공/실패

05 딥러닝 분석

1) 딥러닝 분석의 개념

① 인공신경망(ANN: Artificial Neural Network)

인공신경망은 기계학습과 인지과학에서 생물학의 신경망(동물의 중추신경계 중 특히 뇌)을 통해 영감을 얻은 통계학적 학습 알고리즘이다.

- 시냅스의 결합으로 네트워크를 형성한 인공 뉴런(노드)이 학습을 통해 시냅스의 결합 세기를 변화시켜, 문제 해결 능력을 가지는 모델 전반을 가리킨다.
- 인공신경망의 문제점
  - 계산속도의 저하 : 1980년대 컴퓨터의 연산수준이 해당알고리즘 수행의 최적 수준까지 발달하지 못하였다.
  - 초기치의 의존성 : 최초 시작점의 선택에 따라 수렴, 발산, 진동 등 다양한 형태로 결과가 바뀌는 문제가 발생했다.

– 과적합 문제 : 트레이닝 셋에만 최적화되어 실제 테스트와 예상 결과의 괴리가 발생하였다.

② 딥러닝(Deep Learning)

여러 비선형 변환기법의 조합을 통해 높은 수준의 추상화를 시도하는 기계 학습 알고리즘의 집합으로 정의된다.

• 큰 틀에서 사람의 사고방식을 컴퓨터에게 가르치는 기계학습의 한 분야이다.

• 인공신경망의 단점(계산속도의 저하, 과적합문제) 등이 극복되면서 재조명되고 부각된 기계학습이다.

▲ 인공지능관련기술 분류

③ 딥러닝의 원리

기존에는 신경망의 학습수준을 높이기 위해 하나의 은닉층에 은닉노드를 3개가 아니라 10개, 100개 이런 식으로 동일 레이어 내 수직으로 쭉 늘려놓기만 했었는데, 은닉층 자체를 여러 개로 만들어 여러 단계를 거치도록 신경망을 구성하였더니 정확도가 훨씬 향상되었다.

▲ 일반신경망(왼쪽)과 딥러닝(오른쪽)의 차이

• 노드 : 신경계 뉴런, 가중치와 입력값으로 활성함수를 통해 다음 노드로 전달

• 가중치 : 신경계 시냅스, 노드와의 연결계수

• 활성함수 : 임계값을 이용, 노드의 활성화 여부를 결정, 생물학적 뉴런(neuron)에서 입력 신호가 일정 크기 이상일 때만 신호를 전달하는 메커니즘을 모방한 함수이다.

– 시그모이드(sigmoid), 탄젠트 쌍곡선함수(tanh), 정류선형유닛함수(ReLU: Rectified Linear Unit, 렐루) 등이 사용된다.

2) 딥러닝 분석 알고리즘

① 심층 신경망(DNN: Deep Neural Network)

심층 신경망은 입력층(input layer)과 출력층(output layer) 사이에 여러 개의 은닉층(hidden layer)들로 이뤄진 인공 신경망이다.

- 심층 신경망은 일반적인 인공신경망과 마찬가지로 복잡한 비선형 관계(non-linear relationship)들을 모델링할 수 있다.
  - 📖 물체 식별 모델을 위한 심층 신경망 구조에서는 각 물체가 영상의 기본적 요소들의 계층적 구성으로 표현될 수 있다.

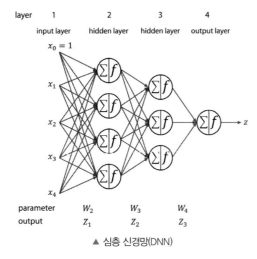

DNN은 모든 입력과 출력 간 완전히 연결된 구조를 가진다.

▲ 심층 신경망(DNN)

② 합성곱 신경망(CNN: Convolutional Neural Network)

합성곱 신경망은 최소한의 전처리(preprocess)를 사용하도록 설계된 다계층 퍼셉트론(multilayer perceptrons)의 한 종류이다.

- 합성곱 신경망(CNN)은 하나 또는 여러 개의 합성곱 계층과 그 위에 올려진 일반적인 인공 신경망 계층들로 이루어져 있으며, 가중치와 통합 계층(pooling layer)들을 추가로 활용한다. 이러한 구조 덕분에 CNN은 2차원 구조의 입력 데이터를 충분히 활용할 수 있다.

▲ 합성곱 신경망(CNN)

- CNN은 2차원 구조의 입력 데이터를 충분히 활용할 수 있다. 다른 딥러닝 구조들과 비교해서, CNN은 영상, 음성 분야 모두에서 좋은 성능을 보여준다.

- CNN은 오차 역전파(Back Propagation)를 통해 훈련될 수 있다. CNN은 다른 순방향(feed forward) 인공신경망 기법들보다 쉽게 훈련되는 편이고 적은 수의 매개변수를 사용한다는 이점이 있다.

- **파생 알고리즘**

  - CNN과 심층 신뢰 신경망(DBN: Deep Belief Network)의 결합으로 만들어진 합성곱 심층 신뢰 신경망(CDBN: Convolutional Deep Belief Network) 알고리즘이 있다. 영상과 신호처리분야에서 많이 사용한다.

③ 순환 신경망(RNN: Recurrent Neural Network)

순환 신경망은 인공신경망을 구성하는 유닛 사이의 연결이 순환적 구조를 갖는 신경망을 말한다.

- 순환 신경망은 순방향 신경망(Feed forward Neural Network)과 달리, 임의의 입력을 처리하기 위해 신경망 내부의 메모리를 활용할 수 있다.

  - 이러한 특성에 의해 순환 신경망은 필기체 인식(Handwriting Recognition)과 같은 분야에 활용되고 있고, 높은 인식률을 나타낸다.

- 순환 신경망은 시퀀스 데이터를 모델링하기 위해 등장했다. 순환 신경망이 기존의 뉴럴 네트워크와 다른 점은 '기억'을 갖고 있다는 점인데, 네트워크의 기억은 지금까지의 입력 데이터를 요약한 정보라고 볼 수 있다.

  - 새로운 입력이 들어올 때마다 네트워크는 자신의 기억을 조금씩 수정한다. 결국 입력을 모두 처리하고 난 후 네트워크에 남겨진 기억은 시퀀스 전체를 요약하는 정보가 된다.

  - 이는 사람이 시퀀스를 처리하는 방식과 비슷하다. 이 글을 읽을 때도 우리는 이전까지의 단어에 대한 기억을 바탕으로 새로운 단어를 이해한다.

  - 이 과정은 새로운 단어마다 계속해서 반복되기 때문에 순환 신경망에는 Recurrent, 즉 순환적이라는 이름이 붙는다. 순환 신경망은 이런 반복을 통해 아무리 긴 시퀀스라도 처리할 수 있는 것이다.

▲ 순환 신경망(RNN) 구조

• 파생 알고리즘

- 완전 순환망(Fully Recurrent Network), Hopfield network, El-man network, ESN(Echo State Network), LSTM(Long Short Term Memory network), Bi-directional RNN, CTRNN(Continuous Time RNN), Hierarchical RNN, Second order RNN 등이 대표적인 예이다.

④ 심층 신뢰 신경망(DBN: Deep Belief Network)

심층 신뢰 신경망은 기계학습에서 사용되는 그래프 생성 모형(generative graphical model)이다.

딥러닝에서는 잠재변수(latent variable)의 다중계층으로 이루어진 심층 신경망을 의미한다. 계층 간에 연결이 있지만 계층 내의 유닛 간에는 연결이 없다는 특징이 있다.

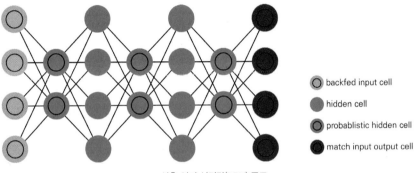

backfed input cell

hidden cell

probablistic hidden cell

match input output cell

▲ 심층 신뢰 신경망(DBN) 구조

• 선행학습을 통해 초기 가중치를 학습한 후 역전파 혹은 다른 판별 알고리즘을 통해 가중치의 미조정을 할 수 있다.

- 이러한 특성은 훈련용 데이터가 적을 때 굉장히 유용한데, 이는 훈련용 데이터가 적을수록 가중치의 초기값이 결과적인 모델에 끼치는 영향이 세지기 때문이다.

• 선행학습된 가중치 초기값은 임의로 설정된 가중치 초기값에 비해 최적의 가중치에 가깝게 되고 이는 미조정 단계의 성능과 속도향상을 가능케 한다.

실제로 딥러닝은 각각의 특성에 따라서 선택적으로 사용되며 음성인식, 화면인식 자연어처리 등의 분야에서 활용되고 있다.

06 비정형 데이터 분석

1) 비정형 데이터

비정형 데이터(Unstructured-Data)는 데이터 세트가 아닌 하나의 데이터가 수집 데이터로 객체화 되어 있다. 언어 분석이 가능한 텍스트 데이터나 이미지, 동영상 같은 멀티미디어 데이터가 대표적인 비정형 데이터이다.

• 웹에 존재하는 데이터의 경우 html 형태로 존재하여 반정형 데이터로 구분할 수도 있지만, 특정한 경우 텍스트 마이닝을 통해 데이터를 수집하는 경우도 존재하므로 명확한 구분은 어렵다.

비정형 데이터는 숫자 데이터와 달리 그림이나 영상, 문서처럼 형태와 구조가 복잡해 정형화 되지 않은 데이터이다.

① 데이터 수집의 난이도

형태	특징	수집 난이도
정형 데이터	내부 시스템인 경우가 대부분이라 수집이 쉽다. 파일 형태의 스프레드시트라도 내부에 형식을 가지고 있어 처리가 쉬운 편이다.	하
반정형 데이터	보통 API 형태로 제공되기 때문에 데이터 처리 기술이 요구된다.	중
비정형 데이터	텍스트 마이닝 혹은 파일일 경우 파일을 데이터 형태로 파싱해야 하기 때문에 수집 데이터 처리가 어렵다.	상

② 데이터 처리의 아키텍처

형태	특징
정형 데이터	일반적인 아키텍처 구조로 이루어져 있다.
반정형 데이터	데이터의 메타구조를 해석해 정형 데이터 형태로 바꿀 수 있는 아키텍처 구조를 수정해야 한다.
비정형 데이터	텍스트나 파일을 파싱해 메타구조를 갖는 데이터셋 형태로 바꾸고 정형 데이터 형태의 구조로 만들 수 있도록 아키텍처 구조를 수정해야 한다.

③ 데이터의 잠재적 가치

형태	특징	잠재적 가치
정형 데이터	내부 데이터의 특성과 현실적 가치의 한계상 활용측면에서 잠재적 가치는 상대적으로 낮다.	하
반정형 데이터	데이터의 제공자가 선별해 제공하는 데이터로 잠재적 가치는 정형 데이터 보다 높다.	중
비정형 데이터	수집주체에 의해 데이터에 대한 분석이 선행되었기 때문에 목적론적 데이터 특징이 가장 잘 나타나는 데이터이다. 그렇기 때문에 일단 수집이 가능하면 수집주체에게는 가장 높은 잠재적 가치를 제공한다.	상

2) 비정형 데이터 분석

빅데이터 환경에서 80% 이상의 데이터가 비정형 데이터이므로 이를 분석하는 것의 중요도는 높다고 할 수 있다. 다만, 분석하는 기법들은 상당히 제한적이며 대부분의 경우가 상식적인 수준의 연관관계 추출에 그칠 가능성이 높다.

① 비정형 데이터 분석의 기본 원리

- 비정형 데이터의 내용 파악과 비정형 데이터 속 패턴(pattern) 발견을 위해 데이터 마이닝, 텍스트 분석, 비표준 텍스트 분석 등과 같은 다양한 기법을 사용한다.

- 비정형 데이터를 정련 과정을 통해 정형데이터로 만든 후, 분류, 군집화, 회귀분석, 요약, 이상감지 분석 등의 데이터 마이닝을 통해 의미있는 정보를 발굴한다.

현재는 컴퓨터기술의 발달로 비정형 데이터를 제한 없이 분석하여 결과를 도출하는 수준까지 이르렀다.

② 데이터 마이닝(Data Mining)

데이터 마이닝은 대규모로 저장된 데이터 안에서 체계적이고 자동적으로 통계적 규칙이나 패턴을 분석하여 가치있는 정보를 추출하는 과정이다. 다른 말로는 KDD(데이터베이스 속의 지식 발견, Knowledge-Discovery in Databases)라고도 일컫는다.

데이터 마이닝은 통계학에서 패턴 인식에 이르는 다양한 계량 기법을 사용한다.

- 데이터 마이닝 기법은 통계학쪽에서 발전한 탐색적 자료분석, 가설 검정, 다변량 분석, 시계열 분석, 일반선형모형 등의 방법론과 데이터베이스 쪽에서 발전한 OLAP(온라인 분석 처리, On-Line Analytic Processing), 인공지능 진영에서 발전한 SOM(자기조직화 지도, Self-Organizing Map), 신경망, 전문가 시스템 등의 기술적인 방법론이 쓰인다.

- 적용분야

 - 분류(Classification) : 일정한 집단에 대한 특정 정의를 통해 분류 및 구분을 추론한다.

 - 군집화(Clustering) : 구체적인 특성을 공유하는 군집을 찾는다. 군집화는 미리 정의된 특성에 대한 정보를 가지지 않는다는 점에서 분류와 다르다.

 - 연관성(Association) : 동시에 발생한 사건간의 관계를 정의한다.

 - 연속성(Sequencing) : 특정 기간에 걸쳐 발생하는 관계를 규명한다. 기간의 특성을 제외하면 연관성 분석과 유사하다.

 - 예측(Forecasting) : 대용량 데이터집합 내의 패턴을 기반으로 미래를 예측한다.

③ 텍스트 마이닝(Text Mining)

전통적인 데이터 마이닝의 한계를 벗어난 방법으로 인간의 언어로 이루어진 비정형 텍스트 데이터들을 자연어 처리방식을 이용하여 대규모 문서에서 정보 추출, 연계성 파악, 분류 및 군집화, 요약 등을 통해 데이터의 숨겨진 의미를 발견하는 기법이다.

기본적으로 전통적인 데이터 마이닝 기법은 비정형데이터를 정형화하는 기반하에서 상식적 범위에서 부분적인 데이터를 다룬다는 한계가 존재한다.

입력 → 처리 → 출력

준비
→ 입력되는 여러 가지 텍스트 문서의 데이터들을 문제 범위에 적절한 것으로 확립

전처리
→ 조직화된 텍스트들을 정형화된 표현 양식으로 만듦

지식추출
→ 정형 데이터에서 의미 있는 패턴이나 관계와 같은 지식 발견
→ 분류, 클러스터링, 개념 및 개체 추출, 세분화된 분류 체계의 생산, 심리 분석, 문서 요약, 개체 관계 모델링

▲ 텍스트 마이닝의 개념

자연어 처리는 연구대상이 언어이기 때문에 언어 자체를 연구하는 언어학, 언어현상의 내적 기재를 탐구하는 언어인지 과학과 연관이 깊다.

- 자연어 처리(Natural Language Processing)
  - 자연어 처리는 인간의 언어 현상을 컴퓨터와 같은 기계를 이용해서 모사할 수 있도록 연구하고 이를 구현하는 인공지능의 주요 분야 중 하나이다.
  - 구현을 위해 수학 · 통계적 도구를 많이 활용하며 특히 기계학습 도구를 많이 사용하는 대표적인 분야이다. 정보검색, QA 시스템, 문서 자동분류, 신문기사 클러스터링, 대화형 Agent 등 다양한 응용이 이루어지고 있다.

- Text to Vector 변환 기법
  - 텍스트를 벡터로 변환하는 기법은 단어나 문장을 수치적인 형태로 표현하여 기계학습 알고리즘에 적용하기 쉽도록 한다.
  - Bag-of-Words(BoW) : BoW는 텍스트를 단어들의 집합으로 간주하고, 각 단어의 등장 빈도를 계산하여 벡터로 표현하는 기법으로 문서 내에 각 단어의 등장 횟수나 이진 플래그 등을 벡터의 원소로 사용한다. 단어의 순서나 문맥 정보는 고려하지 않고, 단어들의 출현 빈도에만 집중한다.
  - TF-IDF(Term Frequency-Inverse Document Frequency) : TF-IDF는 단어의 빈도와 문서의 역문서 빈도를 고려하여 단어를 벡터로 표현하는 기법으로 각 문서에서의 단어의 빈도를 TF로 표현하고, 전체 문서 집합에서의 단어의 등장 빈도를 IDF로 표현한다. 특정 문서에 자주 등장하는 단어는 해당 문서에서 중요한 단어로 간주되며, 전체 문서에서 널리 등장하는 단어는 중요성이 감소한다.
  - Word Embeddings(단어 임베딩) : 단어 임베딩은 단어를 고정 크기의 실수 벡터로 표현하는 방법으로 단어 간의 의미적 유사성을 보존하려는 목적으로 개발되었으며, 단어 간 관계를 벡터 공간에서 표현할 수 있다. 대표적인 기법으로 Word2Vec, GloVe, FastText 등이 있다.
  - Sentence Embeddings(문장 임베딩) : 문장 임베딩은 텍스트의 문장을 고정 크기의 벡터로 표현하는 기법으로 워드 임베딩을 사용하여 문장의 의미를 벡터로 변환하거나, 사전 훈련된 모델을 사용하여 문장을 벡터로 변환한다. 대표적인 기법으로 Universal Sentence Encoder, BERT, GPT 등이 있다.

④ 웹 마이닝(Web Mining)

데이터 마이닝 기술
많은 데이터 가운데 숨겨져 있는 유용한 상관관계를 발견하여 미래에 실행 가능한 정보를 추출해 내고 의사결정에 이용하는 과정

데이터 마이닝 기술의 응용분야로 인터넷을 통해 웹자원으로부터 의미있는 패턴, 프로파일, 추세 등을 발견하는 것이다.

- 데이터의 속성이 반정형이거나 비정형이고, 링크(Link) 구조를 가지고 있기 때문에 전통적인 데이터 마이닝 기술에 추가적인 분석기법이 필요하다.
- 활용분야에는 정보필터링, 경쟁자와 특허, 그리고 기술개발 등의 감시, 이용도 분석을 위한 웹 액세스 로그의 마이닝, 브라우징(고객의 웹에서의 이동경로 탐색) 지원 등이 있다.

⑤ 오피니언 마이닝(Opinion Mining)

어떤 사안이나 인물, 이슈, 이벤트 등과 관련된 원천 데이터에서 의견이나 평가, 태도, 감정 등과 같은 주관적인 정보를 식별하고 추출하는 것을 말한다.

- 사람들의 주관적인 의견을 통계 · 수치화하여 객관적인 정보로 바꾸는 기술이다. 어떤 사안이나 인물에 대한 사람들의 의견뿐만 아니라 감정과 태도도 분석하기 때문에 감정 분석이라고도 불린다.
- 오피니언 마이닝도 분석 대상이 텍스트이므로 텍스트 마이닝에서 활용하는 자연어 처리 방법을 사용하며, 주된 분석 대상은 포털 게시판, 블로그, 쇼핑몰과 같은 대규모의 웹 문서이다.

⑥ 리얼리티 마이닝(Reality Mining)

사람들이 매일 사용하는 스마트폰 등의 기계나 모션센서 등의 행동에서 비정형 데이터를 추출하는 방법을 말한다.

- 리얼리티 마이닝에서 수집하고자 하는 데이터는 통화/메시징 등의 커뮤니케이션 데이터, GPS/WiFi 등의 위치 데이터이다. 이를 통해 사회적 행위를 마이닝하고 사용자 행동 모델링이나 라이프 로그도 얻어내는 것을 목표로 한다.
- 사회과학, 도시 계획, 건강 및 복지, 광고 및 마케팅 등의 다양한 분야에서 활용된다.

07 앙상블 분석

1) 앙상블 분석의 정의

앙상블(Ensemble) 기법은 주어진 자료로부터 여러 개의 학습 모형을 만든 후 학습 모형들을 조합하여 하나의 최종 모형을 만드는 개념이다.

① 약학습기(약분류기, Weak Learner) : 무작위 선정이 아닌 성공확률이 높은, 즉 오차율이 일정 이하(50% 이하)인 학습 규칙을 말한다. 가능성 있는 다양한 복수의 학습 규칙이다.

> 앙상블 학습은 모델의 분산을 줄여주는 효과를 가지므로 입력값의 작은 차이에도 민감하게 반응하는 문제에서 유용하다.

스팸 메일 처리 방법을 개발한다고 가정 시 스팸을 판정하는 여러 가지 기준이 존재할 것이다. 스팸 여부를 Yes/No로만 판정한다고 가정하면	
제목에 광고가 붙은 경우	스팸(Yes)
본문에 보험/대출이 들어간 경우	스팸(Yes)
보낸이가 내 주소록에 있는 경우	스팸아님(No)
…	…
상기의 경우처럼 스팸 여부를 판단하는 여러 기준들은 모든 메일에 적용할 만큼 강력한 · 확실한 기준도 있지만 그러지 못한 기준도 있다. 이와 같이 결과 도출에 실패 가능성을 어느 정도 내포한 여러 학습 기준을 약학습기라고 한다.	

② 강학습기(강분류기, Strong Learner) : 약학습기(Weak Learner)로부터 만들어
    내는 강력한 학습 규칙을 의미한다.

2) 앙상블 분석의 이해

동일한 학습 알고리즘을 이용할 때, 앙상블 분석이 한 개의 단일학습기(Single
Learner)에 의한 분석보다는 더 나은 분석성능을 이끌어낼 수 있다.

• 앙상블 기법은 다양한 약학습기를 통해 강학습기를 만들어가는 과정이다.

① 장점

• 정확성 향상 : 앙상블 모델은 여러 개의 기본 모델의 예측 결과를 종합하여 더
  정확한 예측을 제공한다.

• 과적합 방지 : 단일 모델에서 발생한 과적합 문제를 회피할 수 있다. 앙상블의
  각 모델은 서로 다른 부분에 조점을 맞추기 때문에, 과적합을 낮추고 일반화 성
  능을 높인다.

• 분산 감소 : 여러 모델의 예측 값을 평균하거나 다수의 결과를 취하는 등의 방법
  을 사용하여 전체적인 예측 오차를 줄일 수 있다.

• 다양한 모델 적용 가능 : 서로 다른 알고리즘으로 구성된 기본 모델을 결합하여
  다양한 정보를 활용할 수 있다.

② 단점

• 계산 복잡성 증가 : 앙상블 모형은 여러 개의 기본 모델을 트레이닝 해야하므로,
  단일 모델에 비해 계산 시간과 자원이 더 많이 필요하다.

• 해석 어려움 : 단일 모델에 비해 설명력이 낮아질 수 있다. 여러 모델의 결정 과
  정이 복잡해지기 때문에 모델의 해석이 어려워질 수 있다.

• 구현 복잡성 : 앙상블 모델의 구현과 튜닝이 상대적으로 복잡하다. 기본 모델 각
  각의 속성과 앙상블 구조를 이해하고 조합해야 하므로, 높은 전문 지식이 필요
  하다.

3) 앙상블 분석의 종류

① 보팅(Voting)

기적의 TIP

voting과 bagging의 차이를
확인하도록 한다.

보팅은 뜻 그대로 투표를 통해 결정하는 방식이다. 보팅은 배깅(Bagging)과 투
표방식이라는 점에서 유사하지만 사용법에서 차이점이 있다.

• 보팅은 서로 다른 여러 학습 모델을 조합해서 사용한다. 이에 반해 배깅은 같은
  알고리즘 내에서 다른 표본(sample) 데이터 조합을 사용한다. 즉, 보팅은 서로
  다른 알고리즘이 도출해 낸 결과물에 대하여 최종 투표하는 방식을 통해 최종
  결과를 선택한다.

• 하드 보팅(Hard Voting)은 결과물에 대한 최종 값을 투표해서 결정하는 방식
  이다.

- 소프트 보팅(Soft Voting)은 최종 결과물이 나올 확률 값을 다 더해서 최종 결과물에 대한 각각의 확률을 구한 뒤 최종 값을 도출해내는 방법이다.

② 부스팅(Boosting)

가중치를 활용하여 연속적인(sequential) 약학습기를 생성하고 이를 통해 강학습기를 만드는 방법이다.

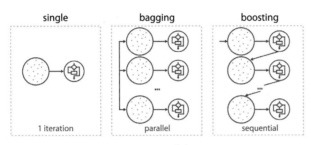

▲ Boosting 개념도

- 다른 앙상블 기법과 가장 다른 점 중 하나는 바로 순차적인 학습을 하며 가중치(weight)를 부여해서 오차를 보완해 나간다는 점이다.

순차적이기 때문에 병렬 처리에 어려움이 있고, 그렇기 때문에 다른 앙상블 대비 학습 시간이 오래 걸린다는 단점이 있다.

③ 배깅(Bagging: Bootstrap Aggregation)

샘플을 여러 번 뽑아(bootstrap) 각 모델을 학습시켜 결과물을 집계(aggregation)하는 방법이다.

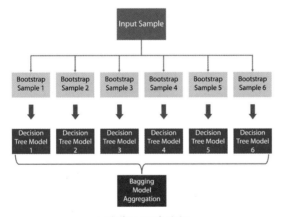

▲ 배깅(Bagging) 설명도

- 우선, 데이터로부터 부트스트랩을 한다(복원 랜덤 샘플링). 부트스트랩한 데이터로 모델의 학습을 거친다. 그리고 학습된 모델의 결과를 집계하여 최종 결과 값을 구한다.
  - 범주형 자료(Categorical Data)는 투표 방식(Voting)으로 결과를 집계하며, 연속형 자료(Continuous Data)는 평균으로 집계한다.

- 범주형 자료일 때, 투표 방식으로 한다는 것은 전체 모델에서 예측한 값 중 가장 많은 값을 최종 예측값으로 선정하는 것이다.
- 예를 들어 6개의 결정 트리 모델이 있다. 4개는 A로 예측했고, 2개는 B로 예측했다면 투표에 의해 4개의 모델이 선택한 A를 최종 결과로 예측한다.
- 평균으로 집계한다는 것은 말 그대로 각각의 결정 트리 모델이 예측한 값에 평균을 취해 최종 배깅 모델의 예측값을 결정한다는 것이다.
- 배깅은 간단하면서도 강력한 방법이며 배깅을 활용한 모델이 바로 랜덤 포레스트(Random Forest)이다.

④ 스태킹(Stacking)

스태킹은 앙상블 학습의 한 종류로, 여러 개의 다른 모델을 조합하여 예측 성능을 향상시키는 방법이다.

- 스태킹은 개별 모델들의 예측 결과를 취합하여 메타 모델(Meta Model)을 학습하는 과정을 포함한다.
- 스태킹은 다양한 모델들의 예측 결과를 결합하기 때문에 개별 모델들 간의 다양성이 중요하다. 서로 다른 알고리즘, 다른 특성, 다른 하이퍼파라미터를 가진 모델들을 조합함으로써 다양성을 확보할 수 있다. 또한, 과대적합을 방지하기 위해 교차 검증을 사용하여 개별 모델을 학습하고 예측 성능을 평가하는 것이 일반적이다.

> **스태킹의 주요 단계**
>
> 1. 데이터 분할 : 원본 데이터를 훈련 데이터와 테스트 데이터로 분할한다.
> 2. 개별 모델 학습 : 분할된 훈련 데이터를 사용하여 다양한 개별 모델들을 학습시킨다. 이때, 각 모델은 서로 다른 알고리즘 또는 하이퍼파라미터 조합으로 구성될 수 있다.
> 3. 개별 모델 예측 : 학습된 개별 모델들을 사용하여 분할된 테스트 데이터에 대한 예측을 수행한다.
> 4. 메타데이터 준비 : 개별 모델들이 만든 예측 결과를 취합하여 메타데이터를 준비한다. 이 메타데이터는 새로운 특성(feature)으로 사용되며, 훈련 데이터의 예측 결과를 모아놓은 것이다.
> 5. 메타모델 학습 : 메타데이터와 실제 타깃(label) 값을 사용하여 메타모델(또는 블렌더)을 학습시킨다. 메타모델은 개별 모델의 예측 결과를 입력으로 받아 최종 예측을 수행한다.
> 6. 최종 예측 : 테스트 데이터에 대한 개별 모델의 예측 결과를 메타모델에 입력으로 사용하여 최종 예측을 수행한다.

⑤ 앙상블 모형의 최적화

앙상블 모형의 최적화는 다양한 측면에서 수행될 수 있다.

- 다양한 알고리즘과 모델 사용 : 앙상블을 구성하는 개별 모델들은 다양한 알고리즘과 모델로 구성될 수 있다. 다양한 알고리즘과 모델을 사용하여 다양성을 증가시키고 앙상블의 예측 성능을 향상시킬 수 있다.
- 개별 모델의 다양성 확보 : 앙상블의 성능을 향상시키기 위해 개별 모델들은 서로 다른 특징, 하이퍼파라미터 조합, 데이터 샘플링 등으로 구성되어야 하며, 이를 통해 다양성을 확보하고 예측 성능을 개선할 수 있다.

- **하이퍼파라미터 최적화** : 개별 모델과 앙상블 모델의 하이퍼파라미터를 조정하여 최적의 조합을 찾는다. 그리드 탐색, 랜덤 서치, 베이지안 최적화 등과 같은 방법을 사용하여 하이퍼파라미터 공간을 탐색하고 성능을 개선한다.
- **교차 검증을 통한 성능 평가** : 교차 검증을 통해 각 개별 모델의 예측 성능을 평가하고, 최적의 모델을 선택할 수 있다.
- **앙상블 크기 결정** : 앙상블 모델의 크기는 개별 모델의 수로 결정되며, 일반적으로 앙상블의 크기가 증가할수록 예측 성능이 향상될 수 있지만, 일정 크기 이상으로 증가하면 추가적인 성능 향상이 제한될 수 있다. 적절한 앙상블 크기를 선택하여 최적의 모델을 찾아야 한다.
- **앙상블 멤버 간의 상관 관계 관리** : 앙상블 모델을 구성할 때는 개별 모델들 간의 상관 관계를 관리해야 한다. 너무 유사한 모델들을 결합하면 성능 개선을 기대하기 어렵다.

08 비모수 통계

1) 모수(매개변수, 파라미터, Parameter)의 정의

모수는 수학과 통계학에서 어떠한 시스템이나 함수의 특정한 성질을 나타내는 변수를 말한다. 일반적으로는 θ라고 표현되며, 다른 표시는 각각 독특한 뜻을 지닌다.
- 함수의 수치를 정해진 변역에서 구하거나 시스템의 반응을 결정할 때, 독립변수는 변하지만 매개변수는 일정하다.
- 다른 매개변수를 이용해 함수의 다른 수치를 다시 구하거나 시스템의 다른 반응을 볼 수도 있다.

> f(x)=ax+b에서 a, b가 매개변수가 된다. 변수 a, b에 수를 대입함에 따라 특정한 함수가 만들어진다.

2) 비모수 통계의 개념

비모수 통계(Non-Parametric Statistics)는 통계학에서 모수에 대한 가정을 전제로 하지 않고 모집단의 형태에 관계없이 주어진 데이터에서 직접 확률을 계산하여 통계학적 검정을 하는 분석이다.
- 상대적으로 모수 통계(Parametric Statistics)는 데이터의 분포를 알거나 모수(평균 이나 분산) 등을 안다고 가정하고 통계적 검정 및 추론을 하는 것이다.

3) 비모수 통계법의 사용조건

① 자료가 나타내는 모집단의 형상이 정규분포가 아닐 때

② 자료가 나타내는 현상이 정규분포로 적절히 변환되지 못할 때

③ 자료의 표본(Sample)이 적을 때

④ 자료들이 서로 독립적일 때

⑤ 변인의 척도가 명명척도나 서열척도일 때

> **명명척도(범주형척도)**
> 분류를 위한 척도를 의미
>
> **서열척도**
> 명명척도에서 서열(우열)적 정보를 가지는 숫자 포함 척도

4) 비모수 통계의 특징

- 가정을 만족시키지 못한 상태에서 그대로 모수 통계분석을 함으로써 발생할 수 있는 오류를 줄일 수 있다.
- 질적척도로 측정된 자료도 분석이 가능하다.
- 비교적 신속하고 쉽게 통계량을 구할 수 있으며 결과에 대한 해석 및 이해 또한 쉽다.
- 많은 표본을 추출하기 어려운 경우에 사용하기 적합하다.

5) 비모수적 통계 검정법

비모수검정(Non-parametric Test)은 데이터가 특정 분포를 따른다는 가정 없이 수행되는 통계적 검정 방법이다. 데이터의 분포가 알려져 있지 않거나, 데이터가 정규분포를 따르지 않는 경우에 유용하다.

▶ 비모수검정의 장단점

장점	• 유연성 : 데이터가 특정 분포를 따르지 않아도 사용할 수 있음 • 적용 범위 넓음 : 다양한 데이터 유형에 적용 • 순위 사용 : 데이터의 순위를 사용하여 극단값(outlier)의 영향을 줄일 수 있음
단점	• 효율성 저하 : 동일한 조건에서 모수적 검정보다 검정력이 낮음 • 큰 표본 필요 : 매우 작은 표본에서는 검정력이 충분하지 않음

① 부호검정(Sign Test)

- 관측치들 간에 같다 혹은 크거나 작다라는 주장이 사실인지 아닌지를 검정한다.
- 부호 검정은 데이터의 순서나 크기에 대한 가정을 하지 않으며, 관측값들의 부호만을 활용하여 검정을 수행한다.
- 부호 검정은 데이터의 순위나 크기 정보를 활용하지 않기 때문에, 보다 정확한 분석을 위해서는 다른 비모수적 검정 방법을 고려해야 할 수도 있다.

② 윌콕슨 부호순위(Wilcoxon Signed-Rank) 검정

- 크거나 작음을 나타내는 부호뿐만 아니라 관측치 간 차이의 크기 순위까지를 고려하여 검정한다.
- 대응 표본 또는 순위 데이터에 사용된다.
- 동일한 개체 또는 짝이 맺어진 개체에 대해 두 관측값을 측정한 경우에 사용된다.
- 대응 표본의 차이에 대한 가설을 검정한다.

예 전후 실험 결과, 약 투여 전후의 체온 변화 등을 비교할 때 사용할 수 있다.

🅑 기적의 TIP

비모수 통계 및 모수 통계에 대한 개념을 이해하면서 비모수 통계적 방법론에는 어떤 것들이 있는지 학습한다.

비모수검정은 순위(rank)를 사용하거나 데이터를 재배열하는 등의 방법으로 수행한다.

③ 만-위트니 U(Mann-Whitney U) 검정

- 두 집단 간의 중심위치를 비교하기 위하여 사용하는 검정 방법이다.
- 독립 표본 데이터에 사용되며, 두 개의 독립된 그룹의 관측값을 비교하는 경우에 사용된다.
- 두 그룹 간의 위치적인 차이에 대한 가설을 검정한다.

예 두 집단의 성적 비교, 약의 효과 비교 등에서 사용할 수 있다.

④ 크루스칼-왈리스(Kruskal-Wallis) 검정

- 3개 이상 집단의 중앙값 차이를 검정한다.
- 독립 표본 데이터에 사용되며, 세 개 이상의 독립된 그룹의 관측값을 비교하는 경우에 사용된다.
- 그룹 간의 순위 차이에 대한 가설을 검정한다.

예 세 개 이상의 약의 효과를 비교하거나, 다수의 집단의 성적을 비교할 때 사용할 수 있다.

▶ 비모수검정법 비교

비모수검정 종류	주요 특징
윌콕슨 부호순위 검정 (Wilcoxon Signed-Rank Test)	• 두 관련 샘플 또는 짝지어진 샘플 간의 차이를 비교 • 주로 동일한 대상에 대해 두 번 측정한 데이터를 비교할 때 사용
만-위트니 U 검정 (Mann-Whitney U Test)	• 두 독립 샘플의 중앙값을 비교 • 주로 두 그룹 간의 차이를 비교할 때 사용
크루스칼-왈리스 검정 (Kruskal-Wallis Test)	• 세 개 이상의 독립 샘플 간의 차이를 비교 • 일원배치법의 비모수 대안으로 사용
프리드만 검정 (Friedman Test)	• 세 개 이상의 관련 샘플 간의 차이를 비교 • 반복측정 분산분석의 비모수 대안으로 사용
카이제곱 검정 (Chi-Square Test)	명목 데이터의 기대빈도와 관찰빈도 간의 차이를 비교

✓ **개념 체크**

다음 중 윌콕슨 부호순위 검정(Wilcoxon Signed-Rank Test)을 사용할 수 있는 상황으로 가장 적절한 것은?

① 두 독립된 집단의 중앙값을 비교하려 할 때
② 세 개 이상의 관련된 표본 간의 차이를 평가할 때
③ 동일한 집단의 사전-사후 테스트 결과를 비교하려 할 때
④ 범주형 데이터에서 두 변수 간의 연관성을 검정할 때

정답 ③

- 두 독립된 집단의 중앙값을 비교할 때는 만-위트니 검정이 적합하다.
- 세 개 이상의 관련된 표본 간 차이는 프리드만 검정 같은 방법이 적합하다.
- 범주형 데이터에서 두 변수 간의 연관성을 검정하는 것은 카이제곱 검정이 적합하다.

01 자료의 형태에 따른 분석방법으로 올바르게 짝지어진 것을 고르시오.

① 독립변수가 범주형, 종속변수가 범주형인 경우: 회귀분석
② 독립변수가 연속형, 종속변수가 범주형인 경우: 로지스틱 회귀분석
③ 독립변수가 범주형, 종속변수가 연속형인 경우: 로그선형분석
④ 독립변수가 연속형, 종속변수가 연속형인 경우: 빈도분석

02 다음은 범주형 분석방법에 대한 설명이다. 옳지 않은 것은?

① 빈도분석은 질적 자료를 대상으로 빈도와 비율을 계산할 때 쓰인다.
② 로지스틱분석은 두 범주형 변수가 서로 상관이 있는지 독립인지를 판단하는 통계적 검정방법이다.
③ T 검정은 독립변수가 범주형(두개의 집단)이고 종속변수가 연속형인 경우 사용되는 검정 방법으로 두 집단간의 평균 비교 등에 사용된다.
④ 독립변수가 범주형(두개이상 집단)이고 종속변수가 연속형인 경우 사용되는 검정 방법으로 분산분석이 사용된다.

03 다음 상황에서 어떤 통계량을 사용하면 좋을지 고르시오.

> 어느 도시의 시장선거의 두 후보자의 지지도가 성별에 따라 차이가 있는지를 알아보기 위해서 1000명의 표본을 이용하여 결과를 분석하고자 한다.

① T 검정　　　　② F 검정
③ Z 검정　　　　④ χ^2 검정

04 다음은 다변량 분산분석에 대한 설명이다. **틀린** 것은?

① 두 개 이상의 범주형 독립변수와 다수의 계량적 종속변수 간의 관련성을 동시에 알아볼 때 이용되는 통계적 방법이다.
② 두 개 이상의 계량적 종속변수에 대한 각 집단의 반응치의 분산에 대한 가설을 검증하는데 매우 유용하다.
③ 분석하고자 하는 대상들이 두 집단으로 나누어진 경우 개별관측치들이 어느 집단으로 분류될 수 있는지를 분석할 때 사용한다.
④ 일변량 분산분석의 확장된 형태로 분산을 기준으로 집단간의 통계적 연관성의 가설을 검증하는데 사용된다.

05 다음은 어떤 성질에 대한 설명인가?

> 시계열이 시차값 사이에 선형관계를 보이는 성질이며 이런 성질이 없는 시계열은 백색 잡음이라고 한다.

① 순환성분
② 계절성분
③ 자기상관성
④ 규칙 성분

06 군집분석에 대한 설명으로 **틀린** 것을 찾으시오.

① 군집분석은 집단에 관한 사전정보가 전혀 없는 각 표본에 대하여 그 분류체계를 찾을 때 사용되는 기법이다.

② 각 표본을 표본들 간의 유사성에 기초해 한 집단에 분류시키고자 할 때 사용되는 기법이다.

③ 판별분석과 비슷하게 군집분석에서는 집단이 사전에 정의되어 있다.

④ 군집분석을 수행하기 위한 첫 번째 단계는 몇 개의 집단이 존재하는가를 알아보기 위해 각 표본들 간의 유사성 혹은 연관성을 조사하는 것이다.

07 다음은 시계열 자료에 대한 정상성(Stationarity)에 대한 설명이다. **틀린** 것을 고르시오.

① 정상성을 가진다는 의미는 시계열 데이터가 평균과 분산이 일정한 경우를 지칭한다.

② 시계열 데이터가 정상성을 가지면 분석이 용이한 형태로 볼 수 있다.

③ 시계열 데이터가 평균이 일정하지 않으면 차분(difference)을 통해 정상성을 가지도록 할 수 있다.

④ 시계열 데이터가 분산이 일정하지 않으면 평행이동을 통해 정상성을 가지도록 할 수 있다.

08 나이브 베이즈 분류의 특성에 대한 설명으로 옳지 **않은** 것을 고르시오.

① 분류기를 만들 수 있는 간단한 기술로 단일 알고리즘을 통한 훈련이 아닌 일반적인 원칙에 근거한 여러 알고리즘들을 이용하여 훈련된다.

② 모든 나이브 베이즈 분류기는 공통적으로 모든 특성 값은 서로 배반사건임을 가정한다.

③ 나이브 베이즈 분류의 장점으로 분류에 필요한 파라미터를 추정하기 위한 트레이닝 데이터의 양이 매우 적다.

④ 나이브 베이즈 분류는 베이즈 정리를 적용한 확률 분류기를 지칭한다.

09 다음 중 자기회귀모형(AR: Autoregressive Model)에 대한 설명으로 옳은 것은?

① 일정 시점전의 자료가 현재자료에 영향을 준다는 가정하에 만들어진 시계열 예측 모형이다.

② 비정상성을 가지는 시계열 데이터 분석에 많이 사용된다.

③ 이동평균모형과 결합된 형태로 나타내어 진다.

④ 시계열이 체계적 성분과 불규칙적 성분으로 이루어져 있다는 가정 하에 체계적 성분을 시계열로부터 분리하여 분석/예측을 목적으로 하는 기법이다.

10 다음은 나이브 베이즈 이벤트 모델에 대한 설명이다. 해당 설명에 맞는 이벤트 모델명은?

특성 벡터 $X=(x_1, x_2, \cdots, x_n)$들이 독립적인 이진 변수로 표현될 경우 사용된다.

① 가우시안 나이브 베이즈
② 다항분포 나이브 베이즈
③ 베르누이 나이브 베이즈
④ 비모수 나이브 베이즈

11 인공신경망에 대한 설명으로 맞는 것을 모두 고르시오.

> (가) 기계학습과 인지과학에서 생물학의 신경망(동물의 중추신경계중 특히 뇌)에서 영감을 얻은 통계학적 학습 알고리즘이다.
> (나) 시냅스의 결합으로 네트워크를 형성한 인공 뉴런(노드)이 학습을 통해 시냅스의 결합 세기를 변화시켜, 문제 해결 능력을 가지는 모델 전반을 가리킨다.
> (다) 트레이닝 셋에만 최적화되어 실제 테스트와 예상결과의 괴리가 발생하는 단점이 있다.
> (라) 최초 시작점에 상관없이 항상 일정한 형태의 결과를 보여준다.

① 가
② 가, 나
③ 가, 나, 다
④ 가, 나, 다, 라

12 다음은 인공신경망과 딥러닝에 대한 설명이다. 틀린 것은?

① 딥러닝은 인공신경망의 단점(계산속도의 저하, 과적합문제 등)이 극복되면서 부각된 기계학습이라고 할 수 있다.
② 딥러닝은 여러 비선형 변환기법의 조합을 통해 높은 수준의 추상화를 시도하는 기계학습 알고리즘의 집합으로 정의된다.
③ 소수의 동일레이어 내 노드의 수직체계 개수를 다수로 늘려서 정확도를 높이는 것이 기존 인공신경망과 딥러닝의 차이이다.
④ 인공신경망과 딥러닝은 사람의 사고방식을 컴퓨터에게 가르치는 기계학습의 한 분야라고 이야기할 수 있다.

13 다음은 딥러닝에 대한 설명이다. 아래 설명에 해당되는 딥러닝 알고리즘은 무엇인가?

> • 인공신경망을 구성하는 유닛 사이의 연결이 순환적 구조를 갖는 신경망을 말한다.
> • 순방향 신경망(Feed forward Neural Network)과 달리, 임의의 입력을 처리하기 위해 신경망 내부의 메모리를 활용할 수 있다.
> • 필기체 인식과 같은 분야에 활용되고 있고, 높은 인식률을 나타낸다.
> • 기존의 뉴럴 네트워크와 다른 점은 '기억'을 갖고 있다는 점인데, 네트워크의 기억은 지금까지의 입력 데이터를 요약한 정보라고 볼 수 있다.

① 합성곱신경망(Convolutional Neural Network)
② 순환신경망(Recurrent Neural Network)
③ 심층신뢰신경망(Deep Belief Network)
④ 심층신경망(Deep Neural Network)

14 다음은 어떤 기법에 대한 설명인가?

> • 대규모로 저장된 데이터 안에서 체계적이고 자동적으로 통계적 규칙이나 패턴을 분석하여 가치 있는 정보를 추출하는 과정이다.
> • 통계학쪽에서 발전한 탐색적 자료분석, 가설 검정, 다변량 분석, 시계열 분석, 일반선형모형 등의 방법론이 사용될 수 있다.
> • 데이터베이스 쪽에서 발전한 OLAP(온라인 분석 처리), 인공지능 진영에서 발전한 SOM(자기조직화 지도), 신경망, 전문가시스템 등의 기술적인 방법론이 쓰인다.

① 데이터 마이닝
② 마인드 매핑
③ 범주형 데이터분석
④ 패턴인식

15 다음 각각의 항목별 설명 중 **틀린** 것을 고르시오.

① 텍스트 마이닝은 대규모 문서에서 정보 추출, 연계성 파악, 분류 및 군집화, 요약 등을 통해 데이터에 숨겨진 의미를 발견하는 기법이다.

② 텍스트 마이닝은 인간의 언어로 이루어진 비정형 텍스트 데이터들을 자연어 처리방식을 이용하여 데이터를 처리하는 전처리가 필요하다.

③ 오피니언 마이닝은 사람들의 주관적인 의견을 통계/수치화하여 객관적인 정보로 바꾸는 기술이다. 어떤 사안이나 인물에 대한 사람들의 의견 뿐만 아니라 감정과 태도도 분석하기 때문에 감정 분석이라고도 불린다.

④ 버츄얼 마이닝은 통화/메시징 등의 커뮤니케이션 데이터, gps/wifi 등이 위치 데이터 등을 통해 사회적 행위를 마이닝하고 사용자 행동 모델링이나 라이프 로그를 얻어내는 것을 목표로 한다.

16 앙상블 분석의 종류들에 대한 설명으로 옳은 것은?

① 하드 보팅(Hard voting)은 최종 결과물이 나올 확률 값을 다 더해서 최종 결과물에 대한 각각의 확률을 구한 뒤 최종 값을 도출해내는 방법이다.

② 부스팅(Boosting)은 가중치를 활용하여 연속적인(Sequential) 약학습기를 생성하고 이를 통해 강분류기를 만드는 방법이다.

③ 배깅은 샘플을 여러 번 뽑아(bootstrap) 각 모델을 학습시켜 결과물을 경쟁시키는 방법이다.

④ 다중회귀분석은 배깅 기법을 활용한 모델이다.

17 앙상블 기법에 대한 설명으로 **틀린** 것은?

① 약학습기는 무작위 선정이 아닌 성공확률이 높은 즉 오차율이 일정 이하(50% 이하)인 학습 규칙을 말한다.

② 강학습기(강분류기)는 약학습기로부터 만들어내는 강력한 학습 규칙을 의미한다.

③ 앙상블 기법은 서로 다른 학습 알고리즘을 경쟁시켜 각 알고리즘 간의 장점을 결합하여 학습하는 개념이다.

④ 한 개의 단일학습기에 의한 분석보다는 더 나은 분석성능을 이끌어 낼 수 있다.

18 다음은 어떤 앙상블 기법을 개념적으로 나타낸 그림이다. (a), (b)가 옳게 짝지어진 것은?

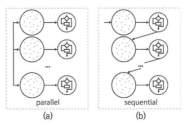

① (a) 하드 보팅   (b) 소프트 보팅
② (a) 소프트 보팅   (b) 하드 보팅
③ (a) 배깅   (b) 부스팅
④ (a) 부스팅   (b) 배깅

19 비모수 통계의 특징을 설명한 것 중 **틀린** 것은?

① 가정을 만족시키지 못한 상태에서 그대로 모수 통계분석을 함으로써 발생할 수 있는 오류를 줄일 수 있다.

② 질적척도로 측정된 자료도 분석이 가능하다.

③ 비교적 신속하고 쉽게 통계량을 구할 수 있으며 결과에 대한 해석 및 이해 또한 용이하다.

④ 많은 표본을 추출하여야만 정규화 근사를 통해 사용하기 적합하다.

SECTION 02

01 ②	02 ②	03 ④	04 ③	05 ③
06 ③	07 ④	08 ②	09 ①	10 ③
11 ③	12 ③	13 ②	14 ①	15 ④
16 ②	17 ③	18 ③	19 ④	

01 ②

독립변수	종속변수	분석방법
범주형	범주형	빈도분석, 카이제곱검정, 로그선형모형
연속형	범주형	로지스틱 회귀분석
범주형	연속형	T검정(2그룹), 분산분석(2그룹 이상)
연속형	연속형	상관분석, 회귀분석

02 ②

②번은 카이제곱검정에 대한 설명이다.

오답 피하기

- 로지스틱 회귀분석 : 분석하고자 하는 대상들이 두 집단 또는 그 이상의 집단으로 나누어진 경우 개별관측치들이 어느 집단으로 분류될 수 있는지를 분석할 때 사용한다.

03 ④

범주형 변수(성별, 지지도 차이 유무)에서 두 변수 간의 상관성(연관성) 검정을 위해서 사용되는 것은 교차분석으로 사용되는 통계량은 x^2을 이용하여 카이제곱검정(Chi-Square Test)에 의한 방법으로 분석한다.

04 ③

③번은 로지스틱 회귀분석에 대한 설명이다.

05 ③

자기상관성은 시계열이 시차값 사이에 선형관계를 보이는 성질이며 이런 성질이 없는 시계열은 백색 잡음이라고 한다.

06 ③

군집분석에서는 판별분석과 달리 집단이 사전에 정의되어 있지 않다.

07 ④

시계열 데이터가 분산이 일정하지 않으면 변환(Transfomation)을 통해 정상성을 가지도록 할 수 있다.

08 ②

나이브 베이즈 분류기는 공통적으로 모든 특성 값은 서로 독립임을 가정한다.

09 ①

오답 피하기

- ②번은 자기회귀누적이동평균모형(ARIMA)
- ③번의 AR(p) 모형과 MA(q) 모형의 결합형태는 자기회귀이동평균모형(ARMA)
- ④번은 분해법에 대한 설명

10 ③

이벤트 모델의 종류

이벤트 모델	적용사항
가우시안 나이브 베이즈	연속적인 값을 지닌 데이터를 처리할 때, 각 클래스의 연속적인 값 벡터 $X=(x_1, x_2, \cdots, x_n)$들이 가우시안 분포를 따른다고 가정
다항분포 나이브 베이즈	특성 벡터 $X=(x_1, x_2, \cdots, x_n)$들이 다항분포에 의해 생성된 이벤트의 경우 사용
베르누이 나이브 베이즈	특성 벡터 $X=(x_1, x_2, \cdots, x_n)$들이 독립적인 이진 변수로 표현될 경우 사용

11 ③

상기 내용은 초기 인공신경망의 문제점과 정의를 나타낸 것이다. 최초 시작점의 선택에 따라 수렴, 발산, 진동 등 다양한 형태로 결과가 바뀌는 단점이 있다.

12 ③

인공신경망의 학습수준을 높이기 위해 하나의 은닉층에 은닉노드를 3개가 아니라 10개, 100개 이런 식으로 동일레이어 내 수직으로 쭉 늘려놓기만 했었는데, 딥러닝에서는 은닉층 자체를 여러 개로 만들어서 여러 단계를 거치도록 인공신경망을 구성하였더니 정확도가 훨씬 향상되었다.

13 ②

순환신경망(RNN)의 정의와 특징에 대한 설명이다.

14 ①

데이터 마이닝(data mining)은 대규모로 저장된 데이터 안에서 체계적이고 자동적으로 통계적 규칙이나 패턴을 분석하여 가치있는 정보를 추출하는 과정이다. 다른 말로는 KDD(데이터베이스 속의 지식 발견, knowledge-discovery in databases)라고도 일컫는다.

15 ④

④번은 리얼리티 마이닝에 대한 설명이다.

16 ②

부스팅(Boosting)은 가중치를 활용하여 연속적인(sequential) 약학습기를 생성하고 이를 통해 강학습기를 만드는 방법이다. 반면 배깅은 샘플을 여러 번 뽑아(bootstrap) 각 모델을 학습시켜 결과물을 집계(aggregation)하는 방법이다.

오답 피하기

- ①번은 소프트 보팅에 대한 설명이다.
- ③번 배깅은 샘플을 여러 번 뽑아 각 모델을 학습시켜 결과물을 집계(aggregation)하는 방법이다.
- ④번 배깅 기법을 활용한 모델로는 랜덤 포레스트(Random Forest)가 있다.

17 ③

앙상블(Ensemble) 기법은 서로 다른 알고리즘을 경쟁시키는 것이 아닌 여러 약한 모델을 결합하여 최적화된 모델을 만드는 방식이다.

18 ③

(a)는 배깅, (b)는 부스팅이다.

19 ④

많은 표본을 추출하기 어려운 경우에 사용하기 적합하다.

MEMO

빅데이터 결과 해석

파트 소개

4과목은 분석모형을 어떻게 평가하고 개선하는지, 분석결과를 어떻게 해석하고 활용하는지에 대한 내용입니다. 개념적인 내용들이 많이 등장하므로 앞의 과목 들을 충실히 공부하였다면 암기를 통해서 충분히 높은 점수를 받을 수 있습니다.

CHAPTER 01

분석모형 평가 및 개선

학습 방향

분석모형을 평가, 진단하고 개선하는 방법을 학습합니다. 지도학습과 비지도학습을 평가하는 기법을 비교해서 설명할 수 있어야 합니다. 특히, 오차행렬을 이용하여 분석 모형의 정확도, 정밀도, 재현도를 계산하는 과정은 시험에서 중요한 비중을 차지하니 고득점을 목표로 대비해야 합니다.

출제빈도

SECTION 01	상	75%
SECTION 02	하	25%

분석모형 평가

01 평가 지표

1) 지도학습–분류모델 평가 지표

분석모형의 답과 실제 답과의 관계 오차행렬을 통해 모델을 평가한다.

> 🅱 기적의 TIP
>
> 개념에 대해 출제되고 있으므로 확실히 이해하자.

▶ 오차행렬(혼동행렬, Confusion Matrix)

		실제 답	
		Positive	Negative
예측 결과	Positive	True Positive	False Positive
	Negative	False Negative	True Negative

– True Positive(TP) : 실제 True인 답을 True라고 예측 (정답)

– False Positive(FP) : 실제 False인 답을 True라고 예측 (오답)

– False Negative(FN) : 실제 True인 답을 False라고 예측 (오답)

– True Negative(TN) : 실제 False인 답을 False라고 예측 (정답)

① 오차행렬(Confusion Matrix) : 훈련을 통한 예측 성능을 측정하기 위해 예측 값과 실제 값을 비교하기 위한 표이다.

> 양성 클래스와 음성 클래스가 90%와 10%의 비율로 구성된 데이터셋에서 모든 샘플을 양성으로 분류하는 모델이 있는 경우 이 모델의 정확도는 90%로 높게 나올 수 있다.

② 정확도(Accuracy) : 실제 데이터와 예측 데이터를 비교하여 같은 지 판단한다. 정확도는 모델의 전체적인 분류 성능을 나타낸다. 높은 정확도는 모델이 입력 데이터를 정확하게 분류하는 능력을 의미하지만 클래스 불균형이 있는 데이터 셋에서 잘못된 평가 결과를 줄 수 있다. 이 경우에는 정밀도(Precision), 재현율(Recall), F1 점수(F1 score) 등 다른 지표를 함께 고려해야 한다.

$$Accuracy = \frac{TP + TN}{TP + FP + TN + FN}$$

> 정밀도는 재현율(Recall)과 트레이드오프 관계에 있다. 정밀도를 높이기 위해서는 양성으로 예측하는 기준을 더 엄격하게 설정하게 되어, 실제 양성인 샘플 중 일부를 놓치게 될 수 있다. 따라서 모델의 목표와 상황에 따라 정밀도와 재현율 사이의 균형을 선택해야 한다.

③ 정밀도(Precision) : Positive로 예측한 대상 중에 실제로 Positive인 값의 비율이다. 정밀도는 클래스 간의 불균형이 있는 데이터셋에서 유용하게 사용될 수 있다. 예를 들어, 암 진단 시나리오에서는 암 환자를 정확하게 판단하는 것이 중요하며, 정밀도가 높은 모델이 선호된다.

$$Precision = \frac{TP}{TP + FP}$$

④ 재현율(Recall, 민감도) : 실제 Positive인 대상 중에 Positive로 정확하게 예측한 값의 비율이다. 높은 재현율은 모델이 실제 양성인 데이터를 놓치지 않고 잘 찾아냈다는 것을 의미한다. 재현율은 클래스 간의 불균형이 있는 데이터셋에서 유용하게 사용될 수 있다.

$$Recall = \frac{TP}{TP + FN}$$

재현율을 높이기 위해서 양성으로 예측하는 기준을 더 관대하게 설정하게 되면, 실제 양성인 샘플 중에 잘못된 양성 예측이 늘어날 수 있다.

⑤ F1-score : 정밀도와 재현율을 결합한 조화평균 지표로 값이 클수록 모형이 정확하다고 판단할 수 있다.

$$F1 = \frac{2}{\frac{1}{recall} + \frac{1}{precision}} = 2 \times \frac{precision \cdot recall}{precision + recall}$$

⑥ ROC(Receiver Operating Characteristic) 곡선 : FPR(False Positive Rate, 1-특이도)이 변할 때 TPR(True Positive Rate, 민감도)이 어떻게 변화하는지를 나타내는 곡선이다.

특이도=TN/(TN+FP)
실제로 음성인 것 중에서 음성으로 정확하게 예측한 비율, False Positive를 피하는 데 초점

FPR = 1-특이도
TPR = 민감도

• X축에 FPR, y축에 TPR을 나타내며, 임계값을 1~0 범주 이내 값으로 조정하면서 FPR에 따른 TPR을 계산하면서 곡선을 그린다.

• ROC 곡선의 모양은 분류 모델의 성능을 나타낸다. ROC 곡선은 왼쪽 상단 모서리에 가까울수록 좋은 성능을 가지는 모델임을 나타낸다(높은 재현율과 높은 특이도를 동시에 갖는 모델을 의미).

• ROC 곡선이 45도 직선에 가까울수록 성능이 낮은 모델을 나타낸다(재현율과 특이도가 비슷한 수준으로 유지되는 모델을 의미).

$$FPR = \frac{FP}{FP + TN} \qquad TPR = \frac{TP}{TP + FN}$$

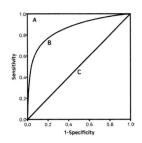

A는 AUC의 값이 1, B는 0.85, C는 0.5인 곡선이며, 모델의 성능이 좋을수록 A에 가까운 곡선이 그려진다.

⑦ AUC(Area Under Curve) : 평가모델의 ROC 곡선의 하단 면적이다.

• AUC 값은 0에서 1 사이의 값을 가지며, 분류 모델의 성능을 종합적으로 평가하는 지표이다.

• AUC가 1에 가까울수록 분류 모델의 성능이 우수하다고 할 수 있다.

ROC 곡선과 AUC는 클래스 불균형이 있는 데이터셋에서 유용하게 사용될 수 있으며, 모델의 성능을 다양한 임계값에 따라 시각화하고 비교하는 데 도움을 준다.

이진분류 모델의 성능이 다음과 같을 때 ,정밀도, 재현율, F1 Score를 계산해보면
TP = 50, FP = 10, FN = 25, TN = 90

정밀도(Precision) = TP / (TP + FP) = 50 / (50 + 10) = 50 / 60 = 0.8333
재현율(Recall) = TP / (TP + FN) = 50 / (50 + 25) = 50 / 75 = 0.6667
F1 Score = 2 * (Precision * Recall) / (Precision + Recall)
          = 2 * (0.8333 * 0.6667) / (0.8333 + 0.6667) ≈ 0.7407

2) 지도학습–회귀모델 평가 지표

회귀의 평가를 위한 지표는 실제값과 회귀 예측값의 차이를 기반으로 성능지표들을 수립, 활용한다.

① SSE(Sum Squared Error) : 실제값과 예측값의 차이를 제곱하여 더한 값이다.

$$SSE = \sum_{i=1}^{n}(y_i - \hat{y}_i)^2$$

② MSE(Mean Squared Error) : 실제값과 예측값의 차이의 제곱에 대한 평균을 취한 값으로 평균제곱 오차라고도 한다.

$$MSE = \frac{1}{n}\sum_{i=1}^{n}(y_i - \hat{y}_i)^2$$

③ RMSE(Root Mean Squared Error) : MSE에 루트를 취한 값으로 평균제곱근 오차라고도 한다.

$$RMSE = \sqrt{\frac{1}{n}\sum_{i=1}^{n}(y_i - \hat{y}_i)^2}$$

④ MAE(Mean Absolute Error) : 실제값과 예측값의 절대 오차의 평균값이다.

$$MAE = \frac{1}{n}\sum_{i=1}^{n}|y_i - \hat{y}_i|$$

⑤ MPE(Mean Percentage Error) : 실제값과 예측값의 상대적 오차를 백분율로 표현한다.

$$MPE = \frac{100\%}{n}\sum_{i=1}^{n}\left(\frac{y_i - \hat{y}_i}{y_i}\right)$$

⑥ 결정계수 R^2 : 회귀모형이 실제값에 대해 얼마나 잘 적합하는지에 대한 비율이다.

$$R^2 = 1 - \frac{\sum_{i=1}^{n}(y_i - \hat{y}_i)^2}{\sum_{i=1}^{n}(y_i - \bar{y})^2}$$

SSE : 오차제곱합
MSE : 평균제곱오차
RMSE : 평균제곱근오차
MAE : 평균절대오차
MPE : 평균백분율오차

⑦ Adjusted R^2(수정된 결정계수) : 다변량 회귀분석에서 독립변수가 많아질수록 결정계수가 높아지는데 이를 보완한 결정계수로 표본크기(n)와 독립변수의 개수(p)를 추가적으로 고려하여 분모에 위치시킴으로써 결정계수 값의 증가도를 보정한다.

$$R_a^2 = 1 - \frac{(n-1)(1-R^2)}{n-p-1} = 1 - \frac{(n-1)(\frac{SSE}{SST})}{n-p-1} = 1 - (n-1)\frac{MSE}{SST}$$

⑧ MSPE(Mean Square Percentage Error) : MSE를 퍼센트로 변환한 값이다.

$$MSPE = \frac{100\%}{n} \sum_{i=1}^{n} \left(\frac{y_i - \hat{y}_i}{y_i} \right)^2$$

⑨ MAPE(Mean Absolute Percentage Error) : MAE를 퍼센트로 변환한 값이다.

$$MAPE = \frac{100\%}{n} \sum_{i=1}^{n} \left| \frac{y_i - \hat{y}_i}{y_i} \right|$$

MPE는 오차의 방향을 고려하나 MAPE는 절대값으로 오차의 크기에만 집중한다.

⑩ RMSLE(Root Mean Squared Logarithmic Error) : RMSE에 로그를 취한 값으로 이상치에 덜 민감하다.

$$RMSLE = \sqrt{\frac{1}{n} \sum_{i=1}^{n} (\log(y_i + 1) - \log(\hat{y}_i + 1))^2}$$

⑪ AIC(Akaike Information Criterion)

최대 우도에 독립변수의 개수에 대한 손실(penalty)분을 반영하는 목적으로 모형과 데이터의 확률 분포 차이를 측정하는 것으로 AIC값이 낮을수록 모형의 적합도가 높아진다.

$$AIC = -2\log L + 2K$$

모형 비교 기준인 AIC, BIC는 모형이 복잡하게 되면 둘 다 페널티를 부여한다(좋지 않다고 처벌하는 것으로 이를 손실로 표현하기도 한다).

⑫ BIC(Bayes Information Criteria)

AIC와 동일한 목적을 지니나 주어진 데이터에서 모형의 우도(likelihood)를 측정하기 위한 값에서 유도된 지표로 변수 개수가 많을수록 AIC보다 더 페널티를 가하는 성격을 가진다.

$$BIC = -2\log L + K\log n$$

K
모형 파라미터의 개수(모형에서 상수항을 포함한 설명변수의 개수)

L
log-Likelihood, 모형 적합도를 나타내는 척도

3) 비지도학습-군집분석 평가 지표

- 비지도학습은 지도학습과 달리 실측자료에 라벨링이 없으므로 모델에 대한 성능평가가 어렵다.
- 군집분석에 한해 다음과 같은 성능 평가 지표를 참고한다.

실루엣 계수가 1로 가까우면 근처의 군집과 더 멀리 떨어진(효율적으로 분리된) 것이고, 0에 가까울수록 근처의 군집과 가까워 진다는 것이다. −값은 아예 다른 군집에 데이터 포인트가 할당된 것이다.

① 실루엣 계수(Silhouette Coefficient) : $a(i)$는 i번째 개체와 같은 군집에 속한 요소들 간 거리들의 평균이며 $b(i)$는 i번째 개체가 속한 군집과 가장 가까운 이웃군집을 선택 계산한 값으로 $a(i)$가 0이면 하나의 군집에서 모든 개체들이 붙어있는 경우로 실루엣 지표가 0.5보다 클 시 적절한 군집 모델로 볼 수 있다.

$$s(i) = \frac{b(i) - a(i)}{max\,\{a(i), b(i)\}}$$

② Dunn Index : 군집 간 거리의 최소값을 분사, 군집 내 요소 간 거리의 최대값을 분모로 하는 지표이다. 군집 간 거리는 멀수록 군집 내 분산은 작을 수록 좋은 군집화로 Dunn Index 값은 클수록 좋다.

$$I(C) = \frac{min_{i \neq j}\{d_c(C_i, C_j)\}}{max_{1 \leq l \leq k}\{\Delta(C_l)\}}$$

✔ 개념 체크

1 회귀모델 평가지표에 해당되지 않는 지표를 고르시오.

① RMSE   ② AUC

③ Adjusted R^2 ④ MAPE

정답 ②

AUC는 분류모델 평가지표에 해당된다.

2 다음의 분석모형 진단평가에 대한 설명 중 옳지 않은 것은?

> 참긍정(TP, True Positive)
> 참부정(TN, True Negative)
> 거짓긍정(FP, False Positive)
> 거짓부정(FN, False Negative)

① 실제 Positive인 대상 중에 실제와 예측 값이 일치하는 비율은 재현율(Recall)을 사용한다.
② 정확도(Accuracy) 식은 (TP+TN)/(TP+FP+TN+FN)식으로 표현한다.
③ F1 Score는 정밀도와 재현율을 결합한 산술평균 지표값을 뜻한다.
④ AUC는 ROC 곡선의 하단 면적을 뜻하며 ROC 곡선이 직선에서 멀어질수록 성능이 더 뛰어나다.

정답 ③

F1 Score는 정밀도와 재현율을 결합한 조화평균 지표값을 뜻한다.

3 회귀모델 평가지표에 대한 설명으로 잘못된 것은?

① 회귀모델 평가지표는 실제 값과 회귀 예측값과의 차이를 기반으로 한다.
② MSE와 R^2 값이 작을수록 회귀모델 성능이 좋다고 할 수 있다.
③ RMSLE는 RMSE보다 이상치에 덜 민감하다.
④ MAE는 실제 값에서 예측 값을 뺀 값의 절대값에 대한 평균값이다.

정답 ②

MAE, MSE, RMSE, MSLE, RMSLE 값이 작을수록 회귀모델 성능이 좋다고 볼 수 있으나 R2 값은 클수록 성능이 좋다고 할 수 있다.

02 분석모형 진단

1) 정규성 가정

정규성 가정은 통계적 검정, 회귀분석 등 분석을 진행하기 전에 데이터가 정규분포를 따르는지를 검정하는 것으로 데이터 자체의 정규성을 확인하는 과정이다.

① 중심극한정리(Central Limit Theorem)

• 동일한 확률분포를 가진 독립 확률 변수 n개의 평균의 분포는 n이 적당히 크다면 정규분포에 가까워진다는 이론으로 이때 표본분포의 평균은 모집단의 모평균과 동일하며 표준편차는 모집단의 모표준편차를 표본 크기의 제곱근으로 나눈 것과 같다.

② 정규성 검정 종류

• 샤피로-윌크 검정(Shapiro-Wilk Test) : 표본수(n)가 2000개 미만인 데이터 셋에 적합하다.
• 콜모고로프 스미르노프 검정(Kolmogorove-Smirnov Test) : 표본수(n)가 2000개 초과인 데이터 셋에 적합하다.
• Q-Q 플롯(Quantile-Quantile Plot) : 데이터 셋이 정규분포를 따르는지 판단하는 시각적 분석 방법으로 표본수(n)가 소규모일 경우 적합하다.

데이터 셋이 정규분포를 따른다는 귀무가설(H_0)을 기각하고 대립가설이 채택된다면($p < 0.01$ 또는 $p = 0.05$) 해당 데이터 셋은 정규분포를 따르지 않음으로 증명된다.

2) 잔차 진단

회귀분석에서 독립변수와 종속변수의 관계를 결정하는 최적의 회귀선은 실측치와 예측치의 차이인 잔차를 가장 작게 해주는 선으로 잔차의 합은 0이며 잔차는 추세, 특정 패턴을 가지고 있지 않다.

① 잔차의 정규성 진단

• 신뢰구간 추정과 가설검증을 정확하게 하기 위해 Q-Q Plot과 같은 시각화 도표를 통해 정규분포와 잔차의 분포를 비교한다.

② 잔차의 등분산성 진단

- 잔차의 분산이 특정 패턴이 없이 순서와 무관하게 일정한지 등분산성을 진단한다.

③ 잔차의 독립성 진단

- 잔차의 독립성이란 자기상관(auto correlation)의 여부를 판단하는 것이며 시점 순서대로 그래프를 그리거나 더빈-왓슨 검정(Durbin-Watson Test)으로 패턴이 없다면 독립성을 충족한다고 할 수 있다. 만일 독립성이 위배가 된다면 시계열 분석(Time Series)을 통해 회귀분석을 진행해야 한다.

03 k-폴드 교차검증(k-fold Cross Validation)

- 고정된 훈련 데이터셋과 테스트 검증 데이터셋으로 평가를 하여 반복적으로 튜닝하게 될 시 테스트 데이터셋에 과적합 되어버리는 결과가 생길 수 있는데 이를 방지하고자 나온 방법이 교차검증 기법이다.

교차검증 기법 종류
k-fold
홀드아웃(Holdout)
리브-p-아웃(Leave-p-out)
리브-원-아웃(Leave-one-out)
계층별 k-fold(Stratified k-fold)

- k-폴드 교차검증 기법은 전체 데이터셋을 k개의 서브셋으로 분리하여 그 중에 k-1개를 훈련 데이터로 사용하고 1개의 서브셋은 검증 데이터로 사용한다. 테스트를 중복없이 병행 진행한 후 평균을 내어 최종적 모델의 성능을 평가한다.

$\rightarrow Accuracy_1$

$\rightarrow Accuracy_2$

$\rightarrow Accuracy_3$

$\rightarrow Accuracy_4$

$\rightarrow Accuracy_5$

▢ Train set
■ Test set

▲ k-폴드 교차검증 예시

- 교차검증은 모든 데이터 셋을 평가에 활용하여 과적합을 방지할 수 있으나 반복횟수 증가에 따른 모델 훈련과 평가/검증 시간이 오래 걸릴 수 있다.

** 홀드아웃 기법(Holdout Method)

일반적으로 훈련 데이터셋과 테스트 검증 데이터셋으로 구분한 뒤 훈련 데이터로 모델을 학습하고 테스트 데이터로 성능을 증가시키는 방법을 사용하는데, 동일한 테스트 데이터를 계속 사용한다면 모델이 테스트 데이터에 과적합하게 된다.

k-폴드 교차검증은 홀드아웃 기법보다 많은 계산 비용을 필요로 하나, 더 안정적이다.

이를 개선하기 위해 훈련 데이터, 검증 데이터, 테스트 데이터를 일정 비율로 지정한 뒤 먼저 훈련 데이터로 학습하되 훈련 데이터 내에서 일정 부문 검증 데이터를 두어 학습과정에서 모델 성능을 높이는 검증을 진행하며 최종적으로 테스트 데이터를 통해 성능을 평가한다. 다만 데이터셋 크기가 작을수록 데이터를 나누는 방식에 따라 모델 성능 추정에 민감한 영향을 미칠 수 있는 단점이 있다.

▲ 홀드아웃 교차검증 기본

Training set	Validation set	Test set

▲ 과적합 방지를 위한 홀드아웃 교차검증

04 적합도 검정(Goodness of fit Test)

데이터가 가정된 확률에 적합하게 따르는지, 즉 데이터 분포가 특정 분포함수와 얼마나 맞는지를 검정하는 방법이다.

일반적인 적합도 검정 방법으로 정규성 검정이 있으며 모집단의 분포를 정규분포로 가정하는 분석기법(t-Test, ANOVA, 회귀분석)이 적용될 시 데이터가 정규분포를 따르는가를 확인할 때 사용된다. 그 외에 카이제곱 검정, 콜모고로프 스미르노프 검정이 있다.

1) 카이제곱 검정

카이제곱 검정은 기대값과 관측값을 이용한 방법으로 k개의 범주별로 나뉘어진 관측치들과 이와 동일한 범주의 가정된 분포 사이의 적합도를 검정하며 범주형 값 k가 나와야 할 횟수의 기댓값 m_k와 실제 나온 횟수 x_k의 차이를 이용하여 검정통계량을 구한다.

$$\sum_{k=1}^{K} \frac{(x_k - m_k)^2}{m_k}$$

계산된 검정통계량과 자유도를 사용하여 p-값을 계산한다. p-값이 유의수준보다 작으면 귀무가설을 기각한다.

p-value는 귀무가설 대신 대립가
설을 선택할 시 오류를 범할 최대
확률값으로 0.05 이하이면 대립가
설을 선택하게 된다.

글씨를 왼손과 오른손으로 쓰는 사람의 개별 비율이 전체의 30%와 70%가 맞는지를 확인해보자.
귀무가설은 관측 데이터가 30:70의 분포를 따르는 것이며 카이제곱 검정에 의해 나온 R 분석의 결과
에서 p-value가 0.05 이하이므로 해당 가설을 기각하게 된다.

```
> table(survey$W.Hnd)

Left Right
18 218
> chisq.test(table(survey$W.Hnd), p=c(.3,.7))

Chi-squared test for given probabilities

data: table(survey$W.Hnd)
X-squared = 56.252, df = 1, p-value = 6.376e-14
```

2) 콜모고로프 스미르노프 검정(K-S Test: Kolmogorov-Smirnov Test)

관측된 표본분포와 가정된 분포사이의 적합도를 검시하는 누적분포함수의 차이
를 이용한 검정법으로 연속형 데이터에도 적용할 수 있다.

• 관측된 자료의 크기를 나열하고, 관측치들의 누적확률을 구하여 가정된 분포의
누적확률과 비교하는 순서로 진행한다.

▲ K-S 검정 이해도

R에서 정규분포를 따르는 두 난수 데이터를 생성하여 서로 간에 분포가 동일한지 살펴보자면 p-value
가 0.05보다 크므로 두 난수가 같은 분포라는 귀무가설을 기각할 수 없다.

rnorm(n, mean, sd)
rnorm(100)은 평균이 0이면서 표
준편차(sd)가 1인 정규분포를 가지
는 100개의 난수를 생성

```
>ks.test(rnorm(100), rnorm(100))

    Two-sample Kolmogorov-Smirnov test

data: rnorm(100) and rnorm(100)
D = 0.1, p-value = 0.6994
alternative hypothesis: two-sided
```

다음은 데이터가 평균 0, 분산 1인 정규분포로부터 추출한 표본인지 검증하는 R 분석 내용이다.
p-value가 0.05보다 크므로 주어진 rnorm(1000)은 평균 0, 분산 1인 정규분포로부터의 표본으로 확
인한다.

```
>ks.test(rnorm(1000), "pnorm", 0, 1)

    One-sample Kolmogorov-Smirnov test

data: rnorm(1000)
D = 0.0399, p-value = 0.08342
alternative hypothesis: two-sided
```

01 암에 대해 양성과 음성 데이터를 분류할 시 예측 경우로 적합한 설명을 고른다면?

① 양성인데 음성으로 검출되면 False Negative 이다.
② 음성인데 양성으로 검출되면 True Negative 이다.
③ 음성인데 음성으로 검출되면 False Negative 이다.
④ 양성인데 양성으로 검출되면 False Positive 이다.

02 훈련을 통한 예측 성능을 측정하기 위해 예측값과 실제값을 비교하기 위한 표의 명칭은?

① 평가지표
② 오차행렬
③ 다중분류결과표
④ ROC

03 분석모형 진단 예시로 회사에서 판매하는 시계의 평균수명 시간이 500시간, 표준편차가 35시간인 확률분포에서, 표본이 100개인 경우 평균수명이 488시간에서 505시간에 있을 확률로 중심극한정리를 적용, 계산식의 괄호에 적합한 것은?

$$P(\frac{488 - (A)}{\frac{(B)}{(C)}} \leq Z \leq \frac{505 - (A)}{\frac{(B)}{(C)}})$$

① 500, 100, 10
② 35, 10, 100
③ 100, 35, 100
④ 500, 35, 10

04 지도학습의 회귀모델 평가지표에서 실제값과 예측값의 차이의 제곱에 대한 평균을 취한 값은?

① SSE
② RMSE
③ MAE
④ MSE

05 회귀분석에서 잔차진단의 유형에서 관계없는 진단유형은?

① 정규성 진단
② 이상치 진단
③ 독립성 진단
④ 등분산성 진단

06 교차검증에 대한 설명으로 맞지 않는 것은?

① 테스트 및 검증 데이터가 하나로 고정되지 않게 하며 데이터 모든 부분을 사용하여 모델을 검증한다.
② 전체 데이터 셋을 k개의 서브셋으로 나누어 k번의 평가를 실행하는데 테스트 셋을 중복으로 병행 진행하여 평균을 낸다.
③ 훈련데이터 셋의 일부를 훈련으로 이용하며 나머지를 검증(validation)으로 활용한다.
④ 반복 횟수 증가에 따른 모델 훈련과 평가/검증 시간이 오래 걸릴 수 있다.

07 관측값들이 어떤 이론적 분포를 따르고 있는지를 검정하는 방법으로 한 개의 요인을 대상으로 하는 것은?

① 독립성 검정
② 적합도 검정
③ 동질성 검정
④ 분포도 검정

08 적합도 검정 기법 종류와 맞지 <u>않는</u> 기법은?

① 정규성 검정
② 카이제곱 검정
③ T 검정
④ 콜모고로프 스미르노프 검정

09 지도학습 회귀모델의 평가지표가 <u>아닌</u> 것을 고른다면?

① RMSE
② 결정치 R^2
③ Dunn Index
④ AIC

10 평가모델의 ROC곡선의 하단 면적을 뜻하며 ROC곡선이 직선에서 멀어질수록 성능이 더 뛰어남을 뜻하는 용어는?

① TPR
② AUC
③ FPR
④ BIC

11 다음 분류 모델 해석에서 맞는 설명은?

구분		예측값	
		암환자	일반인
실제값	암환자	10	10
	일반인	40	40

① 정확도(Accuracy)는 0.4이다.
② 정밀도(Precision)는 0.3이다.
③ 재현율(Recall)은 0.5이다.
④ 정확도(Accuracy)가 높을수록 좋은 모델이라고 할 수 있다.

SECTION 01

01 ①	02 ②	03 ④	04 ④	05 ②
06 ②	07 ②	08 ③	09 ③	10 ②
11 ③				

01 ①

False Negative는 실제 True인 정답을 False라고 예측하는 의미이다.

02 ②

오차행렬(Confusion Matrix)은 훈련을 통한 예측 성능을 측정하기 위해 예측값과 실제값을 비교하기 위한 표이다.

03 ④

시계의 수명을 확률 변수 X라고 하면, 중심극한정리에 의해 적정한 표본 크기인 100으로 시계 수명의 확률분포, 표본평균 X는 근사적으로 정규분포 $N(500, \frac{35^2}{100})$를 따른다.

04 ④

MSE(Mean Squared Error) : 실제값과 예측값의 차이의 제곱에 대한 평균을 취한 값으로 평균제곱 오차라고도 한다.

05 ②

회귀분석에서의 잔차진단 유형으로 잔차의 정규성, 등분산성, 독립성 진단이 있다.

06 ②

k-fold 교차검증 기법의 경우 전체 데이터 셋을 k개의 서브셋으로 나누어 k번의 평가를 실행하는데 테스트 셋을 중복없이 병행 진행하여 평균을 내어 최종적 모델의 성능을 평가한다.

07 ②

적합도 검정이란 데이터가 가정된 확률에 적합하게 따르는지를 검정하는 즉, 데이터 분포가 특정 분포함수와 얼마나 맞는지를 검정하는 방법이다.

08 ③

적합도 검정이란 범주형 변수에 관한 분석 방법으로 연속형 변수에 활용되는 검정기법인 T검정은 해당되지 않는다.

09 ③

Dunn Index는 비지도학습 군집분석 모델 평가지표로 군집 간 거리의 최소값을 분자, 군집 내 요소 간 거리의 최대값을 분모로 하는 지표이다.

10 ②

AUC(Area Under the Curve)는 ROC 곡선 하단영역의 넓이를 구한 값으로 0~1 사이의 범위를 가지며 더 높을수록 더 좋은 분류성능을 의미한다.

11 ③

구분		예측값	
		암환자	일반인
실제값	암환자	10 = TP	10 = FN
	일반인	40 = FP	40 = TN

정확도(Accuracy) = (TP+TN)/(TP+FP+TN+FN) = (10+40)/(10+40+40+10) = 0.5
정밀도(Precision) = TP/(TP+FP) = 10/(10+40) = 0.2
재현율(Recall) = TP/(TP+FN) = 10/(10+10) = 0.5
정확도(Accuracy)가 높다고 해서 좋은 모델이라고 볼 수 없다. 데이터 셋의 label값이 불균형(unbalanced)적으로 적은 경우 365일 중 3일만 비가 내리는데 비가 오는 예측 결과를 0일로 잘못 예측할지라도 정확도 성능지표는 (365-3)/365, 약 99.18% 가 되므로 정확도 만으로 예측 모델 성능을 평가하는 데에 한계점이 존재한다.

분석모형 개선

01 과대적합 방지

기적의 TIP

과대적합 방지를 위한 기법
을 알아두자.

훈련 시에는 높은 성능을 보이지만, 테스트 데이터에 대해서는 낮은 성능을 보여
주는 과대적합을 방지하고, 일반화된 모델을 생성하기 위해 다음과 같은 방향을
제시한다.

1) 모델의 낮은 복잡도

훈련데이터를 더 많이 획득할 수 없다면 정규화, 드롭아웃 등을 활용하여 적절한
복잡도를 가진 모델을 자동으로 탐색한다.

- 학습을 하면서 지속적으로 바뀌는 가중치 매개변수가 아닌, 상수값인 하이퍼파
  라미터(학습률, 각 층의 뉴런수 등)는 과대적합의 위험을 줄이기 위해 제약을
  가하는 규제의 양을 결정하는 인수로, 큰 값을 지정할수록 복잡도가 낮은 모델
  을 얻게 된다.

- 드롭아웃(Dropout)
  - 신경망 모델에서 은닉층의 뉴런을 임의로 삭제하면서 학습하는 방법이다. 훈
    련 시에는 삭제할 뉴런을 선택하며 테스트 시에는 모든 뉴런에 신호를 전달,
    각 뉴런의 출력에 훈련 때 삭제한 비율을 곱하여 전달한다.
  - 적은 수의 뉴런들로 학습을 진행할 때 시간이 오래 걸리는 단점이 있다.

2) 가중치 감소

과적합을 방지하기 위해 회귀계수
w가 커지지 않도록 하는 방법이다.

학습과정에서 큰 가중치에 대해서는 큰 패널티를 부과하여 가중치의 절대값을 가
능한 작게 만든다. 규제란 과대적합이 되지 않도록 모델을 강제로 제한하는 의미
로 L1, L2 규제가 있다.

① L2 규제

$$L2: \|w\|_2^2 = \sum_{j=1}^{m} w_j^2$$

norm
벡터의 크기(길이)를 측정하는 방
법(또는 함수)

- 손실함수에 가중치에 대한 L2 노름(norm)의 제곱을 더한 패널티를 부여하여
  가중치 값을 비용함수 모델에 비해 작게 만들어 낸다.
- 손실함수가 최소가 되는 가중치 값인 중심 점을 찾아 큰 가중치를 제한하는데
  람다로 규제의 강도를 크게 하면 가중치는 0에 가까워진다.

- 회귀 모델에서 L2 규제를 적용한 것이 릿지(Ridge) 모델이다.

벌점화 회귀
- 회귀 모델에서 모델의 복잡도를 조절하기 위해 추가적인 패널티를 부여하는 방법으로, 과적합을 방지하고 모델의 일반화 성능을 향상시킬 수 있음
- 주로 릿지(Ridge) 회귀와 라쏘(Lasso) 회귀를 사용

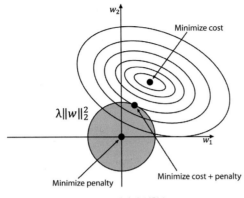

▲ L2 규제와 손실함수

② L1 규제

$$L1: \|w\|_1 = \sum_{j=1}^{m} |w_j|$$

w의 제곱에 페널티를 부여하면
L2 규제 → 릿지 회귀

w의 절대값에 페널티를 부여하면
L1 규제 → 라쏘 회귀

- L1 규제는 L2 규제의 가중치 제곱을 절대값으로 바꾸는 개념으로 손실 함수에 가중치의 절대값인 L1 노름(norm)을 추가 적용하여, 희소한 특성 벡터가 되어 대부분의 특성 가중치를 0으로 만든다.
- 회귀 모델에서 L1 규제를 적용한 것이 라쏘(Lasso) 모델이다.

3) 편향–분산 트레이드 오프

과대적합과 과소적합 사이의 적절한 편향–분산 트레이드 오프, 절충점을 찾는다.

02 매개변수 최적화

신경망 학습의 목표는 손실 함수의 값을 최대한 낮추는 매개변수를 찾는 것으로 이러한 매개변수의 최적값을 찾는 과정을 매개변수 최적화라고 한다.

1) 확률적 경사 하강법(SGD: Stochastic Gradient Descent)

확률적 경사 하강법은 최적의 매개변수 값을 찾기 위해 매개변수에 대한 손실함수의 기울기를 이용한다. 손실함수의 기울기를 따라 조금씩 아래로 내려가다 최종적으로 손실함수가 가장 작은 지점에 도달하도록 하는 알고리즘이다.

경사 하강법
모델의 손실 함수를 최소화하기 위해 함수의 기울기를 따라 매개변수를 반복적으로 업데이트하는 최적화 알고리즘

- 데이터 전체를 선택하는 배치 경사 하강법과 비교하면, 랜덤으로 선택한 하나의 데이터로만 계산하는 단순하고 명확한 구조가 장점이다.
- 다만 최소값인 (0,0)까지 지그재그로 이동, 매개변수가 방향에 따라 다른 기울기를 갖는 비등방성 함수인 경우 비효율적인 움직임을 보인다.

- 해당 알고리즘 수식은 갱신할 가중치 매개변수인 W, dL/dw, 매개변수에 대한 손실함수의 기울기와 학습률(η)로 설명한다.

$$W \leftarrow W - \eta \frac{\partial L}{\partial W}$$

확률적 경사 하강법
훈련데이터 셋에서 샘플 일부를 무작위로 뽑아서 경사 하강법을 진행

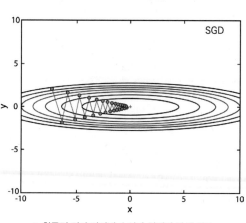

▲ 확률적 경사 하강법 수식과 최적점 탐색 경로

2) 모멘텀(Momentum)

모멘텀은 운동량을 뜻한다. 미분계수가 0인 지점에서 더 이상 이동하지 않는 한 계점을 가진 확률적 경사 하강법에 속도 개념인 기울기 방향으로 힘을 받으면 물체가 가속되는 관성 물리법칙을 적용한다.

- v(속도)항에 기울기 값이 누적되고, 누적된 값이 가중치 갱신에 영향을 주면서 이 기울기 값으로 인해 빠른 최적점 수렴이 가능하다.

$$V \leftarrow \alpha V - \eta \frac{\partial L}{\partial W} \qquad W \leftarrow W + v$$

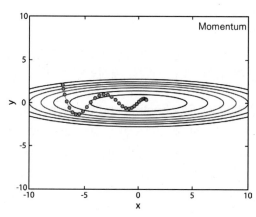

▲ 모멘텀 수식과 최적점 탐색 경로

3) AdaGrad(Adaptive Gradient)

신경망학습에서 학습률이 작으면 학습 시간이 길어지고 학습률이 커지면 발산하여 학습이 제대로 이루어지지 않을 수 있다. AdaGrad는 개별 매개변수에 적응적으로 학습률을 조정하면서 학습을 진행하는 알고리즘으로 첫 부분에서는 크게 학습하다가 최적점에 가까울수록 학습률을 점차 줄여가며 조금씩 작게 학습시킨다.

- 새로 나온 변수 h는 기존 기울기 값을 제곱하여 계속 더해준다. 매개변수를 갱신할 때 h의 제곱근을 나눠주어 모든 가중치가 이전에 갱신되었던 크기에 맞게 학습률이 조정된다.

$$h \leftarrow h + \frac{\partial L}{\partial W} \odot \frac{\partial L}{\partial W} \qquad W \leftarrow W - \eta \frac{1}{\sqrt{h}} \frac{\partial L}{\partial W}$$

▲ AdaGrad 수식과 최적점 탐색 경로

4) Adam(Adaptive Moment Estimation)

모멘텀과 AdaGrad를 결합한 방법론으로 학습률, 일차 모멘텀 계수, 이차 모멘텀 계수의 3가지 초매개변수들을 설정한다.

- 최적점 탐색 경로의 전체적인 경향은 모멘텀과 같이 공이 굴러가는 듯하다 AdaGrad로 인해 갱신 강도가 조정되어 좌우 흔들림이 덜함을 볼 수 있다.

▲ Adam 최적점 탐색 경로

5) 초매개변수(하이퍼파라미터, HyperParameter) 최적화

초매개변수란 사람이 직접 설정해주어야 하는 매개변수로 뉴런의 수, 학습률(learning rate), 배치(batch) 크기, 은닉층 개수 등이 있다.

① 학습률(Learning Rate) : 기울기(gradient) 방향으로 얼마나 빠르게 이동할지를 결정한다. 학습률이 작으면 학습 시간이 길어지고 학습률이 커지면 발산하여 학습이 제대로 이루어지지 않을 수 있다.

② 미니배치(Mini-Batch) 크기 : 전체 훈련데이터 셋을 신경망에 넣게 되면 리소스가 비효율적으로 사용되고 시간이 오래 걸리므로 배치 개념을 사용하게 된다. 미니배치는 전체 학습 데이터를 주어진 배치 크기로 나눈 것으로 미니배치 크기가 큰 경우 병렬연산 구조를 사용할 때 효과적일 수 있으며, 크기가 작으면 더 많은 가중치 업데이트를 할 수가 있다.

③ 훈련 반복(Epoch) 횟수 : 전체 훈련데이터 셋이 신경망을 통과한 횟수로 1 Epoch는 1회 학습으로 통과했다는 뜻이며 학습의 조기 종료를 결정하는 변수가 된다.

④ 이터레이션(Iteration) : 하나의 미니배치를 학습할 때 1 iteration으로 1회 매개변수(파라미터) 업데이트가 진행된다. 미니배치 개수와 이터레이션 개수는 동일하다.

⑤ 은닉층(Hidden Layer) 개수

• 은닉층 수가 많아질수록 특정 훈련데이터에 더 최적화시킬 수 있다.
• 모든 은닉층들의 뉴런의 개수를 동일하게 유지하는 것이 같은 은닉층 개수에 뉴런의 개수를 가변적으로 하는 것보다 효과적이다.
• 첫 번째 은닉층에 있는 뉴런의 개수가 입력층에 있는 뉴런의 개수보다 큰 것이 효과적인 경우가 많다.

배치
경사 하강법 1회에 사용되는 데이터 묶음

훈련데이터 셋 1000개를 100개 묶음(배치크기)으로 나누면 10개의 미니배치가 되고 이터레이션도 10회가 되며 매회 가중치 갱신이 되면서 10회에 도달할 때 1 Epoch가 된다.

03 분석모형 융합

1) 앙상블 학습

주어진 자료를 이용하여 여러가지 분석 예측모형들을 만들고 해당 예측모형들을 결합하여 최종적인 하나의 예측모형을 만드는 방법이다.

앙상블 학습은 치우침이 있는 여러 모형의 평균을 취할 시 균형적인 결과(평균)를 얻을 수 있는 장점이 있으며, 또한 여러 모형의 분석 결과를 결합하면 변동성 및 과적합의 여지가 줄어든다.

① 배깅

• 복원 추출 방법으로 데이터를 샘플링, 모델링한 후 전체 결합하여 결과를 평균하는 기법이다.

② 부스팅

• 순서대로 모델들을 진행하는 방법으로 이전 분류기의 학습 결과에 따라 다음 분류기의 학습 데이터의 샘플 가중치(잘못 분류한 데이터와 이용하지 않은 데이터에 대한 가중치)를 조정해 학습을 진행한다.

③ 랜덤포레스트

• 배깅을 적용한 의사결정나무로 다수의 의사결정나무를 만들고 각 나무들은 학습 데이터셋의 일부분을 추출해서 학습한다. 나무를 구성하는 변수 역시 전체 변수들의 부분집합으로 선택된다.

2) 결합분석 모형

결합분석 모형은 두 종류 이상의 결과변수를 동시에 분석할 수 있는 방법으로 결과 변수 간의 유의성, 관련성을 설명할 수 있다.

04 최종모형 선정

최종모형을 선정하기 위해 분석모형 평가지표들을 활용, 구축된 부문별 여러 모형을 비교하여 선택한다.

1) 회귀모형에 대한 주요 성능평가지표

① SSE(Sum Squared Error) : 실제값과 예측값의 차이를 제곱하여 더한 값

$$SSE = \sum_{i=1}^{n} (y_i - \hat{y}_i)^2$$

② 결정계수 R^2 : 회귀모형이 실제값에 얼마나 잘 적합하는지에 대한 비율

$$R^2 = 1 - \frac{\sum_{i=1}^{n}(y_i - \hat{y}_i)^2}{\sum_{i=1}^{n}(y_i - \overline{y})^2}$$

③ MAE(Mean Absolute Error) : 실제값과 예측값의 차이의 절대값을 합한 평균 값

$$MAE = \frac{1}{n}\sum_{i=1}^{n}|y_i - \hat{y}_i|$$

④ MAPE(Mean Absolute Percentage Error) : MAE 계산 시 실제값에 대한 상대 적인 비율 고려

$$MAPE = \frac{100\%}{N}\sum_{i=1}^{N}\left|\frac{y_i - \hat{y}_i}{y_i}\right|$$

2) 분류모형에 대한 주요 성능평가지표

특이도(Specificity) – 음성 중 맞춘 음성의 수	TN / (TN + FP)
정밀도(Precision) – 양성 판정 수 중 실제 양성 수 – 해당 클래스 예측 샘플 중 실제 속한 샘플 수의 비율	TP / (TP + FP)
재현율(Recall) – 통계용어로 민감도(Sensitivity) – 전체 양성 수에서 검출 양성 수(양성 중 맞춘 양성의 수) – 실제 속한 샘플 중 특정 클래스에 속한다고 예측한 표본 수 비율	TP / (TP + FN)
정확도(Accuracy) – 전체 수 중에서 양성과 음성을 맞춘 수 – 전체 샘플 중 맞게 예측한 샘플 수 비율	(TP + TN) / (TP + TN + FP + FN)

3) 비지도학습 모형에 대한 주요 성능평가지표

① 군집분석 : 군집타당성지표(Clustering Validity Index)로 군집 간 분산과 군집 내 분산으로 (1) 군집 간 거리 (2) 군집의 지름 (3) 군집의 분산 등을 고려한다.

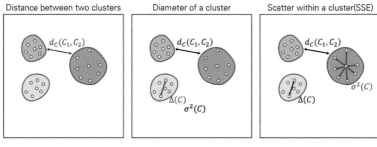

▲ 군집타당성지표

② 연관분석 : 연관분석은 연관규칙에서 지지도와 신뢰도가 모두 최소한도보다 높은 것으로 평가하며 일반적으로 최소 지지도를 정한 뒤에 이에 대한 이하를 버리고 그 중에 신뢰도가 어느정도 높은 결과들을 가져온다.

✔ 개념 체크

1,000명을 대상으로 암 진단기기를 테스트하는데 다음과 같은 결과가 나왔다. 실제 암인 경우 진단기기가 얼마나 잘 맞추는지 보기 위해 재현율(Recall)을 측정하시오.

	양성 예측	음성 예측
실제 양성	(TP) 50	(FN) 150
실제 음성	(FP) 200	(TN) 600

① 10%

② 65%

③ 20%

④ 25%

정답 ④

TP/(TP+FN) = 50/(50+150) = 25% 로 낮은 재현율로 진단기기에 대한 신뢰성이 높다고 볼 수 없다.

01 과대적합 방지를 위한 기법에 해당되지 <u>않는</u> 것은?

① 드롭아웃
② L2 규제
③ L1 규제
④ 매개변수 최적화

02 손실함수의 기울기를 따라 조금씩 아래로 내려가다 최종적으로 손실함수가 가장 작은 지점에 도달하도록 하는 알고리즘으로 매개변수 값을 조정 시 전체 데이터가 아니라 랜덤으로 선택한 하나의 데이터에 대해서만 계산하는 방법은?

① 모멘텀
② SGD
③ AdaGrad
④ Adam

03 모델이 아닌 학습 알고리즘 자체를 조정하는 의미로 사람이 직접 설정하여 최적화하는 것은?

① 초매개변수
② 매개변수
③ 미니배치
④ 학습률

04 주어진 자료를 이용하여 여러 가지 분석 예측모형들을 만들고 해당 예측모형들을 결합하여 최종적인 하나의 예측모형을 만드는 기법은?

① 결합분석
② 융합모델학습
③ 앙상블학습
④ 지도학습예측

05 비지도학습 모형인 군집분석에 대한 주요 성능평가지표와 거리가 <u>먼</u> 것은?

① 군집 간 거리
② 군집의 분산
③ 군집의 지름
④ 군집의 평균

06 매개변수의 최적화는 학습(예측)모델과 실제값의 차이가 손실함수로 표현될 시 손실함수의 값을 최소화시키는 매개변수, 즉 가중치와 ( )을 찾는 최적값을 탐색하는 과정이라고 할 때 괄호에 들어가는 항목으로 맞는 것은?

① 영향도
② 매개변수값
③ 편향
④ 인자값

07 초매개변수 최적화 기법과 관련성이 <u>먼</u> 항목은?

① 미니배치 크기
② 은닉층 개수
③ 훈련반복 횟수
④ 가중치 값

08 확률적 경사 하강법에 속도 개념으로 기울기 방향으로 힘을 받으면 물체가 가속되는 물리법칙을 알고리즘에 적용한 매개변수 최적화 기법을 가리키는 것은?

① SGD
② Adam
③ AdaGrad
④ Momontum

09 손실함수가 최소가 되는 가중치 값인 중심 점을 찾아 큰 가중치를 제한하는데 람다로 규제의 강도를 크게 하면 가중치 값이 가장 근접해지는 값은?

① 1
② 무한대
③ 0
④ −1

10 신경망 모델에서 은닉층의 뉴런을 임의로 삭제하면서 학습하는 방법으로 적은 수의 뉴런들로 학습을 진행할 때 시간이 오래 걸리는 것이 단점인 기법은?

① L1 규제
② 드롭아웃
③ L2 규제
④ 초매개변수 조정

SECTION 02

01 ④	02 ②	03 ①	04 ③	05 ④
06 ③	07 ④	08 ④	09 ③	10 ②

01 ④

모델과 실제 값의 차이가 손실함수로 표현될 때 손실함수의 값을 최소화하도록 하는 매개변수를 탐색하는 과정이다.

02 ②

확률적 경사 하강법(SGD: Stochastic Gradient Descent) : 손실함수의 기울기를 따라 조금씩 아래로 내려가다 최종적으로 손실함수가 가장 작은 지점에 도달하도록 하는 알고리즘이다.

03 ①

초매개변수(하이퍼파라미터)란 사람이 직접 설정해주어야 하는 매개변수로 뉴런의 수, 배치(batch) 크기, 학습률(learning rate), 가중치 감소시의 규제 강도(regularization strength) 등이 있다.

04 ③

앙상블학습에 대한 설명이다.

오답 피하기

• 결합분석모형은 두 종류 이상의 결과변수를 동시에 분석할 수 있는 방법으로 결과 변수 간의 유의성, 관련성을 설명할 수 있다.

05 ④

군집타당성지표(Clustering Validity Index)는 군집 간 분산과 군집 내 분산으로 군집 간 거리, 군집의 지름, 군집의 분산 등을 고려한다.

06 ③

매개변수의 최적화는 손실함수의 값을 최소화시키는 가중치와 편향을 찾는 최적값을 탐색하는 과정이다.

07 ④

초매개변수 최적화 기법으로 미니배치 크기, 훈련반복 횟수, 은닉층 개수조정 등이 있다.

08 ④

모멘텀(Momentum)은 운동량을 뜻하며 확률적 경사 하강법에 속도 개념으로 기울기 방향으로 힘을 받으면 물체가 가속되는 물리법칙을 알고리즘에 적용. 누적된 값이 가중치 갱신에 영향을 주면서 빠른 최적점 수렴이 가능하다.

09 ③

손실함수가 최소가 되는 가중치 값인 중심 점을 찾아 큰 가중치를 제한하는데 람다로 규제의 강도를 크게 하면 가중치 값이 0에 가까워진다.

10 ②

드롭아웃은 인공 신경망의 뉴런을 일정 확률로 사용하지 않음으로써 과적합을 방지하는 기법이다.

CHAPTER 02

분석결과 해석 및 활용

학습 방향

분석결과 표현 및 해석에 중요하게 사용되는 데이터 시각화에 대해서 학습합니다. 시각화 유형(시간, 공간, 관계, 분포, 비교 시각화)에 적합한 시각화 도구들의 특징과 장단점을 비교해서 이해하는 것이 중요합니다. 분석모형전개 단계의 역할과 필요 작업들도 정확하게 알아야 합니다.

출제빈도

SECTION 01	하	15%
SECTION 02	중	60%
SECTION 03	하	25%

분석결과 해석

빈출 태그 모델별 해석 • 기여도 평가 • 모델별 시각화

01 분석 모델별 결과 해석

1) 분석모형 해석

분석 후 적합한 모형을 도출하는데 지표가 사용되며 각 모델마다 평가되는 해석 지표들이 다르다.

Ⓕ 기적의 TIP

모델마다 다른 해석 지표를 짚고 넘어가자.

① 회귀 모델

- 회귀 모델의 평가를 위한 지표는 일반적으로 잔차, 결정계수 등이 있다.
- 잔차는 회귀모형으로 실제 값과 예측 값의 차이를 의미하는 것이며, 잔차에는 패턴이나 추세가 있어서는 안 된다.
- 결정계수는 추정된 회귀식이 변동을 얼마나 잘 설명했는가에 대한 지표로, 값이 1에 가까울수록 실제 관측값이 회귀선상에 정확히 일치함을 의미한다.

Ⓕ 기적의 TIP

모델의 평가지표에 관한 문제가 자주 출제되므로 각 평가지표의 의미와 수식을 정확하게 이해하자.

[잔차] MAE(Mean Absolute Error) 예측값과 실제값 차이를 절대값으로 변환, 더한 뒤의 평균	$MAE = \dfrac{\sum|y-\hat{y}|}{n}$
[잔차] MSE(Mean Squared Error) 예측값과 실제값 차이를 제곱, 더한 뒤의 평균	$MSE = \dfrac{\sum(y-\hat{y})^2}{n}$
[잔차] MAPE(Mean Absolute Percentage Error) MAE를 퍼센트로 변환한 값	$MAPE = \dfrac{\sum\left|\dfrac{y-\hat{y}}{y}\right|}{n} \times 100\%$

[잔차] RMSE(Root Mean Squared Error) MSE에 루트를 씌운 값	$RMSE = \sqrt{\dfrac{\sum (y - \hat{y})^2}{n}}$
[잔차] RMSLE(Root Mean Square Logarithmic Error) RMSE에 로그를 적용한 값	$RMSLE = \sqrt{\dfrac{\sum (\log(y+1) - \log(\hat{y}+1))^2}{n}}$
[결정계수] R²(R squared, Coefficient of Determination) 총제곱합(SST)에 대한 회귀제곱합(SSR)	$R^2 = \dfrac{SSR\,(\text{예측모형 편차})}{SST\,(\text{전체 편차})} = 1 - \dfrac{SSE}{SST}$ $= 1 - \dfrac{\sum (y - \hat{y})^2}{\sum (y - \bar{y})^2}$
[결정계수] 수정된 R²(adjusted R squared) 표본크기(n)와 독립변수 개수(p) 추가 고려(학습 데이터 또는 독립변수가 많아질수록 모형 예측능력과 상관없이 결정계수가 커지는 경향 방지)	$R^2_{adj} = 1 - \dfrac{(n-1)}{(n-p)}(1 - R^2)$

② 분류 모델

• 모델이 클래스 별로 속할 확률을 얼마나 정확하게 예측하는지 평가한다.

기적의 TIP

각 지표는 특정한 관점에서 모델의 성능을 평가하므로, 다양한 지표를 함께 고려하여 종합적인 판단을 내리는 것이 필요하다.

		실제 답	
		Positive	Negative
예측 결과	Positive	True Positive	False Positive
	Negative	False Negative	True Negative

정확도(Accuracy) 예측 값이 실제 값과 동일, 정답인 비율	$Accuracy = \dfrac{TP + TN}{TP + FP + TN + FN}$
정밀도(Precision) 예측 값이 Positive(True)로 분류한 것 중 실제 값이 Positive(True)인 비율	$Precision = \dfrac{TP}{TP + FP}$
재현율(Recall) 실제 값이 Positive(True)인 것 중에 Positive(True)로 예측 분류한 비율	$Recall = \dfrac{TP}{TP + FN}$
F1-score 정밀도와 재현도의 조화평균	$F1\ score = 2 \times \dfrac{precision \cdot recall}{precision + recall}$
ROC(Receiver Operating Characteristics) & AUC(Area Under Curve) ROC는 FPR(False Positive Rate)이 변할 때 TPR(True Positive Rate, Sensitivity)이 어떻게 변하는지 보여주는 곡선으로 AUC는 ROC 곡선 밑의 면적	 *ROC 곡선 그래프 (True Positive Rate vs False Positive Rate), equal error rate, random chance 표시*

$FPR = \dfrac{FP}{FP + TN}$

실제값 Negative(음성)을 Positive(양성)으로 잘못 예측하는 수준

$TPR = \dfrac{TP}{FN + TP}$

실제값 Positive(양성)이 정확하게 예측되어야 하는 수준

실제 Negative 값	
TN	FP

실제 Positive 값	
FN	TP

③ 군집분석 모델

- 군집그룹의 통계량을 요약하고 관측치의 공통점과 변동성을 확인한다.
- 연속형 변수의 경우 평균 또는 중앙값을 계산하고 범주형 변수가 있는 경우 범주별로 각 군집의 분포를 사용한다.

외부평가(External Evaluation) 얼마나 유사하게 군집화가 되었는지 확인 자카드지수(집합 간의 유사도 측정)	$$J(A,B) = \frac{|A \cap B|}{|A \cup B|} = \frac{TP}{TP + FP + FN}$$
내부평가(Internal Evaluation) 적절한 군집(클러스터링) 개수 결정 Dunn Index(군집 간 거리가 멀수록 군집 내부 분산값이 작을수록 좋은 군집화 결과 반영)	일반 계산 $= \sqrt{\dfrac{n}{2}}$ $(n = $ 총 데이터 개수$)$ $Dunn\ Index = \dfrac{min_{1 \le i \le j \le n}d(i,j)}{max_{1 \le k \le n}d'(k)}$ $= \dfrac{\text{군집간 거리 최소값}}{\text{군집내 요소간 거리 최대값}}$
팔꿈치 기법(Elbow Method) 팔꿈치(elbow) 모습을 나타내는 곳 값을 적절한 군집(클러스터링 개수) K값으로 지정	$$SSE = \sum_{i=1}^{n}(y_i - \hat{y}_i)^2$$ The Elbow Method using Inertia
실루엣 기법(Silhouette Method) 다른 군집과의 거리는 떨어져 있고 동일 군집끼리의 데이터는 서로 가깝게 잘 뭉쳐 있다는 의미로 −1~1의 값을 가지며 1에 가까울수록 최적화가 잘 되어 있음으로 해석	$$s(i) = \frac{b(i) - a(i)}{\max(a(i), b(i))}$$ a(i)=데이터 응집도를 나타낸 값 b(i)=클러스터 간의 분리도

④ 연관분석 모델

- 두 개 또는 그 이상의 품목들 사이의 상호 관련성으로 해석한다.
- 지지도, 신뢰도 및 향상도가 높은 규칙들을 찾되 최소 기준점을 적용하며 빈발집합을 고려하여 연관규칙을 생성하는 Apriori 알고리즘을 사용한다.

지지도(Support) 전체 거래에서 품목 A와 B가 동시에 포함된 거래의 수 (N = 전체 거래수)	$$Support = \frac{A \cap B}{N}$$
신뢰도(Confidence) 품목 A가 구매되었을 때 품목 B가 추가로 구매될 확률 (조건부 확률)	$$Confidence = \frac{A \cap B}{A}$$
향상도(Lift) 품목 A를 구매할 때 B도 추가로 구매하는 지의 연관성을 파악하는 비율	$Lift = \frac{A \cap B * N}{A * B}$ > 1 양의 상관관계 $= 1$ 독립적인 관계 < 1 음의 상관관계

2) 비즈니스 기여도 평가

데이터 분석은 비즈니스에 도입 활용함으로써 의사결정, 운영 프로세스의 효율화, 개선을 도출하게 되며 이에 대한 기여도 평가가 필요하다.

① 빅데이터 분석 목적 : 빅데이터 분석의 근본적인 목적은 과거의 데이터를 토대로 미래를 분석하는 것이다.

> **빅데이터 분석의 목적**
> - 고객 인사이트(Customer Insight)
> - 제품 및 절차 효율성(Product & Process Efficiency)
> - 디지털 제품 및 서비스(Digital Products & Service)
> - 운영의 탁월성(Operational Excellence)
> - 디지털 마케팅(Digital Marketing)
> - 위기 관리시스템(Risk Management and Compliance)

일반적으로 데이터분석이 성과로 연계되기 위해서는 다음과 같은 분석기획 접근 방법이 사용된다.

- 의사결정을 위한 분석기획 발굴

  - "질문 먼저(question first)" 방식으로 질문의 구체화, 과제의 추진 시급성, 분석모델의 구현 가능성으로 과제를 선정 또는 정립한다.
  - 분석기획의 목적은 필요데이터 정의, 데이터 확보 역량, 분석 프로세스 등 전반에 걸친 구체화된 방안의 수립에 있다.
  - 분석 활용시나리오와 분석체계를 분석정의서를 통해 상세하게 정의하며 전략적 중요도와 실행 용이성 또는 투자가치(재무, 비재무)로 우선순위를 평가, 마스터플랜을 수립한다.

② 분석 결과의 기여도 평가 : 일반적으로 분석 결과의 기여도 평가는 ROI(Return Of Investment, 투자수익률) 또는 업무 효율성 향상에 대한 비율로 측정한다.

- ROI(투자수익률) : 투자한 자본에 대한 수익/손실 비율이다.

$$ROI = \frac{\text{총체적인 금전적 이익} - \text{소요된 비용}}{\text{소요된 비용}} \times 100$$

- 업무 효율성 향상에 대한 비율 : 분석 과제와 연관된 업무효율성 향상 항목의 측정지표 기준 수립을 통해 산정한다.
- 그 외 투자 이후 회수기간과 전략적 기여도 기준 IT ROI 평가로 비용-효과 분석(Cost-benefit analysis), 정보경제학(Information economics) 기반 방법론 등으로 기여도를 평가할 수 있다.

1 다음 분석 결과를 해석하는 설명으로 올바르지 않은 것은?

```
>>>print metrics.classification_report(y_test, y_pred, target_names=iris.target_names)
              precision    recall   f1-score    support

      setosa       1.00      1.00       1.00          8
  versicolor       0.38      0.27       0.32         11
   virginica       0.64      0.74       0.68         19

   avg/total       0.64      0.66       0.64         38
```

① setosa의 경우 분류기는 1.0인 정밀도와 재현율을 보인다.

② versicolor의 경우 versicolor로 분류한 인스턴스의 38%가 실제 versicolor임을 보여준다.

③ virginica의 경우 virginica로 분류한 인스턴스의 74%가 실제 virginica임을 보여준다.

④ versicolor의 경우 versicolor 인스턴스의 27%가 versicolor로 분류됨을 나타낸다.

정답 ③

virginica의 경우 virginica로 분류한 인스턴스의 64%가 실제 virginica임을 보여주며 이는 정밀도를 의미한다. 재현율은 74%이며 virginica 인스턴스의 74%가 virginica로 분류됨을 나타낸다.

2 다음 중 분석 결과의 기여도 평가와 관련된 것은?

① ROI

② Support

③ Confidence

④ Lift

정답 ①

ROI(Return of Investment)는 투자 대비 수익으로 기여도 평가에 사용된다. 지지도(Support), 신뢰도(Confidence), 향상도(Lift)는 연관분석 모델을 평가하는 지표이다.

02 분석 모델별 시각화

1) 회귀 모델

- 변수들 간의 관계 분석을 위해 히트맵(Heat Map)과 산점도(Scatter Plot)를 활용한다.

- 회귀 모델은 여러가지 변수들을 동시에 비교, 전체에서 식별이 되는 부분에 대한 수치, 정도를 표현하는 비교 시각화 기법으로 표현한다. 또한 각기 다른 변수들과의 관계를 표현하는 관계 시각화 기법으로도 시각화를 표현할 수 있다.

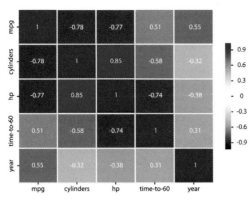

▲ 단순선형회귀분석의 히트맵 시각화 예시

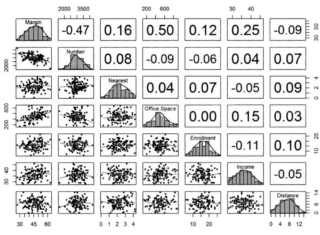

▲ 다중회귀분석의 산점도 시각화 예시

2) 분류 모델

① SVM : 산점도와 구분선을 통한 비교시각화 기법으로 활용 범위와 영역을 구분한다.

SVM
서포트벡터머신

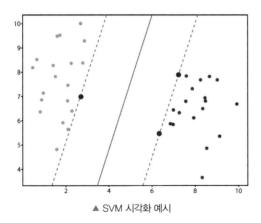

▲ SVM 시각화 예시

② KNN : 비교시각화의 평행좌표계로써 변수들과의 연관성 및 그룹데이터의 경향성을 파악한다.

▲ KNN시각화 예시

③ 의사결정나무 : 관계시각화 기법의 트리 다이어그램(Tree Diagram)으로 시각화한다.

▲ 의사결정나무의 시각화 예시

3) 딥러닝 모델

딥러닝 모델은 모델 아키텍처에서 파라미터, 가중치 시각화 및 특징 차원감소를 통해 시각화할 수 있다.

① Node–link Diagrams for Network Architectures(네트워크 구조를 위한 노드–링크 다이어그램) : 뉴런과 연결 가중치를 표현하는 Node로 시각화한다.

② Dimensional Reduction & Scatter Plots(차원 축소, 산점도) : t–SNE 또는 PCA를 이용하여 차원을 축소하여 데이터를 2차원으로 표현할 수 있다.

③ Line Charts for Temporal Metrics(측정을 위한 선도표) : 진행상황에 따른 결과를 선도표로 나타낸다.

④ Instance–based Analysis & Exploration(객체 기반 분석 및 탐색) : 객체 그룹을 분석하고 분류 정확도를 확인한다.

▲ 딥러닝의 시각화 예시

4) 군집분석 모델

다수의 객체를 군집으로 나누는 군집분석은 그룹 클러스터별 단위로 산점도로 시각화한다.

▲ 군집분석 시각화의 예시

5) 연관분석 모델

각 연관규칙 별로 연관성 있는 항목(item)끼리 묶여서 관계시각화 기법인 네트워크 그래프를 활용하여 시각화한다.

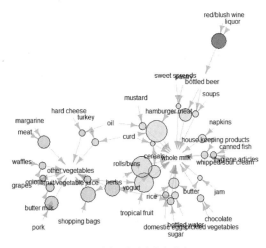

▲ 연관분석 시각화의 예시

01 분석모델별 결과해석 설명 중 **틀린** 것은?

① 딥러닝 모델 해석에 사용하는 오차율은 절
대오차가 활용된다.
② 회귀분석모델의 잔차에는 패턴이나 추세
가 있어서는 안된다.
③ 군집분석모델은 연속형 변수의 경우 평균
또는 중앙값을 계산한다.
④ 연관분석모델은 지지도, 신뢰도 및 향상도
가 높은 규칙들을 찾되 최소 기준점을 적
용한다.

02 빅데이터 분석의 주요 목적과 거리가 **먼** 항목은?

① 제품 및 절차 효율성
② 고객 인사이트
③ 위기 관리시스템
④ 서비스 가이드라인 제정

03 일반적으로 분석 결과의 기여도 평가는 ( ) 또는
업무 효율성 향상에 대한 비율로 측정한다. 괄호
에 적합한 것은?

① 정확도
② 매출증대
③ ROI
④ 비용관리

04 분석모델별 시각화에서 회귀분석모델에서 활용
하지 **않는** 시각화 기법은?

① 비교시각화
② 시간시각화
③ 관계시각화
④ 공간시각화

05 다수의 객체를 군집으로 나누어 그룹 클러스터별
단위로 분석하는 군집분석에서 적용되는 시각화
기법은?

① 히트맵
② 막대그래프
③ 다이어그램
④ 산점도

06 분석모델마다 평가되는 해석지표들이 다양한데
회귀모델에서의 해석지표로 추정된 회귀식이 변
동을 얼마나 잘 설명했는가에 대한 지표는?

① 상대오차
② 평균 제곱근 편차
③ 향상도
④ 결정계수

07 분석과제 선정을 위해 고려하는 항목과 거리가 <u>먼</u> 것은?

① 과제의 추진 시급성
② 분석모델의 구현 가능성
③ 분석결과의 기여도 평가
④ 분석기회 발굴 위한 질문 구체화

08 분석모델별 활용되는 시각화 기법 설명에서 <u>틀린</u> 것은?

① SVM : 비교시각화 기법의 산점도
② KNN : 관계시각화 기법의 평행좌표계
③ 의사결정나무 : 관계시각화 기법의 트리 다이어그램
④ 회귀모델 : 관계시각화 기법의 히트맵

09 딥러닝모델에 대한 시각화 방법과 거리가 <u>먼</u> 것은?

① 산포도
② 차원축소
③ 노드–링크 다이어그램
④ 산점도

10 연관분석 모델의 경우 두 개 또는 그 이상의 품목들 사이의 특정 요소로 해석하는데 이에 맞는 요소는?

① 동질성
② 공통성
③ 관련성
④ 이질성

SECTION 01

01 ①	02 ④	03 ③	04 ④	05 ④
06 ④	07 ③	08 ②	09 ①	10 ③

01 ①

딥러닝 모델 해석에 사용하는 오차율은 상대오차나 평균 제곱근 편차를 사용한다.

02 ④

빅데이터 분석의 근원적인 목적은 과거의 데이터를 토대로 미래를 분석하는 성격으로 서비스 가이드라인 제정과는 거리가 멀다.

03 ③

일반적으로 분석 결과의 기여도 평가는 ROI(Return Of Investment, 투자수익률) 또는 업무 효율성 향상에 대한 비율로 측정한다.

04 ④

회귀모델은 여러 변수들을 비교, 관계를 표현하는 시각화 및 시계열모형의 시간시각화를 활용한다.

05 ④

다수의 객체를 군집으로 나누는 군집분석은 그룹 클러스터별 단위로 산점도로 시각화한다.

06 ④

회귀모델의 해석지표인 결정계수는 추정된 회귀식이 변동을 얼마나 잘 설명했는가에 대한 지표로 값이 1에 가까울수록 실제 관측값이 회귀선상에 정확히 일치함을 의미한다.

07 ③

빅데이터 분석목적에 따른 분석과제 선정과 별개로 분석 결과의 기여도 평가 정의가 필요하다.

08 ②

KNN은 비교시각화 기법의 평행좌표계로써 변수들과의 연관성 및 그룹데이터의 경향성을 파악한다.

09 ①

딥러닝 모델은 파라미터, 가중치 시각화 및 특징 차원감소를 통해 노드-링크 다이어그램, 산점도, 차원축소 등으로 시각화할 수 있다.

10 ③

연관분석 모델은 연관규칙을 생성하는 Aporior 알고리즘을 주로 사용하며 두 개 또는 그 이상의 품목들 사이의 상호 관련성으로 해석한다.

분석결과 시각화

빈출 태그 데이터 시각화 • 시간 시각화 • 그래프 • 분포 시각화 • 관계 시각화

① 데이터 시각화 개요

분석된 결과를 해석하는 대표적인 방법인 데이터 시각화는 데이터 값을 시각적 속성으로 변환하고, 이를 그래프로 표현하는 과정이다. 시각화를 통해서 데이터의 의미를 명확하게 표현하고 효율적으로 전달할 수 있다.

> 데이터 시각화는 분석 결과를 쉽게 이해하는 것이 목적이다.

1) 데이터 시각화 정의

- 데이터 시각화는 데이터의 분석 결과를 쉽게 이해할 수 있도록 시각적으로 표현하고 전달하는 과정과 기법을 말한다.
- 데이터 사이의 관계를 대표할 수 있는 특징을 도표나 차트 등으로 표현하여 정보를 명확하고 효과적으로 전달하는 것을 목적으로 한다.
- 시각화를 위해서는 데이터의 의미를 정확하게 표현하는 기능적인 측면과 사람이 쉽게 인지하고 직관적으로 이해할 수 있는 심미적인 측면을 모두 고려해야 한다.

▶ 데이터 시각화 학문적 정의

학자	정의
스터드(Stuart K. Card, 1999)	추상적인 데이터를 컴퓨터의 쌍방향적 시각 표현을 통해서 이해와 인식의 정도를 증폭하는 것이다.
앤디(Andy Kirk, 2002)	대규모의 데이터를 탐색하고 이해하려 할 때 동일한 범주안에서 많은 양의 데이터에 의미를 부여함으로써 공간에 배치된 숫자의 패턴을 인지하게 하는 방법이다.

2) 데이터 시각화 특성

- 자료로부터 정보를 습득하는 시간을 절감하고 데이터에 대한 즉각적인 판단이 가능하다.
- 데이터 시각화는 데이터의 특징과 패턴, 추세를 직관적으로 제공하여 데이터의 의미에 대한 이해를 효과적으로 돕는다.
- 하나의 시각화 자료를 통해 시간, 공간, 분포 등 다양한 측면에서의 표현이 가능하다.
- 그래픽 도구를 이용함으로써 데이터의 의미, 관계, 차이, 분포 등을 선명하게 표현한다.

▶ 데이터 시각화 접근방법

접근방법	정의
통계적 그래픽 (Statistical Graphics)	데이터의 분포와 통계적 정보를 2차원, 또는 3차원 공간에 시각적으로 표현하는 방법이다.
주제 지도학 (Thematic Cartography)	특정 주제의 지리적 분포와 패턴을 나타내는 지도 형태의 표현하는 방법이다.

➕ 더 알기 TIP

Ben Fry의 시각화 절차와 기법

1. 획득(Acquire) : 다양한 소스로부터 데이터 얻기
2. 분석(Parse) : 데이터의 의미에 대한 구조를 제공하고 카테고리별로 정렬
3. 필터(Filter) : 관심 있는 데이터를 제외한 모든 데이터 제거
4. 마이닝(Mine) : 패턴을 식별하거나 수학적 문맥에 데이터를 배치하는 방법으로 통계 또는 데이터 마이닝 방법 적용
5. 표현(Represent) : 막대 그래프, 목록 또는 트리 같은 기본 시각적 모델 선택
6. 정제(Refine) : 기본 표현을 개선하여 보다 선명하고 시각적으로 매력적이게 보이도록 함
7. 소통(Interact) : 데이터를 조작하거나 볼 수 있는 기능을 제어하는 방법을 추가

3) 데이터의 유형

- 데이터는 그 특성에 따라 크게 범주형과 수치형으로 나눌 수 있고, 범주형은 명목형과 순서형, 수치형은 이산형과 연속형으로 구별한다.
- 범주형 데이터는 몇 개의 범주로 나누어진 자료를 의미하며, 숫자, 문자, 기호 등 데이터를 표현한다.
- 수치형 데이터는 정수, 실수 등의 숫자 값으로 데이터를 표현하며, 일정 범위 안에서 어떤 값이든 취할 수 있는 연속형 데이터와 횟수와 같이 명확하게 구분되는 값을 취할 수 있는 이산형 데이터로 구별한다.

▶ 데이터의 유형

계수형 데이터(Count Data)
명목형 데이터를 계수형 데이터라고도 한다. 자료들이 어떤 범주에 속하는지 나타내는 자료이다.

유형		특징
범주형	명목형 데이터 (Nominal Data)	• 특정 카테고리가 가질 수 있는 값의 집합을 의미한다. • 순서를 매길 수 없지만 셀 수 있다. ⓔ 성별, 색깔, 취미, 혈액형 등
	순서형 데이터 (Ordinal Data)	• 특정 카테고리가 가질 수 있는 값이 순서로 구분할 수 있는 데이터를 의미한다. • 순서를 매길 수 있고 셀 수 있다. ⓔ 5점 척도, 학점 등
수치형	이산형 데이터 (Discrete Data)	• 셀 수 있는 형태의 값을 표현하는 자료로 주로 정수값으로 표현된다. ⓔ 반별 학생수, 불량품수, 나이 등
	연속형 데이터 (Continuous Data)	• 연속인 어떤 구간에서 값을 취하는 자료로 주로 측정되는 양을 표현하는데 사용된다. ⓔ 시간, 온도, 무게, 길이 등

➕ 더 알기 TIP

척도

척도는 측정하고자 하는 대상을 수치화하는 것에 사용되는 일종의 측정도구이다. 질적 척도와 양적 척도로 구분되며, 질적 척도에는 명목 척도와 서열 척도, 양적 척도에는 등간 척도와 비율 척도가 있다.

1. 명목 척도(Nominal Scale) : 단지 분류만을 위해 사용된 척도로 숫자로 변환된다고 해도 그 자체는 전혀 의미가 없는 측정단위이다. (⑩ 남자는 1, 여자는 2로 구분, 혈액형 등)
2. 순위(서열) 척도(Ordinal Scale) : 선호되는 순위를 나타낸 숫자로서 숫자 자체는 의미를 가지나 간격이나 비율이 의미를 가지지 못하는 측정단위이다. (⑩ 시험 성적순으로 1등, 2등, 3등으로 구분하는 경우)
3. 등간 척도(Interval Scale) : 측정된 숫자 자체와 숫자의 차이는 의미를 가지나 숫자의 비율은 의미를 가지지 못하는 측정단위이다. (⑩ 특정 상품의 선호도를 1점~5점으로 주는 경우, 온도의 비교 등에 사용)
4. 비율 척도(Ratio Scale) : 측정된 숫자와 그 간격이 의미를 가질 뿐만 아니라 숫자의 비율마저도 의미를 가지는 가장 높은 측정단위이다. (⑩ 자녀의 수, 거리, 무게, 시간, 나이 등)

4) 주요 용어

① 탐색적 자료분석(Exploratory Data Analysis) : 주어진 자료에 대해서 다양한 탐색 기법을 이용해 자료에 대한 충분한 이해를 하는 방법으로 데이터셋에 대한 주요 특징을 주로 시각적 방법을 이용해 분석한다.

② 차트(Chart) : 개별적인 데이터를 표현하는 방식으로 원그래프, 막대그래프, 선그래프, 면적그래프 등 데이터의 특성에 따라 다른 종류의 차트를 선택할 수 있다.

③ 데이터셋(Data Set) : 데이터 시각화의 기초가 되는 데이터의 집합이다.

④ 축(Axis) : 데이터가 표시될 위치에 대한 기준선으로 2차원그래프는 2개, 3차원그래프는 3개의 축으로 구성된다.

⑤ 스케일(Scale) : 그래프에 표현되는 데이터 값의 범위를 말하며, 각각의 축에 일정한 간격을 가지고 표시된다.

⑥ 범례(Legend) : 차트에 표현되고 있는 기호나 선 등이 어떤 의미인지 설명하는 역할을 한다.

⑦ 이상치(Outliers) : 데이터의 정상분포를 벗어나는 데이터로 데이터 시각화를 통해 이상치를 효율적으로 발견할 수 있다.

5) 데이터의 시각적 속성

- 데이터 시각화는 체계적이고 논리적인 방식을 통해 데이터 값을 시각적 속성으로 변환한 다음, 그 속성들을 이용해서 최종 그래프를 만든다.
- 데이터 값을 정량화 가능한 시각적 속성으로 나타내 그래픽으로 표현한다.
- 자주 사용되는 시각적 속성은 위치, 형태, 크기, 색, 굵기, 선 유형 등이 있다.

– 위치, 크기, 선 굵기, 색 속성은 연속형 데이터와 이산형 데이터에 모두 적용할 수 있지만, 형태, 선 유형 속성은 이산형 데이터에만 적용할 수 있다.

▲ 데이터의 시각적 속성

6) 데이터 시각화 방법

• 데이터 시각화는 목적에 따라 다양한 방법이 존재할 수 있으며, 시간, 분포, 관계, 비교 및 공간을 중심으로 시각화 하는 방법이 주로 사용된다.

▶ 데이터 시각화 방법

시각화 방법	주요 도구
시간 시각화	막대그래프, 누적막대그래프, 점/선그래프
분포 시각화	히스토그램, 파이차트, 도넛차트, 트리맵, 누적연속그래프
관계 시각화	산점도, 버블차트, 히트맵
비교 시각화	히트맵, 체르노프페이스, 스타차트, 평행좌표계, 다차원척도법
공간 시각화	지도 매핑

▲ 2000년 1월부터 2014년 8월까지 인플레이션에 따른 실업률 변화(음의 상관관계)를 보여주는 산점도

1 시간에 따른 실내온도 변화를 그래프로 시각화 할 때 필요한 시각화 속성으로 적당하지 않은 것은?

① 위치 속성 　　　　　　② 크기 속성

③ 색 속성 　　　　　　　④ 선유형 속성

정답 ④

• 온도변화를 크기나 색의 변화로 표현할 수 있으며, 위치 속성을 이용하여 x축상에서 시간의 변화를 표현한다.
• 선유형 속성은 연속형 데이터를 표현하기 어렵다.

2 서비스 만족도 조사를 할 때 만족 정도에 따른 5개의 보기를 사용한다면, 해당 보기가 속하는 데이터의 유형은 어느 것인가?

> 당신은 현재의 서비스에 만족하십니까?
> 1) 매우불만　2) 불만　3) 보통　4)만족　5) 매우만족

① 명목형 데이터 　　　　② 순서형 데이터

③ 이산형 데이터 　　　　④ 연속형 데이터

정답 ②

숫자형태가 아니기 때문에 범주형 데이터이며, 순서를 매길 수 있으므로 순서형 데이터이다.

02 데이터 시각화 영역

1) 정보 시각화(Information Visualization)

- 정보시각화는 방대한 양의 정보를 한 번에 사용자가 보고 이해할 수 있도록 직관적으로 표현하는 방법에 중심을 두고 있다.

- 데이터 시각화는 그래픽을 이용해 정보를 명확하게 표현하는 것을 강조하며, 정보시각화는 큰 범위의 집합에 대한 시각적 표현방법을 강조한다.

- 수치정보 뿐만 아니라 텍스트나 지형정보 같은 비수치 정보까지 포함한다.

- 데이터 시각화에서 한단계 더 정보 형태의 가공 과정을 거친다.

- 카토그램(Cartogram, 지도도표), 분기도(Cladogram), 개념도(Concept Map), 계통도(Dendrogram, 덴드로그램), 네트워크 다이어그램(Network diagram), 트리맵(Tree map), 하이퍼볼릭 트리(Hyperbolic tree) 등 다양한 도구를 사용한다.

🅑 기적의 TIP

데이터 시각화와 유사개념인 정보시각화, 인포그래픽, 정보디자인의 특징을 구별할 수 있어야 한다.

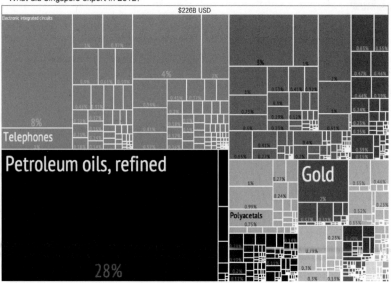

▲ 2012년 싱가포르 수출 품목을 비중으로 보여주는 트리맵

2) 정보 디자인(Information Design)

- 시각 디자인의 하위 영역으로 정보를 구성하여 효율적으로 사용할 수 있게 하는 디자인 기술 및 업무를 말한다.
- 정보를 효과적으로 전달하기 위한 수단으로서 그래픽 디자인을 강조하는 용어로 사용된다.
- 데이터시각화, 정보시각화, 인포그래픽을 모두 포괄하는 개념이다.

▲ 샤를 미나르(Charles Minard)의 나폴레옹 행군 – 이동 경로별 위치, 추위, 병사 감소수를 한눈에 확인가능

3) 인포그래픽(Infographic)

- 복잡한 수치나 글로 표현되어 있는 정보와 지식을 차트, 지도, 픽토그램, 다이어그램, 일러스트레이션 등을 활용하여 한눈에 파악할 수 있도록 시각적으로 표현하는 것이다.

- 설득형 메시지를 전달하기 위해서 주로 사용되며, 정보를 빠르고 분명하게 표현하는 것에 중심을 둔다.
- 인포그래픽은 스토리를 통해 정보를 전달하려는 경향이 강하다.
- 데이터 시각화가 전문 영역에서 활용되는 반면 인포그래픽은 일반인을 대상으로 특정 정보와 메시지를 전달하기에 적합하다.
- 인포그래픽은 다양한 유형이 있으며, 특정 목적이나 정보를 전달하는데 적합한 인포그래픽 유형을 사용한다. 주요 인포그래픽 유형은 다음의 6가지가 있다.

① 통계(정보) 인포그래픽 : 데이터와 통계 시각화에 사용된다. 차트, 그래프, 표 등을 활용하여 숫자 데이터를 쉽게 이해할 수 있도록 한다.

② 과정(프로세스) 인포그래픽 : 복잡한 과정이나 단계를 표현하는데 유용하다. 제조과정, 요리순서, 제품사용방법 등을 설명할 때 사용한다.

③ 비교 인포그래픽 : 두 개 이상의 항목을 비교하기 위해 사용된다.

④ 지도(지리) 인포그래픽 : 지리 정보와 관련된 데이터를 시각화 한다. 지도 위에 데이터 나 통계정보를 표현한다.

⑤ 목록 인포그래픽 : 여러 항목을 리스트로 보여줄 때 사용하며, 각 항목에 관련된 이미지나 짧은 설명이 포함되는 경우가 많다.

⑥ 타임라인 인포그래픽 : 시간의 흐름에 따른 사건이나 정보를 보여주는데 사용된다.

➕ 더 알기 TIP

픽토그램(Pictogram)
픽토그램은 그림을 뜻하는 picto와 전보를 뜻하는 텔레그램(telegram)의 합성어로 사물, 시설, 행위 등을 누가 보더라도 그 의미를 쉽게 알 수 있도록 만들어진 그림문자를 말한다.
🔷 화장실, 비상구, 승차장, 주차장, 올림픽 경기 종목 등

▶ 인포그래픽(Infographic)

기본 요소	비주얼(Visual), 내용(Content), 지식(Knowledge)
유형	통계 기반, 타임라인 기반, 프로세스 기반, 위치 및 지리기반 등
장점	• 시각적인 즐거움 • 이해 쉬운 전달 • 오랜 기억 유지 • 자발적 확산

▲ 뉴스 기사의 그래픽(과기정통부 스마트폰 과의존 실태조사)

 개념 체크

1 데이터 자체 보다는 데이터를 기초로 해석된 설득형 메시지를 전달하기 위한 도구로 가장 적합한 것은?

① 인포그래픽   ② 데이터시각화

③ 정보시각화   ④ 카토그램

정답 ①

인포그래픽은 정보, 데이터, 지식을 시각적으로 표현한 것으로, 정보를 빠르고 쉽게 표현하기 위해 사용된다. 주로 설득형 메시지를 표현하는 표지판, 지도, 기술 문서 등에 사용되며 컴퓨터 과학, 통계학 등의 개념적 과학적 정보를 알기 쉽게 시각화하는 도구로도 사용된다.

2 언어를 초월해서 직감으로 이해할 수 있도록 표현된 그래픽으로 그림 문자를 통해서 긴급, 안전, 주의 등의 안내를 표시하는데 사용되는 시각화 도구는 무엇인가?

① 산점도(Scatter chart)

② 카토그램(Cartogram)

③ 픽토그램(Pictogram)

④ 하이퍼볼릭 트리(Hyperbolic tree)

정답 ③

하이퍼볼릭 트리

- 산점도(Scatter chart) : 2개의 연속형 변수 간의 관계를 보기 위하여 직교좌표의 평면에 관측점을 찍어 만든 통계 그래프
- 카토그램(Cartogram) : 일반 지도를 특정 통계치를 바탕으로 재구성한 지도로, 인구나 GNP, 의석 수 등 특정한 데이터 값의 변수가 지도의 면적이나 거리를 대체하여 실제 지도와 달리 왜곡되어 있는 것이 특징
- 픽토그램(Pictogram) : 그림을 뜻하는 picto와 전보를 뜻하는 텔레그램(telegram)의 합성어로 사물, 시설, 행위 등을 누가 보더라도 그 의미를 쉽게 알 수 있도록 만들어진 그림문자
- 하이퍼볼릭 트리(Hyperbolic tree) : 하이퍼트리(Hypertree)라고도 하며, 트리를 원의 형태로 표현함으로써 트리의 아래 노드로 갈수록 복잡해지는 문제를 해결 또한, 중심이 되는 노드를 가운데 배치하고, 중요하지 않은 노드를 원의 경계쪽으로 위치하게 함으로써 노드의 비중도 표현할 수 있음

03 시간 시각화

1) 시간 시각화 정의

시간에 따른 데이터의 변화를 표현하는 것으로 일정기간에 걸쳐 진행되는 변화와 트랜드를 추적하는데 주로 사용된다.

- 데이터의 경향성(트렌드, trend)을 파악하는데 주로 사용된다.
- 시간 데이터는 특정 시점의 값을 표현하는 이산형과 변화하는 값을 표현하는 연속형으로 구분할 수 있으며, 시간데이터의 전후 관계를 분석하는 것이 핵심이다.

▶ 시간 시각화의 데이터 특징과 도구

유형	주요 특징 및 도구
이산형(분절형)	특정 시점 또는 특정 시간의 구간 값을 표현한다. • 도구 : 막대그래프, 누적막대그래프, 묶은막대그래프, 점그래프
연속형	어떤 구간에서 지속적으로 변화하는 값을 표현한다. • 도구 : 꺾은선그래프, 계단그래프, 추세선

▲ 월별 실업자수 변화(통계청-경제인구활동조사)

2) 막대그래프

- 데이터 값을 길이로 표현한 막대를 배치함으로써 상대적인 차이를 한눈에 알아보도록 표현하는 방법이다.
- 시간축(가로축, x축)은 주로 시간 순서대로 정렬된 특정 시점을 나타내며, 값축(세로축, y축)은 그래프의 크기(범위)를 나타낸다.
- 막대에 색상을 표시함으로써 데이터의 상태나 특징을 다르게 표현할 수 있다.
- 데이터 값은 막대의 길이에만 영향을 미치며, 막대의 폭이나 간격과는 무관하다.

0 이상의 값을 표현하는 경우 값축은 항상 0부터 시작해야 정확한 길이를 비교할 수 있다.

▲ 기업의 월별 매출을 보여주는 막대그래프

3) 누적막대그래프

- 막대그래프가 하나의 변수에 따라 달라지는 형태를 보이는 반면에 누적막대그래프는 두 개 이상의 변수를 동시에 다루는 경우에 막대의 영역을 구분하여 나머지 변수의 값을 표현한다.

막대의 세부 항목은 질감이나 색상으로 구별한다.

- 하나의 막대를 구성하는 세부항목 각각의 값과 전체의 합을 함께 표현할 때 유용하다.

▲ 기업의 월별 매출을 보여주는 누적막대그래프

4) 묶은막대그래프

- 묶은막대그래프는 누적막대그래프와 같이 두 개 이상의 변수를 동시에 다루는 경우에 사용하며 첫번째 변수(x축)의 각 위치에 나머지 변수의 값을 각각의 막대로 표현한다.
- 그래프를 구성하는 세부항목의 값의 변화를 표현할 수 있지만, 변수의 누적합계나 추이를 파악하기는 어렵다.

▲ 기업의 월별 매출을 보여주는 묶음막대그래프

5) 점그래프

- 가로축에 대응하는 세로축의 값을 점으로 표시한 그래프로 면적을 표시할 필요가 없기 때문에 적은 공간에 표현할 수 있으며, 점의 집중 정도와 배치에 따라 흐름을 파악하기가 용이하다.
- 가로축을 시간으로 세로축의 값을 점으로 표시하는 경우 시간의 흐름에 따른 값의 변화를 표현할 수 있다.

월별 매출

▲ 기업의 월별 매출을 보여주는 점그래프

점들을 선으로 연결하면 연속성 (추세)을 표현할 수 있다(꺾은선그 래프).

6) 꺾은선그래프(연속 시계열그래프)

- 점그래프에서 점과 점 사이를 선으로 연결한 그래프로 데이터의 연속된 특성을 표현한다.
- 경향성을 뚜렷하게 보여주기 위해서 주로 사용한다.
- 세로축의 길이를 늘리거나 가로축의 길이를 짧게 줄이면 변화가 급격하게 보여 지며, 가로축의 길이를 너무 길게하면 변화의 패턴이 잘 나타나지 않는다.
- 경우에 따라 그래프에서 점을 표시하지 않을 수도 있다.

세로축이 0부터 시작하지 않는 경 우 데이터 값들의 차이를 더 잘 나 타낼 수 있지만, 값의 절대적인 크 기를 표현하시 않기 때문에 해석 의 부작용을 일으킬 수 있다.

월별 매출

▲ 기업의 월별 매출을 보여주는 꺾은선그래프

7) 계단그래프

- 계단그래프는 점과 점사이를 직접 연결하는 것이 아니라, 변화가 생길 때까지 일정한 선을 유지하다가 다음 값으로 바뀌는 지점에서 급격하게 변화하는 것을 표현한다.
- 꺾은선그래프는 데이터의 연속된 변화를 표현하기에 적합하고, 특정 시점에서 의 변화를 표현하는 데에는 계단그래프가 유리하다.
- 연도별 법인세율 변화, 연도별 최저임금 변화 등에 이용한다.

월별 매출

▲ 기업의 월별 매출을 보여주는 계단그래프

8) 추세선

- 추세선은 데이터 값의 즉각적인 변화보다는 변화하는 경향성을 보여주는 직선 또는 곡선을 말한다.
- 추세선의 데이터에 대해 다양한 함수를 적용해서 구할 수 있으며, 지수형, 로그형, 선형, 이동평균형 등이 있다.

▲ 현재월과 전월의 이동평균값을 보여주는 추세선이 포함된 막대그래프

✔ 개념 체크

1   다음 중 그래프에 대해 올바르게 설명하는 것은?

① 두 변수 값의 비교를 위해서는 막대그래프를 사용하는 것이 좋다.
② 세로막대그래프의 x축은 값축이다.
③ 막대그래프의 면적은 그래프의 값과 연관이 없다.
④ 꺾은선그래프에서 세로축의 길이를 늘리면 데이터 값의 변화가 완만하게 보여진다.

정답 ③

막대그래프는 그래프의 높이(데이터를 환산)로 판단하며, 막대의 면적과는 연관이 없다.

2   다음 그래프에 대한 설명 중 맞지 않는 것은?

① 1월의 매출보다 2월의 매출이 2배 증가했다.
② 4월과 6월의 매출 평균은 2,500이다.
③ 3월 이후 월별 매출이 감소한다.
④ 추세선을 이용하여 분기별 매출액 합계를 구할 수 있다.

정답 ④

그래프에서 추세선은 이동평균 값을 보여주며, 분기별 매출액 합계 등은 별도로 구한다.

04 분포 시각화

1) 분포 시각화 정의

데이터의 분포를 시각적으로 표현하는 기법을 말하며, 특정 변수의 값들이 어떻게 분포되어 있는지를 파악하기 위해 사용한다.

- 원그래프와 같이 비율로 영역을 표현하는 경우 각 영역을 모두 합치면 1 또는 100%가 되는 특징을 가진다.
- 분포 데이터의 시각화는 최대, 최소, 전체분포를 나타내는 그래프로 표현하며, 전체의 관점에서 각 부분이 차지하는 정보를 히스토그램, 파이차트, 도넛차트, 누적연속그래프, 트리맵 등으로 시각화한다.

2) 히스토그램(Histogram)

막대그래프의 일종으로 세로축은 데이터의 분포 정도를 표현하고, 가로축은 특정 변수의 구간 폭을 의미한다.

기적의 TIP

시각화 방법들의 장단점을 구분하자.

- 데이터셋 안에서 특정 변수의 값이 어떻게 분포되어 있는지를 파악해야 하는 경우(도수분포) 주로 사용한다.
- 도수분포표 : 데이터 값의 다양한 산출 분포를 보여주는 목록이나 표이다. 일정한 범위를 기준(계급이라고 함)으로 데이터 값의 발생 건수를 요약해서 보여준다.

▶ 도수분포표와 히스토그램

연령	인원(명)
11 ~ 20	35
21 ~ 30	54
31 ~ 40	98
41 ~ 50	129
51 ~ 60	77
61 ~ 70	43

- 구간을 설정해서 데이터를 표현하기 때문에, 적절한 구간 폭을 선택하고 각각의 막대가 동일한 폭을 갖도록 설정해야 시각적으로 정확하게 표현된다.
  - 구간폭을 좁게 하는 경우 데이터 분포 차이를 잘 표현할 수 있지만 전체적인 흐름을 파악하기 어려울 수 있고, 구간폭을 넓게 하는 경우는 데이터 분포의 급격한 변화를 표현하기가 어렵다.
- 히스토그램이 왼쪽으로 치우쳐 있다면 데이터의 값이 낮은 구간에 몰려 있으며, 반대로 오른쪽에 치우쳐 있다면 데이터의 값이 높은 구간에 몰려 있음을 의미한다.
- 누적히스토그램(Cumulative Histogram)은 히스토그램의 각 구간의 값을 누적하여 표현한다. 따라서, 데이터의 출현 빈도를 오른쪽으로 누적하면서 표시하며 마지막 막대는 전체 데이터의 총 수를 나타낸다.

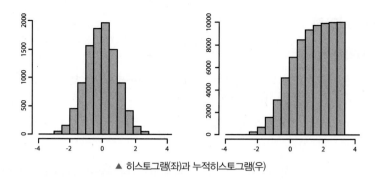

▲ 히스토그램(좌)과 누적히스토그램(우)

2) 원그래프(파이차트, Pie Chart)

하나의 원을 구성하는 데이터의 비율에 따라 조각으로 나누어서 데이터의 분포를
표현한다.

- 데이터의 값을 비율(%)로 환산하여 표현하며, 각 비율을 합히면 100%가 된다.
- 원을 구성하는 각각의 요소의 비율을 한눈에 보여주지만, 막대그래프와 같이
  데이터의 값을 정확하게 표현하기 어렵다는 단점이 있다.
- 하나의 분류에 대한 값의 분포를 표현하기 때문에, 여러 분류에 대한 값을 표현
  하기 위해서는 각각의 차트가 필요하다.

그래프의 조각만으로는 서로 간의 크기를 비교하기 어렵기 때문에, 실제 데이터 값이나 점유율 등 추가정보를 그래프에 포함시켜서 표현하는 것이 좋다.

▲ 파이차트

3) 도넛차트

막대그래프를 누적하고 도넛 모양으로 만든 형태이며, 원그래프가 면적으로 분
포비율을 표현하는데 반해 도넛차트는 면적이 아닌 길이로 데이터 값의 정도를
표현한다.

- 같은 성격의 데이터인 경우 여러 개의 차트를 겹쳐서 보여줄 수 있다.
- 중첩도넛차트 : 도넛차트 여러 개를 겹쳐서 표현하는 것으로, 여러 분류에 대한
  값을 하나의 차트로 표현할 수 있다.

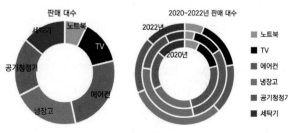

▲ 도넛차트와 중첩도넛차트

4) 트리맵(Tree Map)

트리맵은 전체 데이터를 표현하는 하나의 사각형 영역에 세부 사각형들의 크기로 데이터의 분포를 시각화하여 표현한다.

• 하나의 대분류에 속한 세부 분류 데이터들의 분포를 영역의 크기를 이용하여 효과적으로 보여준다.

• 내부의 사각형도 하위 분류를 적용해서 다시 맵을 구성할 수 있기 때문에, 계층형/트리 구조를 가진 데이터를 표현하는데 유용하다.

각각의 사각형은 하위 분류도 세분화할 수 있다. 예를 들어, 서울은 구별 인구 분포를 나타내는 사각형으로 세분화할 수 있다.

▲ 시도별 인구 분포 트리맵

5) 누적연속그래프(누적영역차트)

시간 변화에 따른 값의 변화를 선그래프의 영역으로 표현한다. 가로축은 시간을 나타내며 세로축은 데이터 값을 표시한다.

• 누적막대그래프와 유사하지만, 시간에 따라 변화하는 값의 흐름을 더 잘 보여준다. 또한, 세로 영역의 한 단면만 보여주면 그 시점의 분포를 볼 수 있다.

• 누적연속그래프는 아래 부분의 데이터 값이 윗부분의 위치에 영향을 주기 때문에(값이 누적됨), 값의 분포를 표현하는 데 적합하며 한 집단의 경향성을 알아보기는 어렵다.

각 연도별 어떤 제품이 얼마나 팔렸는지 알 수 있다.

▲ 누적연속그래프

6) 파레토차트(Pareto Chart)

파레토차트는 막대그래프와 선그래프를 결합한 형태이다. 개별 항목의 데이터 값은 막대의 내림차순으로 표현되고, 오름차순 누적 총계는 선그래프(누적선그래프)의 형태로 표현된다.

- 결과의 80%가 20%의 원인으로부터 나온다는 파레토 법칙에 근거하여, 결과에 영향을 미치는 중요한 요인들을 찾는데 사용된다.
- 명목형 변수 값들의 개수를 사용하는 데이터에 적합하며 연속형 변수에 대한 값을 갖는 데이터에는 적합하지 않다.
- 범주형 데이터 중에서 순서형 데이터에는 적합하지 않은데, 파레토차트에서는 변수에 정의된 순서가 아닌 빈도 수로 데이터가 정렬되기 때문이다.

▲ 파레토차트

✅ 개념 체크

1 원그래프에서 조각을 이루는 데이터 값의 크기와 비례하는 것은?

① 그래프 조각의 각도
② 그래프 조각의 수
③ 그래프 조각의 반지름
④ 그래프 조각의 색상

정답 ①

원그래프는 전체 데이터 값에 대한 부분 값의 비율을 원을 구성하는 부채꼴 조각으로 표현하는 것으로, 조각의 데이터 값이 커지면 부채꼴의 각도와 면적이 따라서 커진다.

2 다음 설명 중 맞는 것은?

① 누적히스토그램은 오른쪽으로 갈수록 막대의 크기가 작아진다.
② 도넛차트는 하나의 차트에 여러 분류의 값을 표현하기가 어렵다.
③ 전국의 인구분포를 표현할 때 트리맵을 사용하면 시도별, 구별, 동별 단위까지 한 번에 표현할 수 있다.
④ 데이터세트의 크기가 2배가 되면 원그래프의 전체 면적도 2배가 된다.

정답 ③

트리맵은 계층구조를 갖는 데이터의 분포를 표현하는데 적합하다.

05 관계 시각화

1) 관계 시각화 정의

데이터 사이의 관계를 시각적으로 표현하는 것을 말한다. 데이터셋에 변수가 2개 이상이 있을 때, 이 변수들의 상관관계를 표현한다.

예 편의점에서 우유와 빵의 판매량 사이의 관계를 표현, 키와 몸무게 사이의 관계를 표현

• 관계시각화를 위한 대표적인 도구로는 산점도, 버블차트, 히트맵 등이 있다.

상관관계(correlation)
• 두 가지 가운데 한쪽이 변화하면 다른 한쪽도 따라서 변화하는 관계
• 한쪽이 증가하면 다른 한쪽도 증가하거나(양의 상관관계), 반대로 감소하는(음의 상관관계) 경향을 보이는 관계

2) 산점도(스캐터플롯, Scatter Plot)

두 변수의 값을 2차원(또는 3차원) 좌표계를 활용하여 점으로 표시한 것으로 점들의 집합이 모여서 두 변수 사이의 관계를 표현한다.

• 두 변수 사이의 다양한 관계를 표현할 수 있다.

① 양의 상관관계(비례) : 점이 오른쪽 위로 올라가는 추세

② 음의 상관관계(반비례) : 점이 오른쪽 아래로 떨어지는 추세

③ 직선관계, 지수관계, 로그관계 등 다양한 상관관계 함수로 유추될 수 있는 관계

• 점들의 분포에 따라 집중도(강도, 영향력)를 확인할 수 있으며, 관계 추정을 위해 추세선을 추가할 수 있다.

• 점의 크기, 형태, 색상 등을 다르게 하여 하나의 산점도에 다양한 데이터의 특징을 표현할 수 있다.

산점도 행렬
다변량 데이터에서 변수 쌍 간의 산점도를 그린 그래프

▲ 산점도의 예(음의 상관관계)

옐로우스톤 국립공원 간헐천의 분출 시간

▲ 관계의 집중도를 보여주는 산점도(추세선 포함)

3) 버블차트(Bubble Chart)

x, y값의 위치를 표시하는 산점도에 점의 위치에 해당하는 제3의 변수값을 원의 크기로 표현한 그래프로 한 번에 3개의 변수를 비교해볼 수 있다.

- 제3의 값을 표시하는 원(버블)은 면적으로 표현되어야 하며, 반지름이나 지름으로 표현되면 실제 값보다 너무 크게 원이 그려질 수 있어서 주의해야 한다.
- 도시별 인구밀집도, 도시별 우유 판매량 등 국가나 지역에 따른 값의 분포를 표현하는데 매우 유리하다.

x축과 y축은 각 요소의 위치, 원의 넓이는 각 요소의 크기를 표현한다.

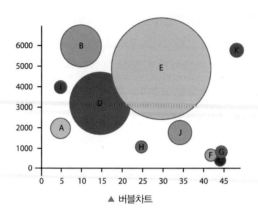

▲ 버블차트

4) 히트맵(Heat Map)

데이터 분포와 관계에 대한 정보를 색(Heat)으로 표현한 그래프이다. 데이터를 식별하기 위해 각각의 칸마다 색으로 수치의 정도를 표현한다.

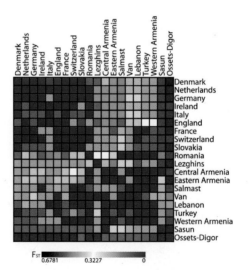

▲ 국가간 유전정보의 유사도를 표현한 히트맵

5) 모자이크플롯(Mosaic Plot)

모자이크플롯은 두 개 이상의 범주형 데이터의 상관관계를 보여주고자 할 때 사용된다. 모자이크플롯을 구성하는 각 타일의 가로, 세로 길이가 각 변수의 값을 표현한다.

• 모자이크플롯에서 사각형 평면의 너비는 가로축에 표시된 관측치의 수에 비례하며, 높이는 세로 축에 표시된 관측치의 수에 비례한다.

▲ 타이타닉 호의 탑승객 구성을 보여주는 모자이크플롯

✅ **개념 체크**

1 두 변수 사이의 상관관계를 알아보기 위한 시각화 도구로 적합하지 않은 것은?

① 산점도
② 히트맵
③ 트리맵
④ 버블차트

정답 ③

트리맵은 변수 값의 분포를 표현하는데 적합하며, 두 변수 사이의 상관관계를 표현하기는 어렵다.

2 변수 x와 변수 y 값의 관계와 함께 해당 위치의 크기까지 표현할 수 있는 시각화 도구는?

① 스캐터 플롯
② 히스토그램
③ 파이차트
④ 버블차트

정답 ④

버블차트는 한 번에 3개의 값을 비교할 수 있다.

06 비교 시각화

1) 비교 시각화 정의

비교 시각화는 하나 이상의 변수에 대해서 변수 사이의 차이와 유사성 등을 표현하는 방법이다.

- 하나의 변수가 아닌 둘 이상의 변수를 비교하는 경우 대상의 수와 비교하려는 변수의 수만큼 다양한 경우가 존재하기 때문에, 하나 또는 그 이상의 그래프를 통하여 전체를 비교 분석할 수 있어야 한다.
  - **예** 자동차를 구매할 때 제조사나 모델에 따라 크기, 엔진출력, 색상, 가격, 편의성 등 여러가지 변수를 비교하는 경우
  - **예** 컴퓨터를 구매할 때, 노트북, 데스크탑, 태블릿 등의 유형에 따라 CPU성능, 메모리 용량, 화면 크기 등 여러 변수를 비교하는 경우

2) 히트맵(Heat Map)

여러 변수와 다수의 대상에 대해 하나의 표 형태로 표현할 수 있는 도구로 관계시각화뿐만 아니라 비교시각화 도구로도 유용하게 사용된다.

- 먼저 표를 작성하고, 표의 숫자 대신에 색상으로 값의 높고 낮은 관계를 표현하면 한눈에 파악할 수 있다.
- 하나의 행은 하나의 대상 또는 관측 단위를 표현하며, 하나의 열은 비교를 위한 변수를 표현한다.
- 데이터 값의 크기를 색상을 달리하거나 명도, 채도를 달리하는 방법으로 표현한다.
- 지역의 온도 변화나 주파수 수신 범위와 같이 연속된 데이터 값의 변화를 표현하기에 적합하다.

▲ 비교시각화를 위한 히트맵의 예

기적의 TIP

시각화의 종류들과 방법을 알아두자.

▲ 드론의 주파수 수신 범위을 표시한 히트맵

3) 체르노프 페이스(Chernoff Faces)

미국의 통계학자 Herman Chernoff가 제안하였다.

실생활에서 사람의 얼굴을 쉽게 구분한다는 점에 착안하여, 데이터 표현에 따라 달라지는 차이를 얼굴의 모양으로 나타내는 방법으로 사람의 얼굴 모양에서 귀, 머리카락, 눈, 코 등을 각각의 변수에 대응하여 달리해서 표현하는 방법이다.

체르노프 페이스에서 얼굴을 표현할 때 사용되는 요소는 다음과 같다.

① 얼굴형 : 얼굴길이, 얼굴너비, 얼굴윤곽

② 입 : 입의 높이, 입의 너비, 입모양

③ 눈 : 눈의 높이, 눈의 너비

④ 머리카락 : 머리카락 높이, 머리카락 너비, 머리카락 모양

⑤ 코 : 코의 높이, 코의 너비

⑥ 귀 : 귀의 높이

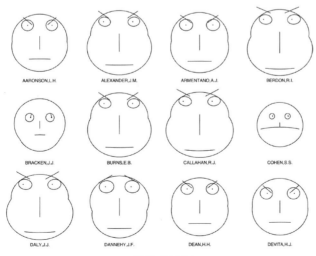

▲ 체르노프 페이스

4) 스타차트(Star Chart)

하나의 공간에 각각의 변수를 표현하는 몇 개의 축을 그리고, 축에 표시된 해당
변수의 값들을 연결하여 별 모양(또는 거미줄 모양)으로 표현하는 그래프이다.

- 하나의 변수마다 축이 시작되는 시작점(중점)은 최소값을, 가장 먼 끝점은 최대
값을 나타낸다.
- 값이 적은 축에 해당하는 부분이 다른 부분에 비해 들어가 보이기 때문에, 여러
변수 값들을 비교하여 부족하거나 넘치는 변수를 표현하는데 적합하다.
- 연결된 선의 모양이나 색을 다르게 하는 경우 여러 속성을 한 번에 표현할 수
있다.

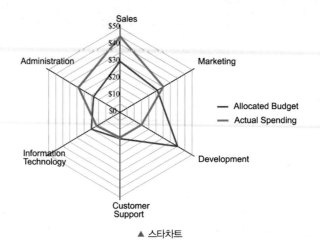

▲ 스타차트

- 아래 그림은 1979년 미국에서 판매되고 있는 자동차의 장단점을 스타차트로
표현한 것이다. 9개의 축은 각각 1.가격, 2.연비, 3.수리이력(1978년), 4.수리
이력(1979년), 5.앞좌석공간, 6.뒷자석공간, 7.트렁크 크기, 8.중량, 9.길이를
표현한다.

▲ 차종별 특징을 보여주는 스타 차트

5) 평행좌표계(Parallel Coordinates)

체르노프페이스는 한 대상의 특징을 명확하게 보여주지만, 여러 대상을 한 번에 보여주기는 힘들다. 평행좌표계는 스타차트의 여러 축을 평행으로 배치하고, 축의 윗부분을 최대값, 아래부분을 최소값으로 하여 값들을 선으로 연결해서 표현한다.

- 하나의 대상이 변수 값에 따라 위아래로 이어지는 연결선으로 그려지는 특징이 있다.

▲ 평행좌표계

6) 다차원척도법(MDS: Multi−Dimensional Scaling)

다차원 척도법은 객체 간 근접성을 시각화하는 통계기법으로 모든 변수를 비교해서 비슷한 대상을 그래프 상에 가깝게 배치하는 방법이다.

- 대상들 간 거리 또는 유사성을 이용하여 원래의 차원(변수의 수)보다 낮은 차원(2차원 또는 3차원)의 공간상에 위치시킴으로써 대상들 사이의 상대적 위치를 통해 유사성을 쉽게 파악할 수 있다.

- 유사성이 높은 데이터들은 서로 가까운 곳에 위치시키고, 유사성은 낮은 데이터들은 서로 먼 곳에 위치시킨다.

다차원척도법은 대상 간 유사성 측정척도에 따라 다음의 두 종류로 나눌 수 있다.

① 계량형 다차원척도법(metric MDS) : 대상 간 실제 측정거리 값이나 유클리드 거리로 나타낸다.

② 비계량형 다차원척도법(non−metric MDS) : 대상 간 실제 측정거리 값이나 유클리드 거리의 절대적인 크기는 무시하고, 크기 순서 등의 순위에 관한 정보만을 이용하여 나타낸다.

데이터 사이의 거리를 2차원 (C1,C2) 공간에 표시하였다. 동일 국가의 데이터들이 가깝게 분포된 것을 볼 수 있으며, 국가별 유사성도 파악할 수 있다.

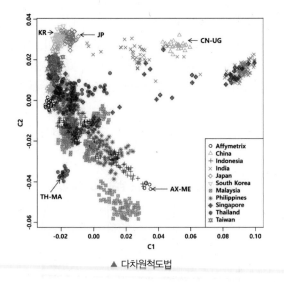

▲ 다차원척도법

😊 더 알기 TIP

유클리드 거리

두 점사이의 최단거리를 구하는 식으로 대상 간의 유사도 측정에 주로 사용된다.

두 점 P, Q가 $P(p_1, p_2, \cdots, p_n)$, $Q(q_1, q_2, \cdots, q_n)$으로 정의된다면,
P와 Q사이의 유클리드 거리(d)는 다음과 같이 구할 수 있다.

$$d(P, Q) = d(Q, P) = \sqrt{(q_1-p_1)^2 + (q_2-p_2)^2 + \cdots + (q_n-p_n)^2}$$

$$= \sqrt{\sum_{i=1}^{n} (q_i-p_i)^2}$$

✅ 개념 체크

1 두 변수 사이의 상관관계를 알아보기 위한 시각화 도구로 적합하지 않은 것은?

① 산점도　　　　　　　　② 히트맵
③ 트리맵　　　　　　　　④ 버블차트

정답 ③

트리맵은 변수 값의 분포를 표현하는데 적합하며, 두 변수 사이의 상관관계를 표현하기는 어렵다.

2 모든 변수의 유사성을 비교해서 유사성이 높은 데이터들은 서로 가까운 곳에 위치시키고, 유사성은 낮은 데이터들은 서로 먼 곳에 위치시키는 시각화 도구는?

① 스캐터 플롯　　　　　　② 히스토그램
③ 트리맵　　　　　　　　④ 다차원척도법

정답 ④

다차원척도법은 대상들 간 거리 또는 유사성을 이용하여 원래의 차원(변수의 수)보다 낮은 차원(2차원 또는 3차원)의 공간상에 위치시킴으로써 대상들 사이의 상대적 위치를 통해 유사성을 쉽게 파악할 수 있다.

3 대상 P, Q가 다음과 같이 정의될 때 두 대상 사이의 유클리드 거리를 구하면 얼마인가?

$$P = (3, 5, 9, 10), \quad Q = (4, 7, 5, 8)$$

① 3 ② 4

③ 5 ④ 6

정답 ③

유클리드 거리 $d(Q, P) = \sqrt{(q_1 - p_1)^2 + (q_2 - p_2)^2 + \cdots + (q_n - p_n)^2}$

$\sqrt{(3-4)^2 + (5-7)^2 + (9-5)^2 + (10-8)^2} = \sqrt{(-1)^2 + (-2)^2 + (4)^2 + (2)^2} = 5$ 이다.

07 공간 시각화

1) 공간 시각화 정의

장소나 지역에 따른 데이터의 분포를 표현하는 것을 공간 시각화라고 하며, 실제 지도나 지도모양의 다이어그램을 배경으로 데이터의 위치를 시각화한다.

예 생태조사 데이터는 특정 식물이나 동물이 서식하는 장소가 나열되어 있다.

예 인구분포 데이터는 시/군/구에 따른 인구 집중도를 시각적으로 보여줄 수 있다.

• 위치와 거리 또는 색상을 이용하여 정보를 표현할 수 있으며, 정확한 투영(projection)이 필요하다.

• 공간시각화는 지형코드화 과정과 매핑과정을 거친다.

① 지형코드화(Geocoding) : 래스터 이미지를 고쳐 실세계 지도 투영이나 좌표계에 일치시키는 처리과정으로 위도와 경도를 활용하여 지도상의 위치를 표현한다.

② 매핑(Mapping) : 좌표값을 가진 데이터를 다양한 방법으로 지도에 표시한다.

래스터 이미지는 작은 점을 무수히 여러 번 찍어 만들어낸 이미지를 말한다. 비트맵 이미지와 같은 의미이며, 디지털카메라로 촬영된 사진, 위성 사진 등이 해당한다.

1.5미만 1.5~1.8미만 1.8~2.1미만 2.1~2.5미만 2.5~3미만 3~5미만 5이상

▲ 2020년 국가별 출산율(국가통계포털)

2) 단계구분도(Choropleth Map)

여러 지역에 걸친 정량 정보를 나타낼 때, 데이터가 분포된 지역별로 색을 다르게 칠한 지도를 단계구분도라고 한다.

- 색으로 밀도를 표현할 때 가장 효과적이며, 보통 밀도가 높은 영역을 진하게 표현하고 밀도가 낮은 영역을 연하게 표현한다.

▲ 서울특별시 구별 인구밀도를 표현한 단계구분도

3) 카토그램(Cartogram)

데이터 값의 변화에 따라 지도의 면적을 인위적으로 왜곡(확대 또는 축소)하여 데이터 값에 대한 직관적인 이해가 가능하도록 한 다이어그램이다.

- 단계구분도가 지도상의 데이터 값을 정확하게 표현하는데 반해, 면적이 넓은 지역의 값이 전체를 지배하는 것처럼 보이는 시각적 왜곡이 발생할 수 있다.

비슷한 시각적 왜곡이 단계구분도에서도 발생할 수 있다. 예를 들어, 강릉시가 1단계, 강원도가 2단계라고 색이 칠해져 있을 때, 강원도의 지역이 넓기 때문에 전체가 2단계로 왜곡되어 보일 수 있다.

인구밀도가 높은 국가는 더 크게 표현하고, 밀도가 작은 국가는 상대적으로 작게 표현했다.

▲ 유럽국가의 인구밀도를 표현한 카토그램

1 단계구분도에서 면적이 넓은 지역의 값이 전체를 지배하는 현상을 막기 위해 지도의 면적을 인위적으로 확대 또는 축소한 도표는?

① 카토그램
② 히스토그램
③ 버블차트
④ 산점도

정답 ①

카토그램은 단계구분도에서 발생할 수 있는 시각적 왜곡 현상을 줄여준다.

2 A국가의 2020년도 범죄율을 지역별로 비교해서 보여주고자 할 때 적합한 시각화 도구는?

① 다차원척도법
② 단계구분도
③ 평행좌표계
④ 스타차트

정답 ②

단계구분도를 통해서 국가지도위에서 지역별 범죄율을 표시할 수 있다.
다차원척도법은 두 대상 간의 거리를 표현한 것이고, 평행좌표계나 스타차트는 대상의 여러 속성을 한눈에 보일 수 있도록 표현하는 시각화 도구이다.

3 다음 중 카토그램(Cartogram)에 대한 설명으로 가장 옳은 것은?

① 각 지역의 면적을 실제 지리적 면적에 따라 표현하는 지도이다.
② 각 지역의 면적을 특정 데이터 값에 비례하여 변형한 지도이다.
③ 데이터의 변화를 시간에 따라 시각적으로 표현한 그래프이다.
④ 지리적 경계를 사용하지 않고 데이터 포인트 간의 관계를 시각적으로 표현한 그래프이다.

정답 ②

카토그램은 데이터 값을 시각적으로 강조하기 위해 각 지역의 면적을 그 값에 비례하여 변형한 지도이다.

01 데이터 시각화에 대한 설명 중 가장 거리가 먼 것은?

① 데이터 시각화는 데이터의 특징을 직관적으로 제공한다.
② 탐색적 데이터 분석에서 주로 사용된다.
③ 데이터 사이의 연관관계는 표현하기 어렵다.
④ 수치정보뿐만 아니라 텍스트나 지형정보의 표현도 모두 포함하는 개념이다.

02 데이터 시각화 접근 방법 중 특정 주제의 지리적 분포와 패턴을 나타내는 방법은?

① 주제 지도학
② 통계적 그래픽
③ 인포그래픽
④ 스캐터플롯

03 다음의 개념이 설명하는 것은?

- 복잡한 수치나 글로 표현되어 있는 정보와 지식을 차트, 지도, 다이어그램 등을 활용하여 한눈에 파악할 수 있도록 표현
- 스토리를 통해 정보를 전달하려는 경향이 강함

① 인포그래픽
② 탐색적 데이터 분석
③ 시각적 속성
④ 데이터 추상화

04 다양한 통계적 방법이나 시각화 기법을 통해 자료에 대한 주요 특징을 이해를 하는 방법은?

① 의사결정트리
② 탐색적 데이터 분석(EDA)
③ 연관분석
④ 랜덤 포레스트

05 다음 산점도의 세로축은 인플레이션, 가로축은 실업률 %이다. 이 그림을 통해서 알 수 없는 것은?

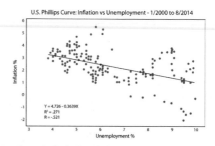

① 인플레이션과 실업률은 음의 상관관계가 있다.
② 대상 기간은 2000년 1월부터 2014년 8월까지다.
③ 시간에 따른 실업률 변화를 알 수 있다.
④ 대상 기간동안 발생한 실업률의 대략적인 범위를 알 수 있다.

06 다음과 같이 사물이나 시설에 대한 안내를 목적으로 단순한 그림을 사용하여 제작한 시각화 도구를 무엇이라고 하는가?

① 인포그래픽
② 픽토그램
③ 하이퍼볼릭 트리
④ 카토그램

07 다음 데이터 유형에 대한 설명 중 맞지 <u>않는</u> 것은?

① 범주형 데이터는 값의 범위가 있는 데이터 유형을 말하며, 값이 집합 형태로 표현된다.
② 숫자를 표현하는 수치형 데이터는 이산형과 연속형으로 구별할 수 있다.
③ 빅데이터 분석은 이산형 데이터를 대상으로 하기 때문에 연속형 데이터는 이산형 데이터로 변환해 주어야 한다.
④ 명목형 데이터에 순서를 매길 수 있을 때 순서형 데이터가 된다.

08 다음 중 그래프에서 표현되는 데이터 값의 범위는 무엇인가?

① 축　　　　　　② 범례
③ 스케일　　　　④ 스코프

09 차트에 표현되는 기호나 선 등이 어떤 의미인지 설명하기 위해 사용하는 것은 무엇인가?

① 제목　　　　　② 범례
③ 스케일　　　　④ 축

10 다음 중 연속형 데이터와 이산형 데이터에 모두 적용할 수 <u>없는</u> 데이터의 시각적 속성은 어느 것인가?

① 위치 속성
② 색 속성
③ 크기 속성
④ 형태 속성

11 다음의 특징을 갖는 시각화 방법은 무엇인가?

> • 일정 기간에 걸쳐 진행되는 변화를 표현하기에 적합
> • 특정 기업의 매출을 월별로 구분해서 표현

① 막대그래프
② 색누적막대그래프
③ 히스토그램
④ 파이차트

12 다음 누적 막대그래프에 대한 설명으로 가장 거리가 <u>먼</u> 것은?

① 값을 표현하는 하나의 막대에 2개 이상의 변수 값으로 구성된다.
② 시간의 변화에 따른 각각의 변수의 값의 변화를 파악할 수 있다.
③ 막대의 면적이 값을 표현하기 때문에, 굵은 막대를 사용하면 높이를 낮출 수 있다.
④ 막대를 구성하는 각각의 변수는 색이나 패턴 등으로 구별해서 표현한다.

13 다음 시각화 도구 중 지속적으로 변화하는 값을 표현하기 가장 적합한 것은?

① 산점도
② 파이차트
③ 히스토그램
④ 꺾은선 그래프

14 기업의 월별 매출을 보여주는 꺾은선 그래프이다. 다음 중 그래프를 통해서 알 수 <u>없는</u> 것은 무엇인가?

① 1월 매출보다 2월 매출이 증가하였다.
② 3월 매출은 3,000 이상이다.
③ 1월부터 6월까지 매출의 평균은 1,000 이상이다.
④ 3월 이후에는 매출이 일정 비율로 줄어들고 있다.

15 현재월과 전월의 이동평균값을 보여주는 추세선이 포함된 막대그래프에서 설명이 <u>틀린</u> 것은?

① 3월 매출보다 4월 매출이 감소하였다.
② 4월과 5월 매출액이 같을 경우 4월과 5월 사이의 추세선은 평행선이 된다.
③ 3월-4월 이동평균값보다 4월-5월 이동평균값이 더 낮다.
④ 막대보다 추세선이 위에 있는 경우 전월보다 매출이 감소되었음을 알 수 있다.

16 다음은 무엇을 설명하는 개념인가?

> • 막대그래프에서 데이터 값의 변화하는 경향성을 보여주는 직선 또는 곡선
> • 다양한 함수를 적용해서 구할 수 있다.

① 추세선 　　　② 이동선
③ 꺾은선 　　　④ 경향선

17 다음 데이터 시각화 도구 중 데이터 값의 분포를 표현하는 데 적합하지 <u>않은</u> 것은?

① 히스토그램
② 파이차트
③ 트리맵
④ 평행좌표계

18 다음 ( )안에 들어갈 말로 맞게 짝지어진 것은?

> ( )는 데이터 값의 다양한 산출 분포를 보여주는 목록이나 표이다. 주어진 자료를 몇 개의 ( )으로 나누고 데이터 값의 발생 건수를 요약해서 보여준다.

① 히스토그램 – 축
② 도수분포표 – 계급
③ 히스토그램 – 계급
④ 도수분포표 – 축

19 다음은 어떤 데이터 시각화 도구에 대한 설명인가?

> • 데이터의 출현 빈도를 오른쪽으로 누적하면서 표시
> • 마지막 막대는 전체 데이터의 총 수를 나타냄

① 누적막대그래프
② 누적히스토그램
③ 도수분포표
④ 계단그래프

20 다음 히스토그램에 대한 설명으로 맞지 <u>않는</u> 것은?

① x축은 기준이 되는 데이터 값의 범위를 표시한다.
② 각각의 막대가 동일한 색을 갖도록 설정해야 한다.
③ 41~50 사이에는 데이터가 100개 이상 존재한다.
④ 10 이하의 값을 갖는 데이터는 무시된다.

21 다음 원그래프에 대한 설명 중 맞는 것은?

① 시간에 따른 추세의 변화를 표현하는데 적합하다.
② 하나의 원을 구성하는 데이터들 사이의 크기를 직관적으로 비교할 수 있다.
③ 전체 원의 크기가 커지면 표현하는 데이터의 값도 커진다.
④ 막대그래프를 누적하여 도넛 모양으로 만든 형태이다.

22 다음 시각화도구에 대한 설명으로 틀린 것은?

① 원그래프는 데이터의 값을 비율로 환산하여 표현한다.
② 누적히스토그램이 오른쪽으로 치우쳐져 있는 경우 데이터는 값이 큰 구간에 몰려 있다.
③ 도넛차트는 조각의 길이로 데이터 값의 크기를 표현한다.
④ 중첩도넛차트는 스타차트로 변환이 가능하다.

23 다음 트리맵에 대한 설명으로 가장 거리가 <u>먼</u> 것은?

① 하나의 사각형 영역에 세부 사각형들의 크기로 데이터 분포를 시각화하여 표현한다.
② 계층형 구조를 가진 데이터를 표현하는 데 유용하다.
③ 사각형을 채우는 색의 밝기를 이용하여 데이터 값을 표현한다.
④ 시도별 인구 분포, 취업자 분포 등 분포 데이터를 표현하는데 유용하다.

24 다음 트리맵에 대한 설명으로 <u>잘못된</u> 것은?

▲ 시도별 인구 분포 트리맵

① 각 시도별 인구의 크기와 박스의 크기는 비례한다.
② 가장 크기가 큰 값을 가로 직사각형으로 우선 배치한다.
③ 전체 데이터에서 특정 영역의 값이 차지하는 비중을 직관적으로 보여준다.
④ 트리맵은 계층형 구조를 표현할 수 있다.

25 2개 이상의 변수사이의 관계를 표현하는데 적합하지 <u>않은</u> 시각화도구는?

① 산점도
② 버블차트
③ 히트맵
④ 히스토그램

26 다음 데이터 시각화 도구에 대한 설명으로 맞지 <u>않</u>는 것은?

① 누적영역차트는 값의 분포를 표현하는데 적합하지만 한 집단의 경향성을 알아보기는 어렵다.
② 막대그래프는 시간에 흐름에 따른 데이터의 변화를 보여주는데 적합하다.
③ 히스토그램은 일정한 간격으로 구분된 구간에 대해 데이터의 분포를 표현하는데 적합하다.
④ 산점도는 시간축(x)과 값축(y)으로 구성되며 연속형 데이터를 표현하는데 적합한다.

27 다음 중 산점도(스캐터플롯)에 대한 설명으로 거리가 <u>먼</u> 것은?

① 점들의 분포에 따라 집중도를 확인할 수 있다.
② 점의 크기, 형태, 색상 등을 다르게 할 수 있다.
③ 2차원으로 표현되기 때문에 2개 이상의 변수에 대한 비교는 어렵다.
④ 관계 추정을 위해 추세선을 추가할 수 있다.

28 다음 산점도(스캐터플롯)에 대한 설명으로 거리가 <u>먼</u> 것은? (가로 축은 기온, 세로 축은 습도를 나타냄)

① 기온과 습도를 여러 번 측정한 결과를 표현한다.
② 여러 장소에서 동시에 측정한 결과를 표현한다.
③ 기온이 높을수록 습도가 낮아짐을 알 수 있다.
④ 시간의 변화에 따른 습도의 변화를 표현하지는 못한다.

29 다음 산점도(스캐터플롯)에 대한 설명으로 거리가 <u>먼</u> 것은?

① 분출 대기시간이 클수록 분출 시간이 길어진다.
② 추세선은 분출시간과 분출대기시간 간에 양의 상관관계가 있음을 보여준다.
③ x축과 y축을 바꾸면 그래프가 음의 상관관계로 변경된다.
④ 분출시간과 분출대기시간 간에 특정 구간에서 집중도가 있음을 보여준다.

30 버블차트에 대한 설명으로 거리가 <u>먼</u> 것은?

① 가로축, 세로축, 버블의 크기 등 3개 변수 값을 하나의 그래프로 표현한다.
② 버블의 면적은 값의 크기에 비례한다.
③ 국가나 지역에 따른 값의 분포를 표현하는데 매우 유리한다.
④ 버블이 서로 겹치지 않도록 표현해야 한다.

31 히트맵에 대한 설명으로 거리가 <u>먼</u> 것은?

① 2차원 평면에서 2개 변수 사이의 관계를 온도(색)으로 표현한 그래프이다.
② 관계시각화나 비교시각화를 위한 도구로 사용된다.
③ 데이터 값의 크기를 색, 명도, 채도를 달리하는 방법으로 표현한다.
④ 주로 이산형 데이터의 관계 표현에 적합하며, 연속형 데이터 값의 변화를 표현하기는 어렵다.

32 체르노프 페이스에서 데이터 표현을 위해 사용되는 요소로 거리가 <u>먼</u> 것은 무엇인가?

① 얼굴형
② 눈동자 색
③ 코의 크기
④ 귀의 높이

33 다음 보기에서 설명하는 데이터 시각화 도구는 무엇인가?

> • 모든 변수를 비교해서 비슷한 대상을 그래프 상에서 가깝게 배치
> • 대상들 사이의 상대적 위치를 통해 유사성을 쉽게 파악할 수 있음

① 다차원척도법
② 산점도
③ 평행좌표계
④ 스타차트

34 다음 스타차트에 대한 설명으로 <u>틀린</u> 것은?

① 배정된 예산(Budget)과 실제 지출(Spending)을 항목별로 비교해서 보여준다.
② 예산과 지출의 차이가 없는 항목은 고객지원(Customer Support)이다.
③ 예산 표현하는 육각형의 내부 면적을 구하면 예산 총액을 알 수 있다.
④ Sales 부서의 예산 대비 지출은 증가하였다.

35 데이터 시각화 도구 중 공간시각화와 가장 거리가 <u>먼</u> 것은?

① 단계구분도
② 카토그램
③ 버블차트
④ 히스토그램

36 100명의 고객의 특성을 분석하여 서로 유사한 고객을 2차원 평면에 가까이 배치하여 보여주고자 한다. 이때 고객사이의 유사도를 가장 잘 보여줄 수 있는 것은?

① 다차원척도법
② 산점도
③ 버블차트
④ 평행좌표계

37 다차원척도법에 대한 설명으로 <u>틀린</u> 것은?

① 대상이 10개인 경우 50개의 거리 값이 존재한다.
② 대상들을 2차원 또는 3차원 평면상에 위치시킨다.
③ 대상들 사이의 집단화 경향을 파악할 수 있다.
④ 실제 측정거리 값이 없어도 대상들 간의 순서를 이용해서 위치를 표시할 수 있다.

38 시각화 도구와 방법이 <u>잘못</u> 연결된 것은?

① 비교시각화 – 히트맵
② 공간시각화 – 카토그램
③ 관계시각화 – 산점도
④ 시간시각화 – 파이차트

39 여러 지역에 걸친 정량정보를 표현할 때, 데이터가 분포된 지역별로 색을 다르게 칠한 지도를 무엇이라고 하는가?

① 단계구분도
② 카토그램
③ 히트맵
④ 파이차트

40 다음 데이터 시각화 방법에 대한 설명 중 맞지 않는 것은?

① 단계구분도는 면적이 넓은 지역의 값이 전체를 지배하는 것처럼 보이는 시각적 왜곡이 발생할 수 있다.
② 공간시각화는 실제 지도나 지도모양의 다이어그램을 배경으로 데이터의 위치를 시각화한다.
③ 스타차트가 하나의 대상에 대해 표현하는 반면에 평행좌표계는 여러 개의 대상을 한 번에 표현할 수 있다.
④ 히트맵은 여러 변수와 다수의 대상에 대해 하나의 표 형태로 표현할 수 있다.

41 다음 데이터 시각화 방법과 대표적 도구의 연결 중에서 가장 거리가 먼 것은 어느 것인가?

① 시간시각화 – 파이차트
② 분포시각화 – 누적연속그래프
③ 비교시각화 – 히트맵
④ 공간시각화 – 카토그램

42 데이터 시각화에 대한 다음 설명 중 가장 거리가 먼 것은 어느 것인가?

① 데이터 시각화는 분석된 결과를 해석하는 대표적인 방법이다.
② 데이터 값을 시각적 속성으로 변환하고 그래프로 표현한다.
③ 누적막대그래프는 연속형 데이터를 표현하는데 적합하다.
④ 데이터 시각화를 통해서 데이터의 이상치를 효율적으로 발견할 수 있다.

43 다음 그림은 제21대 총선에서 지역구별 선출된 정당 분포를 보여주는 카토그램이다. 다이어그램에 대한 설명으로 <u>틀린</u> 것은?

① 지도의 면적을 인위적으로 왜곡하여 직관적 이해를 돕는다.
② 단계구분도의 단점을 보완한 다이어그램이다.
③ 값이 없는 지역은 지도에서 표시되지 않을 수도 있다.
④ 득표율이 높은 지역의 크기가 더 크게 표현된다.

SECTION 02

01 ③	02 ①	03 ①	04 ②	05 ③
06 ②	07 ③	08 ③	09 ②	10 ④
11 ①	12 ③	13 ④	14 ④	15 ②
16 ①	17 ④	18 ②	19 ②	20 ②
21 ②	22 ②	23 ③	24 ②	25 ④
26 ④	27 ③	28 ②	29 ③	30 ④
31 ④	32 ②	33 ①	34 ③	35 ④
36 ①	37 ①	38 ④	39 ①	40 ③
41 ①	42 ③	43 ④		

01 ③

데이터 시각화는 그래픽적인 도구를 이용하여 데이터의 의미, 관계, 차이, 분포 등을 선명하게 표현한다.

02 ①

주제 지도학은 특정 주제의 지리적 분포와 패턴을 지도 형태로 표현하는 방법이다.

03 ①

인포그래픽은 복잡한 수치나 글로 표현되어 있는 정보와 지식을 차트, 지도, 픽토그램, 다이어그램, 일러스트레이션 등을 활용하여 한눈에 파악할 수 있도록 시각적으로 표현하는 것으로, 설득형 메시지를 전달하기 위해서 주로 사용되며, 정보를 빠르고 분명하게 표현하는 것에 중심을 둔다.
데이터 시각화가 전문 영역에서 활용되는 반면 인포그래픽은 일반인을 대상으로 특정 정보와 메시지를 전달하기에 적합하다.

04 ②

탐색적 데이터 분석은 주어진 자료에 대해서 통계나 시각화 도구 등 다양한 탐색기법을 이용해 자료에 대한 충분한 이해를 하는 방법이다.

05 ③

산점도는 두 변수 간의 관련성을 보여주는 것으로 시간에 따른 각 변수 값의 변화를 보여주지 못한다. 시간에 따른 실업률 변화를 보여주기 위해서는 가로축을 시간, 세로축을 실업률로 하는 막대그래프, 선그래프, 산점도 등을 사용해야 한다. x축의 가장 왼쪽 점이 실업률의 최소값, 가장 오른쪽 점이 실업률 최고값을 보여주고 이를 바탕으로 실업률의 대략적인 범위를 알 수 있다.

06 ②

픽토그램(Pictogram) : 그림을 뜻하는 picto와 전보를 뜻하는 텔레그램(telegram)의 합성어로 사물, 시설, 행위 등을 누가 보더라도 그 의미를 쉽게 알 수 있도록 만들어진 그림문자이다.

07 ③

이산형과 연속형은 수치형 데이터의 유형을 구분하는 것이며, 빅데이터 분석은 모든 데이터를 분석 대상으로 한다.

08 ③

스케일은 그래프에 표현되는 데이터 값의 범위를 말하며, 각각의 축에 일정한 간격을 가지고 표시된다.

09 ②

범례는 차트에 표현되고 있는 기호나 선 등이 어떤 의미인지 설명하는 역할을 한다.

10 ④

형태 속성은 삼각형, 원, 사각형 등 각각의 독립된 모양으로 데이터를 표현하는 것으로 연속형 데이터를 표현하기에 적합하지 않다.

11 ①

막대그래프는 시간축과 값축으로 구성되며, 일정 기간에 걸쳐 진행되는 값의 변화를 표현하기에 적합하다.

12 ③

막대그래프에서 굵기는 데이터 값과 상관이 없다.

13 ④

꺾은선 그래프는 시간에 따라 변화하는 데이터를 비교해서 표현하는데 적합한 시각화도구이다. 산점도는 두 변수간의 관계를 표현하기에 적합하고, 파이차트는 데이터의 각 값들이 차지하는 비율, 히스토그램은 구간별 데이터 분포를 표현하는데 적합하다.

14 ④

3월 이후부터 매출이 일정한 값만큼 줄어들고 있다.

15 ②

4월의 이동평균값은 3월과 4월 매출의 평균이고, 5월의 이동평균값은 4월과 5월 매출의 평균이기 때문에, 추세선이 평행선으로 나타나기 위해서는 3월, 4월, 5월의 매출이 동일해야 한다.

16 ①

추세선은 데이터 값의 즉각적인 변화보다는 변화하는 경향성을 보여주는 직선 또는 곡선을 말한다.

17 ④

평행좌표계는 스타차트처럼 하나 이상의 대상에 대한 특징을 보여주는 것으로 데이터 값을 분포를 표현하기에는 적합하지 않다.

18 ②

도수분포표는 주어진 자료의 범위를 몇 개의 구간(계급)으로 나누고 해당구간의 데이터 값의 빈도를 표시하는 표이다.

19 ②

누적히스토그램은 히스토그램의 각 구간의 값을 누적시켜서 표현한다. 따라서, 데이터의 출현 빈도를 오른쪽으로 누적하면서 표시하며 마지막 막대는 전체 데이터의 총 수를 나타낸다.

20 ②

히스토그램은 동일한 폭을 갖도록 하는 것이 중요하며, 색을 통일할 필요는 없다.

21 ②

원그래프(파이차트)는 구성하는 데이터들 사이의 비율로 원을 조각내어 표현하기 때문에 구성요소 사이의 직관적인 비교가 가능하다. 원의 크기와 데이터의 값은 무관하며, 막대그래프를 누적하여 도넛 모양으로 만든 형태는 도넛 차트이다.

22 ②

누적히스토그램은 데이터 값의 분포에 상관없이 항상 오른쪽으로 치우쳐있다. 중첩도넛차트는 2개 이상의 변수에 대해서 구성하는 값의 비율을 여러 개의 도넛을 겹친 형태로 표현한 것으로, 변수를 구성하는 값의 분류를 축으로 하는 스타차트로 변환할 수 있다.

23 ③

사각형의 크기를 이용해서 데이터 값을 표현한다.

> **오답 피하기**
> • 색의 밝기를 이용하는 것은 히트맵이다.

24 ②

트리맵은 사각형의 크기를 이용해서 데이터 값을 표현하며, 사각형의 모양과 색상은 값과 관련이 없다. 또한, 하나의 박스 내에 하위 분류를 적용해서 맵을 구성할 수 있기 때문에, 계층형/트리 구조를 표현하는 데 유용하다.

25 ④

관계 시각화는 데이터 사이의 관계를 시각적으로 표현한다. 데이터 집합에 존재하는 2개 이상의 변수 사이의 관계를 산점도, 버블차트, 히트맵 등의 그래프를 사용해서 표현한다. 히스토그램은 분포 시각화 도구이다.

26 ④

산점도는 두 변수의 값을 2차원 좌표계를 활용하여 점으로 표시한 것으로 이산적 분포를 보이는 점들의 집합이 모여서 두 변수 사이의 관계를 표현한다.

27 ③

산점도는 3차원으로 표현할 수도 있다.

28 ②

보기의 그래프는 장소에 대한 구별이 어려우며, 장소에 따라 점의 색이나 모양을 다르게 하면 여러 장소에서 측정한 결과값을 구별하여 표현할 수 있다.

29 ③

x축과 y축을 바꾸더라도 오른쪽 및 위쪽에 큰 값이 위치하기 때문에, 그래프가 보여주는 상관관계를 변하지 않는다.

30 ④

x, y 값이 유사하여 서로 근접하게 위치하는 경우 버블이 겹칠 수도 있다.

31 ④

히트맵은 관계시각화 및 비교시각화를 위한 도구이며, 이산형 데이터나 연속형 데이터 모두 표현이 가능하다.

32 ②

체르노프 페이스에서 눈은 높이와 너비를 사용한다.

33 ①

다차원 척도법은 모든 변수를 비교해서 비슷한 대상을 그래프 상에 가깝게 배치하는 방법으로 대상들 간의 거리 또는 유사성을 이용하여 원래의 차원(변수의 수)보다 낮은 차원의 공간상에 위치시킴으로써 대상 간의 유사성을 쉽게 파악할 수 있다.

34 ③

예산 총액은 6개 항목에 대응하는 예산 값을 모두 더한 것이다.

35 ④

버블차트는 관계시각화의 대표적인 도구이지만, 지도와 함께 사용될 때 공간시각화 도구로 사용될 수 있다. 히스토그램은 변수의 구간 폭에 대해서 데이터의 분포정도를 표현하는 도구로 분포시각화에 주로 사용된다.

36 ①

다차원 척도법은 객체간 근접성을 시각화하는 통계기법으로 모든 변수를 비교해서 비슷한 대상을 그래프 상에 가깝게 배치하는 방법이다.

37 ①

다차원척도법에서 대상이 n개인 경우 거리 값은 n(n-1)/2 개가 존재한다.
대상이 10개인 경우
10*9/2 = 45 즉, 45개가 존재한다.

38 ④

파이차트는 분포시각화를 위한 도구로 시간에 따른 데이터의 변화를 보여주지는 못한다.

39 ①

여러 지역에 걸친 정량 정보를 나타낼 때, 데이터가 분포된 지역별로 색을 다르게 칠한 지도를 단계구분도라고 한다.

40 ③

스타차트도 여러 개의 대상을 하나의 차트에 동시에 표현할 수 있다.

41 ①

시간시각화의 대표적인 도구는 막대그래프, 점/선그래프이며, 파이차트는 분포시각화의 대표적인 도구이다.

42 ③

누적막대그래프는 이산형(분절형) 데이터를 표현하는데 적합하다.

43 ④

지역의 크기는 투표권이 많은 지역을 크게 표현하고 있으며, 영역의 크기는 득표율과 상관이 없다.

03 분석결과 활용

출제빈도 상 중 **하**
반복학습 1 2 3

빈출 태그 분석 방법론 · 계획수립 · 적용 · 보고서 작성 · 모니터링 · 리모델링

01 분석모형 전개

1) 빅데이터 분석 방법론

빅데이터 분석을 위한 방법론은 데이터마이닝을 위한 방법론을 프로젝트 특성에 맞추어 적용한다. 대표적인 데이터마이닝 방법론으로는 CRISP–DM, SEMMA, KDD 등이 있으며, 한국데이터산업진흥원에서는 빅데이터 분석 프로젝트를 위한 참조모델을 제시하고 있어, 이 모델을 각 프로젝트의 상황에 맞추어 적용할 수 있다.

> 🅑 **기적의 TIP**
>
> 앞서 나왔던 내용들을 바탕으로 쉽게 이해하자.

- 빅데이터 분석 방법론 참조모델(데이터산업진흥원)은 데이터 분석 프로젝트를 위해 표준적으로 적용할 수 있는 프로세스를 5단계로 정리해서 보여준다.

① 분석기획(Planning) : 분석하려는 비즈니스를 이해하고 분석 목표와 범위를 설정하는 단계이다. 비즈니스 이해 및 범위 설정, 프로젝트 정의 및 계획 수립, 프로젝트 위험계획 수립 등의 작업을 수행한다.

> 🅑 **기적의 TIP**
>
> 빅데이터 분석 방법론 참조 모델과 CRISP–DM, KDD, SEMMA 분석방법론에 대한 자세한 내용은 PART 01 – CHAPTER 02 데이터 분석 계획 부분을 참고한다.

② 데이터 준비(Preparing) : 프로젝트에 필요한 데이터의 범위와 요건을 정의하고 기준에 맞도록 데이터를 수집, 가공, 준비한다. 필요데이터 정의, 데이터 스토어 설계, 데이터 수집 및 정합성 점검 등의 작업을 수행한다.

③ 데이터 분석(Analyzing) : 준비단계에서 확보된 데이터를 이용하여 다양한 분석 작업을 수행한다. 분석용 데이터 준비, 텍스트 분석, 탐색적 분석, 모델링, 모델 평가 및 검증, 모델적용 및 운영방안 수립 등의 작업을 수행한다.

④ 시스템 구현(Developing) : 개발된 분석 모델을 운영중인 시스템에 적용하거나 프로토타입을 구현할 필요성이 있는 경우 이 단계를 진행한다. 단순한 분석과제에서는 생략할 수 있다. 설계 및 구현, 시스템 테스트 및 운영 등의 작업을 수행한다.

⑤ 평가 및 전개(Deploying) : 모델의 성능을 유지하고 주기적으로 개선하는 노력을 하기 위해 모델발전계획을 수립하고 프로젝트의 성과를 정량적, 정성적으로 평가하고 최종 보고서를 작성한 후 프로젝트를 종료한다.

2) CRISP-DM

CRISP-DM(Cross Industry Standard Process for Data Mining) 방법론은 1996년 유럽연합의 ESPRIT 프로젝트에서 시작한 방법론으로 총 6단계로 구성되며, 빅데이터 프로젝트에서 보편적으로 쓰인다.

① 비즈니스 이해(Business Understanding) : 비즈니스 관점에서 프로젝트의 목적과 요구사항을 이해하기 위한 단계이다.

② 데이터 이해(Data Understanding) : 분석을 위한 데이터를 수집하고 분석 대상이 되는 데이터의 속성을 이해하고 인사이트를 발견하는 단계이다.

③ 데이터 준비(Data Preparation) : 수집된 데이터에서 분석기법에 적합한 데이터셋을 편성하는 단계이다.

④ 모델링(Modeling) : 분석을 위한 다양한 모델링 기법과 알고리즘을 선택하고 테스트를 통해 최적화해 나가는 단계이다.

⑤ 평가(Evaluation) : 모델링 단계에서 만들어진 분석모델이 프로젝트의 목적에 부합하는지를 평가하는 단계이다.

⑥ 전개(Deployment) : 완성된 모델을 실제 업무 현장에 적용하는 단계로 전개 계획 수립, 모니터링과 유지보수 계획 수립, 프로젝트 종료 관련 프로세스로 구성된다.

- SEMMA(Sampling Exploration Modification Modeling Assessment) 방법론은 SAS사의 주도로 통계적 분석에 중심을 두고 있는 방법론으로 샘플링(Sample), 탐색(Explore), 전처리(Modify), 모델링(Model), 평가(Assess)의 총 5단계로 구성된다.

- KDD(Knowledge Discovery in Database) 방법론은 1996년 Fayyard가 정리한 데이터마이닝 프로세스로, 주로 데이터베이스 중심 시스템을 대상으로 적용된다. 데이터 추출(Select), 전처리(Preprocessing), 변환(Transformation), 데이터마이닝(Data Mining), 해석/평가(Interpretation/Evaluation)의 5단계로 구성된다.

3) 전개(Deployment) 단계의 역할

모델의 전개는 개발된 모델을 적용하여 결과를 확인하고 계속적인 관리를 위한 방법을 제시하는 단계로 방법론에 따라 명확하게 포함되지 않는 경우도 있지만 빅데이터 분석 프로젝트가 성공적으로 완료되기 위해 꼭 필요한 프로세스이다.

- 개발된 모델의 성능은 실제 동작하는 운영 데이터의 특성과 품질에 따라 많은 영향을 받기 때문에 이를 주기적으로 모니터링하고 성능 개선을 위한 노력을 기울여야 한다.

모델의 전개 단계에서 주로 이루어지는 작업은 다음과 같다.

① **분석결과 활용 계획 수립** : 빅데이터 분석 결과를 어떻게 업무에 반영할 것인지에 대한 액션 플랜을 만들고 업무 성과를 지속적으로 모니터링 할 수 있는 방안을 수립한다.

② **분석결과 적용과 보고서 작성** : 분석 모델과 결과를 업무 현장에 적용하고 업무 데이터베이스 시스템 일부로 포함한다. 성과 측정 지표에 따라 분석 성과를 측정하고 개선 계획을 수립한다.

③ **분석모형 모니터링** : 빅데이터 분석이 끝나면 각 현업부서에서 분석 결과를 활용하게 되는데, 이때 이전에 수립한 활용방안이 계획대로 잘 수행되고 있는지 모니터링 한다.

④ **분석모형 리모델링** : 분석 모형이 변화된 업무와 데이터를 지속적으로 수용할 수 있도록 데이터 품질 검토, 알고리즘 개선, 매개변수 최적화 등 리모델링 과정을 진행한다.

개념 체크

1 빅데이터 분석 참조모델의 전개 단계에서 수행하는 활동으로 맞는 것은?

① 분석데이터 수집
② 분석모형 구축
③ 분석모형 리모델링
④ 분석데이터 탐색

정답 ③

잘 구축된 분석 모형이라도 시간이 지남에 따라 데이터가 변함으로써 성능이 떨어질 수 있으며, 분석 모형의 성능을 유지하기 위해서 데이터 품질 관리, 알고리즘 개선, 매개변수 최적화 등 주기적인 모니터링과 리모델링을 과정을 진행한다.

2 빅데이터 분석 방법론에서 완성된 분석 모델을 현장에 적용하는 단계로 분석 모형의 모니터링과 리모델링 과정이 수행되는 단계는?

① 데이터 분석기획 단계
② 데이터 준비 단계
③ 시스템 구현 단계
④ 평가 및 전개 단계

정답 ④

평가 및 전개 단계에서는 분석 모형의 생명주기를 설정하고 주기적인 평가를 실시하여 모형을 유지보수하거나 재구축을 위한 방안을 마련한다.

02 분석결과 활용 계획 수립

1) 분석결과 활용 계획 수립 개요

빅데이터 분석 결과를 어떻게 업무에 반영할 것인지에 대한 액션 플랜을 만들고 업무 성과를 지속적으로 모니터링 할 수 있는 방안을 수립한다.

- 활용 계획의 경우 분석 목표를 설정할 때 함께 고려되지만, 분석 모델과 결과가 어느정도 완성되면 구체화된 활용계획을 수립하고 적용한다.
- 빅데이터 분석 모델을 성공적으로 도입하더라도 지속적으로 모니터링하고 분석결과를 현업에서 적극적으로 활용해야 하며 계획대로 잘 수행되고 있는지 모니터링해야 한다.
- 빅데이터 관련 정보화 부서와 현업 부서 구성원의 빅데이터 분석 및 활용에 대한 이해를 제고하기 위해 내·외부 교육 훈련 방안을 수립한다.
- 분석모델을 기관 내외부에서 지속적으로 활용하고 발전시킬 수 있도록 기관간 데이터 연계, 데이터 통합, 분석 결과 활용 내용을 포함한 확산 계획도 고려하여 방안을 수립한다.

2) 분석결과 활용 시나리오 개발

빅데이터 분석 과제를 계획하는 단계에서 활용 방안을 미리 수립하게 되며, 전개 단계에서는 계획단계에서 수립된 활용 방안을 시나리오 수준까지 구체화한다.

- 과제 수행 후 분석 결과를 즉시 적용할 수 있는 단계 활용계획을 제시할 수 있어야 하며, 중장기 활용계획도 수립하고 상세화 해야한다.

▲ 빅데이터 결과 활용방안 예시

3) 업무 적용 및 효과 검증

빅데이터 분석 결과 활용 시 기대되는 성과를 조직 내에서 충분히 공유하여 빅데이터 활용에 대한 분위기를 조성한다.

- 실무자들에게 분석 결과에 대한 전반적인 내용을 이해시키고, 빅데이터 분석을 통해 도출된 결과물을 제시한다.
- 실무자는 실제 업무를 수행하는 과정에서 분석 결과를 업무에 활용한다.
- 조직의 빅데이터 활용 효과를 지속적으로 검증하기 위해 빅데이터 장·단기 활용 계획이 우선적으로 수립되어 있어야 하며, 활용효과 측정을 위한 성과지표도 마련되어 있어야 한다.
- 분석 결과가 조직의 성과 향상을 위해 활용되는지, 분석 결과 활용 전후로 업무가 개선되었는지 등 빅데이터 분석 효과성을 점검한다.

▲ 분석모델 장단기 활용계획의 예(출처: 공공 빅데이터 업무적용 가이드, 한국정보화진흥원)

> 데이터 기반 의사결정 문화를 바탕으로 명확한 목표와 전략, 지속적인 검증 및 개선 노력이 필요하다.

✔ 개념 체크

1 분석결과 활용 계획 수립 시 고려하지 않아도 되는 것은?

① 분석결과 활용 시 기대되는 성과를 조직 내에서 공유한다.
② 기관간 데이터 연계, 데이터 통합, 분석 결과 활용 내용을 포함한 확산 계획도 고려한다.
③ 현업 부서를 포함한 내외·부 교육방안을 수립한다.
④ 차기 분석 프로젝트 주제를 도출한다.

정답 ④

분석결과 활용계획은 해당 프로젝트의 성과를 극대화하는 방안에 집중한다.

2 빅데이터 분석 방법론의 전개단계 활동 중 분석결과 활용 시나리오를 구체화하는 과정은?

① 분석결과 활용 계획 수립   ② 분석결과 적용과 보고서 작성
③ 분석모형 모니터링   ④ 분석모형 리모델링

정답 ①

분석결과 활용 계획 수립 과정에서는 빅데이터 분석 결과를 어떻게 업무에 반영할 것인지에 대한 액션 플랜을 만들고 업무 성과를 지속적으로 모니터링 할 수 있는 방안을 수립한다. 또한, 빅데이터 분석 과제를 계획하는 단계에서 수립된 활용 방안을 시나리오 수준까지 구체화한다.

03 분석결과 적용과 보고서 작성

1) 분석결과 적용과 성과평가

- 빅데이터 분석 결과 활용 시 기대되는 성과를 조직 내에서 충분히 공유하고 실무자들에게 분석 결과에 대한 전반적인 내용을 이해시키고 실제 업무에 적용하는 방법 및 활용 방안을 모색한다.
- 실무자가 분석 결과를 업무에 어떻게 적용하였는지 확인하고 개선해야할 사항이 있으면 분석모델 리모델링에 반영할 수 있도록 한다.
- 분석기획단계에서 설정된 기준에 따라 프로젝트의 성과를 정량적, 정성적으로 평가하고 프로젝트 성과 평가서를 작성한다.

① 성과를 측정할 항목을 정하고, 항목에 따라 측정식, 측정주체, 기간, 주기를 결정한다.

② 계획된 성과 측정 방법에 따라 성과를 측정하고 예상 성과지표와 비교한다.

③ 실제 성과가 목표치보다 부족하면 먼저 목표치 설정에 문제가 없는지 파악하고, 문제가 없다면 분석과제의 개선사항을 검토한다.

④ 성과 평가를 문서화하고 관련 부서 및 조직과 공유한다.

2) 최종보고서 작성

프로젝트 진행과정의 모든 산출물 및 프로세스를 정리하여 자산화하고 최종보고서를 작성하여 의사소통 절차에 따라 보고하고 프로젝트를 종료한다.

프로젝트 최종보고서에 포함되는 내용은 다음과 같다.

① 프로젝트 개요 : 목표, 범위, 일정, 비용

② 프로젝트 수행 조직

③ 프로젝트 단계별 산출물 요약

④ 성과평가 결과

⑤ 모니터링 및 개선 계획

✔ 개념 체크

1 분석 프로젝트 최종보고서에 포함되는 내용으로 적절하지 않은 것은?

    ① 프로젝트 단계별 산출물 요약

    ② 분석 모델 성능평가 결과

    ③ 모니터링 및 개선 계획

    ④ 프로젝트 참여인원의 인사평가 결과

정답 ④

최종보고서에는 프로젝트와 직접 관련된 사항만 포함하도록 한다.

2 프로젝트 성과 평가를 위해 고려해야 하는 사항과 거리가 먼 것은?

① 성과 홍보 방안
② 성과 측정 주체
③ 성과 측정 기간
④ 성과 측정 항목

정답 ①

성과를 측정할 항목을 정하고, 항목에 따라 측정식, 측정주체, 기간, 주기를 결정한다.

04 분석모형 모니터링

1) 분석 모니터링 필요성

주변 환경과 데이터의 변화를 빅데이터 분석 모델에 지속적으로 반영하기 위해 분석 모형을 지속적으로 모니터링하고 리모델링 해야 한다.

- 빅데이터 분석이 끝나면 각 현업부서에서 분석 결과를 활용하게 되는데, 이때 이전에 수립한 활용방안이 계획대로 잘 수행되고 있는지 모니터링 한다.
- 분석 서비스의 안정적인 운영과 현행화된 데이터의 수집, 저장, 관리, 분석 결과의 활용 및 성과 공유 등을 위해 유지관리가 필요하다.
- 조직의 담당자는 과제 종료 이후 제공되는 서비스 내용을 기반으로 유지관리 체크리스트를 활용하여 세부 유지관리 사항을 구체화하여 점검한다.

2) 분석 모니터링 대상

- 빅데이터 분석은 한 번에 끝나는 프로젝트가 아니라 지속적인 모니터링과 유지관리가 매우 중요하다.
- 조직은 모니터링 및 유지관리를 위한 목표를 수립하고 필요한 활동을 도출한 후 각 활동별 투입공수를 산정하여 유지관리 예산을 수립/집행한다.

① 분석 모니터링의 주요 대상

- **서비스** : 분석과제 발굴, 활용방안 마련, 성과관리 등
- **분석모델** : 분석 알고리즘 주기, 변수, 소스(데이터 원천) 등
- **데이터** : 현 시점의 현행화 데이터 확인

② 분석 서비스 유지관리의 주요 대상

- **정책/제도** : 조직의 정책/제도 개발 및 적용
- **업무** : 신규 업무 반영, 기존 업무 업그레이드
- **관련 시스템** : 관련 시스템 변경 사항 반영
- **인력** : 업무역량, 책임과 역할, 교육훈련 등

1 분석 서비스의 안정적인 운영과 현행화된 데이터의 수집, 저장, 관리, 분석 결과의 활용 및 성과 공유 등을 위해 유지관리 하는 활동은?

① 데이터 분석기획 ② 빅데이터 모델링

③ 모니터링 및 개선 계획 수립 ④ 분석 결과 해석

정답 ③

주변 환경과 데이터의 변화를 빅데이터 분석 모델에 지속적으로 반영하기 위해 분석 모형을 지속적으로 모니터링하고 리모델링 해야 한다.

2 분석 모니터링의 주요 대상으로 적절하지 않은 것은?

① 분석 과제 발굴 ② 분석알고리즘 성능

③ 현 시점의 현행화 데이터 ④ 분석 참여 인력

정답 ④

분석 모니터링은 분석 목표, 과제, 성능, 데이터 등을 집중해서 관찰하며, 정책 및 제도, 인력의 변화 등은 서비스 유지보수 활동 포함된다.

05 분석모형 리모델링

1) 분석모형 리모델링 과정

- 분석 서비스 운영과정에서 지속적으로 새로운 데이터가 들어오고 정책이나 환경이 변화함으로써 분석 모델의 성능이 떨어질 수 있으며, 최악의 경우 전혀 다른 결과를 생성하기도 한다.

- 분석 모형 리모델링을 위해서 데이터의 수집, 전처리, 분석 방법론, 분석 결과까지 과제 전반에 대하여 보완하거나 새롭게 추가할 사항을 정리하여 개선방안을 도출한다.

- 도출된 개선 방안을 기반으로 리모델링을 위한 계획을 수립하고 수립된 계획에 따라 분석모델 리모델링을 수행한다.

2) 분석모형 리모델링 방법

- 분석 모형이 변화된 업무와 데이터를 지속적으로 수용할 수 있도록 다음과 같은 리모델링 과정을 진행한다.

① 분석 목적에 기반한 가설 및 추정방법에 대한 재검토

② 분석용 데이터의 범위 및 품질 검토

③ 과대적합과 과소적합 방지를 위한 알고리즘 개선

④ 분석알고리즘과 매개 변수 최적화

⑤ 분석 모형 융합과 재결합

1 분석 서비스 운영과정에서 지속적으로 새로운 데이터가 들어오고 정책이나 환경이 변화함으로써 분석 모델의 성능이 떨어지는 경우 수행하는 작업은?

① 신규분석과제 발굴
② 분석모형 리모델링
③ 분석 프로젝트 폐기
④ 분석 인력의 교체

정답 ②

주변 환경과 데이터의 변화를 빅데이터 분석 모델에 지속적으로 반영하기 위해 분석 모형을 지속적으로 모니터링하고 리모델링 해야 한다. 분석 모형 리모델링을 위해서 데이터의 수집, 전처리, 분석 방법론, 분석 결과까지 과제 전반에 대하여 보완하거나 새롭게 추가할 사항을 정리하여 개선방안을 도출한다.

2 분석 리모델링 과정에 해당하지 않는 것은?

① 분석 데이터 품질 검토
② 분석알고리즘 매개변수 최적화
③ 분석 모형 융합과 재결합
④ 분석 데이터 교체

정답 ④

분석 데이터의 교체는 분석 프로젝트 전반에 영향을 주기 때문에, 분석 대상 데이터의 교체가 이루어지는 경우 분석 프로젝트의 기획부터 다시 시작해야 한다.

01 다음 중 분석모형 전개 단계에서 이루어지는 활동으로 거리가 먼 것은?

① 완성된 모델을 실제 업무 현장에 적용한다.
② 개발된 분석 모델을 실제 운영데이터에서 동작시키고 성능을 평가한다.
③ 업무 적용 결과에 따라 분석 모델을 수정한다.
④ 분석 모델 개발을 위한 데이터를 준비한다.

02 다음 중 분석모형 리모델링에서 수행하는 활동으로 적합하지 않은 것은?

① 데이터 품질 검토
② 분석 알고리즘 개선
③ 매개변수 최적화
④ 분석 알고리즘 적합도 검정

03 분석결과 활용 계획 수립 시 고려할 사항으로 가장 거리가 먼 것은?

① 분석업무의 성과목표를 수립하고 측정할 수 있는 성과지표를 설정한다.
② 분석결과 활용을 위한 내·외부 교육 훈련 방안을 수립한다.
③ 분석결과 활용을 위한 임시조직(TFT)을 신설한다.
④ 결과활용을 위한 시나리오를 개발한다.

04 대중교통 사각지대를 분석하는 과제에서 분석결과 활용 방안으로 적절하지 않은 것은?

① 신규노선 계획을 수립한다.
② 기존 노선의 정류장을 확충한다.
③ 버스 배차 간격을 조정한다.
④ 버스 요금을 인상한다.

05 다음 중 분석 프로젝트 최종보고서에 포함될 내용으로 가장 거리가 먼 것은?

① 프로젝트 개요
② 프로젝트 수행 조직
③ 프로젝트 단계별 산출물 요약
④ 분석 모니터링 보고서

06 분석 서비스의 안정적인 운영과 현행화된 데이터의 수집, 저장, 관리, 분석 결과 활용 등을 위한 지속적인 활동을 무엇이라고 하는가?

① 분석 모니터링
② 분석 데이터 처리
③ 분석 모형 리모델링
④ 분석 프로젝트 관리

07 데이터 분석 서비스의 유지관리에 대한 다음 설명 중 가장 거리가 먼 것은?

① 데이터 분석의 결과를 조직의 정책과 제도 개발에 활용한다.
② 데이터 분석 관련 인력의 업무역량을 교육 훈련 등을 통해 키운다.
③ 데이터 분석 서비스의 요구사항을 파악한다.
④ 분석 서비스 관련 시스템의 변경 사항을 반영한다.

08 분석 모니터링의 대상으로 가장 거리가 <u>먼</u> 것은?

① 분석 서비스
② 분석 알고리즘 실행 주기
③ 분석 데이터
④ 분석 방법론

09 다음 중 분석모형 리모델링 과정에 해당하지 <u>않</u>는 것은?

① 가설 및 추정방법에 대한 재검토
② 분석 데이터의 범위 및 품질 검토
③ 과대적합 방지를 위한 알고리즘 개선
④ 분석 목적의 재검토

10 CRISP-DM 방법론의 전개단계를 구성하는 프로세스가 <u>아닌</u> 것은?

① 전개계획 수립
② 모니터링계획 수립
③ 프로젝트 종료보고서 작성
④ 분석 모델 평가

11 CRISP-DM 방법론의 6단계가 맞게 나열된 것은?

① Business Understanding – Planning – Preparation – Analyzing – Development – Deployment
② Data Understanding – Data Preparation – Modeling – Evaluation – Developing – Deployment
③ Business Understanding – Data Understanding – Data Preparation – Modeling – Evaluation – Deployment
④ Data Understanding – Data Preparation – Modeling – Evaluation – Deployment – Monitoring

12 빅데이터 분석 방법론의 전개단계 활동 중 분석모형이 변화된 업무와 데이터를 지속적으로 수용할 수 있도록 알고리즘을 개선하는 과정은?

① 분석결과 활용 계획 수립
② 분석결과 적용과 보고서 작성
③ 분석모형 리모델링
④ 분석모형 모니터링

13 분석결과 활용 계획 수립 시 고려해야 할 사항과 거리가 먼 것은?

① 성과목표   ② 성과지표
③ 활용대상   ④ 데이터품질

14 빅데이터 분석 참조모델의 전개 단계에서 수행하는 활동으로 <u>틀린</u> 것은?

① 분석모형 구축
② 분석모형 리모델링
③ 분석결과 적용
④ 분석모형 모니터링

15 분석 모니터링의 주요 대상이 <u>아닌</u> 것은?

① 분석 서비스   ② 분석 모델
③ 분석 데이터   ④ 분석 예산

SECTION 03

01 ④	02 ④	03 ③	04 ④	05 ④
06 ①	07 ③	08 ④	09 ④	10 ④
11 ③	12 ③	13 ④	14 ①	15 ④

01 ④

데이터의 준비는 분석 모델을 개발하기 전에 이루어지며, 필요한 데이터의 범위를 설정하고 가공한다.

02 ④

분석 알고리즘 적합도 검정은 분석 모형 평가 과정에서 이루어지며, 검정 결과에 따라 리모델링 단계에서는 데이터 품질 검토, 분석 알고리즘 개선, 매개변수 최적화 등의 작업이 이루어진다.

03 ③

분석결과 활용은 장기적 관점에서 진행해야 하며, 임시조직에서 담당하는 것보다는 업무부서를 확대하거나 장기적으로 전담하는 조직을 갖추는 것이 효율적이다.

04 ④

버스 요금 인상은 분석범위에 해당하지 않는다.

05 ④

분석 모니터링은 분석 프로젝트가 종료된 후 운영단계의 활동이다.

06 ①

주변 환경과 데이터의 변화를 빅데이터 분석 모델에 지속적으로 반영하기 위해 분석 모형을 지속적으로 모니터링하고 리모델링 해야한다.

07 ③

서비스 요구사항은 신규 프로젝트 계획에서 검토하는 것이 적합하다.

08 ④

분석 모니터링은 분석 방법론의 일부 과정이다.

09 ④

분석 목적은 변하지 않으며, 목적을 달성하기 위한 분석 모델과 데이터, 알고리즘을 검토하고 개선한다.

10 ④

CRISP-DM 방법론에서 분석 모델 평가는 평가단계의 프로세스이다.

11 ③

CRISP-DM 방법론은 Business Understanding – Data Understanding– Data Preparation – Modeling – Evaluation – Deployment의 6단계로 구성된다.

12 ③

분석모형 리모델링 과정은 분석 모형이 변하되 업무와 데이터를 지속적으로 수용할 수 있도록 데이터 품질 검토, 알고리즘 개선, 매개변수 최적화 등 리모델링 과정을 진행한다.

13 ④

조직의 빅데이터 활용 효과를 지속적으로 검증하기 위해 빅데이터 분석 결과의 장·단기 활용 계획이 우선적으로 수립되어 있어야 하며, 활용효과 측정을 위한 성과목표와 성과지표도 마련되어 있어야 한다. 데이터 품질 검토는 분석 모형 리모델링 과정에서 주로 이루어진다.

14 ①

빅데이터 분석 참조모델의 전개단계에서는 분석결과 활용 계획 수립, 분석 결과 적용과 보고서 작성, 분석모형 모니터링, 분석모형 리모델링 작업이 진행된다.

15 ④

분석 모니터링의 주요 대상은 분석 서비스, 분석 모델, 분석 데이터, 분석 조직, 정책, 인력, 관련시스템 등이 있으며, 모니터링을 위한 예산은 사전에 수립되어 있어야 한다.

〈부표 1〉 정규분포표 (1)

표준화 정규분포표의 확률변수 U가 $u_{1-\alpha}$값 이상이 될 상측 한쪽확률 α를 구하는 표

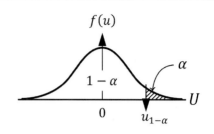

u	*=0	*=1	*=2	*=3	*=4	*=5	*=6	*=7	*=8	*=9
0.0*	0.5000	0.4960	0.4920	0.4880	0.4840	0.4801	0.4761	0.4721	0.4681	0.4641
0.1*	0.4602	0.4562	0.4522	0.4483	0.4443	0.4404	0.4364	0.4325	0.4286	0.4247
0.2*	0.4207	0.4168	0.4129	0.4090	0.4052	0.4013	0.3974	0.3936	0.3897	0.3859
0.3*	0.3821	0.3783	0.3745	0.3707	0.3669	0.3632	0.3594	0.3557	0.3520	0.3483
0.4*	0.3446	0.3409	0.3372	0.3336	0.3300	0.3264	0.3228	0.3192	0.3156	0.3121
0.5*	0.3085	0.3050	0.3015	0.2981	0.2946	0.2912	0.2877	0.2843	0.2810	0.2776
0.6*	0.2743	0.2709	0.2676	0.2643	0.2611	0.2578	0.2546	0.2514	0.2483	0.2451
0.7*	0.2420	0.2389	0.2358	0.2327	0.2296	0.2266	0.2236	0.2206	0.2177	0.2148
0.8*	0.2119	0.2090	0.2061	0.2033	0.2005	0.1977	0.1949	0.1922	0.1894	0.1867
0.9*	0.1841	0.1814	0.1788	0.1762	0.1736	0.1711	0.1685	0.1660	0.1635	0.1611
1.0*	0.1587	0.1562	0.1539	0.1515	0.1492	0.1469	0.1446	0.1423	0.1401	0.1379
1.1*	0.1357	0.1335	0.1314	0.1292	0.1271	0.1251	0.1230	0.1210	0.1190	0.1170
1.2*	0.1151	0.1131	0.1112	0.1093	0.1075	0.1056	0.1038	0.1020	0.1003	0.0985
1.3*	0.0968	0.0951	0.0934	0.0918	0.0901	0.0885	0.0869	0.0853	0.0838	0.0823
1.4*	0.0808	0.0793	0.0778	0.0764	0.0749	0.0735	0.0721	0.0708	0.0694	0.0681
1.5*	0.0668	0.0655	0.0643	0.0630	0.0618	0.0606	0.0594	0.0582	0.0571	0.0559
1.6*	0.0548	0.0537	0.0526	0.0516	**0.0505**	**0.0495**	0.0485	0.0475	0.0465	0.0455
1.7*	0.0446	0.0436	0.0427	0.0418	0.0409	0.0401	0.0392	0.0384	0.0375	0.0367
1.8*	0.0359	0.0351	0.0344	0.0336	0.0329	0.0322	0.0314	0.0307	0.0301	0.0294
1.9*	0.0287	0.0281	0.0274	0.0268	0.0262	0.0256	**0.0250**	0.0244	0.0239	0.0233
2.0*	0.0228	0.0222	0.0217	0.0212	0.0207	0.0202	0.0197	0.0192	0.0188	0.0183
2.1*	0.0179	0.0174	0.0170	0.0166	0.0162	0.0158	0.0154	0.0150	0.0146	0.0143
2.2*	0.0139	0.0136	0.0132	0.0129	0.0125	0.0122	0.0119	0.0116	0.0113	0.0110
2.3*	0.0107	0.0104	0.0102	0.0099	0.0096	0.0094	0.0091	0.0089	0.0087	0.0084
2.4*	0.0082	0.0080	0.0078	0.0075	0.0073	0.0071	0.0069	0.0068	0.0066	0.0064
2.5*	0.0062	0.0060	0.0059	0.0057	0.0055	0.0054	0.0052	**0.0051**	**0.0049**	0.0048
2.6*	0.0047	0.0045	0.0044	0.0043	0.0041	0.0040	0.0039	0.0038	0.0037	0.0036
2.7*	0.0035	0.0034	0.0033	0.0032	0.0031	0.0030	0.0029	0.0028	0.0027	0.0026
2.8*	0.0026	0.0025	0.0024	0.0023	0.0023	0.0022	0.0021	0.0021	0.0020	0.0019
2.9*	0.0019	0.0018	0.0018	0.0017	0.0016	0.0016	0.0015	0.0015	0.0014	0.0014
3.0*	0.0013	0.0013	0.0013	0.0012	0.0012	0.0011	0.0011	0.0011	0.0010	0.0010

예: u = 1.96에 대한 α는 좌측의 수 1.9에서 우측으로 가서 위의 숫자 6에서 밑으로 내려온 곳에 있는 수를 읽어 α = 0.0250을 얻을 수 있다.

〈부표 2〉 정규분포표 (2)

<table>
<tr>
<td>표준화 정규분포표의 확률변수 U가 u_α값 이하가 될 확률 α를 구하는 표</td>
<td>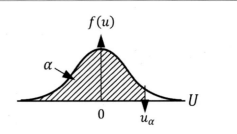</td>
</tr>
</table>

u	*=0	*=1	*=2	*=3	*=4	*=5	*=6	*=7	*=8	*=9
0.0*	0.5000	0.5040	0.5080	0.5120	0.5160	0.5199	0.5239	0.5279	0.5319	0.5359
0.1*	0.5398	0.5438	0.5478	0.5517	0.5557	0.5596	0.5636	0.5675	0.5714	0.5753
0.2*	0.5793	0.5832	0.5871	0.5910	0.5948	0.5987	0.6026	0.6064	0.6103	0.6141
0.3*	0.6179	0.6217	0.6255	0.6293	0.6331	0.6368	0.6406	0.6443	0.6480	0.6517
0.4*	0.6554	0.6591	0.6628	0.6664	0.6700	0.6736	0.6772	0.6808	0.6844	0.6879
0.5*	0.6915	0.6950	0.6985	0.7019	0.7054	0.7088	0.7123	0.7157	0.7190	0.7224
0.6*	0.7257	0.7291	0.7324	0.7357	0.7389	0.7422	0.7454	0.7486	0.7517	0.7549
0.7*	0.7580	0.7611	0.7642	0.7673	0.7704	0.7734	0.7764	0.7794	0.7823	0.7852
0.8*	0.7881	0.7910	0.7939	0.7967	0.7995	0.8023	0.8051	0.8078	0.8106	0.8133
0.9*	0.8159	0.8186	0.8212	0.8238	0.8264	0.8289	0.8315	0.8340	0.8365	0.8389
1.0*	0.8413	0.8438	0.8461	0.8485	0.8508	0.8531	0.8554	0.8577	0.8599	0.8621
1.1*	0.8643	0.8665	0.8686	0.8708	0.8729	0.8749	0.8770	0.8790	0.8810	0.8830
1.2*	0.8849	0.8869	0.8888	0.8907	0.8925	0.8944	0.8962	0.8980	0.8997	0.9015
1.3*	0.9032	0.9049	0.9066	0.9082	0.9099	0.9115	0.9131	0.9147	0.9162	0.9177
1.4*	0.9192	0.9207	0.9222	0.9236	0.9251	0.9265	0.9279	0.9292	0.9306	0.9319
1.5*	0.9332	0.9345	0.9357	0.9370	0.9382	0.9394	0.9406	0.9418	0.9429	0.9441
1.6*	0.9452	0.9463	0.9474	0.9484	**0.9495**	**0.9505**	0.9515	0.9525	0.9535	0.9545
1.7*	0.9554	0.9564	0.9573	0.9582	0.9591	0.9599	0.9608	0.9616	0.9625	0.9633
1.8*	0.9641	0.9649	0.9656	0.9664	0.9671	0.9678	0.9686	0.9693	0.9699	0.9706
1.9*	0.9713	0.9719	0.9726	0.9732	0.9738	0.9744	**0.9750**	0.9756	0.9761	0.9767
2.0*	0.9772	0.9778	0.9783	0.9788	0.9793	0.9798	0.9803	0.9808	0.9812	0.9817
2.1*	0.9821	0.9826	0.9830	0.9834	0.9838	0.9842	0.9846	0.9850	0.9854	0.9857
2.2*	0.9861	0.9864	0.9868	0.9871	0.9875	0.9878	0.9881	0.9884	0.9887	0.9890
2.3*	0.9893	0.9896	0.9898	0.9901	0.9904	0.9906	0.9909	0.9911	0.9913	0.9916
2.4*	0.9918	0.9920	0.9922	0.9925	0.9927	0.9929	0.9931	0.9932	0.9934	0.9936
2.5*	0.9938	0.9940	0.9941	0.9943	0.9945	0.9946	0.9948	**0.9949**	**0.9951**	0.9952
2.6*	0.9953	0.9955	0.9956	0.9957	0.9959	0.9960	0.9961	0.9962	0.9963	0.9964
2.7*	0.9965	0.9966	0.9967	0.9968	0.9969	0.9970	0.9971	0.9972	0.9973	0.9974
2.8*	0.9974	0.9975	0.9976	0.9977	0.9977	0.9978	0.9979	0.9979	0.9980	0.9981
2.9*	0.9981	0.9982	0.9982	0.9983	0.9984	0.9984	0.9985	0.9985	0.9986	0.9986
3.0*	0.9987	0.9987	0.9987	0.9988	0.9988	0.9989	0.9989	0.9989	0.9990	0.9990
3.1*	0.9990	0.9991	0.9991	0.9991	0.9992	0.9992	0.9992	0.9992	0.9993	0.9993
3.2*	0.9993	0.9993	0.9994	0.9994	0.9994	0.9994	0.9994	0.9995	0.9995	0.9995
3.3*	0.9995	0.9995	0.9995	0.9996	0.9996	0.9996	0.9996	0.9996	0.9996	0.9997
3.4*	0.9997	0.9997	0.9997	0.9997	0.9997	0.9997	0.9997	0.9997	0.9997	0.9998

예:	u = 1.96에 대한 α는 좌측의 수 1.9에서 우측으로 가서 위의 숫자 6에서 밑으로 내려온 곳에 있는 수를 읽어 빗금면적의 확률 α = 0.9750을 얻을 수 있다.

〈부표 3〉 정규분포표 (3)

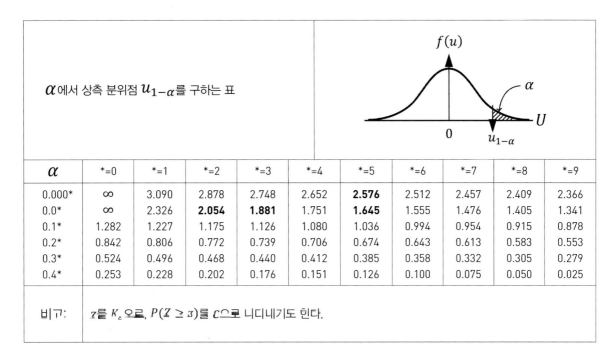

α	*=0	*=1	*=2	*=3	*=4	*=5	*=6	*=7	*=8	*=9
0.000*	∞	3.090	2.878	2.748	2.652	**2.576**	2.512	2.457	2.409	2.366
0.0*	∞	2.326	**2.054**	**1.881**	1.751	**1.645**	1.555	1.476	1.405	1.341
0.1*	1.282	1.227	1.175	1.126	1.080	1.036	0.994	0.954	0.915	0.878
0.2*	0.842	0.806	0.772	0.739	0.706	0.674	0.643	0.613	0.583	0.553
0.3*	0.524	0.496	0.468	0.440	0.412	0.385	0.358	0.332	0.305	0.279
0.4*	0.253	0.228	0.202	0.176	0.151	0.126	0.100	0.075	0.050	0.025

비고: Z를 K_α으로, $P(Z \geq z)$를 c으로 니디네기도 힌다.

〈부표 4〉 정규분포표 (4)

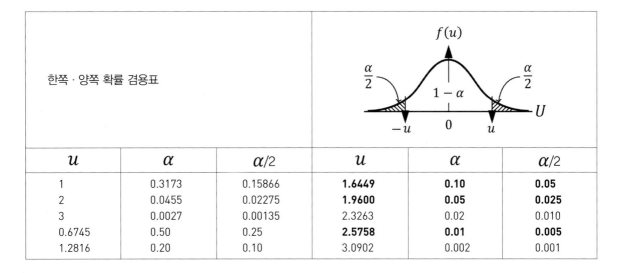

u	α	$\alpha/2$	u	α	$\alpha/2$
1	0.3173	0.15866	**1.6449**	**0.10**	**0.05**
2	0.0455	0.02275	**1.9600**	**0.05**	**0.025**
3	0.0027	0.00135	2.3263	0.02	0.010
0.6745	0.50	0.25	**2.5758**	**0.01**	**0.005**
1.2816	0.20	0.10	3.0902	0.002	0.001

〈부표 5〉 *t*-분포표 (1)

자유도 V와 양쪽확률 α에서
$t_{\frac{\alpha}{2}}(v)$와 $t_{1-\frac{\alpha}{2}}(v)$를 구하는 표

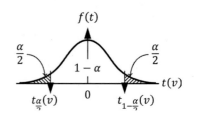

α / v	0.50	0.40	0.30	0.20	0.10	0.05	0.02	0.01	0.001	α / v
1	1.000	1.376	1.963	3.078	6.314	12.706	31.821	63.657	636.619	1
2	0.816	1.061	1.386	1.886	2.920	4.303	6.965	9.925	31.599	2
3	0.765	0.978	1.250	1.638	2.353	3.182	4.541	5.841	12.924	3
4	0.741	0.941	1.190	1.533	2.132	2.776	3.747	4.604	8.610	4
5	0.727	0.920	1.156	1.476	2.015	2.571	3.365	4.032	6.869	5
6	0.718	0.906	1.134	1.440	1.943	2.447	3.143	3.707	5.959	6
7	0.711	0.896	1.119	1.415	1.895	2.365	2.998	3.499	5.408	7
8	0.706	0.889	1.108	1.397	1.860	2.306	2.896	3.355	5.041	8
9	0.703	0.883	1.100	1.383	1.833	2.262	2.821	3.250	4.781	9
10	0.700	0.879	1.093	1.372	1.812	2.228	2.764	3.169	4.587	10
11	0.697	0.876	1.088	1.363	1.796	2.201	2.718	3.106	4.437	11
12	0.695	0.873	1.083	1.356	1.782	2.179	2.681	3.055	4.318	12
13	0.694	0.870	1.079	1.350	1.771	2.160	2.650	3.012	4.221	13
14	0.692	0.868	1.076	1.345	1.761	2.145	2.624	2.977	4.140	14
15	0.691	0.866	1.074	1.341	1.753	2.131	2.602	2.947	4.073	15
16	0.690	0.865	1.071	1.337	1.746	2.120	2.583	2.921	4.015	16
17	0.689	0.863	1.069	1.333	1.740	2.110	2.567	2.898	3.965	17
18	0.688	0.862	1.067	1.330	1.734	2.101	2.552	2.878	3.922	18
19	0.688	0.861	1.066	1.328	1.729	2.093	2.539	2.861	3.883	19
20	0.687	0.860	1.064	1.325	1.725	2.086	2.528	2.845	3.850	20
21	0.686	0.859	1.063	1.323	1.721	2.080	2.518	2.831	3.819	21
22	0.686	0.858	1.061	1.321	1.717	2.074	2.508	2.819	3.792	22
23	0.685	0.858	1.060	1.319	1.714	2.069	2.500	2.807	3.768	23
24	0.685	0.857	1.059	1.318	1.711	2.064	2.492	2.797	3.745	24
25	0.684	0.856	1.058	1.316	1.708	2.060	2.485	2.787	3.725	25
26	0.684	0.856	1.058	1.315	1.706	2.056	2.479	2.779	3.707	26
27	0.684	0.855	1.057	1.314	1.703	2.052	2.473	2.771	3.690	27
28	0.683	0.855	1.056	1.313	1.701	2.048	2.467	2.763	3.674	28
29	0.683	0.854	1.055	1.311	1.699	2.045	2.462	2.756	3.659	29
30	0.683	0.854	1.055	1.310	1.697	2.042	2.457	2.750	3.646	30
40	0.681	0.851	1.050	1.303	1.684	2.021	2.423	2.704	3.551	40
60	0.679	0.848	1.045	1.296	1.671	2.000	2.390	2.660	3.460	60
120	0.677	0.845	1.041	1.289	1.658	1.980	2.358	2.617	3.373	120
∞	0.674	0.842	1.036	1.282	1.645	1.960	2.326	2.576	3.291	∞

예:

$v = 10$, 양쪽확률 $\alpha = 0.05$에 대한 t의 값은 $+t_{0.025}(10) = +2.228$, $-t_{0.025}(10) = -2.228$ 이다.

이는 자유도 10의 *t*-분포에 따르는 확률변수가 2.228 이상의 절대치를 가지고 출현하는 확률이 5%라는 것을 가리킨다.

〈부표 6〉 t-분포표 (2)

자유도 V와 상측 한쪽확률 α에서
$t_{1-\alpha}(v)$를 구하는 표

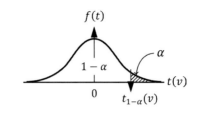

v \ $1-\alpha$	0.75	0.80	0.85	0.90	0.95	0.975	0.99	0.995	0.9995	$1-\alpha$ \ v
1	1.000	1.376	1.963	3.078	6.314	12.706	31.821	63.657	636.619	1
2	0.816	1.061	1.386	1.886	2.920	4.303	6.965	9.925	31.599	2
3	0.765	0.978	1.250	1.638	2.353	3.182	4.541	5.841	12.924	3
4	0.741	0.941	1.190	1.533	2.132	2.776	3.747	4.604	8.610	4
5	0.727	0.920	1.156	1.476	2.015	2.571	3.365	4.032	6.869	5
6	0.718	0.906	1.134	1.440	1.943	2.447	3.143	3.707	5.959	6
7	0.711	0.896	1.119	1.415	1.895	2.365	2.998	3.499	5.408	7
8	0.706	0.889	1.108	1.397	1.860	2.306	2.896	3.355	5.041	8
9	0.703	0.883	1.100	1.383	1.833	2.262	2.821	3.250	4.781	9
10	0.700	0.879	1.093	1.372	**1.812**	**2.228**	2.764	3.169	4.587	10
11	0.697	0.876	1.088	1.363	1.796	2.201	2.718	3.106	4.437	11
12	0.695	0.873	1.083	1.356	1.782	2.179	2.681	3.055	4.318	12
13	0.694	0.870	1.079	1.350	1.771	2.160	2.650	3.012	4.221	13
14	0.692	0.868	1.076	1.345	1.761	2.145	2.624	2.977	4.140	14
15	0.691	0.866	1.074	1.341	1.753	2.131	2.602	2.947	4.073	15
16	0.690	0.865	1.071	1.337	1.746	2.120	2.583	2.921	4.015	16
17	0.689	0.863	1.069	1.333	1.740	2.110	2.567	2.898	3.965	17
18	0.688	0.862	1.067	1.330	1.734	2.101	2.552	2.878	3.922	18
19	0.688	0.861	1.066	1.328	1.729	2.093	2.539	2.861	3.883	19
20	0.687	0.860	1.064	1.325	1.725	2.086	2.528	2.845	3.850	20
21	0.686	0.859	1.063	1.323	1.721	2.080	2.518	2.831	3.819	21
22	0.686	0.858	1.061	1.321	1.717	2.074	2.508	2.819	3.792	22
23	0.685	0.858	1.060	1.319	1.714	2.069	2.500	2.807	3.768	23
24	0.685	0.857	1.059	1.318	1.711	2.064	2.492	2.797	3.745	24
25	0.684	0.856	1.058	1.316	1.708	2.060	2.485	2.787	3.725	25
26	0.684	0.856	1.058	1.315	1.706	2.056	2.479	2.779	3.707	26
27	0.684	0.855	1.057	1.314	1.703	2.052	2.473	2.771	3.690	27
28	0.683	0.855	1.056	1.313	1.701	2.048	2.467	2.763	3.674	28
29	0.683	0.854	1.055	1.311	1.699	2.045	2.462	2.756	3.659	29
30	0.683	0.854	1.055	1.310	1.697	2.042	2.457	2.750	3.646	30
40	0.681	0.851	1.050	1.303	1.684	2.021	2.423	2.704	3.551	40
60	0.679	0.848	1.045	1.296	1.671	2.000	2.390	2.660	3.460	60
120	0.677	0.845	1.041	1.289	1.658	1.980	2.358	2.617	3.373	120
∞	0.674	0.842	1.036	1.282	1.645	1.960	2.326	2.576	3.291	∞

예:
$v = 10$, 상측 한쪽확률 $\alpha = 0.05$에 대한 t의 값은 $t_{1-\alpha}(v) = t_{1-0.05}(10) = t_{0.95}(10) = 1.812$ 이다.
이는 자유도 10의 t-분포에 따르는 확률변수가 1.812 이하를 가지고 출현하는 확률이 97.5%라는 것을 가리킨다.

〈부표 7〉 χ^2 분포표

v \ α	0.005	0.010	0.025	0.050	0.100	0.250	0.500	0.750	0.900	0.950	0.975	0.990	0.995
1	0.0^44	0.0^32	0.0^21	0.0^23	0.02	0.10	0.46	1.32	2.71	3.84	5.02	6.63	7.88
2	0.01	0.02	0.05	0.10	0.21	0.58	1.39	2.77	4.61	5.99	7.38	9.21	10.60
3	0.07	0.12	0.22	0.35	0.58	1.21	2.37	4.11	6.25	7.81	9.35	11.34	12.84
4	0.21	0.30	0.48	0.71	1.06	1.92	3.36	5.39	7.78	9.49	11.14	13.28	14.86
5	0.41	0.55	0.83	1.15	1.61	2.67	4.35	6.63	9.24	11.07	12.83	15.09	16.75
6	0.68	0.87	1.24	1.64	2.20	3.45	5.35	7.84	10.64	12.59	14.45	16.81	18.55
7	0.99	1.24	1.69	2.17	2.83	4.25	6.35	9.04	12.02	14.07	16.01	18.48	20.3
8	1.34	1.65	2.18	2.73	3.49	5.07	7.34	10.22	13.36	15.51	17.53	20.1	22.0
9	1.73	2.09	2.70	3.33	4.17	5.90	8.34	11.39	14.68	16.92	19.02	21.7	23.6
10	2.16	2.56	3.25	3.94	4.87	6.74	9.34	12.55	15.99	18.31	20.5	23.2	25.2
11	2.60	3.05	3.82	4.57	5.58	7.58	10.34	13.70	17.28	19.68	21.9	24.7	26.8
12	3.07	3.57	4.40	5.23	6.30	8.44	11.34	14.85	18.55	21.0	23.3	26.2	28.3
13	3.57	4.11	5.01	5.89	7.04	9.30	12.34	15.98	19.81	22.4	24.7	27.7	29.8
14	4.07	4.66	5.63	6.57	7.79	10.17	13.34	17.12	21.1	23.7	26.1	29.1	31.3
15	4.60	5.23	6.26	7.26	8.55	11.04	14.34	18.25	22.3	25.0	27.5	30.6	32.8
16	5.14	5.81	6.91	7.96	9.31	11.91	15.34	19.37	23.5	26.3	28.8	32.0	34.3
17	5.70	6.41	7.56	8.67	10.09	12.79	16.34	20.5	24.8	27.6	30.2	33.4	35.7
18	6.26	7.01	8.23	9.39	10.86	13.68	17.34	21.6	26.0	28.9	31.5	34.8	37.2
19	6.84	7.63	8.91	10.12	11.65	14.56	18.34	22.7	27.2	30.1	32.9	36.2	38.6
20	7.43	8.26	9.59	10.85	12.44	15.45	19.34	23.8	28.4	31.4	34.2	37.6	40.0
21	8.03	8.90	10.28	11.59	13.24	16.34	20.3	24.9	29.6	32.7	35.5	38.9	41.4
22	8.64	9.54	10.98	12.34	14.04	17.24	21.3	26.0	30.8	33.9	36.8	40.3	42.8
23	9.26	10.20	11.69	13.09	14.85	18.14	22.3	27.1	32.0	35.2	38.1	41.6	44.2
24	9.89	10.86	12.40	13.85	15.66	19.04	23.3	28.2	33.2	36.4	39.4	43.0	45.6
25	10.52	11.52	13.12	14.61	16.47	19.94	24.3	29.3	34.4	37.7	40.6	44.3	46.9
26	11.16	12.20	13.84	15.38	17.29	20.8	25.3	30.4	35.6	38.9	41.9	45.6	48.3
27	11.81	12.88	14.57	16.15	18.11	21.7	26.3	31.5	36.7	40.1	43.2	47.0	49.6
28	12.46	13.56	15.31	16.93	18.94	22.7	27.3	32.6	37.9	41.3	44.5	48.3	51.0
29	13.12	14.26	16.05	17.71	19.77	23.6	28.3	33.7	39.1	42.6	45.7	49.6	52.3
30	13.79	14.95	16.79	18.49	20.6	24.5	29.3	34.8	40.3	43.8	47.0	50.9	53.7
40	20.7	22.2	24.4	26.5	29.1	33.7	39.3	45.6	51.8	55.8	59.3	63.7	66.8
50	28.0	29.7	32.4	34.8	37.7	42.9	49.3	56.3	63.2	67.5	71.4	76.2	79.5
60	35.5	37.5	40.5	43.2	46.5	52.3	59.3	67.0	74.4	79.1	83.3	88.4	92.0
70	43.3	45.4	48.8	51.7	55.3	61.7	69.3	77.6	85.5	90.5	95.0	100.4	104.2
80	51.2	53.5	57.2	60.4	64.3	71.1	79.3	88.1	96.6	101.9	106.6	112.3	116.3
90	59.2	61.8	65.6	69.1	73.3	80.6	89.3	98.6	107.6	113.1	118.1	124.1	128.3
100	67.3	70.1	74.2	77.9	82.4	90.1	99.3	109.1	118.5	124.3	129.6	135.8	140.2

예: χ^2 분포의 전체 면적은 1이므로, 하측확률 α 이면 상측확률 $1-\alpha$ 이다.

〈부표 8〉 F 분포표 (상측확률 10%)

자유도 ν_1, ν_2에서 상측확률 $\alpha = 0.10(10\%)$에 대한
$F_{0.90}(\nu_1, \nu_2)$ 값을 구하는 표

ν_2 \ ν_1	1	2	3	4	5	6	7	8	9	10	12	15	20	30	40	60	120	∞
1	39.9	49.5	53.6	55.8	57.2	58.2	58.9	59.4	59.9	60.2	60.7	61.2	61.7	62.3	62.5	62.8	63.1	63.3
2	8.53	9.00	9.16	9.24	9.29	9.33	9.35	9.37	9.38	9.39	9.41	9.42	9.44	9.46	9.47	9.47	9.48	9.49
3	5.54	5.46	5.39	5.34	5.31	5.28	5.27	5.25	5.24	5.23	5.22	5.20	5.18	5.17	5.16	5.15	5.14	5.13
4	4.54	4.32	4.19	4.11	4.05	4.01	3.98	3.95	3.94	3.92	3.90	3.87	3.84	3.82	3.80	3.79	3.78	3.76
5	4.06	3.78	3.62	3.52	3.45	3.40	3.37	3.34	3.32	3.30	3.27	3.24	3.21	3.17	3.16	3.14	3.12	3.10
6	3.78	3.46	3.29	3.18	3.11	3.05	3.01	2.98	2.96	2.94	2.90	2.87	2.84	2.80	2.78	2.76	2.74	2.72
7	3.59	3.26	3.07	2.96	2.88	2.83	2.78	2.75	2.72	2.70	2.67	2.63	2.59	2.56	2.54	2.51	2.49	2.47
8	3.46	3.11	2.92	2.81	2.73	2.67	2.62	2.59	2.56	2.54	2.50	2.46	2.42	2.38	2.36	2.34	2.32	2.29
9	3.36	3.01	2.81	2.69	2.61	2.55	2.51	2.47	2.44	2.42	2.38	2.34	2.30	2.25	2.23	2.21	2.18	2.16
10	3.29	2.92	2.73	2.61	2.52	2.46	2.41	2.38	2.35	2.32	2.28	2.24	2.20	2.16	2.13	2.11	2.08	2.06
11	3.23	2.86	2.66	2.54	2.45	2.39	2.34	2.30	2.27	2.25	2.21	2.17	2.12	2.08	2.05	2.03	2.00	1.97
12	3.18	2.81	2.61	2.48	2.39	2.33	2.28	2.24	2.21	2.19	2.15	2.10	2.06	2.01	1.99	1.96	1.93	1.90
13	3.14	2.76	2.56	2.43	2.35	2.28	2.23	2.20	2.16	2.14	2.10	2.05	2.01	1.96	1.93	1.90	1.88	1.85
14	3.10	2.73	2.52	2.39	2.31	2.24	2.19	2.15	2.12	2.10	2.05	2.01	1.96	1.91	1.89	1.86	1.83	1.80
15	3.07	2.70	2.49	2.36	2.27	2.21	2.16	2.12	2.09	2.06	2.02	1.97	1.92	1.87	1.85	1.82	1.79	1.76
16	3.05	2.67	2.46	2.33	2.24	2.18	2.13	2.09	2.06	2.03	1.99	1.94	1.89	1.84	1.81	1.78	1.75	1.72
17	3.03	2.64	2.44	2.31	2.22	2.15	2.10	2.06	2.03	2.00	1.96	1.91	1.86	1.81	1.78	1.75	1.72	1.67
18	3.01	2.62	2.42	2.29	2.20	2.13	2.08	2.04	2.00	1.98	1.93	1.89	1.84	1.78	1.75	1.72	1.69	1.66
19	2.99	2.61	2.40	2.27	2.18	2.11	2.06	2.02	1.98	1.96	1.91	1.86	1.81	1.76	1.73	1.70	1.67	1.63
20	2.97	2.59	2.38	2.25	2.16	2.09	2.04	2.00	1.96	1.94	1.89	1.84	1.79	1.74	1.71	1.68	1.64	1.61
21	2.96	2.57	2.36	2.23	2.14	2.08	2.02	1.98	1.95	1.92	1.87	1.83	1.78	1.72	1.69	1.66	1.62	1.59
22	2.95	2.56	2.35	2.22	2.13	2.06	2.01	1.97	1.93	1.90	1.86	1.81	1.76	1.70	1.67	1.64	1.60	1.57
23	2.94	2.55	2.34	2.21	2.11	2.05	1.99	1.95	1.92	1.89	1.84	1.80	1.74	1.69	1.66	1.62	1.59	1.55
24	2.93	2.54	2.33	2.19	2.10	2.04	1.98	1.94	1.91	1.88	1.83	1.78	1.73	1.67	1.64	1.61	1.57	1.53
25	2.92	2.53	2.32	2.18	2.09	2.02	1.97	1.93	1.89	1.87	1.82	1.77	1.72	1.66	1.63	1.59	1.56	1.52
26	2.91	2.52	2.31	2.17	2.08	2.01	1.96	1.92	1.88	1.86	1.81	1.76	1.71	1.65	1.61	1.58	1.54	1.50
27	2.90	2.51	2.30	2.17	2.07	2.00	1.95	1.91	1.87	1.85	1.80	1.75	1.70	1.64	1.60	1.57	1.53	1.49
28	2.89	2.50	2.29	2.16	2.06	2.00	1.94	1.90	1.87	1.84	1.79	1.74	1.69	1.63	1.59	1.56	1.52	1.48
29	2.89	2.50	2.28	2.15	2.06	1.99	1.93	1.89	1.86	1.83	1.78	1.73	1.68	1.62	1.58	1.55	1.51	1.47
30	2.88	2.49	2.28	2.14	2.05	1.98	1.93	1.88	1.85	1.82	1.77	1.72	1.67	1.61	1.57	1.54	1.50	1.46
40	2.84	2.44	2.23	2.09	2.00	1.93	1.87	1.83	1.79	1.76	1.71	1.66	1.61	1.54	1.51	1.47	1.42	1.38
60	2.79	2.39	2.18	2.04	1.95	1.87	1.82	1.77	1.74	1.71	1.66	1.60	1.54	1.48	1.44	1.40	1.35	1.29
120	2.75	2.35	2.13	1.99	1.90	1.82	1.77	1.72	1.68	1.65	1.60	1.55	1.48	1.41	1.37	1.32	1.26	1.19
∞	2.71	2.30	2.08	1.94	1.85	1.77	1.72	1.67	1.63	1.60	1.55	1.49	1.42	1.34	1.30	1.24	1.17	1.00

예: 자유도 $\nu_1 = 5$, $\nu_2 = 10$ 인 F 분포의 상측확률 10%의 점은 $F_{0.90}(5, 10) = 2.52$, 하측확률 10%의 점은 $F_{0.10}(5, 10) = 1/F_{0.90}(10, 5) = 1/3.30 = 0.30$

〈부표 9〉 F 분포표 (상측확률 5%)

자유도 ν_1, ν_2에서 상측확률 $\alpha = 0.05(5\%)$에 대한
$F_{0.95}(\nu_1, \nu_2)$ 값을 구하는 표

ν_2 \ ν_1	1	2	3	4	5	6	7	8	9	10	12	15	20	30	40	60	120	∞
1	161	200	216	225	230	234	237	239	241	242	244	246	248	250	251	252	253	254
2	18.5	19.0	19.2	19.2	19.3	19.3	19.4	19.4	19.4	19.4	19.4	19.4	19.4	19.5	19.5	19.5	19.5	19.5
3	10.1	9.55	9.28	9.12	9.01	8.94	8.89	8.85	8.81	8.79	8.74	8.70	8.66	8.62	8.59	8.57	8.55	8.53
4	7.71	6.94	6.59	6.39	6.26	6.16	6.09	6.04	6.00	5.96	5.91	5.86	5.80	5.75	5.72	5.69	5.66	5.63
5	6.61	5.79	5.41	5.19	5.05	4.95	4.88	4.82	4.77	4.74	4.68	4.62	4.56	4.50	4.46	4.43	4.40	4.36
6	5.99	5.14	4.76	4.53	4.39	4.28	4.21	4.15	4.10	4.06	4.00	3.94	3.87	3.81	3.77	3.74	3.70	3.67
7	5.59	4.74	4.35	4.12	3.97	3.87	3.79	3.73	3.68	3.64	3.57	3.51	3.44	3.38	3.34	3.30	3.27	3.23
8	5.32	4.46	4.07	3.84	3.69	3.58	3.50	3.44	3.39	3.35	3.28	3.22	3.15	3.08	3.04	3.01	2.97	2.93
9	5.12	4.26	3.86	3.63	3.48	3.37	3.29	3.23	3.18	3.14	3.07	3.01	2.94	2.86	2.83	2.79	2.75	2.71
10	4.96	4.10	3.71	3.48	3.33	3.22	3.14	3.07	3.02	2.98	2.91	2.85	2.77	2.70	2.66	2.62	2.58	2.54
11	4.84	3.98	3.59	3.36	3.20	3.09	3.01	2.95	2.90	2.85	2.79	2.72	2.65	2.57	2.53	2.49	2.45	2.40
12	4.75	3.89	3.49	3.26	3.11	3.00	2.91	2.85	2.80	2.75	2.69	2.62	2.54	2.47	2.43	2.38	2.34	2.30
13	4.67	3.81	3.41	3.18	3.03	2.92	2.83	2.77	2.71	2.67	2.60	2.53	2.46	2.38	2.34	2.30	2.25	2.21
14	4.60	3.74	3.34	3.11	2.96	2.85	2.76	2.70	2.65	2.60	2.53	2.46	2.39	2.31	2.27	2.22	2.18	2.13
15	4.54	3.68	3.29	3.06	2.90	2.79	2.71	2.64	2.59	2.54	2.48	2.40	2.33	2.25	2.20	2.16	2.11	2.07
16	4.49	3.63	3.24	3.01	2.85	2.74	2.66	2.59	2.54	2.49	2.42	2.35	2.28	2.19	2.15	2.11	2.06	2.01
17	4.45	3.59	3.20	2.96	2.81	2.70	2.61	2.55	2.49	2.45	2.38	2.31	2.23	2.15	2.10	2.06	2.01	1.96
18	4.41	3.55	3.16	2.93	2.77	2.66	2.58	2.51	2.46	2.41	2.34	2.27	2.19	2.11	2.06	2.02	1.97	1.92
19	4.38	3.52	3.13	2.90	2.74	2.63	2.54	2.48	2.42	2.38	2.31	2.23	2.16	2.07	2.03	1.98	1.93	1.88
20	4.35	3.49	3.10	2.87	2.71	2.60	2.51	2.45	2.39	2.35	2.28	2.20	2.12	2.04	1.99	1.95	1.90	1.84
21	4.32	3.47	3.07	2.84	2.68	2.57	2.49	2.42	2.37	2.32	2.25	2.18	2.10	2.01	1.96	1.92	1.87	1.81
22	4.30	3.44	3.05	2.82	2.66	2.55	2.46	2.40	2.34	2.30	2.23	2.15	2.07	1.98	1.94	1.89	1.84	1.78
23	4.28	3.42	3.03	2.80	2.64	2.53	2.44	2.37	2.32	2.27	2.20	2.13	2.05	1.96	1.91	1.86	1.81	1.76
24	4.26	3.40	3.01	2.78	2.62	2.51	2.42	2.36	2.30	2.25	2.18	2.11	2.03	1.94	1.89	1.84	1.79	1.73
25	4.24	3.39	2.99	2.76	2.60	2.49	2.40	2.34	2.28	2.24	2.16	2.09	2.01	1.92	1.87	1.82	1.77	1.71
26	4.23	3.37	2.98	2.74	2.59	2.47	2.39	2.32	2.27	2.22	2.15	2.07	1.99	1.90	1.85	1.80	1.75	1.69
27	4.21	3.35	2.96	2.73	2.57	2.46	2.37	2.31	2.25	2.20	2.13	2.06	1.97	1.88	1.84	1.79	1.73	1.67
28	4.20	3.34	2.95	2.71	2.56	2.45	2.36	2.29	2.24	2.19	2.12	2.04	1.96	1.87	1.82	1.77	1.71	1.65
29	4.18	3.33	2.93	2.70	2.55	2.43	2.35	2.28	2.22	2.18	2.10	2.03	1.94	1.85	1.81	1.75	1.70	1.64
30	4.17	3.32	2.92	2.69	2.53	2.42	2.33	2.27	2.21	2.16	2.09	2.01	1.93	1.84	1.79	1.74	1.68	1.62
40	4.08	3.23	2.84	2.61	2.45	2.34	2.25	2.18	2.12	2.08	2.00	1.92	1.84	1.74	1.69	1.64	1.58	1.51
60	4.00	3.15	2.76	2.53	2.37	2.25	2.17	2.10	2.04	1.99	1.92	1.84	1.75	1.65	1.59	1.53	1.47	1.39
120	3.92	3.07	2.68	2.45	2.29	2.18	2.09	2.02	1.96	1.91	1.83	1.75	1.66	1.55	1.50	1.43	1.35	1.25
∞	3.84	3.00	2.60	2.37	2.21	2.10	2.01	1.94	1.88	1.83	1.75	1.67	1.57	1.46	1.39	1.32	1.22	1.00

예: 자유도 $\nu_1 = 5$, $\nu_2 = 10$ 인 F 분포의 상측확률 5%의 점은 $F0.95(5, 10) = 3.33$, 하측확률 5%의 점은 $F0.05(5, 10) = 1/F0.95(10, 5) = 1/4.74 = 0.21$

<부표 10> F 분포표 (상측확률 2.5%)

자유도 v_1, v_2에서 상측확률 $\alpha = 0.025(2.5\%)$에 대한
$F_{0.975}(v_1, v_2)$ 값을 구하는 표

v_2 \ v_1	1	2	3	4	5	6	7	8	9	10	12	15	20	30	40	60	120	∞
1	648	800	864	900	922	937	948	957	963	969	977	985	993	1001	1006	1010	1014	1018
2	38.5	39.0	39.2	39.2	39.3	39.3	39.4	39.4	39.4	39.4	39.4	39.4	39.4	39.5	39.5	39.5	39.5	39.5
3	17.4	16.0	15.4	15.1	14.9	14.7	14.6	14.5	14.5	14.4	14.3	14.3	14.2	14.1	14.0	14.0	13.9	13.9
4	12.2	10.6	9.98	9.60	9.36	9.20	9.07	8.98	8.90	8.84	8.75	8.66	8.56	8.46	8.41	8.36	8.31	8.26
5	10.0	8.43	7.76	7.39	7.15	6.98	6.85	6.76	6.68	6.62	6.52	6.43	6.33	6.23	6.18	6.12	6.07	6.02
6	8.81	7.26	6.60	6.23	5.99	5.82	5.70	5.60	5.52	5.46	5.37	5.27	5.17	5.07	5.01	4.96	4.90	4.85
7	8.07	6.54	5.89	5.52	5.29	5.12	4.99	4.90	4.82	4.76	4.67	4.57	4.47	4.36	4.31	4.25	4.20	4.14
8	7.57	6.06	5.42	5.05	4.82	4.65	4.53	4.43	4.36	4.30	4.20	4.10	4.00	3.89	3.84	3.78	3.73	3.67
9	7.21	5.71	5.08	4.72	4.48	4.32	4.20	4.10	4.03	3.96	3.87	3.77	3.67	3.56	3.51	3.45	3.39	3.33
10	6.94	5.46	4.83	4.47	4.24	4.07	3.95	3.85	3.78	3.72	3.62	3.52	3.42	3.31	3.26	3.20	3.14	3.08
11	6.72	5.26	4.63	4.28	4.04	3.88	3.76	3.66	3.59	3.53	3.43	3.33	3.23	3.12	3.06	3.00	2.94	2.88
12	6.55	5.10	4.47	4.12	3.89	3.73	3.61	3.51	3.44	3.37	3.28	3.18	3.07	2.96	2.91	2.85	2.79	2.72
13	6.41	4.97	4.35	4.00	3.77	3.60	3.48	3.39	3.31	3.25	3.15	3.05	2.95	2.84	2.78	2.72	2.66	2.60
14	6.30	4.86	4.24	3.89	3.66	3.50	3.38	3.29	3.21	3.15	3.05	2.95	2.84	2.73	2.67	2.61	2.55	2.49
15	6.20	4.77	4.15	3.80	3.58	3.41	3.29	3.20	3.12	3.06	2.96	2.86	2.76	2.64	2.59	2.52	2.46	2.40
16	6.12	4.69	4.08	3.73	3.50	3.34	3.22	3.12	3.05	2.99	2.89	2.79	2.68	2.57	2.51	2.45	2.38	2.32
17	6.04	4.62	4.01	3.66	3.44	3.28	3.16	3.06	2.98	2.92	2.82	2.72	2.62	2.50	2.44	2.38	2.32	2.25
18	5.98	4.56	3.95	3.61	3.38	3.22	3.10	3.01	2.93	2.87	2.77	2.67	2.56	2.44	2.38	2.32	2.26	2.19
19	5.92	4.51	3.90	3.56	3.33	3.17	3.05	2.96	2.88	2.82	2.72	2.62	2.51	2.39	2.33	2.27	2.20	2.13
20	5.87	4.46	3.86	3.51	3.29	3.13	3.01	2.91	2.84	2.77	2.68	2.57	2.46	2.35	2.29	2.22	2.16	2.09
21	5.83	4.42	3.82	3.48	3.25	3.09	2.97	2.87	2.80	2.73	2.64	2.53	2.42	2.31	2.25	2.18	2.11	2.04
22	5.79	4.38	3.78	3.44	3.22	3.05	2.93	2.84	2.76	2.70	2.60	2.50	2.39	2.27	2.21	2.14	2.08	2.00
23	5.75	4.35	3.75	3.41	3.18	3.02	2.90	2.81	2.73	2.67	2.57	2.47	2.36	2.24	2.18	2.11	2.04	1.97
24	5.72	4.32	3.72	3.38	3.15	2.99	2.87	2.78	2.70	2.64	2.54	2.44	2.33	2.21	2.15	2.08	2.01	1.94
25	5.69	4.29	3.69	3.35	3.13	2.97	2.85	2.75	2.68	2.61	2.51	2.41	2.30	2.18	2.12	2.05	1.98	1.91
26	5.66	4.27	3.67	3.33	3.10	2.94	2.82	2.73	2.65	2.59	2.49	2.39	2.28	2.16	2.09	2.03	1.95	1.88
27	5.63	4.24	3.65	3.31	3.08	2.92	2.80	2.71	2.63	2.57	2.47	2.36	2.25	2.13	2.07	2.00	1.93	1.85
28	5.61	4.22	3.63	3.29	3.06	2.90	2.78	2.69	2.61	2.55	2.45	2.34	2.23	2.11	2.05	1.98	1.91	1.83
29	5.59	4.20	3.61	3.27	3.04	2.88	2.76	2.67	2.59	2.53	2.43	2.32	2.21	2.09	2.03	1.96	1.89	1.81
30	5.57	4.18	3.59	3.25	3.03	2.87	2.75	2.65	2.57	2.51	2.41	2.31	2.20	2.07	2.01	1.94	1.87	1.79
40	5.42	4.05	3.46	3.13	2.90	2.74	2.62	2.53	2.45	2.39	2.29	2.18	2.07	1.94	1.88	1.80	1.72	1.64
60	5.29	3.93	3.34	3.01	2.79	2.63	2.51	2.41	2.33	2.27	2.17	2.06	1.94	1.82	1.74	1.67	1.58	1.48
120	5.15	3.80	3.23	2.89	2.67	2.52	2.39	2.30	2.22	2.16	2.05	1.94	1.82	1.69	1.61	1.53	1.43	1.31
∞	5.02	3.69	3.12	2.79	2.57	2.41	2.29	2.19	2.11	2.05	1.94	1.83	1.71	1.57	1.48	1.39	1.27	1.00

$f(F)$
α
$F(v_1, v_2)$
$F_{1-\alpha}(v_1, v_2)$
0

예: 자유도 $v_1 = 5$, $v_2 = 10$ 인 F 분포의 상측확률 2.5%의 점은 $F_{0.975}(5, 10) = 4.24$, 하측확률 2.5%의 점은 $F_{0.025}(5, 10) = 1/F_{0.975}(10, 5) = 1/6.62 = 0.15$

〈부표 11〉 F 분포표 (상측확률 1%)

자유도 v_1, v_2에서 상측확률 $\alpha = 0.01$(1%)에 대한
$F_{0.99}(v_1, v_2)$ 값을 구하는 표

$f(F)$ α $F_{1-\alpha}(v_1, v_2)$ $F(v_1, v_2)$ 0

v_2 \ v_1	∞	120	60	40	30	20	15	12	10	9	8	7	6	5	4	3	2	1
1	6366	6339	6313	6287	6261	6209	6157	6106	6056	6022	5981	5928	5859	5764	5625	5403	5000	4052
2	99.5	99.5	99.5	99.5	99.5	99.4	99.4	99.4	99.4	99.4	99.4	99.3	99.3	99.3	99.2	99.2	99.0	98.5
3	26.1	26.2	26.3	26.4	26.5	26.7	26.9	27.1	27.2	27.3	27.5	27.7	27.9	28.2	28.7	29.5	30.8	34.1
4	13.5	13.6	13.7	13.7	13.8	14.0	14.2	14.4	14.5	14.7	14.8	15.0	15.2	15.5	16.0	16.7	18.0	21.2
5	9.02	9.11	9.20	9.29	9.38	9.55	9.72	9.89	10.1	10.2	10.3	10.5	10.7	11.0	11.4	12.1	13.3	16.3
6	6.88	6.97	7.06	7.14	7.23	7.40	7.56	7.72	7.87	7.98	8.10	8.26	8.47	8.75	9.15	9.78	10.9	13.7
7	5.65	5.74	5.82	5.91	5.99	6.16	6.31	6.47	6.62	6.72	6.84	6.99	7.19	7.46	7.85	8.45	9.55	12.2
8	4.86	4.95	5.03	5.12	5.20	5.36	5.52	5.67	5.81	5.91	6.03	6.18	6.37	6.63	7.01	7.59	8.65	11.3
9	4.31	4.40	4.48	4.57	4.65	4.81	4.96	5.11	5.26	5.35	5.47	5.61	5.80	6.06	6.42	6.99	8.02	10.6
10	3.91	4.00	4.08	4.17	4.25	4.41	4.56	4.71	4.85	4.94	5.06	5.20	5.39	5.64	5.99	6.55	7.56	10.0
11	3.60	3.69	3.78	3.86	3.94	4.10	4.25	4.40	4.54	4.63	4.74	4.89	5.07	5.32	5.67	6.22	7.21	9.65
12	3.36	3.45	3.54	3.62	3.70	3.86	4.01	4.16	4.30	4.39	4.50	4.64	4.82	5.06	5.41	5.95	6.93	9.33
13	3.17	3.25	3.34	3.43	3.51	3.66	3.82	3.96	4.10	4.19	4.30	4.44	4.62	4.86	5.21	5.74	6.70	9.07
14	3.00	3.09	3.18	3.27	3.35	3.51	3.66	3.80	3.94	4.03	4.14	4.28	4.46	4.69	5.04	5.56	6.51	8.86
15	2.87	2.96	3.05	3.13	3.21	3.37	3.52	3.67	3.80	3.89	4.00	4.14	4.32	4.56	4.89	5.42	6.36	8.68
16	2.75	2.84	2.93	3.02	3.10	3.26	3.41	3.55	3.69	3.78	3.89	4.03	4.20	4.44	4.77	5.29	6.23	8.53
17	2.65	2.75	2.83	2.92	3.00	3.16	3.31	3.46	3.59	3.68	3.79	3.93	4.10	4.34	4.67	5.18	6.11	8.40
18	2.57	2.66	2.75	2.84	2.92	3.08	3.23	3.37	3.51	3.60	3.71	3.84	4.01	4.25	4.58	5.09	6.01	8.29
19	2.49	2.58	2.67	2.76	2.84	3.00	3.15	3.30	3.43	3.52	3.63	3.77	3.94	4.17	4.50	5.01	5.93	8.18
20	2.42	2.52	2.61	2.69	2.78	2.94	3.09	3.23	3.37	3.46	3.56	3.70	3.87	4.10	4.43	4.94	5.85	8.10
21	2.36	2.46	2.55	2.64	2.72	2.88	3.03	3.17	3.31	3.40	3.51	3.64	3.81	4.04	4.37	4.87	5.78	8.02
22	2.31	2.40	2.50	2.58	2.67	2.83	2.98	3.12	3.26	3.35	3.45	3.59	3.76	3.99	4.31	4.82	5.72	7.95
23	2.26	2.35	2.45	2.54	2.62	2.78	2.93	3.07	3.21	3.30	3.41	3.54	3.71	3.94	4.26	4.76	5.66	7.88
24	2.21	2.31	2.40	2.49	2.58	2.74	2.89	3.03	3.17	3.26	3.36	3.50	3.67	3.90	4.22	4.72	5.61	7.82
25	2.17	2.27	2.36	2.45	2.54	2.70	2.85	2.99	3.13	3.22	3.32	3.46	3.63	3.85	4.18	4.68	5.57	7.77
26	2.13	2.23	2.33	2.42	2.50	2.66	2.81	2.96	3.09	3.18	3.29	3.42	3.59	3.82	4.14	4.64	5.53	7.72
27	2.10	2.20	2.29	2.38	2.47	2.63	2.78	2.93	3.06	3.15	3.26	3.39	3.56	3.78	4.11	4.60	5.49	7.68
28	2.06	2.17	2.26	2.35	2.44	2.60	2.75	2.90	3.03	3.12	3.23	3.36	3.53	3.75	4.07	4.57	5.45	7.64
29	2.03	2.14	2.23	2.33	2.41	2.57	2.73	2.87	3.00	3.09	3.20	3.33	3.50	3.73	4.04	4.54	5.42	7.60
30	2.01	2.11	2.21	2.30	2.39	2.55	2.70	2.84	2.98	3.07	3.17	3.30	3.47	3.70	4.02	4.51	5.39	7.56
40	1.80	1.92	2.02	2.11	2.20	2.37	2.52	2.66	2.80	2.89	2.99	3.12	3.29	3.51	3.83	4.31	5.18	7.31
60	1.60	1.73	1.84	1.94	2.03	2.20	2.35	2.50	2.63	2.72	2.82	2.95	3.12	3.34	3.65	4.13	4.98	7.08
120	1.38	1.53	1.66	1.76	1.86	2.03	2.19	2.34	2.47	2.56	2.66	2.79	2.96	3.17	3.48	3.95	4.79	6.85
∞	1.00	1.32	1.47	1.59	1.70	1.88	2.04	2.18	2.32	2.41	2.51	2.64	2.80	3.02	3.32	3.78	4.61	6.63

예: 자유도 $v_1 = 5$, $v_2 = 10$ 인 F 분포의 상측확률 1%의 점은 $F_{0.99}(5, 10) = 5.64$, 하측확률 1%의 점은 $F_{0.01}(5, 10) = 1/F_{0.99}(10, 5) = 1/10.1 = 0.01$